彭山年鉴

2015

Pengshannianjian

眉山市彭山区人民政府 主办

眉山市彭山区党史地方志办公室 编纂

方志出版社

Publishing House of Local Records

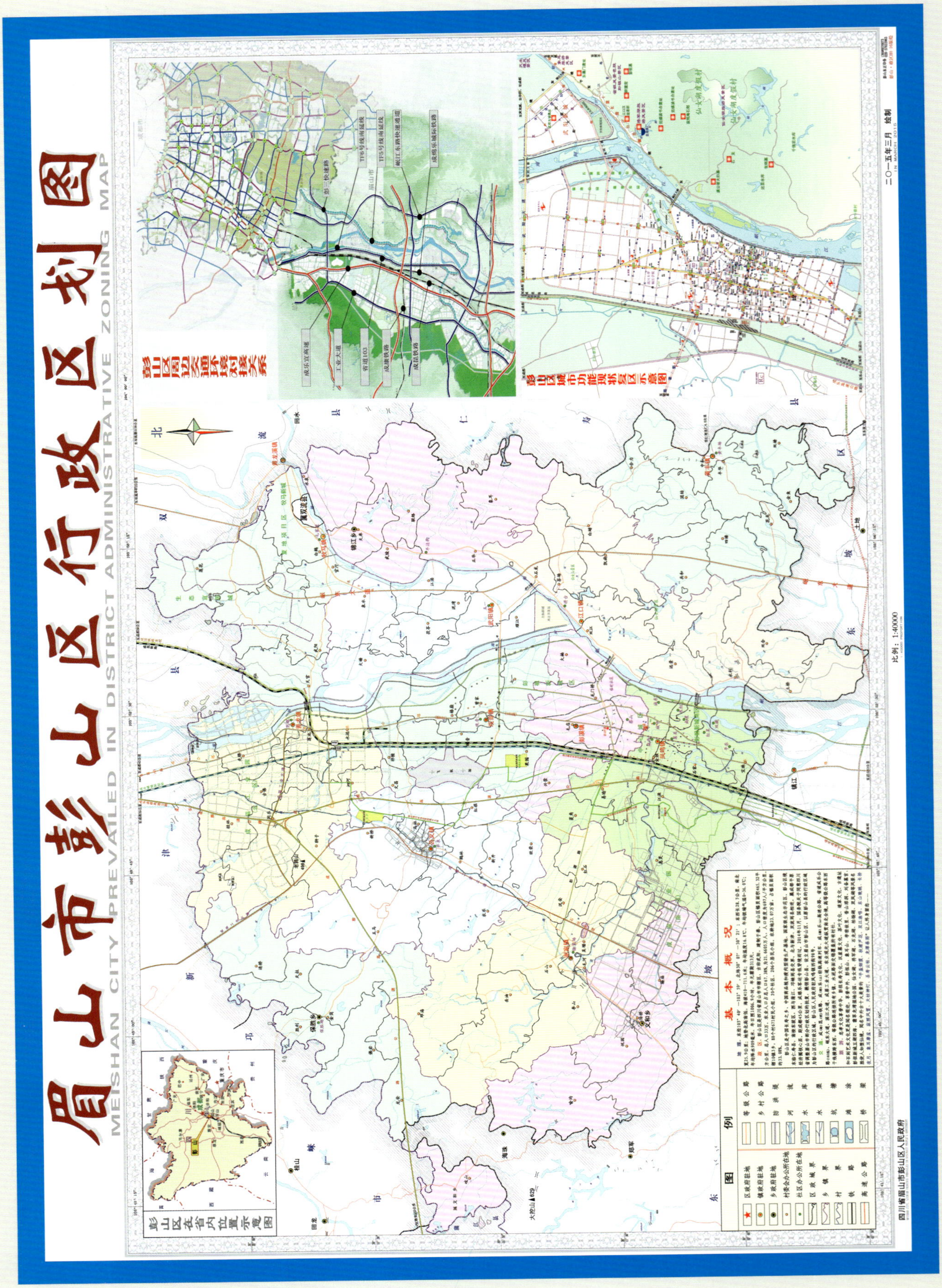

眉山市彭山区行政区划图
MEISHAN CITY PREVAILED IN DISTRICT ADMINISTRATIVE ZONING MAP
彭山区与周边交通路网对接关系
彭山区城市功能规划区示意图
基本概况
图例
彭山区在省内位置示意图
比例：1:40000
二〇一五年三月 绘制
四川省眉山市彭山区人民政府

品质发展之城

生态宜居之城

长寿养生之城

和谐幸福之城

领导视察与调研

2015年7月10日，省委常委、省委组织部部长范锐平（左三）到彭山，先后前往彭山经开区管委会、吉龙化学建材有限公司，专题调研彭山经济社会发展情况和工业园区党建工作开展情况

2015年3月18日，省委常委、政法委书记刘玉顺（右二）到天府新区彭山青龙区域调研

领导视察与调研

2015年6月29日，省人大常委会副主任、党组副书记张东升（右二）到彭山区调研天府新区彭山青龙区域发展情况及防汛工作

2015年3月16日，省委常委、省农工委主任李昌平（前排右二）一行深入彭山观音镇果怡农业发展有限公司、彭溪镇天鑫农业发展有限公司调研指导深化农村改革工作

领导视察与调研

2015年7月15日，副省长陈文华（前左三）到彭山区调研食品药品监管工作

2015年3月3日，副省长曲木史哈（左一）率全省春耕生产暨高标准农田建设现场会与会人员到彭山区参观农机工作

领导视察与调研

2015年3月30日，十届省政协副主席解洪、省政协经济委员会主任单晨光一行调研天府新区彭山青龙区域建设发展情况

2015年1月6日，省人社厅厅长王建军（右二）到彭山调研劳动保障基层平台建设和农村劳动力调查实名制登记入库工作及大学生创业就业工作

领导视察与调研

2015年6月5日，市委书记李静（前排左二）调研市政品质提升工程、彭祖新城、“三箭齐发”、龚家堰水库扩容等重点项目建设情况

2015年5月26日，市委副书记、市长宋朝华（前排右三）率队调研彭山岷江现代农业示范园区建设情况

领导视察与调研

2015年2月9日，市人大常委会主任贺文（右一）陪同省人大常委副主任、党组副书记张东升一行到彭山区调研联合利华产业推进情况

2015年10月21日，市政协主席王影聪（右三）陪同省政协副主席陈放到彭山区调研“百企联百村”及扶贫攻坚工作

领导视察与调研

2015年12月11日，市委副书记刘十庆（右二）到彭山区调研岷江现代农业示范园区彭山区域项目建设推进情况

2015年7月20日，参加全国推进“银会合作”工作现场会的代表参观彭山区果怡葡萄专业合作社。市委常委吴季友、市政协副主席王志敏等领导参加

领导视察与调研

2015年11月19日，区委书记梁磊深入彭山区东山片区调研项目建设推进情况

2015年5月14日，区委副书记、区长罗万东深入卫生计生系统开展“两走一对接”活动

领导视察与调研

2015年4月16日，区人大常委会主任钟建成向参加眉山市彭山区第一届人民代表大会第一次会议的与会人大代表介绍全区新型城镇化、新型工业化、现代农业发展方面的建设成就

2015年7月1日，彭山区政协主席、党组书记谭福轩率队到苍溪县考察新型农业经营主体建设情况

党的建设

2015年6月30日晚，眉山市彭山区庆祝中国共产党建党94周年表彰大会暨文艺晚会在彭祖广场举行

2015年6月26日，彭山区教育系统隆重庆祝建党94周年

党的建设

2015年5月11日，区农机局组织党员先锋服务队到彭溪镇兴崇村5组帮助农户义务机插水稻

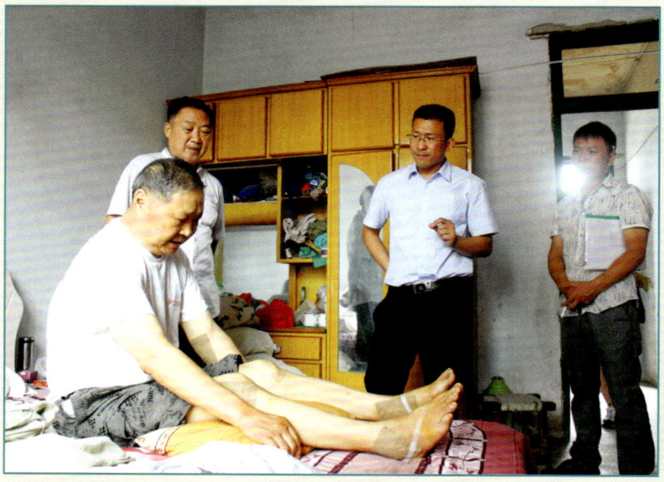

2015年8月11日，保胜乡金岗村第一书记胡发军看望生病的村组干部

义和乡岐山村第一书记徐军和群众一道在灭螺现场

2015年11月16日，江口镇双江村第一书记"做媒"，30名农民走进学校学电脑

2015年12月1日，国网彭山共产党员志愿者"心连心"服务站在义和乡悦园村正式揭牌

深化农村体制改革

2015年9月15日，彭山区首个农民股份公司——黄丰镇团结村集体资产经营管理有限公司挂牌成立

建立产权流转交易平台

建立村级金融网点

购买社会化服务，实现综合机械化

“银会合作”惠三农

深化农村体制改革

2015年12月24日，区委书记梁磊参加全国农村改革试验区工作交流汇报会并作典型交流发言

2015年6月1日，四川省眉山市邮政储蓄银行负责人向大学毕业生张籍友发放100万元的农村产权抵押贷款

深化农村体制改革

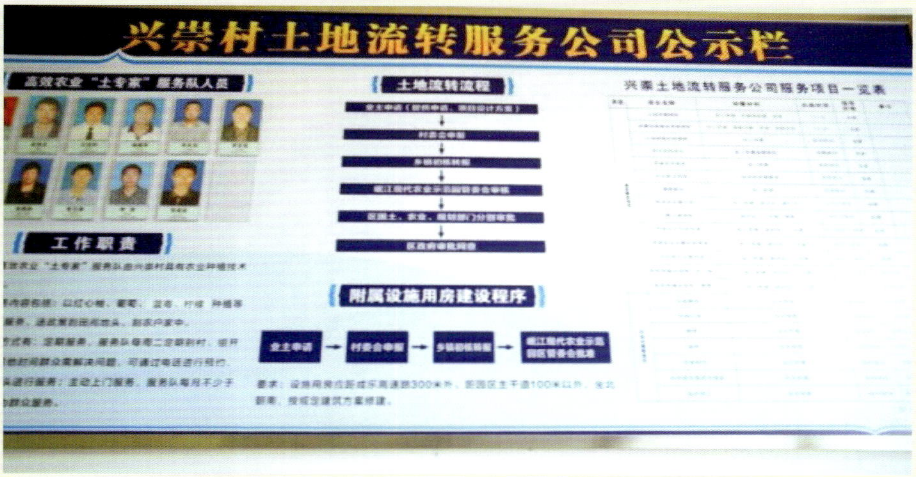

实行土地预流转机制

2015年9月16日，彭山区农村产权流转交易中心正式挂牌并营业（图为彭山区农村产权流转交易中心挂牌仪式现场企业与业主签订货款合同）

成立乡镇土地流转公司

"多权同确"，让农民用益物权有了法定身份证

深化农村体制改革

岷江现代农业示范园区彭山区域内 2 万亩蜜柚基地

彭山区成立新型农业经营主体综合党委、行业党委、产业党总支现场

岷江现代农业示范园区彭山区域

土地流转成效

品质发展

2015年1月30日，联合利华（四川）全球生产基地一期项目落成投产仪式在天府新区彭山青龙区域举行

2015年9月26日，眉山市彭山区与云南城投天成云盟公司彭祖山旅游开发项目签约仪式在眉山市会议中心举行

2015年10月23日，彭山区人民政府与珠海格力电工有限公司举行格力电工项目签约仪式

苏宁云商西南地区电子商务运营中心项目建设现场

2015年12月25日，眉山市2015年第四批重点项目集中开竣工及重庆长安（骏德）特种车生产基地项目开工仪式在彭山经济开发区举行

品质发展

彭山经济开发区

岷东大道彭山段建设现场如火如荼

滨江大道东坡区界至彭山城区段施工现场

建设中的府江大桥

品质发展

橘花节带动会节经济

葡萄采摘节开园仪式现场

2015年10月30日，锦江学院双选会305家企业提供7200个岗位

彭山江口沉银专家组研讨会现场

葡萄产业助推现代农业发展

生态宜居

秋日彭山芦苇花开似画卷

观音镇果园村“绿色家园”

青龙湿地公园

青龙湿地公园一角

生态宜居

云霞光影入画来

恒大金碧天下

生态宜居

市民在公园山上锻炼身体（柴树清摄）

黄丰镇合力村聚居点

寿乡水岸·五湖四海

生态宜居

希望的田野（柴树清摄）

新农村建设

生态宜居

高速路一角

广场舞影

五湖四海（彭山区摄影家协会供图）

长寿养生

2015年10月20日晚上7点30分，中国·彭山第六届彭祖长寿养生文化节暨彭祖国际养生养老产业博览会开幕式在彭山二中隆重举行

彭祖国际养生养老产业博览会永久会址揭幕

博览会吸引大量外宾前来参加

著名作家魏明伦签名留念

长寿老人代表为“百岁林”揭幕

孝子代表种植樱花树

长寿养生

彭山区中华经典诵读文艺晚会现场

彭祖祭祀大典活动现场

长寿之约沙龙招待会现场

彭祖文化研究暨宗亲联谊会现场

名医对老人进行义诊

长寿老人正在用岷江源头之水浇灌新种植的樱花树

和谐幸福

2015年12月30日，彭山区开展声势浩大的“万人迎春长跑”活动

2015年5月29日，彭山区首届职工篮球赛在彭祖广场举行

观音镇果园村建设村级文化走廊

见义勇为教师周六文勇擒劫匪

2015年11月6日，全市“我为抗战老兵送温暖行动”启动仪式在彭山区举行（图为抗战老兵代表出席启动仪式）

抗战老兵们领到慰问品

和谐幸福

街头文艺演出

观音镇葡萄舞队

保胜乡幺妹灯表演

音乐会让市民享受到视听盛宴

义和乡猕猴桃舞队

和谐幸福

优秀群众文艺表演

魔术表演

文化进乡村

和谐幸福

黄丰草龙

正月十五灯舞巡游闹元宵

凤鸣镇鱼灯舞队

青龙荷花龙

《彭山年鉴》编纂委员会

顾　问：梁　磊
主　任：罗万东
副主任：李勇刚　袁利民
委　员：王佑泽　游德华　许德英　刘黔玲　唐　嘉

彭山区党史地方志编纂委员会办公室

主　　任：许德英
工作人员：刘黔玲　唐　嘉　刘云茹　何　霞

《彭山区年鉴》编辑部

主　编：许德英
副主编：刘黔玲　唐　嘉
编　辑：许德英　刘黔玲　唐　嘉
校　对：刘云茹　张　倩　张　凤　周　岩

编辑说明

一、《彭山年鉴》编纂坚持以邓小平理论、"三个代表"重要思想和科学发展观以及习近平总书记系列重要讲话精神为指导思想。

二、《彭山年鉴》是眉山市彭山区人民政府主持编纂的地方综合性年鉴。1986年出版首卷，本卷为第30卷。

三、《彭山年鉴（2015）》较为全面翔实地记述了眉山市彭山区2015年政治、经济、文化、社会等各方面的基本情况、主要内容和发生的各种大事、要事、新事、有影响的事，反映了全区人民在改革开放、经济建设以及社会发展中取得的新成就、新进展、新经验。

四、《彭山年鉴》采用分类编辑法，以类目为单元，下设条目及分目。2015年卷共分特载、大事记、重要记事、政治、经济、社会事业、乡镇概况和附录八大类目。

五、《彭山年鉴（2015）》主体内容时限为2015年1月1日至12月31日。年鉴的所有资料均由区党政机关、各乡镇和企事业单位提供。年鉴涉及的国民经济数据由区统计局提供，其余数据由提供年鉴资料的单位提供，单位提供的数据由于统计口径不同，略有差异。

六、本年鉴编纂出版是集体智慧的结晶，得到区党政领导及各乡镇、部门和社会各界的大力支持，在此谨一并致谢。由于内容广泛，编辑人员少，编辑时间短促，加上水平限制，难免有疏漏、错误之处，敬请广大读者批评指正。

编　者

2016年5月

目　　录

经　　济

乡镇概况

附　　录

特 载

坚定品质发展 加快“四城”建设 为建成全面小康社会而努力奋斗

——在中国共产党眉山市彭山区第一届代表大会第二次会议上的报告

梁 磊

（2016年1月18日）

同志们：

我代表中共眉山市彭山区第一届委员会向大会作报告，请予审议。

转型攻坚、品质提升的2015年

一年来，在市委的坚强领导下，区委团结带领全区人民，抢抓“四大机遇”，推进“四城”建设，真谋实干卓有成效。预计，全区GDP增长10.5%，地方一般公共预算收入增长10.4%，城乡居民人均可支配收入分别增长9.5%、10%。深化农村改革工作经验在全国交流，受到汪洋副总理肯定。成功跻身全国“两权”融资试点(1)区县，全省唯一。

一年来，我们践行“三严三实”，抓班子、带队伍，良好政治生态基本形成。创新“融合引领型”党建体系(2)，全省基层党建工作现场会在彭山召开，村级组织“四晒”工作法(3)全国推广。鲜明“忠诚、担当、有为、干净”的好干部标准，制定干部管理负面清单365项，公务员日常考核试点受到国家公务员局领导肯定。坚持从严治党，压实“两个责任”(4)，在全市率先开展纪委监督同级党委工作试点，在全区全面推行“三张清单”制度(5)，在108个村（社区）全面建立廉情监督委员会，查处群众身边的“四风”和腐败问题45件。开展“学先进、找差距、添措施”活动，学习转化外地先进经验131条。强化对外宣传，央视8次聚焦彭山，中央级媒体涉彭报道达92篇次。探索“大群团”工作格局，史志、保密、机要、人民武装等工作也取得新成效。

一年来，我们坚定品质发展，抓转型、促升级，经济发展稳中有进。一是工业经济上档升级。抢抓天府新区建设机遇，坚定不移贯彻新型工业化战略，彭山经开区建成全市首个“200亿园区”，全区102户规模企业实现工业总产值323亿元。坚持招大引强、招强引优，格力、中建、中电建3家世界500强企业入驻天府新区，成眉石化园区成功引进世界500强陶氏化学。全力扶持现有企业做大做强，鲁洲生物、思念食品、金桐化工等企业实现上档升级。突出创新驱动，新培育高新技术企业8户、省级创新型企业4户，14户战略性新兴企业实现产值64亿元，占工业总量的20%。二是城市品质明显提升。抢抓撤县建区机遇，坚定不移贯彻新型城镇化战略，完成省道103线改造提升、彭谢路黑化，岷东大道成彭段、滨江大道城区段全线贯通，城市骨架更加舒展。实施九大片区提质工程，推进“花漾彭

山”“光彩彭山”[6]建设，建成首座人行天桥，11项市政工程竣工投用，新增城镇公园15个。三是第三产业蓬勃发展。抢抓交通同网机遇，坚定不移推进创新创业，实现第三产业增加值34.5亿元，大学生创业孵化园被评为省级科技孵化园、市级创业示范园。成功举办“中国·彭山第六届彭祖长寿养生文化节”。希望城商业综合体主体竣工，伟业广场建成投运，文企经贸Q板挂牌，城市商业形态有力提升。四是现代农业加快发展。抢抓农村改革试验机遇，优化投资环境，吸引要素回流，特色优势产业加快发展，第一产业投资增速达118.4%。成功创建省级农产品质量安全示范区。高品质推进新村建设，建成幸福美丽新村30个、新村聚居点12个。

一年来，我们深化改革创新，破难题、促开放，发展活力持续增强。一是发展难题有效破解。围绕破解新型融资难题，推出“PPP”[7]项目7个、涉及投资77.1亿元，成功争取政府存量债务置换债券13.21亿元，四大国有平台公司转型发展，实现融资25.26亿元。围绕破解货币化安置难题，创新“政府+银行+房地产企业+拆迁户”货币化安置模式，安置1191户、3627人，经验全市推广。围绕破解养生养老产业化难题，制定全区养生养老产业发展规划，新签约云南城投等重大项目。二是改革创新硕果累累。农村改革快速推进，创新四大体系[8]、四步机制[9]，获得省委书记王东明等省、市主要领导8次批示肯定。农村产权交易平台与成都产权交易所联网运行。管理创新纵深推进，创建区委重大工作统筹会等制度，有效增强全区工作协调性；创新目标绩效日常考核和重点工作考核双重考核体系，有力调动干部工作积极性；创新规划执行、监督两委并行机制，有力保障规划管理刚性。三是开放合作成效显著。改革招商引资工作机制，成立投资促进委员会，实施精准招商，全年签约重大投资项目12个，中法农业科技园项目写入省委十届七次全会公报。

一年来，我们坚持以民为本，抓普惠、强治理，人民生活更加幸福。一是依法治区取得新成效。荣获全国法治县创建先进区县称号。多元化矛盾纠纷调处机制全省推广，平安建设跻身全省一流。2个乡镇通过省级安全社区评定。二是脱贫攻坚取得新成效。整合7000万余元项目资金投向贫困村，组建以乡镇为单位的扶贫支部体系，选派108名第一书记、216名驻村干部驻村扶贫，全区党员干部、“两代表一委员”结对扶贫全覆盖，有效解贫4390人。三是生态环境得到大改善。重拳整治城乡环境[10]，关停畜禽养殖场23家，完成减排项目11个。道路交通安全源头治理经验在全省交流。砂石监控技防经验全省推广。成功创建8个省级优美示范镇（村）。四是民生福祉得到大提升。实施179项民生工程，启动新一中、城南小学、中医院建设，完成棚户区住房改造640套、农村危房改造175户，建成新村文化院坝8个。在全市率先完成养老保险并轨、城乡居民医疗保险整合，大病保险实现全覆盖。消除疟疾工作通过省级评估。高考重本上线113人、增长44.9%。荣获省级敬老模范区、“双拥”模范区称号。

奋勇争先、成就辉煌的“十二五”

2015年是实施“十二五”规划的最后一年，在全区上下的共同努力下，我们顺利实现“十二五”完美收官。全区GDP达到123.42亿元、是2010年的1.9倍；地方公共财政预算收入达到13.6亿元，是2010年的4.17倍；城乡居民可支配收入分别达到27001元、14062元，是2010年的1.8倍、1.95倍。

五年来，我们聚精会神抓党建成为全国标杆。成为党的“创先争优”活动、群众路线教育实践活动中组部联系点，荣获全省“创先争优活动十佳先进县委”称号。承担全国乡镇党委、人大、政府换届选举试点，受到中央政治局委员李源潮同志批示肯定！

五年来，我们一心一意谋发展跻身全省一流。引进世界500强企业12家，招商引资实际到位资金480亿元，完成全社会固定资产投资523.7亿元，人均GDP突破5000美元，经济综合评价全省排名提升14位，获得全省“县域经济发展先进县”表彰！

五年来，我们主动作为创一流打开全新局

面。顺利完成撤县建区，成功列入国家级天府新区，成功跻身全国第二轮农村改革试验区、全国“两权”融资试点区、国家知识产权强县工程试点区，成功创建全国平安畅通县、全国农业标准化示范县，荣获省级以上荣誉100余项。

五年来，我们以人为本惠民生赢得人民拥护。累计投入民生和社会事业资金70亿元。建成城市地下排洪管网系统、千亩滨江湿地体育公园、寿乡水岸·五湖四海、龚家堰城市饮用水源扩容等一大批民生项目；义务教育均衡发展在全市率先通过国家评估认定，11项公共卫生服务实现全覆盖，全面兑现并逐年提高80岁以上老人高龄津贴，全区60岁以上的老年人都能领到养老金。

成绩的取得是市委坚强领导的结果，是各级党组织、广大党员和全区人民团结奋斗、顽强拼搏的结果。在此，我代表区委，向全区广大党员干部群众，向各民主党派、工商联和社会各界人士，向中国人民解放军驻彭山部队指战员、武警官兵、政法干警，向所有关心支持彭山改革发展的同志们、朋友们，表示衷心的感谢并致以崇高的敬意！

回顾五年的工作，我们深刻认识到：只有坚持党的领导，坚决贯彻中央、省委、市委决策部署，才能始终保持正确的前进方向；只有班子团结齐心，协调配合，才能主动作为、决战决胜；只有解放思想，改革创新，开放合作，才能汇聚跨越发展的不竭动力；只有真抓实干，攻坚克难，才能推动各项事业快速突破。

我们也清醒地看到，全区经济社会发展还存在不少问题、难题和挑战。一是经济总量不大、产业结构不优、支柱产业不突出，加剧了后发追赶的压力；二是公共服务不足、资源供给不足、环境问题显现，加剧了协调发展的压力；三是党的建设“四大考验”(11)“四大危险”(12)长期存在，部分党员干部能力不足、作风懈怠甚至违纪违法，加剧了协调推进“四个全面”(13)战略布局，实现第一个百年目标(14)的压力。

科学谋划“十三五”全区经济社会发展

未来五年，是全面贯彻中央“四个全面”战略布局、省委“三大发展战略”(15)和实现市委“两个率先”(16)目标的关键期，是全面加快“四城”建设、深化品质发展的攻坚期。

未来五年的总体思路是：始终坚持党的领导，牢固树立“创新、协调、绿色、开放、共享”发展理念，秉承省委“六个基本判断”(17)，贯彻市委“五个先行区建设”(18)部署，坚持稳中求进、改革创新、品质发展，坚持对接成都、融入眉山发展方向，坚持外向型、开放型发展模式，加强学习型、创新型队伍建设。强化“规划先行”“环保否决”“安全第一”三大铁律，强化“项目、资金、投促”三大支撑，抢抓“四大机遇”，破解发展难题，重拳环境治理，奋力推进品质发展之城、生态宜居之城、长寿养生之城、和谐幸福之城建设。

未来五年的主要目标是：继续坚持发展第一要务，保持高于省市的经济增长速度，到2017年，在全省率先实现次级突破、率先全面建成小康社会，到2020年地区生产总值比2010年增加2倍以上，地方一般公共预算收入达到22亿元，城镇化率达到60%，城乡居民收入超过全国平均水平。

未来五年，要始终坚持整体推进，重点突破，当好“五个先行区”建设排头兵，建成开放合作、创新创业、改革攻坚、品质发展、全面小康5个示范区。

——努力建成全省开放合作示范区。牢固树立双向开放理念，破除体制机制障碍，构建全方位、宽领域、多层次开放合作体系，把项目资金、人才技术、先进理念、创新模式引进来，把产品、文化和影响力推出去。以大开放、大合作促进大发展，确保经济增长速度高于全省。

——努力建成全省创新创业示范区。全面实施创新驱动战略，推动思想理念、体制机制和文化科技全方位创新，增强发展活力；全面推进大众创业行动，突出抓好政策、平台、环境、服务支撑，增强发展动力，在全省率先实现次级突破。

——努力建成全省改革攻坚示范区。牢固树立改革机遇意识，积极争取多层次、多维度改革试点试验，在试点中赢得先机、卡位先行，在改革中破解难题、收获红利，在试验中创造彭山模式、彭山经验，成为全省示范。

——努力建成全省品质发展示范区。牢固树立品质发展理念，坚守“三大铁律”，推进“四城”建设，加快转型升级，实现高端高效，确保进入全省县域经济发展先进行列。

——努力建成全省全面小康示范区。牢固树立共享发展理念，把更多资源、资金优先投向民生和社会事业，加快城乡统筹，决胜脱贫攻坚，确保在全省率先全面建成小康社会。

担当奋进、冲刺跨越的2016年

2016年，是实施“十三五”规划的开局之年，也是实现任期目标的冲刺之年。我们要坚定“品质发展”核心理念，保持担当奋进、冲刺跨越工作状态，突出强党建、稳增长、调结构、惠民生、防风险，稳中求进、改革创新，抢抓机遇、顺势而兴，奋力推动“四城”建设新跨越，实现“十三五”开门红。

2016年的主要目标是：全面完成市下目标任务，全市总排位稳二争一。党的建设进一步加强，依法治理持续进步，生态环境质量进一步改善，人民生活水平进一步提高，经济发展效益进一步提升。主要经济指标保持扩权县第一方阵，GDP增速确保8.5%，力争9.5%，地方公共财政收入增长8.5%。

一、聚焦从严治党，强化担当奋进，着力激发班子队伍新活力

*（一）入脑入心树立忠诚、担当、有为、干净意识。*狠抓思想政治建设，严肃党内政治生活，严明政治纪律和政治规矩。扎实开展“三学一做”活动[19]。严格遵循“主动作为、依法守规、廉洁高效、群众满意”的工作标准，大力弘扬敢于担当、勇于破难、甘于奉献的优良作风，解放思想、主动作为，办好群众期盼的事，创新方法、大胆作为，办好有利发展的事。

*（二）有形有效推进基层党建。*严肃纪律、严格政策、严明标准，风清气正做好区乡村三级换届，进一步选好干部、配强班子、调优结构。探索完善基层治理三大体系[20]，抓乡促村，推进基层党组织标准化建设，实现全面进步、全面过硬。

*（三）从严从实抓好党风廉政。*深化纪委监督同级党委试点，深化“三张清单”制度，强化权力阳光运行。始终坚持挺纪在前，持续深化正风肃纪，常态治理“庸、懒、散、浮、拖”。始终保持反腐高压态势，严查各类违法违纪行为。

*（四）统揽全局凝聚各方力量。*强化大党建意识，坚持党委统揽全局、协调各方，加强党委对经济工作的领导，支持人大、政协依法依章程开展工作，深化与民主党派、工商联、无党派人士的合作共事，发挥工会、共青团、妇联等人民团体的桥梁纽带作用，广泛凝聚社会各方面积极力量，加快推动全区经济社会发展。

二、聚焦“四城”建设，保持专注定力，着力推进品质发展新提升

*（一）突出“三抓”，加快工业转型升级。*一抓优质企业招大引强、招强引优。建立产业扶持基金，继续瞄准世界500强、行业100强企业和上市公司招大引强，认真研究互联网企业、科技型企业的特点，积极引进发展前景好、成长速度快的战略型、创新型中小微企业。二抓现有企业扶优扶强。发挥产业政策和产业基金引导作用，支持企业技改提升，支持企业转型发展，鼓励低端低效的小微企业发挥船小好调头优势，积极向高端产业拓展，加快去产能步伐。三抓中小企业做大做强。建立产业引导基金，抢抓资本市场改革机遇，引导企业股份制改造，对接资本市场快速壮大。实施创新驱动战略，支持校企合作，共建产学研用联盟，加快彭山制造向彭山智造转变。

*（二）突出“三化（划）”，加快城市品质提升。*一抓文化繁荣。延续城市历史文脉，开展“武阳茶肆”文化研究和运用，推动江口沉银遗址水下考古，促进寿乡文化大繁荣。启动文化馆、图书馆、博物馆和9个文化旅游综合阵地建设，促进文化与产业深度融合。二抓策划包装。坚持“对接成都、融入眉山”不动摇，坚决落实市委“一城双核”发展布局，在思想上、行动上、规划建设上坚定不移地融入眉山。围绕“天下彭祖山，岷江岸上城”总体定位，推动城市南

延北拓、拥江发展。突出“彭山，一个不老的地方”，强化包装营销，提升知名度、美誉度。三抓规划建设。坚持空间、规模、产业统筹协调，规划、建设、管理三位一体。全力推进天府新区青龙副中心和环天府新区产业带规划建设，依托4条铁路[21]实施城市高铁综合经济圈规划。全力加快岷江航电项目招商，全面实施岷江东岸彩林、仙女湖运动森林公园建设，全面启动彭祖新城综合管网建设、五湖四海改造提升，全面完成城市主干道景观打造。实施精细化城市管理，提升城市综合管理信息化、标准化水平。继续推进货币化安置，加快房地产业去库存，促进行业健康发展。

（三）突出“三品”，加快现代农业做优做强。一抓新品种。“一颗杂交稻种解决世纪温饱”。支持农业新品种、新技术引进、储备，鼓励新型农业经营主体培育、申报农业新品种，让彭山特色优势农产品始终保持前沿领先优势。二抓高品质。实施农业供给侧改革[22]，树立大农业理念，推动种养结合、一二三产融合。严格落实养殖业区域规划，以种定养、种养相宜，提高品质。三抓名品牌。深化农业支持政策改革，加大对规模经营主体的政策支持力度。出台名牌激励政策，鼓励农业经营主体和农民协会组织注册商标、开展认证、争创品牌，提高产品竞争力和附加值。

三、聚焦发展难题，突出创新实干，着力推进改革攻坚新突破

（一）全面深化改革。树立改革机遇意识，积极争取多层次全方位改革试点，完成全国知识产权强县试点区、全省农村改革综合试验区创建。纵深推进农村改革试验，全面深化土地流转“四步机制”，继续破解制约现代农业发展的体制机制障碍。突出抓好农村“两权”融资改革试验，构建多层次农村金融服务体系。全力争取改革配套的政策、项目和资金，在试点试验中抢占先机、赢得红利，助推弯道超越。

（二）全面推进开放合作。坚定不移深化对外合作，全力推进中法农业科技园项目建设，支持联合利华、中纺粮油等企业拓展国际市场；坚定不移推进区域合作，确保岷东大道全线贯通，滨江大道南段通车、北段启动，工业大道开工建设，实现与成都和天府新区基础同网；坚定不移深化产业合作，确保新签约“三五”类企业[23]不少于3家；坚定不移推进校地合作，加快借力借智发展。

（三）全面推进“互联网+”。加强信息基础设施建设，实施“宽带中国”彭山行动，加快村村通宽带网络，启动智慧城市展厅建设，完成“寿乡公众WiFi”“彭山APP”等公共信息平台搭建。推动信息技术在产业发展中的运用，建立彭山产业数据中心。加快智能电网、智能制造建设；加快电商物流融合发展，抢抓跨境电商发展机遇，形成规模聚焦效应；促进物联网、电子商务在农业、服务业的普及应用。运用大数据技术实施智慧管理、智慧服务，提升公共管理和公共服务质效。

（四）持续研究改革发展课题。一是破解养生养老产业化、繁荣乡村生态旅游的课题。编制旅游发展总体规划，制定养生养老产业发展支持政策。全力推进彭祖山、中法农业科技园项目开工建设，加快黄丰橘园等乡村生态旅游项目建设，形成大项目引领、特色项目聚集的产业发展格局。二是破解城乡规划建设管理、记得住乡愁的课题。协调推进农村改革试验、新型城镇化试点，畅通城乡联系，破除二元结构，切实加强城市规划、建设、管理三位一体，切实解决乡村规划执行走样、公共管理缺位问题，让村庄留得住乡愁，让城镇更富有活力。三是破解多层次融资、防范金融风险的课题。大力推广PPP模式，积极争取上级资金和发放政府债券，抢抓青龙整体城镇化、棚户区改造等政策机遇，扩大政策性融资规模。执行好金融机构支持地方经济发展挂钩考核办法，建立政府性担保公司，鼓励金融机构放贷。引导企业向资本市场融资，力促铁通公铁物流公司香港上市、西金联合电气新三板挂牌。四是破解新常态下科学目标管理、项目进程管理的课题。继续完善项目化、差别化目标管理模式，进一步健全领导干部联系重点项目、重点企业工作机制，突出解决问题，定人定责定奖惩，确保重点项目如期推进。五是破解信息技术提升党政管理、创新购买社会化服务的课题。树立互联网思维，运用信息技术改造党政管理，切实解决办公平台格式不兼容、网络碎片化问题，全面推进统一接入端口、一个平台管理、一张网络运行，真正实现“一站式”服务，对“庸、懒、散、浮、拖”“衙门作风”等顽疾釜底抽薪，实现提速便民。树立“有限政府”理念[24]，采取公开化、市场化方式购买公共服务，提升管理质效和服务质量。

四、聚焦固本强基，坚持依法规范，着力推动社会治理新进步

（一）全面推进依法治区。认真贯彻省委“治蜀兴川重在厉行法治”要求，持续推进依法治区8大体系建设，启动“七五”普法。全面深化网格化治理，健全突发事件监测和应急体系。进一步改进群众和信访工作，巩固多元化矛盾纠纷调解机制，实现矛盾纠纷第三方调解中心乡镇全覆盖。健全社会治安防控体系，加强重点人群、重点区域整治管理，保持治安巡逻常态化，严厉打击各类违法犯罪。逗硬落实安全生产党政同责、一岗双责，确保人民群众生命财产安全。

（二）全面提升社会治理。强化管理创新顶层设计，持续推进制度建设和体制机制创新。继续巩固重大工作统筹等行之有效的管理机制，全面推进党政管理信息化改造，大胆探索政府购买社会化服务，全面完成公务用车改革。进一步理顺三大园区管理体制，创新园区投融资机制，增强园区造血功能和发展活力。全面实施“抓乡促村”行动，积极探索新形势下对乡镇、村（社区）赋权提能、强基固本的方法、路径，打破“一收就死、一放就乱”的怪圈，激发基层活力。

（三）全面推动创新创业。继续推进天府青龙创客中心、大学生创业孵化园、电子商务孵化园等平台建设，畅通创业展示和投融资对接渠道，不断优化创业环境，吸引优秀人才到彭山创业，引导彭山籍能人回乡创业。确保全年新增民营企业200家，新登记个体工商户1000户。实施创新驱动战略，推动国家知识产权强县试点区建设，规划建设创新型小微企业孵化园，让铺天盖地的小微企业成为创新创业的主力军、引领者。确保高新技术产业产值增长25%。

五、聚焦全面小康，决胜脱贫攻坚，着力推进民生福祉新改善

（一）决战脱贫攻坚。全力实施脱贫攻坚8大工程[25]，聚焦精准扶贫，突出抓好贫困对象确定、结对帮扶过程管理和脱贫验收公示三环节，确保扶真贫、真扶贫，不丢一户、不漏一人，在全市率先全面完成贫困村“摘帽”和贫困人口脱贫。

（二）提升社会事业。推动教育发展品质，完成城南小学建设、区职高整体搬迁，加快新一中、新三中建设，启动彭溪小学改扩建和彭祖新城幼儿园建设。优化医疗卫生资源配置，完成区中医院、公共卫生服务中心主体工程建设，新建区精神卫生保健院。推进省级养老示范社区和农村幸福互助院建设。加快文化事业发展，建成2个省级示范乡镇文化站、8个文化院坝。完成省残疾人运动训练中心建设。

（三）加快民生改善。继续实施十大民生工程，继续加大民生投入，确保财政支出用于民生和社会事业的比重稳定在70%以上，新增财力重点倾斜用于改善民生。深入推进6个重拳整治。继续实施“千湖之城”“绿海明珠”“百园之市”项目建设，持续提升环境质量，完成省级生态区验收。

各位代表、同志们！新的五年、新的征程、新的希望，让我们在中央、省委、市委的坚强领导下，铁铸脊梁承重任，担当奋进谱新篇，为全面推动彭山经济社会品质发展，为加快建成全面小康社会而努力奋斗！

名词解释

（1）“两权”融资试点：全国人大常委会批准，授权国务院在全国部分县（市、区）开展农村承包土地经营权抵押融资试点、农民住房财产权抵押融资试点。彭山是全省唯一同时承担两项试点任务的区县。

（2）“融合引领型”党建体系：指围绕“促进园区科学发展、提升园区治理水平”，推进组织运行融入企业管理、思想引领融入企业文化、党群服务融入企业经营、人才集聚融入企业创新，实现园区党建与园区发展相融共进的党建工作体系。

（3）“四晒”工作法：村（社区）党组织通过向群众“算细账、晒党恩，寻问题、晒承诺，比服务、晒奉献，亮规划、晒目标”，增强基层党组织的凝聚力和战斗力。

（4）“两个责任”：指党风廉政建设党委主体责任和

纪委监督责任。

（5）“三张清单”制度：指“行政权力清单、政府责任清单、投资项目限制禁止清单”制度。通过编制清单，为权力定好界，做到“法无授权不可为”；为政府明好责，做到“法定职责必须为”；为市场确好权，做到“法无禁止皆可为”。

（6）“花漾彭山”“光彩彭山”：指彭山区为提升城市品位，在全区组织开展的城市美化、亮化工程。

（7）“PPP”：“Public—Private—Partnership”，即公私合作模式，通过私营企业、民营资本与政府进行合作，参与公共基础设施的建设，是公共基础设施中的一种项目融资模式。

（8）四大体系：指彭山区在农村改革试验中，探索形成的土地规范流转体系、发展型党组织体系、农村产权交易融资体系和“产权＋股份”的农民利益保障体系。

（9）四步机制：指彭山区在农村改革试验中，探索形成的规范化土地流转模式。“三级土地预推—平台公开交易—资质审查前置—风险应急处理”四个步骤，有效解决了土地高效便捷流转和保证农民获得持续稳定收益的问题。

（10）重拳整治城乡环境：治砂、治超、治乱、治尘、治污。

（11）“四大考验”：指中央提出的共产党当前面临的执政考验、改革开放考验、市场经济考验、外部环境考验。

（12）“四大危险”：指中央提出的共产党当前面临着的精神懈怠的危险、能力不足的危险、脱离群众的危险、消极腐败的危险。

（13）“四个全面”：指全面从严治党、全面依法治国、全面深化改革、全面建成小康社会。

（14）第一个百年目标：指在中国共产党成立一百年时建成全面小康社会的奋斗目标。

（15）“三大发展战略”：指省委提出的多点、多极支撑发展战略，“两化”互动、城乡统筹发展战略，创新驱动发展战略。

（16）“两个率先”：指市委提出的2017年眉山市在全省率先实现次级突破、率先建成全面小康社会。

（17）“六个基本判断”：第一，四川的基本省情没有根本改变，必须始终保持专注发展的定力。第二，发展的老路走不通了，必须主动转方式调结构、走转型发展之路。第三，改革是解决制约四川发展突出问题的根本途径，必须通过全面深化改革开辟发展新空间。第四，四川面临的社会矛盾和潜在风险不容忽视，治蜀兴川重在厉行法治。第五，四川全面建成小康社会任务更重，必须把民生改善和扶贫攻坚摆在突出位置。第六，四川党员干部队伍主流是好的，同时一些问题也比较突出，班子队伍建设任务繁重。

（18）“五个先行区建设”：指市委提出“十三五”期间，眉山市要在全省率先建成创新发展先导区、统筹城乡试验区、生态文明引领区、开放合作前沿区和全面小康先行区。

（19）“三学一做”活动：指“学党章、学准则、学条例、争做合格党员”专题教育活动。

（20）基层治理三大体系：以乡镇党委为龙头的乡村管理体系，以农村基层党组织为领导核心的村级治理体系，直接面向基层群众的村级公共服务体系。

（21）4条铁路：成绵乐城际铁路客运专线、成昆铁路、成昆铁路复线、川藏铁路。

（22）供给侧改革：指在农业生产中，优化产业结构、提高产业质量，优化产品结构、提升产品质量。

（23）“三五”类企业：指世界五百强、中国五百强、中国民营五百强企业。

（24）“有限政府”理念：政府坚守法定职责，不大包大揽，善于运用多种手段调动市场主体为社会提供公共服务。

（25）脱贫攻坚8大工程：指党建引领扶贫工程、产业培育扶贫工程、基础设施专项扶贫工程、幸福美丽新村农村建设专项扶贫工程、教育能力专项扶贫工程、医疗卫生社会保障扶贫工程、生态保护扶贫工程、文化惠民专项扶贫工程。

眉山市彭山区人民代表大会常务委员会工作报告

——2016年1月22日在区第一届人民代表大会第二次会议上

区人大常委会主任　钟建成

各位代表：

我受区第一届人民代表大会常务委员会委托，向大会报告工作，请予审议，并请列席会议的同志提出意见。

2015年工作回顾

2015年，区人大常委会在区委的坚强领导下，在市人大常委会的监督指导下，紧紧围绕区委抢抓“四大机遇”、推进“四城建设”战略部署，认真履行宪法和法律赋予的职权，主动作为，扎实工作，为推动依法治区、促进品质发展、提高民生福祉作出了积极贡献。

一、强化履职担当，品质发展依法促进

（一）依法决定，推进重大事项落实。坚持把区委作出的重大战略部署和涉及人民群众切身利益的重大事项，通过人大程序作出决定决议，并依法推动落实。先后对2014年本级财政决算、2015年地方政府债务限额、地方荣誉称号等9项重大事项作出决定决议。

（二）依法监督，不断提升履职实效。

促进重点工作落实。区人大常委会积极推动区委关于坚持“两个方向”、坚守“三个铁律”、推进“四城建设”、破解“五大难题”、开展“六个治理”等战略部署的落实。建立健全了区乡两级规划监督委员会，完善了议事规则和监督机制，全面加强城乡规划的监督工作，维护了规划的严肃性；对城区周边工业企业、彭溪河流域和农村面源污染治理等情况组织开展视察调研，促进城乡人居环境不断改善。牵头组织开展对抢抓“四大机遇”、推进“四城建设”进行区内视察推动和区外学习推动，形成专题调研和考察报告，为强力推进品质发展并取得阶段性成效作出了积极努力。

促进经济转型发展。常委会从稳增长、调结构、促发展等方面开展经常性的调研视察，先后听取了区政府关于2015年计划预算执行及审计报告、预算收支调整变动等专项工作情况的汇报，并提出审议意见，依法推动了经济稳中有进、提质增效，推动了品质之城建设步伐。严格预算审查监督，首次将“四本预算”和113个部门预算提交区人民代表大会审查，全部公开。开展了区财政局工作评议，督促改善服务态度、提高管理水平，发挥财政资金最大效益。

促进依法治区进程。认真落实区委关于全面推进依法治区的决定，听取和审议了区政府贯彻实施道路交通安全法、药品管理法和区法院贯彻实施民事诉讼法情况的汇报，提出审议意见共11条，明确具体整改落实要求，为经济社会发展提供有力的司法保障。对区政府、乡镇人大主席团报送的31件规范性文件依法进行了备案审查，及时向市人大常委会报送14件规范性文件，维护了法制的统一。配合市人大常委会开展了环境保护法、城乡规划法、种子法等7部法规的执法检查，确保国家法律法规的贯彻实施。

促进社会民生改善。开展了区住建局工作评议，督促区住建局成为品质发展的主力军。听取和审议了区政府关于城乡社区事务费支出使用和安排、城乡环境综合治理、群众性文化活动以及小型农田水利建设情况的汇报，提出审议意见共16条，推动了民生事业的持续发展，推动了和谐幸福之城建设步伐。对“绿海明珠、千湖之城、百园之市”建设推进情况开展了视察调研，配合市人大常委会对养老服务体系建设提出了建设性意见和建议，督促政府及有关部门办理落实，推动了生态宜居之城、长寿养生之城建设步伐。

（三）依法任免，组织意图全面实现。坚持党管干部和人大依法任免的有机统一，坚持任前法律知识考试、供职承诺和任后跟踪监督等制度，不断增强被任命人员的法律意识、公仆意识和人大意识。全年补选了3名市人大代表、5名区人大代表；先后决定任免了"一府两院"国家机关工作人员40人次，任免人大机关干部4人次；许可司法机关对3名涉嫌违法犯罪的区人大代表采取司法强制措施；暂停了1名区人大代表的职务。

二、强化代表工作，主体作用有效发挥

（一）督办建议注重落实。听取和审议了区政府关于代表建议批评意见办理情况的汇报。切实加强对涉及面广、群众反映强烈问题的督办落实，提高办理实效。区一届一次人代会的54件代表建议批评意见全部限时办结，满意率达100%、办成率达72.2%。

（二）引导活动注重实效。坚持常委会组成人员联系代表、代表联系选民制度，依托"两代表一委员工作站"，代表与群众的联系更直接、更广泛。继续开展"走基层·人大代表在行动"活动，积极开展"扶贫攻坚·人大代表再行动"活动，全区176名代表结对帮扶301户贫困户，筹集资金170万余元，从产业扶持、技术指导、社会救助等方面帮扶脱贫，努力决战扶贫攻坚。

（三）督促履职注重实际。对全体区人大代表依法履职进行了培训，邀请基层人大代表外出学习考察、参加上级人大培训，参与工作评议、调研视察、执法检查等活动。邀请人大代表列席人大常委会会议210余人次，推荐区人大代表参与区委、区政府重大事项决策会议40余人次。组织开展对湖南衡阳破坏选举案、南充拉票贿选案的警示教育。全区人大代表的政治意识、法律意识和履职能力得到不断增强。

三、强化自身建设，履职水平不断提高

（一）思想政治建设不断加强。认真组织学习习近平总书记系列重要讲话精神和中央、省委、市委《关于加强人大工作和建设的意见》，深入开展"三严三实"主题教育活动，坚决维护中央权威，增强政治定力。坚持党对人大工作的绝对领导，确保人大工作正确的政治方向，增强贯彻执行区委战略决策的思想自觉和行动自觉。

（二）作风建设不断深入。常委会班子成员牵头联系了破解融资难题、彭祖新城、规划监督、深化农村改革等4个重点工作、7个重点项目、6个重点企业的推进，以及11个村（社区）的脱贫攻坚工作，常委会领导牵头联系的多项工作得到省市人大领导和区委主要领导的肯定。认真做好信访工作，全年共受理群众来信来访30件次，发挥了化解社会矛盾、促进社会和谐的积极作用。

（三）制度建设不断完善。组织人大干部积极参加理论和业务培训，学习考察先进地区人大工作经验，通过了《眉山市彭山区人民代表大会常务委员会讨论决定重大事项暂行办法》，促进人大工作的制度化、程序化和科学化。坚持邀请乡镇人大主席列席常委会会议、参与常委会的有关活动，支持乡镇人大主席团在同级党委的领导下依法履职。

各位代表，过去一年人大常委会工作所取得的成绩，是区委正确领导的结果，是全体区人大代表和区人大常委会全体组成人员共同努力的结果，是"一府两院"密切配合、大力支持的结果。在此，我代表区人大常委会，向全体区人大代表、向所有关心支持人大工作的各位领导和同志们表示衷心的感谢！

在肯定成绩的同时，我们也看到，区人大常委会工作与中央提出的推动新时期人大工作与时俱进的要求，与人民群众对人大工作的殷切期望相比，还有不少差距。我们将认真听取人大代表和社会各方面的意见，切实加以改进，不断推动人大工作再上新台阶。

2016年工作安排

各位代表，2016年是实施"十三五"的开局之年，区人大常委会将深入贯彻落实省委、市委人大工作会议精神，始终坚持党的领导、人民当家作主和依法治国的有机统一，按照区委推进品质发展的总体部署，坚持"围绕重点、强化监督，依法履职、服务发展”的工作思路，担当有为、与时俱进，为实现彭山品质发展作出新贡献。

一、坚持依法履职，服务发展大局

（一）依法行使重大事项决定权。坚定“品质发展”的核心理念，深入调查研究，充分酝酿讨论，确保人大常委会决定全区重大事项的科学性、时效性和针对性。重点对县乡两级人大换届、2015年本级财政决算、2016年财政预算收支调整变动、2016年地方政府债务限额、人事任免等重大事项作出决定决议，推动“四城建设”新发展。

（二）依法行使监督权。

加强对贯彻落实区委重大战略部署情况的监督。组织开展对贯彻落实市委“绿海明珠、千湖之城、百园之市”推进情况和区委关于抢抓“四大机遇”，推进“四城建设”、环天府新区规划建设，“三箭齐发”、彭祖山旅游综合开发、中法科技农业园、扶贫攻坚等的视察调研，促进全区重点工作、重大项目的推动落实。

加强对重大民生事项的监督。紧紧围绕人民群众十分关心关注的民生事项开展监督，重点听取和审议代表建议批评意见办理、全区基本公共卫生服务、农村改革试验区推进情况的汇报，组织开展对全区农村秸秆禁烧以及龚家堰扩容工程建设等工作情况的视察，把民生愿望和要求、民生事业发展落到实处。

加强对经济发展的监督。按照创新发展、品质发展的新要求，重点加强对计划和预算执行、2015年财政决算及审计报告、城乡社区事务费支出使用和安排、部分单位贯彻实施预算法等专项议题的审议，推动经济持续向好发展。

加强对法律和工作的监督。按照“规划先行、环保否决、安全第一”的要求，加大对规划法、安全生产法、环境保护法等法律法规执法检查的力度。听取和审议区人民检察院关于职务犯罪侦查工作。听取“一府两院”半年工作情况的汇报。依法开展对“一府两院”规范性文件的备案审查工作，及时向市人大常委会报送规范性文件，维护法律尊严。

认真落实上级人大常委会的各项决定决议，积极配合上级人大常委会搞好立法调研、执法检查和视察调研等工作。

（三）依法行使任免权。坚持党管干部和人大依法任免的有机结合，切实抓好国家机关工作人员任前考察、法律知识考试、供职承诺和任后谈话、任免公开等工作；建立宪法宣誓制度，探索完善干部任后监督机制，探索开展对被任命国家机关工作人员述职评议的监督方式，增强被任命人员的法治观念和公仆意识。

二、坚持依法办事，切实抓好县乡人大换届工作

正确把握人大换届选区划分、初提候选人、协商候选人、正式选举等各个环节的重点，注重和优化代表结构，为地方人大及其常委会更好地履职行权提供坚强的组织保障。全面落实人大换届选举各项法律规定，严守政治纪律和政治规矩，把好代表“入口关”、选举“组织关”、全过程“监督关”，确保纪律严明、风清气正。

三、坚持引导发挥，不断增强代表履职实效

（一）改进代表履职方式。坚持有计划地邀请基层代表参加人大监督活动，不断提高代表履职能力和水平。及时向代表通报常委会重大事项，拓宽代表知情知政渠道；充分利用“两代表一委员”工作站，落实好保障措施，为代表更好地搭建履职平台。

（二）强化代表履职责任。完善人大常委会组成人员联系代表、代表联系选民制度，充分发挥人大代表反映民意、参与决策、模范带动的作用。强化代表的群众观，深入开展“扶贫攻坚·人大代表再行动”活动，确保活动实效。切实加强对依法履职成绩突出代表的宣传，树立典型，激发广大代表履职热情。

（三）提高代表履职实效。指导和督促代表小组活动的开展，确保代表活动的规范化、常态化；进一步加强代表议案和建议批评意见的督办工作，改进办理和答复方式，加强督促检查和回访，不断提高办成率。

四、坚持自身建设，不断提升工作水平

（一）不断坚持和加强思想政治建设。认真学习习近平总书记关于人大工作的系列重要讲话，认真落实中央、省委、市委关于加强人大工作和建设的意见，坚决维护区委总揽全局、协调各方的领导核心地位，牢固树立“一盘棋”的思想，确保人大工作正确的政治方向，不断推动地方人大工作与时俱进、创新发展。

（二）不断改进和丰富履职方式。善于综合运用视察调研、专题询问、工作评议、跟踪督办等履职手段，拓展监督领域、突出监督重点，坚持“带着问题搞调研”，“围绕解决问题搞调研”。建立完善人大常委会工作机制和管理制度，推动人大工作的程序化、规范化和科学化。

（三）不断加强和创新联系工作。积极主动推进区委安排的重点工作、重点项目，自觉接受上级人大常委会指导和监督。坚持邀请乡镇人大主席、基层代表列席常委会会议。加强对乡镇人大工作的监督和指导。加强“学习型、创新型”队伍建设，积极参加上级人大的学习培训，有计划地组织人大代表和人大干部学习先进地区工作经验，不断提高履职能力。

各位代表，新时期带来新机遇，新常态要求新作为，区人大常委会将在区委的坚强领导下，主动作为，扎实工作，不断推动依法治区，不断促进品质发展，不断提高民生福祉，为全面建成小康社会做出新的更大的贡献！

政府工作报告

——2016年1月22日在区第一届人民代表大会第二次会议上

区长　罗万东

各位代表：

我代表区人民政府，向大会报告政府工作，请予审议，并请列席会议的其他同志提出意见。

主动作为、奋力攻坚的2015年

2015年是推进彭山发展的关键之年。在市委、市政府和区委的坚强领导下，在区人大、区政协的监督支持下，我们以“品质发展”为主题，全力稳增长、调结构、促改革、惠民生，圆满完成了区一届人大一次会议确定的目标任务。

全区地区生产总值实现123.42亿元，增长11.7%，增速全市第一；规上工业增加值增长15.9%，增速全市第一；第三产业增加值增长10.9%，增速全市第二；全社会固定资产投资实现199.16亿元，增长13.4%，增速全市第一；社会消费品零售总额增长12.9%，增速全市第一；地方一般公共预算收入实现13.6亿元，增长10.4%；城镇居民人均可支配收入实现27001元，增长9.1%，增速全市第一；农村居民人均可支配收入实现14062元，增长10.6%，增速全市第二；城镇化率提高1.99个百分点；万元GDP能耗下降2%。

一年来，我们围绕“四城”建设主要做了以下工作。

一、全面推进改革开放，发展活力明显增强

深化农村改革成果丰硕。成立农村产权流转交易服务中心，设立产权融资风险补偿基金，跻身全国“两权”融资试点区县，全省唯一。创新土地流转“四步机制”，规模流转土地12万亩，全省农村土地流转现场会在彭山召开。开展农村集体资产股份制改革试点，成立全市首家村级集体资产经营管理有限公司。深化农村改革工作经验在全国交流，受到副总理汪洋，省委书记王东明，省委常委、组织部部长范锐平，市委书记李静等领导肯定，被新华社、人民日报、中央电视台等主流媒体报道。

开放合作成效显著。理顺招商体制机制，组建区投促委，实施精准招商，新签约项目12个，其中，拟投资50亿元的彭祖山文化旅游综合开发项目成功签约，中法农业科技园项目被写入省委十届七次全会公报，新增陶氏化学、格力、中建、中电建4家世界500强企业。全区进出口总额实现1773万美元，农村产权流转交易平台与省级交易平台对接运行。

*重点领域改革纵深推进。*实行规划“两委”并行机制，切实维护规划的权威性和严肃性。抢抓政策调整机遇，争取到政府存量债务置换债券13.21亿元、专项建设基金3.56亿元。整合平台公司，组建区融资担保公司，实现政府性融资25.26亿元。抓好产权登记改革，成立区不动产登记局。创新货币化安置模式，安置3627人，经验在全市推广。推进商事制度改革，“三证合一、一照一码”顺利实施，降低准入门槛，将134项前置审批调整为后置审批，民营经济对经济增长贡献率达60.4%。

二、全力推进转型升级，发展动能快速积聚

*产业结构持续优化。*全区入驻世界500强和国内外知名企业20家，规上工业企业达102户。“东坡味道”农副产品加工业和日化产业产值均突破100亿元。形成了“一园区六基地”的现代农业产业格局，已培育新型农业经营主体415个、龙头企业19家、星级家庭农场20个。积极发展养生养老服务业，成功举办“中国·彭山第六届彭祖长寿养生文化节”。

*产业能级迅速提升。*两大工业园区完成基础设施投入53亿元，全区工业总产值实现323亿元，同比增长19%，彭山经开区成为全市首个“200亿园区”。葡萄、猕猴桃等六大特色优势产业规模种植面积达到18万亩，农业生产总值达到35亿元。苏宁云商、四川铁通物流、海尔仓储等知名物流企业入驻彭山，彭山青龙物流园区成为全省唯一的省级物流聚集区。

*产业模式不断创新。*彭山经开区成功创建省级知识产权示范园区，全区产学研创新联盟达12个。全区“三品一标”占农产品种植面积的64.3%，农业机械化水平达65.3%，获绿色食品认证25项、无公害产品14个、农产品行业金奖12项，成功创建农产品质量安全示范县。大力推进“互联网+”，成立彭山电子商务协会，建立“东坡味道”特色农产品展销平台，网上交易额3亿元。

三、着力推进全域统筹，发展面貌持续改善

*城镇品质有效提升。*抢抓撤县设区机遇，投入资金10.1亿元，完成李密大道等11个市政工程，新增城镇建成区面积1.98平方公里。升级锦绣大道等5条道路景观，“花漾彭山”“光彩彭山”顺利推进。完成城市文化策划，喊响“彭山·一个不老的地方”城市口号。扎实推进“美丽乡村新面貌行动计划”，建成幸福美丽新村30个、新村聚居点12个。

道路交通建设有序推进。“三箭齐发”开工建设39.8公里，占总里程的57%。岷东大道成彭段、滨江大道城区段建成通车，工业大道完成规划设计。完成省道103线彭山段品质提升工程，完成彭谢路等16.7公里道路黑化升级，改造通乡、通村道路74公里。成昆铁路扩能改造、简蒲高速彭山段建设有序推进。西南交通应急物资储备中心选址彭山。

*环境质量快速提升。*坚持“环保否决”制度，扎实推进“千湖之城”“绿海明珠”“百园之市”建设，龚家堰扩容工程主体竣工，新增和恢复水域面积6平方公里，森林覆盖率35.8%，新增城镇公园15个，城乡绿化覆盖率48%。“六治”工作成效显著，全面启动畜牧业面源污染治理，空气优良天数达标率74.5%，成功创建8个省级优美示范镇村，顺利通过全国农村生活垃圾处理验收，砂石监控技防经验全省推广。

四、强力推进社会建设，发展基础继续夯实

*民生工程优先推进。*实施民生工程179项，投入民生资金18.45亿元，占公共财政支出的72%。在全市率先完成养老保险并轨工作，整合城乡居民基本医疗保险，大病保险全覆盖。完成棚户区住房改造640套、农村危房改造175户。

*扶贫攻坚扎实开展。*投入资金7000万余元，改善贫困村生产生活条件；实行“一户一策”精准扶贫，创新开展扶贫小贷保证保险、扶贫小贷入股企业等工作，全年共减少贫困人口4390人。

*创新创业成效显著。*设立2000万元创新创业引导资金，创业孵化园被评为省级科技孵化园、市级创业示范园，建成市级农业科技示范园区2个、农业科技示范基地1个，完成专利申报199件，增长率全市第一。发放创新创业小额担保贷款1600万元，个体工商户登记1910户，硕仙农业获省青年创新创业大赛冠军。跻身国家知

识产权强县工程试点区县。

社会事业全面发展。新一中、城南小学项目正式启动，东星航空项目进场施工，保罗国际学校招生行课。成功申报“全国规范化家长学校实验区”“省艺术教育实验区”，彭山一中成功创建省“阳光体育学校”。完成8个“寿乡新村文化院坝”建设，元宵灯舞巡游在央视实况播出，黄丰镇被评为“四川省民间文化艺术之乡”。推进医疗卫生改革，实施分级诊疗，区域就诊率达90%。消除疟疾工作通过省级验收。创建省级卫生单位11个。

安全稳定持续向好。深入开展道路交通安全综合整治，源头治理经验在全省交流。严厉打击各类违法犯罪活动，成功侦破“5·1”特大盗掘倒卖文物案，平安建设跻身全省一流行列。彭溪镇、锦江乡顺利通过省级安全社区认定，全区未发生较大及以上安全事故。

五、扎实推进自身建设，服务发展提质增效

依法履职尽责。全面推行三张清单制度，清理编制权力清单6162项，责任清单591项，投资项目限制禁止清单897项，行政权力平台公开透明运行。坚持政府常务会学法、政府法律顾问列席政府常务会。认真办理人大代表建议、政协委员提案，满意率均达100%。

优化政务服务。坚持领导联系重点推进项目和重点企业，严格落实“四个当天”制度，优化行政审批程序，87项非行政许可全面取消，行政审批提速20%。

深化作风建设。认真践行“三严三实”，动态列出365项干部管理负面清单，“四风”问题得到有效整治。严格执行八项规定、六项禁令，“三公”支出减少15%。

此外，双拥、档案、妇女儿童、残疾人、红十字、粮食、气象、人防、外侨台、民宗等工作取得新成绩，得到新加强。

2015年是“十二五”收官之年。五年来，经济实力显著增强。全区地区生产总值从65.25亿元增加到123.42亿元，是2010年的1.9倍；全社会固定资产投资从76.86亿元增加到199亿元，是2010年的2.6倍；地方一般公共预算收入从3.23亿元增加到13.6亿元，是2010年的4.17倍；城镇居民可支配收入从14325元增加到27001元，是2010年的1.88倍；农民人均可支配收入从6335元增加到14062元，是2010年的2.22倍；人均GDP突破5000美元。

五年来，城乡统筹步伐加快。城镇化率提高11.05个百分点，达到51.26%。大力推进综合交通建设，“三箭齐发”累计投入23.1亿元；新建和改造县乡公路129.7公里、农村公路500.5公里；成绵乐城际铁路通车运行。成功跻身全国第二批深化农村改革试验区。被评为全国农业标准化示范县、全省现代农业重点县，成功创建“省级绿化模范县”“环境优美示范县城”。

五年来，社会民生显著改善。财政对民生工程累计支出达70亿元。义务教育发展基本均衡合格县通过国家评估认定。完成区人民医院升级迁建。实现血吸虫病传播阻断达标。解决农村安全饮水11.52万人。城乡养老保险、医保、低保等实现应保尽保。创建全省“平安建设先进县”“双拥模范区”。

成绩来之不易，这是区委坚强领导，区人大、区政协监督支持，全区人民团结奋斗的结果。在此，向各位代表，向所有参与彭山建设的同志们、朋友们，表示衷心的感谢，并致以崇高的敬意！

同志们，我们要清醒地看到，彭山发展仍然面临不少问题和挑战，主要有：经济总量不大，运行质量不高，产业支撑不强，项目推进缓慢，新增长点培育艰难，要素制约趋紧，环境约束加大，社会矛盾增多，行政效率有待进一步提高。以上问题，我们将高度重视，认真加以解决。

科学谋划“十三五”彭山经济社会发展

“十三五”是彭山科学发展、加快发展、转型发展的重要转折点和机遇期。根据市委、市政府和区委对“十三五”的安排，我们要进一步认清形势、坚定信心，继续保持专注发展定力，促进彭山跨越式发展。

今后五年的总体思路是：牢固树立“创新、协调、绿色、开放、共享”的发展理念，强化“三大铁律”和“三大支撑”，抢抓“四大机遇”，破解发展难题，重拳环境治理，奋力推进

“四城”建设，努力把彭山建成开放合作的示范区、创新创业的示范区、改革攻坚的示范区、品质发展的示范区、全面小康的示范区。

今后五年的主要目标是：保持高于省、市的经济增长速度，到 2017 年，在全省率先实现次级突破、在全市率先全面建成小康社会，到 2020 年地区生产总值比 2010 年增加 2 倍以上，地方一般公共预算收入达到 22 亿元，城镇化率达到 60%，城乡居民收入超过全国平均水平。

对于“保持高于省市的经济增长速度”这一目标，主要基于以下考虑。一是发展不足仍然是彭山面临的主要矛盾，有必要确立一个积极进取的目标。二是彭山区位优、机遇多，各方面发展劲头足、态势好，特别是通过历届党委、政府和同志们的努力，已有了良好的发展基础，这必将为彭山下一步的发展提供有力的支撑。

乘势而进、奋力冲刺的 2016 年

今年工作的思路是：坚定“品质发展”核心理念，保持担当奋进、冲刺跨越工作状态，突出稳增长、调结构、惠民生、防风险，稳中求进、改革创新，抢抓机遇、顺势而兴，奋力推动“四城”建设新跨越，实现“十三五”开门红。

今年全区经济社会发展的主要目标为：地区生产总值增长 8.5%；规模以上工业增加值增长 10.5%；第三产业增加值增长 9%；全社会固定资产投资实现 221 亿元；地方一般公共预算收入增长 8.5%；城镇居民人均可支配收入增长 9%；农民人均可支配收入增长 9.5%；社会消费品零售总额增长 11%；招商引资到位资金 125 亿元；民营经济增加值增长 9.5%；GDP 综合能耗下降 2%；城镇化率提高 1.7 个百分点。

需要特别说明的是，这些目标是全区经济社会发展的确保目标。2016 年，我们务必做到“六个坚持”，实现“六个新突破”，奋力冲刺，确保各项指标继续走在全市前列！

一、坚持外向发展，对外开放实现新突破

*积极向上争取项目资金。*做好项目前期工作，加大“进京、进省”争取项目资金力度，确保向上争取各类资金 11 亿元以上。加强项目开工建设工作，做好项目资金监督管理，确保项目早开工、早竣工、早见效。

*强力推进投资促进工作。*坚定不移实施招强引优。坚持“一把手”招商，重点围绕产业链招商、延链补链招商，创新实施“以商招商”，积极开展会节招商、小分队招商。加强园区基础设施建设，建立园区项目服务中心，优化服务和投资环境。力争全年实现新签约“555”类企业或投资 10 亿元以上项目不少于 3 个。

*加大区域合作力度。*抢抓“一带一路”和长江经济带发展机遇，加强与其他区域合作。依托彭山处于成都经济圈核心区的优势，坚持基础同网、产业同链、区域同城，实现与成都无缝对接。抢抓天府新区建设机遇，充分利用牧马、锦江、武阳、观音被批准为天府新区协调管控区的优势，打造环天府新区产业带，推动彭山与天府新区其他区域充分融合。

*着力打造外向型经济。*坚持全球招商，力争全年利用外资 2400 万美元以上。鼓励企业拓展国际市场，力争全年进出口额达到 2000 万美元以上。组织企业参加惠民购物全川行、川货全国行、万企出国门、东坡味道行“四大活动”。力争引进星巴克、肯德基、沃尔玛这样的国际国内旅游、餐饮、休闲知名品牌入驻彭山。在主要道路、学校、医院、旅游景点、服务窗口设立中英文标识牌，着力提高城市外向度。

二、坚持创新发展，深化改革实现新突破

*深化农村改革试点。*纵深推进农村改革试验区试点工作，探索农村集体建设用地入市和自愿有偿退出机制，释放农村发展潜力。全面完成农村“两权”颁证，依托全国农村“两权”融资试点，拓宽抵押融资渠道。继续开展农村集体资产股份制改革试点，壮大集体经济、助农增收。

*深化融资体制改革。*创新金融激励机制，建立政府性存款同金融机构支持地方经济发展挂钩制度。出台政策，大力支持本地企业上市融资，力促四川铁通公铁物流公司完成香港上市、西金联合电气完成新三板上市。向上争取政府债务置换债券和专项建设基金各 10 亿元。大力推广 PPP 模式，启动彭祖新城、农村生活污水处理、滨江大道北段等 PPP 项目，争取全省 PPP 投资引导基金示范项目落户彭山。

深化行政体制改革。深化“三张清单”动态管理，深入推进简政放权、放管结合。深入推进商事制度改革，全面推行“一照一码”，营造宽松平等的市场准入环境。加强政务服务中心建设，实现行政许可和便民服务全进入。进一步理顺园区管理体制，下放园区更多审批权限。加大政府购买公务服务力度。全面完成公务用车制度改革。

三、坚持协调发展，产业发展实现新突破

推进重点项目建设。坚持项目工作统领经济工作。进一步深化项目推进工作机制，定期召开重点项目现场推进会，解决项目推进过程中遇到的困难和问题。强化要素保障，实施“保姆式”“一站式”服务。全年实施长安特种车、格力电工等66个省市区重点项目，完成投资95.2亿元。

推进新型工业化。坚持工业强区战略，深入推进“眉山制造2025”计划。优化园区主导产业，依托联合利华等企业，做大做强日化产业。实施工业企业“小巨人”培育计划，做大做强金桐精细、思念食品等10户规上企业。完成海尔机器人、中建、苏宁云商等项目建设，年底前投产运营。启动联合利华二期、海尔三期、思念三期建设。强化科技创新，全年新建博士工作站2个，新建“产学研用”联盟5个。坚持转型升级，全年技改投入完成43亿元。全年培育规模以上企业10户，工业总产值实现362亿元。

推进三产服务业发展。坚持三产旺区战略，着力推进三产旅游上档升级。完成《彭山区旅游发展总体规划》，推动黄丰橘园等乡村旅游项目落地建设。抓好彭祖山、东星航空、远景文化等项目建设，完成投资30亿元以上。加快西门新商圈、伟业广场二期等商业综合体建设，丰富城市业态。实施“互联网+”工程，大力发展电子商务。加快海尔、四川铁通公铁物流园等建设，形成背靠成都、辐射西南及东南亚的物流产业集群。力争三产产值突破36亿元。

推进农业现代化。坚持农业稳区战略，大力发展都市近郊型现代农业。坚持农业发展“三带”布局，培育以旅游休闲、农业观光为主的东山片区产业带，以葡萄、红心蜜柚产业为主的中部片区产业带，以猕猴桃、小水果、中药材产业为主的西山片区产业带。加快推进中法农业科技园建设，打造欧洲风情小镇、观光休闲农业、锦江十里画廊；启动江口、黄丰观光休闲带建设；推进岷江现代农业示范园区建设，打造北门户现代农业科技示范园、中门户花卉观光园，重点引进建设星级农家乐、QQ农场等项目，促进一、三产融合。推广“彭祖”商标，形成“东坡味道”彭祖体系。规划建设农超综合体。全年实现“东坡味道”产业产值110亿元。

四、坚持品质发展，城乡面貌提升实现新突破

坚持品质规划。坚持规划先行，实施“规划大会战”，完成《彭祖新城控制性详细规划修编及城市设计》等11个城乡大型规划编制。编制完成《农房风貌改造规划》和《农村建房指导图册》，规范全区农房风貌、风格，形成彭山特色。发挥城乡规划监督委员会职能，强化规划监督，确保城乡建设的品质和水平。

坚持品质建设。继续抓好彭祖新城建设，启动“长寿水乡”建设和“五湖四海”景观改造工程。有计划地推动旧城改造。大力实施城市品质提升工程，完成滨江花堤、迎宾大道、锦绣大道等5条道路的景观打造。加快“千湖之城”“绿海明珠”“百园之市”建设，继续抓好“花漾彭山”和“光彩彭山”建设。完成龚家堰水库扩建项目蓄水验收，启动灌区工程建设，扩大水域面积5平方公里。升级打造十里滨江樱花长廊，实施岷东大道花果景观绿化带、仙女湖森林公园等项目，城乡绿化覆盖率力争达到50%。

坚持品质管理。深入推进城市管理向农村延伸，实现城乡管理同步。提升城市综合管理信息化、标准化水平，巩固治乱成果。实施城市管理提升工程，解决好“停车、洗车、农贸市场、垃圾收集”四大难题。全面实施农村面源污染治理、大气污染治理等治污专项行动，力争优良天数全年达标率70%以上。开展砂石行业整顿，严厉打击私挖滥采。建成武阳、谢家“治超”点，杜绝超限超载现象。持续深化城乡环境综合治理，积极探索农村生活垃圾处理外包服务试点，创建省级生态区，建成省级优美示范乡镇1个、

"美丽乡村"7个。

五、坚持基础先行，综合交通建设实现新突破

开展综合交通建设攻坚战。强力推进"三箭齐发"，完成岷东大道和滨江大道城区至东坡区段工程项目建设，实现全面通车；完成滨江大道北段和工业大道前期工作，启动工程建设。启动眉彭大道工程建设，完成征地拆迁和路基工程。加快环天府新区道路规划，完成前期工作。启动成乐、成雅高速公路扩容改造工程。有计划地推进乡村公路改造，实现"四化"，全面提升乡村公路质量，完成改造50公里。加快推进岷江航电工程项目，力争年底前开工建设。启动西南交通应急物资储备中心建设。加快推进成昆铁路扩能改造工程建设，完成彭山火车站站改工作。

六、坚持共享发展，民生改善实现新突破

深入实施脱贫攻坚。大力实施贫困村造血计划，加大资金扶持和投入力度，持续改善贫困村基础设施条件。因地制宜发展特色种养产业和加工业，形成一村一品。加大产业技能就业培训，实现产业就业；依托"百企联百村"行动，实现对口就业。继续开展扶贫小额信贷工作，帮助贫困户发展生产和入股企业，助力脱贫。完成扶贫移民搬迁工作。率先在全市完成35个贫困村"摘帽"和1107户、2900人脱贫。

强力推动"大众创业、万众创新"。大力实施创新创业"22345工程"，通过降低门槛、激发活力、加大扶持、提升服务，解决创业难题，掀起创业就业高潮。坚持科技是第一生产力，鼓励企业引进高新技术人才，鼓励人才来彭山创业，鼓励全社会创新。强化就业保障，落实创业就业各项优惠和激励政策，搭建创业展示和投融资对接平台，引导鼓励彭山籍能人回乡创业、带动就业。城镇新增就业3500人以上，登记失业率控制在4.2%以内。

开展安置工作攻坚战。继续推行货币化安置，大力推进拆迁群众安置入住工作。启动锦江学院三期、李密大道、南门庭院、卡口等安置区建设，加快推进高速路出口、牧马新镇（二期）、莲花新村（四期）、观音椿巅村、公义红旗村马林村、武阳茯苓村等安置区建设，全区安置率不低于80%，并实现安置入住。

持续改善社会民生。加大民生投入，确保财政支出用于民生工程比重在70%以上。实施"十大民生工程"，进一步强化社会保障，确保城乡养老保险、医保、低保全覆盖。启动新建新一中和彭溪小学改扩建工程，完成城南小学建设和区职高整体搬迁二、三期工程。完成省残疾人运动训练中心建设。完成区中医院和公共卫生服务中心主体工程建设，启动新建区精神卫生保健院工作。实施全面两孩政策，改革完善计划生育服务管理。推进省级养老示范社区和农村幸福互助院建设。坚持文化扬区，开发利用寿忠孝文化，推动"武阳茶肆"的挖掘和打造，推进"江口沉银"遗址水下考古发掘工作。启动文化馆、图书馆、展览馆、博物馆建设。完成2个省级示范乡镇文化站和第二批文化院坝8个点的建设工作。

改革创新社会治理。启动"七五"普法，健全完善矛盾纠纷预防化解机制，调解率达到90%以上。深入推进户籍制度改革，有序推进大部门、警种制改革全省试点。健全社会治安防控体系，严厉打击各类违法犯罪，增强群众安全感。建设谢家镇、黄丰镇2个省级安全社区。加强食品安全监管，推进畜牧业"三大安全"工作。

此外，我们还将加强粮食、国资、审计、体育、农机、外侨台、邮政、通信、电力、武装、双拥、新闻、妇女儿童、红十字、气象、人防等工作。

对比目标任务，我们倍感责任重大。我们必须坚持"三大作风"，坚守"三大底线"，凝心聚力、强力推进，以高度的责任感和使命感，确保各项目标任务的实现。

坚持真抓实干。"空谈误国，实干兴邦"。我们务必坚持真抓实干，锁定目标任务，执行到位、落实到位。务必发扬"五加二""白加黑"精神，把时间和精力用在谋发展、抓发展上，在执行和落实中出成绩。

坚持大胆创新。创新是一个民族进步的灵魂，是推动彭山发展的动力。我们务必坚持深度解放思想，打破条条框框，大胆创新，敢为人先。唯有创新，彭山才能实现新超越。

坚持敢于担当。担当是一种精神，是一种责

任，更是一种境界。我们务必坚持把彭山发展的重任扛在肩上，以强烈的责任心、担当重任的能力、负责担当的底气，在压力和困难面前敢于担责，敢于担难，敢于担险，做到守土有责、守土尽责。

坚守依法行政底线。坚持依法履职、依法决策、依法行政，认真执行“三张清单”制度，严格遵守重大行政决策公众参与、合法性审查等法定程序，实施行政执法权裁量标准，进一步规范行政执法行为。

坚守廉洁自律底线。牢固树立规矩意识，强化程序和法制意识，做到敬畏法纪、遵纪守法。正确处理好公与私、德与利、权与责的关系，坚决贯彻八项规定，严格落实“三严三实”要求，筑牢廉洁自律的思想防线。

坚守安全底线。牢固树立安全发展理念，坚持人民利益至上，坚决落实安全生产责任制，强化红线思维，以对党和人民负责的精神，始终把人民生命财产安全放在首位。坚决防范较大及以上安全事故的发生。

各位代表，充满希望的2016年已经向我们走来。让我们在市委、市政府和区委的坚强领导下，以更坚定的信心，更昂扬的斗志，真抓实干、开拓创新，为推进“四城”建设，建设品质彭山而努力奋斗！

名词解释和说明

1. 四城建设：品质发展之城、生态宜居之城、长寿养生之城、和谐幸福之城。

2. 两权：农村土地承包经营权和农房财产权。

3. 四步机制：三级土地预推—平台公开交易—资质审查前置—风险应急处理。

4. 两委：区规划委员会和区规划监督委员会。

5. 三证合一、一照一码：三证合一，将企业依次申请的工商营业执照、组织机构代码证和税务登记证三证合为一证；一照一码，通过“一口受理、并联审批、信息共享、结果互认”，实现由一个部门核发加载统一社会信用代码的营业执照。

6. 一园区六基地：岷江现代农业示范园区，葡萄、猕猴桃、柑橘、粮经复合、蔬菜、蜜柚基地。

7. 三品一标：无公害农产品、绿色食品、有机农产品和农产品地理标志。

8. 东坡味道：2015年，市委、市政府确定并实施“东坡味道”千亿发展战略，以“东坡味道”统揽食品产业发展，形成统一的标准体系、品牌推广，推动产业转型升级，形成核心竞争力，力争“十三五”期间实现产值上千亿元。

9. 三箭齐发：滨江大道、岷东大道和工业大道彭山段。

10. 六治：治砂、治尘、治污、治乱、治超、治“庸、懒、散、浮、拖”。

11. 四个当天：日常工作，当天事当天毕，案无积卷、事不过夜；群众办事，当天接当天处，首问负责、限时办结；上级交办，当天领当天动，重在执行、及时回复；同级协作，当天应当天办，不推不诿、快速主动。

12. 三大铁律：规划先行、环保否决、安全第一。

13. 三大支撑：项目、资金、投促。

14. “555”类企业：世界500强企业、中国500强企业、民营500强企业。

15. 一带一路：丝绸之路经济带和21世纪海上丝绸之路，是由习总书记于2013年9月和10月分别提出的经济合作概念，属于跨国经济带。

16. 长江经济带：覆盖上海、江苏、浙江、安徽、江西、湖北、湖南、重庆、四川、云南、贵州11个省市，连接东、中、西三大区域的经济带，涉及地域面积超过150万平方公里，人口近5亿。

17. “小巨人”培育计划：为加快推进重点工业企业转型升级、创新发展，精准着力培育一批成长型好、创新能力强、带动效应显著的重点工业企业。

18. 中门户：岷江现代农业园区规划的四个旅游集散中心之一，位于凤鸣镇江渔村。

19. 北门户：岷江现代农业园区规划的四个旅游集散中心之一，位于公义镇马林村。

20. 四化：黑化、绿化、亮化、美化。

21. 22345工程：实现两大核心目标：创新创业主体竞相涌现、创新创业能力不断提升。培育两大主体：人才和企业两大创新创业核心主体。构建三大体系：“东坡味道”千亿产业创新创业体系、“眉山制造2025”创新创业体系、现代服务业创新创业体系。实施四大行动：引进行动、回归行动、培育行动、转化行动。落实五大政策：金融支持政策、财政扶持政策、产业配套政策、人才激励政策、政务服务政策。

22. 眉山制造2025：以制造业转型升级为主线，加快推进智能制造、服务型制造，到2025年，把眉山建成智能制造名城。

23. PPP模式：“Public – Private – Partnership”，即公私合作模式，通过私营企业、民营资本与政府进行合作，参与公共基础设施的建设，是公共基础设施中的一种项目融资模式。

24. 十大民生工程：就业促进、扶贫解困、民族地区帮扶、教育助学、社会保障、医疗卫生、百姓安居、民生基础设施、生态环境和文化体育工程。

中国人民政治协商会议
眉山市彭山区第一届委员会常务委员会工作报告

——2016 年 1 月 20 日在政协眉山市彭山区第一届委员会第二次会议上

眉山市彭山区政协主席　谭福轩

各位委员，同志们：

我受政协眉山市彭山区第一届委员会常务委员会的委托，向大会报告工作，请各位委员审议，请同志们提出意见！

2015 年工作回顾

2015 年，区政协在区委的领导和市政协的指导下，紧紧围绕抢抓“四大机遇”，推进“四城”建设，积极适应新常态，充分发挥政协优势，勇于担当，主动作为，切实履职，务实创新，各项工作取得了新成效，为助推我区经济发展、社会和谐、民生改善做出了积极贡献。在 2015 年 11 月召开的市委政协工作会上，区政协党组作了议政建言方面的经验交流发言；扶贫攻坚工作被省、市政协以信息专报作推广交流；文史工作得到市政协王影聪主席的表扬批示，多项工作得到区委、区政府主要领导的肯定。

一、探索创新，丰富层面，协商民主渐入佳境

（一）协商渠道更加通畅。搭建形成了政协全体会议、常委会议、主席会议、专委会议、专题协商会议和参加党政重要会议等协商平台，特别是改进了全委会和常委会议政方式，在政协全会上，区委、区政府全体在家领导改以前会后看简报为集体听取委员分组讨论情况，极大调动和提高了委员参政议政的积极性，领全市协商风气之先。创新并坚持了每次区政协常委会安排听取常委反映社情民意的制度。政协作为协商民主重要渠道和专门协商机构的作用得到了更好发挥。

（二）协商领域更加广泛。全年区政协召开常委会议 5 次、主席会议 11 次、专题协商会议 4 次、专委会议 24 次，在区党代会、人代会召开之前协商了区委工作报告和区政府工作报告，听取了区纪委关于党风廉政建设和反腐败斗争工作情况以及区人民法院、区人民检察院的工作情况通报。2 次召开彭山区“十三五”规划专题协商会议，为区“十三五”规划的编制提供了有益参考。区政协一届一次全会期间，组织委员围绕彭山经济社会发展的重点、热点、难点问题开展协商议政，共提出建议 98 条。委员的意见建议经整理并专报，有的直接进入了领导决策程序，有的按照区领导批示分解到各责任部门抓落实。

（三）文史工作再出成果。组织开展了纪念中国人民抗日战争暨世界反法西斯战争胜利 70 周年、纪念红军长征入川 80 周年征文及关爱抗战老兵活动。精心编撰完成了彭山文史资料 · 第八辑——《彭山儿女抗日寇》，不仅为上述系列纪念活动献了礼，而且填补了我区史志上的一项空白，市政协王影聪主席作了批示并给予充分肯定。

二、突出重点，精细组织，调研质量明显提升

紧紧围绕区委、区政府中心工作，社会热点和部门重点、难点工作，精心选择调研课题，积极为彭山发展建言献策、鼓劲支招。先后组织开展了对培育壮大新型农业经营主体、养老养生产业化发展、货币化安置、公立医院改革等重大课题的专题调研，对“六个专项治理”、提案办理等工作开展了专项视察。下功夫提升调研视察质量，坚持小型分散与集中调研相结合，把好调研视察事前、事中、结束等关键环节，做到深入实际，听真话、察实情，部分课题还由区政协领导

率队赴市外考察取经，继而使建议更科学合理。做好对调研报告的传阅、批示、办理等的追踪，促使调研成果的高质量转化和运用。

全年共组织调研视察12次，形成调研视察报告9篇，其中《关于对我区公立医院改革的调研报告》《关于赴攀枝花学习考察阳光康养产业发展情况的考察报告》《关于对东汉诤臣张纲墓地现状调查的情况汇报》等调研视察报告得到了区委、区政府主要领导的批示和肯定，其余报告被批转有关部门研究落实。区政协组织撰写的《关于在“十三五”期间推进彭山区融入眉山城区的建议》，在上周召开的市政协三届六次全会上作了大会发言，市委书记李静当即作出肯定性批示。

三、抓实发动，领导督办，提案工作再创佳绩

抓好委员撰写提案的组织发动、培训引导，并通过组织政协委员学习、参与调研视察等，为委员知情明政、建言献策创造条件，提案数量、质量均稳步上升。加强与区委办、区政府办协作，对委员提案联合交办，强化了办理责任，加大了工作力度。开展提案办理专项视察和重点提案重点督办工作。先后组织开展了对区旅游局（三产办）、彭祖新城管委会、区环保局、区住建局和区农业局等承办单位提案办理情况的集中视察或个案视察，并充分进行办理协商；坚持区分管领导与区政协主席会成员督办重点提案工作，以及联合协办、跟踪办案、走访督察、“回头看”等行之有效的方式，进一步提高了办理质量。全年，共征集提案112件，提案办复率100%，办成率71.8%（为该届最高），满意和基本满意率100%（其中，基本满意1件，占0.9%）。

四、强化担当，深度参与，民主监督质效并举

（一）扎实开展对“治超、治尘、治乱、治砂、治污、治庸懒散浮拖”六个专项治理的民主监督。按照区委的要求，区政协将监督“六个专项治理”纳入年度工作重点，通过召开主席会听取各专项治理牵头区领导和部门情况汇报、10余次组织委员现场视察并座谈、召开政协常委会专题协商议政等有效形式，做到建言支招、点评促改、呼吁鼓劲、反馈民意、沟通信息、凝聚共识，有力地推进了相关工作的开展，并促成了区政府对砂石管理、畜禽养殖、废旧回收市场等规范性文件的出台，区委主要领导2次在相关情况汇报材料上作出批示。

（二）全面深入对安置房安置和管理开展个案监督。区政协用3个多月的时间，组织开展了对全区安置房安置和管理这一党委政府关注、人民群众关心的热点问题的个案监督。深入到11个乡镇、2个工业园区及岷江现代农业示范园区，采取听情况介绍、实地走访、召开座谈会、发放调查问卷等方式开展监督活动，形成了有针对性的监督意见，并督促各有关单位和乡镇积极整改落实。个案监督意见建议得到区委、区政府的高度重视和相关园区、部门、乡镇的积极回应，对于促进全区安置房建设、安置、管理上新台阶起到了积极的作用，包括监督对象在内的各方对此给予了好评。

（三）继续抓好区政协委员担任行风、政风、纪检监察、组织等方面的监督员工作。强化指导，充分发挥民主监督员作用，对被派驻部门执行法律法规、贯彻方针政策、作风效能建设等方面的情况进行了有效监督。

五、关注民生，主动作为，助推和谐再谱新章

（一）机关直接联系服务基层和群众工作力度空前。区政协机关率先贯彻区委决战扶贫攻坚的决定，迅速制定实施方案，将直接联系服务群众工作和扶贫攻坚有机结合，统筹推进。向所联系的观音镇及果园村、梓桐村和公义镇新桥村等协调落实项目帮扶资金175.2万余元，用于村级阵地建设、道路硬化、水利设施建设等；协调流转土地1370亩种植优质水果；向贫困户资助现金、帮扶物资（折款）共计9.9万余元；组织捐款7700元、衣物150余件，为联系群众解决危房改造、用水、用气、就业、就医、就学等具体困难和问题35个，办实事80余件，受到基层干部群众的欢迎。

（二）政协委员参与“我为扶贫攻坚做件事”活动实现全覆盖。充分发挥政协人才荟萃、智力密集、联系广泛的优势，广泛动员、精心组织全区146名委员参与省政协发起的“我为扶贫攻坚做件事”活动，每名委员至少联系1户建档贫困户。据不完全统计，目前参与活动的委员达300余人次，帮扶贫困户207户、贫困群众608人，委员个人及所在单位捐助现金（物资折款）152万余元，办实事117件次，协调落实项目资金近380万余元，受益群众达1358人。工作成效得到省政协地联委领导高度评价，省政协“我为扶贫攻坚做件事”活动特刊以《眉山市彭山区政协主动作为、真情攻坚》为题作了专报（全省仅专报2个区、县），市政协主席王影聪作了肯定性批示，区委书记梁磊就此特别批示：“政协工作扎实，出经验，为全区工作带了个好头，大家都应学习应用。”

（三）社情民意收集反映成效显著。全年共收集社情民意信息39条，编发《社情民意》15期，其中，《关于严禁在区政府门口塔台举办娱乐活动的建议》《关于及时清除城区公共场所宠物粪便的建议》《建议将孟文路沟渠掏淤盖板，改变脏乱臭现状》《加强对“名璜家居建材城”人行道管理的建议》等社情民意，引起区委、区政府领导高度重视并作出批示，有关部门积极抓好落实，促成了一批关系群众现实利益问题的解决。

六、增进共识，提升能力，自身建设不断强化

（一）强化学习，凝聚共识。继续坚持利用区政协全会、常委会、主席会、专委会和机关每周例会，组织政协委员和机关干部认真学习贯彻习近平总书记系列重要讲话和党的十八届三中、四中、五中全会精神及省委十届六次和七次全会精神，学习贯彻市委和区委重要决策部署，学习人民政协理论。同时，选派5名机关干部到政协干部培训基地、高校等机构培训，提升能力素质。全年仅机关集中学习就达40余次。通过学习，进一步凝聚和夯实了社会各界在新常态下发展彭山的共同思想基础。

（二）夯实党建保障，强化作风建设。扎实开展“三严三实”专题教育活动，组织了10余次集中专题学习和专题讨论，机关科级以上领导干部人人制定了“不严不实”问题清单并认真抓好整改。抓实党建和党风廉政建设工作。加强机关党组织建设和党员教育管理；落实党风廉政建设“两个责任”，严格遵守八项规定和省、市、区相关规定；强化正风肃纪，整治“庸、懒、散、浮、拖”，严格实行公务员平时考核，落实“四个当天”制度，强化对干部的日常监督管理和预警提醒，机关作风明显改观。2015年度，区政协机关共获得15项省、市、区先进荣誉。

（三）积极参与中心工作。按照区委的安排，区政协主席、副主席分别牵头或参与了品质之城建设，“绿海明珠”“千湖之城”“百园之市”建设，牧马皇陵旅游综合开发、中医院迁建及公共卫生服务中心建设、扶优扶强技改转型升级、退城进园等区委、区政府确定的重点工作、重点项目，以及中国·彭山第六届彭祖长寿养生文化节“彭祖文化研讨会”和“彭祖祭祖大典”活动，通过与有关方面的共同努力，较好地完成了各项工作任务。此外，积极主动完成了向省政协领导汇报我区工作并争取关心支持的任务。

（四）重视外宣，树好政协形象。加大与外地政协的学习交流力度，带着课题赴省内外十余个区、市、县学习，既学习了先进经验，也宣传了彭山。全年在省、市、区级媒体上稿89篇，被评为2015年度全省政协新闻宣传工作先进单位。

各位委员，过去一年区政协工作取得的成绩，是区委坚强领导、区人大和区政府关心支持、全区各部门和各乡镇密切配合、社会各界大力支持的结果，是广大政协委员和各参加单位凝心聚力、团结奋进的结果。在此，我谨代表区政协常委会向一直以来关心、支持区政协工作的各位领导、同志们、朋友们表示最衷心的感谢和最崇高的敬意！

我们在肯定成绩的同时，也要看到不足，主要是：主动适应新常态、服务大局的意识和能力等方面还有差距；议政建言的水平还需进一步提高；对委员的服务和管理还须强化；个别政协委员的“委员意识”和素质有待提高等。我们要正视这些问题，在今后的工作中逐步加以解决。

2016年工作建议

2016年，是“十三五”规划开局之年，是彭山品质发展阶段性成果的检验之年。区政协的工作思路是：在区委的领导和市政协的指导下，紧紧围绕区委提出的工作思路、工作目标，坚定“品质发展”核心理念，主动适应新形势、新常态，发挥优势，务实履职，克难奋进，为助推“四城”建设贡献力量。

一、着力在坚持并落实五大发展理念上下功夫。坚持以创新、协调、绿色、开放、共享五大发展理念为引领，凝聚政协委员和社会各界人士在新常态下发展彭山的共同思想基础，并体现到政治协商、民主监督、参政议政之中，在落实“四个全面”战略布局彭山实践、推进我区“十三五”规划实施和“四城”建设上主动建睿智之言、献务实之策。重点围绕我区深化农村改革、“六个专项治理”、闲置土地利用等开展调研视察。继续发挥好政协提案在助推彭山发展和民生改善上所起的独特作用，稳定数量，提升质量，协调督促提案办理，提高办成率。

二、着力在助推品质发展上下功夫。围绕推进品质规划、品质建设、品质管理，推进经济发展转型升级以及建设“品质之城”“绿海明珠”“千湖之城”“百园之市”“花漾彭山”等重大工程，深入开展调查研究，并通过组织视察、撰写提案、专题议政、反映社情民意等形式，为彭山品质发展建言献策、鼓劲加油。继续指导好生态文化建设工作；组织开展对江口沉银遗址保护的专题调研和对我区乡村旅游工作的专项视察。

三、着力在助力脱贫攻坚工作上下功夫。紧紧围绕区委提出的“1584”脱贫攻坚战略，开展调查研究、专项视察和民主监督，提出有份量、有价值的意见建议，推动脱贫攻坚落实落地。深入开展“我为扶贫攻坚做件事”活动，机关率先带头并引导政协各界别和广大委员发挥自身优势，主动投身扶贫开发，积极反映社情民意信息，努力让贫困群众尽快脱贫致富。

四、着力在推进协商民主进程上下功夫。深入贯彻落实《中共中央关于加强社会主义协商民主建设的意见》《中共中央办公厅印发〈关于加强人民政协协商民主建设的实施意见〉的通知》文件精神和市委、区委政协工作会议精神，配合区委制定和实施好贯彻意见及2016年度协商工作计划，将“四个坚持”贯穿于政协协商民主的全过程，把握协商民主原则，明确协商内容，完善协商形式，进一步拓展协商民主的参与渠道。支持各种意见交流交锋，营造活跃、宽松、和谐、快乐的协商氛围。

五、着力在强化政协自身建设上下功夫。以提高履职能力和水平为核心，以区政协机关为重点，通过学习培训、加强联系管理，带动广大政协委员不断提升政治把握能力，自觉坚定服从中共彭山区委的领导、贯彻执行好区委的决策部署；提高调查研究能力，使议政建言更有水平；提高联系服务群众能力，发挥好桥梁纽带作用；提高合作共事能力，尊重和包容不同意见的存在和表达；提高廉洁自律能力，恪守宪法和法律。加强对委员的服务和管理，有效发挥委员的主体作用。以改进工作作风为抓手，不断提高机关服务保障水平。配合区委做好区政协换届相关工作。

各位委员、同志们，今年是“十三五”开局之年，是本届政协的最后一年，政协面临的任务光荣而重大！我们要更加紧密地团结在以习近平同志为总书记的中共中央周围，高举中国特色社会主义伟大旗帜，按照区一届二次党代会的决策部署，在区委的坚强领导下，在社会各界的全力支持下，凝心聚力、开拓创新、扎实工作，把人民政协事业不断推向前进，为助推“四城”建设不断取得新成效、为建设富裕美好彭山做出新的更大贡献！

眉山市彭山区党政群机关及其工作部门领导任免名录

中共眉山市彭山区委

书　记：梁　磊（2月任）
副书记：梁　磊（2月止）
罗万东（3月任）
王　艳（继任，共青团眉山市委书记挂职）
许　磊（继任，省交通运输厅公路局副局长挂职）
郭　红（3月任）
李祝才（6月任，眉山市委副秘书长、市委督查室主任挂职）
林　挺（11月任，省发展和改革委员会收费管理处处长挂职）
常　委：钟建成（2月止）
严开义（4月止）
蒋会强（下派，继任）
董　武（继任）
罗　焱（继任）
郭　茂（继任）
李洪强（继任）
周代军（8月止）
黄　怡（女，3月止，挂职，省委宣传部、省委外宣办、省政府新闻办对外宣传处副处长）
姚文第（3月任）
马　炜（4月任）
李忠云（4月任）
李勇刚（8月任）

眉山市彭山区人大常委会

主任、党组书记：钟建成（4月任）
党组副书记：罗会华（继任）
副主任：罗会华（继任）
王　洪（继任）
周　惠（继任）
余玺樟（继任）
专职委员：丁　越（继任）
郑发启（继任）

眉山市彭山区人民政府

区长、党组书记：梁　磊（4月止）
罗万东（4月任）
党组副书记：钟建成（4月止）
李洪强（4月任）
副区长：钟建成（4月止）
李洪强（4月任）
蒋会强（下派，继任）
姚文第（4月任）
廖　伟（继任）
胡志中（继任）
郭　益（继任）
李忠云（4月止）
赵飞宇（5月任）
罗任飞（挂职，6月任）

眉山市彭山区政协

主席、党组书记：谭福轩（继任）
党组副书记：郑玉忠（继任）
副主席：郑玉忠（继任）
喻　旭（继任）
毛太忠（继任）
卓德松（继任）
秘书长：樊德全（7月止）
罗建斌（7月任）

区纪律检查委员会

书　　记：罗　焱（继任）
常务副书记：陈　利（继任）

副　书　记：曾淑敏（继任）
常　　　委：章建军（继任）
刘建军（12月止）
杜远虑（7月任）
刘晓卫（10月任）

监察局

局　　　长：陈　利（继任）
副　局　长：刘碧波（5月止）
罗　俊（继任）
李　燕（5月任）

区纪委、监察局党风政风监督室

主　任：张锦刚（继任）

区纪委、监察局案件监督管理室

主　任：张志浩（12月任）

区纪委、监察局案件审理室

主　任：杜远虑（7月止）
刘芩宇（12月任）

区纪委、监察局执法和效能监察室

主　任：王　熠（10月任）

区纪委、监察局信访室

主　任：孙维炜（继任）

区纪委、监察局宣教室

主　任：李　慧（继任）

区招投标监督委员会办公室

主　任：刘碧波（5月止）
副主任：林中飞（继任）

区纪委、监察局招监室

主　任：林中飞（12月止）

区纪委、监察局纪检监察一室

主　任：张敬林（继任）

区纪委、监察局纪检监察二室

主　任：段　炼（7月止）

区纪委、监察局干部室

主　任：杜风兵（继任）

派出第一纪工委

书　记：章建军（继任）
副书记：祝　慧（继任）
委　员：周　艳（继任）

派出第一监察分局

局　长：章建军（继任）
副局长：祝　慧（继任）
监察员：周　艳（继任）

法　院

院长、党组书记：蹇　峰（继任）
党组副书记、常务副院长：付　超（继任）
副院长：李素华（继任）
周　文（继任）
纪检组组长：冯素才（继任）
政治处主任：娄江永（继任）

区人民法院执行工作局

局　长：周万明（12月止）
谌　英（12月任）

区人民法院审判委员会

专职委员：段利霞（继任）

青龙法庭

庭　长：谌　英（12月止）

区人民法院司法调解中心

主　　任：李素华（继任）
专职副主任：张　咏（继任）

检察院

检察长、党组书记：李　懿（继任）
常务副检察长：徐惠林（继任）
副检察长：袁　玲（继任）
张　翔（继任）
马玉龙（6月止，省检察院民事行政检察处挂职）
徐俊驰（6月任，省检察院民事行政检察处挂职）
政治处主任：陈常军（3月止）
纪检组组长：李卫兵（继任）

区人民检察院反贪局

局　长：满　强（继任）

区人民检察院司法调解中心

专职副主任：郭　红（继任）

检察委员会

专职委员：李　鸿（继任）

青龙检察室

主　任：赵显强（继任）

人武部

政　委：董　武（继任）
部　长：宋廷学（继任）
副部长兼军事科长：舒清春（2月止）
纪委书记：舒清春（2月止）

军事科

科　长：舒清春（2月止）
参　谋：黎　翔（继任）

政工科

科　长：何　明（继任）

后勤科

科　长：任　康（继任）

区委办

主任、区委机关党委书记：王佑泽（继任）
区委机关党委副书记、纪委书记：
　漆　影（继任）
常委办主任：周明强（5月任，12月止）
　徐　舟（12月任）
副主任：龚　涛（继任）
　李兴华（12月止）
　黎文林（继任）
　巨晓峰（继任）
　周明强（5月止，12月任）
　徐　舟（5月任）

区委、区政府接待办

主　任：袁志福（5月任）
副主任：倪　杨（继任）
　代　丽（11月止）
　夏　萌（11月任）

目标办

主　任：刘婷婷（7月止）
　颜　菱（7月任）

督查室

主　任：胡晓斗（继任）

区网格化服务中心（原区网格服务管理中心更名）

主　任：巨晓峰（9月任，原网格服务管理中心主任9月止）
副主任：欧　晶（9月任，原网格服务管理中心副主任9月止）

组织部

部　长：周代军（9月止）
　李勇刚（9月任）
常务副部长：宁　武（7月止）
　何勇来（7月任）
副部长：王　松（继任）
　黄　松（继任）
　刘　伟（继任）
　王仲文（7月止）
　王海英（7月任，保留正科）
　巫燕平（7月任）
部务委员：巫燕平（7月止）
　曾明华（继任）
　付卫平（9月任）

党建办

主　任：王仲文（7月止）
　巫燕平（7月任）
副主任：先张玉（继任）

非公有制经济组织、新社会组织党工委

书　记：巫燕平（7月止）
　王海英（12月任）
副书记：彭　佳（继任）

远教中心

主　任：张　海（继任）
副主任：向东平（9月止）

人才办

主　任：陈立雪（继任）

区委宣传部

部　长：李洪强（4月止）
　马　炜（4月任）
常务副部长：李亚军（7月止）
　易　雨（7月任）
副部长：龚　涛（继任）
　潘　勇（继任）
　袁志福（5月止）
　易　雨（7月止）
　郭　平（7月任）

部务委员：李永轶（7月止）

区委对外宣传办公室暨区政府新闻办公室

主　任：龚　涛（继任）

副主任：梁卫东（继任）

精神文明办公室

主　任：易　雨（7月止）

郭　平（7月任）

区社会科学界联合会

主　席：吴建明（继任）

区文学艺术界联合会

副主席：王碧林（继任，聘任）

长寿文化研究所

所　长：陈华春（12月止）

李兴华（12月任）

副所长：徐莉莉（继任）

陈元飞（继任）

互联网不良与违法信息举报中心

主　任：徐　军（继任）

区委统战部

部　长：卓德松（继任）

常务副部长：符江川（继任）

副部长：刘丽霞（继任）

部务委员：宁　莉（继任）

民族宗教事务局

局　长：刘丽霞（继任）

区委政法委

书　记：严开义（4月止）

李忠云（4月任）

常务副书记：王　军（继任）

副书记：张　麟（3月止）

吴　洪（5月止）

夏　云（4月任）

综治办

主　任：张　麟（3月止）

夏　云（4月任）

副主任：辜　欣（12月止）

陈文涛（继任）

维稳办

主　任：徐　敏（7月任）

防邪办

主　任：张志春（继任）

国家安全领导小组办公室

主　任：傅　艳（继任）

政工科

科　长：成红敏（继任）

大调解中心

专职主任：杨海霞（继任）

法学会

专职副会长：辜欣（12月任）

区委政研室

主　任：李兴华（12月止）

周明强（12月任）

副主任：帅　辉（继任）

区委机构编制委员会办公室

主　任：黄　松（继任）

副主任：陈跃武（继任）

事业单位登记管理局

局　长：黄　松（继任）

副局长：袁　丽（继任）

段艳梅（继任）

机构编制信息中心

主　任：陈文秀（继任）

区委群众工作部

部　长：黎文林（继任）

副部长：陈建华（12月止）

干树文（继任）

部务委员：冯雅琴（继任）

区群众接待中心

主　任：黎文林（继任）

副主任：何李霞（继任）

区信访群众疏导调解中心

专职副主任：周彭港（9月止）

区委农村工作领导小组办公室

主　任：张鸿涛（继任）

副主任：刘俊辉（继任）

龚开福（12月止）

李　琴（继任）
邓文杰（12 月任）

区委机要局

局　长：胡　水（继任）
副局长：李　毅（继任）
总工程师：黄光伟（继任）

区保密局

区委保密委员会办公室主任、保密局局长：
周志远（继任）

保密技术检查中心

主　任：刘　昶（9 月止）
龚开福（12 月任）

区直机关工委

书　记：彭　艳（继任）
副书记：周天翔（继任）
纪工委书记：刘利平（继任）

区委老干部局

局　长：刘　伟（继任）
副局长：梅　勇（继任）

党　校

校　长：周代军（12 月止）
李勇刚（12 月任）
常务副校长：徐忠智（继任）
副校长：王正江（继任）
刘先清（继任）
校委委员：向国彬（继任）

党史地方志办公室

主　任：许德英（继任）
副主任：刘黔玲（继任）
唐　嘉（继任）

《今日彭山》杂志社、区政府电子政务办公室

总编、主任、党组书记：曾卫平（继任）
副总编、副主任：罗国华（继任）
周　静（继任）
纪检组组长：宋冬梅（继任）

妇　联

主席、区政府妇儿工委办主任：
叶秀兰（继任）
副主席：黄亚霞（4 月止）
管　莉（继任）

共青团眉山市彭山区委

书　记：李　燕（4 月止）
副书记：徐　舟（5 月止）
陈　盼（继任）

总工会

主　席：郭　茂（4 月任）
常务副主席、党组书记：宋碧梅（继任）
副主席：黄明秋（继任）
李　蓉（4 月止）
张洪良（12 月任）
纪检组组长：曹　春（9 月止）
刘　莉（12 月任）

区科协

主　席：余红星（继任）
副主席：唐　红（继任）

区工商联

主　席：毛太忠（继任）
党组书记：符江川（继任）
常务副主席：张　宏（继任）
副主席：张　钰（继任）

残　联

理事长：赵洪良（继任）
副理事长：潘秀莉（继任）
郑碧忠（继任）

红十字会

会　长：廖　伟（兼任）
常务副会长：王　娜（继任）

秘书长：田伟华（继任）

区人大常委会工作部门

办公室

主　任：邓志勇（继任）

副主任：刘　莉（继任）

农工委

主　任：方廖华（继任）

副主任：吴建康（继任）

法工委

主　任：许世良（继任）

副主任：金玉群（继任）

人代工委

主　任：李文莉（继任）

副主任：邓　平（4月任）

财经工委

主　任：李建炜（继任）

副主任：唐素华（继任）

教工委

主　任：李素芬（继任）

副主任：王　瑶（10月任）

信访室

主　任：周永秀（继任）

副主任：李廷忠（5月任）

城环资工委

主　任：王从清（继任）

副主任：王福军（5月任）

区政府办公室

主任、党组书记、政府机关党委书记：

游德华（7月任）

政府机关党委副书记、纪委书记：

彭国英（继任）

副主任：刘　敬（4月止）

邱　宇（6月止）

江李梅（9月任）

曾　敏（9月任）

纪检组组长：杨　坤（继任）

应急办

主　任：夏　云（5月止）

唐建超（5月任）

副主任：唐建超（5月止）

刘海福（继任）

法制办

主　任：周云霞（继任）

防震减灾局

局　长：秦德权（继任）

督查室

主　任：张　玲（继任）

行政调解指导中心

专职副主任：袁　洪（继任）

机关事务中心

主　任：袁志福（12月任）

副主任：曾　鑫（12月任）

区行政管理学校

校　长：钟建成（5月止）

李洪强（4月任）

常务副校长：徐忠智（9月任）

副校长：王正江（继任）

刘先清（继任）

发展和改革局

局长、党委书记：余　波（7月止）

熊　念（7月任）

党委副书记：陈红霞（继任）

副局长：梅晓佳（继任）

刘庆伟（7月止）

毛　琨（10月止）

柳树君（12月止）

罗　佳（12月任）

项目办副主任：倪　平（11月任）

招投标管理办公室主任：曾大勇（继任）

节能减排管理中心主任：佘　毅（继任）

铁建办主任：柳树君（继任）

经济和信息化局

局长、党组书记：熊　念（7月止）

陈小军（7月任）

副局长：喻　红（继任）

彭　凯（继任）

赵景宏（继任）

教育体育局

局长、党委书记：罗鸿翔（继任）
党委副书记、纪委书记：
张洪良（12月止）
刘建军（12月任）
副局长：王晓波（继任）
曾旭东（继任）
祝　军（继任）
区政府教育督导室主任：王晓波（继任）
矛盾纠纷大调解中心专职副主任：
赖志刚（继任）

科学技术局

局长、党组书记：卢礼会（继任）
副局长：盛萍华（5月止）
孙奕飞（继任）
纪检组组长：黄建波（继任）

公安局

局长、党委书记、督察长：郭　益（继任）
政委、党委副书记：郭昌军（继任）
副政委：王荣华（继任）
程　轲（12月任）
常务副局长：曾勇强（继任）
副局长：杨　刚（继任）
程　轲（12月止）
刘良贵（继任）
肖　柯（5月止）
纪委书记：方　强（继任）

政治处

主　任：徐　敏（7月止）
周　贤（12月任）

区治安案件调解中心

专职副主任：刘良贵（继任）

纪检监察审计室

主　任：吕明富（继任）

国保大队

大队长：袁智勇（继任）
教导员：侯维列（继任）

指挥中心

主　任：王树良（继任）

情报信息大队

大队长：李泉勇（继任）
教导员：郑　超（继任）

警务保障室

主　任：廖宁崎（继任）

法制大队

大队长：赵建春（继任）
教导员：张桂军（继任）

刑侦大队

大队长：王　东（继任）
教导员：余　海（继任）

禁毒大队

大队长：徐成武（继任）
教导员：梁红斌（继任）

治安大队

大队长：干　艳（继任）
教导员：夏　江（继任）

经侦大队

大队长：邓　剑（继任）
教导员：毛华山（继任）

巡警大队

大队长：陈维刚（继任）
教导员：李廷富（继任）

交警大队

大队长：杨　刚（继任）
教导员：石先云（继任）
副大队长：钱乐林（继任）
倪　鹏（继任）

交警大队综合中队

中队长：张静萍（继任）

交警大队法宣中队

中队长：李　玲（继任）

交警大队车管中队

中队长：陈　静（继任）
指导员：杜　浪（继任）

交警大队特勤中队

中队长：陈维勇（继任）
指导员：宋　宇（继任）

交警凤鸣中队

中队长：代　宏（继任）
指导员：李建文（继任）

交警武阳中队

中队长：罗海波（继任）

交警青龙中队

中队长：吴　祥（继任）

指导员：向真伟（继任）

网监大队

大队长：廖劲淇（继任）

教导员：秦小虎（继任）

看守所

所　长：范明鲜（继任）

教导员：袁文广（继任）

拘留所

所　长：刘　刚（继任）

教导员：贾小平（继任）

青龙派出所

所　长：陈钇光（继任）

教导员：尹建春（继任）

观音派出所

所　长：付　聪（继任）

教导员：刘建明（继任）

凤鸣派出所

所　长：周　贤（12月止）

教导员：魏　欣（继任）

江口派出所

所　长：刘　渊（继任）

教导员：任　浩（继任）

彭溪派出所

所　长：朱国军（继任）

教导员：邹　皓（继任）

谢家派出所

所　长：陈钧轴（继任）

教导员：卫　巍（继任）

公义派出所

所　长：张　清（继任）

教导员：何　忠（继任）

黄丰派出所

所　长：汪大胜（继任）

教导员：邓红军（继任）

牧马派出所

所　长：向　超（继任）

教导员：李　科（继任）

民政局

局长、党组书记：叶云华（继任）

副局长：刘　琦（继任）

肖学勤（继任）

纪检组组长：赵洪斌（继任）

老龄办主任：刘　琦（继任）

双拥办主任：秦国华（继任）

矛盾纠纷大调解专职副主任：

谢勤快（继任）

司法局

局长、党组书记：李　勇（继任）

副局长：高其平（继任）

梁学红（12月止）

陈建华（12月任）

纪检组长：游　雨（9月）

区人民调解指导中心专职副主任：

江　山（继任）

政工科长：吴正维（继任）

观音司法所所长：曾定平（继任）

财政局

局长、党组书记：罗建斌（7月止）

余　波（7月任）

常务副局长：胡意宏（继任）

副局长：吴　坚（5月止）

游利琼（继任）

纪检组组长：李　建（继任）

财政评审中心主任：袁　远（继任，5月任正科级）

区农村合作基金会资产管理办公室

主　任：罗建斌（7月止）

余　波（7月任）

常务副主任：张进军（继任）

副主任：李俊维（继任）

国资局

局　　长：王建军（5月止）

张富洪（5月任）

党组书记：王建军（4月止）

张富洪（5月任）

副局长：徐丽红（继任）

金融办

主　任：尹　慎（5月止）

王忠文（5月任）

副主任：张代君（继任，兼开发性金融合作办主任）

人力资源和社会保障局

局长、党委书记：王　松（继任）

党委副书记：蔡贵明（继任）

副局长：张红缨（5月止）

张　毅（继任）

矛盾纠纷大调解中心专职副主任：

夏跃鹏（继任）

纪委书记：蔡贵明（继任）

城乡居民社会养老保险事业管理中心

主　任：向俊峰（继任）

副主任：侯　娅（继任）

就业局

局　长：周德祥（继任）

副局长：梁　娟（继任）

医保局

局　长：晏毅平（7月止）

吕卫东（7月任）

副局长：王玉琼（继任）

社保局

局　长：彭　杰（7月止）

罗　涛（7月任）

区军转干安置办公室

主　任：温　晓（继任）

区农村劳动力转移输出暨农民工工作领导小组办公室

副主任：房江波（继任）

国土资源局

局长、党组书记：钟　杰（继任）

常务副局长：方志良（继任）

副局长：梁　莉（继任）

李　锐（继任）

刘晓冬（继任）

纪检组组长：李艳芬（继任）

环保局

局长、党组书记：龚　勋（5月止）

张怀庆（5月任）

副局长：龚　勋（12月止）

李　里（继任）

张冀川（5月止）

李红霞（12月任）

纪检组组长：刘　莉（12月止）

罗　云（12月任）

环境监察执法大队

大队长：王宇萍（继任）

环境监测站

站　长：朱利霞（继任）

住房和城乡规划建设局

局　长：黄　昊（5月止）

王太勇（5月任）

党委书记：邓　艳（继任）

副局长：陈　川（继任）

黄劲松（继任）

周　晖（继任）

邓　艳（继任）

张文平（继任）

矛盾纠纷大调解中心专职副主任：

杨晓兵（继任）

人防办

主　任：陈　川（继任）

治理办

主　任：吴　勇（继任）

副主任：伍宏伟（11月任）

房管局

局　长：黄劲松（继任）

测绘地理信息局

局　长：帅　海（继任）

房屋征收管理局、土地储备中心

局　长：刘晓冬（继任）

副局长：李国廷（继任）

李群芳（继任）

土地储备中心

主　任：刘晓冬（继任）

房屋征收补偿安置协调办公室

主　任：陈　林（继任）

城乡规划局

局　长：张　锐（5月止）
　　　　潘　森（5月任）
副局长：何志良（继任）
　　　　罗　尧（继任）
总规划师：肖　燕（11月任）

交通运输局

局长、党委书记：张富洪（5月止）
　　　　　　　　谢玉民（5月任）
党委副书记、纪委书记：钟铨（继任）
副局长：罗革胜（继任）
　　　　罗洪刚（继任）

交通工程管理中心

主　任：王　军（继任）

公路养护管理段

段　长：王忠文（5月止）
　　　　袁建伟（7月任）

公路路政管理大队

大队长：袁建伟（7月止）
　　　　陈　斌（7月任）

道路运输管理所

所　长：毛先平（7月止）
　　　　刘光平（7月任）

海事航务管理处

处　长：侯代喜（继任）

水务局

局长、党组书记：柴洪军（继任）
副局长：魏兴儒（继任）
　　　　陈小军（7月止）
　　　　陈　勇（5月止）
　　　　张明哲（11月任）
纪检组组长：汪建勋（继任）
总工程师：何春林（继任）
防汛办主任：张明哲（11月止）
　　　　　　张春祥（11月任）
龚家堰水库管理中心主任：陈强盛（继任）

农业局

党组书记：李国成（继任）
局　长：凌茂君（继任）
副局长：彭　洪（继任）
　　　　李俊维（继任）
　　　　黄永红（11月止）
　　　　谢延平（继任）
纪检组组长：张文晖（继任）
矛盾纠纷大调解中心专职副主任：
　　　　代建辉（继任）
农村能源办主任：王显报（继任）

林业局

局长、党组书记：符洪林（继任）
副局长：梁留彬（继任）
　　　　袁秦明（继任）

森林公安局

局　长：邓　坤（继任）
政　委：胡　灵（继任）

森林防火指挥部办公室

主　任：黄　伟（继任）

商务局

局长、党委书记：左建伟（继任）
党委副书记、纪委书记：黄莉均（继任）
副局长：刘　义（继任）
　　　　黄显钧（继任）

文化广电新闻出版局（2014年12月，原文化广播影视新闻出版局机构更名）

局长、党组书记：吕卫东（7月止）
　　　　　　　　李亚军（7月任）
副局长：赵　胜（继任）
　　　　刘婷婷（7月任）
纪检组组长：谌　兵（继任）

电视台

台长、党组书记：潘　勇（继任）
副台长：杨晓慧（继任）
　　　　周记臣（继任）
　　　　张晓容（继任）

纪检组组长：鲁喜化（继任）

卫生局

党委书记：何勇来（4月止）
局　长：何勇来（5月止）
党委副书记、纪委书记：江国超（12月止）
副局长：熊小刚（继任）
　　　　陈　波（继任）
爱卫办主任：李绍清（继任）
　　　　　　张国均（5月止）
大调解中心专职副主任：邓学奎（继任）
地方病防治领导小组办公室主任：
　　　　　　何铭玲（继任）
新农合办主任：宋永奎（继任）

人口和计划生育局

党组书记：熊志红（4月止）
局　长：熊志红（5月止）
副局长：周　慧（继任）
　　　　李　伟（继任）
纪检组组长：宋华清（12月止）

卫计局（2014年12月，卫生局和计生局机构整合）

党委书记：何勇来（4月任，7月止）
　　　　　宁　武（7月任）
局　长：何勇来（5月任，7月止）
　　　　宁　武（7月任）

审计局

党组书记：余启军（3月止）
　　　　　黄　昊（5月任）
局　长：余启军（5月止）
　　　　黄　昊（5月任）
副局长：宋德强（继任）
　　　　徐　宁（继任）
纪检组组长：黄　曾（继任）
总审计师：曾　群（继任）

经责审计分局

局　长：刘　莉（继任）

统计局

局　长：张杰茜（继任）
党组书记：张杰茜（继任）
副局长：竺兰英（7月止）
　　　　周　迅（下派，4月止，市统计局能源环境科副科长）
　　　　张　敏（7月任）
总统计师：张　莉（继任）

安全生产监督管理局

局长、党组书记：张怀庆（5月止）
　　　　　　　　付　华（5月任）
副局长：李玉平（继任）
　　　　孙　卫（继任）

安全生产监察执法大队

大队长：杨　茗（继任）

食品药品监督管理局

党组书记：张富明（4月止）
　　　　　熊志红（5月任）
局　长：张富明（5月止）
　　　　熊志红（5月任）
副局长：蒋宗善（继任）
　　　　黄党发（继任）
　　　　向　前（3月任，9月止，省食品药品检验检测院质控办主任挂职）
纪检组组长：尹　刚（继任）
食品安全总监：夏文涛（继任）
药品安全总监：王　岚（继任）

物价局

局长、党组书记：袁凌铃（继任）
副局长：戢炳华（12月止）
　　　　王世强（继任）
纪检组组长：王安成（继任）
物价认证中心主任：杨志伟（继任）

粮食局

局长、党组书记：张智勇（继任）
副局长：罗善超（继任）

王海英（7 月止）
余康林（继任）
纪检组组长：刘　麦（继任）

城管办

主任、党组书记：王福军（3 月止）
副主任：徐永平（继任）
梅智勇（继任）
纪检组组长：周国忠（继任）

城市行政执法局（2014 年 12 月，组建城市行政执法局）

局　长：王福军（3 月任，5 月止）
张　锐（5 月任）

工商局

局长、党组书记：邓　平（4 月止）
副局长：周　鹏（继任）
何　平（继任）
纪检组组长：田　伟（继任）
凤鸣工商所所长：刘　健（继任）
青龙工商所所长：刘福洪（继任）
江口工商所所长：张　林（继任）
公义工商所所长：邓　洪（继任）
谢家工商所所长：刘　伟（继任）

质监局

党组书记：曾　进（4 月止）
局　长：曾　进（5 月止）
副局长：周玉玲（继任）
杜筱玲（继任）
纪检组组长：胡燕斌（继任）

工商质监局（2014 年 12 月，设彭山区工商行政管理和质量技术监督局）

党组书记：曾　进（4 月任）
局　长：曾　进（5 月任）

市政园林管理局

局　长：汪志伟（5 月止）
张　萍（5 月任）
副局长：伍宏伟（11 月止）
杨　健（继任）
毛桂霞（11 月任）

外侨台办

主　任：赵利萍（继任）
副主任：何　丽（继任）
颜　菱（7 月止）

政务服务中心

主　任：张　萍（5 月止）
徐忠伦（5 月任）
副主任：李　玲（5 月止）
刘庆伟（7 月止）
江　科（11 月任）
纪检组组长：刘晓卫（10 月止）
赵　轲（10 月任）

畜牧局

局长、党组书记：张奇（继任）
副局长：李红继（继任）
夏　萌（12 月止）
李新民（继任）
纪检组组长：袁登华（继任）

农机局

局长、党组书记：袁贵洪（继任）
副局长：袁友权（7 月止）
毛先平（7 月任）
王卫东（继任）
纪检组组长：张　侠（12 月止）
康红艳（12 月任）

三产办（旅游局）（合署办公）

旅游局局长、党组书记：邓　兵（继任）
主　任：胡凤翔（继任）
旅游局副局长：钟　华（继任）
李　勤（继任）
旅游局纪检组组长：盛晓波（继任）

彭祖山风景区工作局

局　长：郭　平（7月止）
木宗锋（7月任）
副局长：帅仕伦（5月止）
邓　斌（4月止）
廖　玻（兼，继任）
唐俊刚（5月任）
张　蓉（7月任）
规建股股长：冯　军（继任）
财务监审股股长：宋　刚（继任）

招商引资局

局长、党组书记：金　戈（7月止）
周　浩（7月任,11月止）
副局长：江　科（11月止）
纪检组组长：夏礼俊（9月止）

投促局（原招商引资局机构更名）

局长、党组书记：周　浩（11月任）
副局长：夏礼俊（11月任）
代　丽（11月任）
纪检组组长：舒　心（9月任）

供销社

党组书记、主任：曾洪秀（继任）
副主任：陈　建（继任）
陈雅利（继任）

档案局

局　长：李廷忠（5月止）
张富明（5月任）
副局长：徐　丽（继任）
刘光强（11月止）
黄永红（11月任）

公共资源交易中心

主　任：徐忠伦（5月止）
刘碧波（5月任）
党组书记：陈丽红（继任）
副主任：陈丽红（继任）
黎得钦（7月止）
李　巍（7月任）
纪检组组长：张明亮（继任）

扶贫和移民工作局

局　长：游德成（继任）
常务副局长：方志良（继任）
副局长：李　洪（继任）

眉山市彭山区政协工作部门

办公室

主　任：骆志强（继任）
副主任：陈　平（继任）
曾　敏（9月止）
刘　昶（9月任）

提案委

主　任：陈永华（继任）
副主任：倪文玉（继任）

经济科技委

主　任：刘学成（继任）
副主任：梁　跃（继任）

民族宗教文史委

主　任：郭　晶（继任）
副主任：杨丽君（继任）

农业委

主　任：王伦祥（继任）
副主任：李叔哗（继任）

教文体医卫委

主　任：欧阳娟（继任）
副主任：李国信（继任）

法联委

主　任：张小松（12月止）
陈华春（12月任）
副主任：张富贵（继任）

四川彭山经济开发区

党工委书记：王　涛（4月止）
邓　强（4月任）
党工委副书记：邓　强（4月止）
严开义（4月任）
管委会主任：邓　强（5月止）
严开义（5月任）

党工委委员、管委会副主任：
余利平（继任）
许宏连（继任）
杨　健（12月任）
党工委专职副书记：谢万钧（继任）
管委会主任助理：
段　炼（7月止）
唐　骁（7月止，中国银行眉山支行眉州大道支行行长挂职）
刘刚岭（7月任，市园林局工程师挂职）

四川彭山经济开发区管理委员会工作机构

党群工作部

部　长：梁学红（12月任）

办公室

主　任：郭　韬（10月止）
副主任：陈　宇（10月止）
郭泳涛（继任，10月主持工作）

招商局

局　长：金　戈（7月任）

规划建设局

局　长：王　勤（聘任，继任）
副局长：罗小英（继任）

财政局

局　长：李容梅（聘任，继任）
副局长：胡　瑞（聘任，继任）

群众工作局

局　长：罗　涛（7月止）
梁学红（12月任）
副局长：冯建伟（聘任，继任）

经济发展局

局　长：李　昶（聘任，继任）
副局长：周绍华（继任）

信息服务中心

主　任：杨文君（7月止）
段　炼（7月任）
副主任：胡江华（7月止）
欧月林（7月止）

成眉石化园区

党工委书记：周荣华（继任）
党工委副书记、管委会主任：杨兴弘（继任）
副主任：常　盛（继任）
纪工委书记：张　彦（继任）
管委会主任助理：周　浩（7月止）

成眉石化园区管理委员会工作机构

办公室

主　任：常　盛（继任）
副主任：余　珊（聘任，继任）

招商局

局　长：周　浩（7月止）
周　影（7月任）

规划建设局

局　长：刘　燕（继任）

经济发展局

局　长：雷粱秋（聘任，继任）

信息服务中心

主　任：费　循（继任）

乡镇机关领导名录

青龙镇

党委书记：谢万钧（继任）
党委副书记、镇长：许晓飞（5月止）
吴　洪（5月任）
人大主席：胡小丁（继任）
党委副书记、纪委书记：
单兵权（4月止）
刘　锐（9月任）
党委副书记、政法委书记：
盛　帅（7月止）

贾　洋（9月任）
党委副书记：徐永平（继任，挂职，区城管办副主任）
王杰宇（10月任，市政府天府新区综合科科长挂职）
人武部部长、副镇长：贾　洋（9月止）
覃光敏（10月任）
副镇长：刘　锐（9月止）
张　祺（挂职，5月止，中共眉山市委组织部干部二科副科长）
曾　婷（继任）
矛盾纠纷大调解中心主任：万艳刚（4月止）
专职副主任：李加华（继任）

观音镇

党委书记：邱　磊（继任）
党委副书记、镇长：刘　跃（10月止）
毛　琨（10月任）
人大主席：李如心（7月止）
盛　帅（7月任）
党委副书记、纪委书记：
杨正朝（继任）
党委副书记、政法委书记：
游　雨（9月止）
陈　伟（9月任）
副镇长：徐廷卫（继任）
干孟林（继任）
陈　伟（9月止）
潘竞平（11月任）
人武部部长：徐廷卫（继任）
矛盾纠纷大调解中心专职副主任：
袁建坤（继任）

凤鸣镇

党委书记：曾　理（继任）
党委副书记、镇长：刘光平（7月止）
张　奇（10月任）
人大主席：刘　伟（7月止）
张　勇（7月任）
党委副书记、纪委书记：
张　奇（9月止）
张永峰（9月任）
党委副书记、政法委书记：
张永峰（9月止）
周彭港（9月任）
党委副书记：冯中华（挂职，6月止，省检察院公诉二处）
林胜元（挂职，6月任）
人武部部长、副镇长：赵耀洲（5月任）
副镇长：谢有根（继任）
曾　勇（继任）
矛盾纠纷大调解中心专职副主任：
雷梁春（继任）

江口镇

党委书记：廖　玻（继任）
党委副书记、镇长：唐俊刚（5月止）
袁　睿（10月任）
人大主席：葛开红（7月任）
党委副书记、纪委书记：
袁　睿（9月止）
廖志强（9月任）
党委副书记、政法委书记：
吴玉君（继任）
人武部部长、副镇长：高　勇（继任）
副镇长：刘红玉（继任）
廖志强（9月止）
刘洪春（10月任）
矛盾纠纷大调解中心专职副主任：
陈　汐（继任）

彭溪镇

党委书记：赵飞宇（10月止）
刘　跃（10月任）
党委副书记、镇长：潘　淼（5月止）
喻建勇（5月任）
人大主席：喻建勇（5月止）
毛沛恒（10月任）
党委副书记、纪委书记：
张　敏（7月止）
唐隆华（9月任）
党委副书记、政法委书记：
毛沛恒（9月止）
郑　靓（9月任）

党委副书记：梁　兰（5 月止）
徐　威（挂职，6 月止，省检察院公诉一处）
杨汶龙（6 月任，省检察院公诉二处挂职）
人武部部长、副镇长：潘建兵（继任）
副镇长：郑　靓（9 月止）
倪　杨（9 月止，区接待办副主任，下派）
马　翔（继任）
杨　鑫（10 月任）
矛盾纠纷大调解中心主任：梁　兰（5 月止）
专职副主任：段晓川（继任）

谢家镇

党委书记：付　华（5 月止）
王仲文（5 月任）
党委副书记、镇长：肖　敏（继任）
人大主席：柴　惠（7 月止）
李永铁（7 月任）
党委副书记、纪委书记：
康红艳（12 月止）
林中飞（12 月任）
党委副书记、政法委书记：
赵　柯（10 月止）
帅　锋（10 月任）
人武部部长、副镇长：吴定威（继任）
副镇长：侯明攀（继任）
陈海懿（9 月止）
何　锋（10 月任）
矛盾纠纷大调解中心专职副主任：
梁　伟（继任）

公义镇

党委书记：李桂平（继任）
党委副书记、镇长：余卫斌（继任）
人大主席：张　蓉（7 月止）
党委副书记、纪委书记：
王　皓（7 月止）
刘江岸（9 月任）
党委副书记、政法委书记：郑秀芬（继任）
人武部部长、副镇长：刘江岸（9 月止）
刘雪超（10 月任）
副镇长：刘琴英（继任）
付卫平（9 月止）
刘江岸（继任）
矛盾纠纷大调解中心专职副主任：
张海鹏（继任）

黄丰镇

党委书记：谢　红（继任）
党委副书记、镇长：周亚琳（继任）
人大主席：易建兵（继任）
党委副书记、纪委书记：彭静渊（继任）
党委副书记、政法委书记：
谢天文（4 月止）
周　宇（10 月任）
副镇长：李　林（继任）
袁长清（继任）
人武部部长、副镇长：李德强（继任）
矛盾纠纷大调解中心专职副主任：
黄　磊（12 月止）

义和乡

党委书记：伍建国（3 月止）
杨开华（10 月任）
党委副书记、乡长：杨开华（10 月止）
郭　韬（11 月任）
人大主席：宋　群（继任）
党委副书记、纪委书记：王志平（5 月止）
毛丽沙（9 月任）
党委副书记、政法委书记：
骆仕忠（继任）
副乡长：舒　心（9 月止）
周　迅（挂职，2014 年 3 月止，眉山市统计局能源环境科副科长）
人武部部长、副乡长：杨　柯（10 月任）
矛盾纠纷大调解中心专职副主任：
伍从凯（继任）

牧马镇

党委书记：王太勇（5 月止）
许晓飞（5 月任）

党委副书记、镇长：刘　伟（7月任）
人大主席：彭忠卫（继任）
党委副书记、纪委书记：张　勇（7月止）
陈海懿（9月任）
党委副书记、政法委书记：
赵德根（继任）
副镇长：毛丽沙（9月止）
黄　伟（继任）
刘　勇（10月任）
人武部部长、副镇长：李仁建（继任）
矛盾纠纷大调解中心专职副主任：
杨明军（继任）

锦江乡

党委书记：钟　阳（继任）
党委副书记、乡长：章　静（继任）
人大主席：熊　勇（继任）
党委副书记、纪委书记：黄利全（继任）
党委副书记、政法委书记：
邓文杰（12月止）
杨　星（12月任）
副乡长：杨　星（12月止）
人武部部长、副乡长：唐隆华（9月止）
孙　政（12月任）
矛盾纠纷大调解中心专职副主任：
冯　胜（继任）

武阳镇

党委书记：邓　斌（4月止）
梁　兰（5月任）
党委副书记、镇长：喻　刚（继任）
人大主席：闵昌迪（继任）
党委副书记、纪委书记：
胡晓菲（继任）
党委副书记、政法委书记：
倪　杨（9月任，区接待办副主任下派）
副镇长：李　英（9月止）
游翎瀚（继任，团区委下派，代武装部长）
王晨蕾（继任）
矛盾纠纷大调解中心专职副主任：
黄德双（继任）

保胜乡

党委书记：谢玉民（5月止）
任　柱（7月任）
党委副书记、乡长：任　柱（7月止）
刘庆伟（11月任）
人大主席：陈　斌（7月止）
陈　宇（11月任）
党委副书记、纪委书记：葛开红（7月止）
向东平（9月任）
党委副书记、政法委书记：王　嫦（继任）
人武部部长、副乡长：谭树祥（继任）
副乡长：贺　建（10月任）
矛盾纠纷大调解中心专职副主任：
岳品忠（继任）

大 事 记

一 月

1月4日 彭山区2014年安全生产工作总结暨2015年第一季度安全生产工作会在区政府礼堂召开。区委副书记、区长梁磊出席会议。

同日 眉山市彭山区义和乡红阳猕猴桃协会被中国科协、财政部表彰为2014年度“全国科普惠农兴村先进单位”。

同日 彭山区人民医院被国家卫计委列入全面提升县级医院综合能力第一批名单，此次共500家县医院入围。

2014年8月，国家卫计委印发《全面提升县级医院综合能力工作方案》，将遴选出500家县级医院，并进行重点培养。对于遴选出来的省级卫生计生行政部门（含省级中医药管理部门）、县政府、支援医院、县级医院签订四方责任书，明确各方的责任、权力、措施。对口支援双方医院、职能部门、临床科室间签订对口支援协议。按照国家卫计委的规划，将对区人民医院加强临床重点专科建设，提升区级医院医疗技术水平，并配备与专科建设目标一致的适宜设备。

1月5日 市委常委宣迅率市级相关部门负责人到彭山区，先后前往黄丰镇丰华村、彭山经开区开展“两走一对接”和“走基层”活动。彭山经开区党工委书记王涛、副区长廖伟等陪同。

同日 副区长廖伟主持召开维护农民工合法权益和社会稳定专题会议，部署农民工工资清欠工作。

1月6日 省人社厅厅长王建军到彭山，先后前往川娃子食品厂、兴崇村、彭溪镇、城中社区、四川正品小店，调研彭山区劳动保障基层平台建设和农村劳动力调查实名制登记入库工作及大学生创业就业工作情况。市委书记李静，市委常委、常务副市长吴小可，区委副书记、区长梁磊，副区长廖伟，省、市、区相关部门负责人等陪同。

1月8日 市委常委蔺湘一行到彭山区，先后前往海尔创新产业园、青龙物流园、观音镇果园村、成眉石化园区和彭祖新城等地，专题调研彭山区工农业发展和养老产业开发。区委副书记、区长梁磊，区委常委、常务副区长钟建成，彭山经开区管委会主任邓强，成眉石化园区管委会主任杨兴弘等陪同调研。区领导王艳、蒋会强、李洪强、余玺樟、李忠云及区级相关单位负责人参加了随后召开的座谈。

1月9日 彭山区制定《眉山市彭山区整治庸懒散浮拖问题“四个当天”制度》（以下简称《制度》）。

同日 彭山区社会福利院开业庆典在彭溪镇毛店村举行。区委常委、副区长蒋会强出席庆典，市、区相关部门负责人及所有入住老人等参加庆典。

彭山区社会福利院是由政府投资1600万余元在原彭溪镇敬老院的基础上扩建而成的，是区民政局主管的社会福利机构，主要收养城镇“三无”和社会自费代养老人，已接收入住老人31人。

同日 省水利厅2014年在建大中型重点水利工程建设检查督导组到彭山区龚家堰水库扩建工程施工现场，对工程建设进行检查督导。

1月12日 彭山区被农业部、国家安全监管总局授予2014年全国“农机平安示范县”称号。

1月15日—16日 省社会科学院党委委员、副院长郭晓鸣率四川水果创新产业经济及政策研究团队成员到彭山开展葡萄产业专题调研。

1月19日 区委副书记、区长梁磊到岷江大桥维修加固工程现场调研在建交通项目。区委常委、宣传部部长李洪强陪同。

1月20日 眉山市彭山区2015年经济工作会议在区政府礼堂召开。在家区级领导，区级相关部门、乡镇、企业负责人等参加会议。

1月21日 省政府召开全省安全生产电视电话会议。区委常委、常务副区长钟建成，副区长、区公安分局局长郭益在彭山分会场出席会议。

同日 彭山区召开2015年财税、融资、金融信贷工作座谈会。区委副书记、区长梁磊，区委常委、常务副区长钟建成，区委常委、政法委书记严开义，副区长李忠云，区政协副主席郑玉忠以及彭山经开区管委会主任邓强，彭山经开区管委会副主任余利平等出席会议。全区各乡镇、相关部门、金融业、部分重点企业及纳税大户企业主要负责人参加会议。

1月22日 彭山区2015年交通工作会议在区政府礼堂召开。区委副书记、区长梁磊出席会议并作重要讲话。区委副书记许磊，区人大常委会副主任罗会华，区政协副主席毛太忠，区级相关部门、乡镇、施工单位负责人等参加会议。

同日 区人大常委会副主任罗会华率城乡环境综合治理调研组对全区城乡环境综合治理工作进行专题调研。副区长、区公安分局局长郭益等随同调研。

同日 彭山区国土资源管理工作座谈会召开。区委常委、政法委书记严开义，区委常委、人武部政委董武，区人大常委会副主任余玺樟，区政协副主席毛太忠出席会议。区级有关部门、各乡镇负责人等参加会议。

同日 全球最大的工业气体供应商、世界500强企业林德气体（眉山）有限公司空气分离项目的二期配套项目竣工仪式在天府新区彭山青龙区域举行，标志着该公司二期项目正式投入使用。

林德气体项目系世界500强企业德国林德集团的香港公司投资建设，作为全球最大的工业气体供应商、世界500强企业林德集团于2012年8月与彭山正式签约该项目，2013年竣工建成，2014年4月该项目一期正式投入生产。该项目总投资1000万美元，新增注册资本500万美元，建设氧、氮、氩、氦、二氧化碳气体充装及其混配气体的充装站，用于开发、推广国际先进的气体应用技术，为成都及周边区域提供优质的气体产品及其应用、开发技术。项目建成后将具备氧气、氮气、氩气、二氧化碳及其混配气的充装能力，年产各类高纯气体、混合气体，特种气体、医疗气体80万瓶，约合860万标准立方米。建成后五年内达到年产值7300万元人民币，利税3300万元/年。

1月23日 彭山区2015年城市管理、市政园林、城乡环境综合治理工作座谈会召开。区人大常委会副主任罗会华，副区长、区公安分局局长郭益，区政协副主席卓德松，区级有关部门、彭山经济开发区（以下简称“经开区”）、成眉石化园区和乡镇有关负责人，在建工地代表等参加会议。

1月26日 眉山市彭山区第一届人民政府第二次常务会召开。

1月27日 省委农工委副主任杨秀彬率队到彭山区调研农村改革工作情况并召开座谈会。市委副书记刘十庆，区委副书记王艳，区委常委郭茂，区委常委、组织部部长周代军参加座谈会。

同日 2015年眉山市彭山区环境污染防治工作座谈会召开。区委副书记、区长梁磊，彭山经开区管委会主任邓强，区政协副主席毛太忠出席会议。区级相关部门、各乡镇、部分企业负责人等参加座谈会。

1月28日 彭山区召开“四种模式、四个转变”统筹城乡工作座谈会。

同日 彭山区民生和社会事业工作会在区政府礼堂召开。区领导钟建成、蒋会强、黄怡、王洪、周惠、余玺樟、廖伟、胡志中、李忠云、郑玉忠、喻旭、毛太忠等参加会议。

1月29日 彭山区召开安全生产工作座谈会。区委常委、常务副区长钟建成出席会议，区级相关部门负责人，彭山经开区管委会相关负责人，各乡镇相关负责人，辖区内危险化学品、非煤矿山、工矿商贸、建筑、运输、交通、电力、水务等重点企业代表参加座谈。

同日 彭山区召开2015年新型城镇化暨房地产工作座谈会，副区长李忠云、区政协副主席毛太忠出席会议。

1月30日 全市农业工作会议在彭山区召开。副市长钟毅，市政协副主席王志敏，区委常委、副区长蒋会强，区委常委郭茂出席会议。

同日 联合利华（四川）全球生产基地一期项目落成投产仪式在天府新区彭山青龙区域举行。荷兰经济大臣坎普，荷兰王国驻重庆总领事谭敬南，联合利华北亚区总裁马瑞文，市委书记李静，市委副书记、市长宋朝华，副市长唐宏，区委副书记、区长梁磊，彭山经开区党工委书记王涛，彭山经开区管委会主任邓强，副区长廖伟以及市、区相关部门负责人出席落成仪式。

联合利华集团是世界500强企业、世界最大的日用消费品公司之一。联合利华（四川）全球生产基地项目于2012年9月14日在北京人民大会堂与眉山市签约。项目占地面积26.67公顷，计划总投资5亿美元，将实施物流、日化、食品等建设内容。全面建成后可实现年产值140亿元人民币，年纳税14亿元人民币，解决就业2000人。

同日 彭山区召开全区统计工作座谈会。区委常委、副区长蒋会强出席会议，区级相关部门负责人，各乡镇乡镇长、统计工作人员等参加会议。

二 月

2月2日和4日 参加眉山市党代会、人代会、政协会的代表、委员们到彭山视察彭山工业、农业以及城市发展建设情况。区委常委、常务副区长钟建成，区委常委郭茂，彭山经开区管委会主任邓强，副区长李忠云随同视察并向与会代表介绍彭山相关发展情况。

2月3日 省委农村工作电视电话会议召开。会议贯彻落实中央农村工作会议、中央1号文件和省委经济工作会议、省委1号文件精神，分析“三农”工作形势和任务，研究进一步深化农村改革，加快发展现代农业，建设幸福美丽新村，实施精准扶贫，加强农村依法治理的重要举措，安排部署2015年全省农业农村工作。区委常委郭茂，区人大常委会副主任罗会华，区政协副主席郑玉忠及区级有关部门、乡镇相关负责人等参加彭山分会场会议。

同日 国家粮食局检查司检查二处副调研员周晓耘、调控司综合处干部周波以及省粮食局副局长伍文安等一行到彭山，调研彭山区粮食收购及青龙物流园项目工程建设等相关情况并召开座谈。市粮食局局长钟建国、副区长廖伟等陪同调研。

2月4日 中国医疗康复协会主任刘玉宏一行考察彭山双凤湖国际生态旅游养老休闲度假城项目，并调研彭祖山长寿养生文化。

2月6日 眉山市公安局彭山区分局2015年公安工作会召开。区委副书记、区长梁磊，区委常委、政法委书记严开义，区人大常委会副主任王洪，副区长、区公安分局局长郭益，区政协副主席郑玉忠出席会议。

2月7日 由市政府办公室和市文化馆联合主办的“牵手桂林 喜迎新春”送文化下乡活动在青龙镇桂林村村委会举行。

同日 由中共四川省委宣传部、四川省文化厅、省新闻出版广电局联合主办的“金曲迎春·舞动天府”四川省广场舞大赛总决赛在成都华美紫馨国际剧场正式打响。来自全省各地、市、州上千支参赛队伍中脱颖而出的50支高水平广场舞团队亮相。彭山区选送的节目以总分29.62分的成绩位居所有参赛队伍第十三名，荣获三等奖，成为眉山市唯一获奖的代表队。

2月9日 省人大常委会副主任、党组副书记张东升一行到彭山区，看望慰问观音镇果园村困难联系户张元华、张长贵，了解联系村农业发展、扶贫解困等情况，并调研联合利华产业推进情况。市人大常委会主任贺文，区委副书记、区长梁磊，区委常委、常务副区长钟建成，区委常委郭茂，区人大常委会副主任罗会华陪同。

同日 彭山区2015年食品安全工作会议召开。区人大常委会副主任周惠，副区长廖伟，区政协副主席喻旭以及相关部门和乡镇负责人参加会议。

2月10日 副市长汪树槐先后前往彭山武阳、青龙镇等地看望慰问彭山区部分困难群众和退休职工。副区长胡志中及区级相关部门负责人等陪同。

同日 眉山市彭山区都市近郊型农业工作座谈会在区委会议中心召开。区政协主席谭福轩，区委常委郭茂，区人大常委会副主任罗会华，区政协副主席郑玉忠出席会议。会议由区委副书记王艳主持。

同日 彭山区召开2015年三产暨现代旅游养生养老产业发展座谈会。区委常委、宣传部部长李洪强，区委常委黄怡，区人大常委会副主任周惠，区政协副主席喻旭出席会议。会上，区规划局、观音镇、恒大酒店负责人作交流发言；东星航空、首创房产、黄丰镇、忠正林业相关负责人就如何发展三产旅游工作提出意见建议。区级相关部门及乡镇相关负责人等参加座谈会。

2月11日 区政协主席谭福轩，区人大常委会副主任罗会华，副区长、区公安分局局长郭益，区政协副主席卓德松代表区四大家亲切看望并慰问420名城区辛勤工作在一线的环卫工人。

同日 彭山区2015年“学先进 找差距 添措施暨同城行动”座谈会在区政府四会议室召开。区委常委、政法委书记严开义，区委常委郭茂出席座谈会。区级相关部门及乡镇主要负责人等参加座谈会。

2月13日 彭山区举行“新春看彭山·回归话创业”座谈会。区委副书记、区长梁磊出席会议，并要求在外创业者要情系家乡，保持对家乡的深厚感情，为家乡发展牵线搭桥，共谋发展。区领导谭福轩、钟建成、郭茂、王洪、廖伟、胡志中以及彭山籍在外创业者、回乡创业者、大学生创业者代表等参加座谈会。

同日 彭山区2015年各界人士新春座谈会在兴铁宾馆召开。

2月26日 全省2015年依法行政工作电视电话会议召开。区委书记梁磊，区委常委、常务副区长钟建成，成眉石化园区管委会主任杨兴弘，副区长、区公安分局局长郭益及区级相关部门、各乡镇有关负责人等在彭山分会场参加会议。

2月27日 彭山区召开省、市重点项目龚家堰水库扩建工程推进会。

2月28日 区人大常委会召开2015年工作会议。区人大常委会副主任罗国华、王洪、周惠、余玺樟及区第一届人大常委会全体组成人员出席会议。

三　月

3月3日 全省春耕生产暨高标准农田建设现场会在眉山召开。副省长曲木史哈率与会人员到彭山区参观农机工作情况。曲木史哈一行首先到位于彭山区凤鸣镇金烛村的成林农机专业合作社，通过实地参观农机春耕作业现场，看展板，听取汇报等形式详细了解了彭山区农机工作情况。市委书记李静，市委副书记刘十庆，副市长钟毅，区委书记、区长梁磊，区委常委郭茂，副区长区公安局局长郭益等陪同参观。

3月5日 彭山区举行灯舞巡游闹元宵活动。中央电视台一套《晚间新闻》在当天《红红火火》栏目中，以《舞龙耍灯庆元宵》为题，播出了黄丰镇草龙表演情况，这也是彭山区该类新闻首上央视《晚间新闻》栏目。

同日 2015年区委政法工作会在区委会议中心二楼大会议室召开。会议深入学习贯彻中央、省委、市委政法工作会议精神，总结2014年全区政法、维稳、综治和信访工作，安排部署2015年全区政法工作。区委书记、区长梁磊出席会议并作重要讲话。区委常委、政法委书记严开义总结和安排部署工作。副区长、区公安分局局长郭益主持会议。

3月6日 眉山市彭山区第一届人民政府第四次常务会召开，区委书记、区长梁磊主持会议。会议审议并原则通过《眉山市彭山区2015年财政收支预算建议方案》《眉山市彭山区城区洗车场管理办法》。会议还审议了其他事项。

同日 区妇联、区总工会联合组织全区女职工开展迎“三八”妇女节登山活动。区委常委黄怡，副区长廖伟，区政协副主席喻旭及来自全区各条战线的1000余名女职工参加了活动。

3月9日 区人大常委会副主任罗会华、王洪、周惠、余玺樟率部分人大代表就彭山区《中华人民共和国环保法》的执行情况，以及大气污染防治工作开展情况进行专题督察、调研。彭山经开区管委会主任邓强陪同视察。

3月10日 2015年度全区民兵整组暨乡镇武装部规范化建设工作会议在区政府礼堂召开。区委常委、副区长蒋会强，区委常委、区人武部政委董武出席会议。区级相关部门负责人和各乡（镇）长、武装部部长、民兵连连长参加会议。

3月12日 区四大家领导在城区滨江路南段开展义务植树活动，拉开彭山2015年“绿海明珠”大会战的序幕。会议提出，2015年，全区将建设绿色基地80公顷，义务植树30万株的工作目标。

同日 区第一届人大常委会第二次会议在区人大五楼会议室召开。

3月16日 省委常委、省农工委主任李昌平一行到彭山，深入观音镇果怡农业发展有限公司、彭溪镇天鑫农业发展有限公司调研指导深化农村改革工作，并对彭山构建新型农村经营主体及现代网络交易平台、新型农村服务市场营销体系的做法给予肯定。市委书记李静，市委副书记刘十庆，副市长钟毅，区委书记、区长梁磊，区委副书记王艳，区委常委郭茂等陪同调研。

同日 岷东大道眉彭段投资建设移交合同签约仪式在区委宣传部会议室举行。区委常委、宣传部部长李洪强代表彭山区交通建设投资工程有限责任公司与成都市市政工程（集团）有限责任公司签订了岷东大道眉（山）彭（山）段公路工程项目投资建设移交合同。岷东大道眉（山）彭（山）段全长约10.575公里，预算投资约4.6亿元，起于东坡区与彭山区交界处，经黄丰镇、龚家堰水库、江口镇、跨府河，止于武阳乡，一级公路，沥青砼路面，双向六车道。岷东大道眉（山）彭（山）段公路建设已于2015年2月进场施工，计划2016年国庆节前建成通车。

3月17日 彭山区2015年动物春防、狂犬病防治、畜禽养殖污染工作会议在政府四会议室召开，区委常委郭茂出席会议，畜牧局、环保局及相关乡镇负责人参加会议。

3月18日 省委常委、政法委书记刘玉顺到天府新区彭山青龙区域调研。市委书记李静，市委常委、政法委书记杨勇，区委书记、区长梁磊，彭山经开区党工委书记王涛，彭山经开区管委会主任邓强，区委常委、政法委书记严开义等陪同调研。

同日 新整合的彭山区发展控股有限责任公司成立大会召开。区委常委、常务副区长、区人大常委会党组书记钟建成，区委常委、组织部部长周代军出席会议。会议宣读了彭山区发展控股有限责任公司董事会、监事会成员任职的通知。

3月24日 市政协副主任王志敏一行到彭山区专题调研培育壮大新型农业经营主体工作的开展情况。区政协主席谭福轩、区委常委郭茂、区政协副主席郑玉忠，区畜牧局、农工办等相关部门及乡镇负责人陪同调研。

同日 乙未年清明节彭祖祭祀大典在彭祖山彭祖墓隆重举行。来自全国各地的70余名彭氏后裔参加祭祖仪式。

同日 海峡两岸彭氏宗亲联谊会在彭山区举行。区委常委、宣传部部长李洪强，区政协副主席毛太忠等出席会议。

3月25日 省人大常委会副主任、党组副主任张东升一行到彭山区，前往天府新区彭山青龙区域、岷江现代农业示范园区彭山区域、寿乡水岸·五湖四海等地，就工业、农业和城市建设等情况开展调研。市委书记李静，市人大常委会主任贺文，区委书记、区长梁磊，彭山经开区党工委书记王涛，彭山经开区管委会主任邓强，区委常委、常务副区长、区人大常委会党组书记钟建成，区委常委郭茂，副区长李忠云等陪同调研。

同日 市人大常委会副主任陈大权率队到彭山，先后前往思念食品有限公司、国税局、区行政服务中心“征管大厅”，对彭山区贯彻落实税收征管法情况进行调研并召开座谈会。区委常委、常务副区长、区人大常委会党组书记钟建成，区委常委、副区长蒋会强，区人大常委会副主任余玺樟，区级相关部门负责人等陪同。

3月26日 全区接受国家农村生活垃圾治理验收动员会在区委会议中心二楼大会议室召开。会议传达了省、市接受国家农村生活垃圾治理验收动员大会精神，并对彭山区全面推进农村生活垃圾治理和接受验收工作进行了动员部署。区委书记、区长梁磊出席会议并讲话，副区长、区公安分局局长郭益主持会议。区级相关单位、部门主要负责人，各乡镇乡（镇）长、分管领导、治理办主任，各村（社）相关负责人等参加会议。

会上，区监察局、凤鸣镇、彭溪镇负责人作了表态发言，区政府和各乡镇签订了目标责任书。

3月27日 全区公务员平时考核试点暨深化“庸、懒、散、浮、拖”专项治理工作会在区委会议中心二楼大会议室召开，对全区公务员平时考核试点工作、“争创‘三严三实’好班子、争当‘三严三实’好干部”活动进行安排部署。区委常委、副区长蒋会强主持会议，区委常委、组织部部长周代军，区人大常委会副主任王洪出席会议，区级各部门、各乡镇主要负责人等参加会议。

3月30日 十届省政协副主席解洪、省政协经济委员会主任单晨光一行到彭山，调研天府新区彭山青龙区域建设发展情况。

同日 市林业局局长、市“绿海明珠”建设办公室主任王澄琳率市“绿海明珠”建设检查组一行，到彭山区检查“绿海明珠”建设工作推进情况。区政协主席谭福轩，区委常委郭茂等陪同。

同日 政协眉山市彭山区委员会第一届一次常委会召开。

3月31日 眉山市彭山区第一届人民政府第五次常务会召开。

四 月

4月1日 2015年全区第二季度安全生产工作会议暨彭溪镇、锦江乡“省级安全社区”建设推进会在区政府礼堂召开。

同日 彭山区2015年春季血防工作会议在区政府四会议室召开。区委常委、副区长蒋会强出席会议。

4月3日 彭山区深化巩固道路交通安全综合整治工作会在区委会议中心二楼大会议室召开。区委副书记、代理区长罗万东，区委常委、宣传部部长李洪强，副区长、区公安分局局长郭益出席会议。

同日 区第一届人大常委会第三次会议在区人大五楼会议室召开。

4月4日 凌晨零时至1时，义和乡发生严重冰雹伴急性大风自然灾害。区委副书记、代理区长罗万东到义和乡猕猴桃产业园区实地察看灾情。

4月7日 区委副书记、代理区长罗万东到义和、谢家、凤鸣3个乡镇走访调研。区委常委、副区长姚文第等陪同。

4月10日 全区民政工作会在区政府四会议室召开。区委常委、副区长蒋会强出席会议，各乡镇和有关部门负责人参加会议。

4月12日—13日 中国共产党眉山市彭山区第一届代表大会第一次会议在区委会议中心隆重召开。

4月14日—15日 中国人民政治协商会议眉山市彭山区第一届委员会第一次会议在区委会议中心隆重召开。

4月16日—18日 眉山市彭山区第一届人民代表大会第一次会议在区委会议中心隆重召开。

4月17日 出席区第一届人代会第一次会议的人大代表、列席人员在区委二楼大会议室参加了区委“抢抓四个机遇”工作会。

4月18日 全区2015年重点工作和重点推进项目工作会在区委会议中心二楼大会议室召开。区委书记梁磊出席会议并讲话。区人大常委会主任钟建成，区政协主席谭福轩出席会议。会议由区委副书记、区长罗万东主持。

同日 彭山区召开2015年秸秆禁烧和综合利用工作会。安排部署2015年秸秆禁烧工作。区委书记梁磊，区委副书记、区长罗万东，区人大常委会主任钟建成，区政协主席谭福轩出席会议。全区13个乡镇书记逐一进行表态发言；各乡镇长签订目标责任书。

4月19日—21日 彭山区举办的“彭祖山三月三朝山会”活动。共吸引来自全省各地8万余人到彭山观光旅游和祈求平安、健康、幸福，实现旅游收入上千万元。

4月21日 市人社局公务员管理局调研组一行到彭山区，调研彭山区公务员平时考核试点工作。

4月22日 区政协主席谭福轩，副区长廖伟一行到谢家镇毛河村、汉安村、红石村，专题调研秸秆禁烧工作情况。

4月23日 由市人大常委会副主任李永高等组成的市人大执法检查组一行到彭山区，检查彭山区贯彻落实《中华人民共和国种子法》有关工作情况。

4月27日 区第一届人大常委会第五次会议在区人大五楼会议室召开。

4月28日 市政协主席王影聪率部分驻眉山的省政协委员和市政协委员到天府新区彭山青龙片区，对天府新区彭山区域建设运行情况进行视察。

4月29日 彭山区2015年防汛工作会在区政府礼堂召开。区委副书记郭红，区委常委、人武部政委董武，区委常委郭茂出席会议，各乡镇、相关部门负责人等参加会议。

4 月 30 日 区人大常委会副主任罗会华率部分人大常委会组成人员和乡镇人大代表对彭山区城市建设、规划、绿化和管理工作进行调研。

五 月

5 月 4 日 眉山市彭山区第一届人民政府第六次常务会召开。

同日 区第一届人民政府第二次全体（扩大）会在区政府礼堂召开。

5 月 6 日 市委副书记、市长宋朝华率队到彭山区开展“两走一对接”活动，与联系的中纺粮油（四川）有限公司、四川开明房地产公司等企业面对面交流，了解其建设发展中遇到的困难，现场协调解决具体问题。市政府秘书长肖忠良，区委书记梁磊，区委副书记、区长罗万东，区委常委、副区长姚文第，区委常委、政法委书记李忠云等参加活动。

同日 区人大常委会副主任王洪带领人大法工委、常委会专职委员以及区人大代表深入区公安分局交通警察大队专题调研道路交通安全法贯彻实施情况。副区长、区公安分局局长郭益陪同调研。

5 月 7 日 眉山市彭山区 2015 年消防工作会议在区政府礼堂召开。副区长、区公安分局局长郭益出席会议。

5 月 8 日 区委副书记、区长罗万东到武阳、牧马、江口、黄丰等处，开展“两走一对接”活动，并就岷东大道建设进度及建设中存在的问题和难题进行实地调研。区委常委、副区长姚文第，区级相关部门及乡镇负责人等陪同调研。

同日 彭山区新型农业经营主体培训会在区政府礼堂举办。区委副书记郭红、区委常委郭茂出席动员会。来自全区各乡镇的专业合作社理事长和家庭农场业主等 200 余人集中参加培训。

5 月 9 日 彭山区 2015 年招聘 5 名硕士研究生教师面试考核工作在鹏利小学顺利完成。区委常委、组织部部长周代军率组织部、监察局、人社局等相关部门负责人对考核工作进行视察。有 13 名通过资格审查的考生参加面试考核。

5 月 11 日 区委书记梁磊前往彭山经开区开展“两走一对接”活动，调研园区党建和发展情况。彭山经开区党工委书记邓强，彭山经开区管委会主任严开义，区委常委、组织部部长周代军陪同调研。

同日 区委副书记、区长罗万东率队先后前往联合利华、尼科国润、中核同福、海尔，开展“两走一对接”活动，实地调研天府新区彭山青龙区域项目建设推进情况。彭山经开区党工委书记邓强，彭山经开区管委会主任严开义，区委常委、副区长姚文第，区级相关部门负责人等陪同调研。

5 月 12 日 区委副书记、区长罗万东前往彭山二小、彭山一中、彭山职高新校区等地，开展“两走一对接”活动，并就全区教育体育工作开展调研。副区长胡志中陪同调研。

5 月 13 日 区委书记梁磊先后前往彭祖新城和岷江现代农业示范园区开展“两走一对接”活动，并现场协调、解决新城管委会和岷江园区人员办公、管理方面存在的问题。

同日 区委副书记、区长罗万东率队前往成眉石化园区，实地调研园区工作推进情况。成眉石化园区党工委书记周荣华，成眉石化园区管委会主任杨兴弘，区委常委、副区长姚文第参加调研，区财政局、规划局、国土局等相关部门负责人等陪同调研。

5 月 14 日 区委书记梁磊先后前往锦江乡、黄丰镇，开展“两走一对接”活动，深入现场，就农业产业发展和党建工作进行调研。

同日 区委副书记、区长罗万东深入卫生计生系统开展“两走一对接”活动。先后到区中医院、区疾控中心、区血防医院、区妇幼保健站、区计划生育指导站、区中医院新建地址、区精神卫生保健院、区人民医院进行实地调研，察看各医疗卫生单位建设和硬件设施，听取情况汇报，全面了解彭山区卫生计生工作现状。副区长廖伟以及相关部门负责人陪同调研。

同日 区第一届人大常委会第六次会议在区人大五楼会议室召开。

5 月 15 日 区政协主席谭福轩率队前往观音镇开展“两走一对接”活动。区人大常委会副主任王洪，区政协副主席、统战部部长卓德松和相关单位负责人等参加。

同日 彭山区纪念抗日战争胜利70周年书画展活动在四川大学锦江学院举行。

5月19日 彭山区在区政府门口举行鼓励农村居民进城落户，促进城乡统筹发展活动的启动仪式。来自全区的20余家在售楼盘房地产商到现场积极宣传，并接受群众咨询。活动规定农村居民在2015年5月15日至2015年7月31日期间购房的，每平方米最高可获400元补贴。

5月20日 副市长钟毅、市政协副主席王志敏率第五片区重点项目推进小组到彭山区，调研滨江大道城南段、彭祖山隧道重点项目推进情况。区委书记梁磊，区委副书记郭红，区委常委郭茂，区委常委、副区长姚文第，区委常委、政法委书记李忠云等陪同调研或参加座谈会。

同日 区纪委监察局在区政府门口组织开展“信访举报知识宣传月”集中宣传日活动。区委常委、纪委书记罗焱出席。

5月21日 市委书记李静，市委副书记、市长宋朝华，结合“两走一对接”活动的开展，深入八大片区的第三片区，调研重点项目推进情况，听取彭山区相关工作情况汇报，并研究解决项目推进中遇到的问题，强调要全力实现稳增长，努力冲刺“双过半”。市委常委、市委秘书长黄跃，市委常委吴季友，市人大常委会副主任李建章，副市长唐宏，市政协副主席王志敏，区委书记梁磊，彭山经开区党工委书记邓强，彭山经开区管委会主任严开义等参加调研。

同日 市委副书记、市长宋朝华率队到彭山，深入工程建设一线，调研全市“四箭齐发”工作推进情况。宋朝华一行到岷东大道彭山武阳段、府江大桥、彭祖山隧道建设现场，看建设进度、听情况汇报、定推进举措。副市长钟毅，市政府秘书长肖忠良，区委书记梁磊，区委副书记、区长罗万东，区委常委、副区长姚文第等陪同调研。

同日 市委常委宣迅，市政协副主席立胡左格、黄玉蓉到彭山调研招商引资工作并在区委常委会议室召开座谈会。区委副书记、区长罗万东，区委常委、副区长姚文第，区政协副主席卓德松等参加会议。

同日 市委常委、市委秘书长黄跃到彭山区，深入联系企业四川西金联合电器股份有限公司和部分重点工业项目，了解企业建设发展中遇到的困难，现场协调解决具体问题。区委书记梁磊、彭山经开区党工委书记邓强等陪同调研。

同日 区委常委、常务副区长李洪强到区国土分局调研并召开座谈会。

同日 2015年区人大代表建议和政协提案交办会在区政府礼堂召开。

5月22日 眉山市彭山区首次为一批实施土地流转的家庭农场场主和合作社，颁发新型经营主体经营权证。

5月24日 彭山区首届小学生诵读大赛在长寿广场举行。此次比赛由区“扫黄打非”工作领导小组、区委宣传部主办，区教体局、区文广新局承办。区委常委、宣传部部长马炜，副区长胡志中，区政协副主席喻旭分别为获奖单位颁奖。

5月25日 国家发改委门户网站首页开辟PPP项目库专栏正式面向全社会公开发布。该次集中发布1043个PPP项目，总投资1.97万亿元。其中，四川省被纳入43个项目，眉山市被纳入的唯一项目即彭山区滨江大道公路建设工程项目。

5月26日 市委副书记、市长宋朝华率队到彭山岷江现代农业示范园区，调研园区建设情况。市委副书记刘十庆，市长助理王晨明、刘强，市政府秘书长肖忠良，区委书记梁磊，区委常委郭茂等陪同调研。

同日 区人大常委会主任钟建成到彭溪镇时表示将从舆论、工作、资金等全方位为该镇的发展提供最大力度的支持。

同日 彭山区召开2015年高考中考工作会议。副区长胡志中出席会议，区级相关单位负责人参加会议。2015年，高考时间为6月7日—8日，彭山区有1415名考生参加高考，设彭山一中考点；中考时间为6月12日—14日。

5月29日 2015年彭山区首届职工篮球赛在彭祖广场开赛，此次共吸引40余家基层工会独立或联合组建的42支球队报名参赛。该届比赛是区首次规模最大、参与队伍最多的一次职工篮球比赛，比赛将持续到7月26日。

5月29日—30日 全区领导干部读书班在区委会议中心举行。区委书记梁磊出席开班仪式并作主题报告。区委副书记、区长罗万东主持开班仪式。区委、区人大、区政府、区政协全体县级干部，彭山经开区、成眉石化园区全体县级干部，区法院院长，区检察院检察长，区级各部门、乡镇负责人等参加会议。

六 月

6月1日 区第一届人民政府第七次常务会召开。

同日 彭山区举行农村产权抵押融资启动暨贷款发放签约仪式。

6月2日 省政协民宗委主任宋光齐一行到彭山区调研宗教场所房屋产权证、土地使用证“两证”颁发情况。区政协主席谭福轩，区委常委、组织部部长周代军，市、区统战部，民宗局相关负责人陪同调研。

同日 副区长、区公安分局局长郭益带领区城管执法局、交警大队、工商、规划等部门就城区治乱开展情况进行检查。

6月3日 区委副书记、区长罗万东结合正在开展的“两走一对接”活动，率联系部门主要负责人深入凤鸣镇调研项目进展情况，协调解决实际困难。区政协副主席喻旭陪同调研。

同日 “依法治区 法在身边”集中宣传月活动启动仪式在区政府门口举行。区司法局、区公安分局、区地税局等部门在区政府门口联合摆摊设点，发放宣传资料，提供法律咨询。

同日 彭山区中医医院整体迁建工程顺利进场打围，标志着彭山中医医院整体迁建项目正式启动。区中医医院整体迁建项目是彭山区一项重大民生工程。该项目位于凤鸣镇兴隆路与省道103线交口处西南角，占地2.26公顷，拟按照三级乙等中医医院标准建设，规划床位350张，综合建筑面积3.5万平方米。项目总投资1.2亿元，计划于2017年建成投入使用。

6月5日 市委书记李静结合正在开展的“两走一对接”活动，深入第五片区彭山区，调研市政品质提升工程、彭祖新城、“三箭齐发”、龚家堰水库扩容等重点项目建设情况。市委副书记、市长宋朝华，市人大常委会主任贺文，市政协主席王影聪，市委常委王光彩，副市长钟毅，市政协副主席王志敏，市政府秘书长肖忠良，区委书记梁磊，区委副书记、区长罗万东，区人大常委会主任钟建成，区政协主席谭福轩等参加调研。

同日 彭山经济开发区非公有制企业党组织书记培训会在彭山经开区管委会召开。区委书记梁磊出席培训会并讲话。彭山经开区党工委书记邓强，区委常委、组织部部长周代军参加会议。

6月8日 区委副书记、区长罗万东到区国土分局调研并召开座谈会。区委常委、常务副区长李洪强陪同。

同日 “眉山市彭山区家庭农场联盟会”正式成立。

6月9日—10日 区政协主席谭福轩率区规划分局、交通局、市政园林局等部门负责人，分别前往城区滨江生态文化走廊、锦绣大道、前程路沿线、省道103线城区段、岷江现代农业园区、天府新区彭山区域等9个区域对绿化美化工作进展情况进行调研督导。

6月11日 环保部西南督查中心处长白平率督查组到彭山，督察彭山区环保工作。督查组一行深入彭山经开区明坤建材、联合利华等企业，通过实地察看、听取汇报、翻阅资料等方式，详细督察、调研《国务院办公厅关于加强环境监管执法的通知》（国办发〔2014〕56号）的执行、新《中华人民共和国环保法》的学习和实施、环保监管及存在问题等情况。区委常委、副区长蒋会强及相关部门负责人等陪同。

同日 区委副书记、区长罗万东召集全区农口部门召开专题调研座谈会。区委常委郭茂参加会议。

同日 区委常郭茂在区委会议中心一楼圆桌会议室主持召开防汛工作会。会后，郭茂还率队前往凤鸣镇、彭溪镇、武阳镇等重点区域，实地察看防汛工作准备情况。

6月12日 市委副书记、市长宋朝华会见率团到眉山考察的法国香槟－阿登大区主席让－保罗·巴希一行。区委书记梁磊，区委副书记、区长罗万东，区委副书记郭红，区委常委、副区长姚文第，市、区级相关部门负责人等陪同。

同日 彭山区2015年城乡规划监督工作会

在规划局一楼会议室召开区委常委、常务副区长李洪强，区人大常委会副主任、区规划监督委员会主任罗会华参加会议。

6月13日 眉山市彭山区政府与法国OBEO投资有限责任公司在成都签署《中法农业科技园彭山园区项目合作框架协议》。省委副书记、省长魏宏，法国香槟－阿登大区主席让－保罗·巴希，副省长曲木史哈，市委副书记、市长宋朝华，区委书记梁磊，区委副书记、区长罗万东，区委副书记郭红，区委常委郭茂，区委常委、副区长姚文第等出席签约仪式。

签约仪式上，区委副书记、区长罗万东代表彭山区政府与法国OBEO投资有限责任公司国际发展部总监维梅尔签署协议。根据协议，双方在彭山锦江乡共同建设农业科技合作示范园区，涉及生态农业、旅游文化、康体养生、农产品精深加工、农业科技孵化等综合开发项目。项目占地约1200公顷，规划总投资约150亿元。

中法农业科技园是2014年省委书记王东明出访法国以及法国担任第十五届西博会主宾国后四川省与香槟－阿登大区达成的合作项目。该项目已被列入“2015年全球气候峰会计划”中法两国政府的国家合作项目，是法国以中央政府名义在中国扶持的第一个农业项目。

6月15日 彭山区首届职工职业技能大赛决赛在彭祖广场拉开帷幕。来自全区各行业的90余名职工将在这里展开激励的比赛和角逐。此次比赛共开设厨艺、餐饮摆台、计算机办公运用、美发、焊工、维修电工6个职业技能比赛项目。

6月16日—18日 区委副书记、区长罗万东率彭山经开区、区招商局主要负责人到江苏江阴市、山东青岛市考察对接重点项目。

6月17日 2015年度全区文物保护工作会在武阳镇文化站举行。区委常委、宣传部部长马炜出席会议。市、区文广新局有关负责人，全区文化专干，各乡镇文化站站长、文物保护员等参加会议。

6月19日 市委副书记、市长宋朝华率队到彭山区，检查防汛和地质灾害防治工作，并主持召开专题会议，安排部署全市防汛和地质灾害防治工作。市政府副市长钟毅，市政府秘书长肖忠良，区委书记梁磊，区委副书记、区长罗万东，区委常委、常务副区长李洪强，区委常委郭茂等参加会议。

同日 彭山区召开病死畜禽及其产品集中收集、集中无害化处理工作部署会。区委常委郭茂出席会议，区级相关部门、各乡镇相关负责人等参加会议。

6月23日 区委副书记、区长罗万东率队先后前往张纲路、义和乡、牧马镇，检查全区防汛和地质灾害防治工作。区委常委、常务副区长李洪强，区委常委郭茂，区委常委、政法委书记李忠云及相关部门、乡镇负责人等陪同检查。

罗万东要求，加强监测，加大隐患排查力度，认真扎实做好做细各项防汛减灾的准备工作，确保安全度汛。

6月24日 区人大常委会副主任周惠率部分人大代表对彭山区《中华人民共和国药品管理法》落实情况进行专题调研。区食药监局相关负责人等陪同调研。

同日 彭山区深化农村改革土地工作推进会召开。

6月25日 国家公务员局副局长吴云华一行到彭山调研公务员平时考核工作开展情况。区委书记梁磊，区委副书记郭红，区委常委、组织部部长周代军陪同调研。

同日 市城乡规划监督委员会主任阳金和率队专项督察彭山区2015年城乡规划半年工作情况。彭山经开区党工委书记邓强，区委常委、常务副区长李洪强，区人大常委会副主任、区城乡规划监督委员会主任罗会华及区级相关单位负责人等陪同督察。

同日 区委书记梁磊先后到青龙镇先锋村、桂林村看望慰问困难群众、乡土人才、留守儿童、困难党员和离职老干部。区委常委、组织部部长周代军以及青龙镇相关负责人陪同慰问。

同日 “培育品质发展人文环境　创建文明美丽寿乡新城”工作推进会在区政府四会议室召开。

6月26日 市委书记李静率队前往青岛，拜会海尔集团公司首席执行官张瑞敏等公司领导层，并就双方进一步深化合作和海尔天府新区创新产业园项目建设等有关事宜进行座谈交流。青岛市副市长徐振溪，眉山市级有关部门和区委书记梁磊，彭山经开区党工委书记邓强，区委常委、副区长姚文第等参加此次座谈。

6月28日 区委副书记、区长罗万东深入凤鸣镇双漩社区慰问困难党员。

6月29日 全省防汛救灾工作电视电话会议召开。区委常委郭茂及各乡镇相关负责人在彭山分会场参加会议。

同日 省人大常委会副主任、党组副书记张东升到彭山区，调研天府新区彭山青龙区域发展情况及防汛工作。市人大常委会主任贺文，市人大常委会秘书长徐智勇，区委书记梁磊，区人大常委会主任钟建成，彭山经开区党工委书记邓强等陪同调研。

同日 区委常委郭茂率区相关部门负责人先后前往武阳镇、锦江乡、牧马镇、观音镇等地检查防汛救灾准备工作，实地察看防汛工程进展情况。

6月30日 彭山区庆祝中国共产党成立94周年表彰大会暨文艺晚会在彭祖广场举行。区委书记梁磊作重要讲话，区委副书记、区长罗万东主持大会。

1月—6月 彭山179个民生工程项目中，73个小项完成或动态完成年度目标任务，86个小项达到时间进度要求，实现时间过半，任务过半。据统计，截至6月月底，彭山区已累计筹集、拨付民生工程项目资金2.06亿元，占预计安排资金总额4.06亿元的56.01%。其中，上级补助1.8亿元，县级安排资金到位0.26亿元。

七　月

7月1日 眉山市彭山区第一届人民政府第八次常务会在区政府礼堂召开。

同日 区人大常委会主任钟建成到彭溪镇兴崇村老党员和困难群众家中走访慰问。

同日 区政协主席谭福轩前往观音镇曾家村，参加该镇举行的庆祝建党94周年暨身边人身边事“七一”大讲堂活动。

7月3日 市委常委、常务副市长邓正权一行到彭山视察调研县域经济社会发展情况。区委书记梁磊，区委副书记、区长罗万东，区委常委、常务副区长李洪强，彭山经开区党工委书记邓强等陪同视察调研。

同日 副市长汪树槐检查彭祖山景区安全工作情况。区委常委郭茂等陪同检查。

7月7日 省委十届六次全体会议第一次大会专题讨论会暨区委中心组（扩大）学习会、“三严三实”专题教育讨论会在区委会议中心二楼大会议室召开。区委书记梁磊出席并讲话。区委副书记郭红主持会议。在家的区领导以及区级部门、乡镇负责人等参加会议。

同日 彭山区2015年征兵工作会在区政府礼堂召开。区委常委、区政府副区长蒋会强，区委常委、区人武部政委董武出席会议，各乡镇和相关部门负责人参加会议。

7月8日 彭山区第三季度安全生产工作会在政府礼堂召开。区委副书记、区长罗万东出席会议并讲话。

7月9日 省决策咨询委员会主任甘道明一行20余人到彭山调研岷江航电彭山段项目开发建设情况。区委副书记、区长罗万东陪同调研。

同日 省农村道路交通整治督查组到彭山区彭溪镇，检查道路交通综合整治工作。

同日 区政协专题视察组对区农业局主办的《关于进一步规范土地流转的建议》提案办理情况进行专题视察。

7月10日 省委常委、省委组织部部长范锐平到彭山，先后前往彭山经开区管委会、吉龙化学建材有限公司，就彭山经济社会发展情况和工业园区党建工作开展情况进行专题调研。市委副书记刘十庆、区委书记梁磊、彭山经开区党工委书记邓强等陪同。

7月12日 彭山二小11名学生表演的爵士舞《炫舞女孩》在成都开展的“舞动梦想·2015国际青少年流行舞大赛成都总决赛”活动中获得金奖，并被推荐参加8月在北京举行的全国总决赛。

7月13日 区人大常委会主任钟建成率部分区人大代表视察彭山区农村改革试验区工作的推进情况。区委副书记郭红、区委常委郭茂、区人大常委会副主任罗会华随同。

同日 彭山区金融支持新型城镇化建设签约仪式在兴铁宾馆二楼会议室举行。彭山发展控股有限公司与彭山珠江村镇银行股份有限公司签订彭山区新型城镇化建设合作协议。该次签约，是彭山区首例金融机构与政府合作的关于“货币化安置”民生工程的签约。

7月14日 省历史文化名城专家咨询组到彭山武阳古街、汉崖墓博物馆、江口沉银遗址、江口镇等地，对彭山区文化、文物保护情况进行考察，为眉山市申报国家级历史文化名城提供参考。副市长汪树槐，区委常委、常务副区长李洪强，区委常委、宣传部部长马炜及相关部门负责人随同考察。

7月15日 副省长陈文华到彭山区调研食品药品监管工作情况。省政府副秘书长何旅章，省食品药品监管局局长姚义贤，副市长汪树槐，区委书记梁磊，区委常委、副区长蒋会强等陪同调研。

同日 全国第9届残运会暨第6届特奥会省筹委会执行副主任、省政府副秘书长赵学谦，省筹委会办公室常务副主任、省残联理事长毛大付等一行到彭山，检查督导四川省残疾人体育训练中心项目建设情况。市委常委、市残工委主任、市残联主席吴季友，市残联理事长、区委副书记王艳，副区长胡志中等陪同检查。

同日 区人大常委会对全区新《中华人民共和国安全生产法》贯彻实施情况进行视察。区人大常委会副主任余玺樟，副区长赵飞宇参加视察。

7月17日 眉山市人民政府与四川机器人产业联盟在彭山签署战略合作协议，落户彭山经济开发区。

同日 区人大常委会对彭山区抢抓“高铁经济”机遇工作推进情况进行视察。区委常委、常务副区长李洪强，区人大常委会副主任周惠、副区长赵飞宇参加视察。

同日 区政协组织视察彭山区“治砂”专项行动开展情况。区政协主席谭福轩、区政协副主席郑玉忠以及部分政协委员参加视察，副区长赵飞宇及有关部门和乡镇负责人随同视察。

7月17日—23日 区政协主席谭福轩率队视察全区“六项专项治理”行动开展情况。区政协副主席郑玉忠、喻旭、毛太忠、卓德松参加视察。

7月18日 农业部产业政策法规司实验区管理处调研员李娜率国家农村改革试验区工作调研组到彭山，调研彭山区深化农村改革工作的推进情况。市农工办主任陈明芳，区委常委、组织部部长周代军陪同调研。

7月20日 参加全国推进“银会合作”工作现场会的代表到彭山区果怡葡萄专业合作社参观。市委常委吴季友，市政协副主席王志敏，区委书记梁磊，区委副书记王艳以及中国科协、中国邮储银行有关部门同志，各省（自治区、直辖市）和新疆生产建设兵团科协、农技协、邮储银行分行负责同志等150余人陪同参观。

7月22日 区政协主席谭福轩前往联系乡镇观音镇果园村，走访慰问果园村李元清等8户困难群众和联系户。

同日 区人大常委会调研组对彭山区2015年上半年国民经济计划和财政预算执行情况进行调研。区人大常委会副主任罗会华、余玺樟参加调研，区委常委、副区长姚文第陪同调研。

7月23日 全区档案工作会议在区政府礼堂召开。区委常委、副区长蒋会强出席会议。区级各部门分管负责人和档案管理员参加会议。

7月24日 2015彭山第六届观音美人指葡萄采摘节开园仪式在观音镇果园村八百寿酒庄隆重举行。中国农学会葡萄分会秘书长田淑芬，省农科院园艺所葡萄专家刘晓，四川农业大学教授、中国农学会葡萄分会理事吕秀兰，区领导谭福轩、郭红、郭茂、王洪、胡志中以及省、市、区级相关部门负责人等参加开园仪式。

7月25日 市人大常委会主任贺文率检查组到彭山检查《中华人民共和国城乡规划法》（以下简称《城乡规划法》）贯彻实施情况并召开座谈会。市人大常委会副主任陈大权、李建章，副市长付庆一等参加检查。区委书记梁磊，区人大常委会主任钟建成，区委常委、副区长蒋会强，区人大常委会副主任罗会华陪同检查。

7月28日 眉山市彭山区第一届人民政府第九次常务会召开。

7月29日 区政协第一届三次常委会在区政协六楼会议室召开。

同日 区委常委、宣传部部长马炜看望慰问彭山消防大队官兵。

同日 全区重拳开展“治砂”专项行动工作动员大会在区政府礼堂召开。区委副书记、区长罗万东出席会议并讲话，区人大常委会副主任罗会华，副区长、区公安分局局长郭益，副区长赵飞宇，区政协副主席郑玉忠等参加会议。

7月30日 区第一届人大常委会第十次会议在区人大常委会第五会议室召开。

同日 区政协组织部分政协委员和提案撰写人组成视察团，对彭山区2015年部分提案办理工作进行现场视察，并召开座谈会。

7月31日 省林业厅厅长尧斯丹到彭山，先后前往天府新区彭山青龙区域湿地公园、千亩滨江湿地公园、五湖四海寿乡水岸、观音镇果园村等处，调研彭山区林业工作。副市长钟毅，市林业局局长王澄琳，区委副书记、区长罗万东，区委常委郭茂等陪同调研。

同日 区政协主席谭福轩率领部分政协委员前往区中医医院和区人民医院，调研公立医院改革工作推进情况，并召开座谈会。

7月 全区高考本科上线498人，其中，文考硬上线453人、艺体46人，超额完成市教体局下达的目标任务。重点本科上线113人，比2014年增加35人，增幅达44.9%，创近十年来重本上线人数新高。

八 月

8月3日 由眉山市人民政府主办，市人力资源和社会保障局、市总工会承办，中国水电七局高级技工学校协办的2015年眉山市职业技能大赛在彭山区水电七局高级技工学校举行开幕式。市委常委、常务副市长邓正权，区委副书记、区长罗万东，市级相关部门负责人等出席开幕式。

同日 全区重点项目及乡镇工作半年推进会在区委会议中心二楼大会议室召开。在家区领导，区级各部门、各乡镇主要负责人参加会议，部分区党代表、人大代表、政协委员和老干部代表应邀参会。

8月4日 省民政厅救灾处处长王绪恩率检查验收组到彭山，抽查彭山区青龙龙都社区综合减灾示范社区创建工作和蔡山社区创建成功后的后续开展工作。副区长赵飞宇，市区级相关部门负责人等陪同。

8月5日 区政府、市旅游局主办开展彭祖山景区应急疏散演练活动。区委副书记郭红出席并宣布演练开始。

同日 彭山区政银企座谈会在区住建局会议室召开。区委副书记，区长罗万东，区委常委、常务副区长李洪强，区委常委、副区长姚文第，彭山经开区管委会主任严开义，成眉石化园区管委会主任杨兴弘出席座谈会。区部分银行、企业及区级有关部门负责人等参加座谈会。

同日 区政协主席谭福轩先后到交警执勤点和彭山供电公司，看望并慰问奋战在第一线的交通民警和电力职工。区政协副主席毛太忠参加慰问。

同日 副区长赵飞宇率区水务局、区安监局相关负责人检查全区防汛抗旱工作，并在区防汛抗旱指挥部召开座谈会。

同日 区人大常委会副主任王洪慰问不畏酷暑、奋斗在烈日下的城管队员、环卫、园林工人，并代表区委、区人大、区政府、区政协及全区人民对他们的辛勤劳动表示感谢。

8月6日 区委副书记、区长罗万东率队专题调研全区污水处理厂建设情况，并召开座谈会。区委常委、副区长姚文第，区委常委郭茂等陪同调研。

同日 全区公众通信基站建设管理工作会在区政府四会议室召开。区委常委、副区长姚文第出席会议。各乡镇和区级有关部门负责人，以及电力、电信、移动、联通等公司负责人参加会议。

同日 区卫计局、总工会、妇联等部门，在区人民政府门口联合开展“世界母乳喂养周”系列宣传活动。

8月7日 全区安全生产会在政府四会议室召开。副区长赵飞宇出席会议，区安监局及相关部门、各乡镇负责人参加会议。

8月9日 2015年彭山区全民健身日启动仪式暨彭山足协“皇朝国际杯”五人制足球比赛在湿地公园举行。

8月11日 彭山区政务服务中心工商质检窗

口向四川中广建材有限公司发出彭山区首张“三证合一”营业执照。

“三证合一”即按照“一表申请、一窗受理、信息共享、核发一照”的模式，将营业执照、组织机构代码证和税务登记证的办理，通过一次申请，一个窗口受理，工商质监、国税、地税数据共享，并联审批，限时办结，由工商质监部门核发一个营业执照。

8月17日 区委书记梁磊率队前往武阳镇、锦江乡、中石油四川青龙油库等地，冒着大雨，对有关重点行业领域和重点部位安全生产工作进行督察检查。区委常委郭茂，副区长赵飞宇，区级有关部门和乡镇负责人参加检查。

同日 全区药品电子监管码管理培训会在兴铁宾馆二楼会议室召开。省食药监局网管中心的技术员对全区各连锁药店、单体药店、药品批发企业负责人及药品质量管理员作专题培训。

同日 受区委宣传部和区外侨台办邀请，台湾中时媒体集团“魅力城市”采访团一行到彭山，拍摄“魅力城市”专题片。

同日 区第一届人大常委会召开第十二次主任会议。

8月18日 彭山区“花漾彭山”立体绿化建设工作推进会召开。

同日 副区长赵飞宇率领检查组深入全区危化品经营企业及非煤矿山开展安全生产检查。

8月20日 彭山区召开行权平台运行和“三张清单”编制工作推进会。区委常委、常务副区长李洪强出席会议，各乡镇和区级相关部门负责人等参会。

同日 首届“眉山市彭山区十佳企业家、十佳技术能手、十佳乡土人才”综合评审会召开。评审会评选出十佳企业家10名、十佳技术能手10名、十佳乡土人才10名正式候选人。

8月21日 彭山区召开行权平台案件录入培训会，对区级有关单位、部门有行权事项的业务股室工作人员进行集中培训。

同日 彭山区农村改革工作推进会在区委圆桌会议室召开。区委副书记郭红，区委常委郭茂，区级部门、各乡镇及部分企业主要负责人出席。

8月21日—22日 四川省作家协会主席、茅盾文学奖得主阿来等著名作家，随“东坡故里行”采风团到彭山，进行文学采风活动。区委常委、宣传部部长马炜陪同。

8月24日 区人大常委会主任钟建成，区人大常委会副主任王洪、周惠、余玺樟及部分人大代表前往区教体局，就全区教体工作推进情况进行调研座谈。区教体局、区住建局、区人社局、区审计局及部分学校负责人参加座谈。

8月25日 “天府青龙大讲堂”培训会在彭山经开区管委会党群工作服务中心召开。彭山经开区党工委书记邓强，彭山经开区管委会主任严开义以及区级相关部门和各乡镇负责人出席。

会议邀请到四川天采科技有限责任公司董事长，留日博士，国家发改委燃料乙醇项目评审专家、国家氢能源“863”攻关子课题负责人、中组部海外人才“千人计划”、四川“百人计划”人选专家、享受国务院特殊津贴专家钟娅玲做了题为“新常态下企业如何生存和发展”的专题讲座。

同日 第十一届“放飞梦想·托起四川希望的明天”2015眉山市彭山区慈善·福彩帮困助学活动助学金发放仪式在区政府四会议室举行。活动现场向81名受助学生发放助学金28万元。区委常委、副区长、区慈善会会长蒋会强，副区长胡志中，区民政局、区教体局、区慈善会等相关负责人参加会议。

8月26日 中央电视台十套《文明密码》栏目组记者，深入江口镇茶场村二组聚焦彭山的孝老敬亲故事。

同日 彭山区安全生产工作会议在区政府礼堂召开。区委副书记、区长罗万东，副区长赵飞宇出席会议。区政府安委会成员单位，各乡（镇）及部分企业负责人参加。

会议结束后，罗万东一行还前往青龙油库铁路专用线、中石油四川青龙油库、眉山金梦石油、物资公司彭山器材库、金恒通化工，实地检查安全生产工作推进情况，并对存在的问题现场予以协调解决。

同日 为期三天的“第七届全国少儿曲艺大赛四川赛区选拔赛暨第三届四川省少儿曲艺大赛”在成都闭幕。由区文化馆和区第二小学联合打造的相声《不想长大》作为眉山市唯一选送的节目参加该文艺盛会并斩获大赛三等奖。实现彭山区参加省级以上同类比赛历史性突破。

8月27日 市委副书记、市长宋朝华到扶贫攻坚联系村青龙镇狮子村开展专题调研，并主持召开会议，部署推进扶贫攻坚工作，强调要用硬办法啃“硬骨头”，完成扶贫攻坚硬任务。区委书记梁磊，区委副书记、区长罗万东，彭山经开区党工委书记邓强，彭山经开区管委会主任严开义，区委常委郭茂以及市、区相关部门和全区13个乡镇负责人陪同调研或参加座谈会。

同日 由巴中、遂宁、乐山、眉山四市总工会组成的全省职工法律维权交叉检查组到彭山区检查职工法律维权工作，并在区总工会举行座谈会。区委常委郭茂出席。

8月28日—29日 区委副书记、区长罗万东率彭山区党政代表团到贵州省湄潭县学习考察城乡规划建设、深化农村改革试验、优势产业发展、新农村建设等方面先进经验和做法。区人大常委会主任钟建成，区政协主席谭福轩，区委副书记郭红，区委常委、常务副区长李洪强，区委常委、宣传部部长马炜，副区长赵飞宇以及相关乡镇和部门负责人参加。

8月31日 区委一届四次全委（扩大）会在区委会议中心二楼会议室召开。

九月

9月1日 副市长汪树槐率队检查彭山区文物保护工作。区委常委、宣传部部长马炜等陪同。

同日 区第一届人民政府第十次常务会召开。

同日 彭山区召开安全生产谈话会。区委常委、副区长姚文第，市经信委总经济师徐庆中及全区26家企业负责人出席会议。

同日 由区委宣传部、区文广新局主办，区文化馆承办的纪念中国人民抗日战争暨世界反法西斯战争胜利70周年音乐会于在彭祖广场举行。

9月2日 彭山区召开“互联网+”专题培训会，会议邀请电子科技大学柴俊武博士就相关知识进行专题培训。区委副书记郭红，区委常委、副区长蒋会强，区委常委、副区长姚文第出席培训会。

9月6日 学习湄潭县先进经验交流座谈会在区委会议中心二楼大会议室召开。区委书记梁磊主持会议并讲话。区委副书记、区长罗万东，区人大常委会主任钟建成，区政协主席谭福轩等在家区领导出席了会议。

同日 彭山区2015年“绿海明珠”大会战秋季战役动员会在区政府四会议室召开。区政协主席谭福轩、区委常委郭茂出席会议。

9月7日 副市长钟毅对彭山区农产品质量安全监督检验检测站项目建设情况进行检查。区委副书记郭红、区委常委郭茂及市、区相关部门负责人随同检查。

同日 彭山区强化2015年全市主动作为创一流目标绩效考核暨落实全省县域经济发展考核办法工作会在区委会议中心二楼大会议室召开。区委书记梁磊出席会议并讲话。区委副书记、区长罗万东主持会议。区人大常委会主任钟建成等出席会议。

同日 “四箭齐发”重点工程滨江大道彭山城区至东坡区段全线动工。该工程属市纪委2015年全市8个重点督察项目之一。

9月8日 省县级公立医院综合改革专项督查组到彭山，督察彭山区县级公立医院综合改革工作。副市长吴爱玲，区委副书记、区长罗万东，副区长廖伟等陪同。

同日 市人大常委会副主任李永高率专题调研组调研彭山区“绿海明珠、千湖之城、百园之市”规划建设及推进情况。副市长钟毅参加调研，区人大常委会主任钟建成，区委常委郭茂，区人大常委会副主任罗会华等陪同调研。

同日 全区对外开放、融资和向上争取工作会在区委会议中心二楼大会议室召开。区委书记梁磊，区人大常委会主任钟建成出席会议。会议由区委副书记、区长罗万东主持。

9月9日 中国·彭山第六届彭祖长寿养生文化节新闻发布会在福一酒店隆重召开。该次文化节由四川省人民对外友好协会、眉山市彭山区委、眉山市彭山区人民政府、中国老年学和老年医学学会联合举办，将于10月20日至21日举行。新闻发布会由区委副书记郭红主持。

新闻发布会上，区委书记梁磊，区委副书

记、区长罗万东，区委常委、常务副区长李洪强分别回答新华社、中央电视台、新华网记者的相关提问。新闻发布会结束后，还举行了“取水岷江源，彭祖万里行”大型公益活动出征仪式。

省人民对外友好协会会长罗玉彬，省老龄办常务副主任叶路，市政府副秘书长、市旅游局局长黄劲松，市外侨台办主任赖刚，区领导钟建成、蒋会强、李忠云、马炜、邓强、喻旭，青城派掌门、中国武术十大风云人物刘绥滨以及区级相关部门和乡镇负责人出席发布会。

新华社、中央电视台、中新社、人民网、新华网、国际在线、《四川日报》、四川电视台、《四川法制报》、《四川经济日报》、成都电视台、华西传媒集群、《成都商报》、四川新闻网、四川在线、腾讯大成网、新浪四川、《四川科技报》、《眉山日报》、眉山电视台等20余家新闻媒体记者参加新闻发布会。

同日 拥有多项以色列先进农业技术代理权的浙江爱普农业发展有限公司与位于岷江现代农业示范园区内的果怡农业科技有限公司签订科技合作协议。至此，果怡公司成为国内首个“中国—以色列葡萄科技示范基地”。

9月10日 由水利部建设管理与质量安全中心副主任匡少涛带队的专项检查组到彭山区检查水利工程建设项目。省农田水利局局长王华，副市长钟毅，区委常委、常务副区长李洪强，区委常委郭茂及省、市、区水利部门相关负责人等陪同检查。

同日 区委书记梁磊走访慰问彭山一中、鹏利小学的一线教师。副区长胡志中等参加。

同日 彭山区第三十一个教师节庆祝表扬大会在区委会议中心二楼大会议室隆重举行。区委书记梁磊，区委副书记、区长罗万东出席会议。大会由副区长胡志中主持。

9月10日—11日 区委副书记、区长罗万东一行考察学习由国务院通报表扬的华夏幸福基业固安产业新城，学习了解固安新城PPP模式，并就彭山区如何对接发展等相关问题同该公司拓展中心总经理任宝进行深入对接交流。

9月10日—17日 区委副书记、区长罗万东率彭山经开区党工委书记邓强，成眉石化园区管委会主任杨兴弘，彭山经开区管委会副主任余利平以及相关部门负责人，先后到北京、河北、广东等地考察对接重大招商信息，督促重大招商项目的推进。

9月11日 国家卫计委安全工作督导组一行7位专家在巡视员方援建的率领下到彭山区，对彭山区卫计系统安全工作进行全面的督察指导。省卫计委副巡视员刘捷，省卫计委办公室副主任许邦贵，市卫计委机关党委书记李亚斌，区委常委、常务副区长李洪强，副区长廖伟、赵飞宇以及区卫计局相关负责人陪同。

同日 彭山区人民政府与中电建建筑集团就顺河新城基础设施开发项目在彭山经开区会议室成功签约。

彭山顺河新城开发项目由彭山区政府和中电建建筑集团合作建设，在2015后3年时间内，中电建建筑集团将投资10亿元开发顺河新城基础设施项目，项目建设内容包括场地平整、河堤、景观大道、桥涵、道路、绿化、公共设施、安置房和顺河大桥建设等，项目建成后将进一步推进天府青龙“产城一体”发展，打造宜业宜居宜商新典范。

同日 彭山区在长寿广场举行中华经典诵读的文艺晚会。区委书记梁磊，区人大常委会副主任周惠，副区长胡志中，区政协副主席喻旭出席晚会。区委常委、宣传部部长马炜主持。市、区有关部门负责人参加。近千名师生参演此次晚会。

9月13日 2015年新兵欢送仪式在区人武部举行。

9月14日 副市长钟毅对彭山区农村产权流转交易服务中心建设情况进行检查。区政协主席谭福轩，区委副书记郭红、李祝才及相关部门负责人随同检查。

9月15日 彭山区首个农民股份公司黄丰镇团结村集体资产经营管理有限公司挂牌成立，并为村民颁发股权证。副市长钟毅，区政协主席谭福轩，区委副书记郭红、李祝才，区委常委、纪委书记罗焱，区委常委、组织部部长李勇刚，区人大常委会副主任罗会华等出席挂牌仪式。

9月16日 彭山区农村产权流转交易中心正式挂牌并营业。省农委副主任杨新元，区委书记梁磊，区委副书记郭红，区委常委、纪委书记罗焱，区委常委、组织部部长李勇刚，区人大常委会副主任罗会华以及省、市、区相关部门负责人和20余家新闻媒体记者出席挂牌仪式。

同日 市人大常委会副主任李建章率检查组检查彭山区《中华人民共和国环保法》贯彻实施情况。区委常委、副区长姚文第，区人大常委会副主任罗会华、王洪陪同。

同日 南通工业博览城董事长林思荣一行到彭山寿乡水岸·五湖四海、青龙镇顺河新城等地进行考察。区委书记梁磊，彭山经开区管委会主任严开义，上海文博堂教授文博等培同。

同日 彭山区精神障碍患者筛查治疗管理工作会在区政府四会议室召开。区委常委、政法委书记李忠云，副区长廖伟，副区长、区公安分局局长郭益，区政协副主席喻旭参加会议。

9月17日 省政府督查室主任田俐率领省政府督查室、省人力资源和社会保障厅、省教育厅相关负责人组成的督查组到彭山，专项督察彭山区就业创业工作。市委常委、常务副市长邓正权，区委常委、常务副区长李洪强，副区长廖伟等陪同。

同日 区委副书记、区长罗万东一行拜访中兴发展董事、常务副总裁方榕，就彭山项目投资事宜作进一步磋商。

9月17日—18日 区政协主席谭福轩率考察组前往成都市新都区、南充市南部县，学习考察县级公立医院综合改革工作。区政协副主席喻旭，区级相关部门主要负责人及部分政协委员参加学习考察。

9月18日 彭山区2015年侨资企业、台资企业、归侨侨眷、台胞台属中秋节座谈会在区政府四会议室召开。区委书记梁磊，区委常委、副区长蒋会强，区政协副主席卓德松出席。部分侨资、台资企业代表，归侨侨眷、台胞台属参加座谈会。

9月19日 在由四川省社会体育指导中心主办、宜宾市教育和体育局承办的“四川省第六届健身秧歌比赛”上，彭山一举夺得“四川省一套”及“全国六套”两个项目的金奖，并被组委会授予“最佳表演奖”。

9月21日 区政协召开安置房安置和管理个案监督工作动员会。9月中旬至11月上旬区政协将对全区安置房安置和管理开展个案监督。

9月22日 全国全面推进“三证合一、一照一码”登记制度改革工作电视电话会议召开，对“三证合一、一照一码”登记制度改革工作进行全面部署。

彭山区该项改革工作由区工商质检局牵头，各有关部门协同推进，同时建立问责制度、绩效考核制度予以保障；并做好“三证合一、一照一码”登记制度改革的培训工作，尤其是行政服务窗口工作人员及企业法人的培训；并加快建立公共信息资源共享交流平台，切实做好改革工作的权责协调。

同日 区人大常委会主任钟建成，区政协副主席喻旭到精准扶贫工作联系村江口镇永利村，指导推进扶贫帮扶工作。

9月26日 眉山市彭山区与云南城投天成云盟公司彭祖山旅游开发项目签约仪式在眉山市会议中心举行。

云南城投集团董事长许雷，云南城投集团总裁孙炯，市委书记李静，市委副书记、市人民政府市长宋朝华，市委常委、市委秘书长黄跃，市委常委吴季友，副市长汪树槐，区委副书记、区长罗万东出席签约仪式。区委书记梁磊主持签约仪式。区委常委、常务副区长李洪强，区委常委、副区长姚文第，区委常委、宣传部部长马炜及市旅游局、市发改委、市投资促进局、市国土资源局、市住建局、市城乡规划局、农行眉山市分行等部门的领导和彭山区委、区人大、区政府、区政协的有关领导以及彭山区乡镇与相关部门的负责人出席签约仪式。

9月28日 眉山市彭山区第一届人大常委会第十一次会议召开。

同日 政协眉山市彭山区委员会第一届四次常委会召开。

9月29日 彭山区第一届人民政府第十一次常务会召开。

9月30日 市委副书记、市长宋朝华一行深入彭山区四川金恒通石化有限公司、中石油四川销售分公司青龙油库、区客运中心站，实地检查化工企业、道路客运等重点行业领域的安全生产工作。副市长唐宏，区委书记梁磊，区委副书记、区长罗万东，副区长赵飞宇等一同检查。

同日 区委副书记郭红，区委常委、宣传部部长马炜率交通、城管、园林等部门负责人组成调研组，前往彭山二中、谢家镇、公义镇，对中国·彭山第六届国际长寿养生文化节活动推进情况进行调研。

同日 彭山区在彭山烈士陵园举行烈士公祭活动，缅怀革命先烈的丰功伟绩。

1月—9月 彭山179个民生工程项目中，113个小项完成或动态完成年度目标任务，55个小项达到时间进度要求。截至9月月底，全区已累计筹集、拨付民生工程项目资金27854万元，占预计安排资金总额40598万元的75.6%。

十 月

10月1日—7日 全区共接待游客38.32万人次，同比增长24%，过夜游客14.38万人，一日游游客23.94万人，实现旅游收入13650.77万元，同比增长26%。

10月8日 区委副书记、区长罗万东率区国土、投促、三产等部门负责人一行前往公义镇、武阳镇、牧马镇等地就全区土地“双挂钩”项目开展情况进行调研。

10月9日 区政协主席谭福轩、副主席郑玉忠率区级相关部门负责人等前往公义镇新桥村，开展扶贫联系村对口帮扶脱贫工作。

10月10日 2015年全国1%人口抽样调查动员暨培训会议在区政府礼堂召开。区委常委、副区长姚文第出席。

同日 区人大常委会评议财政局、住房和城乡规划建设局工作调查座谈会在区住建局二楼会议室召开。

10月12日 市委书记李静率队到彭山区专题调研党建工作。市委副书记刘十庆，市委常委、市委组织部部长姜怡，市委常委、市纪委书记祝云，市委常委、市委秘书长黄跃，市委常委、市委宣传部部长周孝平，市政协副主席黄玉蓉，区委书记梁磊，区委常委、组织部部长李勇刚以及各区县主要负责人、市级相关部门负责人等参加调研。

同日 区“四大家”领导看望慰问全区200余名离退休老干部。区委副书记、区长罗万东，区人大常委会主任钟建成，区政协主席谭福轩出席慰问大会。

10月12日—13日 贵州省湄潭县人大常委会主任郑方，副县长张永康率队到彭山，就彭山区城市建设、土地流转、现代农业、新农村建设等方面进行考察。区委副书记、区长罗万东，区委副书记郭红，区委常委郭茂、区人大常委会副主任罗会华及相关部门负责人陪同。

10月13日 区委副书记、区长罗万东前往黄丰镇共和村开展扶贫慰问工作，走访帮扶联系户，研究制定帮扶方案。

同日 区委副书记、区长罗万东到公义镇欣荣村三组慰问百岁老人杨立成。

同日 区委常委、副区长蒋会强到武阳镇看望、慰问家住五一村一组的百岁老人李学彬。

10月14日 市委副书记、市长宋朝华到彭山区，看望慰问高龄老人、空巢老人和贫困残疾老人。市政府秘书长肖忠良，区委书记梁磊，区委常委、副区长蒋会强陪同。

同日 中国·彭山第六届彭祖长寿养生文化节推进会在区委会议中心二楼大会议室召开。区委副书记、区长罗万东，区政协主席谭福轩等出席会议。

同日 眉山市彭山区“优美寿乡”综合治理工作推进会在区委会议中心二楼大会议室召开。区委书记梁磊出席会议并讲话。区委副书记、区长罗万东主持会议。

同日 全区“三张清单”制度实施推进会在区委会议中心二楼大会议室召开。区委副书记、区长罗万东，区政协主席谭福轩等出席会议。会议由区委副书记郭红主持。

10月15日 区委书记梁磊深入联系贫困村青龙镇狮子村看望慰问贫困户，并看望百岁寿星毛彬如。区民政局和青龙镇负责人陪同。

同日 内江市市中区人大常委会主任张家赋，副主任司马进、王丽率领考察团到彭山，考察彭山区农村改革工作。

10月16日 经开区管委会主任严开义，区政协副主席、工商联主席毛太忠，区级相关部门、企业负责人前往青龙镇，为当地贫困户和部分高寿老人送去节日问候。

同日 仁寿县委书记冉登祥率领考察团到彭

山区考察学习。区委常委、副区长蒋会强陪同考察。

10月19日 彭山区新型农业经营主体综合党委、行业党委、产业党总支成立暨授牌仪式在中共果怡农业科技有限公司支部委员会举行。市委常委、市委组织部部长姜怡，区委书记梁磊，区委常委郭茂出席仪式。仪式由区委常委、组织部部长李勇刚主持。

同日 市政协副主席王志敏率视察组视察彭山都市近郊现代农业发展情况。区政协副主席郑玉忠陪同视察。

同日 区委中心组“三严三实”第三专题暨南充拉票贿赂选案剖析研讨会在区委常委会议室召开。区委书记梁磊主持会议。区委副书记、区长罗万东，区人大常委会主任钟建成，区政协主席谭福轩等县级领导干部及市委组织部相关负责人出席会议。

10月20日 中国·彭山第六届彭祖长寿养生文化节迎来首个活动日，早上8点30分，“名医进彭山、把寿百岁乡”活动在彭祖广场正式拉开序幕。

同日 中国·彭山第六届彭祖长寿养生文化节“百岁林”植树活动在“五湖四海”湿地公园太极湖边举行，标志着长寿养生文化节系列活动正式拉开帷幕。区委书记梁磊，区委副书记、区长罗万东，区人大常委会主任钟建成，区政协主席谭福轩等区领导、长寿老人和孝子代表、少先队队员参加植树活动。

同日 “长寿之约沙龙”招待会在福一酒店16楼举行。来自海内外的嘉宾、客商齐聚长寿之乡，参加活动、寻觅商机、洽谈合作大计。

同日 彭祖长寿养生文化节研讨暨彭氏宗亲联谊会在兴铁宾馆召开。区委书记梁磊、区政协主席谭福轩以及来自全球彭氏宗亲代表等出席会议。

同日 晚7时30分，中国·彭山第六届彭祖长寿养生文化节暨彭祖国际养生养老产业博览会开幕式在彭山二中隆重举行。

省人大常委会党组副书记、副主任张东升，中国老年学和老年医学学会副会长王五一，中国老年学和老年医学学会秘书长翟静娴，市人大常委会主任贺文，市委常委、宣传部部长周孝平，市政协副主席、统战部部长黄玉蓉，市政协副主席、市工商联主席立胡左格，长期以来支持、关心彭山发展的省、市级有关部门负责人，遵义市湄潭县，攀枝花市东区，眉山市各区县相关负责人等出席开幕式。

荷兰、泰国、法国、美国、以色列等多个国家的领事、外事代表、企业家们，来自省内外的养生养老专家、学者、著名作家、新闻界等各界人士出席开幕式。

区委书记梁磊，区人大常委会主任钟建成，区政协主席谭福轩等区领导出席。区委副书记、区长罗万东主持开幕式。

该届会节由四川省人民对外友好协会、中共眉山市彭山区委、眉山市彭山区人民政府、中国老年学和老年医学学会联合主办，并获得四川省工商业联合会大力支持。

10月21日 中国·彭山第六届彭祖长寿养生文化节彭祖祭祀大典在彭祖山隆重举行。彭氏宗亲代表及海内外嘉宾共500余人出席彭祖祭祀大典。

同日 中国·彭山首届彭祖国际养生养老产业博览会（高端论坛）在五湖四海太极湖举行。该次论坛大会紧扣养生养老产业主题，邀请国际国内各类知名专家、学者、品牌运营企业、各类协会、商会和知名企业负责人等300余人齐聚彭山，就养生养老产业发展趋势、商业模式、运营模式等展开深入探讨和对话。会议为彭祖国际养生养老产业博览会永久会址揭幕。

同日 省政协副主席、省工商联主席陈放一行到彭山区调研百企联百村工作，并出席彭山区举行的中国彭山首届彭祖国际养生养老产业博览会活动，并为彭祖国际养生养老产业博览会永久会址揭幕。市政协主席王影聪，副市长汪树槐，市政协副主席立胡左格，区委书记梁磊，区委副书记、区长罗万东，区人大常委会主任钟建成，区政协主席谭福轩，区委副书记郭红等陪同调研。

同日 中国·彭山第六届彭祖长寿养生文化节“天下第一长寿宴”在福一酒店举行。李治轩等五位百岁老人参加长寿宴。省政协副主席陈放，市政协主席王影聪，区领导梁磊、罗万东、钟建成、谭福轩等出席长寿宴。

同日 晚7时30分，彭山本土民俗文化展演在彭祖广场举行。中国老年学和老年医学学会副会长王五一，中国老年学和老年医学学会秘书长翟静娴，荷兰健康问题专家夏梅立，区委书记梁磊，区委副书记、区长罗万东，区人大常委会主任钟建成，区政协主席谭福轩，彭山在家区领导，乡镇和部门负责人，专程返乡的彭山优秀儿女和彭氏宗亲等出席民俗文化大展演活动。

中国·彭山第六届彭祖长寿养生文化节民俗文化大展演活动由彭山区委、区政府主办，第六届彭祖长寿养生文化节组委会办公室、区委宣传部、区文广新局承办，分为“序”“狮龙呈祥”“非遗风采”“龙腾寿乡”四个篇章。

10月22日 市环境保护局总工程师许政率市督查组督察彭山区总量减排工作。区委常委郭茂及区级相关部门负责人等陪同。

同日 中国·彭山第六届彭祖长寿养生文化节“寿乡风采”书画摄影展隆重开幕。该次书画摄影展共展出160余幅作品，其中摄影作品60幅，书画作品100余幅。该次书画摄影展由区委、区政府，市文学艺术界联合会主办，区委宣传部、区文学艺术界联合会承办。

10月23日 中国·彭山第六届彭祖长寿养生文化节总结会在区委常委会议室召开。区委副书记郭红，区委常委、宣传部部长马炜出席会议。

同日 彭山区人民政府与珠海格力电工有限公司举行格力电工项目签约仪式。签约仪式的举行标志着格力电工高档电磁线生产项目正式在彭山区落户。市委书记李静，珠海格力电工有限公司总经理蔡军臣出席签约仪式并讲话。市委常委宣迅主持签约仪式。区委副书记、区长罗万东，彭山经开区管委会主任严开义及市、区有关部门负责人参加签约仪式。

10月26日 省文化馆主办的“天府群星快车·送文化下基层”文艺演出活动在锦江乡正华村村委会广场举行。此次演出也标志着省文化馆2015年“天府群星快车·送文化下基层”活动正式启动。

10月28日 全区公务员平时考核工作推进会在区委会议中心二楼大会议室召开。

同日 区纪委举办“纪委开放日”活动。

同日 彭山区《妇女发展纲要》和《儿童发展纲要》（以下简称《两纲》）中期评估督导暨迎检工作会在区政府第四会议室召开。

10月29日 彭山区第四季度安全生产工作会在区政府礼堂召开。副区长赵飞宇出席会议。

10月30日 彭山区人社局、四川大学锦江学院联合举办“2016届毕业生双选会”。

10月下旬 中国西部（四川）进口展暨国际投资大会在成都召开。大会期间，区委副书记、区长罗万东相继会见上海美国商会、霍尼韦尔、陶氏化学、赢创集团、中电建等20余家世界500强、国内外知名企业代表，并陪同参加英国商会及英中贸易协会代表团座谈。

1月—10月 规模以上工业企业主营业务收入完成153.96亿元，同比增长20.0%，预计全年完成185亿元，完成市下目标的100%；规模以上企业实现产值170.1亿元，增长19.0%，预计全年完成208亿元，同比增长11.2%，完成市下目标的112%；新增规模企业5户，完成市下目标的125%；固定资产投资40.2亿元，其中工业投资完成37.3亿元，同比增长11.0%。

十一月

11月2日 区委副书记、区长罗万东率队深入黄丰镇、江口镇、武阳镇、公义镇、观音镇、谢家镇、凤鸣镇等地进行专题调研，并主持召开座谈会。区委副书记郭红，区委常委、常务副区长李洪强，区委常委郭茂，区委常委、副区长姚文第参加调研。

11月3日 市委常委、宣传部部长周孝平率队深入彭山区部分学校，开展“法律进学校”、“中华经典诵读”、学校安全工作的专项检查。区委副书记、区长罗万东，区委常委、宣传部部长马炜，副区长胡志中陪同检查。

同日 区总工会在同庆南风公司举办工会法律维护专题培训。

11月4日 市政协副主席祝明洪率市政协视察组视察彭山区2015年民生工作推进情况。区委常委、常务副区长李洪强，区政协副主席卓德松陪同视察。

同日 市统计局局长郭才文带队到彭山区督察1%人口抽样调查工作，区委常委、副区长姚文第等陪同。

11月5日 参加全市召开的“推动金融创新服务都市近郊型现代农业发展三年计划”启动会的与会人员，先后前往彭山果怡农业科技有限公司、彭山天鑫农业发展有限公司进行现场参观和调研。市委副书记刘十庆，市委常委蔺湘，区委常委、常务副区长李洪强，以及区级相关部门负责人等陪同。

同日 由市安监局及市级相关部门联合区安监局、公安分局交警支队等举办的“一路平安”道路安全乡村行宣传文艺演出走进彭山区谢家镇。区委常委、副区长姚文第以及市、区相关部门负责人等出席活动。

同日 彭山区召开集中开展危爆品物品寄递物流清理整顿和矛盾纠纷排查化解专项行动会议。区委常委、政法委书记李忠云主持并讲话，副区长、区公安分局局长郭益出席会议，区相关部门主要负责人及各乡镇分管领导，全区烟花爆竹、危险化学品企业负责人，全区涉爆、剧毒物品企业负责人，全区境内物流企业负责人、相关快递企业负责人参加会议。

同日 彭山区城乡居民基本医疗保险工作会议召开。

11月6日 省人力资源社会保障厅副巡视员李绍泉率领检查组一行到彭山检查验收第四轮敬老模范县（区）创建工作。区委常委、副区长蒋会强，副区长廖伟陪同检查。

同日 彭山区迎接市《两纲》督察工作会在区政府第四会议室召开。市政府《两纲》督导检查组督察彭山区2011年—2015年全区《两纲》工作实施情况。区委副书记王艳出席会议，区法院、区妇联、区民政局等区级相关部门负责人，各乡镇分管领导和《两纲》联络员等参加会议。

同日 彭山区召开“调解跟着矛盾走”业务培训会。区委常委、政法委书记李忠云出席会议。全区200余名一线调解员参加培训。

11月7日 由省卫计委主办，眉山市卫计委和区委、区政府承办的四川省“健康相伴、幸福同行”卫生计生巡演活动在彭祖广场举行。省卫生计生委副巡视员徐凡凡、副区长廖伟出席活动。

同日 东坡区区委书记李明舟率领党政代表团到彭山区考察工业经济发展和城市规划建设。区委书记梁磊，区委副书记、区长罗万东，区委副书记郭红，区委常委、政法委书记李忠云，经开区管委会主任严开义陪同考察。

11月9日 全市公安机关深化执法权力运行监督机制改革现场会在彭山区召开。副市长、市公安局局长辜永忠，省公安厅法制总队总队长、厅改革办常务副主任岳文茂，区委副书记、区长罗万东等出席会议。

11月9日—10日 四川省安全社区评定专家组，深入彭山区伟业广场、四川大学锦江学院、蔡山社区等地，就彭溪镇安全社区建设工作进行评定并通过。

11月11日 区委副书记、区长罗万东率彭山区党政代表团前往仁寿，考察学习城市建设管理工作。区委常委、常务副区长李洪强，区委常委、政法委书记李忠云随同考察。仁寿县委副书记、县长秦彪，县委常委、常务副县长王军，副县长黄世文等陪同考察。

11月12日 四川省疾病预防控制中心组成的省专家组对彭山消除疟疾工作进行考核评估。专家组一致认为彭山区消除疟疾各项工作取得的成效符合国家消除疟疾考核评估要求，议定彭山区达到国家消除疟疾标准。自此，彭山区成为眉山市第一个达到消除疟疾标准的区县。

同日 市政协副主席祝明洪率市政协视察组到彭山，就全市民生工作推进情况进行视察并召开座谈会。区政协主席谭福轩，区委常委、常务副区长李洪强，副区长廖伟，区政协副主席卓德松，市、区级相关部门负责人陪同。

11月16日 彭山区第一届人民政府第十二次常务会召开。区委副书记、区长罗万东主持会议。

11月19日 区委书记梁磊深入彭山区东山片区调研项目建设推进情况。区领导钟建成、李洪强、李忠云、姚文第、赵飞宇以及区级相关部门和乡镇负责人陪同调研。

同日 彭山区不动产登记局暨不动产登记中心成立授牌授印仪式在区国土资源分局正式举行，标志着彭山不动产登记工作进入全面启动阶段。市国土资源局局长徐成良，区委书记梁磊出席挂牌仪式，并为彭山区不动产登记局、不动产登记中心授牌、授印。区委常委、常务副区长李洪强主持授牌仪式。

同日 彭山区国土资源节约集约模范县（市）工作推进会在彭山区国土资源分局五楼会议室召开。区委常委、常务副区长李洪强，经开区、成眉石化园区、区级相关部门及各乡镇负责人出席会议。

11 月 20 日 中国·彭山第六届彭祖长寿养生文化节暨国际养生养老产业博览会总结大会在区委会议中心二楼大会议室召开。区委书记梁磊出席会议并讲话。

11 月 23 日 区政协主席谭福轩组织市政协驻彭山委员组部分委员开展小组活动，针对彭山区就业创业服务和深化农村改革工作先后视察彭山区大学生创业孵化园和农村产权流转交易服务中心，并召开座谈会传达 11 月 8 日市政协召开的三届六次全会大会发言及提案征集工作协调会精神。

11 月 24 日 区第一届人大常委会第十二次会议在区人大五楼会议室召开。

11 月 25 日 全省道路交通安全综合整治工作现场会在眉山市召开。副省长、公安厅厅长邓勇带领省整治办和各市、州政府分管领导到彭山区参观货运源头治理工作。眉山市委书记李静，副市长、市公安局局长辜永忠，区委书记梁磊，副区长、区公安分局局长郭益等前往现场参观。

11 月 26 日 区委书记梁磊率队走进全区各重点项目建设现场，召开全区重点项目建设推进现场会，协调解决项目施工难题，督促项目建设进度。

同日 彭山区创建省级艾滋病综合防治示范区启动大会在区政府四会议室召开。会议分析了彭山区艾滋病防控面临的严峻形势，安排部署了创建省级艾滋病综合防治示范区工作。副区长廖伟，区艾防委，各乡镇、医疗卫生计生相关负责人出席会议。

11 月 27 日 区政协召开党组扩大会议，传达学习市委政协工作会议和市政协党组扩大会议精神，全体党组成员参会，非中共党员副主席及各委室负责人列席会议。

11 月 30 日 全区新型工业化、城镇化工作会在天府新区青龙党群服务中心召开。区委书记梁磊出席会议并讲话。

11 月 30 日—12 月 2 日 市委副书记、市长宋朝华率区委副书记、区长罗万东为首的彭山招商小分队赴京、沪拜会企业负责人。当当网、联合利华、陶氏化学三个大项目取得重大进展。

11 月 30 日—12 月 3 日 省环保厅环境监察执法总队副总队长熊伟率省环保综合督查组第三组对彭山区环境保护工作开展综合督察，并召开专题座谈会。区委常委、副区长姚文第陪同。

十二月

12 月 1 日 全市“第 28 个世界艾滋病日”宣传活动在彭山区彭祖广场举行。活动主题为“行动起来，向‘零’艾滋迈进”。副市长、市防艾委常务副主任吴爱玲，市政协副主席梁勇，区委书记梁磊，区政协主席谭福轩，区人大常委会副主席周惠，副区长廖伟，区政协副主席喻旭，以及市、区防艾委成员单位负责人，市、区直属医疗卫生单位负责人以及公安、教育、卫生、宾馆酒店、社区群众代表等共计 2000 余人参加启动仪式。

同日 市人大代表彭山代表组深入彭山区省道 103 线彭山城区段改造工程、寿乡水岸·五湖四海、天府新区青龙区域、岷江现代农业示范园区彭山区域等地开展专题视察。

同日 区政协召开安置房安置和管理个案监督工作总结会。区政协主席谭福轩，副主席郑玉忠、喻旭、毛太忠出席；区委常委、常委副区长李洪强，区委常委、政法委书记李忠云以及相关区级部门和乡镇负责人参加会议。

12 月 2 日 区委书记梁磊在凤鸣镇主持召开专题座谈会，重点研究、部署全区基层党建、信访维稳、扶贫攻坚工作。

同日 全区农村改革试验工作推进会在区委会议中心召开。区委副书记郭红、区委常委郭茂、区人大常委会副主任罗会华出席会议。

同日 由眉山金象化工产业园区党工委书记宋骥率领考察团到彭山，考察彭山区新型城镇化建设、工业经济发展等。彭山经开区管委会主任严开义等陪同。

12 月 7 日 由宁南县委常委、常务副县长高峰率领的宁南县考察团到彭山考察 PPP 项目合作模式。区委常委、副区长姚文第陪同考察。

12 月 9 日 市“绿海办”检查组检查彭山区 2015 年“绿海明珠”全年目标建设完成情况。区政协主席谭福轩，区委常委、组织部部长李勇刚以及区林业局等部门负责人陪同。

同日 区人大常委会副主任罗会华带领部分区人大常委会委员、基层区人大代表一行 16 人组成调研组，对全区小型农田水利建设情况开展调研。

12 月 10 日 彭山区·锦江学院战略合作联席会在四川大学锦江学院行政楼会议室召开。区委副书记郭红，区委副书记王艳，区委常委、组织部部长李勇刚，副区长胡志中，四川大学锦江学院董事会董事长张桂芳，校党委书记韦泰旭出席。

12 月 11 日 市委副书记刘十庆到彭山区凤鸣镇江渔村、彭溪镇兴崇村、观音镇果园村、公义镇马林村等地，调研岷江现代农业示范园区彭山区域项目建设推进情况。区委书记梁磊，区委副书记、区长罗万东，区委常委郭茂等陪同调研。

同日 彭山区第一届人民政府第十三次常务会召开。

同日 区委副书记、区长罗万东率队前往彭山区大学生创业孵化园、岷江现代农业园区、伟业广场 B 区项目工程现场调研全区人社工作，并召开专题座谈会。副区长廖伟，区人社局有关负责人陪同。

12 月 15 日 区政协协商“十三五”规划建议座谈会在区政府四会议室召开。区政协主席谭福轩，副主席郑玉忠、喻旭、毛太忠、卓德松出席会议，区政协各界别委员、民主党派、工商联、无党派人士代表以及区政协各委室负责人等参加会议。

同日 彭山区在兴铁宾馆会议室举办安全生产监管培训会。副区长赵飞宇出席会议，全区相关单位负责人及各乡镇负责人参加培训。会议邀请到市安监局陈一江和省政府安全生产专家组成员王林元分别作了提高安全监管能力、应急预案管理和应急救援的组织与处置的专题讲座。

同日 区文明办、团区委等单位的工作人员和“四川关爱明天十佳‘五老’”荣誉获奖者何图琴等，深入义和乡岐山村小学为 10 名留守儿童分发棉被，并送去慰问金。

12 月 16 日 省安委会油气输送管道隐患整治工作督查组到彭山，对省安委会挂牌督办彭山区凤鸣镇江渔村徐永清房屋距离天然气长输管线安全距离不足隐患点消除情况开展现场督察。

同日 全区乡村旅游投资促进会在区委会议中心二楼大会议室召开。区委书记梁磊，区委副书记郭红，区委常委、副区长姚文第，区委常委、宣传部部长马炜及部分意向投资商、金融企业及相关部门负责人出席会议。

同日 由政策扶持，2 名大学生投资创办的眉山市彭山区创业孵化园暨电子商务孵化园在彭祖大道伟业广场正式挂牌营业。彭山同城生活圈、麦绿渔业等 27 个创业团体（项目）签约，并有 17 个创业团体（项目）110 余人首批入住孵化园。

12 月 17 日 全市脱贫攻坚工作推进会在彭山区召开。市委常委、常务副市长邓正权，副市长钟毅，市政府秘书长肖忠良，区委书记梁磊，区委副书记、区长罗万东，区委常委郭茂以及全市各区县政府区县长、区县分管领导、扶贫移民局局长，市级有关部门负责人参加调研或会议。市委副书记、市长宋朝华出席会议并讲话。

同日 彭山经开区党工委书记邓强一行调研谢家镇脱贫工作。

12 月 20 日 彭山区脱贫攻坚工作推进会在区委会议中心二楼大会议室召开。区委副书记、区长罗万东，区委常委郭茂出席会议，区级相关部门和各乡镇负责人参加会议。

12 月 24 日 全市森林防火暨涉林企业安全生产工作会议在彭山区召开。副市长钟毅，区委常委、组织部部长李勇刚出席会议。

同日 区第一届人大常委会第十四次会议在区人大机关五楼会议室召开。区人大常委会副主任罗会华主持会议，区第一届人大常委会全体组成人员出席会议，区政协副主席喻旭应邀出席会议。区委常委、副区长李洪强，区委常委郭茂，区法院、区检察院和区级有关部门及乡镇负责人列席会议。

同日 彭山区冬春火灾防控工作会在区政府礼堂召开。会议全面分析了全区火灾形势，就2015年冬和2016年春火灾防控工作进行安排部署。副区长、区公安分局局长郭益出席会议。

12月25日 眉山市2015年第四批重点项目集中开竣工及重庆长安（骏德）特种车生产基地项目开工仪式在彭山经开区举行。市委副书记、市长宋朝华，市委常委王光彩，副市长唐宏，区委副书记、区长罗万东，区人大常委会主任钟建成，区政协主席谭福轩等出席仪式。

同日 副区长赵飞宇率区安监局负责人先后前往谢家镇、义和乡、江口镇、锦江乡等地，开展岁末年初安全生产工作检查，要求相关部门和乡镇要时刻绷紧安全弦不放松，落实好一岗双责安全生产责任制，加强日常安全监管，做到安全生产。

同日 四川省文物考古研究院、彭山区文化广电新闻出版局组织多位考古、历史、文物专家到彭山区江口镇，考察"江口沉银遗址"现场，并观摩相关文物，随后召开"江口沉银遗址"保护和考古研讨会。

在"江口沉银遗址"保护和考古研讨会上，来自中国社会科学院考古研究所、故宫博物院、中国国家博物馆、中国人民大学、北京大学、国家文物局水下文化遗产保护中心、四川大学、巴蜀书社等的10余名专家形成一致意见：通过与历史文献相比较，基本可以确定"江口沉银"的记载可信，彭山"江口沉银遗址"即为历史记载的张献忠沉银中心区域之一。如相关部门和专家们形成的方案通过，下一步或将利用围堰等方式对该区域进行抢救性发掘。

此次专家组成员有故宫博物院考古研究所所长、中国考古学会副理事长、故宫博物院原副院长李季；中国国家博物馆综合考古部主任杨林；中国人民大学教授、博士生导师、明史学会会长毛佩琦；北京大学教授、博士生导师齐东方；国家文物局水下文化遗产保护中心水下考古研究所所长姜波；四川大学教授、四川民俗学会会长江玉祥；巴蜀文化专家、《张献忠传论》作者袁庭栋；四川省文物考古院院长高大伦等。

12月29日 政协彭山区委员会第一届五次常委会在区政府第四会议室召开。区政协主席谭福轩，副主席郑玉忠、喻旭、毛太忠、卓德松出席会议。区委副书记郭红，区委常委、副区长姚文第，区人大常委会副主任周惠应邀参加会议。

12月30日 四川省农村土地经营流转现场会在彭山区福一酒店召开。省农业厅副厅长张强、区委常委郭茂、区人大常委会副主任罗会华、全省各市州农业系统相关负责人出席。

同日 2015年度彭山区公安分局城区治安巡逻队总结表彰会召开。区委常委、政法委书记李忠云，副区长、区公安分局局长郭益出席会议。

同日 彭山区开展"万人迎春长跑"活动。区委书记梁磊，区委副书记、区长罗万东，区政协主席谭福轩，副区长胡志中，副区长、区公安分局局长郭益，区政协副主席喻旭，以及来自区级机关干部，城市农村居民，部队官兵，企事业单位职工和学校师生等1万余人参加活动。

彭山区 2015 年度概况

概　　况

彭山区位于北纬 30°07′至 30°21′，东经 103°40′至 103°59′之间。地处四川盆地川西平原南缘丘陵地区，岷江中游，东邻仁寿县，南接东坡区，西与蒲江县、邛崃市交界，北与新津县、双流县相连。地势西北高，东南低。地形分为东西两边低山丘陵、中部平原。主要山脉有东山龙泉山、西山总岗山。岷江由北向南纵贯境内，构成中部冲积平原，中部为开阔的平坝区，占总面积的 32%。境内最高点"北平观"位于彭山区西北 15 公里的保胜乡石柱村，海拔 711.6 米；最低点"石牛栏"位于原永丰乡尖山子，海拔 410 米。属亚热带湿润气候区，气候温和，四季分明，雨量充沛，多夜雨，空气湿润，日照少。2015 年，境内气温偏高，降水减少，日照正常。年平均气温 18.9℃，与常年比较偏高 2.1℃，属偏高年景；年日照时数 1092.7 小时，接近常年；年总雨量 773.9 毫米，少于常年；平均相对湿度 71%。2015 年，全区总面积 465 平方公里（其中，耕地面积 141.05 平方公里）。辖 10 镇 3 乡，年末总人口 33.38 万人。城镇化率 50.6%，人口出生率 11.66‰，人口自然增长率 3.51‰，森林覆盖率 35.8%。

2015 年，彭山地区生产总值 123.42 亿元，比 2014 年（下同）增长 11.7%；全社会固定资产投资 199.16 亿元，增长 13.4%。地方财政收入 25.99 亿元，增长 24.9%；地方财政一般预算收入 13.60 亿元，增长 10.4%；财政收入占 GDP 比重为 11%。其中，税收收入占比 64.8%。社会消费品零售总额 42.82 亿元，增长 12.9%。第一产业增加值 12.63 亿元，增长 3.7%；第二产业增加值 75.37 亿元，增长 13.2%；第三产业增加值 35.42 亿元，增长 10.9%。三次产业对经济增长的贡献率分别为 2.9%、72%、25.1%。分别拉动经济增长 0.4、8.4、2.9 个百分点，三次产业结构优化为10.2∶61.1∶28.7。全年民营经济增加值 76.32 亿元，按可比价格计算增长 12.2%。民营经济占 GDP 比重为 61.8%，增长 0.1%，对经济增长的贡献率为 64.4%，拉动经济增长 7.6%。其中，第一产业民营经济增加值 7.08 亿元，增长 4%；第二产业民营经济增加值 49.36 亿元，增长 14.4%；第三产业民营经济增加值 19.89 亿元，增长 8.8%。招商引资到位资金 125.34 亿元，规模以上工业增加值增速 23.1%；城镇居民人均可支配收入 27001 元，增长 9.1%，增速全市第二；农民人均纯收入 14062 元，增速 10.6%。

2015 年，彭山区践行"三严三实"，抓班子、带队伍，良好政治生态基本形成。创新"融合引领型"党建体系（即：围绕"促进园区科学发展、提升园区治理水平"，推进组织运行融入企业管理、思想引领融入企业文化、党群服务融入企业经营、人才集聚融入企业创新，实现园区党建与园区发展相融共进的党建工作体系），全省基层党建工作现场会在彭山召开，村级组织"四晒"工作法（即：村、社区党组织通过向群众"算细账、晒党恩，寻问题、晒承诺，比服务、晒奉献，亮规划、晒目标"，增强基层党组织的凝聚力和战斗力）在全国推广。鲜明"忠诚、担当、有为、干净"的好干部标准，制定干部管理负面清单 365 项，公务员日常考核试点受到国家公务员局领导肯定。坚持从严治党，压实"两个责任"（党风廉政建设党委主体责任和纪委监督责任），在全市率先开展纪委监督同级党委工作试点，在全区全面推行"三张清单"（行政权力清单、政府责任清单、投资项目限制禁止清单）制度，在 108 个村（社区）全面建立廉情监督委员会，查处群众身边的“四风”和腐败问题45件。开展“学先进、找差距、添措施”活动，学习转化外地先进经验131条。强化对外宣传，央视8次聚焦彭山，中央级媒体涉彭山报道达92篇次。

工业经济

2015年，实施强工战略，工业经济上档升级。全年工业增加值66.22亿元，增长13.3%，对经济增长的贡献率为63.7%，拉动经济增长7.5个百分点。全区工业性固定资产投资78.99亿元，增长12.3%。全年，全区入驻世界500强和国内外知名企业20家，有规模以上工业企业102家，实现工业总产值323亿元，增长19%，主营业务收入301.90亿元，增长2.31%；产销率98.9%；实现利润18.42亿元，增长28.8%。轻工业增加值增长27.2%，重工业增加值增长6.3%。股份制企业增加值增长20.4%；外商及港澳台企业增加值降低7.2%；其他经济类型企业增加值增长13%。新签约项目12个，其中，拟投资50亿元的彭祖山文化旅游综合开发项目成功签约，中法农业科技园项目被写入省委十届七次全会公报，格力、中建、中电建3家世界500强企业入驻天府新区，成眉石化园区成功引进世界500强企业——陶氏化学。全力扶持现有企业做大做强，鲁洲生物、思念食品、金桐化工等企业实现上档升级。突出创新驱动，新培育高新技术企业8家、省级创新型企业4家，14家战略性新兴企业实现产值64亿元，占工业总量的20%。全区进出口总额实现1773万美元。彭山经济工发区成为全市首个“200亿园区”，并成功创建省级知识产权示范园区，全区“产、学、研”创新联盟达12个。苏宁云商、四川铁通物流、海尔仓储等知名物流企业入驻彭山，彭山青龙物流园区成为全省唯一的省级物流聚集区。

主要产品生产形势良好。在统计的26种工业产品中，有16种产品产量增长，增长面为61.5%。2015年，全区合成洗涤剂17.30万吨，元明粉78.98万吨，饮料酒1115千升，饲料119.53万吨，无纺布1.31万吨，食用植物油9.99万吨，速冻米面食品5.45万吨。

固定资产投资

2015年，全区全社会固定资产投资199.16亿元，比2014年增长13.4%。固定资产投资199.16亿元、增长14.3%。其中，第一产业投资4.86亿元，增长70.8%；第二产业投资79.15亿元，增长12.2%；第三产业投资115.15亿元，增长12.6%。第一、二、三产业投资占全社会投资的比重分别为2.4%、39.7%和57.9%。项目投资稳步增长。全区在建施工项目188个，竣工项目110个。

国内贸易和对外经济

2015年，全区社会消费品零售总额实现42.82亿元，比2014年增长12.9%；其中，批发业4.57亿元，增长12.7%，零售业32.72亿元，增长12.9%，住宿业0.45亿元，增长12.5%，餐饮业5.08亿元，增长12.8%。城镇实现零售额24.61亿元，增长12.8%；乡村实现零售额18.22亿元，增长13.0%。外贸进出口总额1949万美元，下降79.6%。其中，出口595万美元，进口1354万美元。全年实际利用外资4496万美元。

农村经济

2015年，全区实现农林牧渔业总产值23.09亿元，现价比2014年增长7.5%；增加值13.10亿元，按可比价计算增长3.8%；农民人均纯收入完成14062元，增长10.6%。全年种植业增加值5.52亿元，增长3.8%。农作物总播种面积3.67万公顷（其中，粮食作物24888公顷，油料作物4442公顷，药材2248公顷，蔬菜3300公顷）。全年粮食总产量15.32万吨，增长2.3%；

油料产量1.02万吨，增长3.1%；蔬菜产量4.95万吨，下降4.3%；水果产量5.63万吨，增长0.5%。全年引进推广川农优498、川优6203、龙庭100、川麦104等水稻、小麦、油菜和马铃薯等新品种48个，推广水稻精确定量栽培、机直播、旱育秧、垄作栽培、精量播种、测土配方施肥等高产栽培技术20余项，加快全区农作物品种更新，优质农产品占有率明显提高。以农为主，统筹城乡，高品质推进新村建设，建成幸福美丽新村30个、新村聚居点12个、综合体建设1个，建成农村廉租房90套，新建农村沼气池517个，新建"1+6"村级公共服务中心1个。

2015年，按国家级标准和市岷江现代农业示范园区的总体规划，高起点打造38平方公里的彭山岷江现代农业园区；投入基础设施建设资金1.53亿元，新建高标准农田800公顷、旅游观光大道22公里、生产通道60公里、沟渠50公里。全区形成"一园区六基地"（岷江现代农业示范园区，葡萄、猕猴桃、柑橘、粮经复合、蔬菜、蜜柚基地）的现代农业产业格局，已培育新型农业经营主体415家（户）（其中，种养大户222户，家庭农场182家，专合组织8家，龙头企业3家）、龙头企业19家、星级家庭农场20个；六大产业基地发展为全区六大产业优势，形成以葡萄、柑橘、柚子、猕猴桃等6大优势产业为改革的有力抓手，作为提升彭山现代农业品质的强大载体。按照一村一品、一乡（镇）一业要求，对产出效益低下的产业进行调整，着力培育具有市场竞争优势的精品葡萄、优质柑橘、红心猕猴桃等产业，做大、做强农业品牌。全区已建成5333.33公顷优质柑橘基地、2000公顷优质葡萄基地、1666.67公顷优质蔬菜基地、1066.67公顷红心蜜柚基地、1333.33公顷水稻制种及中药材基地和666.67公顷优质猕猴桃基地等产业基地。新发展种植红心蜜柚800公顷、特色蔬菜133.33公顷、花卉苗木133.33公顷。

全年畜牧业增加值5.47亿元，增长2.6%。全年，出栏肉猪36.83万头，下降1.2%；出栏牛3520头，增长3.5%；出栏羊4.54万只，增长2.6%；出栏家禽342.20万羽，增长1.9%。全年肉类总产量39189吨，增长0.7%。其中，猪肉26058吨，牛肉422吨，羊肉605吨，禽肉5275吨。全区禽蛋产量6539吨，牛奶8918吨。林业增加值0.35亿元，增长5.9%。年末，全区森林面积1.4万公顷。渔业增加值1.30亿元，增长7.4%。水产品养殖面积1.40万公顷，水产品产量1.55万吨。

2015年，全区农机总动力达到27.18万千瓦，综合机械化水平65.26%。机收稻麦16933.33公顷，助农增收3297万余元。争取到位项目资金1033万元，示范推广农机新技术3项。实施购机补贴政策，新增农机具205台，受益农户198户，资金核算进度达100%。新建提灌站12座，维修改造提灌站580台、5800千瓦。新建（整治）机耕道351.9公里。继续巩固全国"平安农机"示范区的成果。

深化农村体制改革

2014年12月，彭山区被确定为全国第二批深化农村改革试验区。彭山承担着全国农民合作社、家庭农场和村转社区党组织建设和全省农村产权抵押融资、农村"两地一房"自愿有偿退出、农村集体资产股份制合作以及全市涉农资金整合、特色农业保险、农田水利设施产权改革及创新运行管护机制等多项改革试点任务。2015年，全区抢抓农村改革试验机遇，优化投资环境，吸引要素回流，加快发展特色优势产业。成功创建省级农产品质量安全示范区。彭山区成立农村产权流转交易服务中心，设立产权融资风险补偿基金，跻身全国"两权"融资试点区县（即：农村承包土地经营权和农民住房财产权抵押融资试点），为全省唯一获此荣誉称号的县。农村产权交易平台与成都产权交易所联网运行，实现与省级交易平台对接运行。开展农村集体资产股份制改革试点，成立全市首家村级集体资产经营管理有限公司。完成岷江现代农业示范园区土地确权颁证登记工作。农村改革快速推进，全区针对农村土地流转中存在的农民怕业主"跑路"，业主怕农民"难缠"，政府怕无限"兜底"等现实难题，创新土地规范流转体系、发展型党组织体系、农村产权交易融资体系和“产权+股份”的农民利益保障体系“四大体系”，创新“三级土地预推—平台公开交易—资质审查前置—风险应急处理”土地流转“四步机制”，全力畅通流转渠道，全程化解流转风险，实现了“农民流转有收益，业主投资得效益，政府服务更公益”的三方受益格局。2015年，全区已实现集中流转土地面积8000公顷，流转率高达50%，新培育新型农业经营主体398家，第一产业投资增速达118.4%，远高于二产的11.9%和三产的13.6%。先后获得副总理汪洋、省委书记王东明，省委常委李昌平，省委常委、组织部部长范锐平，副省长曲木史哈，市委书记李静等领导的肯定性批示和鼓励9次，省、市领导就农村改革专程到彭山视察11次，在彭山召开省级现场会3次，在省级以上层面进行专题交流5次。新华社、中央电视台、中新社、《四川日报》等20余家新闻主流媒体多次聚焦彭山，彭山农村改革工作媒体报道量和转载量突破2000余次。2015年12月24日，全国农村改革试验区工作交流汇报会在北京召开，江苏洪泽、浙江温州、安徽宿州、福建沙县、广东清远、重庆永川区、眉山市彭山区、云南开远等第一、二批58个试验区中的8个试验区，在会上作了经验交流，彭山区作为四川唯一的试验区代表，区委书记梁磊在会上作了题为“四步机制，三方受益，探索农村土地规范流转体系”的经验交流。

第三产业

2015年，全区第三产业增加值实现35.42亿元，增长10.9%，全市排位第二。全年接待游客453.42万人次，增长29.6%；旅游总收入达到35.01亿元，增长30.4%。签订彭祖山文化旅游综合开发、中法农业科技园彭山园区、彭山·长青国际健康城等项目合作框架协议，投资总额180亿元。希望城商业综合体主体竣工，伟业广场建成投运，文企经贸Q板挂牌，城市商业形态有力提升。大学生创业孵化园被评为省级科技孵化园、市级创业示范园。

2015年，按照“宜散则散、宜聚则聚”原则，新建幸福美丽新村，融入文化元素，倡导休闲新村旅游。积极推动刘家大院民俗文化古村落开发、彭园文创旅游小镇的招商引资工作，完成刘家大院旧村落保护工作，填补彭山区新农村建设文化保护空白。投资800万余元，完成岷江园区北门户标志景观、北入口大门、农业园区彭山规划馆、景观限高门、啤酒桶观景台、葡萄廊架、景观小品、欧式隔离栏和长寿城牌坊加固维修等旅游景观节点建设18处。按照“一轴两翼”农旅发展产村相融的新布局抓全区幸福美丽新村建设。“一轴”——以由南向北的农旅观光大道为中轴，打造岷江现代农业示范片。主要涉及公义（部分地区）、观音、彭溪、凤鸣，以发展葡萄、蜜柚、花卉等特色农业为主，发展农业观光、采摘、旅游等产业，打造成为“城市果篮”。“东翼”——岷江现代农业园区以东，打造彭祖养生果蔬示范片。主要涉及黄丰、锦江、江口、牧马、武阳，以中法农业科技园、彭祖山为龙头，辅建仙女湖体育公园等，发展高端观光、养生、休闲、旅游农业，打造成为“乡村客栈”。“西翼”——岷江现代农业园区以西，打造忠孝文化溯源示范片。主要涉及保胜、义和、谢家、公义（部分地区），主要以猕猴桃、水稻制种、粮经复合种植为主，大力发展农场体验、“农家乐”吃住等，打造成为“天下粮仓”。

深入挖掘彭祖长寿养生文化、张纲李密忠孝文化等，积极探索“1+3”产业融合发展模式，不断提升农业的生态、休闲、文化、观光价值；成功举办“中国·彭山第六届彭祖长寿养生文化节暨彭祖国际养生养老产业博览会（高端论坛）”，推出养生养老产业招商项目27个；成功举办“彭祖山三月三朝山会”“彭祖大庙会”“第六届黄丰橘花节”“第六届观音葡萄采摘节”“草莓采摘节”等会节活动，吸引游客115.29万人次，创收1.21亿元，丰富彭山产业发展内涵，加快产业融合，拓宽农民增收渠道。围绕一三产融合发展，在成都宽窄巷子策划举办2015彭山第六届观音美人指葡萄采摘节专场旅游推荐和展示会，并与腾讯合作，推出“互联网+第四产业”新概念。高手笔、高规格做好彭山区旅游文化定位，聘请上海文博堂城市发展与营销研究所完成彭山文化小城策划，推出城市 VIS，新策划推广“彭山·一个不老的地方”“天下彭祖山，岷江岸上城”等系列城市推广语和城市 H5 短片《彭山如此多娇》。新增四星级“农家乐”1 家（新村生态园），三星级“农家乐”2 家（醉八仙、天香苑）；新增特色旅游生态经营点 2 个（寿星谷、果怡农业科技有限公司）。实现农民转变为三产经营者和从业者 6260 人，实现乡村旅游收入 4.43 亿元。全区“三品一标”（即：无公害农产品、绿色食品、有机农产品和农产品地理标志）占农产品种植面积的 64.3%，获绿色食品认证 25 项、无公害产品 14 个、农产品行业金奖 12 项，大力推进“互联网+”，成立彭山电子商务协会，建立“东坡味道”特色农产品展销平台，网上交易额达 3 亿元。

全年，全区建安工程投资完成 151.52 亿元，建筑业增加值 9.15 亿元。建筑企业房屋建筑施工面积 209.97 万平方米，增长 19.1%；房屋建筑竣工面积 102.2 万平方米，下降 5.9%。全区房地产开发企业商品销售面积 67.60 万平方米，销售额 31.27 亿元，增长 56.1%。

2015 年，彭山区公路里程 572.6 公里，其中等级公路 372.3 公里、高速公路 34.2 公里。全社会客运量 4971.3 万人次，比 2014 年增长 9.7%；全社会旅客周转量 4.8 亿人公里，增长 2.8%。全社会货运量 610.3 万吨，增长 3.3%；全社会货物周转量 5.13 亿吨公里，增长 0.7%。邮电主营业务收入 1.93 亿元，增长 4.1%。全区固定电话用户 4.69 万户，下降 14.4%；移动电话用户 27.81 万户，增长 2.7%；宽带用户数达到 8.6 万户，增长 30.4%。

财政金融保险

2015 年，全区实现地方财政收入 25.99 亿元，比 2014 年增长 24.9%；地方财政一般预算收入达到 13.6 亿元，增长 10.4%，其中，税收收入 8.68 亿元，增长 3.8%；地方财政一般预算支出 25.64 亿元，增长 7.1%。到位政府性投融资 25.26 亿元，截至年末，全区金融机构各项存款余额 165.66 亿元，增长 6.8%；各项贷款余额 76.74 亿元，下降 2.7%。全年保费总收入 1.92 亿元，增长 10.8%，其中，财产保险保费收入 7569 万元，人险保费收入 1.16 亿元。全年处理各项赔款和给付金额 3455 万元，其中，财产险赔付金额 3088 万元，人身险短期赔付金额 367 万元。

城乡建设

2015 年，全区抢抓撤县设区机遇，投入资金 10.1 亿元，完成李密大道等 11 个市政工程，新增城镇建成区面积 1.98 平方公里。实施九大片区提质工程，升级锦绣大道等 5 条道路景观，推进“花漾彭山”“光彩彭山”（彭山区为提升城市品位，在全区组织开展的城市美化亮化工程）建设，建成首座人行天桥，11 项市政工程竣工投用。扎实推进“美丽乡村新面貌行动计划”，建成幸福美丽新村 30 个，新村聚居点 12 个。“三箭齐发”（岷东大道、滨江大道、工业大道暨九龙山隧道项目工程）开工建设 39.8 公里，占总里程的 57%。岷东大道成彭段、滨江大道城区段建成通车，工业大道完成规划设计。完成省道 103 线彭山段品质提升工程，完成彭谢路等 16.7 公里道路黑化升级，改造通乡、通村道路 74 公里。成昆铁路扩能改造、简蒲高速彭山段建设有序推进。西南交通应急物资储备中心选址彭山。坚持“环保否决”制度，扎实推进“千湖之城”“绿海明珠”“百园之市”建设，龚家堰扩容工程主体竣工，新增和恢复水域面积 6 平方公里，新增城镇公园 15 个，城乡绿化覆盖率 48%。“六治”（即：治砂、治尘、治污、治乱、治超、治庸懒散浮拖）工作成效显著，全面启动畜牧业面源污染治理，空气优良天数达标率 74.5%，成功创建 8 个省级优美示范镇村，顺利通过全国农村生活垃圾处理验收，砂石监控技防经验在全省范围内推广。抢抓撤县建区机遇，坚定不移贯彻新型城镇化战略，完成省道 103 线改造提升、彭谢路黑化，岷东大道成彭段、滨江大道城区段全线贯通，城市骨架更加舒展。

社会事业及民生工程

2015年，全区财政投入民生和社会事业资金18.45亿元，民生占公共财政支出的72%。全年申请专利229件，其中专利授权63件；高新技术产业企业11家，高新技术产业总产值40.48亿元；全区各类专业技术人员13420人，其中农业技术人员493人。区财政投入科学技术支出660万元。全年财政投入教育支出2.85亿元，全区共有小学15所，专任教师913人，在校学生1.23万人；普通中学16所（含高中、初中、九年一贯制学校），专任教师818人，在校学生9632人；中等职业学校1所，全区学龄儿童入学率100%，初中毕业生升学率90.7%，高中升学率90.5%，高考本科上线率35.2%。新一中、城南小学项目正式启动，东星航空项目进场施工，保罗国际学校招生行课；成功申报“全国规范化家长学校实验区”“省艺术教育实验区”，彭山一中成功创建省“阳光体育学校”。全年累计投入建设资金816.47万元，完成谢家小学等7个学校项目建设；投入资金1082万余元，更新学生课桌凳5230套，采购教师办公桌椅955套，教师办公电脑420台、财会人员专用电脑50台；安装数字化教学设备369套，与中国电信合作启动“三通两平台”工程（人人通、班班通、校校通）；全部免除义务教育阶段在校学生3.56万人次的学杂费、作业本费；补助贫困寄宿生费2927人次、180.5万元；按每生每年200元提高寄宿生学校的公用经费补助标准，补助金额43.98万元；补助贫困普高学生2258人次、225.8万元；下拨普高贫困生免学费资金100.24万元，免除贫困普高学生2414人次学费；拨付1580名“三儿”（家庭经济困难儿童、孤儿、残疾儿童）资助资金79万元。年末，全区拥有文化馆1个，文化站13个，公共图书馆1个，博物馆1个，青少年宫1个，体育馆36个，电视台1个。全年组织文化馆、站活动23次，举办展览4个，组织文艺演出10次，创作文艺作品19件，全年组织大型文体活动20次，参加人员达15万人次。完成牧马镇“村村响”广播升级改造和5个“村村响”广播扩容工程；更新108个农家（社区）书屋书籍；改建5个村文化活动室，为1800户农户免费安装卫星电视接收设备；彭山二小被确定为四川省曲艺传承示范学校；成功举行“江口沉银遗址”保护和考古研讨会；完成8个“寿乡新村文化院坝”建设；元宵灯舞巡游在央视实况播出；黄丰镇被评为“四川省民间文化艺术之乡”。全年财政投入医疗卫生支出28495万元。全区共有医疗卫生机构数248个，实有床位数1352张，全区医疗机构共有技术人员2029人，其中执业（助理）医师595人。全区新型农村合作医疗参合率100%，全区5岁以下儿童死亡率7.57‰，婴儿死亡率5.99‰，产妇住院分娩率100%。推进医疗卫生改革，实施分级诊疗，区域就诊率达90%。消除疟疾工作通过省级验收。创建省级卫生单位11家。继续推进60个病种临床路径管理和单病种质量控制试点工作，中医院建立老年病重点专科，建立优质护理示范科室17个。坚持乡村一体化管理，全区现有全科医师45名，达到每个乡镇拥有3名以上全科医师。彭山区公立医疗机构全面实行网上阳光采购。药品、医用耗材阳光采购合格率，医疗卫生机构上网采购率，阳光积分合格率，药品阳光采购合格率均达到100%。彭山区连续9年无急性血吸虫病感染病例发生，全部乡镇预防接种门诊达到“A级”以上标准，全面实行日接种。新增城镇就业4672人，城镇登记失业人数2085人，城镇登记失业率控制在4.2%以内。年末全区各种社会福利收养性单位18所，城镇居民最低生活保障人数3943人，农村居民最低保障人数10970人。在全市率先完成养老保险并轨工作，整合城乡居民基本医疗保险，大病保险全覆盖。完成棚户区住房改造640套、农村危房改造175户。投入资金7000万余元，改善贫困村生产生活条件；实行“一户一策”精准扶贫，创新开展扶贫小贷保证保险、扶贫小贷入股企业等工作，全年共减少贫困人口4390人。设立2000万元创新创业引导资金，彭山区创业孵化园被评为省级科技孵化园、市级创业示范园，建成市级农业科技示范园区2

个、农业科技示范基地1个。发放创新创业小额担保贷款1600万元，个体工商户登记1910户，硕仙农业获四川省青年创新创业大赛冠军。跻身国家知识产权强县工程试点区县。荣获省级敬老模范区、“双拥”模范区称号。

行政效能建设

2015年，全面推行“三张清单”制度，清理编制权力清单6162项，责任清单591项，投资项目限制禁止清单897项，行政权力平台公开透明运行。坚持政府常务会学法、政府法律顾问列席政府常务会。认真办理人大代表建议、政协委员提案，满意率均达100%。坚持领导联系重点推进项目和重点企业，严格落实“四个当天”制度，优化行政审批程序，87项非行政许可全面取消，行政审批提速20%。认真践行“三严三实”，动态列出365项干部管理负面清单，“四风”问题得到有效整治。严格执行八项规定、六项禁令，“三公”支出减少15%。实行规划“两委”并行机制，切实维护规划的权威性和严肃性。抢抓政策调整机遇，争取到政府存量债务置换债券13.21亿元、专项建设基金3.56亿元。整合平台公司，组建区融资担保公司，实现政府性融资25.26亿元。抓好产权登记改革，成立区不动产登记局。创新货币化安置模式，安置3627人，经验在全市范围内推广。推进商事制度改革，“三证合一、一照一码”顺利实施，降低准入门槛，将134项前置审批调整为后置审批，民营经济对经济增长贡献率达60.4%。深入开展道路交通安全综合整治，源头治理经验在全省交流。严厉打击各类违法犯罪活动，成功侦破“5·1”特大盗掘倒卖文物案。重拳整治城乡环境（治砂、治超、治乱、治尘、治污），关停畜禽养殖场23家，完成减排项目11个。砂石监控技防经验在全省范围内推广。成功创建8个省级优美示范镇（村）。依法治区取得新成效。荣获全国法治县创建先进区县称号。多元化矛盾纠纷调处机制在全省范围内推广，平安建设跻身全省一流。彭溪镇、锦江乡顺利通过省级安全社区认定，全区未发生较大及以上安全事故。

“十二五”规划成就

2015年，全区GDP达到123.42亿元，是2010年的1.9倍，地方公共财政预算收入达到13.6亿元，是2010年的4.17倍，城镇居民人均可支配收入27001元，农民人均纯收入14062元，是2010年的1.8倍、1.95倍。彭山成为党的“创先争优”活动、群众路线教育实践活动中组部联系点，荣获全省“创先争优活动十佳先进县委”。承担全国乡镇党委、人大、政府换届选举试点，受到中央政治局委员李源潮批示肯定。引进12家世界500强企业，招商引资实际到位资金480亿元，完成全社会固定资产投资523.7亿元，人均GDP突破5000美元，经济综合评价全省排名提升14位，获得全省“县域经济发展先进县”称号。顺利完成撤县建区，成功列入国家级天府新区，成功跻身全国第二轮农村改革试验区、全国“两权”融资试点区、国家知识产权强县工程试点区，成功创建全国平安畅通县、全国农业标准化示范县，荣获省级以上荣誉100余项。2010—2015年，累计投入民生和社会事业资金70亿元。建成城市地下排洪管网系统、千亩滨江湿地体育公园、寿乡水岸·五湖四海、龚家堰城市饮用水源扩容等一大批民生项目；义务教育均衡发展在全市率先通过国家评估认定，11项公共卫生服务实现全覆盖，全面兑现并逐年提高80岁以上老人高龄津贴，全区60岁以上的老年人都能领到养老金。

重 要 记 事

全面深化农村改革

2014年12月，彭山区被确定为全国第二批农村改革试验区，承担着全国农民合作社、家庭农场和村转社区党组织建设和全省农村产权抵押融资、农村“两地一房”自愿有偿退出、农村集体资产股份制合作以及全市涉农资金整合、特色农业保险、农田水利设施产权改革和创新运行管护机制等多项改革试点任务。

自改革以来，坚持问题导向，用改革的手段破除制约现代农业发展中的体制机制障碍，创优农业投资环境，吸引生产要素“回流”，有力地促进了现代农业蓬勃发展、农民收入持续增长，区域经济活力焕发。全区目前已实现集中流转土地面积12万亩、流转率高达50%，新培育新型农业经营主体398家，第一产业投资增速达118.4%，远高于二产的11.9%和三产的13.6%。

自工作开展以来，先后获得副总理汪洋，省委书记王东明，省委常委李昌平，省委常委、组织部部长范锐平，副省长曲木史哈，市委书记李静等领导的肯定性批示和鼓励9次，省、市领导就农村改革专程到彭山视察11次，在彭山召开省级现场会3次，在省级以上层面专题交流5次。新华社、中央电视台、中新社、《四川日报》等20余家新闻主流媒体多次聚焦彭山，彭山农村改革工作媒体报道和转载突破2000余次。先后已接待了省委决咨委、西藏山南地区、贵州湄潭县、绵阳安县、内江市市中区、乐山市沐川县等外来参观考察团近20批次。

一、构建强有力的工作体系，全力以赴推进改革

一是强化组织保障。区委高度重视，将改革试验工作定为彭山抢抓发展的“四大机遇”之一，作为全区“一号工程”全力推进。成立了区委书记任组长的领导小组，组建了专门的工作机构（眉山市彭山区农村改革试验区工作领导小组办公室），抽调了16名熟悉农业农村工作的干部全力开展改革研究。我们紧紧围绕中央和省委交给改革试验任务，着眼未来10~20年农村的发展，确定了“1211”改革思路，即：以1个中心，2项任务，11项具体改革，全面、系统地加快推进全区改革工作。

二是形成战略定位。区委决定了以“立题、破题、结题”为改革着力点，以农村产权制度改革为改革的逻辑主线，以促进“人、地、钱”等现代农业生产要素“回流”为改革的落脚点，破除制约现代农业发展的体制机制障碍，在大力发展现代农业的基础上，培育新型农业经营主体，转变农业生产经营方式，实现农业生产和新型村庄治理2个现代化这样的改革战略思路。

二、构建规范的土地流转体系，破解“地从何来”的难题

针对在农村土地流转中存在的农民怕业主“跑路”，业主怕农民“难缠”，政府怕无限“兜底”等现实难题，积极探索“三级土地预推—信息公开交易—风险前置审查—应急平台处理”的“四步机制、三方受益”土地流转体系，实现了“农民流转有收益，业主投资得效益，政府服务做公益”的三方受益格局。该经验在全国第一、二批58个农村改革试验区参加的农村改革试验区交流汇报会上，作为8个代表之一进行现场交流，获得与会领导（中央政治局委员、国务院副总理汪洋）的肯定。

一是三级土地预推，高效整合流转信息。财政出资5000万元成立国有正兴农业发展投资有限公司，运用市场化办法开展全区农村土地流转的信息收集、地块整合、包装推介和风险防控等业务。目前，公司已建立起覆盖全区的12个乡镇子公司、80个村社服务站，零距离服务农民流转需要。有流转意愿的农民只需通过村社服务站与乡镇子公司签订委托书，公司再将农民委托流转的土地进行整合、包装，通过区农村产权交易服务中心公开挂牌流转。正兴公司的介入解决了流转土地碎片化和业主投资规模化的矛盾，减少了业主与农民户户见面的繁琐，实现了“信息多跑路、业主少跑腿”。二是平台公开交易，有效配置供需资源。投资350万元建成区农村产权交易服务中心，与成都市农村产权交易所实现跨区域互联互通，免费为流转土地的农民及受委托的正兴农业公司提供信息发布、交易鉴证等服务。区农村产权交易服务中心挂牌运行3个月，即发布农村土地经营权流转信息90条，涉及面积1.2万亩，成交总金额1300万元，最大单宗流转面积1400亩，亩均流转价格达到1083元，比农民自行流转亩均提高83元。平台流转实现了土地流转程序的规范化、合法化和农民利益的最大化。三是资质审查前置，保证流转双方权益。针对工商资本下乡存在的经营风险和由此可能引发的社会矛盾，对投资业主进行风险提示和分级资质审查。投资规模30亩以下的着重进行农业投资风险提示；投资规模30亩及以上的按不同面积由乡镇、区农业局、区政府分级对投资人的资金实力、农业经营能力和项目前景进行综合评估，宁缺勿滥。四是风险应急处理，全程化解流转风险。创新推行“风险评估—风险预防—风险处置”的风险防控机制，降低土地流转风险。正兴公司在签约时分类收取风险保障金，并由此建立全区土地流转风险处置专项基金，兜底处置风险，对业主退租的大宗土地，由正兴公司采取“垫付租金—自主经营—再次招商”的模式，确保农民的流转收益不受影响，不引发群体性社会矛盾。目前，正兴公司已成功处置了2起因业主经营不善而退租的事件，涉及土地流转面积5100亩。

三、构建闭合的农村产权交易体系，破解“钱从何来”的难题

通过为农村产权确权颁证，建立农村产权评审评估平台、抵押融资平台、流转交易平台和农村产权抵押融资风险补偿机制，形成了健全、闭合的农村产权无障碍流通体系。2015年12月27日，彭山区成功申报全国农村土地经营权和农民房屋财产权抵押贷款改革试点，成为经全国人大授权，全省唯一“两权”融资“一肩挑”的区县。

一是政策对接，增强金融机构放贷的信心。全面开展农村土地承包经营权、农村居民房屋所有权、农村宅基地使用权等农民“三权”登记颁证，让农民的用益物权有了法定的“身份证”。成立农村产权价值评审委员会，制定农村产权评审意见以及评审、评估管理办法，建立农村产权价值评审专家库，专门负责100万元以内的农村产权价值评估（100万元以上交由评估公司进行市场评估），目前已完成评审71宗，总价值7600万元。建立区农村产权流转交易服务中心并与成都市农村产权交易所对接，实现跨区域互联互通。建立了1000万元的风险补偿基金，可逐步撬动融资金额5亿元。成立3亿元的“政府性担保公司”，专门用于农村产权融资“兜底”。二是产品对接，无缝对接农业产业发展需求。创新“银、财、保”合作模式，探索推出“农村产权、保证保险、特色农业保险”搭配担保，财政给予补贴，银行贷款的模式，推出“惠农产权贷”“政银保”等11个信贷组合套餐，拓宽融资渠道。特别是在农村“三权”的基础上拓宽了产权范围，大力开展大型农机具抵押，仓单、保单、库存材料质押，财政直补资金担保贷款等创新型贷款业务，单户贷款金额可达300万元，期限最高可达3年。全区2015年农村产权贷款达66笔近4000万元，其中首笔100万元贷款被中国人民银行“中征系统”认定为全国首笔按照市场化原则发放的农村产权抵押融资贷款，目前单笔最高已达160万元。三是空间对接，解决服务三农"最后一公里"。将网点建在园中。在产业发展达到一定规模的园区和点位上建立金融自助服务机和新型综合服务平台网点，使农村产权抵押融资贷款的发放、归还更加便捷。目前，全区已经完成葡萄、猕猴桃、柑橘、蜜柚等特色产业园区网点设置6个，实现规模产业园区网点覆盖100%。将设备发放到手里。通过创建"农村刷卡无障碍示范区"和将金融POS机发放到新型农业经营主体中，实现金融服务农业产业全程快捷化、智能化、安全化。目前全区已在238个家庭农场发放了设备，覆盖率达100%。

四、构建发展的新型经营组织体系，破解"怎样种地"的难题

一是建立新型党组织体系。以"红色先锋服务绿色产业"为主题，按照"领域建党委、产业建总支、新型经营主体建支部"思路，建立1个综合党委和农业、林业、畜牧、农机4个行业党委，下设葡萄、柑橘、猕猴桃、蔬菜、林业、畜牧、土地流转服务等产业党总支，形成"党委牵头抓总+乡镇属地管理+部门行业指导"的党建工作体系，引领全区产业向纵深发展。二是构建新型经营组织体系。成立"彭山区家庭农场联盟"，在信息共享、技术交流、资金互助方面，实现抱团发展、抱团取暖。目前全区柑橘、葡萄等6大主导产业均实现了产购销全统一，产品获得国家地理标识认证产品1个，绿色食品认证5项，农产品行业金奖12项，产品品质、售价均全国领先。三是构建新型生产服务组织体系。针对社会资本进入农业无技术无资源的问题，区土地流转服务公司分别从公益性服务、业务性服务和生产性服务方面给投资者提供"全方位"的支持，让生产更便捷，投资信心更充足。特别是在生产性服务方面，2014年以来，彭山区通过累计投入补贴资金1500万余元，依托土地流转服务机构等农业生产社会化服务组织，服务农业生产10万余亩，实现综合机械化率70%以上，亩均生产成本降低300元~500元。

五、构建稳定的"产权+股份"农民利益保障体系，破解"人到哪去"的难题

一是全面开展农村承包地"三权"分置改革，通过确"三权"、颁"三证"，巩固集体所有权、稳定农民承包权、放活土地经营权，为农民获得长期稳定的土地流转收益奠定制度基础。截至目前，全区农村承包土地确权登记21万亩，覆盖率达100%。二是全面启动农村宅基地用益物权和农民房屋所有权确权、登记、颁证，积极探索农民房屋及宅基地的抵押、担保融资和闲置房屋及宅基地的自愿有偿退出改革，把农村闲置的资源盘活为农民拥有的资产，有效破解增加农民财产性收入的制度障碍。目前已基本完成公义镇新开、欣荣2个试点村的确权颁证工作。三是全面开展农村集体资产股份制合作改革，建立起"产权明晰、权责明确、监管有力"农村集体经济组织股份组织，变资源为资产、村民为股民。目前，黄丰镇团结村已完成农村集体资产股份合作改革，股份合作公司正式成立，清理、核准的115万余元经营性集体资产全部股份量化到人，并于12月30日向股民发放了总金额为10万余元的第一笔红利，群众满意度达100%。四是随着农村产权制度改革的推进，农村土地、房屋对农民的束缚正在减弱，越来越多的农民愿意流转土地，离开农业去从事其他产业，越来越多的农民可以带着农村的产权和股份放心地进城入镇，融入新型城镇化的大潮。截至目前，全区已有2551户农村居民带着农村产权和集体经济股份进城创业、就业和生活，占全区农村居民的3.88%。

同时，全区涉农资金整合、特色农业保险、新型农业经营主体培育、农田水利设施产权改革和创新运行管护机制等工作也相继顺利推进，成效显著，全面完成了市上下达的改革试点任务。

六、2016年工作打算

2016年，是彭山区农村改革向纵深推进的攻坚年，是向改革深水区迈进，成为全省改革样板区的关键年。2016年，将结合彭山实际，在统筹城乡的大背景下，着力创新驱动，加快破除城乡二元结构的步伐，向"人的城镇化、农的现代化"大踏步迈进。2016年，重点在以下五个方面进行改革和探索：

（一）继续推进以"红色先锋引领绿色产业"为主题的发展型党组织建设。要致力于解决新型与传统的两个党组织党员的管理划分，确定各自的职责边界，功能发挥，做到二者补台而不拆台，互助而不冲突。重点让二者在不同的领域，不同的空间充分行使权利义务，充分发挥作用，形成并存互补的，服务新时代农村的网格化党组织管理体系，产生同频共振的效果。努力探索提升农村基层治理能力水平，积极鼓励新型农业经营主体参与管理与服务，让农民与业主真切体会到党组织的凝聚力。

（二）以“两权”融资全国试点为核心，大力推进农村产权制度改革。一是加快基础工作的推进。点面结合对农村土地经营权、农村宅基地使用权、农民房屋所有权等农村“三权”进行确权登记颁证，确保在点上全面推进，在面上按需推进。二是建立一套强力推进的工作体系。形成以农村改革试验区办公室牵头，农业、林业、国土、房管、住建、金融等部门联动的“两权”抵押融资工作强力推进机制和体系，确保在全省三个全国试点区县中不掉队。三是打造几个抵押融资亮点。形成在农房方面重点打造1个~2个乡镇，在农地方面全区推进的点面结合推进模式。

（三）继续深入推进“四步机制、三方受益”的土地流转体系。在全区范围内（青龙、牧马除外）大力推进土地“三级预推”机制，变传统的土地“被流转”为全市场化的土地“预流转”；全面规范土地流转登记、备案、审核机制，确保土地规范、高效流转；严格土地流转业主资质审核，分类别制定土地流转风险保障金收取标准，规范土地经营权流转交易行为，以确保农民利益最大化和交易行为的合法化，让流转更阳光，农民更受益。

（四）扩大推进集体资产股份制合作改革试点面。在全区每个乡镇的1个~2个村实施试点，确保在全年完成清产核资、成员确认、股权量化、成立机构、发放红利等工作，增强农民参与农村基层管理的荣誉感，不断壮大农村集体经济，增加农民财产性收入。

（五）以经营性农村集体建设用地流转为契机，推进乡村旅游大发展。以闲置、零散的农村集体建设用地收储、流转为主，少量农民宅基地自愿有偿退出为辅，开展农村宅基地自愿有偿规范退出，同时在统筹城乡背景下，结合重大项目和土地“双挂钩”货币化安置政策下，探索解决都市近郊型现代农业发展中所需的配套设施用地难题和促进乡村旅游大发展。

“四支队伍”服务群众工作

按照市委的部署和要求，“四支队伍”服务群众工作围绕“抓管理、强服务、出成效”总体目标，努力深化拓展服务渠道，扎扎实实推进“四支队伍”服务。

一、网格员服务队发挥基础作用，拓展服务领域

彭山区网格中心通过制定新的《网格员队伍考核管理办法》，追加经费投入到530万元，健全激励奖惩机制，开展全员练兵培训30余次，提高了网格员队伍的服务能力，创新业务技能比赛，举办眉山首场大比武的做法被全市推广。在坚持为民便民，巩固深化常态化服务的同时，不断拓展服务领域：一是走访宣传全覆盖。发动每个网格开展“依法治区”“文明社区”“平安社区”创建，积极开展各种配合活动，先后发放宣传单、图片资料、告示标语等18万余次。二是综治防控全覆盖。要求每一个网格员都要是安全员、信息员，坚持“一日双巡”，掌控人房地物信息动态。三是“大调解”全覆盖。充分发挥网格员的基础作用，及时走访网格内的社情民意，及时发现问题、逐级调解处置，对解决不了的及时上报分流到“四支队伍”或相关职能部门协调处理。四是“大帮教”全覆盖。落实了帮教措施到网格底端，把对重点青少年、残疾人、贫困家庭、精神病人员、社区矫正对象的作为网格任务下达分派，由网格员定期不定期上门进行走访、回访，及时看望、帮助、帮扶。五是“大服务”全覆盖。健全“6411”运行机制，“一张网”收集社情民意、“四个平台”受理群众诉求，“四支队伍”联动联合服务，一套机制排查化解各类矛盾问题。大到政策传达、打击犯罪，小到沟渠堵塞、管道维修、邻里劝解，散布在城乡农村各个角落的网格员，就好比一个个信息情报员、便民服务员、综治协管员、政策法规宣传员，在各自的“责任田”中，发挥着联系服务群众的桥梁纽带作用。一年来，网格员服务队积极发挥基础、支撑作用，联合联动“四支队伍”，积极走访、联系、服务群众，累积采集人房地物等各类基础信息60万条次并建档，依托建成的信息管理平台和“四支队伍”，受理群众诉求问题37600件次，其中：收集处理社情民意3000件次，受理代办（转办）民生服务事件18200件次，化解矛盾问题2670件次，劝导民间纠纷3800件次，核查流动人口8500人次，摸排回访特殊人群2300人次，排查治安隐患260件次，处置民间突发事件240件次，开展各种宣传服务20万人次。

二、基层便民专业化服务队贴进群众，便民利民

基层便民专业化服务队以“便民利民惠民”为指导思想，坚持以贴近基层农村、城市社区、群众生产生活、快速排忧解难为宗旨。新建4个“心连心”服务站：牧马府河小学“心连心”服务站——主要服务留守儿童；观音果园新村“心连心”服务站——主要服务果园业主；悦园村“心连心”服务站——主要服务猕猴桃基地；南星社区“心连心”服务站——服务弃管小区党员志愿者分别在服务社区居民。“心连心”服务站不断深化和拓展服务项目和服务内容，架起党和群众之间的“连心桥”。各服务队积极开展便民服务：畜牧分队建立“一小时到场服务制”“服务倒签制”，制定张贴联系服务卡，公布服务热线，全天候为群众提供动物疫病防控技术服务、畜禽专业化养殖技术服务和传授健康畜产品识别技巧等，开展养殖技术培训达50期以上，培训3000人次以上，服务群众达6800多人次，发放识别健康产品宣传4000余份；电力分队充分发挥党员先进性，不定期到居民小区进行报修登记，及时检修线路，更换路灯，节假日主动到村、社区为孤寡老人开展上门服务，为留守儿童开展安全用电讲座等，高考前悉心排除安全隐患，在整个高考期间，安排应急发电车到现场实施保电，为高考保驾护航，为抗战老兵提供无偿上门服务等；政务服务分队房管窗口、国土窗口先后到各居民小区、省（市、区）医院为老、弱、病、残等弱势群体提供预约上门服务。2015年，29支便民专业服务分队集中开展了主题活动5次，各分队开展分散活动800余次，服务群众近8000余人次，2014年、2015年连续2年成功举办全市基层便民专业化服务现场推进会。

三、志愿者服务队延伸服务，加强对社会组织的孵化

社会志愿都服务队加强对社区组织的孵化，加强暑期的服务专业化服务队的延伸。在已有56支服务队，1183名社会志愿者的基础上，新孵化出“天使之爱”医疗志愿者协会、锦江社会志愿者服务队、彭山区社会治安志愿者协会3个社会志愿组织，新登记注册志愿者385人。其中，天使之爱志愿者协会、彭山区社会治安志愿者协会的成立，使得志愿者服务类型变得多样化、专业化。全年共开展的了14期志愿者活动，其中，中国·彭山第六届彭祖长寿养生文化节暨彭祖国际养生养老产业博览会的志愿服务作为首次开展的大型活动志愿服务，其完美出色的工作，贴心优质的服务，无可挑剔的工作成绩，圆满完成了志愿服务工作，受到了各级领导和无数观众的好评。

四、共产党员志愿服务队比学赶超、带头奉献

机关党员先锋志愿服务队对接村（社区）、对接网格开展活动，村社区先锋服务队结合一定三量实行“四晒”工作法，引导队员比学赶超、带头奉献，对党员参加先锋服务进行记实积分登记，按积分情况作为党员年度目标考核、评先选优、党性分析的重要依据，其中彭晓红工作站被作为典型案例进行推广。共组建247支，11628名党员参与，形成了以“走基层”干部直接联系服务群众和回社区“双报到”志愿服务活动为载体，每季度坚持开展党员义工日活动的常态化的服务模式。

“四支队伍”联席办每季度召开一次联席会，探讨“四支队伍”的创新服务内容和方式，促进“四支队伍”更好的服务群众。6月8日，市“四支队伍”联席办主任俞红梅带队督察了青龙镇桂林村、谢家镇、谢家场社区和彭溪镇蔡山社区“四支队伍”工作、直接联系服务群众工作、党员“双报到”工作情况，对彭山在以上三方面取得的成绩予以了肯定，要求彭山区进一步加强对社区组织的孵化。

政 治

中国共产党彭山区委员会

【概况】 2015年，彭山地区生产总值123.42亿元，比2014年增长11.7%；全社会固定资产投资199.16亿元，增长13.4%。地方财政收入25.99亿元、增长24.9%；地方财政一般预算收入13.60亿、增长10.4%；财政收入占GDP比重为11%；城镇居民人均可支配收入27001元、增长9.1%，增速全市第二；农民人均纯收入14062元、增速10.6%。深化农村改革工作经验在全国交流，受到副总理汪洋肯定。成功跻身全国“两权”融资试点区县，全省唯一。

【党的建设】 2015年，践行“三严三实”，抓班子、带队伍，良好政治生态基本形成。创新“融合引领型”党建体系，全省基层党建工作现场会在彭山召开，村级组织“四晒”工作法全国推广。鲜明“忠诚、担当、有为、干净”的好干部标准，制定干部管理负面清单365项，公务员日常考核试点受到国家公务员局领导肯定。坚持从严治党，压实“两个责任”，在全市率先开展纪委监督同级党委工作试点，在全区全面推行“三张清单”制度，在108个村（社区）全面建立廉情监督委员会，查处群众身边的“四风”和腐败问题45件。开展“学先进、找差距、添措施”活动，学习转化外地先进经验131条。强化对外宣传，央视8次聚焦彭山，中央级媒体涉彭报道达92篇次。探索“大群团”工作格局，史志、保密、机要、人民武装等工作也取得新成效。

【工业经济】 2015年，全区抢抓天府新区建设机遇，坚定不移贯彻新型工业化战略，彭山经开区建成全市首个“200亿园区”，全区102户规模企业实现工业总产值323亿元。坚持招大引强、招强引优，格力、中建、中电建3家世界500强企业入驻天府新区，成眉石化园区成功引进世界500强陶氏化学。全力扶持现有企业做大做强，鲁洲生物、思念食品、金桐化工等企业实现上档升级。突出创新驱动，新培育高新技术企业8户、省级创新型企业4户，14户战略性新兴企业实现产值64亿元，占工业总量的20%。

【农业经济】 2015年，抢抓农村改革试验机遇，优化投资环境，吸引要素回流，特色优势产业加快发展，第一产业投资增速达118.4%。成功创建省级农产品质量安全示范区。高品质推进新村建设，建成幸福美丽新村30个、新村聚居点12个。

【第三产业】 第三产业蓬勃发展，抢抓交通同网机遇，坚定不移推进创新创业，实现第三产业增加值35.42亿元，大学生创业孵化园被评为省级科技孵化园、市级创业示范园。成功举办“中国·彭山第六届彭祖长寿养生文化节”。希望城商业综合体主体竣工，伟业广场建成投运，文企经贸Q板挂牌，城市商业形态有力提升。

【城乡建设】　抢抓撤县建区机遇，坚定不移贯彻新型城镇化战略，完成省道103线改造提升、彭谢路黑化，岷东大道成彭段、滨江大道城区段全线贯通，城市骨架更加舒展。实施九大片区提质工程，推进“花漾彭山”“光彩彭山”建设，建成首座人行天桥，11项市政工程竣工投用，新增城镇公园15个。

【深化改革】　2015年，围绕破解新型融资难题，推出“PPP”项目7个、涉及投资77.1亿元，成功争取政府存量债务置换债券13.21亿元，四大国有平台公司转型发展，实现融资25.26亿元。围绕破解货币化安置难题，创新“政府+银行+房地产企业+拆迁户”货币化安置模式，安置1191户、3627人，经验全市推广。围绕破解养生养老产业化难题，制定全区养生养老产业发展规划，新签约云南城投等重大项目。农村改革快速推进，创新“四大体系”“四步机制”，获得省委书记王东明等省、市主要领导8次批示肯定。农村产权交易平台与成都产权交易所联网运行。管理创新纵深推进，创建区委重大工作统筹会等制度，有效增强全区工作协调性；创新目标绩效日常考核和重点工作考核双重考核体系，有力调动干部工作积极性；创新规划执行、监督两委并行机制，有力保障规划管理刚性。改革招商引资工作机制，成立投资促进委员会，实施精准招商，全年签约重大投资项目12个，中法农业科技园项目写入省委十届七次全会公报。

【脱贫攻坚】　2015年，整合7000万余元项目资金投向贫困村，组建以乡镇为单位的扶贫支部体系，选派108名第一书记、216名驻村干部驻村扶贫，全区党员干部、“两代表一委员”结对扶贫全覆盖，有效解贫4390人。

【依法治理】　重拳整治城乡环境，关停畜禽养殖场23家，完成减排项目11个。道路交通安全源头治理经验在全省交流。砂石监控技防经验全省推广。成功创建8个省级优美示范镇（村）。依法治区取得新成效。荣获全国法治县创建先进区县称号。多元化矛盾纠纷调处机制全省推广，平安建设跻身全省一流。2个乡镇通过省级安全社区评定。

【民生工程】　2015年，实施179项民生工程，启动新一中、城南小学、中医院建设，完成棚户区住房改造640套、农村危房改造175户，建成新村文化院坝8个。在全市率先完成养老保险并轨、城乡居民医疗保险整合，大病保险实现全覆盖。消除疟疾工作通过省级评估。高考重本上线113人、增长44.9%。荣获省级敬老模范区、“双拥”模范区称号。

【“十二五”规划成就】　2015年，全区GDP达到123.42亿元、是2010年的1.9倍，地方公共财政预算收入达到13.6亿元、是2010年的4.17倍，城乡居民可支配收入分别达到27001元、14062元，是2010年的1.8倍、1.95倍。彭山成为党的“创先争优”活动、群众路线教育实践活动中组部联系点，荣获全省“创先争优活动十佳先进县委”称号。承担全国乡镇党委、人大、政府换届选举试点，受到中央政治局委员李源潮同志批示肯定。引进世界500强企业12家，招商引资实际到位资金480亿元人民币，完成全社会固定资产投资523.7亿元人民币，人均GDP突破5000美元，经济综合评价全省排名提升14位，获得全省“县域经济发展先进县”称号。顺利完成撤县建区，成功列入国家级天府新区，成功跻身全国第二轮农村改革试验区、全国“两权”融资试点区、国家知识产权强县工程试点区，成功创建全国平安畅通县、全国农业标准化示范县，荣获省级以上荣誉100余项。2010年—2015年，累计投入民生和社会事业资金70亿元。建成城市地下排洪管网系统、千亩滨江湿地体育公园、寿乡水岸·五湖四海、龚家堰城市饮用水源扩容等一大批民生项目；义务教育均衡发展在全市率先通过国家评估认定，11项公共卫生服务实现全覆盖，全面兑现并逐年提高80岁以上老人高龄津贴，全区60岁以上的老年人都能领到养老金。

组织工作

【重要事件】 1月，配合省、市委组织部做好县级干部推荐考察工作，推荐考察县级干部。

2月13日，召开2015年村（社区）党组织书记迎春座谈会。

2月，2014年度县级领导班子和县级干部年度述职测评、干部选任“一报告两评议”和非定向预推荐干部大会在区委会议中心召开，全区全体县级干部、正科级领导干部157人参加会议。

同月，启动2015年度公开遴选递进培养优秀年轻干部人才工作，经宣传动员、公开报名、资格审查、笔试面试，最终确定30名同志作为彭山区乡科级递进培养对象。

3月，召开全区干部人事档案审查动员会。按照中央、省、市统一部署，严格干部档案管理，抽调专人开展干部人事档案“三龄两历”专项审核，严防“年龄工龄党龄、学历履历、干部身份”造假。

4月1日，省委常委、组织部部长范锐平调研彭山“四晒”工作法。

4月，召开全区公务员平时考核试点工作安排部署动员会。正式启动公务员日常考核试点工作，对全区2000余名干部进行“日考勤、周记实、月晒账、季考评”，考准考实平时表现。

同月，召开全区优秀年轻干部座谈会，并汇总年轻干部提出的意见、建议。

同月，参与区“三会”组织工作，顺利完成区人代会组织选举工作。

5月29日，召开全区领导班子“三严三实”专题教育动员大会。

5月29日—30日，组织区级领导及部门（单位）和乡镇“一把手”共164人参加为期2天的领导干部读书班学习。区委书记梁磊出席开班仪式并作主题报告。

5月，组织召开新津县与彭山区挂职干部的互派工作见面会。彭山区选派6名干部到新津县挂职，新津县选派3名干部到彭山区挂职。

同月，省委组织部组织二处在彭山区召开眉山市乡镇党委换届座谈会。调研关于2016年乡镇换届的相关情况，眉山市各区、县常务副部长参加会议。

6月，出台《大力选用忠诚、担当、有为、干净的干部办法（试行）》，畅通干部表达意愿的渠道，鼓励年轻干部积极自荐，实行“赛场选马”，大力激发干部干事创业热情。

同月，出台《干部管理“七严禁”》《重要事项请示报告制度》《乡镇干部从严管理六项规定》等相关制度，进一步从严管理，扎紧从严管理干部的“制度笼子”。

7月1日，在“七一”庆祝大会对评选出的10名“三严三实”好干部进行集中表彰奖励。

7月7日，区委召开区委中心组（扩大）学习会暨“三严三实”专题教育专题讨论会。区委书记带头，区级领导全部参与，围绕“严于修身”进行主题发言。

7月，做好省财政厅、市委办选派2名干部到彭山挂任区级党政班子成员的对接、见面会筹备、生活落实等工作。

同月，命名表彰“十佳企业家”“十佳技术能手”“十佳乡土人才”各10名共30人。

同月，从四川大学、电子科技大学引进23名高层次紧缺型人才。

同月，选派优秀机关干部到村（社区）担任第一书记的报名、资格审查等相关工作。

8月，认真研究四川出台的公务员职务与职级并行实施意见，做好前期摸底工作，结合彭山区情况，完善拟定彭山区职务与职级方案。

同月，组织35个贫困村、14个后进村的支部书记、第一书记召开精准扶贫工作推进会，选派108名同志到村（社区）担任第一书记，扎实推进精准扶贫。

8月31日—9月1日，彭山区委组织全区县处级领导干部及部门、乡镇“一把手”共计164人召开“三严三实”第二个专题教育学习研讨会暨区委中心组（扩大）会。围绕“严以律己，严守政治纪律和政治规矩，自觉做到崇廉尚实、遵纪守法”主题开展集中学习、交流研讨。

9月，制定《眉山市彭山区公务员职务与职级并行制度实施方案》。2015年，全区共有354名干部晋升职级。其中，晋升正处级6名、副处级108名、正科级100名、副科级140名。

同月，出台《彭山区科级领导班子功能结构模型管理暂行办法》，对乡（镇）和区级部门班子实行分类管理，分别设置结构要素，逐一建立结构模型，作为考核评价重要参照。

同月，对照全市落实全面从严治党战略组工干部研讨班会议精神，建立、健全彭山区干部选任制度，为彭山干部选任提供保障。

同月，顺利完成2015年上半年考录13名公务员（参公人员）的考察工作和2名选调生的工作、生活安置工作。

10月19日，召开区委中心组“三严三实”第三个专题暨南充拉票贿选案剖析专题学习研讨会。

10月，选配6名优秀年轻干部到乡镇担任党委委员。

同月，召开全区政工人事干部培训会，对全区各乡镇和各部门的政工人事干部进行为期半天的业务培训会，全面提高政工人事干部的综合素质。

11月13日，彭山作为全省产业园区和农村基层党建工作现场会参观点。

11月，上报2016年度面向乡镇选调优秀大学生需求计划；收集2016年公务员招录需求计划；完成2016年公招（遴选）使用空缺编制审核和公务员公开招考计划。

11月29—12月2日，全省产业园区党的建设与科学发展专题培训班第一期（各地市州组织部副部长）培训班到彭山吉龙化学建材有限公司参观学习该公司实施“四大行动”，充分发挥企业党组织“两个功能”的经验。

12月5日—8日，全省产业园区党的建设与科学发展专题培训班第二期培训班到彭山经开区党群服务中心参观学习该中心四个“融入”推动园区党建与产业发展相融共进的经验。

12月24日，区委书记梁磊在全国农村改革试验区工作交流汇报会上作交流发言。

12月31日，召开彭山区委常委班子“三严三实”专题民主生活会。

同月，针对超职数配备干部问题，扎实开展自查自纠，确保按期完成消化。

同月，开展深化县级“三严三实”专题教育，着力解决基层干部不作为、乱作为等损害群众利益问题专项整治工作。

同月，市委组织部干部选任工作检查组对彭山区2011年换届以来干部选拔任用工作进行专项检查，并给予充分肯定。

【概况】 2015年，彭山区组织工作主动适应从严治党新常态，深入贯彻落实中央、省委、市委新要求，始终紧扣中心、服务大局，聚精会神抓党建，从严从实抓好各项重点特色工作，着力建强班子、激活队伍、夯实基础、聚集人才，为全区经济社会发展提供坚实的组织保障。

【思想政治学习】 强化领导班子和党员干部思想政治建设，坚持将习近平总书记系列重要讲话精神学习培训作为首要任务。全年向领导干部发放《第四批干部培训教材》《习近平谈治国理政》等书籍共4000余册。按照中央、省委、市委统一部署，扎实开展“三严三实”专题教育，规定动作认真完成，自选动作创新开展。由区委书记带头，县级干部到联系乡镇、部门、村（社区）讲党课78场次；深入开展3个专题研讨，召开区委中心组（扩大）学习会、“锦江大讲堂”和领导干部读书班10场次。结合南充拉票贿选案开展深刻剖析反思，深入查摆不严不实问题，区级领导班子和干部个人整改不严不实问题202个，问题整改率96%。制定《党员干部“三严三实”行为规范》，筑牢党员干部思想防线，规范党员干部行为。创新开展“争创‘三严三实’好班子、争当‘三严三实’好干部”活动，“七一”对10名“三严三实”好干部进行表彰奖励。2015年12月31日，区委常委班子高质量召开专题民主生活会，得到市委领导的高度肯定。

【领导班子建设】 2015年，区委坚持好干部标准和省委“三重”（重品行、重实干、重公认）用人导向，鲜明“忠诚、担当、有为、干净”的彭山好干部选任导向，坚持“三公开、五优先、六不用”选人用人原则，严格执行一次性调整干部不超过50人或连续两个月累计调整不超过60人的规定。2015年，累计调整任免干部225人。其中，新提拔科级干部59名，所有人选都经过重点项目、信访维稳、援藏、乡镇和群众工作一线的锻炼和检验。出台《彭山区科级领导班子功能结构模型管理暂行办法》，对乡（镇）和区级部门班子实行分类管理，分别设置结构要素，逐一建立结构模型，为科学选配班子提供有效遵循。坚持定期开展班子运行分析，全年对13个乡镇和57个区级重点部门进行班子运行分析，根据综合研判情况，对8个班子进行调整，对3名干部进行降职处理。

【公务平时考核】 2015年，作为全省公务员平时考核试点区县，彭山创新采取“日考勤、周纪实、月晒账、季考评”的方式，对全区2000余名干部进行公务员平时考核。是年6月25日，国家公务员局党组成员、副局长吴云华到彭山调研，对彭山相关工作的开展给予充分肯定并作出批示：“眉山市彭山区公务员平时考核工作，虽然时间短，但已见成效，望继续努力，发展和创新，把平时考核工作扎实持续开展起来！”

【干部培训】 2015年，高层次大规模开展干部培训，重点依托清华、北大、浙大等中组部干训基地以及川大、西南财大及省、市、区委党校和专业拓展培训机构，对重要岗位科级干部、递进培养遴选干部（优秀年轻干部）、年度考核优秀干部、新参加工作干部、乡镇机关骨干干部、村（社区）支书主任6类群体开展培训。“锦江大讲堂”先后邀请复旦大学教授、博导文博，农业部农村经济研究中心主任、研究员宋洪远等专家、学者作专题讲座7期，培训2100余人次。创新开办“天府青龙大讲堂”，邀请留日博士、中组部海外人才“千人计划”入选专家钟娅玲为区级有关部门、彭山经开区各重点企业负责人开展专题讲座。举办领导干部综合素质能力提升研修班，55名领导干部赴浙江大学参训。举办财会人员能力提升班，全区财会干部分4批共256人到西南财经大学接受专业培训。实施“优秀年轻干部人才递进培养计划”，遴选33名优秀年轻干部到西南财经大学参加培训；举办优秀年轻干部素质拓展班2期培训96人次。

【干部管理】 常态化推进“庸、懒、散、浮、拖”专项整治，全面推行“四个当天”制度，出台“五个办理”，细化“七个一”要求，建立“三个监督平台”，对查实的存在“庸、懒、散、浮、拖”、收受红包礼金、吃拿卡要等问题的8名干部进行严肃查处。实施工作项目化管理，出台重点工作、重点项目、重点企业台账表，把全区各项重点工作细分成220个具体小项，“定人、定责、定完成时限、定考核标准”，定期督察、定期通报。制定干部管理“七严禁”，严明规矩“十条禁令”、《乡镇干部从严管理六项规定》、《村（社区）干部从严管理六项规定》等刚性文件，规定出台后，有2名科级干部被予以免职处理。扎实开展“三超两乱”问题整治，累计消化超配的副科级领导职数7名、主任科员职数9名，全面完成超职数消化任务。加大经责审计力度，坚持个人有关事项报告申报和查核。2015年，完成9个部门“一把手”、42个村（社区）经济责任审计项目，将村（社区）审计中发现问题的合力村、茯苓村移送有关部门联合查办。分级、分类推进干部谈心谈话全覆盖，做到“六个必谈”，注重在思想、工作、生活等方面全面了解干部、细致关心干部。全面落实公务员职务与职级并行工作，354名干部的职级得到晋升。创新干部考核机制，把乡镇和部门细化分类，设置目标考核分值，激励干部自愿到一线去、到工作任务重的部门去。加大对乡镇干部的关心、关爱力度，全面兑现乡镇机关事业干部每人每月300元工作补贴。用心用情做好老干部工作，全年组织老干部集中学习8次2150人次，看望慰问老干部523人次，发放慰问金28万元，为困难老干部落实帮扶资金3.6万元。

【党管人才】 坚持党管人才原则，认真贯彻落实中央、省、市相关人才工作的政策精神。全年分别召开区委常委会和政府常务会，专题研究人才经费投入、紧缺人才待遇、园区企业人才管理、三类十佳人才选拔等人才工作议题5次。制定出台《彭山区支持企业引进高层次和紧缺人才暂行办法》和《关于加强产业园区人才工作的意见》，人才政策得到进一步完善。全年区级成员单位开展人才工作重点项目35个，服务优秀人才370余人，打造示范乡镇3个、示范协会10个。强化园区人才工作机构建设，成立彭山经开区创新创业人才服务中心。强化人才工作舆论宣传。一批优秀人才和创新团队的先进事迹在全社会引起良好反响，“四个尊重”的氛围更加浓厚。实施五大人才工程。实施高层次紧缺人才引进计划，引进城建、交通、规划等领域急需的23名紧缺人才，兑现2013年引进高层次人才安家补助9.6万元；2014年规模以上工业企业高层次紧缺人才补助8.9万元。实施“企业家领军人才培育计划”，推荐2名企业家作为四川省创新型企业家培养计划人选申报；依托全市举办的“企业经营管理人才培训班”“工业大讲堂”等平台，先后组织40名企业家参加省、市培训。全区举办专题培训4期，培训企业家550余人次。实施科技特派员创业服务行动计划，采取“人才组团+产业基地+创业服务”模式，先后建立10个示范园区和基地，带动示范基地核心区2.8万名农民人均年增收达3600余元。实施“大学生领军人才培育计划”，建立高校毕业生见习基地5个，设立创业园区1个，吸纳10名高校毕业生创业就业，联合锦江学院创办“锦江学院创新创业孵化园”，吸引200余个创业大学生团队入驻。实施农村实用人才培育计划，采取专家讲、现场学、示范引等方式，着力提升乡土人才能力素质。打造一流人才环境。开展彭山区首届三类十佳人才选拔活动，常委会审定、社会公示，由区委、区政府命名表彰。开展争创“人才创业创新创优秀示范团队”活动，加强团队管理，经常性走访了解创业、服务情况，实地指导5次，听取建议、意见10条，解决问题3个，兑现发放工作经费9万元。对区级拔尖人才进行综合考评，兑现发放人才年度津贴4.8万元；为42名规模以上工业企业高层次、高技能人才发放政府津贴8.9万元。

【全国第二轮农村改革党建试点】 2015年，扎实推进全国第二轮农村改革党建试点任务。坚持整体推进，确定“红色先锋引领绿色产业”主题，制定《关于全面加强农村新型经营主体党建工作的实施方案》等5个配套文件，召开工作推进会、调研会7次。坚持提升覆盖率，按照“六个摸清”，对所有农村新型经营主体开展集中调查，采取单建、联建、挂靠建等方式，新建党组织34个。按照产业型党组织体系，组建新型农业经营主体综合党委1个，农业、林业、畜牧行业党委3个，葡萄、蜜柚等产业党总支8个，76个新型经营主体党支部全部归口产业党总支或行业党委。坚持聚焦产业定权责，分层分类制定产业链党组织权责清单，赋予其产业规划、项目统筹、信用评价等权力，明确其党的建设、产业服务、人才培育等责任，建立经费保障、目标承诺、激励考核等制度，推动产业链党组织常态运行、充分履职，真正成为农业发展的“主心骨”。坚持服务产业抓运行，充分发挥党组织动员群众、集聚人才、整合资源等优势，通过群策群力制定发展规划、开展晒党恩等活动，大力宣传贯彻惠民政策、富民举措，引导新型经营主体依法诚信经营。通过实施品种、技术、标准、农资、销售“五统一”，抓好产前、产中、产后“一条龙”服务，推动经营主体抱团发展。全年全区新型农业经营主体新增350个，农业规模种植面积达到4666.67公顷，农业产业投资同比增长139.4%，农民人均纯收入达到1.2万元，增速10.6%。

【基层党组织标准化建设】 全面推行基层党组织评星定级和标准化建设，重点围绕组织建设、工作保障、工作业绩等7方面党建任务，分类制定乡镇、村、社区、机关、两新党组织标准化建设的具体标准，明确评星定级结果与评先选优、经费报酬挂钩。继续深入推进“三分类三升级”，对后进党组织坚持五级联动帮扶，27个后进党组织实现全部晋位升级。推行书记领办项目制，按照“群众出题、书记及班子成员领题、动态答题、考评结题”的模式，切实促进村（社区）发展、解决群众问题，累计投入300万余元。集中开展乡镇、村（社区）规范化建设，在乡镇重点从“两办三中心”管理服务、党建发展民生三张清单定责任、履职清单从严平时考核干部、党群互联屋24小时服务、群众满意度测评等15个方面进行规范，切实强化党组织服务群众能力；在村（社区）重点从村务监督委员会、村规民约、民星评选等8个方面进行规范，推进基层依法治理。

【园区党建】 坚持思想引领融入企业文化，组建园区党校，开办“天府青龙大讲堂”“田园讲堂”等，把党的主张向企业传递；开展党员“三比三晒”“三比双评一创”活动，让党员主动作为、示范引领。坚持组织运行融入企业管理，建立党工委为核心、党群工作部为抓手、产业党总支为纽带、企业党组织为骨干的“1+3”组织架构体系和权责“两张清单”，全面落实党建责任。坚持人才集聚融入企业创新。实施“寿乡英才”引进计划、“创客苗圃”培育计划等，大力引进博士、硕士研究生及高层次紧缺型人才，与12家高等院所建立战略合作协议。坚持党群服务融入企业经营，高标准建设党群服务中心，搭建集党务、政务、党群活动于一体的服务平台；建立产业党总支，实现产业联盟；建立“智慧青龙”云数据中心、微信、客户端APP，搭建“互联网+”服务平台。

【党员队伍建设】 坚持党员“双向培养”、党员发展三级预审等制度，全年12名拟发展对象未通过预审；新发展党员210名，其中，大专以上学历占56%，35岁以下占84%，党员发展结构和质量明显提高。全面推行“寿乡党旗红”党员设岗定责、积分管理，对党员每月评分、季度公示、年度考评，引导党员人人比奉献、当先锋。实行村（社区）两委干部定责管理，定目标、定责任、定考核，对完不成目标任务的或履职不力、群众满意度低的，进行诫勉谈话、限期整改、歇职、辞职等处理；对群众意见大、问题矛盾多、经济和产业发展重点村全面开展经责审计，及时查处和发现问题；在村（社区）党组织书记中评选10名“红旗支书”，每人奖励1万元。多渠道促大学生村官成长，建立大学生村官创业示范基地1个；组织36名村官参加各级培训46次，分流消化7名满两个聘期村官。常态化推进联系服务群众工作，深化“走基层”活动、“四支队伍”服务群众机制，进一步回应群众需求、解决群众问题，提升党员干部服务意识。

【党建工作】 2015年，广泛推行村级“四晒”工作法，针对部分村级党组织政治引领作用发挥不好、在群众中的信任度和凝聚力不够、服务群众存在“最后一公里”等问题，在全区所有村和社区党组织中开展晒党恩、晒目标、晒问题、晒奉献“四晒”活动，定期向群众逐项公布党的惠民政策细账，逐村制定中长期规划和年度计划，逐条解决群众最急、最盼、最怨的突出问题，量化考评每名党员作用发挥情况，晒出党组织的战斗力和凝聚力，让群众能坚定不移听党话、跟党走。“四晒”工作法经验得到原中组部常务副部长陈向群的肯定性批示，省委组织部部长范锐平给予高度评价。建立“党群集中活动日”制度，组织镇、村两级党务工作者集中学习丹棱狮子村先进经验，指导各村（社区）结合产业发展、新村建设、民俗文化等具体情况，逐村制定年度党群集中活动日方案，明确每月1天的活动日期和月活动主题。乡镇党委召开示范会、推进会进一步指导村（社区），通过村情公开、农技培训、矛盾调解、文化娱乐等引领党员群众主动参与村事共议、村庄共治、村务共管。2015年，各村（社区）共开展党群集中活动日324次，参与人数达3万余人次。

【集体经济发展】　抢抓彭山被列为全国第二批农村改革试验区契机，充分利用改革试验政策优势，建立区委抓总、区委组织部负责、区级部门参与、乡镇和村落实四级责任体系，探索集体经济发展9种模式（盘活村级资产、兴办经济实体、提供产业服务、实施项目带动、推行村企联建、深化结对帮扶、土地流转服务分红、土地整理增值收益、政府投入有偿使用），对17个“空壳村”逐村制定“破零规划”，对95个有收入的村逐村制定“保值增收规划”。2015年，全区90%的村（社区）有集体经济收入，10万元以上的村有18个，占16%。

【党代表任期制试点工作】　深化党代表任期制试点工作，扎实推进区党代表任期制试点，出台党代表任期制实施办法和《党代表履职任务及考评办法》等10个制度，创新出台《党代表7项履职任务及考评办法》，细化量化撰写提案、驻站服务、联系走访等方面要求；创新年会召开方式，在常态议程基础上新增提案办理发言、代表建议发言、代表履职发言3个议程，代表团分团讨论，代表每人发言建言；探索乡镇党代表任期工作，指导彭溪镇试点召开乡镇党代会年会，重点指导选好党代会代表、撰写乡镇党委工作报告、创新年会召开方式、创新党代表作用发挥，形成党代会年会、党代表提案、党代表视察调研、党代表履职积分、党代表分类定岗定责等10项配套制度。充分发挥党代表闭会期间作用，推广“晓红党代表工作站”经验，108个村（社区）全部成立党代表工作室，所有“两代表一委员”分组全部对接到选区、网格，开展“两对接、三联系、六集中”等活动，全年收集建议、意见378条，帮助解决征地拆迁、土地流转、基础设施建设、扶贫帮困等问题130个。

【经费保障】　始终坚持基层党建“不差钱、不差人”，区财政每年投入不低于3000万元基础上，结合当年党建重大工作建立财政动态增长机制，切实解决有人管事、有钱办事、有地方议事。提高村级办公和服务群众经费，村由原来的2万元提高到8万元、社区由3万元提高到13万元。实施精品阵地打造，投入500万元，按照全市一流标准，对青龙镇龙都社区、公义镇马林村、观音镇果园村等多个阵地进行综合提升打造。

【第一书记】　精准覆盖，分类择优选派第一书记。2015年6月，彭山区率先在全市启动第一书记选派工作；7月，全区108个村（社区）第一书记全部到位。根据全区村（社区）发展稳定和党组织分类定级情况，对全区的第一书记实行分类择优选派，特别是35个市、县贫困村和14个后进村，专门从农口、经济、交通、水务等部门指派统筹协调能力强、农村工作经验丰富的中层以上干部或退居二线干部担任，确保贫困村限时脱贫，非贫困村上档升级。制定村（社区）第一书记权力和责任清单，为第一书记加权加责，增强其工作动力。为使第一书记尽快融入驻村工作，提升扶贫攻坚工作水平，分层分类对第一书记开展培训。是年7月下旬，召开第一书记岗前培训会，邀请党建专家、乡镇党委书记和基层党组织书记，为全区108名第一书记做岗前培训；8月和11月，分别召开第一书记工作推进会、现场会，邀请贵州省湄潭县两河口村支书唐书浪等作专题讲座，发放《眉山市彭山区农村工作应知应会手册》，为第一书记迅速了解掌握驻村工作提供保障。精准考核，从严管理考核第一书记。制定《彭山区村（社区）第一书记考核办法》，对第一书记实行动态管理。推行日考勤、月记实、季晒账、半年述职、年度考评工作机制，严格规范《驻村工作日志》填写，从严管理考核第一书记。乡镇党委每月召开一次第一书记述职会，区委组织部每季度开展一次督察。建立召回制度，对基层干部群众反应差、工作实绩不明显的第一书记立即召回撤换。对群众满意度低、工作实绩差的第一书记，区委实行召回撤换。2015年年底，第一书记向乡镇党委和党员群众作双向述职、接受满意度测评。由乡镇党委单列指标和类别，对第一书记实施考核，考核结果与第一书记评先选优、提拔使用、年度目标考核等挂钩。按照省定标准，对贫困村第一书记，根据在村实际工作天数，给予每天50元的伙食补助费，非贫困村实行每月500元包干。落实贫困村第一书记乡镇工作补贴、一次性生活用品补助、交通补助；为所有第一书记购买人身意外保险；由区财政为每位第一书记落实工作经费5000元。派驻期满，区委将对第一书记进行评选表彰，对表现突出、群众公认的，将在乡镇换届、干部职务职级晋升时，同等条件优先考虑。

（李桃　雷红梅）

宣传工作

【重要事件】　3月5日，彭山新闻《正月十五“闹”元宵　舞龙耍灯庆元宵》在中央1台《晚间新闻》播出。

3月13日，区委宣传部邀请复旦大学、湖南大学城市学院教授文博，农业部农村经济研究中心主任、研究员宋洪远分别作题为“从城市营销谈到彭山的文化与产业及新型城镇化”“加快推进农村重点领域和关键环节的改革”的专题讲座。

4月10日，为期2个月的第六届黄丰橘花节在黄丰镇团结村橘花广场开幕，主题为“香约彭山，完美橙现”。

4月12日，中央电视台《今日说法》栏目播出彭山专题《内讧》。

5月，区委宣传部组织开展彭山区“纪念抗日战争胜利70周年书画作品展”。

6月5日，《调解室里打“官司”》在央视1套《焦点访谈》播出。

7月，区委宣传部组织成立“彭山区作家协会”“彭山区散文家协会”，协会会员达60余人，壮大了文学创作队伍。

7月24日，第六届观音美人指葡萄旅游会节在观音镇果园村隆重举行采摘节开园仪式。

同日，关于彭山葡萄的主题微电影《葡萄树下的秘密》正式开机拍摄。

8月4日，北京大学城市规划中心副主任、厦门大学旅游与酒店管理系兼职教授刘德云为全区领导干部作题为“当旅游遇到文创”的专题讲座。

8月21日—23日，区委宣传部组织中国著名作家“东坡故里行·彭山采风”活动。著名作家、茅盾文学奖获得者、四川省作协主席阿来等一行8人参加采风活动。8月22日上午，著名作家阿来还在彭祖山彭祖书院开设讲座。

9月2日，复旦大学、湖南城市学院教授文博为全区领导干部作题为“彭祖长寿城文化创意”的专题讲座。

9月9日，中国·彭山第六届彭祖长寿养生文化节新闻发布会在彭山成功召开。

9月27日，《寿乡孝文化》相关节目在央视10套“天涯共此时”中秋晚会上播出。

10月20日，彭山区成功举办“天成云盟·岷江花月夜”大型综艺晚会。

同日，区委宣传部组织在“五湖四海”湿地公园举办以“寿乡风采”为主题的书画摄影展，共展出书画摄影作品160余件。

【概况】　2015年，全区宣传工作紧紧围绕区委、区政府“四城”建设的总体部署，坚持外宣扬声、内宣聚力、文化育魂、思想筑基，唱响主旋律，打好主动仗，切实为彭山经济社会发展提供有力保障。

【理论武装】　严格执行中心组学习制度。全年区委中心组集中学习26次12天，干部参学率达到98%，各乡镇、区级各部门中心组理论学习有序进行。突出“一条主线”（习近平总书记系列重要讲话精神）、“四个全面”（全面建成小康社会、全面深化改革、全面推进依法治国、全面从严治党）为重点，由中心组成员为主讲人，落实常委会会前学习习总书记系列重要讲话精神和会前学法工作，营造出勤学善思的浓厚氛围。结合“三严三实”专项教育活动和领导干部思想政治建设读书班，编印系列辅导读本，推介《不确定的未来》等书籍。组织中心组成员参加“锦江大讲堂”专题报告和讲座5次，组织彭山区领导干部读书班1期。全年组织会前学习29次，集中学习8次，200余人次县级领导开展学习交流。为提高深化改革的认识，先后邀请中央电视台特约评论员杨禹、清华大学社会学系教授孙立平作“牵一发动全身的改革命题——对十八大提出的“新型城镇化”的思考”“十八届三中全会以后中国的改革与发展”2场讲座；为强化文化旅游的意识，先后邀请复旦大学、湖南大学城市学院教授文博，北京大学城市规划中心副主任刘德云分别作“从城市营销谈到彭山的文化与产业及新型城镇化”“当旅游遇到文创”等3场讲座；为深化农村改革的共识，邀请农业部农村经济研究中心主任宋洪远、省农委常务副主任杨秀彬分别作“加快推进农村重点领域和关键环节的改革”“推进农村改革实验区建设”2场讲座。专家、学者以宽广的视角、独到的见解、精辟的语言，给广大领导干部带来新思维、新理念的冲击和启迪。文博的讲座促成《彭山文化小城策划规划》的落地生根，形成一系列提升城市文化内涵的创意和思路，赋予彭山更多的文化特质；杨秀彬的讲座给彭山的“深农改”工作提供了更为精到的思路，催生了农村产权抵押贷款、集体资产股份合作制改革等改革举措。

【新闻外宣】　2015年，区委宣传部制定《2015年新闻宣传总体策划实施方案》，确定5大版块16个新闻选题。全区共有1980余篇外宣稿件在各级各类媒体刊载（播）。中央级媒体发稿98篇（其中，《人民日报》3篇，中央电视台6条，新华社6篇，中新社14篇，新华每日电讯1篇，《光明日报》1篇）；省级媒体上稿860余篇（其中，《四川日报》56篇，一版稿件8篇；四川电视台播出彭山新闻36条，四川卫视《四川新闻》播出20条）。彭山深化农村改革经验报道被《新华社内参》采用，得到四川省委书记王东明肯定性批示；“寿乡孝文化”节目在央视10套“天涯共此时”中秋晚会上播出；台湾《中华时报》还整版刊载了长寿文化。创办《彭山手机快讯》，将彭山时讯覆盖20万手机用户。制作《启航》等7部专题片，推出10集《指尖上的彭山》，用影像生动记录彭山。“微彭山”官方微信公众号每周推送一条关于民生、文化、旅游等方面的信息，展示彭山特色，发布信息150余条，吸粉达到3.2万余人，增长近10倍，点击数居全市区县微信公众号前列，运营经验获全市推广。

【公共文化服务建设】　2015年，区委宣传部累计向上争取各类文化项目专项资金784.78万元。着力抓好“互联网+文化”工作，完成网吧电子实名上网刷卡系统建设，全面启用该监管平台；完成“12318”网上举报平台建设应用工作；完成文化市场技术监管服务平台建设，按时、保质、保量完成平台数据录入更新工作；启动网吧高清视频监控系统规划设计工作。建成省级示范乡镇综合文化站2个、村级文化活动广场10个、“幸福美丽新村（社区）文化院坝”3个、行政村（社区）文化活动室37个、农村广播“村村响”工程32个（其中，乡镇机房6个），实现文化活动室、广播“村村响”全覆盖。全区108个农家（社区）书屋图书全部更新，开展流动图书服务，全年共接待农村读者13万人次。

【群众文化活动】　以“一乡一镇一品”特色民俗文化品牌为基础，创新编排民间民俗文艺节目，组织举办的民俗文化大展演获得不俗口碑。坚持“面向公众、面向基层”组织开展文化活动，先后组织庆“七一”大型综艺晚会、首届小学生中华经典诵读大赛、中华经典诵读文艺晚会、纪念抗日战争胜利70周年音乐会等活动，首届小学生中华经典诵读大赛、中华经典诵读文艺晚会2场大型活动掀起全区经典诵读热潮，并在全市中华经典诵比赛中获两个二等奖。区、乡（镇）、村（社区）各类文艺表演1000余场，开展农村公益性免费电影放映1000场次。

【文艺创作】 2015年，彭山区设立彭祖文艺奖，制定《彭祖文艺奖评奖办法》。正式成立区作家协会和区散文协会，邀请省作协主席阿来在彭祖书院讲课，激发文学爱好者的创作热情。积极组织“深入生活、扎根人民”活动和全民阅读活动，大力支持各文艺家协会积极开展工作，结合抗战主题、长寿文化举办2次书画摄影展，汇集优秀作品印成《艺韵彭山》。《老井》等8件作品获“苏东坡文艺奖”；文学作品《乡下的瓦房》获由中国散文家协会等主办的中外诗歌散文征文大赛一等奖；摄影作品《春雪满空来》入选“中国摄影艺术展”；美术《紫云》入选由甘肃省委宣传部、国家民族画院、甘肃省美术家协会主办的第三届“希望·圆梦”杯全国中国画作品展；舞蹈《课堂内外》获全国少儿春晚特等奖；曲艺《我不想长大》获第七届少儿曲艺大赛选拔赛四川赛区少儿曲艺大赛三等奖、新人奖、创作奖等五大奖项。

【文化项目】 编制《彭山文化小城策划》，喊响“彭山，一个不老的地方”系列宣传口号，推出《一个不老的地方》《像你爱我一样》两首脍炙人口的歌曲，形成彭山新的文化符号。北外街与江口镇古街被纳入眉山市历史文化街区；区文化馆、图书馆、博物馆建设纳入政府重要议事日程，规划选址在“五湖四海”之滨，并向上争取区文化馆建设资金480万元。以长寿文化、忠孝文化为内核，进一步丰富“五湖四海”湿地公园、滨江千亩湿地公园的文化景观。突出特色葡萄、柑橘经济产业，融入长寿、忠孝、草龙、牛灯等特色文化元素，完成武阳镇文化站、观音镇果园村、黄丰镇合力村、保胜乡龙安村等12个文化院坝建设。观音镇果园村作为全市文化院坝建设推进会现场参观点，得到与会领导的充分肯定。

【文明创建】 2015年，全区精心组织第二届彭山区道德模范评选表彰活动。经基层推荐、网络票选、组委会投票3个环节和网络公示、街道公示两个渠道评选出10名道德模范，并在长寿节开幕式上隆重颁奖，形成良好的激励效应。开展“寿乡好人”评选活动，向眉山市推荐“眉山好人”10名。其中，李建英等4人被评为“眉山好人”。邀请道德模范、眉山好人开展“道德模范进单位”活动。抓好志愿者服务活动，新增标准化志愿者站5个、公益组织3个。截至2015年年底，发展志愿者队伍302支，志愿者17851人；开展各类规模志愿服务活动200余场次，为百姓排难3000余件，惠及寿乡万千百姓。抓好品质宣讲活动，在电视媒体开设人文讲坛《七嘴八舌》栏目，倡导文明健康的生活方式等社科普及活动。运用城区30余处电子广告机、广场LED显示屏、100余处楼宇电视等，开展品质宣传活动，营造文明和谐、热情友善氛围。开展“文明交通宣传”，发放《彭山市民守则》倡议书3000份，在社区、车站、高铁站等场所开展文明劝导、清理宠物粪便等活动20余次。区文明办在《彭山报》开设专栏，开展“我为彭山增光彩”“文明出租车”“文明公交车”评选等活动，宣扬社会文明礼仪。是年，全区11个省级文明单位通过复查，挂牌中央支持乡村少年宫和自建项目顺利通过年度考核；彭山区观音小学把乡村学校少年宫的日常管理和开展活动情况拍成专题片，荣获全省乡村少年宫展播二等奖。

【社科研究】 2015年，全区认真开展社科理论研究，领导干部带头参与理论研讨，形成浓厚的学习调研风气。中心组成员带头搞课题、搞调研。6位区级领导负责6个重点课题研究。是年，全区区级干部围绕工业农业经济、新型社会管理、党建工作、党风廉政建设、旅游三产等工作撰写心得体会、专题调研、理论文章200余篇，在中央、省、市报纸杂志上发表文章30余篇。

【队伍建设】 严格执行“四个当天”制度，认真开展“三严三实”专题教育、庸懒散浮拖专项整治、领导班子思想政治建设等活动，按照“日考勤、周纪实、月晒张、季考评”的总体要求，从严开展公务员平时考核试点，党员干部干事创业的积极性和主动性明显增强，作风建设持续深化。

（康文翔）

统战工作

【概况】 2015 年，区统战工作坚持以思想上同心同德、目标上同心同向、行动上同心同行“同心”思想为统领，创新思路，改进方法，在服务“四个全面”战略部署中主动作为，为彭山区“四城”建设提供广泛强大持久的力量支持。

【思想政治工作】 2015 年，全区统一战线把深入学习贯彻中央、省、市统战工作会议精神、习近平总书记讲话精神和学习贯彻《中国共产党统一战线工作条例（试行）》（以下简称《条例》）作为首要政治任务，积极开展传达学习。区委统战部组织部机关干部、各民主党派、无党派、工商联代表认真学习《条例》精神，从思想上充分认识习近平书记重要讲话和《条例》的重大意义，在行动上积极提高学习和贯彻的自觉性。继续开展坚持和发展中国特色社会主义学习实践活动。结合 2015 年纪念民建、民进成立 70 周年以及纪念抗战胜利 70 周年等重要节点，支持各民主党派、工商联、无党派人士广泛开展“加入党派为什么、历史责任是什么、服务‘四城’建设做什么”“依法治国与依法经营管理企业”等活动；组织党派成员赴北川学习抗震救灾精神、“重走长征路红色教育”等活动，引导统一战线成员不断增强对中国特色社会主义的道路自信、理论自信、制度自信，形成助推彭山改革发展的强大合力。围绕彭山区抢抓“四大机遇”、奋力实现“四城”建设目标，在全区基层商会中开展“与法同行·诚信经营”宣誓接力活动。结合到企业、商会调研之机，邀请部分专家、学者、领导、守法诚信典型进行面对面的交流座谈。举办依法治国专题讲座，特邀眉山市中级人民法院副院长，为全区 100 余家会员企业负责人及管理人员作题为“依法治国背景下企业的司法保护”专题讲座。2015 年 11 月，组织彭山区 30 余家非公有制企业负责人赴石棉、泸定等地开展理想信念教育活动，举行理想信念教育学习交流座谈会。通过一系列活动促进非公有制经济人士“政治上自信、发展上自强、守法上自觉”。

【多党合作和协商民主】 积极推进协商民主建设，代区委办草拟《加强社会主义协商民主建设实施办法》，完善相关制度，丰富协商形式，推进协商民主广泛多层制度化发展，充分发挥各民主党派、工商联和无党派人士的积极作用，努力营造协商民主建设良好氛围。进一步加强同各民主党派、工商联和无党派人士沟通联系协调，推动《民主党派、工商联及无党派代表人士直接向区委提建议》制度的落实。支持民主党派和无党派人士参政议政、民主监督。将党派工作与区委的总体目标和彭山的发展紧密结合起来，引导党外人士为深化改革、转型发展、依法治区、“十三五”规划编制等全区重点工作建言献策。区政协常委会增加听取每名常委收集社情民意发言议程。区两会期间，彭山区民主党派、党外人士提交提案 67 件，其中，个人提案 61 件，集体提案 6 件。鼓励支持“特约人员”发挥积极作用，收集反映社情民意，广泛参与民主监督，促进党和政府以及司法部门同人民群众的联系。

【党外干部队伍建设】 健全联系党外代表人士工作制度，动态管理党外后备干部人才库。2015 年，彭山区提拔党外正科级干部 1 名，副科级干部 2 名，交流党外干部 1 名，选派 1 名党外领导干部在眉山市交通局挂职锻炼，选派 4 名党外干部参加在中央社会主义学院举行的党外代表人士参政议政能力提升班培训，2 名党外干部参加省委统战部组织的民主党派干部班培训，进一步提升党外干部素质，优化党外干部队伍结构。2015 年，彭山区三个民主党派新发展成员 6 名，另有 5 名正在考察中。

【社会服务】 2015 年，整合党外人才资源，积极开展“农村教育烛光行动”“关爱留守儿童”“名医义诊”“定点合作”等活动，社会服务走进城乡社区、学校、敬老院等，为联系村的村道建设、贫困群众、贫困学生等捐款共计145.35万元。支持各民主党派加强基层组织建设，争取区委、区政府重视，在工作经费、组织发展、活动开展等方面给予支持。

【经济统战】 强化思想政治引导，深化非公有制经济人士理想信念教育实践活动，及时掌握非公有制经济人士思想动态和企业发展动态，帮助解决思想困惑和发展困难，引导开展回报社会感恩行动，积极发展光彩事业。突出守法诚信教育，推进法治教育进商会、进企业，引导非公有制经济人士做到政治上自信、发展上自强、守法上自觉。围绕品质发展、营造发展环境，在会员企业中开展“打造品质之城”调研活动，全年走访企业90余家，收集建议、意见及发展举措22条，撰写调研报告3篇，受到区委、区政府领导的高度重视和积极采纳。围绕中小企业、小微企业融资难、抵押难的问题，及时与有关金融部门联系协商，开展银企交流和信贷产品推介活动，有效解决部分小微企业和中小企业的融资需求。为加速彭山区中小企业和小微企业向创新驱动转型升级，切实帮助企业走出信贷融资的发展困境，逐步走向在公开资本市场参与融资交易的发展平台，区工商联于2015年6月上旬举办“新三板、新四板上市与股权融资研讨暨培训会”，邀请部分专家进行股权专题讲座。认真开展维权协调和矛盾纠纷调处工作，全年收到投诉2起，协调化解2起，合理投诉、正常反映的纠纷调解率达100%。引导非公有制经济人士积极参与光彩事业，全年“百企联百村”实施各类项目12个，开展就业创业技能培训8期，培训人员300余人次，提供就业岗位320个，解决就业200余人，实现项目投资403.4万元。引导非公经济人士投身光彩事业参与“光彩耀眉山”活动，彭山区有7家企业，针对农村生产设施落后、基础建设薄弱、公共设施缺少的现状，投入120万元支持联系村开展容村貌整治和各项基础设施建设；针对农村弱势人群生活困难、贫优学生经费拮据的实际情况，扶贫助困30人，爱心捐赠各类款物折合53.8万元。

【民族宗教】 联合相关职能部门切实加强少数民族流动人口服务工作，积极做好民族团结服务工作，特别是城市少数民族流动经商人员的服务工作，为他们排忧解难，维护民族领域和谐稳定。全年为3名群众完成民族成份确认工作。2015年，继续开展区级部门联系帮扶少数民族贫困户工作，确定22个区级部门联系帮扶22户少数民族贫困户脱贫致富，重点培育5户少数民族致富典型，全年已向帮扶的少数民族贫困户提供帮扶慰问金1.3万元，提供各类种养殖生产技术信息30余条，帮助他们解决实际困难。完成2016年度四川省散杂居少数民族发展资金项目申报材料（武阳镇泉水村家具园区部分基础设施建设项目）编制上报工作，并全程追踪服务该申报项目，落实2016年项目资金15万元。深入推进“法律进宗教活动场所”活动。制定完善《眉山市彭山区民宗局关于深入推进法律进宗教活动场所活动实施意见》，区民宗局与各宗教活动场所负责人签订目标责任书，各宗教活动场所制作法制专题宣传栏20个，悬挂法制宣传标语56幅，建立“法律同心书屋”4个。联合区司法局、区公安分局、区金融办等相关部门和乡镇组成法制宣传小分队深入到各宗教活动场所举办法律、法规知识培训班13期，培训人数达到5000余人次，向教职人员和信教群众散发各类法律书籍、宣传单1.6万余份。聘请律师为彭山区9个宗教场所的法律顾问，利用每季度的宗教工作会，以会带训，对参会的各宗教场所负责人开展法律、法规知识培训。扎实抓好各类安全隐患和不稳定因素排查化解工作，确保宗教领域和谐稳定。全年组织教职人员开展4次安全培训教育活动，发放《中华人民共和国安全生产法》《四川省安全生产条例》等法律、法规宣传资料600余份。是年6月，开展安全生产月宣传活动，组织人员先后到千佛寺、龙门寺等场所宣传安全生产常识，共接待咨询信教群众200余人次，散发宣传材料500余份。全区宗教活动场所共计投入200万余元用于场所内危房改造和购买用电设施、监控设备、灭火器等消防器材，有效消除场所内存在的各类安全隐患，为全区3万余名信众提供安全舒适的宗教活动场地。与公安、乡镇等部门密切配合，深入到宗教活动场所了解宗教活动情况，积极开展防邪防渗宣传教育活动，坚决杜绝利用合法宗教场所开展非法宗教活动。全年开展4次防邪防渗大排查，经排查，彭山区宗教界未发现传播邪教活动。

【中心工作】 2015年，区委统战部以开展“三严三实”专题教育和公务员平时考核工作为契机，着力加强机关作风建设，进一步巩固和拓展党的群众路线成果。继续深入开展直接联系服务群众、扶贫攻坚结对帮扶工作，与“五类”联系群众对接，为联系村筹集资金5.11万元，其中，支持村两委工作经费3万元，困难慰问金1.61万元，为泉水村绿化基地送去树苗款5000元。积极开展关爱抗战老兵活动。节日期间为彭山区抗战老兵赠送大米、油、羽绒被、毛毯等物资，为1名行动不便的抗战老兵赠送轮椅。与区电力公司共产党员服务队协商沟通，为抗战老兵李齐新家解决用电问题。协调落实抗战老兵李秉中（少将）遗骨归葬故里工作。

【信息宣传】 积极做好统战信息收集、上报工作。全年上报信息13条，形成调研文章6篇，在彭山党政网登载活动要闻、工作动态6条。

（宁　莉）

政策研究工作

【概况】 2015年，彭山区政策研究工作以中共十八大和党的十八届四中、五中全会精神为统领，以科学发展观、习总书记系列重要讲话精神为指导，把握中心、服务大局、创新理念，积极工作，全面完成全年目标任务。

【中心工作】 2015年，区政策研究办公室（以下简称“政研室”）积极参与区委、区政府重大政策文件的制定和各项重点工作。政研室积极参与全区农村改革实验区推进工作。区委改革办设在区政研室，政研室负责起草《中共彭山区委办公室关于印发〈区委全面深化改革领导小组2015年工作要点〉的通知》《关于印发彭山区全面深化改革四项制度的通知》等一系列文件，并按时向市委改革办上报各类信息、进展情况及总结。全年共完成区委、区政府交办的办文、办事共8件。

【调研工作】 2015年，全区政策研究室工作紧紧围绕区委目标任务和区委、区政府工作中心，深入实际调查研究，共完成重点调研课题5项，完成专题调研报告10篇，政研参阅6期。其中，《搭建流转平台保障群众权益——正兴农业发展投资有限公司发展情况报告》《义和乡关于发展壮大村级集体经济的思考》获区委书记梁磊肯定性批示；《彭山区安置房建设和管理情况调研报告》获区委副书记郭红肯定性批示；《公义镇在建设岷江现代农业示范园区》《北门户中大力推行货币化安置眉山岷江现代农业园区彭山区域所在乡镇土地流转经验报告》上报市委政研室。

【联系乡镇工作】 2015年，区政研室重点抓好直接联系服务群众工作。及时了解联系村和帮扶户的具体情况，以实际行动帮助和改善联系户的生产、生活；对联系村基层组织建设、经济发展、社会事业建设等方面加以指导。全年共计下村12次，解决问题6个，办好事10件，收集建议、意见3条，落实帮扶资金、物资折合人民币1.15万元。积极支持双江村新农村建设发展经费2.3万元。

【机关管理】 2015年，区政研室进一步建立、健全学习、文秘、考勤、调研等工作制度，用制度管人、管事、管物，提高工作质量。坚持“三会一课”制度，认真遵守中央八项规定，打造学习型机关。深入开展领导干部作风整顿建设活动，转变机关作风，工作中做到恪尽职守、勤政廉洁。严格执行《中共中央保密委员会办公室、国家保密局关于国家秘密载体保密管理的规定》，没有出现一例泄密事件，全年无一例违法、违规事件发生。

（刘　珂）

机构编制工作

【概况】　2015 年，全区机构编制管理工作坚持主动作为，强化机构编制管理，做好政府责任清单编制，推进政府职能转变，做到财政供养人员只减不增，为“四城”建设提供体制机制保障。

【机构改革】　2015 年，继续做好政府职能转变和机构改革后续工作。代区委办、区政府办（以下简称“两办”）起草并印发《政府职能转变和机构改革工作规划和任务分工》，明确政府工作部门（单位）工作目标；组织各牵头部门召开责任落实协调会，对各部门 2015 年的工作完成情况进行督察，汇总各部门上报的自查材料，按规定完成 2015 年政府职能转变和机构改革工作任；落实区政府工作部门组建及职责整合工作，完成新组建机构区城市行政执法局的职责调整及人员调配工作，整合 7 个部门城市执法相对集中职责，调配 2 名行政编制及人员、11 名事业编制及人员，充实到城市行政执法局；完成对工商质监局职能和人员整合工作，对工商质监局下属 4 个事业单位进行重新认定；协调落实区食药监局与农业、畜牧、商务、经信、工商质监等部门的职责移交，理顺各相关部门（单位）间的职责任务；将区招商引资局更名为区投资促进局，并新增相应职责，完成区投资促进局、区公共资源交易中心定主要职责、定内设机构、定人员编制“三定”规定的审定印发工作。

【撤县设区】　2015 年，区编制委员会牵头推进撤县设区事权划分的协调工作。事权划分后，完成对区住建、规划、国土资源、房管等部门（单位）职权认定工作。完成不动产登记职责整合和机构设立工作，成立眉山市彭山区不动产登记局（为市国土资源局彭山区分局挂牌机构），下设眉山市彭山区不动产登记中心，将土地登记、房屋登记、林地登记和农村土地承包经营权登记等不动产登记职责进行整合，调配人员编制 41 名。

【“三张清单”工作】　完成政府责任清单的编制及公示工作。拟定《责任清单编制指南》，召开“三张清单”（行政权力清单、政府责任清单和市场准入负责清单）培训工作会，对全区 80 个部门（单位）以及企业的责任清单进行清理审核，共清理主体责任 591 项，具体工作事项 2616 个，部门边界责任 99 项，追责情形 2139 条，追责依据 553 项。理顺区市政园林局、区规划局、区房屋征收协调办公室、区土地储备中心与相关职能部门职责边界。编制完成《彭山区政府责任清单》（试行），并在区政府行政运行平台中予以公示，接受社会和群众的监督；完成全区非行政许可事项清理，印发《关于进一步清理确认非行政许可审批事项的通知》，对全区 27 个部门（单位）清理确认的 86 项非行政许可审批事项、1 项承接省下放服务事项进行清理确认，找准依据，使非行政许可审批项目取消、调整符合规定；按照现行法律、法规，审查取消非行政审批事项 27 项，调整为服务事项 1 项、调整为政府内部审批事项 7 项，调整为行政许可事项 9 项、调整为行政权力其他类别事项 32 项，尚有 11 项非行政许可审批需按程序明确后确认。配合区法制办完成对行政目录中行政许可审批主体资格的认定工作；对区法制办报送的 14 个有争议的行政运行主体资格事项进行认真审定，对符合主体资格的行政主体单位给予确认答复；对区规划局、区市政园林局等履行行政审批事项的主体资格不合规情况，要求按行政主管理部门审批办理。

【机构编制管理】　完善机构编制管理制

度。区委、区政府制定《关于进一步加强机关事业单位工作人员和编外人员管理的办法》文件（以下简称《办法》），并以两办名义印发至全区各乡镇、区级各部门。《办法》将全区机关事业单位工作人员借用和调动，区外人才的引进、遴选，事业单位（乡镇）干部到区级以上部门的上挂锻炼等事项均列入管理范围，规范机构编制管理程序，严格控制全区财政供养人员无序增涨。修订区委编委会议事规则。区委印发《眉山市彭山区工作规则》，对区委编委会议事规则从主要职责、议事原则、审批权限、会议制度、文件签批、工作要求6个方面进行修订完善，进一步明确机构编制管理的审批权限和程序，规范全区机构编制管理。以两办名义印发《眉山市彭山区区外考调优秀教师实施办法》，与区教体局联合下发《彭山区城区学校考调教师实施办法》，规范教师队伍管理。强化机构编制的规范化管理。严格执行市委编办《关于进一步加强机构编制管理的若干规定》的"十六不准"要求，严禁"三超两乱"（超职数配备干部、超机构规格提拔干部、超审批权限设置机构，擅自提高干部职级待遇、擅自设置职务名称），加强机构编制管理，严控机构编制膨胀，降低行政成本。凡涉及职能调整、机构设置、人员编制、领导职数调整等事项，均按机构编制管理的要求和议事规则规定的程序办理，无机构编制管理违规现象。收集整理编委会议题53项、开展议题专项调研6项，组织召开编委会3次，向区委常委会、市委编委提交专项请示8件，印发编委会批复（通知）文件60件。组织召开主任办公会10次、整理会议议题39项，印发机构编制事项批复54件，审议通过内部人员调整116人次、批复增设内设挂牌机构1个。

【事业单位分类改革】　2015年，全区完成事业单位机构类别划分5个，省、市暂缓分类2个，不参加分类1个。全区应参加分类事业单位297个，完成各单位的分类批复271个，批复率达91.25%。开展事业单位履职调研，促进公共服务事业单位有效整合。对6个行政主管理部门的下属68个公共服务事业单位履职情况进行调研，发放事业单位职责细化统计表，将各机构主要职责与具体工作事项落实到具体承办人员，准确了解各事业单位履职与人员配备的状况，为区委编委撤并机构整合资源提供有效数据保障；拟定丝绸公司转制方案，报区政府审批。推进事业单位分类改革专项工作。区委编委拟定并印发《关于在区属事业单位分类改革中整合机构编制资源和规范管理的实施意见》，对整合重复分散的事业单位提出相关要求，明确按编制核定及机构个数进行整合；推进全区优化整合妇幼保健和计划生育技术服务资源工作，先后3次召开卫计局、妇幼保健、计划生育技术服务中心整合协调会，结合彭山区实际，提出整合实施方案已经区政府审定，联合区卫计局共同下发《关于优化整合妇幼保健和计划生育技术服务资源的实施方案》，全面完成职责整合及人员调配工作。

【机构编制监督检查】　2015年，全区建立机构编制与经济责任审计的联动机制，配合区审计局完成区发改局、区林业局、区教体局、二小、青龙镇、彭溪镇等10个部门主要负责人经济责任审计，针对有关部门在执行机构编制管理中履行"机构设置、编制使用以及有关规定的执行情况"进行督察，对彭溪镇、青龙镇违反机构编制管理规定超聘17名临时用工人员的违纪行为进行督促纠正，并清退有关临时人员。推进全区控编减编工作，实现财政供养人员只减不增；审核到龄退休人员140名，辞聘（职）人数24名，开除人数6名，病故5名，调出区外18名。对审查清理查出的10名到龄未退人员，与人力资源和社会保障部门衔接，全部按规定办理退休手续。开展财政供养人员清理，完成对全区在编不在岗、借调人员、临时用工聘用人员清理。全年全区在编不在岗人员74名（其中，政策性离岗人员44名，因病离岗人员26名，其他原因4名），内部借调人员58名，跨系统借调人员97名；并对清理中存在的问题提出建议、意见。加强机构编制实名制管理，印发《眉山市彭山区机构编制实名制管理信息系统维护和管理办法》，逐一核实全区实名制系统用户登录情况，将不能登录的机构情况汇总报市委编办，申请开通使用权限。协同组织部门完成“三超二乱”机构、领导职数审查，对全区设立的各层级机构及核定的副科级及以上领导职数情况进行认真统计，完成可配、不可配、高配三种情况的审核工作。

【事业单位登记管理】 2015年，做好事业单位开办资金确认登记工作。在事业单位申请设立登记或申请开办资金变更登记时，取消开办资金验资，由事业单位的举办单位出具书面证明，确认事业单位经费来源类型和开办资金数额。将全区事业单位法人设立登记、变更登记、注销登记和年度报告在“中共眉山市彭山区委机构编制信息网”上进行公示，并做好档案归档。全年为2个事业单位设立登记手续，为333个事业单位办理变更法人登记手续，为1个事业单位注销登记手续。做好全区事业单位年度报告公示工作，截至2015年3月31日，网上办理年度报告公示295件。

【信息调研】 2015年，区委编办共完成调研文章4篇，上报机构编制工作信息28篇（其中，被市委编办采用10篇）。做好部门党政内网、互联网网站维护和信息公开工作，全年共发布信息114条。

【机关建设】 2015年，区委编办完成党支部和工会换届工作，选举产生新一届支部书记和支部成员，制定机关党建责任清单，完成党的制度建设“废、改、立”工作。制定机关“三严三实”专题教育方案，领导班子及成员制定“不严不实”问题清单，明确整改措施及整改时限。扎实开展“学先进、找差距、添措施”活动，制定《组织开展“学先进、找差距、添措施”方案》，内比东坡区、仁寿县，外学双流县、新津县，及时上报有关调研文章。加强干部培训工作，选派干部参加省政府办公厅组织的公文培训，市委编办组织的机构编制业务培训及信息员培训以及区级有关部门组织的其他培训，提高干部的业务素质。开展送法进社区活动，编印《法律法规选印》共300余册送给社区支部和居民。深入开展直接联系服务群众工作，多次深入保胜乡保胜场社区，为社区的发展和群众致富想办法，支持帮扶资金2.4万元，协调解决资金4万元，编办主要领导向社区干部和机关干部就践行“三严三实”作党课报告。开展公务员平时考核、落实“四个当天”制度，制定区委编办《平时考核办法（试行）》《整治慵懒散浮拖问题“四个当天”实施方案》，建立机关工作人员去向公示栏和登记表，对出勤情况、德能勤绩廉全面考核。按照区纪委《关于印发〈眉山市彭山区干部日常监督系统管理办法（试行）〉的通知》《彭山区党员干部日常管理监督项目清单》的要求，加强干部日常监督，全办作风进一步转变。

（陈跃武）

党史地方志工作

【概况】 2015年，彭山区党史地方志工作认真落实国务院、省《地方志工作条例》，扎实推进省委办、省政府办《关于进一步加强和改进新形势下地方志工作的意见》，紧紧围绕区委、区政府提出的奋力实现彭山“四城”建设目标，努力拓宽地方志工作思路，年鉴编辑创新有突破，二轮修志和部门志编修有新进展，地方志自身建设得到加强，进一步增强服务经济发展、文化建设的能力。全区地方志工作荣获眉山市地方志办公室目标考核一等奖，全市唯一。

【党史工作】 2015年，完成《中国共产党彭山历史文献资料（2014）》资料收集工作，完成32万字编纂、定稿、送审、出版工作；完成《中国共产党彭山历史大事记（2014）》定稿工作和《中国共产党彭山历史大事记（2015）》资料收集整理、初编工作；编纂完成《中国共产党彭山组织史（2014）》；历经7年，编纂出版《中国共产党彭山历史大事记

（1993—2014）》一书。该书全面系统地收集整理中国共产党组织自1993年以来至2014年开展的重要活动和事件，具有重要的党史史料价值和研究价值，是中共眉山市彭山区党史研究取得的重要成果之一；继续征集《中国中产党彭山历史（第三卷）》资料，为编修工作打好基础。2015年，彭山区烈士陵园成功申报为“眉山市中共党史教育基地”。是年11月25日，在眉山市彭山区烈士陵园，由区委常委、区委组织部部长、史志工作分管领导李勇刚亲自为区民政局局长叶云华授牌匾；区史志办全体人员、区烈士陵园管理所所长及相关人员参加，区电视台、《今日彭山》杂志社均作了新闻报道。

【地方志工作】　2015年，完成50万字《彭山年鉴（2014）》的资料征集、整理、编纂、核实、印刷及公开出版工作；完成《四川年鉴（2015）》和《眉山年鉴（2015）》彭山区年鉴资料的编写和报送；完成2015年度1月—12月《彭山年鉴》大事记收集和初编工作；开展旧志整理，与西华大学地方文化研究中心积极衔接，对乾隆版《彭山县志》进行录入、点校等方式抢救整理，前期工作完成；加强全区第二轮乡镇（部门）志续修工作督导，积极指导江口镇、彭溪镇、财政局等乡镇（部门）志编纂工作，协助乡镇（部门）志编修完整；及时反馈对《眉山市志·人物篇》的建议、意见；积极完成市地方志办交办的彭山节庆活动收集、整理、编纂资料并报送市志编辑部；完成《印象彭祖》等资料校稿；积极协助《眉山市志》部门初稿编纂等工作。

【地方志执法】　配合市人大常委会执法检查组，积极开展《地方志工作条例》《四川省地方志工作条例》和《〈四川省地方志工作条例〉实施办法》贯彻实施情况的执法检查和自查。积极争取区人大教科文卫工委、区政协民族宗教文史委员会对地方志工作的联系。依法规范全区地方志工作，全面完成区行权平台和“三张清单”编制工作，将地方志工作表彰、督察等4件工作案例录入行权平台，确保方志工作有序推进。

【史志宣传培训】　充分发挥地方志职能作用，积极开发利用地情资料库方志资料，为区委、区政府及有关部门提供决策参考，为社会、经济发展服好务。加强史志队伍建设，努力提高编纂人员政治素质和业务素质。积极组织业务人员参加省、市地方志业务培训，建立培训常态工作制。做好地情资料的查询服务，全年共接待查询人员175人次。编印彭山地情资料——《志说彭山》宣传册500本，积极参与“科技文化卫生三下乡”活动。印制《地方志条例》《四川省地方志条例》资料1000余份，发送到各部门、乡镇，让地方志工作普及到群众。致力地方志理论研究，组织、动员、鼓励修志人员积极撰写理论文章和工作信息的宣传报道工作，全年，共向市委党史研究室、市方志办报送信息简报12篇，录用5篇。及时更新彭山区史志办党政网、彭山区党史地方志网站（互联网）信息40条，实时上传每月大事记，做到信息及时公开。向重庆市委党史研究室去函，积极帮助郭祖铭寻找关于郭绍伦的党史记录。同时，做好地情资料库的档案保存、整理工作，顺利迎接区档案局的检查。为纪念抗战胜利70周年，区史志办在《彭山报》上刊登《彭山抗日救亡运动》一文，介绍抗日战争时期彭山的抗日救亡运动，增进全区党员干部对彭山历史的了解。积极参加省委党史研究室组织的《四川党史界纪念抗战胜利70周年学术征文》投稿活动。其中，刘黔玲撰写的论文《论基层党组织在抗日战争中的建设发展》入选《抗战时期的中共四川组织》一书，并受省委党史研究室、省中共党史学会邀请于2015年9月7日到四川省成都市参加四川党史界学习贯彻习近平总书记“9·3”重要讲话精神暨纪念抗战胜利70周年座谈会。积极参加彭山区政协组织的抗战历史征文比赛，其中，整理的《彭山抗战剧社》获得三等奖，《孩子剧团在彭山公演宣传抗日》《冯玉祥将军的彭山之行》2篇文章获得优秀奖。

【中心工作】 认真抓好直接联系服务群众活动，支持联系乡镇凤鸣镇经费1.5万元，完成平乐社区“绿海明珠”植树0.33公顷任务；联系东红社区9户困难户，积极解决群众生产生活中的实际困难，送去帮扶资金、物资3000余元；下派第一支部书记到东红社区，积极帮助社区解决下岷江路住户反映的下水道堵塞等问题，办实事3件，支持社区经费3000元。协助民政局做好第二次全国地名普查工作，为地名普查提供历史基础资料，并以高质量、高起点、高标准、高水平完成彭山区普查工作；协助市委党史研究室做好“两走一对接”服务企业工作。认真开展“学先进、找差距、添措施”活动。先后到崇州市、大邑县、洪雅县地方志、泉州市方志委等地培训，学习旧志整理、地情资料开发、历史文化名镇志编纂等业务，进一步解放思想、转变作风，加强理论研究，开门办史。同时积极完成党建、党风廉政建设、宣传、统战、综治、信访、保密、“六五”普法、城乡环境整治等工作任务，全面完成区委、区政府和上级各部门安排的各项工作目标任务。

（唐　嘉）

群众与信访工作

【概况】 2015年，彭山区群众到各级走访796批3606人次。其中，集体访145批3271人次；办理网上信访579件（人民网网民留言190件、信访信息系统网上直转389件）。无进京非访、无到省集体访和重复访；中央和省交办案件（省交办10件）办结率达100%，息访率90%；省挂牌信访积案10件，办结率100%，息访率90%；市上挂牌10件，办结率100%，息访率80%；市领导交办案件1件，已办结并息访。全年共办理群众来信73件，办理人民网网民留言190件，办结率均为100%。

【工作成效】 2015年，彭山区历经全国两会、省两会、市三会、区三会，在眉山召开的全国法院系统多元化纠纷解决机制改革工作推进会、在眉山召开的全省信访系统创建“三无”活动现场推进会，“9·3”大阅兵、五中全会、全省党建工作现场会等10余个重大会事活动以及元旦、春节、“5·1”“七一”“7·5”等多个重大节日近20个特殊敏感时段。在这期间，全区各乡镇和部门紧密配合，坚持接访、排查、化解、稳控，有效将上访群众吸附在彭山；群工部按要求派出驻北京、驻成都、驻眉山及在彭信访值班人员，守住最后一道防线，全区无人进京上访和非访，无人到省上访被登记和通报，实现“四零”目标。是年，在分管区领导的正确指挥和公安干警、维稳、相关乡镇和职能部门的大力配合下，妥善处置到区委、区政府的聚集上访31次。

【阳光信访】 2015年，在全区13个乡镇和37个区级部门开通并正常运行全国信访信息系统，对各级信访事项进行网上转、交、办，真正实现群众信访事项的网下办理、网上流转的办理程序，大力推动“阳光信访”，提高信访公信力。

【信访基础业务】 2015年，大力规范接访工作流程，印制《四川省信访局逐级走访工作手册》500本，发放到全区各乡镇和部门，做到工作人员、分管领导和“一把手”人手一本；印制“来访人员登记表”，在区委、区政府接访点投入使用，要求来访人员自行填写基本情况和诉求。在区信访群众接待中心接访室制作LED电子显示屏，每天滚动播放《信访条例》和《公安部关于公安机关处置信访活动中违法犯罪行为适用法律的指导意见》，引导群众依法有序表达利益诉求。组织各乡镇政法委书记、大调办主任和区级部门分管领导及信访工作人员分别参加国家信访局、省信访局、及市、区召开的信访工作培训会，对《信访条例》、网上办理工作流程等知识进行培训，规范信访事项的受理和办理；对于四川省网上信访信息系统的应用，区委群工部进行分片区讲解、点对点辅导等，已开通信访信息系统的乡镇和部门已能正常运行。全区共在该系统办理信访事项389

件次。注重依法规范秩序，指导各乡镇和部门对信访事项按期出具书面处理意见，引导其按程序进行复查复核。是年，全区共复查信访案件6件、复核2件，不予受理4件。同时，严格按照中央有关规定，采取果断措施加大对违法信访行为的处置力度，有效遏止百意孵化园业主等集资、串联越级信访行为发生。

【信访信息化建设】 2015年，在全区13个乡镇和37个部门开通四川省网上信访信息综合平台，对有权处理的行政机关基本实现全覆盖。强化运行管理，对该系统进行日常巡查信访事项漏排率、越级上访率、按期办结率、办理规范率等，多次实地深入系统应用薄弱的乡镇和部门“一对一”地加强指导。通过视频、制作PPT现场演示、岗位练兵、QQ群等方式，加强全区系统应用管理人员培训力度。规范信息系统录入。全国信访系统开展的信访信息录入“百日会战”活动中，全区完成30件来访、来信的补录，并对按规范办理程序需完善相关信息的60件来访、来信补录了相关信息，真正实现群众信访事项的网下办理、网上流转。不断创新方式方法，组织9件信访事项开展满意度评价，参评件信访人对信访部门满意度率达100%，对承办单位满意率为88.9%。

【疑难信访积案化解】 2015年，区信联办、区委群工部主动牵头协调信访疑难突出问题，有效预防和减少集体访、越级访和重复访。通过召开研判、协调、调度会，使一些久拖不决的信访问题得到妥善化解，部分信访群众还通过致电（信）、赠送锦旗等方式向群工部表达感谢。其中，义和应林矿山、青龙明坤建材等企业因停产拖欠职工工资、养老保险，谢家镇毛河村部分村民反映双挂钩项目安房屋质量，长寿花园、鼎园等小区业主反映物业管理等涉众性或群众反映强烈的信访突出问题50余个得到协调解决。是年，彭山区有省、市挂牌督办信访积案20件，区自排分解3批64件，分别落实区级领导包案。已结案53件，息访45件；到期办结率为100%、息访率为85%。

【信访“三无”创建】 全面开展信访“三无”创建和重点治理活动。以区委、区政府名义下发《关于进一步深化“信访三无”创建活动和信访重点乡镇治理活动的通知》（眉彭委办〔2015〕34号），要求全区13个乡镇、108个村社区、69个区级部门积极参与“三无”创建，谢家镇和水务局进行信访重点治理活动。各乡镇和部门以活动为载体，夯实基层基础，有的放矢，把创建活动抓实、抓出成效；从根本上治理进京非访、进京越级访和到省集访，达到创建和治理目标。

【信访制度改革】 2015年，全区积极深化信访制度改革，区委书记、区长带头，其他区委常委、区政府副区长轮流接访，各乡镇和区级部门班子成员轮流接访，领导干部接访常态化。区级领导在区群众接待中心接待群众来访203批2512人次，当场解释答复30件，交办173件。严格甄别，加强宣传引导，充分发挥其他法定诉求表达渠道作用，严格实行信访与诉讼分离，支持政法机关依法处理涉法、涉诉信访问题，把涉法、涉诉信访纳入法治轨道解决。

【信访宣传】 全年采取向上访群众、信访老户发放法制春联和向村（居民）发放年画，在区、乡两级群众工作中心和区级部门信访接待场所、场镇、集市、村（社区）活动中心张贴公益画幅、宣传画、悬挂标语等，开展信访法制宣传；区联席办牵头，组织公安、法院、检察院等10余个部门到青龙镇开展纪念《信访条例》修订实施十周年宣传活动；“12·4”宪法宣传日，区委群工部在区政府门口以现场接访、散发资料图片等形式，广泛宣传，大力普及信访知识，引导群众依法逐级走访。

【队伍建设】 2015年，区群工部开展“三查、三促、三争当”活动，转变干部作风、提升业务水平、增强干部担当意识。组织5名科级干部赴浙江大学继续教育学院参加眉山市“创新群众工作方法　解决信访突出问题”专题培训班学习；群工部部长参加全省信访局局长培训班学习；组织1名干部参加眉山市2015年优秀干部人才第二期递进培养班学习；组织干部职工赴仁寿县、洪雅县委群工部进行“学先进，找差距”活动。抓好业务学习，坚持每周五下午学习中央、省、市关于信访工作的文件精神，讨论分析复杂疑难信访案件等，提高全体人员的政策法律水平和接待群众来访、处理信访问题的能力。将支部活动和工会活动相结合，先后组织干部职工为联系户栽树、与联系村联谊，开展登山比赛、徒步比赛，为职工缓解工作压力，促进相互交流，增强支部和单位凝聚力。

（文　艺）

机关工委工作

【党建工作】 2015年初，区机关工委制定《机关党建责任清单》，并层层落实机关党建目标任务，进一步明确、规范区直机关工委和区直机关各党组织抓机关党建工作的责任机制；年底结合双评工作，层层指导开展区直机关党组织书记抓党建工作述职评议考核工作。开展机关党组织标准化建设。继续开展三分类三升级活动，年初评定机关后进党组织2个。整改转化过程中，工委进行指导、党委具体负责、后进支部为责任主体，制定工作方案，落实整改措施，年底检查验收；2个后进党组织基础建设得到加强，服务水平全面提升，通过检查验收全部转化升级，转化率达100%。开展机关党组织标准化建设，提出建设标准和评星程序；开展机关党组织评星定级，建立晋星升级与绩效挂钩工作机制。强化机关党组织思想政治建设。制发《关于从严抓实“三会一课”制度的通知》，指导各级机关党组织和党员干部深入学习习近平总书记系列重要讲话精神，一把手深入联系村（社区）带头讲党课做到至少1次，建立党组（党委）学习制度，每季度至少开展1次集中学习，班子成员撰写1篇理论学习材料；以学习型机关建设促进机关党组织思想政治建设，向机关各党组织下发《2015年区直机关工委全民阅读活动实施方案》，要求开展多彩党课，每名党员干部每年精读3本好书、撰写1篇读书心得、作1次交流发言，各机关党组织向联系的村、社区等捐赠1批优秀图书；各级机关党组织要以思想政治建设为主线，以思想强化意识，不断加强机关文化建设、精神文明建设和法治建设，编制《机关党员文明手册》，下发至全区干部。落实三项制度，全面加强机关党组织建设。是年，机关工委印发《区直机关规范化基层党组织建设标准》。严格落实“三会一课”制度，建立定期调阅《党支部工作手册》制度，对“三会一课”制度落实情况进行检查并通报，有效促进机关党组织生活规范化；健全党组织书记与党员谈心谈话制度，上下级党组织书记之间、党组织书记与党员之间开展经常性的谈心谈话活动，做到在党员遇到困难、发生矛盾、出现失误、存在问题、提拔升迁时“五必谈”；进一步完善民主评议制度，定期开展民主评议支部和党员、党组织书记述职评议考核工作，严肃处置不合格党员。做好机关发展党员工作。组织入党积极分子培训，严把入党关。是年4月下旬，机关工委组织40名入党积极分子参加为期3天的培训学习；是年8月，机关工委下发进一步贯彻学习《中国共产党发展党员工作细则》的通知，敦促机关各党组织熟悉掌握党员发展流程。继续实行发展党员预审制。全年，区直机关共预审通过39名党员（大专以上学历34名，35岁以下32名），进一步优化机关党员结构，提升机关党员质量。切实指导区直机关各级党组织做好关怀党内工作。全年组织看望慰问老党员、生病住院党员和困难党员65人次，发放慰问金1.95万余元，为弱势机关党员及时做好关怀服务；落实专人按时对区级各党组织及时更新和完善党员信息库，确保机关4400余名党员信息及时更新，机关党员和党组织完善率达100%。2015年，共收缴党费72.87万余元，返还退休支部党费5.13万元。

【“庸、懒、散、浮、拖”专项整治】 2015年，彭山区机关工委及时成立整治“庸、懒、散、浮、拖”活动领导小组，制定《整治庸懒散浮拖问题“四个当天”实施办法》。提出“主动作为创一流，机关党建作表率”的活动口号，建立党组织联系工作制度，工委的5名同志分别联系12个机关党委、5个直属总支和5个直属支部，主要帮助联系点解决党建工作中存在的具体问题，剖析形成党建工作方法，发掘典型、总结经验，并形成长效工作机制。在“庸、懒、散、浮、拖”专项整治活动中，结合群教活动“四风”问题，人均梳理问题5条以上，并针对存在问题将活动与公务员日常管理考核相结合，制定“四个一”工作措施，即建立一套行事历工作台账、签订一份承诺书、建立一个公开栏、落实一份考核表，扎实整治“庸、懒、散、浮、拖”问题。

【“三严三实”】 2015年，机关工委争创“三严三实”好班子、争当“三严三实”好干部。结合实际制定《关于开展“争创‘三严三实’好班子、争当‘三严三实’好干部”活动的实施方案》，明确工委班子和党员干部的具体标准和以“双争”活动加强领导班子和干部队伍建设。全年开展专题集中学习4次，与“四个当天”活动相结合查找问题限时整改，建立工作清单制度，保障按时、高质量完成各项工作任务。建立工委机关工作制度，进一步增强制度执行力，切实做到令行禁止，用制度保障工委领导班子和干部队伍建设成效。

【机关党组织换届】 2015年，机关工委、区委组织部按照《中国共产党党和国家机关基层组织工作条例》《中国共产党党组工作条例（试行）》规定，完成12个部门党委以及够条件成立机关党委的区农业局、区水务局和区工商质检局党组织换届工作，规范设置部门党组织机构，配备、配强各级党务干部。

【党员培训】 2015年初，区机关工委组织机关党委党务负责人和个别机关党总支党务负责人参加眉山市组织的党务干部能力建设培训；组织机关党员干部参加眉山市2015年第一期“机关党建大讲堂”培训；组织机关党委、直属总支（支部）党务工作者参加组织部信息培训班学习。通过培训力度的加大，有效提升机关党务工作水平。

【“七一”表彰】 2015年，区机关工委积极参与中国共产党成立94周年表彰庆祝大会，组织近两年新发展的81名机关党员参加宣誓，现场2000余名党员重温入党誓词；做好区直机关省、市、区“七一”评先选优推荐工作，推荐1名省级表彰优秀共产党员（区医院援藏干部郑平），1个市级优秀党组织（区人社局），3名市级优秀共产党员，15个区级机关党组织，22名优秀共产党员和6名“三严三实”好干部；并通报表彰4个先进部门党委，9个先进机关党总支，59个先进机关党支部，416名优秀共产党员。

【城乡环境综合治理】 2015年，在第六届彭祖长寿养生文化节期间，机关工委进一步规范机关环境建设，对城区部门和单位的光彩工程进行督察，确保城市形象提升。

【直接联系服务群众】 2015年，机关工委多次参与区扶贫工作研讨会、推进会，为形成具有彭山特色的“1584”决定（“1584”指1个目标、5个一批、8大工程、4个保障）积极出谋划策；积极参与35个贫困村的联系领导调整工作。在2015年年初调整的基础上，加大对贫困村联系力度的倾斜，达到每个贫困村都有一个以上的区级领导联系；调整充实驻村工作组力量，35个贫困村均成立由市、区选派的第一书记担任组长的驻村工作帮扶组，每组由6人~8人组成，积极协助第一书记工作；对“绿色基地”实行春秋两季大会战，义务植树35万株，完成任务的116.7%；在“花漾彭山”中督促指导城区机关单位三角梅的种植，为宜居彭山打下坚实的基础；为全区正科级以上的领导干部制定“一书两卡”（帮扶承诺书，帮扶联系卡、走访帮扶记录卡），指导各参联单位建立以村为单位的扶贫攻坚规划、联系户结对相关台账等，做到档案健全、台账规范。2015 年，全区机关 2056 名党员干部联系群众 3090 户（其中，建档立卡贫困户 2878 户），为群众办好事实事 7200 件，落实帮扶资金 2150 万元。

【“四支队伍”】 2015 年，全区“四支队伍”联席办常态化开展工作，每季度召开一次联席会，探讨“四支队伍”（机关党员先锋队、网格自愿服务队、专业化便民服务队、社会志愿者服务队）的创新服务内容和方式，促进“四支队伍”更好的服务群众。针对回社区双报到活动，制发《机关党员回社区报到积分册》，起草《“双报到”志愿服务活动领导小组及工作规则》，保证活动不走过场、更接地气。“四支队伍”常态化、个性化服务。开展“网格员大比武”活动，做法被市委政法委全市推广。社会志愿者服务队加强对社区组织的孵化，新孵化出“天使之爱”医疗志愿者协会、锦江社会志愿者服务队 2 个社会志愿组织，新登记注册志愿者 285 人。机关党员先锋服务队对接村（社区）、对接网格，实行“四晒”（晒党恩、晒目标、晒承诺、晒奉献）工作法，对党员参加先锋服务进行记实积分登记，其中，彭晓红工作站被作为典型案例进行推广。基层便民化专业服务队广泛开展“上门办”“代办”和“预约办”等服务，如畜牧 110 服务等。全区 475 支“四支队伍”服务群众 7668 次，回应群众诉求 2.3 万个。是年 6 月 8 日，市“四支队伍”联席办主任俞红梅带队督察青龙镇桂林村、谢家镇、谢家场社区和彭溪镇蔡山社区“四支队伍”工作、直接联系服务群众工作、党员“双报到”工作情况，对彭山在以上三方面取得的成绩予以肯定。

【党风廉政建设】 区机关工委以培养“忠诚、担当、干净、有为”的机关干部为目标，坚持“标本兼治、综合治理、惩防并举、注重预防”的方针，围绕干部“八小时”内外的“思想圈”“工作圈”“生活圈”“社交圈”和“家庭圈”出现的苗头性问题实施全面监督，实行 365 条动态管理，创新举措，不断强化党风廉政建设责任制。2015 年 5 月，邀请区纪委副书记曾淑敏为 40 名来自县直机关各党委、直属总支（支部）的入党积极分子上了一堂“坚定信念、勤政务实，做一名人民满意的廉洁干部”教育课；10 月 30 日，机关工委牵头开展“十一进”之廉政文化进机关活动，组织 25 个在外独立办公的单位到检察院召开廉政文化进机关现场会；深入开展“创三优、铸利剑、树新风”活动；积极开展党风廉政建设社会评价；组织机关单位层层开展责任书签订活动。

（陈 亮）

保密工作

【概况】 2015 年，彭山区国家保密工作认真贯彻中共中央保密委员会全体会议，省委、市委保密委会议和眉山市保密工作会议精神，主动作为创一流，全区未发生一起失泄密事件。

【三大管理】 强化定密工作，组织全区机关、单位保密办主任学习《国家秘密定密管理暂行规定》及相关文件。指导机关、单位做好定密责任人确定、定密授权等工作。是年 5 月，开展对区委办、区人大办、区政府办、区法院、区检察院等定密授权单位的清理核查工作，进一步规范定密授权管理。狠抓网络保密管理，组织开展全区网络核查分类工作，对涉密网络和非涉密网络保密管理情况进行专项检查。协助省、市对区检察系统、组织系统、纪检系统涉密信息网络进行分级保护技术测评。加强电子政务内网终端管理，区保密局与区党政网管理中心联合下发《彭山区电子政务内网（党政网）终端管理规定》，对党政网终端的审批安装、使用管理、维护管理、报废或改作其他用途管理、防范技术要求、法律责任等方面作具体规定，督促全区认真执行。投入 2.7 万元升级涉密介质管理系统，委托成都国卫信安科技有限公司将 38 台党政网络终端机、涉密移动存储介质管理系统升级为符合国家标准的“朗威涉密计算机及移动存储介质保密管理系统”（该设备具有非法外联阻断、非法外联报警和数据单项导入三个功能，简称“三合一”)，为机关、单位新配备“三合一”涉密专用U盘共39个，并在区保密局内网计算机上建立“三合一”数据管理平台。跟进技术服务保障工作，在改造升级涉密介质管理系统中，设立技术服务热线，协调配备专业技术人员，及时跟进电话指导、远程操作、现场调试等技术服务保障工作。全区贯彻落实《手机使用保密管理规定》，指导各单位严格执行手机使用各项规定。推动涉密人员管理，指导机关、单位科学确定涉密人员，建立涉密人员管理台账，进行保密专业知识培训，为涉密人员分类管理奠定基础。严格涉密人员因私出国（境）保密审查，实现涉密人员常态化管理。

【基础管理】 2015年，全区推进保密依法行政，及时转发《普通手机使用保密手册》《四川省保密检查工作实施办法》《四川省国家秘密定密管理实施细则（暂行）》3个规范性文件。建立保密行政权力清单和部门责任清单，启动行政权力运行平台，进一步规范行政权力运行。

【保密培训】 加强“两识”（保密知识、保密意识）教育培训，推荐省级保密教育师资库人员1名、市级保密教育师资库人员5名，建成区级保密教育师资库，共有8名人员。推进保密教育培训制度化，全年区委常委会学习保密法规2次；区保密局到区委党校、眉州监狱、观音镇、城东社区、南星社区、牧马镇白鹤村宣讲保密教育课各一次。

【保密宣传】 2015年，全区推进保密宣传经常化工作。通过区保密局内网、外网网站，短信服务平台、宣传专栏、街道宣传等多种途径，广泛宣传营造保密法治氛围。转发《全国2014年失泄密案例通报》，播放警示教育片20场，进一步提高全区广大干部职工保密意识和风险意识。以“依法治区、法在身边”宣传活动为契机，积极开展保密法制“七进”（进机关、进乡村、进社区、进学校、进企业、进单位、进寺庙）活动，为干部群众上保密课10次，发放宣传资料3000余份，接待群众咨询200余人次。抓好信息报送工作，全年共上报信息14条，被《四川保密工作简报》采用2条，市保密局内网网站采用8条。开展学刊用刊活动，组织征订《保密工作》129份、《保密科学技术》60份。

【保密指导】 强化保密要害部门部位管理，完成全区115个机关、单位的保密要害部门（部位）核查确认工作。加强国有企业保密指导管理工作，下发《关于进一步加强区属国有企业保密基础工作的通知》，明确区保密行政管理部门、区属国有企业的主管部门、区属国有企业三家保密工作的职责。全区区属国有企业按照《保密工作台账》，认真开展自查整改，建立保密工作基础档案，完善保密管理制度。

【涉密载体管理】 强化涉密载体管理，严格涉密载体收发、登记、传阅、办理、使用、存档、销毁等各个环节管理，确保国家秘密万无一失。全年统一销毁废旧涉密文件资料6.3吨，废旧涉密硬盘15个。

【技术管理】 2015年，全区加强保密科学技术基础设施建建，投入15万元购置保密复印机1台、存储介质信息清除工具1个、计算机终端保密检查工具1个。完成2014年度全区保密工作数据报送、审核、录入任务；强化保密科技支撑，发挥保密管控平台作用，网络预警处置能力有效提升，对检测到有疑似涉密敏感信息的单位进行调查核实。

【保密督察】 强化保密监督检查，规范保密检查流程，严格执行《四川省保密检查工作实施办法》各项规定，指导机关、单位规范保密检查工作。进一步加大专项检查力度，开展全区涉密网络和国有企业保密管理情况专项检查。完成全年自考、高考、中考、成考等国家统一考试试卷保密监管任务，均无失、泄密事件发生。全年对11个乡镇、10家国有企业和20个区级部门进行保密检查，发现问题，及时整改完善，堵塞漏洞，排除隐患。开展各级机关、单位保密自查自评整改工作，全区保密检查工作进入常态化。

【工作措施】 强化领导落实，主要领导带头抓保密，各机关、单位“一把手”为保密工作第一责任人，不定期听取保密机构工作汇报，及时解决保密工作中遇到的新难题。履行各级保密委员会（保密领导小组）工作职责，召开2015年区委保密委员会全体（扩大）会议，及时安排部署全年保密工作。强化责任落实，狠抓《党政领导干部保密工作责任规定》《四川省党政领导干部保密工作责任规定实施办法》的学习、贯彻工作，各级领导干部带头履行保密职责。狠抓绩效管理，将保密工作纳入绩效考核内容，与全区其他工作同安排、同部署，逗硬奖惩，确保工作落实。狠抓监督检查，不定期对各单位进行监督检查，重点检查各项保密制度的贯彻落实情况，及时发现问题、指出问题、解决问题，确保各项制度落实到位。强化业务建设，狠抓全区保密部门政治建设。深入学习习近平总书记系列重要讲话精神，开展忠诚教育，增强保密干部政治敏锐性和政治责任感。开展“学先进、赶先进”活动。“走出去”，先后到甘孜州、成都市新津县、东坡区、青神县学习保密工作先进经验；“请进来”，邀请东坡区、青神县保密局到彭山区传经送宝；“强培训”，区保密局全体干部参加国家保密科技测评中心（四川省）分中心组织的涉密网络测评培训班，进一步提升保密技术专业实力。狠抓作风建设，机关纪律作风进一步改进，以实际行动树立保密部门“为民、务实、清廉”的形象。强化经费支撑，区财政继续足额预算保密工作各项经费，保障保密工作正常运转。

（龚开福）

老干部工作

【概况】 2015年，中共眉山市彭山区委老干部工作全面贯彻落实全国离退休干部“双先”（先进集体、先进个人）表彰大会、全省离退休干部工作会议暨“四先”（离退休干部先进党支部代表、离退休干部先进个人代表、老干部工作先进集体代表、老干部工作先进工作者）表彰大会精神，围绕中心、服务大局，加强离退休干部思想政治建设和党支部建设“两项建设”，认真落实老干部的政治待遇和生活待遇，加强干部队伍建设，组织开展老干部活动，引导老干部为党的事业增添正能量。彭山区老干局被省委组织部、省委老干部局评为“全省老干部工作先进集体”。

【“三严三实”】 2015年，区老干部局通过开展“三严三实”专题教育活动，加强老干部队伍建设。抓学习，提高干部职工思想素质。采取个人学习、集中学习、专题讨论等多种方式，引导党员干部深刻理解“三严三实”的丰富内涵，明确争创的目标和要求，准确把握精神实质，努力提升干部思想素质。抓标准，加强干部作风建设。将“三严三实”内容进行细化，引导党员干部从思想境界、素质能力、行为举止、作风形象等方面找差距、明方向、添措施，干部职工共查找出问题15个，提出整改措施32条，落实了整改时间，把作风建设不断推向深入。抓调研，提升为老干部服务能力。结合“学先进、找差距、添措施”活动，组织干部职工到青神、仁寿县进行学习调研，学习先进的管理经验、管理措施，引导党员干部以“三严三实”标准做好老干部工作，落实好老干部的各项方针政策，组织和引导老干部发挥作用，提升为老干部服务的能力。

【政治待遇落实】 坚持每月12日老干部学习制度，及时传达中央、省、市、区重要文件精神，让老干部自觉把思想认识统一到中央和省、市、区委的决策和部署上来。全年组织集中学习11次，参加人数达2550人次。组织老干部参加区委、区政府重要会议，定期向老干部通报区委、区政府重大决策、重点工作。全年召开情况通报会2次，组织老干部参加区重要会议32人次，参加区重点项目及乡镇半年工作现场会35人次。组织老干部到安徽千岛湖、贵州西江千户苗寨、岷江现代农业园区等地参观考察，让老干部亲身感受经济社会的迅猛发展，激励老干部坚定信念，主动投身到彭山“四城”建设中来。

【生活待遇落实】　落实好离休干部离休费和医疗费“两费”，全年无拖欠。协调落实离休干部护理费按月统一发放，落实新中国成立初期66名退休干部门诊医疗照顾、生活不能自理照顾经费21.5万元，坚持“一站式”服务，为离休干部报销医药费90万余元。坚持老干部“生病住院必访、重大节日必访、特殊困难必访、有思想包袱必访”。春节走访慰问老干部312人次，“七一”走访慰问离退休老党员11人、抗战老兵4人，“重阳节”走访慰问老干部239人次，全年发放慰问金86万元。组织离退休干部221人到区医院体检中心进行健康体检，建立健康档案，并邀请区中医院专家开展健康养生知识讲座。对异地安置、身患重病、独居、生活困难的离退休干部及遗孀等特殊困难群体进行帮扶，落实资金3.6万元。

【老干部阵地建设】　2015年，加大资金投入，规范化建设老干部学习活动阵地。投入资金60万余元，按照《四川省老干部学习活动阵地规范化建设考评细则》的要求，高起点、高标准、高质量、规范化建设老干部学习活动阵地，设置多功能室、阅览室、电脑室、棋牌室、健身室、乒乓球室、沙狐球室等，新购置空调、音响、电脑等活动器材和设施，满足老干部学习和活动的需要。增加软件投入，为老干部学习创造条件。为239名离退休干部订阅《晚霞》杂志、《健康长寿天天乐手册》各1份，阅览室提供《参考消息》《人民日报》《四川日报》等18种报纸杂志，老干部书屋有涉及生活、医疗、文学等内容的书籍400余册，配置电脑6台供老干部上网学习。

【老干部活动】　坚持每月组织7个老干部兴趣小组开展活动，全年参与人数达3510人次，参与率达92%。充分发挥老干部作用，组织老干部开展“为党的事业增添正能量”系列活动。组织老干部20名参加全区党建工作座谈会，组织36名老干部到乡镇、机关单位和社区开展“我看彭山党建”调研活动。不仅让老干部广泛了解中共十八大以来彭山加强党的建设所取得的成绩，而且还回应广大老同志和社会各界的关切，为开展“三严三实”专题教育活动和践行“忠诚、担当、有为、干净”的好干部起到很好的助推作用。开展“展示阳光心态”主题活动，参加“纪念抗日战争暨世界反法西斯战争胜利70周年、彭山区第五届老年文体艺术汇演”活动，到公义镇、青龙镇、保胜乡和黄丰镇开展“送文化、送温暖”下乡活动，营造健康向上的文化氛围，活跃群众精神文化生活。宣传引领“忠孝文化”。在全区各阶层以及《彭山报》《眉山日报》《华西都市报》等媒体广泛宣传“忠孝文化”，使“忠孝文化”的精髓深入人心，促进“忠于党、忠于人民，孝敬长辈、尊老爱幼”良好风气的形成。开展“我看彭山‘四城’发展”活动，到眉山岷江现代农业示范园区、黄丰镇等地“农家乐”开展乡村旅游，到峨眉山开展健康疗养，让老干部感受变化、体会发展，在体验美好生活的同时，引导老干部以美好的心态感染、鼓舞身边的人，进而影响社会心理，促进社会和谐。开展“红色教育”活动。组织老干部35人次到南京大屠杀纪念馆、贵州遵义会议旧址开展爱国主义教育活动，老干部杨成儒为98岁抗战老兵赵步云撰写的《民族脊梁》抗战难忘经历在多种媒体发表。开展“家乡美、彭山变化”摄影展，“彭山大发展、共圆中国梦”征文活动，收集到摄影作品300余幅，征文稿件28篇。岳嵩高等3位退休干部分别荣获征文活动二、三等奖。

【老干部志愿者服务队】　2015年，区老干部局全力支持、密切配合区关工委等涉老团体组建老干部志愿者服务队4支，70余名老干部充分发挥政治优势、智慧优势、经验优势，到联系村、进学校开展党风廉政建设、精神文明建设和社会公益事业建设等志愿者服务活动，继续推进“离退休干部与大学生村官牵手结对活动”，36名老干部对城建、环保、青少年教育等提出10项建议、意见，全部采纳并进行整改。区退休干部何图琴荣获第三届“四川关爱明天十佳‘五老’”称号，全市唯一。何图琴、岳嵩高被市委老干部局表彰为全市优秀老干部志愿者。

【宣传工作】 2015年，彭山区积极宣传报道老干部工作开展情况，撰写《老干部工作信息》30期，办板报4期，摄影展4期，完成调研课题4篇，《彭山报》《眉山报》《晚霞》杂志等刊载作品100余篇。及时妥善处理老干部来信、来访，高度重视老干部诉求，切实解决好老干部最关心、最直接、最现实的问题。全年接待和处理老干部及家属来信、来访2件3人次，全部做到及时办理、及时回复，满意率100%。

【亮点工作】 2015年，市委组织部副部长、老干局局长杨志华到彭山调研时指出：彭山区老干部工作紧紧围绕“为党的事业增添正能量”的老干部工作主题红线，特点鲜明，亮点突出；积极宣传报道老干部工作开展情况，成效显著；老干部学习活动阵地建设规范，进一步夯实了服务老干部的软硬件设施。在抓好常规服务管理的同时，突出“两项建设”、待遇保障、老干部为党的事业增添正能量等重点工作，老同志互动率和参与率高，党委和老同志满意度高。

【联系乡镇工作】 2015年，区老干局机关干部先后8次36人次深入联系乡的黄丰镇中和村，帮助其找准发展路子，建强基层班子，培育主导产业，完善基础设施，健全工作机制；支持乡镇“绿海明珠、千湖之城”、环境卫生整治等经费3.5万元；为中和村阵地建设提供资金1.5万元，并提供桌椅等办公设备；为27户贫困户提供帮扶资金1.5万元；机关党支部与村支部开展结对共建活动，下派村“第一书记”1名；6名党员全部回社区“双报到”，开展志愿服务活动12人次。

（刘义雷）

党校工作

【重要事件】 1月8日，彭山区委党校杜明清退休。

2月27日，彭山区委党校胡国清因病去世。

3月23日—5月15日，区党校与区财政局在西南财大联合举办4期2015年度财会干部能力培训班。

3月，党校开展“三严三实”活动并制定方案。

3月—12月，“流动党校”送课下基层、进机关、到社区27次，培训党员干部和群众3000余人次。

4月1日，经党校校委研究决定，官为桥任办公室副主任。

4月3日，开展公务员（参公）人员平时考核试点工作。

4月15日，举办中青年后培训班，培训时间12天，参训人员43人。

4月20日，王正江、帅锋、梁碧群3位同志获得2014年度公务员（参公人员）嘉奖。

4月，党校开展“学先进、找差距、添措施”活动，分别于5月到都江堰党校学习；6月到双流党校学习；7月到东坡、仁寿党校学习；9月到新津、温江党校学习。

5月12日，举办入党积极份子培训班，培训时间3天，参训人员40人。

同日，与南星社区对接联系开展“两走一对接”扶贫工作等工作。

5月17日，彭山区委党校吴纯刚因病去世。

6月29日，党校总支换届选举。徐忠智、帅锋、李晓红当选总支委员。

7月22日，刘先清到南星社区担任“第一书记”。

9月10日，全面完成党校干部档案整理工作。

9月，彭山区委党校的调研报告《区位是彭山核心竞争力》在眉山市第九次哲学社会科学评奖中获优秀成果奖；王正江的调研报告《彭山县农村党员队伍素质建设调研报告》获优秀成果奖。

10月19日，帅锋调离党校，任谢家镇党委副书记、政法委书记。

11月2日，市委党校校委委员张建一行到彭山区委党校调研。

11月5日，经党校校委会研究决定，官为桥任办公室主任。

11月15日，开展党风廉政建设民主测评活动。

12月15日，开展《中国共产党纪律处分条例》和《中国共产党党员干部廉政准则》知识竞赛答题活动。

12月17日，市委党校常务副校长李明清率班子成员到彭山党校考察、调研。

12月23日，彭山党校《构建诚信体系促进法治建设》获2015年全市党校系统调研结项优秀调研课题称号；彭山党校在全市党校工作质量评估中获一等奖；在全市党校科研、宣传中获二等奖。

12月25日，王正江晋升为正科级，孙梅、李晓红、帅锋、张莉4位同志晋升为副科级。

12月29日，李勇刚担任中共彭山区委党校校长职务；免去周代军校长职务。

12月30日，彭山区关工委命名表彰彭山党校为“六好”关工委。

【概况】　2015年，中共眉山市彭山区委党校工作以中共十八大及十八届三中、四中、五中全会精神为指导，全面落实“四个全面”，积极投身实现“中国梦”的伟大工作中，认真学习贯彻《关于新型势下改进和加强党校工作的意见》和中央、省、市、县干部教育培训工作会议的精神，积极配合区委“四城”建设中心工作，加强自身建设，发挥自身功能，较为出色地完成各项工作。

【干部教育培训】　2015年，根据《关于新型势下改进和加强党校工作的意见》和中央、省、市、县干部培训工作会议精神，区委党校始终把干部教育培训作为主要工作，集中全校人力、财力，确保培训任务的圆满完成。2015年，共计举办主体班次1期，培训中青年干部达46人次，培训入党积极分子40人次。班次和受训人次与2014年持平。同时，在保证干部培训任务的基础上，区党校着眼于提高干部培训质量而不断开拓创新：加强班级管理，着手出台《中共眉山市彭山区委党校学员管理办法》，逐步加强党员领导干部在党校学习期间的规范性和纪律性，保证学习时间和质量；整合各类师资，着手向彭山区一些党员干部、农村干部、企业家以及上级党校和高校教授专家发聘书，聘任为区党校客座教师，以弥补部分领域的师资缺乏；创新教育手段，在传统授课方式发挥主体作用基础上，远程教学、多媒体教学、互动式教学、案例教学、现场教学等不断得到运用。

【对外宣讲】　作为彭山区党的重要理论阵地，区委党校始终坚持为全区广大干部群众宣讲党的理论方针和时事政策。2015年，区委党校领导和骨干教师发挥“流动党校”作用，累计在全区各镇乡街道、机关事业单位、农村社区、学校、企业、部队等宣讲50余场次。其中，重点突出中共十八大精神，占总宣讲场次的50%以上；其他内容涉及到习近平总书记系列讲话，突出十八届三中、四中、五中全会精神，社会主义核心价值体系，民主政治建设，建设经济政治形势，党建党史知识等。区委党校教师对外宣讲中紧扣时事政治、紧密结合县情，较好地发挥全区宣讲主力军作用，受到社会各界的好评。

【科研调研】　2015年，区委党校教科研工作坚持为区委、区政府决策服务、为教学服务、为社会服务的方向，紧密围绕彭山区经济社会发展情况开展调研。全年，区委党校教师在区内各部门和基层调研50余人次，共计撰写高质量调研文章或论文7篇。其中，完成眉山市委党校、区委组织部调研课题各1项；1篇文章入选眉山市委党校理论研讨会和眉山市社科联研讨，并有2篇获优秀奖；1篇文章在《中共眉山市委学报》发表；另有3篇入选各类论文集。

【党风廉政建设】 全年，区委党校积极主动完成领导主体责任和班子成员主体责任的落实，加强党风廉政教育，增强反腐意识，各股室和重要岗位人员签订“党风廉政建设责任书”，搞好述职述廉、民主测评工作。对“党风廉政民主测评表”的打分99.46分，充分体现全体教职工对党风廉政建设的重视。自觉加强抵制“四风”，严格遵守中央八项规定的决心，单位每周例会都安排主要领导和班子成员讲解中央、省、市和区发生在身边的案例，做到警钟长鸣、自珍自爱，永葆党员的先进性。以“严以修身、严以用权、严以律己；谋事要实、创业要实、做人要实”的“三严三实”主题教育活动为标准，查找问题，发现问题，解决问题，把不良作风消灭在萌芽状态，用《中国共产党廉洁自律准则》规范教职工的言行。对照新颁布的《中国共产党纪律处分条例》，完成区纪委下发的学习和网上答题的活动，在教职工中加深纪律和政治规矩要求，使党风廉政建设长抓不懈。

【公务员平时考核】 2015年，在区组织部和区人社局“公务员（参公）平时考核”中，严格按照要求，组织实施，细化分工，岗位设置，单位一把手担任组长，班子成员任副组长，对全校教职工全覆盖实施考核，做到不漏一人，精确到位，制度有创新、纪律有文字、考核有目标、材料有准备、信息有报送。全年，无一例违反规定受到处理的人和事。2015年，党校参评9人，按照组织部门和人社局核定优秀人员1人；称职5人；合格3人。全面完成2015年度“公务员（参公）平时考核”工作任务。

【自身建设】 加强内部制度建设，制订《中共彭山区委党校内部管理制度》《中共彭山区委党校岗位职责》，对教学、科研、后勤管理等方面作全面疏理和完善，对校内各科室、各岗位职责进一步加以明确，切实加强内部管理的科学性、规范性和纪律性。加强师资队伍建设，不断加大教师教学课活动力度，通过“一人一讲”和相互评课，帮助青年教师进步；对外抓住上级党校和其他机构举办的培训机会，尽可能送教师去学习，根据经费要求全年外出参加培训3人次；注重充实师资队伍，有1名同志继续参加浙大进修。提升后勤服务理念，通过一系列的制度建设，明确后勤岗位职责，转变后勤工作人员理念，切实加强为干部培训服务的思想，全年为各类班次提供后勤保障15场次左右；完成首届“彭山区职工技能大赛”服务工作，为彭山区计算机人才保障质量有所提升做出贡献。全力推进党校基建工程，按照程序进行报批申请经费4万元，对党校花园和楼梯进行整修，改造办学环境。

（官为桥）

眉山市彭山区人民代表大会常务委员会

重要会议

【眉山市彭山区第一届人大常委会第一次会议】 2015年1月21日，眉山市彭山区第一届人大常委会第一次会议在眉山市彭山区人大机关五楼会议室召开。会议经审议和票决：补选喻旭为眉山市第三届人民代表大会代表，报眉山市人大常委会确认。

【眉山市彭山区第一届人大常委会第二次会议】 2015年3月12日，眉山市彭山区第一届人大常委会第二次会议在眉山市彭山区人大机关五楼会议室召开。会议对眉山市公安局彭山区分局、国网彭山供电有限责任公司办理落实区人大常委会工作评议意见进行满意度测评。经审议和票决：决定接受李鸿海、张忠灵、刘木华、徐忠智、易雨5位同志辞去眉山市彭山区第一届人民代表大会代表职务的请求。决定任命王福军为眉山市彭山区城市行政执法局局长。听取和审议区人民法院贯彻实施《中华人民共和国民事诉讼法》情况的汇报，会议建议：转变审判理念，主动适应新民事诉讼法的规定和要求，提高审判质效，提高司法水平；加强对法官队伍的培训教育，增强审判能力，提高办案水平；妥善处理对执行难、执行不能的问题，强化执行，充分保障当事人的合法权益；临聘或者争取编制人员，缓解案多人少的矛盾，减轻审判压力。大会听取和审议区人民政府关于城乡环境综合治理工作情况的汇报。会议建议：加强对城市噪音、占道经营等为重点的专项治理，努力营造整治有序、和谐的人居环境，不断提升城市品位；合理设置城镇垃圾箱，加强对农村农户生活垃圾的收集管理，深化城乡环境综合治理；加强对乱吐、乱扔等不文明现象的教育监督和处置，加强与新闻媒体的联动，通过公开曝光，教育引导和不断规范市民文明行为。会议经审议票决，通过《眉山市彭山区人民代表大会常务委员会讨论决定重大事项暂行办法草案》《眉山市彭山区人民代表大会常务委员会工作报告》。

【眉山市彭山区第一届人大常委会第三次会议】 2015年4月3日，眉山市彭山区第一届人大常委会第三次会议在眉山市彭山区人大机关五楼会议室召开。会议经审议和票决：决定接受钟建成辞去眉山市彭山区人民政府副区长职务的请求；接受梁磊辞去眉山市彭山区人民政府区长职务的请求，报下一次人民代表大会备案。决定任命：罗万东为眉山市彭山区人民政府副区长；姚文第为眉山市彭山区人民政府副区长。决定任命罗万东为眉山市彭山区人民政府代理区长。会议经审议票决，通过《眉山市彭山区人大常委会关于召开区第一届人民代表大会第一次会议有关事项的草案》。决定于2015年4月15日至18日在城区召开。会议的指导思想为：高举中国特色社会主义伟大旗帜，以邓小平理论、“三个代表”重要思想、科学发展观为指导，认真贯彻落实党的十八届三中、四中全会精神，坚持党的领导、人民当家作主和依法治国的有机统一，适应新常态、引领新常态，依法履职，主动作为，为把彭山建设成为品质发展之城、生态宜居之城、长寿养生之城、和谐幸福之城做出应有的贡献。建议大会的议程为：听取和审查区人民政府工作报告；听取和审查区人大常委会工作报告；听取和审查区人民法院工作报告；听取和审查区人民检察院工作报告；听取区人民政府关于代表建议批评意见办理情况的报告（书面）；审查和批准区人民政府关于2014年国民经济和社会发展计划执行情况和2015年计划草案的报告（书面）；批准2015年全区国民经济和社会发展计划；审查和批准区人民政府关于2014年财政预算执行情况和2015年财政预算草案的报告（书面）；批准2015年财政预算。

【眉山市彭山区第一届人大常委会第四次会议】 2015年4月10日，眉山市彭山区第一届人大常委会第四次会议在眉山市彭山区人大机关五楼会议室召开。会议听取代表资格审查报告，确认区第一届人民代表大会178名代表资格有效。会议经审议，通过171人列席区第一届人民代表大会第一次会议。会议经审议，通过主席团常务主席名单草案、主席团成员和秘书长名单草案、大会执行主席分组名单草案、计划预算审查委员会组成人员名单草案、议案审查委员会组成人员名单草案、代表团团长副团长名单草案和大会日程草案。

【眉山市彭山区第一届人大常委会第五次会议】 2015年4月27日，眉山市彭山区第一届人大常委会第五次会议在眉山市彭山区人大机关五楼会议室召开。会议经审议和票决：决定免去李忠云眉山市彭山区人民政府副区长职务，报下一次人民代表大会备案；任命李洪强为眉山市彭山区人民政府副区长。

【眉山市彭山区第一届人大常委会第六次会议】 2015年5月14日，眉山市彭山区第一届人大常委会第六次会议在眉山市彭山区人大机关五楼会议室召开。会议对区人民政府办理落实区人大常委会关于贯彻实施《四川省物业管理条例》审议意见的情况进行满意度测评。会议经审议和票决：决定免去张富明区食品药品监督管理局局长职务；黄昊区住房和城乡规划建设局局长职务；张怀庆区安全生产监督管理局局长职务；张富洪区交通运输局局长职务；龚勋区环境保护局局长职务；王福军区城市行政执法局局长职务；余启军区审计局局长职务。任命邓平为区人大常委会人代工委副主任；李廷忠为区人大常委会信访室副主任；王福军为区人大常委会城环资工委副主任。决定任命赵飞宇为彭山区人民政府副区长；何勇来为区卫生和计划生育局局长；熊志红为区食品药品监督管理局局长；曾进为区工商行政管理和质量技术监督局局长；黄昊为区审计局局长；张怀庆为区环境保护局局长；张锐为区城市行政执法局局长；谢玉民为区交通运输局局长；付华为区安全生产监督管理局局长；王太勇为区住房和城乡规划建设局局长。听取和审议区人民政府关于2014年城乡社区事务费支出使用及2015年预算安排情况的汇报，会议建议：加强规划执法力度，强化规划管理，充分利用好规划成果，在城乡建设中维护规划的透明性和严肃性；加强对城乡规划法的宣传教育，提高公民对规划方案的知晓率、支持率；整合社会各方执法力量，形成执法合力，加大违法行为的查处力度，形成高压态势，增强执法实效；建立征求建议意见工作机制，通过发放登记表广泛征求并收集社会和群众对城乡规划和管理的建议意见，增强公民关心关注城市规划建设，尤其是管理方面的积极性。听取和审议区人民政府关于贯彻实施《中华人民共和国道路交通安全法》情况的汇报，会议建议：加大宣传力度，提高全民交通安全意识。充分利用普法宣传日以及网络媒体等载体，广泛开展以道路交通安全法为主的法制宣传，大力营造遵章守法的社会氛围；科学划分停车位置，特别是校园周边停车位的设置，杜绝车辆乱停乱放现象。加大对交通重要路段的管控，缓解交通拥堵现象；加强队伍建设，争取临聘人员财政控制数和事业编制人员，妥善处理好警力不足与事故处置压力增大的矛盾。积极争取资金，及时更新执法执勤装备；加强部门协作，对非法营运的电动三轮车进行综合治理，严厉打击电动三轮车私自改装、非法营运的现状，解决城区交通拥堵的问题。听取和审议区人民政府关于开展全区群众性文化活动情况的汇报，会议建议，重视和加强对群众性文化活动的协调、组织和指导力度。加强对公共文化服务体系建设的统筹协调，创新群众文化活动的内容，提升群众文化活动水平；加大文化建设项目的争取和文化资金投入力度。加快文化院坝建设等项目的实施和推广，加快新文化馆、图书馆等的规划建设，积极争取资金对基层文化设施设备进行升级改造；加强群众性文化活动人才队伍建设。适时对全区文化战线工作者开展培训，提高从业人员的业务素质和业务水平，有针对性地引进热爱文化事业、具有较高专业文化水平的人才，优化文化服务管理人员结构。

【眉山市彭山区第一届人大常委会第七次会议】 2015年6月29日，眉山市彭山区第一届人大常委会第七次会议在眉山市彭山区人大机关五楼会议室召开。会议经审议和票决：决定任命罗任飞为眉山市彭山区人民政府副区长；徐俊弛为眉山市彭山区人民检察院副检察长；决定许可遂宁市公安局对区第一届人民代表大会代表张齐贵采取刑事强制措施。

【眉山市彭山区第一届人大常委会第八次会议】 2015年7月23日，眉山市彭山区第一届人大常委会第八次会议在眉山市彭山区人大机关五楼会议室召开。会议经审议和票决，决定接受宁武辞去眉山市彭山区第一届人大常委会委员职务的请求，报眉山市彭山区第一届人民代表大会第二次会议备案，报眉山市人大常委会备案。决定免去余波眉山市彭山区发展和改革局局长职务；熊念眉山市彭山区经济和信息化局局长职务；罗建斌眉山市彭山区财政局局长职务；何勇来眉山市彭山区卫生和计划生育局局长职务；吕卫东眉山市彭山区文化广电新闻出版局局长职务。决定任命：余波为眉山市彭山区财政局局长；熊念为眉山市彭山区发展和改革局局长；陈小军为眉山市彭山区经济和信息化局局长；宁武为眉山市彭山区卫生和计划生育局局长；李亚军为眉山市彭山区文化广电新闻出版局局长。

【眉山市彭山区第一届人大常委会第九次会议】 2015年7月25日，眉山市彭山区第一届人大常委会第九次会议在眉山市彭山区人大机关五楼会议室召开。会议经审议和票决，决定许可眉山市彭山区人民检察院对区第一届人民代表大会代表王正洪采取强制措施。

【眉山市彭山区第一届人大常委会第十次会议】 2015年7月30日，眉山市彭山区第一届人大常委会第十次会议在眉山市彭山区人大机关五楼会议室召开。会议对区人民法院办理贯彻实施《中华人民共和国民事诉讼法》和区人民政府办理城乡环境综合治理情况的审议意见落实情况进行满意度测评。听取和审议区人民政府关于2015年财政预算上半年执行情况的汇报，会议建议：要强化服务，研究落实稳增长的措施，培育新的税收增长点，促进财政增收；要认真贯彻新预算法，落实好部门综合预算，严格控制一般性支出，压减“三公经费”开支；加强财政支出管理，均衡安排好预算资金，保证预算资金拨付的及时到位。要简化程序，做好民生工程、政策性增支项目和其他专项资金的有效拨付；加大资金保障力度。坚持多渠道、多部门向上争取各类专项资金，努力争取到上级更多的资金支持来增加可用财力。听取和审议区人民政府关于2015年国民经济和社会发展计划上半年执行情况的汇报，会议建议：加强要素供给和矛盾协调，加大金融对中小企业的扶持力度，支持企业技术创新、节能减排；加强经济调控，对新投产企业运行情况进行监控和调度，实行定点联系帮扶，实现工业经济恢复性增长；优化税收征管模式，突出抓好重点税种，重点行业，税源大户征收管理工作，做到应收尽收；加快发展教育、文化、医疗卫生、养老等社会事业，健全项目推进机制，实施好重点民生实事，维护社会和谐稳定；积极争取建设土地指标，破解经济发展瓶颈，推动彭山快速发展；积极思考，认真做好“十三五”国民经济和社会发展五年规划的编制工作。大会听取和审议区人民政府关于贯彻实施《中华人民共和国药品管理法》情况的汇报，会议建议开展执法人员、涉药涉械从业人员法律知识和业务知识的培训，抓好群众对安全用药、科学用药的普法教育，维护群众安全用药意识；加强政府对药品市场的综合协调能力，加大对涉药违法行为的打击力度，强化对药品采购、储存、使用、药物价格以及农村药品市场的监管，保障群众用药安全；健全完善人才引进机制，努力打造一支业务精、事业心和责任感强、廉洁高效的高素质药品管理队伍。加强药品监管的硬件配备，不断适应新形势下药品监管需要。

【眉山市彭山区第一届人大常委会第十一次会议】 2015年9月28日，眉山市彭山区第一届人大常委会第十一次会议在眉山市彭山区人大机关五楼会议室召开。会议对区人民政府办理落实关于贯彻实施《中华人民共和国道路交通安全法》，全区群众性文化活动开展情况的审议意见情况进行满意度测评。会议经审议和票决，决定接受付华、张齐贵、王正洪三位代表辞去眉山市彭山区第一届人民代表大会代表职务的请求。听取和审议区人民政府关于2014年财政预算执行和其他财政收支情况审计工作的报告，会议建议：要做好对新预算法的宣传教育；要进一步加大对预算法的监督力度，强化财务管理，提高财政资金的使用绩效；要强化对财政收支预算调整的审批，增强预算的完整性和严肃性；加大开源节流、增收节支力度，提高财政收入质量；加强对社保、政府性工程等专项资金的审计监督，财政资金要及时报人大审批执行，对审计过程中发现的问题要及时报告人大常委会，并督促整改落实。会议经审议，批准彭山区关于2014年本级财政决算，并作出决议。听取和审议区人民政府关于2015年代表建议批评意见办理情况的汇报，会议建议：进一步强化建议依法办理意识，加强对办理情况的跟踪督办，提高办成率；要加强统筹协调，把办理工作办实；切实抓好对民生事项建议的办理，如噪音扰民问题要逐步加以解决，防止反弹。

【眉山市彭山区第一届人大常委会第十二次会议】 2015年11月24日，眉山市彭山区第一届人大常委会第十二次会议在眉山市彭山区人大机关五楼会议室召开。会议经审议和票决，任命王瑶为眉山市彭山区人大常委会教育科学文化卫生工作委员会副主任；决定授予彭登怀“眉山市彭山区荣誉市民”“彭祖山形象大使”称号。决定撤销凤鸣镇、彭溪镇，设立彭山区凤鸣街道办事处、彭山区彭溪街道办事处。评议区住建局工作，会议对区住建局2012年以来的工作进行满意度测评，总体评价为满意。会议建议：进一步提升城市品位，加强对先进地区城市管理经验的学习借鉴，以彭山孝文化和寿文化为主题，规划设计和打造彭山独有的城市文化；进一步完善城市功能，配套基础设施建设，更好地方便市民就学、就医、停车和休闲、文化体育活动等，提升城市更好形象；进一步改善服务水平，密切与相关职能部门的协调配合，切实加强对工程质量、易燃易爆物品的监管，保障群众的生命财产安全；进一步加强对《四川省物业管理条例》的宣传和落实，为促进房地产健康发展创造良好的软环境。评议区财政局工作，会议对区财政局2012年以来的工作进行满意度测评，总体评价为满意。会议建议：加强对财政有关法律、法规的宣传教育，严格依法财政；强化财政增收，积极培育税源，加大向上争取资金和项目力度；加强对部门资金使用的指导和监督，促进财政工作规范管理，防范财政风险。

【眉山市彭山区第一届人大常委会第十三次会议】 2015年12月1日，眉山市彭山区第一届人大常委会第十三次会议在眉山市彭山区人大机关五楼会议室召开。会议经审议和票决，决定许可眉山市公安局依法对区第一届人民代表大会代表宿光辉采取刑事强制措施。

【眉山市彭山区第一届人大常委会第十四次会议】 2015年12月24日，眉山市彭山区第一届人大常委会第十四次会议在眉山市彭山区人大机关五楼会议室召开。会议经审议和票决，补选罗万东、余荣霞两位同志为眉山市第三届人民代表大会代表，报眉山市人大常委会确认；决定任命：陈远萍、王一明、朱静三位同志为眉山市彭山区人民检察院检察员。会议经审议和表决，同意区人民政府关于2015年财政预算收支调整变动情况的报告，批准彭山区2015年财政预算收支调整变动方案，并作出决议。决定批准《眉山市彭山区人民政府关于提请审议批准2015年地方政府债务限额的议案》，并作出决议。听取和审议区人民政府关于全区小型农田水利建设情况的汇报，会议提出建议意见：继续按照“规划先行”原则，对“十二五”规划执行情况及水利建设发展状况和存在问题，认真分析和谋划，做好水利建设“十三五”规划，提升全区农田水利工程效益；继续加大向上争取项目资金力度，持续抓好农田水利建设；统筹整合涉农资金项目，发挥资金整体效应，提升农业综合效益；结合农村改革试验区工作，加快小型农田水利设施产权制度的改革和管护责任激励机制。听取区人大常委会人事和代表联络工作委员会关于2015年区人大代表联系服务群众工作情况的汇报。

彭山区人大常委会工作

【重要事件】　3月20日，配合市人大常委会开展《地方志工作条例》及《四川省地方志工作条例》贯彻实施情况的执法检查。

3月25日，配合市人大常委会开展《中华人民共和国税收征收管理法》贯彻实施情况的执法检查。

4月16日—18日，召开眉山市彭山区第一届人民代表大会第一次会议。

4月23日，配合市人大常委会开展《中华人民共和国种子法》贯彻实施情况的执法检查。

5月28日，配合市人大常委会开展关于养老服务体系建设工作情况的调研。

7月20日，配合市人大常委会开展《中华人民共和国安全生产法》《四川省安全生产条例》贯彻实施情况的执法检查。

7月24日，配合市人大常委会开展《中华人民共和国城乡规划法》贯彻实施情况的执法检查。

9月8日，配合市人大常委会开展“六五”普法工作情况的调研。

9月18日，配合市人大常委会开展食品安全监管工作情况的调研。

9月26日，配合市人大常委会开展《中华人民共和国环境保护法》贯彻实施情况的执法检查。

9月30日，配合市人大常委会开展“绿海明珠”“千湖之城”“百园之市”建设情况的调研。

【概况】　2015年，区人大常委会坚持以中共十八大和十八届三中、四中、五中全会精神为指导，紧紧围绕中央“四个全面”战略部署，紧紧围绕区委抢抓“四大机遇”，推进“四城建设”工作布局，认真履行宪法和法律赋予的职权，主动作为，扎实工作，为促进依法治区、促进品质发展、民生改善做出积极贡献。

【依法行权】　依法行使决定权，推进重大事项落实。坚持对区委重大战略部署、涉及改革发展和人民群众切身利益的重大事项作出决定、决议。

【监督职能】　2015年，先后对2014年本级财政决算，2015年地方政府债务限额，撤凤鸣、彭溪镇设街道办事处，人事任免等9项事项作出决定。依法行使监督权，不断提升监督实效。开展工业企业污染、农村面源污染等视察，促进人居环境不断改善。先后组织开展治砂、治尘、治乱、治污、治超、治“慵、懒、散、浮、拖”等专项视察和调研，提出建议、意见，全区“六治”工作取得明显实效。组织开展对落实抢抓“农村改革试验区”“高铁经济”等专题调研，形成调研报告，指出存在的问题以及应对措施，为区委下一步决策提供参考。听取和审议区人民政府关于2015年上半年计划、预算执行情况的报告、2015年财政预算调整变动情况的报告等议题，有力地促进经济建设和社会发展，保证财政资金的正常运行，提高财政资金的绩效。听取和审议区人民政府关于城乡社区事务费预算及其支出安排、城乡环境综合治理、群众性文化活动以及加强小型农田水利建设情况的报告，推动民生事业的快速发展。积极参与推进依法治区工作，听取和审议区人民政府、区人民法院关于贯彻实施《中华人民共和国道路交通安全法》《中华人民共和国药品管理法》《中华人民共和国民事诉讼法》的情况汇报，组织开展对“法律七进”活动的视察。积极配合市人大常委会开展关于环境保护法、城乡规划法、安全生产法、种子法、税收征收管理条例、《四川省地方志工作条例》、《四川省安全生产条例》7个法律、法规的执法检查，确保国家法规在彭山行政区域内的贯彻落实。对区住建局、区财政局的工作进行专项评议，促进部门工作深入开展。对全区农贸市场规划建设与管理、校园周边环境整治情况、福利机构建设与运行情况以及“绿海明珠”建设推进情况等关乎群众切身利益的社会热点问题开展视察，积极配合市人大常委会开展对养老服务体系建设、食品安全监管工作的调研视察，保障全区民生事项落到实处。

【决定任免】 依法行使任免权，坚持党管干部原则和人大依法行使选举任免权有机统一，坚持任前法律知识考试、供职承诺和任后综合监督等制度，不断增强被任命人员的宪法意识、服务意识和人大意识，促进被任命的国家机关工作人员恪守承诺，认真履职。

【代表工作】 听取和审议区人民政府关于代表建议批评意见办理情况的报告，将涉及面广、群众反映强烈的社会热点、难点问题作为重点督办，推动办理工作由重满意率向重落实率转变，促进办理效率和办理质量进一步提高。区一届一次人代会收到的 54 件代表建议批评意见已全部限时办结，办结率达 100%。坚持邀请代表参与常委会组织开展的议题调研、执法检查和工作视察等活动，激发代表的履职热情。凡是常委会会议审议的议题涉及有财政、审计工作以及交通、食品安全、民心工程等重大民生事项，均邀请基层人大代表列席常委会会议，鼓励发表意见，提出建议批评意见。坚持代表履职和培训登记制度，促进代表工作的规范化、制度化和常态化。听取区人大代表联系群众工作情况的报告，继续深入开展“走基层·人大代表在行动”活动。号召全体人大代表积极参与“扶贫攻坚·人大代表再行动”活动，通过专题调研视察、结对联系扶贫等形式，全力助推贫困户、贫困村脱贫。组织区人大代表开展依法履职发挥代表作用的专题讲座，开展对湖南衡阳破坏选举案的警示教育，提升代表对人大制度、人大工作的认识，增强代表的责任感和使命感，提高政治意识、法律意识和履职能力。

【联系基层】 2015 年，积极参与区委中心工作，常委会领导分别牵头负责彭祖新城、城西农贸市场综合改造，省道 103 线人行道拆迁建设等重点项目，推动区委重大项目和中心工作的开展和落实。切实加强基层工作的联系。常委会班子成员先后多次深入到联系的彭溪镇兴崇村、观音镇椿巅村以及蔡山社区等村社，加强指导和支持，积极筹集资金，帮助协调解决一些困难问题，推动基层党建、基础设施建设、产业结构调整工作，促进基层经济社会发展。

【乡镇人大】 加强和促进乡镇人大工作，坚持邀请乡镇人大主席列席、参与常委会会议和活动，支持乡镇人大主席团在同级党委的领导下依法履职；召开区乡人大工作研究交流会，指导和规范乡镇人大工作。

【调研考察】 2015 年，牵头组织开展“抢抓四大机遇、推进四城建设”区内调研视察、区外学习考察，先后考察高铁沿线的绵阳市、德阳市、乐山市、峨眉山市，考察撤县设区的宜宾市南溪县、天府新区的成都直管区、农村改革试验的贵州省湄潭县，为抢抓发展机遇、推进品质发展做出积极贡献。

【作风建设】 坚持重大事项请示区委制度，坚持党对人大工作的绝对领导，确保常委会工作正确的政治方向。坚持巩固和深化群教活动成果，深入开展“三严三实”主题教育活动，主动适应新常态。认真组织学习党的十八届三中、四中、五中全会和习近平总书记系列重要讲话精神，坚决维护中央权威和法律尊严。严格落实区委“学先进、找差距、添措施”的活动要求，先后组织人大系统干部参加全国、省、市人大的专题培训，学习法官法、代表法等法律知识；先后到贵州湄潭、雅安名山等地学习借鉴先进地区规划、预算、深农改革等经验，不断适应新形势对人大工作的新要求，促进人大工作开展；坚持常委会和机关制度建设，建立《眉山市彭山区人民代表大会常务委员会讨论决定重大事项暂行办法》，进一步促进人大及其常委会工作的规范化。承接人大发展历史，完成《彭山人大志（1987—

2011)》第五稿。认真落实党风廉政建设“一岗双责”责任制，以身作则，严格执行中央八项规定和廉政准则，把作风建设不断引向深入。

【宣传信息】 切实做好区级部门、乡镇和人大代表《中国人大》《人民权力报》《民主与法制》的征订工作，推动全区民主法制建设进程。全年，被市级以上报刊采用宣传信息21篇，宣传信息工作获全市人大系统先进集体称号。及时做好人大网站动态信息的数据更新工作，全年共上传各类新闻、报告、制度建设等内容共52条次。

【信访工作】 按照“分别受理、综合分析、统一交办、定期反馈、严格督察”的目标要求，加强信访接待、办理、督察督办和综合分析工作。认真做好信访工作，全年，信访室共受理群众来信、来访30件次，其中，来信11件，来访19批38人次，办结回复率达100%。

人大常委会办公室

【协调服务】 统筹和协调人大机关各委室、区级相关部门和乡镇人大主席团，围绕区委中心工作和重大事项，主动调研，当好常委会的参谋助手，确保区委、区人大常委会各项决策事项和重点工作的贯彻落实。2015年，及时起草向区委请示重大事项16项，统筹和组织协调相关部门和机关委室顺利完成区委决定事项和区人大常委会年初工作要点及其监督计划，确保区委抢抓“四大机遇”，推进“四城建设”决策和重点工作以及区人大常委会作出的9项决定、决议的落实。牵头组织、认真抓好区第一届人代会第一次会议、14次常委会会议和18次常委会主任会议的筹备工作，统筹协调大会12个筹备工作组和各工作机构，保障各类会议的顺利召开，推动人大工作不断向前。协调配合和服务常委会25项议题计划的执法检查、工作视察和专题调研以及代表工作、人大理论和业务培训、学习交流、信访稳定等工作。积极配合上级人大常委会到彭山开展的各项活动。

【文秘工作】 及时登记、传阅上级有关重大事项的文件，并按要求认真组织落实，确保机关政令畅通。按要求组织起草以人大常委会党组、常委会、办公室名义的各类文件150余个，形成会议纪要32期。

【后勤保障】 坚持把机关运行有序、保障有力和安全生产放在办公室工作的首位，切实加强机关效能建设。落实专人，加强环境卫生整治、内务整理、安全保障等工作，坚持日常巡查和节假日值班制度，加强门卫管理。完善车辆维护报告、运行费用登记和国有资产管理责任制。严格执行工程招投标、项目工程预算、财评、谈判等规定，投入资金30万余元，全面完成机关电力、大门改造及亮化工程。全年无安全事故发生，巩固市级卫生单位成果。

【党风廉政建设】 认真落实廉政建设责任，按照党风廉政建设“一岗双责”的要求，组织全办人员学习党风廉政建设的各项规定和要求，不断构筑拒腐防变坚固防线。坚持科级干部主动报告个人重大事项，切实加强廉政风险点防范管理；以降低“三公”经费为重点，严格执行中央八项规定和厉行节约、反对浪费条例，严格财经纪律规定，从严审核支出票据，推进党风廉政建设不断深入。

（刘　莉）

彭山区人民政府

【概况】 2015年，全区GDP实现124亿元，增长10.5%；规模以上工业增加值增长15.9%，增速全市第一；第三产业增加值增长9%；全社会固定资产投资实现199亿元，增长13.4%，增速全市第一；社会消费品零售总额增长12.9%，增速全市第一；地方一般公共预算收入实现13.6亿元，增长10.4%；城镇居民人均可支配收入实现25889元，增长9.5%；农村居民人均可支配收入实现12378元，增长10%；城镇化率提高1.99个百分点；万元GDP能耗下降2%。

【工业经济】 2015年，全区入驻世界500强和国内外知名企业20家，规上工业企业达102户。两大工业园区完成基础设施投入53亿元，全区工业总产值实现323亿元，同比增长19%，彭山经开区成为全市首个“200亿园区”，并成功创建省级知识产权示范园区，全区“产、学、研”创新联盟达12个。苏宁云商、四川铁通物流、海尔仓储等知名物流企业入驻彭山，彭山青龙物流园区成为全省唯一的省级物流聚集区。积极发展养生养老服务业，成功举办“中国·彭山第六届彭祖长寿养生文化节”。

【农业经济】 “东坡味道”农副产品加工业和日化产业产值均突破100亿元。形成“一园区六基地”（岷江现代农业示范园区，葡萄、猕猴桃、柑橘、粮经复合、蔬菜、蜜柚基地）的现代农业产业格局，已培育新型农业经营主体415个、龙头企业19家、星级家庭农场20个。葡萄、猕猴桃等六大特色优势产业规模种植面积达到1.2万公顷，农业生产总值达到35亿元。全区“三品一标”（无公害农产品、绿色食品、有机农产品和农产品地理标志）占农产品种植面积的64.3%，农业机械化水平达65.3%，获绿色食品认证25项、无公害产品14个、农产品行业金奖12项，成功创建农产品质量安全示范县。大力推进“互联网+”，成立彭山电子商务协会，建立“东坡味道”特色农产品展销平台，网上交易额达3亿元。

【深化农村改革】 2015年，彭山区成立农村产权流转交易服务中心，设立产权融资风险补偿基金，跻身全国“两权”（农村土地承包经营权和农房财产权）融资试点区县，全省唯一。创新土地流转“四步机制”，规模流转土地8000公顷，全省农村土地流转现场会在彭山召开。开展农村集体资产股份制改革试点，成立全市首家村级集体资产经营管理有限公司。深化农村改革工作经验在全国交流，受到副总理汪洋、省委书记王东明、省委组织部部长范锐平、市委书记李静等领导肯定，被新华社、《人民日报》、中央电视台等主流媒体报道。

【招商引资】 2015年，全区理顺招商体制机制，组建区投促委，实施精准招商，新签约项目12个，其中，拟投资50亿元的彭祖山文化旅游综合开发项目成功签约，中法农业科技园项目被写入省委十届七次全会公报，新增陶氏化学、格力、中建、中电建4家世界500强企业。全区进出口总额实现1773万美元，农村产权流转交易平台与省级交易平台对接运行。

【重点领域改革】 2015年，实行规划“两委”并行机制，切实维护规划的权威性和严肃性。抢抓政策调整机遇，争取到政府存量债务置换债券13.21亿元、专项建设基金3.56亿元。整合平台公司，组建区融资担保公司，实现政府性融资25.26亿元。抓好产权登记改革，成立区不动产登记局。创新货币化安置模式，安置3627

人，经验在全市推广。推进商事制度改革，“三证合一、一照一码”顺利实施，降低准入门槛，将134项前置审批调整为后置审批，民营经济对经济增长贡献率达60.4%。

【城乡建设】 2015年，抢抓撤县设区机遇，投入资金10.1亿元，完成李密大道等11个市政工程，新增城镇建成区面积1.98平方公里。升级锦绣大道等5条道路景观，“花漾彭山”“光彩彭山”顺利推进。完成城市文化策划，喊响“彭山·一个不老的地方”城市口号。扎实推进“美丽乡村新面貌行动计划”，建成幸福美丽新村30个、新村聚居点12个。“三箭齐发”开工建设39.8公里，占总里程的57%。岷东大道成彭段、滨江大道城区段建成通车，工业大道完成规划设计。完成省道103线彭山段品质提升工程，完成彭谢路等16.7公里道路黑化升级，改造通乡、通村道路74公里。成昆铁路扩能改造、简蒲高速彭山段建设有序推进。西南交通应急物资储备中心选址彭山。坚持“环保否决”制度，扎实推进“千湖之城”“绿海明珠”“百园之市”建设，龚家堰扩容工程主体竣工，新增和恢复水域面积6平方公里，森林覆盖率35.8%，新增城镇公园15个，城乡绿化覆盖率48%。“六治”工作成效显著，全面启动畜牧业面源污染治理，空气优良天数达标率74.5%，成功创建8个省级优美示范镇村，顺利通过全国农村生活垃圾处理验收，砂石监控技防经验全省推广。

【民生工程】 2015年，实施民生工程179项，投入民生资金18.45亿元，占公共财政支出的72%。在全市率先完成养老保险并轨工作，整合城乡居民基本医疗保险，大病保险全覆盖。完成棚户区住房改造640套、农村危房改造175户。投入资金7000万余元，改善贫困村生产生活条件；实行“一户一策”精准扶贫，创新开展扶贫小贷保证保险、扶贫小贷入股企业等工作，全年共减少贫困人口4390人。设立2000万元创新创业引导资金，创业孵化园被评为省级科技孵化园、市级创业示范园，建成市级农业科技示范园区2个、农业科技示范基地1个，完成专利申报199件，增长率全市第一。发放创新创业小额担保贷款1600万元，个体工商户登记1910户，硕仙农业获四川省青年创新创业大赛冠军。跻身国家知识产权强县工程试点区县。

【社会事业】 2015年，区新一中、城南小学项目正式启动，东星航空项目进场施工，保罗国际学校招生行课。成功申报“全国规范化家长学校实验区”“省艺术教育实验区”，彭山一中成功创建省“阳光体育学校”。完成8个“寿乡新村文化院坝”建设，元宵灯舞巡游在央视实况播出，黄丰镇被评为“四川省民间文化艺术之乡”。推进医疗卫生改革，实施分级诊疗，区域就诊率达90%。消除疟疾工作通过省级验收。创建省级卫生单位11个。

【社会治理】 深入开展道路交通安全综合整治，源头治理经验在全省交流。严厉打击各类违法犯罪活动，成功侦破“5·1”特大盗掘倒卖文物案，平安建设跻身全省一流行列。彭溪镇、锦江乡顺利通过省级安全社区认定，全区未发生较大及以上安全事故。

【行政效能】 2015年，全区全面推行“三张清单”制度，清理编制权力清单6162项，责任清单591项，投资项目限制禁止清单897项，行政权力平台公开透明运行。坚持政府常务会学法、政府法律顾问列席政府常务会。认真办理人大代表建议、政协委员提案，满意率均达100%。坚持领导联系重点推进项目和重点企业，严格落实“四个当天”制度，优化行政审批程序，全面取消87项非行政许可，行政审批提速20%。认真践行“三严三实”，动态列出365项干部管理负面清单，“四风”问题得到有效整治。严格执行八项规定、六项禁令，“三公”支出减少15%。

【“十二五”规划成就】 “十二五”期间（2010年—2015年），全区地区生产总值从65.25亿元增加到124亿元，是2010年的1.9倍；全社会固定资产投资从76.86亿元增加到199亿元，是2010年的2.6倍；地方一般公共预算收入从3.23亿元增加到13.6亿元，是2010年的4.17倍；城镇居民可支配收入从14325元增加到25889元，是2010年的1.8倍；农民人均可支配收入从6335元增加到12378元，是2010年的1.95倍；人均GDP突破5000美元。城镇化率提高11.05个百分点，达到51.26%。大力推进综合交通建设，"三箭齐发"累计投入23.1亿元；新建和改造县乡公路129.7公里、农村公路500.5公里；成绵乐城际铁路通车运行。成功跻身全国第二批深化农村改革试验区。彭山县被评为全国农业标准化示范县、全省现代农业重点县，成功创建"省级绿化模范县""环境优美示范县城"。财政对民生工程累计支出达70亿元。义务教育发展基本均衡合格县通过国家评估认定。完成区人民医院升级迁建。实现血吸虫病传播阻断达标。解决农村安全饮水11.52万人。城乡养老保险、医保、低保等实现应保尽保。创建全省"平安建设先进县""双拥模范区"。

政府办公室工作

【文秘工作】 2015年，区政府办坚持精确、精简、高效、保密的原则，实行公文3日办结制，公文运转准确、及时、规范。认真举办《党政机关公文知识专题培训会》，大力提高乡镇和部门的公文质量。全年共印发文件904件，收文并处理文件3581件，上报文件差错率为0。机要保密工作规范有序，全年无任何失泄密事件发生。

【督察工作】 全年对市（区）政府工作报告、政府常务会、区长办公会议定事项的落实情况，学先进、同城行动活动开展情况以及重点项目、招商引资项目、集中开工项目进行一月一督察；对重点工作进展情况实行季通报。办结市人大代表7件、市政协提案5件。54件区人大代表建议按规定时限办理完毕，办理率、满意率100%，办结率72.2%；102件政协提案办理完毕，办理率、满意率100%，办结率72.5%。

【信息调研】 2015年，上报各类信息523条，被市政府办采用、转报76条，省政府办采用信息7条，完成市下达目标任务的235%。其中，《彭山区聚力破解四大难题助推经济发展》获市长宋朝华肯定性批示，《彭山区反映民营医院发展存在的问题和建议》获副市长吴爱玲肯定性签批。撰写调研报告12篇，其中，《彭山区推进食品药品基层机构标准化建设》《彭山区健全食品安全责任追究机制》获省政府副省长陈文华肯定性批示，《彭山区立足"三真"创新工作举措扎实开展安全生产工作》获市长宋朝华肯定性批示。

【民生工程】 2015年，区政府办牵头组织实施省、市、县10项民生工程工作，179个民生工程全面或超额完成年度目标任务。

【应急和防震减灾】 坚持24小时应急值班值守制度；推荐12个单位参与应急规范化建设，争取应急物资10万余元；修订预案20件，指导避险演练15次，处置突发事故12起；全区应急值守工作在市政府办抽查中零缺位，全年无较大及以上突发事故。建立"三网一员"（地震宏观测报网、灾情速报网、科普知识宣传网和防震减灾助理员）群测群防体系，完善区、乡（镇）、村（社区）、社四级防震减灾联动体制；全区10个乡镇纳入地震宏观异常观测点；组织各乡镇地震助理员培训2次，培训人员280人；建成大型应急避难场所3个，乡镇避险场所13个，村级避险点18个。

【法制办工作】 全年审查190份政府性投资、招商引资、金融证券等各类合同；编制权力事项6162项；向备案机关报备规范性文件10件；坚持政府常务会会前学法规定和法律顾问全程列席重大会议制度，学习《中华人民共和国合同法》《中华人民共和国行政诉讼法》等法律、法规11部；充实和调整区行政复议调整委员会，印发《眉山市彭山区人民政府行政复议委员会工作规则》《眉山市彭山区人民政府行政复议立案审查制度》等13个制度；办理行政复议案件

20件。

【直接联系服务群众】　2015年，区政府办选派到凤鸣镇双漩社区担任“第一书记”1名；帮扶困难群众30户，开展集体走访活动3次，送去慰问物资和慰问金价值7.8万元，办实事、解决实际问题45个；困难户人均纯收入增幅较大。

【信访工作】　2015年，区政府办受理来访、来信、来电1905件（其中，区政府公众信息网区长信箱590件，群众来信41件，市长热线610件，区长热线230件）；接待群众来访424批1301人次；审理复查复核案件10件，按期办结率100%，群众满意率98%以上。

【后勤管理】　2015年，区政府办坚持“热情、周到、细心、高效、廉洁”的服务保障原则，进一步规范后勤保障工作程序，建立、健全后勤岗位制度，加大办公区、宿舍区卫生、门卫监管力度。坚持厉行节约，进一步规范公务接待、政府公车使用及车辆出入停放管理。

（赵俊林）

电子政务工作

【概况】　2015年，彭山区电子政务工作始终坚持正确的舆论导向，秉承“宣传大政方针，聚焦经济民生，传承寿孝文化”的办报理念，坚持宣传彭山、服务彭山、提升彭山形象为宗旨。认真办好《彭山报》周二刊（每个周二出版一期报纸），并按时出刊，全年共出版95期。全年上级媒体用稿512篇（平面媒体210篇）。报刊差错率严格控制在万分之三以内，没有出现政治性、导向性错误。“中国·彭山”政府网站运行正常，点击量与日俱增，访问量、站点信息量双双名列全市区县政府网站第一。

【内宣工作】　2015年，认真办好《彭山报》周二刊，报刊质量名列全市前列。编辑对每期报纸的标题进行精心打磨，力求鲜活、生动、新颖，报纸可读性大大增强。《彭山报》作为党委、政府的喉舌，在宣传报道上把握大局，始终坚持以正面宣传为主的方针。紧紧围绕区委、区政府的中心工作，以“三严三实”专题教育、“四城建设”、“品质发展”、“全面深化农村改革试点”为主题，集中版面，及时开辟栏目，积极策划活动，加大宣传报道力度，增大信息量，在全区上下积极营造讲规矩、敢担当、善作为、建功绩的良好舆论氛围。打好宣传主动仗，以努力建设天府新区彭山区域，全方位、多层次、多角度进行报道，加大经济建设、民生工作的宣传力度；加强对各部门、各乡镇的宣传报道，促进各项工作顺利开展。较好地完成区委、区政府以及区委宣传部交给的各项宣传报道任务。

【外宣工作】　2015年，外宣稿件数量、质量比2014年有所增加。彭山区报记者文章共被采用外宣稿件512篇，平面媒体210篇，超额完成全年目标任务。其中，中央级媒体15篇，省级媒体30余篇，眉山日报头版30余篇。

【政府网站】　2015年，彭山区对“中国·彭山”政府网站进行改版。改版后的网站功能更全，页面更美观，信息更丰富，可读性更强，受到广大市民的喜爱。截至2015年12月25日，站点信息量达1.67万条，访问量245.16万次。

【行权平台】　2015年8月20日，全区行权平台运行工作推进会后，各部门高度重视，迅速行动，办件数量和质量都得到明显提升，行政权力公开运行工作有序推进。截至2015年年底，办件录入量已达5000余件，行政权力公开运行工作进入常态化。

【队伍管理】　始终坚持每周一次的评报会、编前会、学习会，认真开展业务培训，提升队伍职业技能，明确宣传报道重点，确保每期报纸紧扣中心，导向正确，贴近群众。完善绩效管理制度，出台质量评估细则，将职工的劳动数量、劳动质量同劳动报酬直接挂钩，形成良性竞争，职工工作热情高涨，新闻敏感性增加，报纸的可读性增强。在坚持制度管理的前提下，大力实施人性化管理，把每一位职工当成报社大家庭中的一员，随时关注每个职工的思想动态，力争使每个职工保持最佳的工作状态。单位重大事项，坚持集体讨论，尽可能树立每个职工的主人翁意识，激发工作热情。

【其他工作】 2015 年，全面完成精准扶贫、党建、党风廉政建设和反腐败工作、社会治安综合治理等工作。重点完成区委下达的精准扶贫工作、联系乡镇工作，带领全体职工积极走访联系贫困户，帮助解决生产、生活困难。全年，送去帮扶物资、资金共计 4 万余元。

（周　静）

政务服务

【标准化建设】 2015 年，全区政务服务工作按照省、市标准化建设和市推进“五星级”政务服务中心的要求，进一步完善办公场地标准化、服务工作标准化、电子政务标准化、服务管理标准化、服务体系标准化，积极创建“三星级”党务政务服务中心。完善触摸屏、政府信息查询点、电子显示屏、便民盒、电视机、休息区凳子等便民基础设施，方便群众查询和办事。

【项目清理】 2015 年，区政务服务中心、区法制办对全区行政审批项目和非行政审批项目进行清理，将行政审批项目统一为 182 项；对非投资性项目前置条件进行全面清理；完成 2012 年—2015 年全区下放项目清理工作；对有行政审批职能的部门进行清理，全面实现“两集中、两到位”。

【政务服务】 进一步调整窗口设置，各窗口做到“一个窗口”“一章一费制”。全年政务服务中心共受理各类行政审批和服务事项 78331 项，办结 78331 件，办结率达 100%。其中，即办件 71986 件，占 92%。加强网上政务服务大厅建设，开展行政审批通用软件目录清理，拓宽联网审批服务事项，构建全省联网信息共享平台，强化在线咨询、预审、办理等功能，保障网上政务服务大厅安全、稳定运行，让办事群众足不出户，在家就可以享受到方便、快捷的政务服务。

【基层便民服务】 进一步抓牢基层便民服务中心指导工作。对首问负责、一次告知、限时办结、责任追究等九项制度的执行情况进行检查指导；对乡镇便民服务中心运行情况实行每月通报制度；每年到 13 个乡镇便民服务中心实地指导 1 次以上。2015 年，全区 13 个乡镇便民服务中心办理群众服务事项 126493 件，办结率达 100%。接受群众咨询 10 万余人次，群众满意率达 99%。

【专业化服务】 深入开展基层便民专业化服务队活动，突显专业，强化服务。各分队根据专业特色，结合工作实际和群众需要，有针对性地为群众提供专业化服务。全年集中开展主题活动 5 次，各分队开展分散活动 800 余次，发放宣传资料 8000 余份、联系卡 5000 余张，上门服务惠及群众 8000 余人次。

【特色服务】 开展特事特办服务，方便特殊群体办事。房管窗口和国土窗口先后到各居民住宅小区、省（市、区）医院、房屋中介机构，为老、弱、病、残、务工人员等特殊群体提供预约上门服务；电力分队在高考前及高考期间排除安全隐患，全力服务高考供电；继续推进以工商、发改、城建牵头的“三段式”并联审批服务模式，提高项目审批效率；在一周内为四川天成云盟文化旅游投资有限公司协调办好公章刻制、税务登记、组织机构代码、工商营业执照等证件。

【大厅管理】 2015 年，政务服务中心制定《窗口运行管理办法》和《窗口运行管理考核细则》，对中心窗口工作人员进行绩效考核；敦促部门选派业务精、素质高的窗口工作人员；严格执行指纹考勤与实时考勤相结合，每月 5 日前将上月考勤、考核结果汇总，评选出每月“流动红旗”窗口和“先进个人”；给每个窗口配备满意度评价仪，接受办事群众的测评；统一印制《办事指南》，做到办事“八公开”；完善电子监察系统运行，在大厅安装18个全省联网的行政效能视频监控摄像头，让所有工作人员在阳光下作业。

（周建平）

人力资源和社会保障工作

【人事变动】　2015年7月23日，根据《眉山市彭山区人民政府关于木宗峰等同志职务任免的通知》（眉彭府人〔2015〕7号），免去晏毅平眉山市彭山区医疗保险管理局局长职务，保留原职级待遇；免去彭杰眉山市彭山区社会保险事业管理局局长职务，保留原职级待遇；吕卫东任眉山市彭山区医疗保险管理局局长；罗涛任眉山市彭山区社会保险事业管理局局长。根据《中共眉山市彭山区关于提名李洪强等同志职务任免的通知》（眉彭委〔2015〕91号），免去张红缨眉山市彭山区人力资源和社会保障局副局长职务，保留原职级待遇。

【人才工作】　2015年，全区事业单位（综合卫生类、教育类、定向类）共提供60个空聘岗面向社会发布公开考试招聘；该次考试共吸引900余名考生报名，通过笔试、面试、体检、考核等各程序，共为彭山事业单位招聘工作人员58名（其中，综合19人、卫生12人、教育24人、定向3人）。2015年考核招聘高层次和紧缺人才工作，聘用23名高层次紧缺人才（其中，综合类8名、教育类5名、卫生类10名）。做好大学生“村官”的日常管理工作，与2015年新招聘的2名大学生及21名大学生“村官”签订聘用合同；同时按规定为解聘的大学生“村官”办理相关手续。为事业单位考核招聘定向医学生4名，充实到乡镇公益类卫生事业单位。做好定向免费师范生的考核招聘工作，为事业单位考核招聘定向面试师范生3名，充实到区重点中学彭山一中。全年接收毕业生档案累计5887份，人事代理、企事业单位人员辞职档案代管共计1256人。

【公务员管理】　2015年，全区新招录公务员（参公人员）15名；完成全区公务员2014年年度考核和优秀公务员嘉奖以及三等功的评选审查等工作。

【专项清理整治】　2015年，对全区所有机关事业单位工作人员干部“吃空饷”问题进行专项清理整治，共清理整治机关事业单位395个。其中，机关单位99个，参公管理事业单位42个，事业单位254个；共涉及财政供养人员6043人，其中，机关单位人员1359人（含工勤116人），参公管理事业人员354人，事业人员4330人。

【工资福利】　全年通过工资软件审批，完成全区机关、事业单位工作人员正常晋升工资工作。为调入、转正定级、退休及丧葬、抚恤费和遗属生活困难补助人员按程序进行审批。

【就业创业】　2015年，全区大力营造“大众创业，万众创新”氛围。2月13日，区委、区政府组织开展“新春看彭山·回归话创业”活动；6月，开通彭山区就业创业官方微信公众平台；与摄影家协会举办就业创业及农民工摄影大赛；开展一系列创业就业政策宣传活动；开展创业就业政策宣传“六进”活动（进校园、社区、园区、企业、村组、家庭），利用各种媒体宣传工具，通过电子显示屏、移动短信平台、招聘会、送岗位下乡等活动，广泛宣传创业就业优惠政策，全年刊播动态信息100条以上，发放宣传资料10万份以上；开展“引凤还巢”看望慰问活动，看望慰问彭山籍在外创业企业家和务工群众，宣传彭山支持回归创业的优惠政策，吸引在外游子回归创业，实现回归创业100人。开展就业帮扶，抓好公益性岗位开发，积极创新管理模式。区就业局积极与区公安局、区委综治办、区城管办、区园林局、有关乡镇和社区紧密配合，通过开发公益性岗位，创新和完善社会管理，开发安置 400 人。认真落实就业扶持政策。截至 2015 年年底，全区为 1299 名“4050”（女性年满 40 周岁，男性年满 50 周岁）灵活就业人员发放社保补贴 516 万元。全年以抓好小额担保贷款工作为就业服务管理工作的突破口，高度重视，强化协调配合，细化工作目标任务和措施。截至 2015 年年底，共发放小额担保贷款 1520 万元（个贷 920 万元，3 家劳动密集型企业贷款 600 万元）；直接扶持自主创业 150 名，其中，高校毕业生 36 名，贷款金额 233 万元；城镇复员专业军人 16 名，贷款金额 99 万元；进城创业农民工 48 名，贷款金额 280 万元；其他城镇登记失业人员 50 人，贷款金额 308 万元。

【四大攻坚行动】 树典型、立标杆，抓好宣传攻坚。财政预算 2000 万元创新创业引导资金，预算 200 万元创业人才激励专项基金；推行局机关工作人员分别联系创业典型并挂牌；2015 年 6 月 18 日，与区总工会联合举办全区职工技能大赛，比赛设置计算机办公运用、焊工、维修电工、美发、厨艺、餐饮摆台 6 个项目，通过技能大赛，激发全区职工学技术、钻业务、练技能的热情；开展 2015 年度“十佳创新创业明星”和“十佳创新创业促就业企业”评选活动。突出重点群体，抓好创业攻坚。采取民办公助的方式，新注册一个大学生创业孵化园，已建成并入住 15 家企业；新建高校毕业生见习基地 2 个，全区高校毕业生见习基地达到 7 个；6 月 25 日，与市就业局共同举办“大众创业、万众创新”演讲进校园活动，锦江学院在校学生及眉山市大学生创业联合会的创业代表近 400 人参加活动；落实高校毕业生创业补贴等政策，为 33 名实现创业的高校毕业生发放高校毕业生创业补贴 33 万元，另有 12 名正在申报中。突出彭山特色，抓好培训攻坚。围绕产业发展抓特色培训，开展“电子商务创业培训班”，全区 120 名有意从事电商创业的人员参加培训；围绕重点群体开展“四类”人员创业培训；开展转业志愿兵技能培训。搭建服务平台，抓好就业攻坚。是年，组织开展“春风行送岗位”“品牌联盟招聘会”“锦江学院应届毕业生双选会”大型现场招聘会 3 场，开展“送岗位下乡”活动 12 场。进场求职群众达 1.8 万余人次，求职登记 5120 余人，意向招聘 4740 余人，共发放各类宣传资料 2.89 万余份。

【基层平台建设】 设立创业指导服务中心、创业服务窗口。通过开发公益性岗位人员，为各乡镇劳动保障所、社区增配劳动保障协理员共 40 人。2015 年，将经办服务延伸到乡镇，已延伸到乡镇项目 10 项。全年共为乡镇拨付 81 万元基层平台经费，为 13 个乡镇和社区配备相机 23 台。

【社会保障】 2015 年，城乡居民社会养老保险覆盖人数达 13.92 万人，参保缴费人数 8.62 万人，收缴保费 2046.63 万元；累计发放养老金 46.21 万人次，支付城乡居民养老金 4041.49 万余元。企业职工基本养老保险共参保人数 95953 人，共收取养老保险费 5.93 亿元，共支出养老保险基金 7.33 亿元；工伤保险参保人数 20935 人，共收取工伤保险费 910 万元，共支出工伤保险赔偿及各项费用 485 万元；生育保险参保人数 19820 人，共收取生育保险费 360 万元，共支出生育保险各种费用 259 万元。为全区 35684 名企业退休人员调整养老金，人均增长 153 元，共补发调资养老金 2191 万元。为全区 37085 名离退休人员按时足额发放养老金，社会化发放率保持在 100%，确保离退休人员老有所养。

2015 年，全区基本医疗保险参保人数 329721 人，其中，职工、居民、“新农合”参保人次分别为 25076、45683、258962 人；共收入医保基金 22467 万元，其中，职工医保收入 8256 万元、城镇居民医保收入 1925 万元、“新农合”收入 12286 万元。全年共支出医保基金 20060 万元，其中，职工医保支出 6590 万元、城镇居民医保支出 2387 万元、“新农合”支出 11083 万元。全年实现彭山区失业保险基金征缴 1005.36 万元，参保人员 13062 人，失业保险稽核面达参保职工人数 40% 以上，失业保险稽核资金到账率达 90% 以上；失业保险基金无违纪违规、挤占挪用发生。失业动态监测企业 15 户。

【社会保险基金】 2015年，彭山区社会保险基金收入13.85亿元，支出16.13亿元。截至2015年12月底，累计结余4.76亿元。其中，城镇企业职工基本养老保险基金累计结余1.34亿元，机关事业单位养老保险基金累计结余829万元，城乡居民社会养老保险累计结余1.03亿元，工伤保险基金累计结余2万元，生育保险基金累计结余2万元，失业保险基金累计结余760万元，城镇职工基本医疗保险基金累计结余1.37亿元，城镇居民基本医疗保险基金累计结余4857万元，“新农合”医疗保险基金累计结余3695万元。彭山区社会保险基金做到收支平衡、略有结余。

【劳务输出】 全年转移输出农村劳动力8.41万人。其中，省内5.1万人，省外3.31万人，实现劳务收入12亿元。开展农劳品牌培训430人。其中，高级工270人，中级工160人，100%完成市下达民生工程任务。

【资金争取】 2015年，彭山区人力资源与社会保障局共向上争取项目资金14511.32万元。其中，城镇居民医疗保险补助资金1267.43万元，城乡居民社会养老保险资金3828.89万元，就业专项资金1054万元，新型农村合作医疗保险补助资金8361万元，超额完成区委、区政府下达的1.2亿元的目标。

【亮点工作】 年初，省、市、区下达的20项民生工作任务目标，15项超额完成，5项全面完成。开展城镇居民人均可支配收入增速调查，全年城镇居民可支配收入实现27001元，增速达9.1%，全市排第一名。6月，开通彭山就业创业公共微信平台，有“粉丝”4.1万人。10月1日，开展“十佳创业明星”“十佳创业促业企业”评选活动。通过集体推荐、自我推荐、网络投票、微信投票、组织评审等方式在全区评选出10名2015年“十佳创新创业明星”和10家“十佳创新创业促就业企业”。全面推进全区城乡居民医疗保险统筹工作，大病保险实现全覆盖，全区城乡居民基本医疗参保人数达到284986人。在全市率先完成机关事业单位基本养老保险制度改革工作，采集机关事业单位基础数据306个单位，在职职工6212人，退休职工3272人。该项工作受到省社保局副局长彭波一行的肯定和表扬。作为全市唯一的公务员平时考核试点区县，受到国家公务员局党组成员、副局长吴云华的肯定性批示。

【综治维稳】 全年认真落实企业军转干解困维稳工作责任制，做好企业军转干部的思想政治工作，及时足额兑现各项解困补助，做到“零到省”“零进京”。

【劳动保障执法监督】 全年劳资纠纷仲裁调解共立案285件，处理结案285件，标的金额2840.9万元，涉及职工人数964人，结案率达到100%；监察处理群体性案件25件，涉及人数2886人，标的金额4278万元。对10余家生产性企业集体争议纠纷，做到随时受理，及时化解，未出现大规模到区上群访事件。

【党建及党风廉政工作】 扎实开展争创“三严三实”好班子、争当“三严三实”好干部活动，制定《眉山市彭山区人社局关于开展争创“三严三实”好班子、争当“三严三实”好干部活动的通知》（眉彭人社委〔2015〕3号）。采取个人自学、集中学习、集体学习讨论等多种形式，引导党员干部深刻理解“三严三实”丰富内涵，准确把握精髓要义，推动“三严三实”要求入脑入心，做到内化于心、外化于行。2015年，1名干部被区委评为全区“三严三实”好干部，局党委被眉山市委评为全市先进基层党组织。全年党委中心组专题学习8次，参加人数共计50人，学习《严守政治纪律　严明政治规矩　加强领导班子思想政治建设的十项规定》，习近平总书记提出的“七个有之”“五个必须”要求，省委书记王东明所作的《为推进“四个全面”　实现“两个跨越”提供坚强思想政治保证和组织保证》讲话精神等，并召开“讲政治、守纪律、守规矩”专题学习反思会。坚持中心学习制度，年初制订下发《党委中心组理论学习计划》，做到部门每周、全局每月集中学习一次。为解决机关内部各处室之间业务不相往来，专业互不了解的状况，实行班子成员轮流为机关干部上台讲课进行培训。深入学习贯彻中共十八大，十八届三中、四中全会和习近平总书记系列重要讲话精神，坚持三会一课制度，全年开展党组织生活学习会 12 次。严格执行中央八项规定和省委十项规定，厉行勤俭节约。严格控制会议活动经费，严禁提高会议用餐、住宿标准，严禁组织消费性质的娱乐、健身活动，严禁以任何名义发放纪念品。工作会议一律不摆放花草、不制作背景板。严格遵守党员领导干部廉洁从政若干准则和实行党风廉政建设责任制的规定，不利用职权或职务上的影响谋取不正当利益，严格执行有关工作和生活待遇规定。严禁用公款赠送和接受礼金及有价证券，不准用公款参与高消费和外出旅游等。对于顶风违纪者，要追究责任，严肃处理。同时，强化督促检查，纪检组组织人员进行专门检查。2015 年，区人社局没有发现用公款赠送和接受礼金及有价证券、利用公款铺张浪费等现象。严格压缩各项费用开支。减少办文办会，经费管理、国内差旅、公务接待管理、办公用房、公务用车配备使用管理、公务卡使用管理、工程项目招投标等无违规行为，无因公临时出国（境）。全年“三公”经费 77594.02 元，同比减少 15.2%。

（刘志林）

外事、侨务、对港澳台工作

【外事及港澳台事务管理】 2015 年，眉山市彭山区切实做好外事管理，积极开展对外交流。严格控制彭山区党政领导干部因公出国（境）人数，全年办理 9 位区级领导、9 位科级干部和 2 位企业领导因公出访资料，组织 11 人赴台湾考察农业。全年全区因公出国（境）无违规、违纪事件发生。

【外事及港澳台事务接待】 2015 年，中国·彭山第六届彭祖长寿养生文化节暨彭祖国际养生养老产业博览会（高端论坛）期间，邀请并接待来自荷兰、美国、泰国、芬兰等国家和中国香港、台湾等地区共 15 名知名专家、学者、协会负责人参加会议，就养生养老产业发展趋势、商业模式、运营模式等展开深入探讨和对话。第一期省友协中日绿化造林工程项目款已到位。顺利通过谢家镇邓庙村绿化造林项目第二期实施计划，项目款正在申请划拨中。做好突发事件的应急预案。作为彭山区反恐领导小组成员单位，在 2015 年各种敏感时期，加强排查，发现问题及时上报处理。全年彭山区无境外非政府组织在彭山活动。

【服务工作】 2015 年，区外事、侨务、台湾工作办公室深入区台资企业、台商、台胞家中座谈，了解情况，帮助其排忧解难，宣讲政策，了解 2016 年 1 月台湾将举行台湾地区领导人和“民意代表”两项选举动态，做好前期的宣传工作。做好侨台资企业、侨台胞（属）服务工作。利用是年 3 月法制宣传月、科技“三下乡”等活动，广泛宣传《中华人民共和国归侨侨眷权益保护法》《中华人民共和国台湾同胞投资保护法》等涉侨、涉台法律法规和实施办法，发放宣传资料 4000 余册。

【招商引资】 全年积极做好招商引资工作。利用各种资源牵线搭桥，争取有意向到彭山区投资的外商、华商和台商洽谈的机会。联合利华（四川）全球生产基地一期项目现已落成。与有关部门接待荷兰经济大臣坎普、荷兰驻重庆领事馆总领事谭敬南、联合利华北亚区总裁马瑞文等；是年 4 月 15 日，美国“尹氏家族”到彭山经开区考察，了解高新技术、生物科技等相关政策；4 月 24 日，澳洲川渝商会会长毛晓蓉一行到彭山区彭祖新城考察文化旅游养老项目；6 月 12 日—13 日，中法农业科技园眉山园区项目，法国香槟－阿登大区政府让主席保罗·巴希一行到彭山考察，与区政府成功签订意向性投资协议；6 月 23 日，中国香港特区政府驻成都经贸办主任刘锦泉一行到彭山经开区进行项目考察。积极引进台湾新品种——白香果，已与台商达成协议，落户彭山区锦江乡。

【援助资金管理】　积极争取外侨台援助项目，做好援助资金的管理。2015 年，彭山区争取到马来西亚星洲日报资助贫困生资金 9800 元以及中航伟联集团的彭荫刚资助贫困生资金 3000 元，及时足额发放到学生手中。

【党建和党风廉政建设】　2015 年，全办切实加强党建、党风廉政建设和反腐倡廉工作，营造廉洁氛围，为推进涉外涉侨涉台工作科学、健康发展提供强有力的政治保障和纪律保证。把党风廉政建设纳入全年工作目标考核奖惩的重要内容，建立和健全惩治和预防腐败状况分析制度，先后召开班子民主生活会、办公会议、“三严三实”专题民主生活会等进行自查，组织全体职工到眉州监狱开展警示教育，采取一把手讲廉政党课、集中学习和个人自学相结合、专题学习与讨论交流相结合；多种方式学习政策文件、廉政准则。贯彻落实中央八项规定，切实解决发生在群众身边的“四风”和腐败问题，持之以恒推进作风建设。

（曾　利）

投资促进工作

【概况】　2015 年，全区新签约项目 12 个，协议引资 252.79 亿元。亿元以上项目共计 10 个。其中，百亿元以上项目 1 个（中法农业科技园）；10 亿元以上项目 3 个（彭祖山文化旅游综合开发项目、彭山长青国际健康城、天府新区岷江青龙新城土地一级开发整理项目）。新增世界 500 强企业 3 家（格力、中电建、中建）。其中，中法农业科技园项目被列入四川省“十三五”公报，是全省排名前 100 位的省领导推进项目。招商引资到位资金 125.34 亿元，全面完成市下 125 亿元目标任务；省外到位资金 88.36 亿元，全面完成 88 亿元目标任务。

【机构变更】　2015 年，成立彭山区投资促进委员会，设立彭山区投资促进局，原招商局职能整体划入，统筹协调全区一、二、三产投资促进工作。

【招商引资】　2015 年 6 月 13 日，投资 150 亿元的中法农业科技园项目在成都锦江宾馆进行专场签约；9 月 26 日，投资 50 亿元的彭祖山文化旅游综合开发项目在市会议中心举行专场签约；10 月 23 日，投资 1.5 亿元的格力电工高档电磁线生产基地在成都锦江宾馆举行专场仪式，市委书记李静、市长宋朝华等市领导出席，并作重要讲话；从获取格力电工拟投资四川信息到第一次考察仅间隔 10 小时，便叩开公司大门；第四次对接便拟定协议，考察到落户用时 1 个半月，创造全区乃至全市招商速度。利用彭山区召开长寿文化节之际，在市政府驻外经合局协助下，邀请 80 余家全国知名养生养老企业到彭山参加活动，除做好外来企业对接工作的同时，大力推介包装项目，寻求合作机会，制定《第六届彭祖长寿文化节后续招商活动方案》，随时掌握企业投资动态，保持长期联系。与法国 OBEO 投资公司签订的中法农业科技园项目，是彭山区政府与外国政府的首次交流合作，并取得实质性的成果，迈出彭山放眼全球招商的第一步。坚持合力招商，健全工作机制，成立区投资促进委员会，设立区投资促进局，统筹协调全区一、二、三产投资促进工作。将新签约项目、投资促进信息收集、参与重大投资促进活动以及日常工作开展情况细化分解到区级部门、园区、乡镇，并纳入年终考核；整合力量，改变过去招商“人人管，也无人管”各自为阵的乱象，形成上下齐心，全区上下全力以赴抓招商、抓项目的强大格局。

【招商重点】　2015 年，依托联合利华发展洗涤用品上下游产业，引进日化产业项目，打造西部最大日化产业基地；以海尔为龙头，引进机械装备产业；依托青龙物流园区、苏宁云商等，大力发展现代物流园、电子商务，完善天府新区彭山经开区产业链条，发展产业集聚；利用成眉石化园区即将建设危化品铁路专线、物流园区、成都南面最大化工品会展中心及化工品交易平台，培育外向型产业园区、打造外向出口品牌，建立外向出口平台。

【创新驱动】 2015 年，四川机器人产业联盟落户经开区，作为机器人等高新技术产业科学研究试验、科技示范推广和教育科研基地，届时该项目将在经开区内设立机器人院士工作站或博士后工作站，通过广泛深入的技术研究、项目开发、科技咨询和成果转化，推进高新技术产业化进程，是彭山实施创新驱动、产业转型升级的一个具体举措。

【服务管理】 2015 年，全区投资促进工作突出“成都区位、彭山服务”，坚持实施“一把手负责制”“一次性告知制”“一次性收费制”“一站式审批制”，切实解决项目引进和落地中的困难和问题。项目落户建设生产过程中，企业高管子女就学、企业员工就医等相关业务部门应大力支持，营造良好氛围。做实、做好“简政放权”“四个当天”“三个清单”工作，扎实提高工作“含金量”。加强园区基础设施和公共配套服务体系建设，为招商引资项目落户创造良好硬环境。

（杨文娴）

旅游三产工作

【概况】 2015 年，彭山区第三产业增加值增速 10.9%，全市第二。全年共接待游客 453.42 万人次，同比增长 29%，实现旅游综合收入 35 亿元，同比增长 30%；实现农民转变为三产经营者和从业者 6260 人，实现乡村旅游收入 4.43 亿元。成功举办“中国·彭山第六届彭祖长寿养生文化节”，独立承办首届彭祖国际养生养老产业博览会（高端论坛），全程指导完成彭祖祭祀大典活动；创新举办“彭祖山三月三朝山会”、“彭祖大庙会”、“第六届黄丰橘花节”、“第六届观音葡萄采摘节”、草莓采摘节等会节活动。新增四星级农家乐 1 家（新村生态园），三星级农家乐 2 家（醉八仙、天香苑）；新增特色旅游业态经营点 2 个（寿星谷、果怡农业科技有限公司）；投资 800 万余元，完成岷江园区北门户标志景观、北入口大门、农业园区彭山规划馆、景观限高门、啤酒桶观景台、葡萄廊架、景观小品、欧式隔离栏和长寿城牌坊加固维修等旅游景观节点建设 18 处。

【旅游规划】 2015 年，完成《彭山区旅游发展中长期规划》编制的前期工作，并获区规委会通过，已进入招标程序；启动对彭山区第三产业“十三五”发展规划和彭山区旅游业“十三五”发展规划的前期调研工作；完成黄丰镇乡村旅游发展规划、眉山市自驾车营地彭山区域发展规划、岷江旅游经济带彭山区域发展规划；启动马林村乡村旅游扶贫规划的编制工作。

【三产旅游项目】 2015 年，全区继续抓好恒大·金碧天下、复地黄龙溪谷、苏宁西南地区电子商务运营中心等在建项目建设；推进新签约项目开工建设。着力供地保障，东星航空、中国长寿坊已完成打围施工，远景文化旅游区综合开发项目（神灯寺恢复重建项目）征地 6.53 公顷；完成 1.33 公顷安置区项目的规划、地勘、设计及招投标工作，签订合同、进场施工；附着物赔付工作已基本完成；房屋拆迁已完成 20 户房屋协议的签订，还有 6 户正在协调沟通中。已完成打围，正在进行基础场平和进场道路的前期工程。双凤湖国际养老旅游度假区项目规划方案已过审并启动基础设施建设，完成土地流转 333.33 公顷，种植苗木 200 公顷，待供地后可启动核心景区建设；牧马皇陵文化旅游区项目已调规，待方案过审并供地后启动建设。

【招商引资】 2015 年，彭山区签订彭祖山文化旅游综合开发、中法农业科技园彭山园区、彭山·长青国际健康城等项目合作框架协议，计划投资总额 180 亿元；积极推动刘家大院民俗文化古村落开发、彭园文创旅游小镇的招商引资工作；李密故里文化旅游开发项目，完成前期规划、高速公路开口批文等一系列工作，但由于市场下行、高速公路开口设计方案变更等原因，业主信心不足，导致项目推进迟滞，正积极与业主商讨退出机制，待其退出后拟重新进行招商；截至2015年11月，政府先后完成正一城市广场项目区内坟地、废旧烟囱、垃圾转运站、拆迁安置户、移动通讯基站、燃气管道和110千伏高压线路的搬迁工作，并敦促业主尽快启动主体工程建设。

【养生养老产业】　全年完成彭山养生养老产业发展的对策研究，启动彭山养生养老产业发展规划的编制工作。区旅游局牵头研究草拟《彭山区养生养老产业发展扶持政策》《关于促进乡村旅游提档升级的暂行办法》两项政策先后出台，并指导完成彭山电子商务、商贸物流和文化产业扶持等政策；举办首届彭祖国际养生养老产业博览会（高端论坛），牵头包装推出养生养老产业招商项目27个，活动深受各界好评。有20家与会企业向区政府表达投资意愿，有8家企业再访彭山深入考察，有5家企业已组建投资决策团队到彭山考察；期间，与成都医学院签订产学研合作协议，探索建立长寿养生与健康养老研究中心和示范基地，力争在人才培养、成果转化、创新创业、健康服务、医院建设等方面取得新的突破。

【乡村旅游】　2015年，全区按照“以节促游，以游促销，以销促投”的工作思路，创新理念模式，举办内容丰富、形式多样的系列旅游节庆活动、会节活动，带动彭山区旅游人数115.29万人次，旅游收入12130.66万元，促进彭山对外形象宣传，有力推动旅游业的发展。全年围绕一、三产融合发展，在成都宽窄巷子策划举办2015彭山第六届观音美人指葡萄采摘节专场旅游推荐和展示会，并与腾讯合作，推出“互联网+第四产业”新概念，受到媒体追捧和市民欢迎。

【宣传营销】　2015年，彭山区共投入旅游宣传营销经费180万余元，加快彭山旅游业的发展。大手笔、高规格做好彭山区旅游文化定位，聘请上海文博堂城市发展与营销研究所完成彭山文化小城策划，推出城市VIS，新策划推广“彭山——一个不老的地方”“天下彭祖山，岷江岸上城”等系列城市推广语和城市H5短片《彭山如此多娇》。推动“互联网+旅游”，积极构建智慧旅游平台，完善旅游官网、官方微信宣传平台，多角度、多视野、多平台宣传彭山旅游，将彭山区的景区、酒店、特色美食等旅游产品做到大众点评、美团、去哪儿网、携程等网络推广平台。主办彭山区美食文化节活动，制作彭山首部养生美食宣传片，并在彭山30余台广告机上进行轮番播放；在“微彭山”推送彭山美食的专题介绍10条，彭山微博发布信息200余条，点击率超过40万次；在第一轮活动“十大名店”评选中，共有43家彭山本土餐饮企业参与评选，活动期间，近7万手机用户参与投票。继续编印《2015走进彭山——春夏旅游推荐》旅游指南、《闲说彭山》、彭山旅游地图等2万余份，积极在彭山旅游咨询点、旅交会、旅博会等活动中进行投放推广，发放旅游宣传品1万余份。加强旅游营销，深入开展“同城行动”。积极参加四川省旅博会、中国国际旅交会、眉山旅游产品成都专场推荐会、眉山旅游重庆专场推荐会等省、市组织的各种宣传营销推广活动，用好各大平台，进一步扩大彭山旅游的知名度和影响力。

（冯秀梅）

彭祖山风景区工作

【概况】　2015年，彭山区彭祖山风景区工作坚持以深入学习贯彻习近平总书记系列重要讲话和党的十八届三中、四中全会精神为主线，深入开展“三严三实”专题教育活动，扎实推进各项工作的开展。是年，彭祖山风景区工作局被区委、区政府评为先进基层党组织、人大工作先进集体、脱贫攻坚工作先进集体、三产旅游工作先进集体、中国·彭山第六届彭祖长寿养生文化节先进集体。

【项目建设】　2015年9月25日，区政府与天成云盟签订彭祖山文化旅游综合开发项目协议书。彭祖山风景区工作局与天成云盟公司积极对接各项工作，长寿村旅游小镇主体工程已完成竣工验收；武阳郡·田园新村商业街供水、供气、强电、弱电等工程项目，请相关部门现场勘察，已制定施工方案；完成排洪沟招投标工作，草拟施工合同，准备各项资料，办理施工许可证，落实监理单位；11月15日，启动整体项目概念性规划，邀请招标和彭祖山核心景区总体规划、修建性详细规划公开招标工作；11月底前，完成彭祖山核心景区及整体项目的地形测绘、地籍调查工作。初步确定核心景区征地拆迁红线范围；协调相关部门招商引进直升机基地，已完成试飞工作。圆满完成中国·彭山第六届彭祖长寿养生文化节之“祭礼大典”篇章。

【资金管理】 2015年，彭祖山风景区工作局财务监审股以项目顺利推进为宗旨，贴身跟进服务，为项目推进做出很大贡献。全年完成公开招投标一项，按节点支付合同款项30余项2800万余元，归还垫资款4093万元。组织协调稳步推进武阳郡田园新村工程竣工审计，截至2015年12月底，已完成工程审计总量的90%；完成归还四川彭祖文化旅游开发有限公司垫资4093万元；为保障长寿村旅游小镇首期工程快速推进，积极筹措资金，准时按节点支付合同款项2800万余元；完成长寿旅游小镇市政排水沟工程前期工作，通过公开招投标确定业主并顺利进场施工；按照相关程序完成长寿村旅游小镇强弱电线路迁改，总平设计、地勘、预算、房屋竣工测绘等单位的确定工作。

【扶贫工作】 2015年，彭祖山风景区工作局先后多次召开专题工作会议和全局干部班子会，使领导干部思想统一、使扶贫观念深入人心。同时发出“节约零花钱，关爱贫困户”活动倡议，激发干部职工献爱心的热情，营造扶贫的良好氛围，争取广大干部职工的理解与参与。在“扶贫献爱心”捐款活动中，踊跃捐款900元。2015年，彭祖山风景区工作局拿出3万元资助对口的8名贫困户；确定白蜡村3名家境贫寒的优秀学生，每人给予400元资助。

【自建建设】 每月25日开展深入学习型党组织创建活动，组织全体党员集中学习，全年共组织集中学习19次。系统学习《中国共产党党章》《习近平谈治国理政》《习近平关于党风廉政建设和反腐败斗争论述摘编》《中国共产党廉洁自律准则》《中国共产党纪律处分条例》等。2015年6月5日下午，召开“三严三实”专题教育部署会，以支部书记上专题党课开局，全面部署开展“三严三实”专题教育活动。制定专题学习研讨计划，做到学习人员、学习时间、学习内容、学习效果“四落实”，重点把握“六查六看六整治四一定”这条主线，推动全局干部职工真查、真看、真改“不严不实”问题，真正把“三严三实”作为修身做人、用权律己的基本遵循、干事创业的行为准则。是年，彭祖山风景区工作局唐俊刚被区委、区政府评为2015年度宣传思想文化工作先进个人；宋刚被评为2015年度农业农村工作向上争取资金先进个人；张蓉、黄加林被评为中国·彭山第六届彭祖长寿养生文化节先进个人。

（杨利佳）

安全生产监督管理

【概况】 2015年，全区发生生产安全、生产事故13起（其中，道路交通事故9起，火灾事故3起，工矿商贸事故1起），死亡6人，受伤9人，较2014年同期相比分别下降35%和上升20%、12.5%；生产经营性责任事故死亡人数2人（1起为道路交通事故，1起为工矿商贸事故；市政府下达控制指标为6人），控制在进度指标内。全区杜绝了较大及以上和有较大影响的生产安全事故发生，安全生产形势持续稳定。

【强化领导】 2015年，区委、区政府高度重视安全生产工作，始终把抓好安全生产作为发展经济的头等大事摆上重要议事日程。区委定期听取安全生产工作汇报，解决安全生产重大问题，区委常委会专题研究，从“人、财、物”上对加强安全生产保障。区政府坚持每季度第一个工作日召开全区安全生产工作会，区长亲自安排部署安全生产工作。区委、区政府完善安全生产目标考核办法，加大考核力度，对乡镇的考核奖励提高到5万元，对安委会成员单位的考核奖励提高到5000元~5万元。

【安全保障】 强化公共隐患治理，提高公共隐患整治基金储备。区委、区政府在整体工作经费压缩情况下，保障安全生产投入稳步提高，重大公共安全隐患整治基金储备逐年提高。强化激励机制，逐年提高安全生产目标考核单项奖、乡镇政府安全生产专项工作经费。强化应急保障，落实安全生产应急管理经费。强化重点行业一线从业人员安全培训，由区政府财政预算提供安全培训教育经费，用于免费培训高危行业一线从业人员。强化安全生产基础建设，政府专项预算安全社区建设和企业标准化建设专项经费。强化科技治安，聘请具有中、高级技术职称的专家及注册安全生产工程师12名为区政府安全生产专家，定期到高危行业检查、指导安全生产工作，协助生产经营单位排查治理隐患，参与区政府对乡镇、园区、部门的季度、年度督察考核。

【安全监管】 2015年，结合安全生产大检查、各类专项整治活动，强化隐患排查治理工作，各类重大安全隐患得到有效治理。同时，建立隐患排查电子信息台账，进一步完善隐患整治体系。挂牌整治市级重大隐患5处、区级重大隐患352处（已整治完成）。政府公共安全隐患整治基金达到260万元，治理重大公共安全隐患21处，带动乡镇、部门、社会资本参与安全隐患治理投入1430万余元。2015年，全区办理消防违法案件3起；查处客运违法4起；拆除违章建筑11户、170余平方米；查处烟花爆竹违法行为9起，行政拘留7人，收缴并销毁烟花爆竹3490余柄；查处危化品违法案件1起；取缔非法建设家具企业3家、烟花爆竹经营点2个。在“三会”上提出重拳开展“六大”专项治理，重点对危险化学品、道路运输、非煤矿山、水利设施和地质灾害、消防、烟花爆竹安全监管。全区相关职能部门依职依责开展建筑施工、旅游、学校安全等专项整治行动，切实查出并整治一批安全隐患，查处一批违法、违规行为，确保彭山区安全生产形势稳定。每季度，区政府定期派出督察组，督察各乡镇、职能部门、重点企业安全生产工作。重点督察各乡镇、部门贯彻落实省、市、区安全生产会议精神、措施、安全生产重大隐患排查治理、履行安全生产职责等情况，对失职、渎职行为从严从重追究责任。同时，采取不定期暗访重点部位、重点行业安全生产工作。

【应急救援建设】 及时修订、更新安全生产应急预案，保证救援物资储备，落实安全生产值班制度。并针对季节特点组织开展非煤矿山、危险化学品、防汛、防震、电力等行业应急救援演练，提高实战能力。在“8·12”天津瑞海物流危险化学品仓库特别重大事故发生后，针对经开区危化品企业量大、集中的情况，投入500万元成立全市第一支危化品专业应急救援队，形成由青龙消防中队为骨干，各相关企业参与的上百人规模应急救援队。

【安全宣传】 强化宣传教育培训，提高公众安全意识。区政府制定《2015年安全生产工作培训教育方案》，由乡镇和行业主管部门负责对辖区、行业生产经营单位组织培训；区财政出资28万元，聘请专业安全生产培训机构，开展4次专题培训，培训企业一线从业人员800余人次；在区电视台、《今日彭山》等媒体开辟专栏，刊播全区安全生产工作动态、宣传大众安全知识；通过安全生产短信平台，坚持每周向区级领导，乡镇、部门领导，安全监管人员，企业负责人等特定人群发送安全短信；印制“五级五覆盖”“五落实五到位”和打非治违宣传年画1万份，送到各乡镇、村社、企业；结合安全生产宣传月、应急宣传月等，组织开展大型宣传教育活动，散发各类安全生产宣传资料200余种、1.4万余份，展出展板55块，悬挂、书写安全标语270余幅，接受群众咨询近万人次，在全区营造浓厚的安全氛围。

【“安全社区”建设】 2015年，扎实开展省级安全社区建设工作，彭溪镇、锦江乡省级安全社区建设工作突出抓组织领导、培训宣传、项目设施，整合部门资源，顺利通过四川省安全社区现场评定组的评定，建设工作所取得的成效得到评定组专家的充分肯定。

【外宣工作】 2015年，安全生产工作30余篇信息被上级和各级媒体采用，其中，《中国安全生产报》采用5篇，省安监局采用7篇，《眉山日报》采用9篇，其余为安全生产网、四川法制网、四川新闻网等中央、省、市网站采用。开展与非煤矿山、危险化学品、烟花爆竹企业交心谈心活动，受到企业欢迎，促进政府与企业的沟通交流。

（李嘉翔）

网格化服务管理

【概况】 2015年，彭山区网格化服务管理工作加强区、乡镇、村（社区）三级平台建设，增设职能部门和乡镇卫生所、司法所、派出所管理终端65个，健全网站监管体系；完善制度措施，优化强化队伍管理，构建了一支承担治安协管员、民情信息员、民事服务员、矛盾劝解员等五大职责的队伍，配备“一级网格长、城乡二级三级网格员”，由216人组成的网格员服务队；规范21个站点的管理运行，完善问题及时发现、上传上报、有序协调、有效处置、服务到位的常态化服务机制；启动三项重点工作，落实责任到每个网格，216名网格员经常性摸排、走访、帮教、关注流动人员、特殊人群（吸毒人员、重度精神病人、社区矫正与服刑人员）和排查治安隐患，在底层消除不稳定因素，从管理源头上强化综合治理。全年，全区网格员先后采集累积人房地物等各类基础信息60万条次，并建档。受理群众诉求问题3.6万件次。其中，收集处理社情民意3000件次，受理代办民生服务事件1.82万件次，化解矛盾问题2670件次，劝导民间纠纷3800件次，核查流动人口8500人次，摸排回访特殊人群2300人次，排查治安隐患260件次，处置民间突发事件240件次。开展各种宣传服务20万人次。

【领导重视】 区委、区政府高度重视，坚持把网格化服务管理与综治工作及全区目标化管理同部署、同考核并扩大具体考评内容。区委出台新的激励保障措施，提高网格员薪酬、兑现保险和绩效奖励，把网格员纳入村级后备干部进行教育培养，每年以区委名义表彰奖励30名优秀网格员，鼓励网格员立足基层干事创业。区委书记梁磊审定网格员提薪、比武方案，针对上半年工作进展还专门作出批示，并在常委会上通报强调，要求继续深入抓好网格化服务管理。区财政追加经费投入达到530万元，专项保障网格化需要的人头经费、站点建设和运行维护。区委办、区政府办还把网格化服务管理纳入“依法治区”统筹安排部署工作，要求助推“平安社区”“文明社区”创建。区委常委、政法委书记李忠云经常亲自抓这项工作。区综治办把网格化服务管理列为重点工作，坚持每月一督察一通报，联合区网格中心加力发力，不断深化工作措施和具体方法，促使全年工作有力推进、有效落实。

【网格化服务管理】 注重强化管理、夯实工作基础，不断激发网格员工作内在动力。坚持集中培训普及推广新知识、新要求，全年开展操作技能升级、三项重点工作等集中培训5次；坚持每月一小训规范操作管理，分片轮训网格员和网格长30余次；坚持每季度一回访，先后四个轮次下乡镇，深入每个村（社区）督促检查，与所有支书、网格员面对面交流沟通，逐片逐个培训指导、解答疑惑。实行“大练兵、大培训、大比武”，全员参与、全员练兵、全员比赛。2015年4月，举办全市首场大比武，该做法被全市推广；8月，组织农村网格员比武竞赛，提高网格员队伍的整体操作水平和能力素质。积极倡导树立典型，发动各站点、各网格每月交流互动，每季度评选好人好事、典型案例和经验做法，先后表彰优秀网格员56名、“季度之星”78人，推广典型事例和做法35件次，打造的凤鸣镇、彭溪镇、青龙镇、城东社区、城中社区等示范站点，多次接受各级检查、调研、暗访，受到上级好评。

【专职化管理】　精减优化中心城区网格布局，对原有的117名兼职网格员全部进行公开遴选，竞聘69人合格上岗；面向社会公开招聘30名大、中专生，充实一批学历高、有知识、懂网络的年轻力量；新聘的99名网格员全部提薪1800元/月。其余乡镇也借鉴城区做法，对农村网格员进行比选，现70%以上都是专人担任（薪酬900元/月）。通过遴选，实现专职化管理，工作活力凸显，形成一支中老青搭配、经验与知识互补、能力与岗位逐渐匹配、明显发挥作用和相对稳定的网格员队伍。

【三项重点工作】　2015年，彭山区实行三联三通，加强线下联动，强力推进网格员三项重点工作落实。管理平台互联互通。追加经费投入，增添工作电脑，增设管理终端43个，对接区公安局、卫计局、司法局及13个乡镇司法所、派出所、卫生院，联网运作，群防群治，并固定43名工作人员监管、签收和及时协处网格员传送的信息。网上信息互联互通。广泛开展新一轮的信息采集核查、情报上传上报、情况交换互通，加强流动人口、吸毒人员、重症精神病人员、社区矫正人员、刑释人员的摸排筛查和服务管理。三项工作启动以来，网格员协助宣传核查流动人口8500人次；开展禁毒、反毒、防恐暴宣传摸排240人次；协助筛查重度精神病患者860人次；走访关爱社区矫正刑释人员900人次。跟踪服务互联互通。除网上信息互动外，注重线下联动、跟踪服务，网格中心建立联动机制，每月与公安、卫计、司法及各乡镇互通一次情况，沟通有关问题、互通工作重点难点；区公安局实施“全警进网格”行动，机关干警、派出所民警全部联系对接216个网格，全警包格包片、“警格联动”，指导、帮助、带领网格员开展重点工作；各乡镇启动“组队式”服务，发动网格员统一组队或2—3人结对、“一日双巡”，加大对特殊人群、重点人员、重要地段（时段）的监控，走访情况每日一报。全年，网格员或集中组队或结对行动或在民警带领下，开展巡逻检查430余次，跟踪回访重点人员1200余人次，排查治安隐患860余处，上报异常情况240件次。

【平安建设】　发动每个网格开展“依法治区”“文明社区”“平安社区”创建，网格员积极开展各种配合活动，发放宣传单、图片资料、告示标语等，开展法制、禁毒、消防和精神文明宣传等，向居民讲解、传播、告知防火防灾防盗、涉黄毒赌恐暴小知识等，与小区门卫、保安、物业及住户保持经常联系，在重点区域张帖悬挂公告公示通知等，形成浓厚的工作氛围。

【综治防控】　要求每一个网格员都是安全员，参与治安巡防队，联合民警协警、“两委”委员、村（居）小组长开展经常性、组队式治安巡逻检查，掌控人房地物信息动态、排查化解民间矛盾纠纷、掌握出租房屋和外来务工经商等流动人员信息，强化街面巡控、辖区防控、单位内控、邻里守望等。

【“大调解”】　充分发挥网格员的作用，及时走访了解网格内的社情民意，及时发现矛盾纠纷，逐级进行调解上报，对解决不了的及时通过手机终端上报信息管理平台，由村（社区）、乡镇和区网格中心及时进行分流处置。网格员参与各类矛盾纠纷调解已成常态化。全年劝解民间矛盾纠纷3800件次，上报村（社）调处1600件次、乡镇调处320件次、区职能部门调处80件次。

【帮扶教育】　落实帮扶监控责任到网格底端，把对重点青少年、残疾人、贫困家庭、精神病人员、刑释人员、社区矫正对象的关扶作为网格任务下达分派，由网格员定期不定期上门进行走访、回访，及时看望、帮助、帮扶，群众普遍反响好。

【服务监管】　规范区、乡、村三级监管，公开服务办事流程，公示网格员职责范围，畅通“网格化”诉求渠道，发动全体网格员在基层一线、村社网格、群众家门口联络联系群众，在走访宣传、巡逻检查、入户上门、调查摸排、电话受理中提供方便快捷的咨询、服务或代办。大到国家政策、打击犯罪，小到沟渠堵塞、管道维修、邻里劝解，管理系统每天都有网格员“听诉求、讲政策、搞宣传、解疑难，化矛盾、送服务、送温暖”的信息传送，先后办理涉及党建、法制、公安、消防、民政、计生、扶贫、房屋、土地、城管、园林、医保、社保、水电气等民生服务事件 2.21 万件次，做到“个个有回音、件件有着落”，办结率达到 98%，群众满意率达 99%。

【网格员管理】 健全工作制度措施，出台新的《网格员管理考核暂行办法》，修订各级站点的管理职责和主体责任，规范网格员的管理考核。下发正式文件，明确选配调整网格员的资格条件、选聘程序、职责任务、考核奖惩，健全激励奖惩和“进出留退”机制。层层坚持周例会、月通报、季度评比、半年总结制，落实网格员“一日双巡”、每天报到签到、当日工作报告等要求，加强和改进日常教育管理。创新、完善网格员工作月考评和年度考核，月考评建立“一卡三表”（网格员积分卡、周考勤表、月通报表、季度评比表）台账，每月记实考勤、考评网格员工作进展和完成结果，对连续两次完不成当月任务的给予通报批评；年终考核设置“基本技能、事件处置、服务能力、个人素养及加扣分”5 大指标 30 项具体内容，实施积分制达标考核，满分无上限，多干多报、多干多奖，科学合理评价网格员的工作业绩。对考核不达标的，取消网格员资格。一系列的举措，强化了网格员岗位责任意识，推进了工作任务的落实，提高了网格信息事件报处的质量。

【自身建设】 坚决贯彻执行省、市和区委、区政府的决策部署，认真践行“三严三实”“四个当天办”和“忠诚、担当、有为、清廉”要求，狠抓各项具体工作任务的推进落实。健全区网格中心的工作职责、岗位分工、作风纪律、财务管理、党见廉政等 10 项制度，调剂 4 名工作人员，规范内部管理运行。坚持周例会学习，强化业务操作，让每名干部熟知相关知识、精通业务技能、成为行家里手。管好、用好设施设备，经常下乡镇调研、指导和督促检查，搞好工作协调保障，提供优质服务。多层面多形式宣传，通过电台、报纸、网络媒体宣扬网格员优秀事迹、典型案例 50 人次，开展专题宣传活动 6 次，发放宣传资料 18 万份，提升社会知晓度和群众参与率；下发督察通报 10 期，通报批评单位和个人 5 次，纠正整改存在问题 16 个。注重培养骨干，为乡镇培养 21 名“思想好、作风硬、业务精、服务优”的网格长；编发《彭山网格工作简报》12 期，推广亮点工作和经验做法，打造 5 个乡镇示范站点、10 个村级示范站点和 26 个网格示范阵地。

（巨晓峰）

中国人民政治协商会议彭山区委员会

重要会议

【区政协一届一次全会】 2015 年 4 月 14 日至 15 日，中国人民政治协商会议眉山市彭山区第一届委员会第一次全体会议在区委会议中心召开。大会听取和审议了政协眉山市彭山区第一届委员会常务委员会工作报告、政协眉山市彭山区第一届委员会常务委员关于提案工作情况的报告；听取讨论了“一府两院”及计划、财政工作报告；听取了中共眉山市彭山区委书记梁磊的重要讲话；通过眉山市彭山区政协第一届委员会第一次全体会议决议。

【区政协第一届第一次常委会】 2015年3月13日，区政协第一届第一次常委会在兴铁宾馆会议室召开。区政协主席、副主席，区政协常委参加会议。区委常委、宣传部部长李洪强，区人大常委会副主任周惠，区政府副区长李忠云应邀参会。区政协享受副县级干部及不是常委的委室主任、副主任列席会议。

会议由区政协副主席郑玉忠主持。会议学习《中共眉山市彭山区委关于聚精会神抓党建　全面推进从严治党的决定》《中共眉山市彭山区委关于全面推进依法治区　建设法治彭山的决定》《眉山市彭山区农村改革试验区工作领导小组关于加快推进全区农村土地承包经营权确权登记颁证工作的实施意见》文件精神；会议要求，区政协常委和区政协机关干部会后要认真学习领会3个文件精神，把思想认识统一到区委的安排部署上来。会议协商眉山市彭山区党代会工作报告，听取了区委常委、宣传部部长李洪强就区委将在区第一届第一次党代会上提交的工作报告所作的说明；会议对党代会工作报告提出个别修改建议，决定会后将意见建议收集整理后，送区委参阅。会议协商眉山市彭山区政府工作报告，会议听取了区政府副区长李忠云就区政府将在区第一届人民代表大会第一次会议上提交的政府工作报告所作的说明；会议对政府工作报告提出了个别修改建议，决定会后将意见建议收集整理后，送区政府参阅。

大会审议《中国人民政治协商会议政协眉山市彭山区第一届委员会第一次会议议程、日程、列席人员范围（草案）》。会议同意区政协一届一次全会筹备组秘书组提请审议的《政协眉山市彭山区第一届委员会第一次会议议程、日程、列席人员范围（草案）》。决定按照区委统一安排会议议程、日程、列席人员范围，召开区政协一届一次全体会议；审议《中国人民政治协商会议政协彭山区第一届委员会常务委员会工作报告》。会议审议并原则通过区政协一届一次全会筹备组秘书组提请审议的《政协眉山市彭山区第一届委员会常务委员会工作报告》，决定根据与会人员提出的建议意见进行修改完善后，提请区政协一届一次全体会议审议。会议审议并通过区政协一届一次全会筹备组秘书组提请审议的《中国人民政治协商会议政协眉山市彭山区第一届委员会常务委员会关于眉山市彭山区政协第一届一次会议以来提案工作情况的报告》，决定将该报告提请区政协一届一次全体会议审议。

会议听取了部分区政协常委反映的社情民意，决定会后整理后以《社情民意》的形式向相关部门进行反馈。

区政协党组书记、主席谭福轩讲话。谭福轩指出：该次常委会议主要目的是为区政协一届一次全体会议作准备，也是对区政协2015年工作进行安排部署；会上，区政协常委们协商了区党代会工作报告、政府工作报告，从形式上看，体现协商在决策之前；会上听取社会民意反映这一新形式，开了好头，希望委员们积极参与进来，坚持下去，积极收集、反映社情民意。

【区政协第一届第二次常委会】 2015年4月15日，区政协第一届第二次常委会在区委会议中心常委会议室召开。区政协主席、副主席，区政协常委参加会议。区委、区政府领导，区委办、区政府办负责人、区政协一届一次会议各讨论小组召集人应邀参会。

会议由区政协党组书记、主席谭福轩主持。会议听取区政协一届一次会议各讨论组召集人就分组讨论情况的汇报。7个讨论小组召集人分别汇报该组讨论“一府两院”工作报告，计划、财政报告，区政协常委会工作报告，提案工作报告以及6个专项治理报告情况。7个讨论小组共收集建议、意见98条，涉及工业、农业、交通、旅游三产、城市建设、民生工程、生态环境等多个方面。会议要求大会秘书组抓紧将建议意见认真梳理汇总，书面报区委、区政府参阅。

区委副书记、区长罗万东对区政协工作进行高度肯定，认为区政协委员具有接触面广、了解情况全面深入独特优势，对彭山经济社会事业发展提出了很好的意见、建议。

会议审议了《中国人民政治协商会议眉山市彭山区第一届委员会第一次会议决议（草案）》，提请区政协一届一次会议审议。

【区政协第一届第三次常委会】 2015年7月29日，区政协第一届第三次常委会在区政协六楼会议室召开。区政协主席、副主席，区政协常委参加会议。区委常委、常务副区长李洪强，区人大常委会副主任周惠，“六项专项治理”牵头部门负责人，区政协不是常委的委室主任、副主任列席会议。

会议由区政协副主席郑玉忠主持。会议通报《中共眉山市彭山区委关于提名罗建斌、樊德全二同志职务任免的通知》。会议经表决，一致同意罗建斌任政协眉山市彭山区委员会秘书长；免去樊德全政协眉山市彭山区委员会秘书长职务。提请区政协一届二次全会选举秘书长。

会议传达学习《中共中央办公厅印发〈关于加强人民政协协商民主建设的实施意见〉》《省政协深入学习贯彻中央统战工作会议精神和〈中国共产党统一战线工作条例（试行）〉方案》和《中共中央办公厅印发〈关于加强人民政协协商民主建设的实施意见〉》等相关文件精神；区委常委、常务副区长李洪强通报了《眉山市彭山区人民政府关于2015年上半年工作情况的报告》；会议审议了由区政协办提请的《关于“六个”专项治理半年进展情况的视察报告》、由区政协法联委提请的《关于我区养生养老之城建设的调研报告》、由区政协农业委提请的《关于培育壮大新型农业经营主体的调研报告》，会议原则通过3个报告，会后根据常委们所提的建议、意见作进一步修改后报区委、区政府；会议听取了部分区政协常委反映的社情民意，要求尽快整理和梳理，以《社情民意》的形式报送区委、区政府领导并向相关职能部门进行反馈。

区政协党组书记、主席谭福轩讲话，并作了题为“提高辩证思维能力，增强政协履职实效”的专题讲座，要求区政协和全体区政协委员要以矛盾的观点、发展的观点、全面的观点、联系的观点看问题，审时度势，真正做到看到看准问题，说清说好建议，努力提升自身的建言献策水平，充分发挥履职职能，推动彭山区经济社会又好又快发展。

【区政协第一届第四次常委会】 2015年9月28日，区政协第一届第四次常委会在区政协六楼会议室召开。区政协主席、副主席，区政协常委参加会议。区委常委、常务副区长李洪强，区委组织部常务副部长何勇来应邀参会。不是区政协常委的各委室主任、副主任列席会议。会议应到政协常委36人，实到27人。7名常委因事请假，2名常委缺席。

会议由区政协副主席郑玉忠主持。会议听取了区委常委、常务副区长李洪强代表区政府所作的《区政府关于办理区政协2015年提案工作的情况通报》。会议对区政府办理2015年政协提案工作情况总体感到满意，并对区政府就改进办理提案工作的相关举措予以肯定；会议听取区委组织部常务副部长何勇来关于区委提名刘昶、曾敏职务任免的通报。会议经表决，一致同意刘昶任政协眉山市彭山区委员会办公室副主任；免去曾敏政协眉山市彭山区委员会办公室副主任职务。

会议学习《政协四川省委员会关于在委员中开展“我为扶贫攻坚做件事”活动的意见》《中共眉山市彭山区委关于集中力量决战扶贫攻坚率先实现脱贫致富奔小康的决定》《眉山市彭山区贯彻落实市委〈关于决战“22345”创新创业攻坚确保实现“两个率先”的决定〉实施方案》。会议审议并通过《政协眉山市彭山区委员会关于贯彻区委决战扶贫攻坚工作的实施方案》；会议审议并通过由区政协经科委提请的《政协眉山市彭山区委员会关于我区安置房货币化补偿的调研报告》，要求迅速报送区委、区政府供参考；会议听取了部分区政协常委反映的社情民意，要求尽快加以梳理，以《社情民意》的形式报送区委、区政府领导参阅并向相关职能部门进行反馈。

区政协党组书记、主席谭福轩作总结讲话。谭福轩对区政协第四季度工作进行重点安排，并特别强调：打好扶贫攻坚战意义重大，政协和政协委员责无旁贷。政协各专委会要做好委员的组织发动工作，全体政协委员要积极行动起来，发挥长处，精准扶贫，多干实事、办好事，为彭山区全面建成小康社会出力。

【区政协第一届第五次常委会】 2015年12

月29日，区政协第一届第五次常委会在区政府四会议室召开。大会应到常委36人，实到34人，4人因公事请假，2人缺席。

会议由区政协副主席郑玉忠主持。会议学习了中共十八届五中全会精神。要求区政协常委和机关干部要认真学习并深刻领会党的十八届五中全会精神，切实把思想和行动统一到中央决策部署上来，准确把握未来五年全区经济和社会的发展方向，结合区政协工作实际，对照年初的目标任务，扎实做好当前重点工作，围绕“创新、协调、绿色、开放、共享”五大理念开展调研；学习了省委、市委政协工作会议和市政协三届十七次常委会议精神。要求区政协常委和机关干部要认真贯彻3个会议精神，围绕区委、区政府中心工作，着力推动区政协继续发挥好政治协商、民主监督、参政议政三大职能；学习了省委《关于新形势下进一步加强和改进人民政协工作的意见》。会议要求区政协常委和机关干部要认真学习意见，认真思考如何完善协商形式、健全协商工作机制、提高协商质量、增强协商实效，推进政协协商制度化、规范化、程序化。待市委相关贯彻意见下发后，由办公室代区委起草实施意见报区委审定；学习了区委《关于贯彻〈中国共产党统一战线工作条例（试行）〉的实施办法》。会议强调：中国人民政治协商会议是中国人民爱国统一战线的组织，团结的对象是各民主党派、无党派人士、人民团体、少数民族人士以及社会各界爱国人士，区政协常委和机关干部要按区委要求，认真学习《中国共产党统一战线工作条例（试行）》，进一步增强做好统一战线工作的意识。

大会听取区纪委副书记、监察局局长陈利所作的区纪委2015年党风廉政建设和反腐败工作的通报。会议对区纪委上年在党风廉政建设和反腐败工作中所取得的成绩予以肯定，认为区纪委坚守责任担当，深化正风肃纪，在解决群众身边的“四风”和腐败问题上，做了大量且富有成效的工作；听取了区委常委、区政府副区长姚文第就《眉山市彭山区“十三五”规划纲要（征求意见稿）》编制情况和纲要内容作的说明，并征求参会政协常委对纲要的修改建议，决定会后由区政协将意见、建议作收集整理，送区政府参阅。

会议审议并原则通过《政协眉山市彭山区第一届委员会常务委员会工作报告》《政协眉山市彭山区第一届委员会常务委员会关于提案工作情况的报告》，决定根据与会人员提出的建议意见进一步修改完善后，提请区政协一届二次全会审议；会议审议并原则通过《政协眉山市彭山区委员会2016年工作要点》，决定根据与会人员提出的建议意见进一步修改完善后，提请区委常委会审定；会议审议并通过《政协眉山市彭山区第一届委员会第二次会议日程和议程》。决定按照区委统一安排和会议日程及议程为区政协一届二次全体会议进行筹备。

会议审议并通过《政协眉山市彭山区一届二次全委会议列席人员范围》；会议审议通过区政协教文卫委提请的《政协眉山市彭山区委员会关于我区公立医院改革的调研报告》、区政协经科委提请的《政协眉山市彭山区委员会关于对全区安置房安置和管理开展个案监督工作的报告》；会议审议并通过《政协眉山市彭山区委员会关于终止部分政协委员资格的建议》，决定终止万艳刚、李德坤两名政协委员资格。

联系区政协工作的区委副书记郭红讲话。郭红副书记代表区委对区政协提出希望：要继续搭建好民主协商平台，广集社会各界智慧，围绕区委、区政府中心工作积极建言献策，为推进彭山“四城建设”贡献力量。

区政协党组书记、主席谭福轩作总结讲话。谭福轩对开好区政协一届二次全会提出要求：常委们要发挥带头作用，各委室要做好组织发动，确保到会率高；要抓好各项会务工作，确保大会组织有序；要精心选好大会发言题目，确保发言质量；分组讨论要踊跃发言，积极议政建言；在保证提案数量的基础上，着力提升提案质量。

彭山区政协常委会工作

【概况】　2015年，区政协紧紧围绕抢抓“四大机遇”，推进“四城建设”，积极适应新常态，充分发挥政协优势，切实履职，务实创新，各项工作取得新成效，为助推彭山区经济发展、社会和谐、民生改善做出积极贡献。在2015年11月召开的市委政协工作会上，区政协党组作了议政建言方面的经验交流发言；扶贫攻坚工作被省、市政协以信息专报作推广交流；文史工作得到市政协主席王影聪的表扬批示；多项工作得到区委、区政府主要领导的肯定。

【政治协商】 2015年，区政协常委会紧扣区委、区政府中心工作，通过政协全体会议、常委会议、主席会议、专委会议、专题协商会议和参加党政重要会议等渠道，开展多层次的政治协商。全年区政协召开常委会议5次、主席会议11次、专题协商会议4次、专委会议24次，在区党代会、人代会召开之前协商区委工作报告和区政府工作报告，听取区纪委关于党风廉政建设和反腐败斗争工作情况以及区人民法院、区人民检察院的工作情况通报。2次召开彭山区“十三五”规划专题协商会议。一届一次全会期间，组织委员围绕彭山经济社会发展的重点、热点、难点问题开展协商议政，共提出建议98条。改进了全委会和常委会议政方式，在政协全会上，区委、区政府全体在家领导集体听取委员分组讨论情况，领全市协商风气之先。创新并坚持每次区政协常委会安排听取常委反映社情民意的制度。

【调查研究】 围绕区委、区政府中心工作，社会热点和部门重点、难点工作，精心选择调研课题。先后组织开展对培育壮大新型农业经营主体、养老养生产业化发展、货币化安置、公立医院改革等重大课题的专题调研，部分课题还由区政协领导率队赴市外考察取经。对“六个专项治理”、提案办理等工作开展专项视察。做好对调研报告的传阅、批示、办理等的追踪，促使调研成果的高质量转化和运用。2015年，共组织调研视察12次，形成调研视察报告9篇。其中，《关于对我区公立医院改革的调研报告》《关于赴攀枝花学习考察阳光康养产业发展情况的考察报告》《关于对东汉诤臣张纲墓地现状调查的情况汇报》等调研视察报告得到区委、区政府主要领导的批示和肯定，其余报告被批转有关部门研究落实。区政协组织撰写的《关于在“十三五”期间推进彭山区融入眉山城区的建议》，在市政协三届六次全会上作大会发言，市委书记李静当即作出肯定性批示。

【民主监督】 选择区委、区政府开展的重点工作和群众关注的热点问题扎实开展民主监督。通过召开主席会听取各专项治理牵头区领导和部门情况汇报、组织委员现场视察并座谈10余次、召开政协常委会专题协商议政等有效形式，有力地推进区政协将监督“六项专项治理”相关工作的开展，并促成区政府对砂石管理、畜禽养殖、废旧回收市场等规范性文件的出台，区委主要领导2次在相关情况汇报材料上作出批示。组织开展对全区安置房安置和管理的个案监督，发现问题9个，提出建议、意见10条，得到区委、区政府的高度重视和相关园区、部门、乡镇的积极回应，对于促进全区安置房建设、安置、管理上新台阶起到积极的作用。充分发挥民主监督员作用，对被派驻部门执行法律法规、贯彻方针政策、作风效能建设等方面的情况进行有效监督。

【提案工作】 注重加强指导，跟踪督办，提升办理实效。抓好委员撰写提案的组织发动、培训引导，并通过组织政协委员学习、参与调研视察等，使委员知情明政，为建言献策奠定基础，提案数量、质量均稳步上升。加强与区委办、区政府办协作，对委员提案联合交办，强化办理责任，加大工作力度。开展提案办理专项视察和重点提案重点督办工作，坚持区分管领导与区政协主席会成员督办重点提案工作，以联合协办、跟踪办案、走访督察、“回头看”等行之有效的方式，进一步提高办理质量。全年，共征集提案112件，提案办复率100%，办成率71.8%（为该届最高），满意和基本满意率100%（其中，基本满意1件，占0.9%）。

【文化传承】 2015年，组织开展纪念中国人民抗日战争暨世界反法西斯战争胜利70周年、纪念红军长征入川80周年征文及关爱抗战老兵活动。精心编撰完成彭山文史资料·第八辑——《彭山儿女抗日寇》，不仅为上述系列纪念活动献了礼，而且填补彭山区史志上的一项空白，市政协主席王影聪作批示并给予充分肯定。

【外宣工作】　加大与外地政协的学习交流力度，带着课题赴省内外10余个区市县学习，学习先进经验的同时也宣传彭山。全年在省、市、区级媒体上稿89篇，被评为2015年度全省政协新闻宣传工作先进单位。

【联系群众与扶贫攻坚】　2015年，区政协统筹推进直接联系服务群众工作和扶贫攻坚工作。向联系的观音镇及果园村、梓桐村和公义镇新桥村等协调落实项目帮扶资金175.2万余元，用于村级阵地建设、道路硬化、水利设施建设等；协调流转土地91.33公顷种植优质水果；向贫困户资助现金、帮扶物资（折款）共计9.9万余元；组织捐款7700元、衣物150余件，为联系群众解决危房改造、用水、用气、就业、就医、就学等具体困难和问题35个，办实事80余件，受到基层干部群众的欢迎。组织全区146名委员参与省政协发起的“我为扶贫攻坚做件事”活动，共帮扶贫困户207户、贫困群众608人，委员个人及所在单位捐助现金（物资折款）152万余元，办实事117件次，协调落实项目资金近380万余元，受益群众达1358人。工作成效得到省政协地联委领导高度评价，省政协“我为扶贫攻坚做件事”活动特刊以《眉山市彭山区政协主动作为、真情攻坚》为题作专报（全省仅专报2个区、县），市政协主席王影聪作了肯定性批示，区委书记梁磊就此特别批示：“政协工作扎实，出经验，为全区工作带了个好头，大家都应学习应用。”2015年，共收集社情民意信息39条，编发《社情民意》15期，引起区委、区政府领导高度重视并作出批示，有关部门积极抓好落实，促成一批关系群众现实利益问题的解决。

【中心工作】　2015年，区政协主席、副主席分别牵头或参与品质之城建设，“绿海明珠”“千湖之城”“百园之市”建设，牧马皇陵旅游综合开发，中医院迁建及公共卫生服务中心建设，扶优扶强技改转型升级，退城进园等区委、区政府确定的重点工作、重点项目，以及中国·彭山第六届彭祖长寿养生文化节“彭祖文化研讨会”和“彭祖祭祖大典”活动，通过与有关方面的共同努力，较好地完成各项工作任务。

【机关建设】　继续坚持利用区政协全会、常委会、主席会、专委会和机关每周例会，组织政协委员和机关干部认真学习贯彻习近平总书记系列重要讲话和党的十八届三中、四中、五中全会精神及省委十届六次和七次全会精神，学习贯彻市委和区委重要决策部署，学习人民政协理论。同时，选派5名机关干部到政协干部培训基地、高校等机构培训，提升能力素质。全年仅机关集中学习就达40余次。夯实党建保障，强化作风建设，扎实开展“三严三实”专题教育活动，组织集中专题学习和专题讨论10余次，机关科级以上领导干部人人制定“不严不实”问题清单并认真抓好整改。加强机关党组织建设和党员教育管理；落实党风廉政建设“两个责任”，严格遵守八项规定和省、市、区相关规定；强化正风肃纪，整治“庸、懒、散、浮、拖”，严格实行公务员平时考核，落实“四个当天”制度，强化对干部的日常监督管理和预警提醒。

区政协委员会办公室

【人事变动】　2015年3月，林一德退休；7月，罗建斌从区财政局调入任区政协秘书长，樊德全免去区政协秘书长职务；9月，刘昶从区委保密办（区保密局）调入任区政协办公室副主任，曾敏调到区政府办公室工作，谢开远、吴红纪退休；12月，陈华春从区长寿文化研究所调入任区政协法联委主任，张小松免去区政协法联委主任职务。

【协调服务】　全年圆满完成区政协1次全委会、5次常委会议、11次主席（党组）会议、4次专题协商会议及部分专委会议的组织筹备和服务工作。会前的材料起草、会场服务，会后的材料收集整理等工作，都竭力做到细致、周到，确保会议顺利召开。强化综合协调，认真负责区政协领导牵头重点工作、重点项目会议和活动的联系安排工作；抓好督办落实，确保区委以及上级政协所交办的重点工作，全委会、常委会或主席会安排的工作落到实处。统筹协调各专委会开展调研、视察及委员小组活动，确保政协履职有序进行、取得实效。在区政协组织的12次调研视察活动中，办公室积极配合各专委会细化方案、协调人员、安排后勤；积极参与实地调研视察和报告撰写，加强报告的规范性审核；主动加强与区委办、人大办、区政府办及相关部门的沟通衔接，确保报告报送、领导批示反馈、意见建议落实及时。抓好人事劳资和后勤保障工作，切实保障政协全会、常委会等各类会议和各专委会组织调研视察活动及委员活动经费。强化对委员的服务和基层群众的来访接待工作，做到热情和周到。扎实开展关心下一代工作，创建为“六好关工委”，牵头组织机关干部开展扶贫攻坚和直联服务群众工作，以及委员参与省政协发起的“我为扶贫攻坚做件事”活动取得显著成绩。区政协机关被表彰为区脱贫攻坚工作先进集体。

【文秘工作】 认真执行公文处理的相关规定，坚持严把起草关、审核关、收发关等“三关”，确保办文质量。全年起草区政协党组、办公室名义的各类文件119份，形成《区政协常委会议纪要》《区政协主席（党组）会议纪要》16期。全面完成政协宣传任务，被省政协办公厅评为新闻宣传先进单位。撰写或协助其他委室形成调研视察报告、经验交流材料等20余篇。新购置档案柜，专人负责，档案管理规范达标。强化教育培训，层层把关，杜绝泄密情况发生。

【后勤保障】 完善机关内部财务管理、公务接待、会议审批制度，坚持机关重大事项经费预算以及列支情况报告制度。严格执行办公用品采购的有关规定。公车使用管理严格按有关规定执行，实现规范有序管理。在对外互访、交流、联络、接待方面，在严格接待标准、规范接待程序的前提下，认真拟定详细的接待方案，悉心接待。出色完成了邀请省政协副主席陈放到彭山出席第六届长寿养生文化节等活动的接待工作，政协办同时被区委评为长寿养生文化节的先进集体。强化安全工作，落实“人防、物防、技防”等安全防范措施，重视车辆维护和对司机安全教育，确保行车安全。抓好机关文体活动工作，不断丰富机关文化生活；改进机关退休人员服务工作，积极帮助解决实际困难和问题。为消除“5·12”和“4·20”地震对机关办公楼造成的损毁和安全隐患，对政协机关办公楼进行维修改造，同时种植各类花草150平方米，进行立体绿化；高度重视机关环境卫生工作，扎实做好“除四害”等工作，创造安全、卫生、整洁、优美的办事场所和办公场所。

【自身建设】 根据实际工作需要，结合“废改立”要求，进一步健全和完善机关各项制度，使机关管理更加规范化、制度化。坚持机关每周例行学习会，积极支持干部职工参加各类培训，增强大局意识、服务意识和团队意识，进一步提高干部队伍的整体素质，做到懂政协、会协商、善议政。强化党建保障，扎实开展“三严三实”专题教育活动，严格实行公务员平时考核，落实“四个当天”制度。严格执行党风廉政建设相关规定，全年无违规、违纪行为。机关党总支、机关支部分别被区委及区直机关工委表彰为先进基层党组织。

【年度荣誉】 2015年，区政协办被省政协办公厅评为全省政协新闻宣传工作三等奖；被市政协办公室评为全市区县政协办公室工作先进单位第一名；被区委、区政府表扬为党风廉政建设、组织工作、政法工作、思想文化工作、脱贫攻坚工作先进集体、人大工作先进单位、政协工作、统战工作、工业经济工作、城市建设工作、交通建设工作、财税工作、旅游工作、国土资源管理工作、统筹城乡发展工作、中国·彭山第六届彭祖长寿养生文化节、农村生活垃圾治理国家验收工作及秸秆禁烧与综合利用先进集体（单位）。

（孙　婷）

中共彭山区纪律检查委员会

【概况】 2015 年，中共彭山区纪律检查委员会及各级纪检监察组织聚焦党风廉政建设中心任务，严明政治纪律和政治规矩，强化责任担当，深化正风肃纪，着力解决发生在群众身边的“四风”和腐败问题，党风廉政建设和反腐败工作取得新成效。

【党风廉政建设】 2015 年，全区领导干部坚守责任担当，全面落实“两个责任”（指落实党风廉政建设责任制，党委负主体责任，纪委负监督责任）。区委主要负责同志切实落实党风廉政建设“四个亲自”要求，建立廉政工作会议制度，每月研究一次党风廉政建设工作；区委常委会全年研究党风廉政建设和反腐败工作 11 次；坚持实行签字背书，层层签订主体责任和监督责任书；制定落实党风廉政建设主体责任检查考核实施办法，定期进行专项检查。建立党风廉政建设“六张清单”（区委党风廉政建设责任清单、区委领导班子主要负责人党风廉政建设责任清单、区委领导班子其他成员党风廉政建设责任清单、区纪委党风廉政建设监督责任清单、区纪委领导班子主要负责人党风廉政建设责任清单、区纪委领导班子其他成员党风廉政建设责任清单），实行台账式管理，区“庸、懒、散、浮、拖”问题监督平台对照各级党组织制定的责任清单和台账实行项目化督察。在全市率先开展纪委监督同级党委试点工作，制定 10 项配套监督制度，加强区纪委对区委权力运行的监督。是年，区纪委共对 3 名区委委员、1 名候补委员进行提醒谈话或诫勉谈话。推进“三张清单”（行政权力清单、政府责任清单、投资项目限制禁止清单）制度建设。完成“三张清单”编制并向社会公布，共清理编制行权事项 6162 项、责任事项 591 项、限制禁止事项 897 项，规范区政府的权力运行。严格落实《彭山区党风廉政建设“一票否决”实施办法（试行）》，实施党风廉政建设责任追究 7 件 7 人，取消 4 个单位党风廉政建设评先资格。坚持述责述廉制度，区委委员全部向区纪委书面述责述廉；10 名乡镇党政正职和区级部门“一把手”向区纪委全会述责述廉，其中，5 名同志现场接受区纪委委员质询。

【监督检查】 2015 年，严格执行区委、区政府“十条严禁”。加强区委、区政府重大决策部署贯彻落实情况的监督检查，确保政令畅通。围绕区委、区政府重大决策部署开展监督检查。开展对《党代会工作报告》任务落实情况的监督检查 3 次，发出督察通报 3 期，督促整改 9 个方面问题；开展对《政府工作报告》目标任务进展情况的监督检查 4 次，发出督察通报 4 期，通报未达到时间进度的重点工作 8 个。围绕重大项目建设开展监督检查。对全区 90 余个重点项目开展专项督察 3 次，发现问题 12 个，提出整改意见 10 条，查处在安置房建设中失职渎职党员干部 2 名。围绕重点工作开展监督检查。开展城乡环境综合治理督察 22 次，提出整改要求 88 条；对区农村生活垃圾处理验收工作专项督察 3 次，确保全区农村生活垃圾处理的成功验收；对金大公司解除灵石路片区旧城改造第三期建设用地出让合同一事开展调查，纪律处分 2 人；对武阳镇泥湾砂场噪音扬尘问题开展调查，责令相关单位对涉事砂场依法依规进行处理；对秸秆禁烧工作落实不力开展调查，责令 3 个乡镇向区政府作出书面检查，诫勉谈话 14 人，纪律处分乡镇和村（社区）干部 5 人。

【专项整治】 2015 年，坚持问题导向，在巩固深化“9＋3＋7”突出问题专项整治的基础上，区纪委按照区委的部署，针对 6 个方面的突出问题开展重拳整治，切实解决发生在群众身边的“四风”和腐败问题。开展“吃拿卡要”专项整治。针对利用决策权、审批权、执法权“靠山吃山”、“吃拿卡要”、谋取私利的行为开展集中整治，纪律处分党员干部25人。重点查处在政府采购中“吃拿卡要”案件20件、纪律处分20人，追缴违纪款200万余元。其中，查处卫生系统案件18件、纪律处分18人；开展“庸、懒、散、浮、拖”专项整治。成立整治“庸、懒、散、浮、拖”问题监督平台工作机构，聘请9名干部监督员组成3个暗访督察组，每周不定时间、不定单位随机督察，累计开展监督检查120次，平均覆盖全区各乡镇部门7次以上，发现问题34个，下发督促整改函10份，批评教育5人，通报单位1个，通报批评3人，诫勉谈话3人，纪律处分3人；开展领导干部违规经商办企业和违规兼职突出问题专项整治。利用工商质监局的信息系统，对领导干部经商办企业情况进行全面筛查；开展领导干部违规插手政府和企业工程建设问题专项整治。设立公开举报电话、举报网址畅通监督渠道，组织人员对重点岗位、重点环节的领导干部全面进行明察暗访；开展领导干部纵容身边工作人员和家属享受“特权”问题专项治理。开展不规范公务车辆专项清理和领导干部调动后带车专项清理，对领导干部在彭家属、子女在岗履职情况进行专项督察，开展机关事业单位“吃空饷”问题专项检查，涉及机关事业单位395个、财政供养人员6043人；开展村级事务管理突出问题专项整治。加强对村（社区）议事决策程序的监督，规范农村集体资产、资源、资金“三资”管理，强化村级财务公开。对群众反映强烈的村（社区）开展专项整治，严肃查处黄丰镇合力村贪腐窝案，纪律处分村组干部5人，移送司法4人，直接涉案金额近80万元。开展冬令春荒款专项检查，诫勉谈话4人，纪律处分2人。针对在征地拆迁购买社保过程中优亲厚友问题开展纪律审查，纪律处分2人，清退违规购买社保人员6人；开展巡视整改“五项专项整治”。全区干部职工主动上交红包礼金86笔、38.5万元；开展滥发奖金、工资、补贴及其他钱物问题检查2次，检查单位36个，查处乱发钱物案件1件；消化超配的副科级领导干部7名、主任科员9名。

【干部监督】 2015年，建立干部日常监督系统，制定机关、村（社区）干部管理负面清单，在机关、企事业单位、村组、居民小区公布日常监督举报网址、二维码和举报电话，方便群众参与对干部日常行为的监督。2015年10月系统运行以来，已对12个单位24名干部扣分警醒。其中，6人被追究领导责任。开展“一把手”任期经济责任审计和离任审计，完成审计项目9个，纠正大额资金使用不规范等问题16个。在108个村（社区）建立廉情监督委员会，制定“三参与、两审核、两报告、一记录”工作制度，在乡镇纪委的指导下对村（居）务和村级干部、党员进行监督，区财政每年拿出130万元解决廉情监督委员会主任待遇。加强行政权力运行监督平台的巡查力度，建立巡查台账，坚持每日一巡查一记录。全区各行权部门共计录入案例6853条，对其中206条案例发出监察督办函337次。开展“积极预防、系统治理”工作试点。是年，在区食药监局和区卫计局开展系统治理，区纪委针对这2个单位存在的风险点和制度漏洞，制发预防腐败建议书2份，两个试点单位共修改、完善制度33个，新建制度13个。强化警示教育，全年实名通报曝光典型案件21件，召开重大案件案发单位专题民主生活会2次、警示教育会1次，提醒谈话8人，诫勉谈话26人。

【体制改革】 2015年，全区推进纪律检查体制改革，强化上级纪委对下级党委和纪委的监督，坚持查办案件以上级纪委领导为主和“双报告”制度；稳步推进内设机构调整，筹建纪检监察室2个；整合监督力量，将13个乡镇和42个派驻纪检监察机构分为3个片区和3个工作组，全面参与到监督检查和纪律审查；明确区内两个正县级工业园区纪工委由区纪委代管；规范全区纪检监察机构负责人分工，清退分管其他业务88项，清退兼职数15个。深入推进“创三优、铸利剑、树新风”活动。突出能力素质培养，自主开展和组织参加各类业务培训19次，选派2名优秀年轻干部到村（社区）担任第一书记，8名纪检干部参加各级以案代训或业务培训。从严纪检干部监督管理，全区13名乡镇纪委副书记向区纪委专项述职，11名新任纪检干部全部向社会作出“六项承诺”，对2名不适合纪检岗位的干部进行组织调整，对2名落实监督责任不力的纪委书记进行诫勉谈话。

【案件查处】　2015年，区纪委坚持从严执纪，纪律审查力度持续加大，全年纪律审查案件58件。其中，贪污贿赂、失职渎职类案件49件，移送司法7人，涉及科级干部10人。与2011年相比，纪律审查案件数增长100%。其中，贪污贿赂、失职渎职类案件数增长600%；移送司法人数增长133%；涉及科级干部人数增长400%。

（许　旺）

法治·武装

政法委及综治工作

【概况】　2015年，全区政法工作主动适应新形势、新常态，深入推进平安彭山、法治彭山、过硬队伍建设，忠实履行维护社会大局稳定、促进社会公平正义、保障人民安居乐业的职责使命，为实现全区发展新跨越创造安全稳定的社会环境、公平正义的法治环境、优质高效的服务环境。

【维稳工作】　2015年，彭山区情报信息网络覆盖面不断扩大，情报信息网络建设日趋完善，共组建国家安全联系人167人、信息员17人，广泛开展国家安全宣传教育，先后到观音机场、新蜀油库、青龙油库、锦江学院和515技校开展国家安全、邪教宣传；2015年10月26日—11月1日开展为期一周的反间谍法专项集中宣传活动，受教育群众达20万余人；专项行动成效明显，通过技术手段成功收集到犯罪嫌疑人在境内外网站从事违法活动的证据，抓获彭山区重点民运分子1名，邪教骨干人员5名，协助上级办理专项案件3起，有效的压缩彭山区敌对势力的生存空间。预防和化解涉稳问题的水平和能力进一步提升。是年，区委、区政府积极实行由“被动维稳”向“主动创维”转变，坚持“六个到位”（组织领导到位、领导干部接访到位、制度约束到位、责任落实到位、工作落实到位、督察指导到位），全面压实维稳“第一责任”，突出工作重点，全力维护稳定：全力推进维稳信息化建设，督促指导全区100余个部门开通维稳工作平台，落实专人负责信息平台维护运行，确保维稳工作平台的常态化运行，通过维稳工作平台录入各类信息6699条，其中，不稳定因素409条，涉稳重点人员6290条，有效掌控全区维稳大势；强化源头治理，充分发挥基层调解组织、网格员等“四支队伍”的作用，对辖区内、行业内进行定期排查，重大敏感时期采取集中排查，逐一建立台账，逐一分析研判，落实化解责任，共排查出不稳定因素409件，有效化解不稳定因素348件。大力推行“互联网＋信访”模式，全区13个乡镇和39个职能部门开通全国网上信访信息综合平台，实现来信、来访、网上投诉的网上流转，积极引导和鼓励群众网上信访；严格落实分类分级管控责任机制，对排查出的涉稳重点人员逐一分类稳控，并采取“一天三见面”“人盯人”等行之有效的稳控措施，防止重要时段涉稳重点人员的脱管失控、制造事端；着力化解涉稳突出问题，积极组织相关职能部门妥善处置化解区级挂牌的成昆复线拆迁、武阳镇拆迁户不满安置政策等22件领导包案化解涉稳信访问题，无一起群体性事件发生。成功化解市委、市政府挂牌督办的涉稳突出问题10件。协助雅安名山区、成都市武侯区等跨区域处置涉稳突出问题2件。稳定风险评估和“维稳跟着项目走”工作持续深化。彭山区坚持风险评估应评尽评，共排查出风险点360个，化解不稳定因素348件，并对评估过程中发现存在重大稳定风险的3个项目予以否定；坚持动态跟踪，对省、市重点的19个项目的风险评估实行动态管理，逐一建立台账，逐一进行督促指导，对评估出的203个风险点进行提前研判、落实化解责任，均得到有效化解。坚持保障服务到位，直接联系服务单位及其联系责任人分别对18个市级重点项目和12个区级重点项目的建设情况进行跟踪服务396余次，当场解决项目中的各类矛盾纠纷192件。区政法等部门成立企业和重点项目周边治安环境整治小组，细化工作措施，落实工作责任。全年，共开展治安整治4次，为企业提供法律咨询248余次，进一步优化发展环境，确保企业和项目的顺利实施。

【综治工作】 2015年，彭山区社会治安防控体系进一步完善。保持严打高压态势，坚持以群众满意为导向，对群众反映强烈和市综治委挂牌整治的重点场所和突出治安问题加大整治力度，全年共破获两抢一盗案件24件，摧毁盗窃摩托车、电瓶车团伙4个，抓获各类盗窃、抢夺嫌疑人22名；开展打击“黄、赌、毒”专项行动，捣毁涉黄场所6家，挡获各类违法人员62人，破获毒品案件34件，抓获涉毒违法犯罪嫌疑人36人，捣毁赌博窝点42个，侦破涉赌类刑事案件16起，销毁各类赌博机560台；加快重要地段、城乡结合部等区域的天网工程建设速度，重点解决菜市场、客运站、复杂交通路口等公共区域安装监控问题，其中，乡镇、村（社区）自行安装公共视频监控170余个，将网格员、楼道管理员、门卫保安等纳入群防群治范畴，进一步拓宽治安防控范围；创新农村治安防控措施，制定《彭山区专职治安巡逻队伍管理办法》，继续落实农村专职巡逻队员的巡逻补助；2015年4月，区综治委联合中国移动在全区13个村试点推进治安“联户联防”综合治理平台建设，推动农村联防网络建设。2015年上半年，根据省综治办通报全省平安建设群众满意度测评结果，彭山区平安建设群众满意度在全省181个区县中位居第9位，全市第1位，测评的7项指标有6项居全市第一，1项居全市第二。各乡镇严格按照《彭山区关于开展平安和谐三级联创的实施方案》的要求，积极组织下辖村（社区）、网格开展平安和谐创建活动，年底区综治委将组织达标验收；由区教育、卫生、交通、旅游、林业等部门牵头开展平安细胞工程创建活动，积“小安”为“大安”，以基层、行业平安促进全局平安，区综治委将适时组织开展新一轮平安示范单位命名活动。全面深化网格化管理工作：网格化管理平台按照“三级监管、四级处置”的框架已搭建完成并运行良好，区财政按照每年500万元的标准足额划拨的专项经费用于网格化服务管理工作。全区共划分216个网格并配备专职网格员。抓实网格事件办理，实现社会管理“无死角”，惠民服务“零距离”。区级31个职能部门联网对接网格化管理体系并加密运行，实现社情民意收集、重大事件信息的共享、互通，同时指导网格员办理网格民生事项，实行全域全程监控和服务管理，确保群众诉求“个个有回音、件件有着落”。全年，共办理各类网格事件3.45万件次，其中，民生服务1.95万件，突发事件386件，政策法规宣传3460件，参与特殊人群服务管理402件，参与治安防控矛盾劝解1.07万件，办结率达到98%。2015年，全省网格化服务管理满意度测评，彭山网格工作的群众满意率达到99.17%。积极推进特殊人群服务管理改革试点工作。是年，新建过渡性安置帮教基地1个，启动彭山区精神卫生保健院改扩建方案，新建星级留守学生之家13个，同时创新服务管理模式，以政府购买服务的形式，招聘12名大学生专职从事社区矫正工作，不断充实完善社区矫正队伍。在全区范围内首次实行社区矫正月点验制度，合理组织社区矫正人员以义务交通员、义务卫生员等形式参加社会公益劳动，促使其贡献社会、融入社会，提高矫正质量；认真落实邪教人员摸底排查和邪教重点人员稳控帮教责任制，先后回访帮教各类邪教重点人员40人次，开展“无邪教创建”示范乡镇（街道）、村（社区）建设工作，全年全区创建省级“无邪教示范乡镇”1个，市级“无邪教示范乡镇”3个，区级“无邪教示范乡镇”9个。针对1700余人的重点青少年队伍，积极探索服务管理新方法，利用清明、“五四”“六一”“一二·九”等重要时机，开展相关主题教育活动，帮助全区900余名贫困、留守、残疾等特殊青少年。以大调解“六化”建设为载体，多元化矛盾纠纷化解机制改革为抓手，深入开展“调解跟着矛盾走”工作，全力化解社会矛盾纠纷。对疑难矛盾纠纷主动引入法官、律师参与调解，同时加强对基层人民调解员的法律知识培训，使其牢固树立法治意识，确保化解矛盾依法、化解过程合法；全方位开展“主动排查”，积极做好“主动化解”，在重要时段、敏感时期和重大工程项目开工之前提前进行排查，对热点、难点和易激化纠纷开展重点排查，对涉及群众日常生产、生活的一般性纠纷及时排查化解，全年共排查矛盾纠纷3400余件，调解成功率达90%以上；以“法律七进”为契机，大力开展“调解一次纠纷，上好一堂法治课”活动，选取有代表性的矛盾纠纷开展现场调解，提升群众的法治意识，从源头上减少矛盾纠纷的发生。是年6月，中央电视台《焦点访谈》栏目聚焦彭山多元化矛盾纠纷调解机制试点工作，对彭山诉非衔接工作经验做法进行采访报道。

【法治建设】　2015年，区法院继续着力推进“审判流程公开、裁判文书公开、执行信息公开”三大平台建设，已设立执行案件查询触摸平台和执行公开网，完成执行信息查询系统建设，简化查询流程；区检察院遵循“依法、全面、及时、规范”原则，建立并利用检察机关门户网站，及时发布和更新检务公开信息，同步建立案件程序性信息同步互联网查询、举报申诉线索受理和流转、法律咨询、民意收集和反馈等在线服务系统并已正式运行。严格落实制度保障，建立、健全政法机关党组织重大事项向党委报告制度、领导干部干预司法活动记录、通报和责任追究制度；进一步强化对行政执法的监督和制约。印发《彭山区行政执法与刑事司法衔接工作的实施意见》，完善案件移送标准，细化案件移送程序，坚决杜绝有案不移、有案难移、以罚代刑现象，实现“两法”衔接信息平台与行政权力依法规范公开运行平台的对接；严格实行“案件评查”机制，进一步推进涉法涉诉信访改革。建立涉法涉诉信访案件汇总基础台账，从实体和程序上对处理违法上访工作进行统一规范。全年，共接待处理群众来信、来访的涉法涉诉案件15件18人次，其中，已息诉化解6件，引入司法程序8件，市上挂牌督办的涉法涉诉案件1件正在诉讼中。在全区建立重大执法活动和事项报告备案制度。坚持以“六五普法”为契机，以“法律七进”为抓手，持续加强法治宣传教育。以领导干部和公务员学法用法为重点推进“法律进机关”；以青少年法治教育为重点推进“法律进学校”；以“送法下乡”和法律援助服务为重点推进“法律进乡村”；以民主法治示范社区建设为重点推进“法律进社区”；以宗教教职人员法治培训为重点推进“法律进寺庙”；以“依法治企”为重点推进“法律进企业”；以公益法治宣传为重点推进“法律进单位”。2015年，共开展各类法治集中宣传活动200余次，赠送各类法律书籍、读本6万余册，开展各类法治培训、讲座500余次，进一步提升干部群众的法治意识。因普法宣传教育工作成效突出，彭山区被全国普法办评为全国“六五普法”中期先进区县。

【队伍建设】　2015年，全区政法系统把加强思想政治建设与推进政法中心工作相结合，与“三严三实”教育和在全体政法干警中开展的“守纪律、讲规矩，做忠诚卫士”主题教育、深化“转作风”活动、保持工作活力相结合，最大限度产生加强思想政治工作的聚合效应。制定活动方案，成立专门机构，确定干部督导联系点制度。通过强化组织领导、责任落实、带头示范、督导检查、宣传引导，确保政法队伍思想政治建设工作取得实效。按照区委、区政府《关于公务员平时考核试点实施方案》的要求，区委政法委成立专门的领导小组，负责对全区政法干警平时考核工作进行督导和考核，政法各部门均根据该部门实际，制定严格的日常考核实施办法，并通过日考勤、周记实、月晒账、季考评等方式将考核内容实体化，进一步强化干警责任意识，推动政法过硬队伍建设。2015 年，全区政法部门着力营造良好的政法文化氛围，确保始终占据舆论引导的主动权，主动凝聚社会共识，树立政法队伍良好形象。全年，中央、省级和市级主要媒体共刊播彭山政法工作新闻报道 260 条，其中，中央主要媒体刊播 81 条，省级主要媒体刊播 97 条，市级主要媒体刊播 82 个。

（陈文涛）

公安工作

【信访稳定】 全年共搜集各类情报信息 300 余条，整理上报《情况快报》210 期。开展联动大接访 12 次，受理公安管辖信访事项 164 件次，办结率达 100%。排查各类矛盾纠纷 1026 起，化解成功率 100%。圆满完成抗日战争胜利 70 周年纪念活动、第六届彭祖长寿养生文化节等大型活动安保工作，预防和制止各类矛盾纠纷、闹事苗头 30 余起；妥善处置上海复地、彭都国际、牧马恒大拖欠民工工资、志得环保、百意孵化园非法集资公众存款、“11·18” 扰乱公共场所秩序案等引发的群体性案（事）件 11 起，行政拘留 6 人；成功侦破全市改革开放以来首例煽动颠覆国家政权案，抓获犯罪嫌疑人 1 名；捣毁邪教反宣品制作窝点 1 个，抓获犯罪嫌疑人 1 名。

【平安建设】 2015 年，全区相继开展打击 “两抢两盗一诈骗”、打击侵财性犯罪等专项行动，人民群众安全感明显上升。省统计局社情民意调查中心对 2015 年上半年全省 183 个区县平安建设群众满意度测评调查，彭山区排名全省第 9 名，群众对当地社会治安安全情况评价项得分名列全市第一。全年立刑事案件 2003 起，破案 289 起，刑事拘留 278 人，逮捕 152 人，起诉 322 人，取保候审 187 人。立行政案件 2415 件，查处 1452 件，行政拘留 410 人。先后侦破 “5·1” 特大盗掘倒卖文物案、周某某故意伤害致人死亡案、闵某某过失致人死亡案、潘某某故意杀人案等一批影响大、社会反映强烈的重特大案件，实现命案全破。全年破获毒品案件 40 件，抓获涉毒违法犯罪嫌疑人 46 人，强制隔离戒毒 70 人，缴获海洛因 12.51 克，冰毒 110 克，麻古 10.15 克。立经济案件 54 起，破案 27 起，其中，商业贿赂案 20 起、合同诈骗案 3 起、生产销售伪劣产品案 1 起、非法采矿案 1 起、非法吸收公众存款案 2 起。

【治安防控】 2015 年，清理完成人口信息无相片人员 3922 人，完成率 99.84%。制定户籍制度改革实施方案，全年受理第二代居民身份证 6823 人，办理临时身份证 3105 人，受理出生登记 1096 人、迁入 473 人、迁出 845 人、死亡注销 1720 人，注销重复户口 3 人。办理边境通行证 312 人次，办理出入境证件 10011 人，办证量比 2014 年同期增长 34%。发现非法入境、非法居留、非法就业 “三非’ 外国人员 1 人，查处骗取出入境证件案件 1 起，阻止 1 名双重户籍人员申办出入境证件。全面完成彭山撤县设区后各机关、企事业单位的印章更换和仿制式警服清理整顿工作。组织全区 106 家旅馆负责人进行业务培训，对彭溪辖区 18 家无证旅馆进行清理整治。全年检查 240 家次，教育警告 11 家，行政处罚 6 家，通过旅馆业抓获逃犯 6 名。破获非法制造、持有枪支案 14 起，查处非法持有管制刀具案 4 起、非法运输储存烟花爆竹案 6 起，收缴各类枪支 65 支、子弹 300 余发、管制刀具 92 把、烟花爆竹 3400 余件（组）。销毁炸药 5600 公斤、雷管 2.36 万发、索类爆炸物品 2100 米、各类炮弹 239 枚。捣毁涉黄窝点 5 个，破获涉黄类刑事案件 5 起，移送起诉 6 人，查处涉黄行政案件 16 起，行政拘留 37 人。捣毁赌博窝点 36 个，侦破涉赌类刑事案件 22 起，刑事拘留 28 人，查处涉赌行政案件 32 起，行政拘留 35 人，罚款 67 人，销毁各类赌博机 578 台。在巡防中抓获违法犯罪嫌疑人 36 人次，完成警综平台巡逻盘查 6397 份。

【安全生产】 全年受理民爆物品申购业务 306 次，炸药 749.37 吨，雷管 60.75 万发，全流程监督检查矿区井下 B 级爆破作业 11 次，地面露天爆破（爆破拆除）作业 67 次。受理审核审批新申报剧毒化学品使用单位 1 个。开展易燃易爆危化品企业消防安全集中整治专项行动，发现火灾隐患或违法行为238处，下发责令整改通知书173份，督促整改火灾隐患或违法行为229处，下发临时查封决定书7份，责令“三停”（停产停业、停止施工、停止使用）1家。扎实推进道路交通安全综合整治工作，查处交通违法行为62845起，在全区范围内增设红绿灯15组，电警系统38套，增设交通安全标志210块。

【信息化建设】 2015年，将中心城区原有的80个天网探头全部由标清升级为高清，新建70个高清点位。全年采集社会信息资源70余类1210万条，服务实战163次。因撤县设区，彭山区警综平台数据迁移。是年6月18日前，全局共采录标准地址数据2515条、实有房屋数据2178条、实有人口数据3480条、实有单位数据1850条、从业人员数据9181条。通过“DQB”平台申请刑事治安类临控44人次，抓获13人，利用“DQB”平台红色预警抓获在逃人员12人。侦破涉网刑事案件16起，抓获网络逃犯12人，侦破涉网行政案件17件，查处未按规定备案网站3个，建设WiFi采集点110个。

【执法改革】 2015年，区公安局建立案件管理中心。统一立案审查，统一受理行政执法机关移送案件，统一衔接检法机关，执法监督更全面，发现问题更及时，责任追究更到位，提升了执法质量。全年共审核刑事案件立案460件，接受行政执法机关移送案件4件，统一提请批准逮捕案件36件42人，统一移送审查起诉案件82件138人，无一起因不构成犯罪和事实不清、证据不足被不批准逮捕和不起诉案件。

【队伍建设】 2015年，局机关召开党委中心组学习会、专题反思会、专题研讨会11次，组织观看专题教育片、警示教育片4场次，开展专题党课32场次。持续推进队伍突出问题专项整治、正风肃纪“9+3”专项整治等活动。组织全局民警开展“轮训轮值、战训合一”素质大培训，组队代表眉山参加2015年全省公安机关模拟盗窃案现场勘查大比武，在21支参赛队伍中脱颖而出，取得第3名的历史最好成绩。全面深化“万警进万家”，扎实推进“全警网格化”，走访群众1.8万余户，为群众办实事解难事100余件。区公安分局被区委、区政府评为“政风行风暨发展软环境建设十佳单位”。

（张怀安）

检察工作

【重要事件】 1月6日，最高人民检察院下发《关于同意撤销彭山县人民检察院设立眉山市彭山区人民检察院的批复》（高检发政字〔2015〕6号）。批复同意撤销彭山县人民检察院，设立眉山市彭山区人民检察院。

1月19日，彭山区人民检察院召开党组会和全院干警大会，动员部署规范司法专项整治活动。根据《规范司法行为专项整治工作方案》（彭检发案管〔2015〕1号），成立规范司法行为专项整治工作领导小组，检察长任组长，副检察长任副组长，各部门负责人任成员，办公室设在案件管理办公室，负责日常工作。

1月23日，彭山区人民检察院召开干警述职述廉报告暨民主测评大会。院党组成员、部门负责人和干警代表分别在会上进行述职述廉，随后组织评选优秀公务员。会议由院党组成员、常务副检察长徐惠林主持，院党组书记、检察长李懿作重要讲话。

3月20日，彭山区检察院党组书记、检察长李懿就规范司法行为专项整治工作向区委领导作专题汇报。区委书记梁磊在《眉山市彭山区人民检察院规范司法行为专项整治工作方案》上批示：“请检察院李懿同志严格抓好贯彻落实。”

3月23日，四川省检察院与总参57所合作研发并试点运行的电子卷宗综合管理暨办案智能系统在彭山区检察院正式上线运行，并制作了第一份电子卷宗。

4月1日，市院党组成员、政治部主任段瑞林，案管办主任饶利民督导彭山区院规范司法专项整治工作。

4月2日，彭山区检察院正式启动实行公务

员平时考核工作制度。

4月21日，四川省人民检察院政治部、四川省精神文明办与华西都市报联合组织开展的“四川省检察机关首届‘维护公平正义——群众最喜爱检察官和最信任的检察集体’”评选活动网络投票正式启动，眉山市彭山区人民检察院成功入围群众最信任的检察集体候选名单。

5月5日，市委政法委督导组组长、市检察院检察长吕皓率督导组到彭山区检察院督导彭山政法系统领导班子思想政治建设工作。区委书记梁磊，区委政法委书记李忠云，区法院、检察院、公安局、司法局主要负责人参加会议。

同日，市检察院党组书记、检察长吕皓，党组成员、政治部主任段瑞林及办公室、综宣处负责人调研彭山区检察院工作开展情况。院党组书记、检察长李懿介绍彭山区以及彭山区检察院的基本情况，并就检察业务工作、队伍建设、文化建设情况及存在问题作了具体汇报。

5月11日，彭山区检察院召开全面推进检务公开暨构建检察宣传大格局工作动员会。会议由院党组书记、检察长李懿主持，院党组成员、各部门负责人和内勤参加会议。

5月12日，市检察院办公室主任张春林、副主任林激光一行到彭山检察院开展检察信息工作调研座谈。院党组成员、常务副检察长徐惠林，办公室、政治处干警及各科室负责人参加座谈会。

5月26日，市检察院党组成员政治部主任段瑞林，案管办主任饶利民到彭山区检察院征求人民代表、政协委员、人民监督员、服务对象以及基层群众意见、建议。

同日，市院党组成员、机关党委书记蒋志全，案管办主任饶利民，监察处处长欧勇到彭山检察院督察领导班子思想政治建设工作开展情况。

5月27日，省检察院法警总队总队长钟德富一行3人到眉山市彭山区院检查办案安全工作。市院法警支队支队长周刚陪同检查。

7月2日，四川省检察院2015年下派至彭山挂职锻炼干部交接座谈会在彭山区检察院召开。彭山作为省检察院下派干部点，已接收下派干部4批次到彭山挂职锻炼，为省检察院培养年青后备干部做出积极贡献。省院干部处副处长徐彬、市院党组成员政治部主任段瑞林及综宣处负责人，彭山区委组织部常务副部长宁武，政法委常务副书记王军及下派干部乡镇领导参加交接座谈会。

8月27日，省检察院案管办主任郑雷到彭山区检察院调研指导规范司法行为专项整治工作。市院常务副检察长陈卫东、案管办主任饶利民陪同调研。

10月12日，彭山检察院召开规范纪律作风干警大会。会议由院党组书记、检察长李懿主持，全院干警参加会议。

10月16日，中共眉山市委常委、政法委书记杨勇在彭山区人民检察院送阅的《彭山区检察院查办涉农领域职务犯罪案件调查分析》上批示：“李懿同志：涉农领域职务犯罪虽然数额不大，但影响面广，且影响恶劣，你们一边办案，一边开展调研，如何从源头上预防和制度上保障涉农领域职务犯罪少发生甚至不发生，提出了较好的建议。望协助有关部门搞好对策建议落实。”

10月27日，市检察院组织一次大型检察开放日活动，邀请四川在线眉山频道、《四川法制报》等20余家媒体及四川工商学院、眉山职业技术学院、四川大学锦江学院等高校的40余名大学生代表到彭山区检察院参观。

【概况】 2015年，全区检察工作紧紧围绕改革发展稳定大局，抢抓“四大机遇”，强化法律监督、自身监督、队伍建设，统筹推进各项检察工作，为实现彭山“四城建设”目标提供有力的司法保障。彭山区检察院被最高人民检察院授予“全国检察宣传先进单位”称号，获区级先进13项，并被省、市检察院推荐参加“全国先进基层检察院”评选活动。

【人事变动】 2015年2月26日，免去郭武办公室副主任职务；是年3月11日，任命骆莎、李小双为眉山市彭山区人民检察院书记员；3月30日，任命张景遥为眉山市彭山区人民检察院书记员；4月27日，经院党组和区委组织部决定，免去陈常军眉山市彭山区人民检察院党组成员职务；8 月 25 日，任命王琦、葛丽萍为眉山市彭山区人民检察院书记员；8 月 28 日，李刚任彭山区人民检察院反贪污贿赂局副局长；免去李刚彭山区人民检察院反渎职侵权局副局长职务；免去黄章建彭山区人民检察院反贪污贿赂局副局长职务。

【刑事检察】 2015 年，区检察院共受理报请逮捕各类刑事犯罪案件 144 件 200 人，与 2014 年相比案件数增长 30.9%。依法作出批准逮捕 156 人，不批准逮捕 42 人。受理公安机关和检察院自侦部门移送审查起诉 239 件 375 人，与 2014 年相比案件数增长 29.3%。提起公诉 199 件 296 人，不起诉 7 件 11 人，已判决 177 件 247 人，有罪判决率 100%。

【社会矛盾化解】 区检察院依托“大调解”和检调对接机制，全年受理群众来信来访、控告举报申诉案件 33 件，当场引导和化解来访 17 件，其余均及时分流至相关部门，息诉息访率 100%。受理法律咨询 80 件，促成刑事和解 8 件，收到良好的社会效果。开展司法救助工作，全年救助刑事被害人 6 件 8 人，救助金额 4.6 万元。

【查办和预防职务犯罪】 2015 年，区检察院共立案侦查职务犯罪案件 8 件 11 人。其中，贪污贿赂犯罪案件 6 件 9 人，渎职侵权犯罪案件 2 件 2 人，提起公诉 9 人。截至 2015 年 12 月底，法院已作出有罪判决 2 人，通过办案为国家挽回直接经济损失 520 万余元。区检察院积极参与省纪委、省检察院交办的一批有影响的重特大案件，共抽调 2 个办案组，先后历时 4 个月，主办和参办相关专案，得到上级机关和领导的充分肯定。立足个案预防、系统预防和行业预防，完善预防机制，创新预防形式，丰富预防内容。全年深入有关单位、企业、学校开展预防宣传 8 次，开展预防职务犯罪专题讲座 5 次，受教育人数达 2000 余人。区检察院受理行贿档案查询 26 件。深入剖析职务犯罪的原因和规律，向案发单位发出检察建议，完善相关教育、管理、监督制度，有效预防类似犯罪的再次发生。加强行政执法与刑事司法衔接工作，监督行政执法机关向司法机关移送拒不支付劳动报酬、非法经营墓地、虚开增值税发票等涉嫌犯罪案件 4 件 4 人，公安机关均已立案。

【诉讼监督】 2015 年，区检察院加强侦查监督，监督应当立案而未立案 4 件 4 人，不应当立案而立案 2 件 2 人，公安机关均作相应立案或撤案处理，纠正漏诉人数 15 人，纠正侦查活动违法 8 件。加强刑事审判监督，纠正刑事审判活动违法 5 件。加强刑罚执行监督，纠正监管场所违法 6 件，纠正社区矫正执行违法 51 件。强化民事行政法律监督，办理民事行政执行活动监督案件 2 件、行政违法行为监督案件 3 件、民事审判活动监督案件 2 件，支持民工追讨工资案件 1 件。积极探索公益诉讼的方法和路径，主动承担省检察院民事行政检察重点课题，形成《检察监督在整备行政诉讼环境中的价值与路径》的调研报告。

【检务公开】 2015 年，区检察院通过完善门户网站、案件信息公开网、户外 LCD 显示屏、官方微博、微信等新兴媒体公开平台，向社会各界发布检务动态及重大案件信息共计 1350 余条，增强检察机关执法的透明度，自觉接受社会监督。市检察院在彭山区院举行首次媒体开放日活动，四川在线、《四川法制报》等 20 余家媒体及部分高校大学生代表参加。

【档案数字化建设】 2015 年，眉山市彭山区人民检察院完成新中国成立初期至 2014 年度档案数字化建设的全部工作。通过扫描、录入等工序对 6080 卷诉讼类、3668 份文书类等检察档案进行了数字化处理，实现彭山检察院检察档案数字化网上查询工作常态化。

【队伍建设】 2015 年，区检察院集中开展规范司法行为专项整治。在获得“全省基层检察院建设示范院”称号的基础上，以重点案件“交叉评”为抓手，开展执法规范化建设“回头看”

活动。邀请律师、法官、公安干警为检察机关司法行为“挑刺”，深入查摆各业务条线存在的不规范问题130余处，全部落实到案件、落实到部门和承办人。发挥案件集中管理的对内监督和对外服务职能，为律师免费刻录电子卷宗，对律师申请事项实行全程跟踪和回访。坚持能力建检、科技强检。以提高自主学习、创新学习能力为重点，先后组织新刑事诉讼法、民事诉讼法、刑法修正案以及网络办案等业务培训，积极组织干警参加全省基层检察人员轮训和市检察院部门对口培训，参训率100%。勤抓法警岗位练兵工作，组织法警开展格斗、擒拿、射击等训练，推进办案工作区和指定居所监视居住场所的技术改造，为办案提供有力保障。

（骆　莎）

法院工作

【概况】　2015年，眉山市彭山区人民法院工作切实履行审判职能，为全区“四城建设”提供强有力的司法保障。全年共受理各类案件4308件，同比上升44.76%；审执结案件4130件，同比上升45.11%，结案率95.87%，诉讼标的额19.58亿元。其中，刑事案件220件，审结210件，结案率为95.45%，判处犯罪分子316人；民商事案件3011件，审结2882件，结案率为95.72%；行政诉讼案件25件，结案22件，结案率88%；执行案件1052件，执结1016件，执行到位金额8667.61万元。

【机构设置】　2015年，眉山市彭山区人民法院有在职干警74名。政法专项编制人员71名，工勤编制人员1名，事业编制人员2名；中共党员60名，民主促进会会员1名；研修生4名，大学本科59名，大学专科10名，高中1名。内设机构：诉讼服务中心、立案庭、刑事审判庭、民事审判第一庭、民事审判第二庭、青龙人民法庭、行政审判庭、审判监督庭、司法技术辅助办公室、审判管理办公室、执行局（庭）、法警大队、办公室、政治处、监察科、院党总支及其下设六个支部、院妇委会、院工会。

【司法服务】　积极面对经济新常态，有效服务天府新区建设，依法慎重开展对涉案企业的司法处置，共审结涉企合同、民间借贷等金融案件247件，帮助企业收回到期债权6343万元，化解因资金链断裂引发的涉民工工资案件312件。司法服务天府新区企业的经验做法被省法院转发。全面贯彻执行新《中华人民共和国行政诉讼法》，依法保障行政相对人的权利，促进法治彭山建设。出台2015年度行政审判白皮书，对行政执法提出五项建议，受到区委、区政府领导的批示肯定。强化执行工作，有效保障群众胜诉权益，开展以“涉民生案件专项执行”为主题的司法大拜年活动，成功执行柴永洪等340名农民工诉川化公司劳动报酬系列案，被评为全省法院十大典型案例。认真研究新常态下司法强拆难题，建立上下衔接沟通机制、统筹协调机制、稳控预警机制，推进全区国有土地上的房屋征收补偿工作的顺利进行。精准落实扶贫攻坚计划，选派2名优秀干警驻村担任第一书记，摸清底数、科学规划，帮助硬化道路、整治沟渠、发展养种植业等项目，扶贫更加精准有效。

【社会治理】　认真开展法治基层行、“法制宣传月”等活动，组织法官开展法制宣传480余人次，营造学法懂法、信法守法的社会环境。切实维护青少年和老年人合法权益，全区“六好”（班子配备好、谋事班长好、工作思路好、运行机制好、后勤保障好、制度建设好）关工委创建暨“五失”（失足、失管、失学、失业、失亲）青少年关爱现场推进会在区法院召开，区法院“5+4”工作经验（即5个到位：思想重视到位、组织领导到位、制度完善到位、帮扶领域到位、支持保障到位；4大行动：强化专业审判行动、打造行业亮点行动、拓宽宣传阵地行动、加强配合协作行动）获得区委领导肯定性批示。敬老维权工作获得省第四轮“创建省级敬老模范县”检查组高度肯定。强化特殊人群管理，开展对判处非监禁刑和刑满释放人员教育帮助69人次。充分发挥司法建议在创新社会管理等方面的积极作用，就医患纠纷、交通肇事、金融借贷等问题，及时向有关部门提出司法建议 3 条，采纳率达 100%。

【诉讼服务】 全面落实有案必立、有诉必理，立案登记制改革成效明显，当场立案率达 97.9%。全年未发生一起不立案、拖延立案的投诉。打造全新的诉讼服务平台，开通 12368 法院诉讼服务热线，为群众提供立案、查询、预约、送达等多功能全方位的服务。成立司法救助领导小组，对 518 件案件的当事人缓、减、免诉讼费 20.97 万元，确保有困难的群众打得起官司。对 2 起涉民生案件的困难家庭申请人给予司法救助 2.2 万元，有效解决其生产、生活中的困难。依法为 8 名刑事被告人指定辩护人，切实维护当事人的合法权益。深入农村、社区、百姓家中巡回审理案件 328 件，有效减轻当事人的诉累。

【诉非衔接】 进一步运用全国多元化纠纷解决机制“眉山经验”，培育出“土地和房屋征收补偿安置矛盾纠纷调解中心”“物业管理纠纷调解中心”和“消费者权益纠纷调解中心”三个行业调解组织。大力推行“二培三接”（培育调解组织、培训调解队伍；接效力、接机制、接组织）的对接方法和“辅分调审”的纠纷解决模式。全年，运用委托调解、邀请调解、司法确认、无争议事实记载、赋予调解协议合同效力等诉非衔接机制结案 1668 件，诉讼辅导 2267 件。运用多元化纠纷解决机制委托区物业管理纠纷调解中心，成功调解王某诉某物业管理公司物业服务合同纠纷案件，该案于 2015 年 6 月 5 日在中央电视台《焦点访谈》栏目播出。

【司法公开】 2015 年，开展法院开放日活动 2 次，新闻发布会 2 期，满足群众对司法公开的需要。建立评估、拍卖、司法鉴定信息化大平台，及时向社会公开相关信息。共受理委托鉴定 50 件，委托评估 13 件，委托拍卖 7 件。全面实行执行信息公开和裁判文书上网公开，公开执行案件信息 1013 件，生效裁判文书 2757 份，庭审直播案件 7 件，扩大公开效果，满足群众的知情权。

【队伍建设】 深入开展“三严三实”和领导班子思想政治建设专项教育活动，强化干警理想信念教育。加强法官队伍“正规化、专业化、职业化”建设，举办“法官讲堂”3 期、“道德讲堂”2 期；新招录年轻干警 2 人，临聘人员 7 人；鼓励支持 4 名干警攻读法学硕士学位，推荐 2 名干警到中院挂职锻炼；组织干警参加法律培训 26 批、636 人次，干警业务素质不断提升。开展“三创一争”“两讲一树”和《道德讲堂》2 期，深化干警“四德”建设（弘扬社会公德、培养职业道德、发扬家庭美德、加强个人品德）。严格执行“三个一”制度、过问案件全程留痕、法官会见涉案相关人员等制度，确保权力按制度程序行使。严格实行廉政责任、工作纪律、信访责任“三条红线”制度，有效杜绝干警不作为、慢作为、乱作为现象，实现“案件不出事、干警零违纪、队伍有精神”的目标。

【宣传调研】 2015 年，区法院强化司法宣传工作，在各类媒体刊发报道 490 篇次，连续五年被省法院表彰为“宣传工作先进集体”。注重信息刊发和报送工作，编发《法院工作简报》30 期，上级部门转发信息 20 期次，被区委书记、区长、市法院院长签批 3 次，被省法院通报表扬。注重理论研究，1 篇调研文章获中国审判论坛荣昌杯“多元化纠纷解决机制的衔接与构建”主题论坛三等奖。1 篇学术论文被评为全省法院系统第十七届学术讨论优秀论文，5 篇调研文章被市法院采用，撰写案例 27 篇，法院软实力不断提升。

【表彰奖励】 2015 年，彭山区人民法院成功创建全国文明单位，区委隆重举行授牌仪式，成为全省唯一获此殊荣的基层法院。审判质效始终保持全省一流；司法宣传工作连续五年获得全省法院先进集体称号；连续两年获得全省法院信息工作先进集体称号；争创“两个一流”（打造一流队伍，争创一流业绩）考核得分全市第一，荣获全市法院争创“两个一流”工作特等奖、领导班子和队伍建设优胜奖、重点工作优胜奖三项殊荣。另有 16 项次工作、34 人次干警获得区级以上党委、政府表彰奖励。

（张　英）

司法行政工作

【概况】 2015年，彭山区司法行政工作坚持服务大局、高位增效、跨越发展，充分发挥司法行政职能作用，为打造“四城建设”、推进依法治区、建设和谐彭山做好法律服务保障。顺利通过“六五”普法检查验收。2015年4月，彭山区被全国普法办表彰为第三批“全国法治县（市、区）创建活动先进区（县）”，全市唯一。

【人民调解】 强化人民调解组织建设，开展调解组织“进农村院落、进城镇小区、进商场市场、进重点车站、进园区景区、进学校医院、进协会商会、进项目工地”八进活动。在乡镇，按每30户～50户建立1个中心户调解室要求，已确定1180个农村中心户调解员并建立农村院落中心户调解室；在城区，配合工商、交通、医院、学校等部门规范设立矛盾纠纷调解室。2015年，已建立市场（商场）调解室7个、车站调解室2个、小区调解室6个、景区调解室1个、医院调解室2个、学校调解室41个、园区调解室2个。积极组建专业性行业性调解组织，在南方家居产业园新成立1个企业人民调解委员会。截至2015年年底，全区共成立11个企业调委会，87个企业调解室；与卫生部门衔接配合，成立医疗纠纷调解中心1个。强化人民调解队伍建设，大力推进调解队伍专业化建设，提升调解水平。2015年7月，对乡镇级调解员进行业务知识培训50余人次；11月，配合区大调解办、行政调解中心等部门，开展全区“调解跟着矛盾走”调解员业务培训会共计250余人次；截至年底，全区各乡镇对调解主任及调解员进行业务培训共计15场次，2000余人次。积极开展各级人民调解委员会星级和人民调解员等级评选活动，上报省级调解能手1个、五星级调委会1个；获得市级四星级调委会2个、一级调解员3名、人民调解能手6名；评定出彭山区区级三星级调委会14个、二星级调委会36个、二级调解员63个、三级调解员75个。强化纠纷排查化解力度，坚持调防结合、预防为主方针，狠抓人民调解排查调处工作。2015年，全区共排查调处各类矛盾纠纷979件，调处成功978件，成功率达99.9%；防止民间纠纷引起自杀3件，防止群体性上访14件；共受理调处矛盾纠纷1482件，调处成功1479件，成功率为99.8%；无“民转刑”，无群体性械斗。强化衔接工作机制，积极完善人民调解、行政调解和司法调解衔接联动机制，全区人民调解组织接受法院委托调解116件，办结101件，成功75件，成功率为65%；委派调解162件，办结153件，成功112件，成功率为69%；应当诉前调解1051件，调解877件，调解率83.4%。

【社区矫正】 2015年，通过政府购买服务形式选聘11名近五年内大专以上毕业生作为矫正协助人员协助司法所开展监管工作，充实专群结合矫正人员力量；规范司法工作站建设，确保全区60个司法工作站均达到“四有”标准（有吊牌印章，有办公设备，有工作人员，有工作台账），并制定司法工作站内部管理“九项制度”。同时，联合区公安分局、法院、检察院，创新矫正点验制度，划片区分片点验，以月点验工作为落实重点，新增季点验、年点验为工作节点，增加点验频率；强化服刑人员的监管，规范操作严把“三关”（交付接收关、监督管理关、奖惩处罚关）；健全社区矫正制度，制定《社区矫正经费使用管理办法》和《社区矫正工作考核细则》，严格执行管理规定，进一步推进社区服刑人员“能管住，可转化”目标的实现。以教育矫正为重心，创新社区矫正内容，组织60名社区服刑人员组成城区义务交通劝导组，协助交警对交通秩序进行维护和劝导；以参与帮扶为着力点，新建南方家居产业园安置帮教基地1个，做好过渡性安置帮教工作。全年，彭山区共接收刑满释放人员86人，衔接率100%，重点帮教对象接送率100%，帮教率100%，安置率98%，无重新违法犯罪。运用科学技术，实现“人防—技防”转变。对全区重点监控的社区服刑人员实施手机定位管理，提升监管科技含量，有效防范服刑人员重新犯罪、脱漏管等现象发生。截至2015年12月底，彭山区在册社区服刑人员229名，未发生脱管、漏管现象，筑牢基层平安与稳定的第一道防线。

【法律援助】 2015年，区司法局对13个乡镇法律援助工作站和9个司法工作站法律援助人员，进行培训共计64人次；深化法律援助网络建设，完善法律援助中心、乡镇（街道）法律援助工作站、村（社区）法律援助联络点三级一体的援助体系，形成法律援助区、乡、村三级网络；加强信访与法律援助对接，做到援助跟着信访走，疏导分流信访人员，化解信访维权案。全年，成功办理15件涉及信访稳定的援助案件。优化法律援助受理审查程序，区法律援助中心、律师事务所、公证处、基层法律服务所逐步设立“老年人服务窗口”，实行首问负责、一次性告知和零等待服务；重点关注高龄、空巢、失独、失能、失智及经济困难老人的援助需求，扎实开展法律援助关爱工程活动；对劳动报酬案、工伤案、农民工交通事故案，开通援助“绿色通道”，发挥“12348”专线作用，做到当天受理、当天审查、优先指派、应援尽援。做好质量评查强化法治宣传。对2014年完结的143件援助案件进行质量评查，上报5件案件由区政法委案件评查组进行评查，促进案件质量提高；对案件实行跟踪、回访制度，全年度回访案件实现100%，跟踪办案参与庭审旁听36余次；结合法治宣传月、困难结对帮扶等活动，多形式开展法律援助宣传，发放宣传资料上万余份，切实提高法律援助知晓率。2015年，共向社会提供法律援助咨询2772人次，办理援助案件156件。

【法治建设】 强抓法治宣传文化建设，打造“阵地型”法治文化。以青龙一小、谢家镇青少年法治教育基地，彭祖大道法治文化宣传广场，凤鸣公园法治文化长廊，10余个大型广告牌、20余个户外LED显示屏，100台出租车，33台公交车车载LED等设施为载体，积极开展全民学法用法守法懂法教育活动；在乡镇，推进乡村普法“六个一”工程，建立60个司法工作站，108个村建立法治辅导站，设立150余个“千村法律书库”。拓展“移动型”法治文化，全区成立1支普法讲师团、10支普法小分队、16支法律服务小分队，深入村（社区）、机关、企业开展法治宣传等工作。全区村（社区）均确定普法宣讲员、辅导员，行政机关、社会团体、企事业单位均设立普法联络员，31所中小学校和31所幼儿园均聘请法治副校长（副园长）和法治辅导员。

【“六五”普法】 以“法律七进”为抓手，以增强领导干部和执法人员法律知识水平为重点，强化党委依法执政和政府依法行政的能力和水平。强抓法治宣传文化建设，确定彭山一中、三中、职中、青龙一小、谢家中学为送法进校园“依法治校”工作联系点，新建青龙一小规范化青少年模拟法庭，申报青龙一小为创建省级青少年法治教育基地；为全区13个乡镇和108个村（社区）发放“送法进乡村”法律惠及读本121套1210本。

【法治宣传】 2015年，开展“基层党员流动大讲堂”等专题讲座，培训党员干部6000余人次；开展“九月学校法治宣传周”等法治课堂400余堂次；召开全区寺庙负责人座谈会，对教职人员培训65次900余人次；对企业经营管理人员进行法律知识培训共计102场次3200人次；组织党员干部学习《阳光下的“黑幕”》等教育读本、影片4000余人次；开展眉州监狱警示教育660名人次；向全区领导、干部发放《宪法及新法学习读本》《学法笔记》2000余套；针对学生开展“争做遵纪守法小公民”“法治梦——彭山梦”等活动52次；开展“送法进企业”活动115次，“返乡农民工法治宣传”“三月法治宣传月”“调解一次纠纷，上好一堂法治课”等活动400余次、法治文艺汇演92余场次。

【法律服务】 深入推进“法律顾问进万村”活动，组织律师、公证员参加“法律志愿服务进社区”“送法进园区”“外来企业大走访”“律师进校园”等活动；强化律师业务素质培训，组织律师参加政府采购法律服务座谈会、区检察院规范司法行为专项整治工作座谈会，开展全面依法治国教育活动；针对公证人员开展加强公证质量管理、“重经济效益、轻公证质量”问题专项治理活动，规范律师、公证人员执业程序，提高业务水平。认真开展“千案千评”专项督察活动。按政法委要求制发具体活动方案，自查并上报5件评查案件（2件法律援助案件、2件公证案件、1件社区矫正案件），及时对评查中的问题进行整改。完成区公证处、各律师事务所机构和公证员、律师、法律工作者的年检注册工作，及时完成新律师事务所（本真所）申办，处理3起投诉律师案件和1起投诉公证处不办理业务案件。

【自身建设】 2015年，组织干警积极参加“区委中心组学习”“锦江大讲堂”“政法大讲堂”等培训学习，开展多样化业务练兵达260余人次；参加省、市、区级司法行政干部专项业务培训22人次；全局干警31人完成《提升依法行政能力，做人民满意公务员》公务员培训，合格率达100%；加强专题培训，在全体干警中围绕人民调解技巧、社区矫正、法治宣传等业务培训42场380人次；组织全局党员、干部学习观看《职责与犯罪》《榜样的力量》等教育片、情景歌舞剧，到眉州监狱开展警示教育活动。

【主题活动】 加强领导班子思想政治建设工作，组织全体司法行政党员干部进行学习讨论会5次、反思会4次，开展 “交心谈心，建设和谐班子”活动，局党组书记、班子成员、中层干部之间交心谈心每月1次；扎实开展“三严三实”活动，落实司法行政系统整治“庸、懒、散、浮、拖”问题，建立“四个当天”制度，完善公务员平时考核工作；为全区65名司法行政工作人员制作工作吊牌，明确姓名职责，严格考勤制度，强化作风监督。

【扶贫攻坚】 积极开展扶贫活动，看望慰问困难户20余户，发放慰问金1万元，投入0.7万元帮扶群众脱贫；在保胜乡佛岩村种植0.2公顷香樟树，创建绿色基地，协助开展2015年农作物秸秆禁烧；投入4万元资金，扶持锦江乡半边街社区安装天网，搞好阵地建设，向社区文化室赠送100本法律书籍、2台空调、1台电脑。2015年，共投入帮扶资金和物资6万元，实地走访慰问困难群众30余次。

【信息宣传】 2015年，坚持实行“全员信息员”制度，定期召开信息调研分析研讨会。全年完成《司法行政动态》41期，其他信息115篇。动态、信息被上级刊物、各种媒体采用260篇次。其中，司法部官网2篇、中国法律援助网4篇、中国普法创新网3篇、四川法制网55篇、四川长安网12篇、四川新闻网——眉山频道60篇、眉山长安网30篇。

（帅　逸）

人民武装

【概况】 2015年，区人武部党委以拓展和深化军事斗争准备为中心，以确保安全稳定为重点，深入学习贯彻党的十八届三中、四中、五中全会精神和习近平总书记一系列讲话精神，扎实抓好各项工作落实，圆满完成年度各项工作任务。

【思想政治建设】 2015年，区人武部以贯彻全军政治工作会议精神为主线，纠治问题积弊，推动创新发展，铸牢“三个绝对”（绝对忠诚、绝对纯洁、绝对可靠）的思想根基。突出抓好习近平系列重要讲话和全军政工会议精神的学习，扎实开展“学习践行强军目标、做新一代革命军人”主题教育和“三严三实”专题教育整顿活动，班子成员认真贯彻整风精神，开门见山、直截了当互提批评意见28条。抓好党的十八届五中全会精神的学习领会，先后召开党委会和干部职工大会对《会议公报》进行原文传达学习，并积极借用各大媒体解读分析文章，进一步领会全会精神。

【战备工作建设】　着眼应对复杂形势，紧紧围绕落实战备工作真打实备要求，认真贯彻落实《战备工作条例》。紧密结合当前任务，进一步修订完善作战预案和抢险救灾、应急维稳等各类应急预案。加强民兵情报信息网建设，每个村（社区）都编配1名~2名民兵情报信息员。投入15万余元用于战备库室规范化建设，购买携行战备物资和各类抢险救灾物资器材，切实提高应急应战的装备器材保障能力。

【军事训练】　着力抓好人武部机关、专武部长和民兵应急分队的训练。2015年1月6日，区人武部组织基干民兵397人在人武部营区进行20公里徒步拉动演练和应急维稳处突演练；1月14日—18日，组织彭山职高200余名新生军训，主要进行队列、军体拳、紧急集合、整理内务等内容训练；1月29日，在军分区编成内组织干部、职工、民兵骨干20余人完成200余公里摩托化机动和徒步拉动演练；4月20日—29日，组织基干民兵397人依托区体育中心开展为期10天的民兵军事训练，有力提升民兵应急队伍完成多样化军事任务的能力，民兵训练合格率92.5%，优秀率达84%；选派4名专武干部参加军分区战备条令暨专武干部集训；全体干部参加军分区二分之一轮训；7月15日，组织开展彭山区民兵水上救援分队应急救援综合演练。

【国防动员建设】　结合地方党政机关军事日活动、地方后备干部培训、抗日战争胜利70周年纪念日活动等时机，主动发挥国教委职能作用，在全区开展全民国防教育活动。对全区20余名后备干部进行“国防后备力量建设”知识讲座。组织党政机关干部200余人在建军节期间过军事日。按照“任务牵引、平战结合、突出重点、建用一致”的原则，全区共调整组建基干民兵3009人。其中，应急队伍790人，支援队伍1499人，储备队伍720人。在全面整组的基础上，突出抓好基干民兵队伍调整改革，进一步优化调整综合应急保障、空军勤务、应急通信等18支专业技术分队的结构编成。2015年4月21日，组织13支队伍397人在区体育中心按程序进行集中点验。6月，在义和乡双凤湖实业有限公司组建彭山区第一支民营企业应急民兵连。

【正规化建设与管理】　坚持制度正规，确保“四个秩序”（战备秩序、训练秩序、工作秩序、生活秩序）规范有序；加强营区建设，对办公楼的门全部进行更换，对营区绿化带进行调整优化，并在楼顶将强军目标12个字树立起来，同时对荣誉室、营区宣传栏等内容定期更新，营造浓厚的军营氛围；加强基层武装部规范化建设，抓好彭山区3个第三批达标乡镇武装部的规范化阵地建设。不断强化“底线”思维和“红线”意识，准确把握安全稳定工作的阶段性特点规律，紧盯重点，严防死守。重点抓好意识强化，并结合开展典型示范、案例剖析等活动，使干部职工安全意识得到有效强化；突出抓好安全管理，定期开展安全形势、犯罪形势分析，及时制定必要措施；持续抓好信访维稳工作，全年共接待来信、来访25人次，并积极加强与区应急办、群工部、信访办等相关部门的协调会商，及时有效地解决相关问题。

【后勤保障建设】　始终坚持党委理财制度，按照《全面建设现代后勤纲要》《省军区后勤规范化管理实施细则》的要求，结合实际，科学规划，规范后勤日常战备秩序，修订、完善后勤保障方案（预案），细化抢险救灾、反恐维稳等后勤保障方案（预案）。严格执行经费预算，大力加强经费的管理和监督，经费使用效益明显提高。严格落实军车清理、财务大清查和国有资产统计工作，核查发票凭证703份，核查合同协议12份，核查金额529.2万元。通过清查，发现异地加油、票章不符、假票等问题22个，涉及金额8.9万元；个人退款5.3万元，情况说明3.6万元。

【参建参治】　牢固树立“有为才有位”意识，坚持将驻地视故乡，主动请缨，积极靠前，切实以自身实际行动为彭山发展做出贡献。2015年，积极开展走访慰问活动，先后在春节、“学雷锋日”、建军节等重大活动和节假日，共投入2万余元，对部分困难职工、贫困党员、伤残军人进行走访慰问，及时送去关怀慰问，进一步浓厚军民鱼水情。积极开展扶贫帮困，持续开展直接联系服务群众工作和“美丽幸福新村”帮扶活动，设立20万元的专项基金，挂钩帮带1个乡、2个村、12户困难群众和3名困难学生。先后4次深入到基层一线听取意见，积极帮助群众解决生产、生活中的实际问题和困难。2015年，区人武部投入5万元用于解决联系点武阳镇泉水村村级阵地规范化建设资金缺口；投入5万元用于解决保胜乡佛岩村道路建设资金缺口；投入4.5万元用于解决观音镇果园村灌溉水渠整治维修；投入5万元用于解决武阳镇茯苓村村级阵地规范化建设资金缺口；投入9000元用于慰问12个联系户和3名贫困学生。积极助推地方经济社会建设。全年，共动用民兵1000余人次执行第六届长寿养生文化节、2015彭山第六届观音美人指葡萄采摘节、黄丰橘花节等重大活动安保任务。同时，各乡镇武装部民兵积极协助公安机关开展治安巡逻，维护彭山区社会治安环境。

【征兵工作】 2015年8月3日—9月15日，全区严格按照征兵工作条例要求展开征兵工作，按照征兵体检、政治考核、审批定兵、交接起运的程序征集新兵，圆满完成市征兵办征集任务，实现连续6年零退兵。

（任　康）

民　主　党　派

中国民主同盟会眉山市彭山区支部

【组织建设】 2015年，中国民主同盟会眉山市彭山区支部认真组织盟员参加盟市委、市委统战部、区委统战部组织的培训或会议，到会人数均非常突出。盟员王娜参加盟省委组织的培训2次，刘建中参加盟省委组织到复旦大学为期8天的培训。盟总支开展为期三天的政治交接学教活动1次，到贵州赤水参观“赤水红军烈士陵园”、“四渡赤水”旧址和全国红色旅游经典胜地“丙安”古镇。组织退休盟员开展“重阳节”庆祝活动。新发展5位盟员，分别是彭山一中教科室副主任杨静、彭山一中生物备课组组长周卢娟（市赛课第一名，省赛课一等奖获得者）、区规划局科长黄杰、区委办信息中心主任陈文秀、区司法局万瑶婷。正在接受考察、培训的入盟积极分子4人。唐建超、黄杰被评为2015年度“优秀盟员”。

【参政议政】 2015年，撰写区政协个人提案6件；集体接案1件《关于加快推进养生养老服务产业发展的建议》，由唐建超撰写，部分盟员参与修改；周影在区政协全会上作大会发言，获区委书记梁磊批示。组织盟员开展调研2次，撰写集体提案《关于加快打造长寿水乡，提升城市品质的建议》，黄杰执笔，唐建超修改。撰写市政协提案2件，上报信息10条，社情民意6件。

【社会服务】 2015年，民盟眉山市彭山区支部关注教育，深入开展“农村教育烛光行动”。先后两次到黄丰中学、义和中学开展“农村教育烛光行动”，为两校40名优秀学生颁发“伟业奖学金”共8000元；到两校开展学科教学研讨会4次，送课下乡4节，培训教师100余人次。凝心聚力，扎实推进扶贫工作。盟总支副主委王娜通过与中国红基会和省、市红十字会项目办协调对接，争取到中国红十字基金会援助谢家镇汉安村、观音镇果园村“博爱家园”项目资金37.5万元；盟员林敏组织医疗骨干团队10人前往美姑县龙门乡、拉木阿觉乡和峨典古乡为群众进行免费咨询878人，孕产妇胎心检测156人，测血压265人，并到当地福利院开展免费体检和治病活动，共计50人次。

（王　娜）

中国民主促进会眉山市彭山区支部

【概况】　2015年，中国民主促进会眉山市彭山区支部（以下简称民进彭山总支）深刻领会中共十八届三中、四中、五中全会依法治国的精神，深入践行“同心”思想，扎实推进自身建设，切实履行参政党职责，充分发挥参政议政、民主监督和社会服务职能作用，广建睿智之言，多献务实之策，共同推进彭山“四城”建设，为实现彭山品质发展做出积极贡献。民进彭山总支被民进四川省委表彰为社会服务工作先进集体，被民进中央表彰为民进全国先进集体。

【政治学习】　2015年，以主题活动为契机，进一步加强总支领导班子建设，明确自身责任，积极开动脑筋，主动聚智谋事，增强组织的创造力、凝聚力和战斗力，促进总支工作的全面发展，突出领导班子的核心带头作用。总支坚持从实际出发，全年共召开8次总支会议，及时传达民进省、市委会议精神，统一全体会员的思想认识；组织学习各类中央文件；统一安排部署，落实总支各项工作。增强会员接受中国共产党的领导，坚持多党合作和政治协商制度的自觉性。总支召开廉政教育学习会，通过学习不断反省自己，自警、自律，从而提高自己的拒腐防变能力，筑牢拒腐防变的思想道德防线，共同营造风清气正的社会环境。

【参政议政】　2015年，在彭山区党代会和人代会上，民进彭山总支提案《关于进一步发展我区学前教育的建议》《关于高度重视我区城乡“空巢老人”生活的建议》被表彰为优秀提案，总支集体提案已连续两年被评为优秀提案。《关于进一步加强我区社会救助工作的建议》作大会发言。个人提案《关于进一步加大对民间理财咨询类公司监管力度的建议》被评为优秀提案。会议期间，政协委员们以饱满的政治热情和高度负责的精神，踊跃议政、睿智建言、务实献策，在市政协会上提交个人提案1件，在区政协会上提交个人提案6件、党派提案2件。积极参加对口联系和区级有关部门诉请的意见征询会、政府工作通报会、政协各类调研视察活动等，利用各种平台发挥职能，建言献策。

【信息宣传】　2015年，总支强化学习宣传工作，多途径、多方式内强素质，外树形象，并以新闻报道形式将总支活动情况进行历史性记录。落实专人及时将总支工作开展活动情况、组织的社会服务工作形成文字信息及时上报市委会，全年上报市委会各类工作信息11条。总支安排1名总支委员参加与四川师范大学支部的研讨活动，学习兄弟单位的先进理念。积极推荐会员参加各类培训学习。安排1名会员参加省委统战部组织的民主党派干部班第32期培训；1名会员参加市委统战部组织的专题培训；会员参加市委统战部组织的“同心大讲堂”学习20人次。总支注重将学习与思考相结合，积极撰写理论文章，上交区委统战部理论研究文章2篇。

【社会服务】　2015年，总支秉承积极热情的态度开展多方面的社会服务工作，增加民进总支的社会影响力。关心爱护留守儿童，连续8年在“六一”前夕看望慰问城东社区5名留守儿童，送去2000元的慰问金和民进总支的关爱；总支连续9年在重阳节期间前往观音敬老院，看望慰问义诊孤寡老人84人，送去价值3500元的慰问品；关注残疾孩子的成长，连续4年组织会员到特校看望孩子，送去价值3000元的凉被等生活用品；看望慰问彭溪镇的困难群众15户，送去价值5126元的慰问金。

【党派活动】　2015年，总支开展组织活动，将组织全体会员观橘赏橘活动与学习中共党的十八届三中、四中全会精神结合起来；将“走出去，请进来”与总支的党派传统教育结合起来，组织会员参观贵州赤水的传统红色文化教育基地，将理论小组总结工作与考察学习结合起来等。党派活动既开展得轰轰烈烈，又被赋予新的内涵。

【工作成绩】 2015年，总支会员爱岗敬业，在科研、管理工作上取得新的突出成绩。总支被民进省委表彰为先进基层组织，1名会员被评为基层组织优秀干部。会员倪兴国创作完成10万余字的小说集《鸡血之恋》《话说彭祖》，散文集《正歌》。会员阳朋军被民进四川省委表彰为优秀通讯员；被彭山区委表彰为民生工程、史志工作先进个人，年度考核等次评定为优秀。会员罗秀勤在《医药前沿》发表专业论文1篇。会员段志华所创办的橘颂园农家乐被区委认定为城市品牌推广，所在的黄丰农村信用合作社上半年存款净增6500万元以上。会员张梅被眉山市委、彭山区委分别表彰为统战工作先进个人，荣立个人三等功，撰写论文获得四川省高院表彰。

（张　梅）

中国民主建国会眉山市彭山区总支委员会

【基本情况】 截至2015年12月底，中国民主建国会眉山市彭山区总支（以下简称“彭山民建”）共有会员36人，下设2个基层支部。会员平均年龄49.7岁，大专以上文化程度27人，中级技术职称以上14人，副科级以上职务会员6人，直接从事企业生产经营的会员10人。会员担任市人大代表3人，市政协委员1人，区人大常委1人，区政协常委5人、委员9人。

【思想建设】 2015年，彭山民建共召开会议3次，开展活动2次，组织会员参加中共眉山市委中心组（扩大）学习、市委统战部同心大讲堂、民建四川省委、民建眉山市委学习活动6次，参与会员80余人次。重点传达学习中央、省、市、区统战工作会议精神，中国共产党统一战线工作条例及中共四川省委、彭山区委实施细则，中共十八届五中全会精神，民建中央基层组织会议精神，彭山区“三会”精神等。组织会员赴北川学习抗震救灾精神；选派班子成员5人次分别参加中央社院、民建中央、民建四川省委举办的培训学习；选派班子成员3人参加民建眉山市委组织的赴重庆特园民主党派纪念馆参观学习。召开纪念民建成立70周年大会，会员撰写纪念文章2篇。通过开展多形式的学习培训，进一步提高会员掌握多党合作政策、统一战线理论的能力，了解经济社会发展的思路、举措，增强政治意识、大局意识，为开展工作打下坚实思想基础。

【组织建设】 2015年，发展新会员2人，分别是彭山区第六建筑工程公司经理陈卫华和彭山建伟房地产开发公司经理周宇。储备会员2人，分别是区统计局张怡和区人社局张奂。总支切实加强会员的培养和推荐工作，向民建眉山市委和区委统战部推荐13位民建会员。全年，会员工作交流、挂职锻炼3人，新提拔副科级干部1人。

【制度建设】 2015年，分支部活动后，总支和支部根据开展工作的实际进一步完善财务制度、慰问制度、学习制度、联系制度等，新制定总支用车燃油补助制度等，推进工作规范有序开展。

【参政议政】 2015年，市、区党代会和人代会期间，会员撰写提案、建议意见17件（集体提案5件）。其中，《关于加强全区工业企业污染物排放监管工作的建议》在区政协全会上发言，并被表彰为优秀提案；《关于进一步加强我市快递服务行业监管的建议》作为民建眉山市委提交市政协会的集体提案。

【信息宣传】 2015年，会员联系工作实践积极撰写理论研讨文章1篇。全年共撰写7条信息，分别在四川政协网、眉山政协网上刊登。积极为新创办的眉山民建期刊提供图片、文字等材料。

【社会服务】 企业界会员致富不忘回报社会，民建会员四川亨达实业商贸有限公司总经理罗永田、建伟公司经理周宇、新华眼镜经理周林等共捐资300万余元，为企业所在地老百姓购买医疗保险，捐资市慈善协会，捐资联系贫困村、贫困学生等；会员企业家在依法缴纳税收、提供就业岗位方面做出积极贡献；会员积极响应区委关于扶贫攻坚的号召，共计有10位会员定点帮扶20余位贫困户，通过走访、提供资金支持等方式关心其生产、生活；义和乡悦园村和保胜乡龙安村村级道路建设，总支协调相关部门提供3万元资金支持。

【服务会员】 2015年，开展慰问7名60岁以上老会员活动；支部和总支分别对会员生病等进行看望、慰问6次；走访会员及会员单位16人，切实加大对会员的关心支持力度，增强全会的凝聚力。总支、支部积极响应民建眉山市委与乐山商业银行举办的联谊活动，组织企业界会员积极参与，搭建银企合作平台；加强与会员企业家的联系沟通，积极帮助呼吁解决企业生产经营中遇到的困难和问题，维护合法权益。

【工作成绩】 2015年，彭山总支获得民建省委省级先进集体。会员罗永田被民建中央表彰为全国优秀会员；周惠、陈永华分别被民建省委表彰为省优秀会员和参政议政先进个人；陈永华、宋一飞等7位会员被民建市委表彰为市优秀会员；陈永华获省政协2015年度《四川政协报》优秀通讯员称号；会员企业四川省彭山亨达实业有限公司获得彭山区委、区政府2014年度光彩事业先进集体表彰；会员罗永田、卢斌分别获得区委、区政府诚实守信道德模范称号及提名奖；会员企业凤鸣纺织印染有限公司获得彭山区委、区政府2014年度创新驱动发展推动工业转型升级先进集体表彰。

（陈永华）

群　众　团　体

总　工　会

【概况】 2015年，彭山区总工会认真按照中央、省、市全团工作会议精神，紧紧围绕彭山“四城”建设目标，着力抓好工会基础工作，发挥工会优势，组织动员全区职工群众为彭山经济和社会发展出力。是年，区总工会在四川省“安康杯”竞赛活动中荣获优秀组织单位称号；在工会法律援助、工会组建、工资集体协商工作中受到中央、省、市工会领导的好评。青龙镇总工会获得省级“模范职工之家”荣誉称号。

【工会组织建设】 2015年，彭山基层工会建会达到100%，建会数达776个，会员人数达11.1万人。在农民工较为集中的企业和物流、物业服务、电商、快递等行业建立工会组织，积极做好农民工入会工作，扩大工会组织覆盖面。从硬件和软件上打造思念、八百寿、雅芙、立顿、同庆南风、吉龙化工、联合利华等9家示范点企业。

【工资集体协商】 2015年，全区共签订工资集体协议154份，覆盖企业628家。其中，100人以上企业签订工资集体协议36份，覆盖企业36家，覆盖职工7502人；100人以下企业签订工资集体协议118份，覆盖企业592家，覆盖职工3646人（单独签订91份，区域签订18份，行业签订9份）；全区共签订女职工专项合同145份，覆盖企业602家，覆盖女职工6688人；全区共签订高危行业职业病防治专项集体合同15份。

【法律维权】 2015年，彭山采取“委托+协作”方式开展职工法律援助工作，取得明显成效，被列为全国法律援助示范区。通过区电视台、人社部门显示屏公开维权服务信息，采取在人社部门服务大厅窗口亮出维权牌子，设立服务点，让更多需要维权的职工知晓；开通维权热线，公开维权联系电话，并通过基层网络掌握职工维权信息。依托基层工会，建立职工法律援助维权服务网络。全区有13个乡镇、20个社区、101家企业建立职工维权服务点。通过基层服务点，在做好法律宣传的同时，发现问题，及时调解，为职工群众排忧解难，化解矛盾，尽力把问题和矛盾化解在基层，化解在萌芽状态。全年全区共受理法律维权17起，涉及职工35人，金额60万元，切实维护农民工的合法权益。

【惠民帮扶】 2015年，为切实解决农民工的就业问题，区总工会结合党委、政府对生活困难家庭送温暖活动，根据农民工的不同特点，开展形式多样的帮扶活动。在彭祖广场、客运汽车站、乡镇场镇组织现场招聘会4场，组织88家单位进场招聘，提供118个工种、1万余个岗位，进场求职群众达1.3万余人次，求职登记3200余人，意向招聘2900余人，现场招聘1500余人。开展技能培训，以培训促就业，组织下岗职工培训和农民工种植技术培训，共培训下岗职工300人、农民工200人。共筹措资金18.9万元，购买防暑降温物资及药品，先后到同庆南风、吉龙化学、思念食品等30家企业单位，看望慰问坚守岗位的企业一线高温作业职工3300名。切实帮助困难职工（农民工）、困难家庭缓解子女上学难问题，区总工会整合内外资源，为358名困难职工（农民工）子女就学提供资助，发放助学资金35.1万元，完成任务100%，努力做到全区困难职工家庭子女不因家庭困难而辍学。2015年，工会以惠民、困难职工“帮扶中心”为载体，切实做好困难职工救急解困工作，采取应急和常年帮扶相结合的方式，重点做好元旦、春节期间“送温暖献爱心”和“一帮一”活动，切实搞好困难职工、困难农民工、困难劳模的生活救助，全年帮扶困难职工852人，发放救助金78.48万元。建立职工应急救助“绿色通道”，为符合条件的困难职工和农民工提供2000元~3000元一次性帮扶，集中力量并最大限度地救助这类特殊群体；通过职工应急救助“绿色通道”，为138名困难职工提供应急救助，共发放救助金31.66万元，受到社会和新闻媒体的关注。

【群团工作会】 2015年，区总工会牵头召开区委群团工作会。该次会议的召开，有力整合全区各级群团组织，为着力孵化一批志愿者服务队伍、社会组织、培训机构，支持其参与群众权益维护、困难救助、司法援助、社区矫正、心理辅导等服务项目提供支持。促使全区群团组织围绕中心，集中开展“集力促发展”“集爱促帮扶”“集善促引领”“集网促维权”等行动，为彭山群众办实事，带领群众为彭山“四城建设”做贡献。在关爱困难群众、维护群众权益、创新创业和脱贫攻坚等工作中，发挥重要作用，形成彭山群团工作亮点和特色。

【职工技能竞赛】 2015年6月15日—18日，区总工会成功举办眉山市彭山区首届职工职业技能大赛。大赛涉及计算机办公运用、焊工、维修电工、美发、厨艺、餐饮摆台6个项目，由总工会、人社、区委党校、区经信、区商务局、区食药监局、区旅游局等部门共同承办。为广大职工搭建提高素质、施展本领的交流舞台。从初赛到决赛，参赛职工共计259名，充分展示职工风采，提高职工技能素质，切实营造“大众创业、万众创新”氛围，获得区级领导高度评价。

【文体活动】 2015年，成功举办2015年眉山市彭山区首届职工篮球运动会，组织全区各基层工会积极组队参赛。比赛于5月29日晚在彭祖广场正式开赛。历时1个半月，共有40余家基层工会独立或联合组建的42球队报名参赛，运动员共计486人，共计赛事120场。此次球赛是彭山有史以来规模最大、参赛人数最多的一场高水平体育赛事，深受广大职工好评。

（任 艳）

共青团彭山区委

【重要事件】 6月6日，区委书记梁磊在共青团彭山区委《彭山青年月报》第4期——《“激扬青春　志愿同行”共青团彭山区委纪念“五四”运动96周年活动综述》上批示：“好！结合工作开展有意义活动，把团的工作干出特色、激情。”

9月13日，区委副书记、区长罗万东在共青团彭山区委《彭山青年月报》第6期——《快乐暑期　团委与青少年同行——暑期关爱青少年活动简述》上批示：“区团委活动丰富，工作扎实，值得肯定。”

10月20日，彭山二小少先队大队被共青团中央、教育部、全国少工委评为“全国优秀少先队集体”，成为眉山市唯一，四川省仅有8所学校获此殊荣，有力提升了彭山少先队工作在全国的影响力。

【概况】　2015年，共青团眉山市彭山区委按照“345”（三类建设、四项意识、五大品牌）的工作思路，以改革创新精神推进团的工作和建设，切实强活力、提效率、惠团员，先后4次受到区委、区政府主要领导肯定性批示。

【基层团组织建设】　2015年，全区完善基层团组织建设，组织观音镇申报省级农村基层团建示范乡镇；推荐彭溪镇毛店村“留守学生之家”申报省青少年综合服务平台；重点推荐彭山区二小成功申报为全国优秀少先队集体，成为省内获奖8所学校之一，眉山市唯一。是年7月，在经开区打造群团服务中心，得到省、市级领导多次现场肯定。通过“举旗帜”“出声音”“亮身影”，进一步完善基层团组织建设，让全区各行业各领域青年在遇到困难时“想得起”“找得到”“靠得住”。完善青少年活动阵地建设，在公义镇马林村、观音镇果园村等乡镇新建“星级留守学生之家”14个，实现13个乡镇全覆盖。争取10万元经费，对青少年社会实践基地进行升级完善，打造独具特色的文化墙，增强基地的文化内涵。加强团员干部自身建设，着重加强团干培训。全年共组织基层团干培训2期、西部计划志愿者培训2期、少先队辅导员培训1期。其中，是年5月，围绕理想信念、业务工作、综合素质等方面，对75名团干进行拓展培训，全面提升团干部的凝聚力和执行力；11月，组织15名乡镇基层团干到省团校参加为期4天的培训，组织15名少先队辅导员参与培训。

【青年德育工程】　2015年，区团委紧抓意识教育，突出青少年群体思想建设。充分利用“3·12”、清明、“五四”、“六一”、“一二·九”等重要时节，开展主题教育活动；“学雷锋”月，组织乡镇和电力、卫生、农业等部门，通过开展“送电入户”“学雷锋送健康”“助农抢手”“文明劝导”“绿色植树”等活动31次，弘扬雷锋精神；清明节期间，开展以“缅怀革命先烈　感恩幸福生活”为主题的清明节活动，以多种形式进行革命意识熏陶教育；5月，开展纪念“五四”运动96周年系列活动，组织区交通运输局、区农业局、区卫生局等单位和多所中小学校，开展客运秩序维护，“骑车观园、送技术下乡”，“秸秆禁烧”宣传，“举团旗、戴团徽、唱团歌、学团章、过团日”等主题活动；在重要纪念日积极号召青年志愿者参与各类教育活动，传递青年正能量。安全意识教育。通过组织“五老”网吧监督员，对网吧进行监督管理，为青少年创造健康的网络环境；区人民医院志愿者在学校开展卫生知识教育活动，通过简单易学的“洗手歌”传授安全卫生知识；锦江乡组织开展“让伤害远离女童”主题活动，教会孩子们能够正确面对，安全处理成长中的困惑。法治意识教育。以“三月普法宣传月”为契机，积极开展“送法进社区”活动；“6·26”国际禁毒日，参与全民禁毒集中宣传教育活动；7月，邀请四川法派律师事务所律师在武阳镇江渎村举办“法治与青少年同行”宣讲活动，为青少年及家长讲授法律知识；于“12·4”宪法日，配合有关部门开展法制宣传教育活动。感恩意识教育。带领青少年到东坡湖开展绘画写生文明劝导活动；组织240余名青少年参加“践行三爱、放飞梦想”2015年训练营活动2期，通过军事拓展训练、团队建设、“三爱”教育、快乐英语足球等形式，让青少年增长见识、增强团队意识，引导他们爱学习、爱劳动、爱祖国；组织50余名贫困青少年到成都科技馆参观学习，扩宽视野，增长见识；开展“爱祖国、爱彭山”现场书画赛；组织“眉山故事少年说”演讲竞赛，培养青少年对优良传统美德的传承。

【西部志愿者工作】 2015年，与省、市团委多次衔接沟通，采取“征求单位用人需求—网络发布用人条件—志愿者意向报名—团委择优选用”的方式，推动服务单位和志愿者双向选择，力争让双方在专业、特长、资源等方面实现最优配置，同时在待遇方面为其购买“四险一金”。2015年，通过双向选择，共选用西部计划志愿者10名到彭山区9家单位参加服务。

【青年创业工程】 2015年，开展校地共建与“逐梦计划”暑期社会实践活动，选派85名大学生志愿者深入部分区级部门、乡镇从事社会实践，到村（社区）挂职锻炼。充分运用团区委微信、微博等公众平台，做好“四川青年创业促进计划（SYE）扶持项目”的宣传、组织和推报工作。积极动员参加“创青春”四川省大学生创新创业大赛（眉山赛区），其中，由团区委推荐的硕仙农业技术服务有限公司取得四川省第二届“创青春”青年创业大赛第一名、中国青年涉农产业创业创富大赛铜奖的优异成绩。抓好农村青年各类培训，全年开展8期培训，共培训945人次。对2015年在彭山区志愿服务的21名西部计划志愿者、84名“校地共建”大学生，以及来自西南交通大学等5所高校的180余名“快乐学校”大学生志愿者，开设“与党同心、与党同行、关爱青少年”必修课，即：在其开始志愿服务或暑期社会实践的第一天，便将写有联系方式等信息的结对卡交与彭山区280余名青少年进行结对，开展学业陪伴、兴趣辅导、社会实践等关爱留守儿童主题志愿服务活动。

【青少年关爱帮扶】 2015年，全方位、多层次开展重点青少年关爱帮扶活动。及时开展“助学成才、放飞梦想”助学金发放活动，对品学兼优的104名贫困大学生、高中学生，发放助学金14.56万元。首次开展“爱在开学季 团青暖金秋”活动，累计为175名重点青少年发放价值2.3万元的书包、文具、益智玩具等慰问物资。坚持“有困难必帮扶，有诉求必回应”的原则，通过了解青少年的疾苦，开展重点关爱。是年1月，通过暖冬行动募集爱心资金18万余元，帮助观音镇程路根、黄丰镇袁依萱、观音镇卓诚志等900余名贫困、留守、患病、残疾等特殊青少年。在6区、县率先启动“同样的冬天·别样的温暖”2016年度大型公益暖冬行动，共募集爱心资金17万余元，收集实现暖冬心愿1143个。会同教育、公安、民政、司法和有关乡镇，通过查询数据、走村入户、多方了解等方式，对全区6类重点青少年群体共1500余人的实际状况进行全面摸底，制定针对性帮扶方案，优先在重点青少年群体中开展关爱活动，逐步构建政府、学校、家庭和社会多位一体的关爱模式，促进青少年健康成长。

【青年志愿者服务】 抓青年志愿服务，打造专业品牌团队，成立青年志愿者服务队7支，组织500余名青年志愿者开展“关爱留守学生”“关爱孤寡老人”“义务植树”“环保宣传”“科普宣传”“学雷锋”“助农双抢”“义诊”等志愿服务活动共60余次。以第六届长寿养生文化节为契机，会同川大锦江学院、东星航空学院、区职业高中等学校，以及爱心连线、天使之爱等社会爱心组织，在上千名中职生、大学生和社会志愿者中选拔出185名优秀青年志愿者，分别担当该次文化节的颁奖礼仪、随车讲解服务、嘉宾引领、票务安检、活动咨询和现场秩序维护等工作，以“四个一”的工作思路（“百里挑一”选精英、“统一标准”强培训、“一站到底”重迎送、“一鸣惊人”树形象），努力提升志愿服务水平，着力打造专业品牌团队。通过他们更好地展现彭山风采、体现彭山精神。

【中心工作】 2015年，扎实开展扶贫攻坚工作，在联系村武阳江渎村开展各类帮扶主题活动8次，为贫困户、留守学生、贫困母亲送去帮扶物资，开展常态化帮扶工作，将扶贫攻坚任务落到实处。落实“三严三实”，完善党员工作机制，实施党员机关干部平时考核制度，严格遵守八项规定，落实“四个当天”，制定党建清单，强化党员的服务意识和责任意识。积极争取资金、项目，争取到2015年“发现之旅”青少年安全自护实践营活动项目眉山市全部名额；争取到团省委“唯心愿”贫困助学项目5.7万元。加强对外学习，学习先进区、县的工作经验，组织到东坡区学习群团服务中心建设、到仁寿县学习关心下一代工作，并结合彭山区实际总结经验开展工作。

【信息宣传】 充分运用新媒体宣传，完善彭山共青团新浪微博、腾讯微博和微信平台，将暖冬行动、创业政策、青年风采等内容及时公布，发表原创微信43篇，及时与网友积极互动，有效地宣传共青团工作，进一步凝聚共青团力量。加强信息报送，鼓励乡镇团委、直属团组织、学校团委以及少先队及时报送活动信息，全年共收到信息128篇（其中，被各级采用117篇）。2015年，团区委共撰写《青年专报》158期、《青年月报》9期，四川青年网采用111期，眉山青年网采用110期，志愿四川网采用30期。

（阙欣琦）

妇女联合会

【概况】 2015年，眉山市彭山区妇女工作紧紧抓住“四城建设”新机遇，引领广大妇女适应新常态、抢抓新机遇、推进新跨越、展现新作为，在妇女发展与维权等各项工作中取得显著成效。

【贫困母亲救助】 2015年，区妇联救助贫困母亲170人，发放救助资金13万余元，完成省、市定任务的170%。

【妇女“两癌”普查】 2015年，配合区妇幼保健院对全区5个乡镇的农村妇女进行“两癌”免费筛查。其中，宫颈癌筛查6483人，乳腺癌筛查2965人。符合条件的14名“两癌”患者（患有宫颈癌2B以上或乳腺浸润性癌的农村贫困妇女）向省妇联争取专项救助资金14万元，解决部分医疗费。

【妇女就业创业】 2015年，区妇联积极做好新形势下妇女就业创业工作，在全区6个乡镇共举办妇女技能培训班10期（其中，钩针培训2期、串珠培训8期），共培训妇女702人，完成省、市目标的146%，对接和自身投入资金共计18万余元。成功培育金云彩“巾帼专合组织”和三生猕猴桃园“巾帼创业就业示范基地”，举荐金云彩负责人杨艳艳评选并最终获得“四川省三八红旗手”称号。向市妇联争取到10万元项目资金，创建女大学生创业就业实践基地。

【《两纲》工作】 是年11月，省、市《两纲》（《中国妇女发展纲要（2011—2020年）》和《中国儿童发展纲要（2011—2020年）》）督查组到彭山进行中期评估，充分肯定彭山《妇女发展纲要（2011—2020年）》和《儿童发展纲要（2011—2020）》工作中所取得的成绩和做法，彭山二小作为省政府《两纲》督察点，受到督察组的一致好评。

【维权工作】 2015年，区妇联争取2万元建设资金，打造巾帼维权站点2个。其中，观音镇果园村被授予“眉山市婚姻家庭纠纷调解示范点”荣誉称号，是眉山市第一个获得该荣誉的村社。全年共接待各类妇女儿童权益信访案件48件，办结率100%，提供法律咨询20余人次，配合省、市妇联开展“送法进乡村”2次、“法律大讲堂”1次、“女童安全知识”1次。

【妇女小额担保贷款】 2015年，区妇联共向就业局担保公司推荐80名符合创业条件的城镇农村妇女，申请额度626万元，发放贷款347万元，落实贴息88万元。

【家庭建设】 扎实开展家庭教育工作。2015年4月，省妇联儿工部、省家教研究会一行到彭山召开家庭教育调研座谈会，对彭山三小树立家风家训示范典型、彭山实验幼儿园树立早期教育示范典型给予充分肯定；9月，区妇联作为眉山市唯一区县代表出席“全省妇女儿童活动中心工作推进会暨家庭和儿童工作座谈会”，并在会上作经验交流，获得市委常委蔺湘的肯定性表扬。开展2015年“最美家庭”评选，陈玉华、黄玉珍两个家庭获得“眉山市最美家庭”荣誉称号。

（叶婷婷）

科学技术协会

【概况】 2015年，全区科学技术协会工作深入贯彻落实中共十八大，十八届三中、四中全会和习总书记系列讲话精神，突出服务基层，科普惠民、利民、为民，圆满完成各项工作任务。

【科普成效】 2015年，组织开展科技、文化、卫生“三下乡”和“全国科普日”等活动。区级领导高度重视，成员单位齐心协力，眉山市彭山区区科学技术协会（以下简称“区科协”）以服务基层，科普惠民工作为主线，多渠道、多形式、多层次传播和普及科学知识与科学思想，同时不断加强科普网络、科普队伍、科普阵地建设。协会工作、科普工作、银会合作、金桥工程、社区科普等工作获国家、省、市表彰。

【银会合作】 2015年，围绕服务“三农”助农增收，区科协“银会合作”协助会员贷款1228万元，共计91笔，结余254笔，2893.03万元。争取向上贴息资金36.8万元，比2014年增加27.8万元。是年，上海省科协、河南省科协、云南省科协和巴中市科协先后到彭山区参观调研“银会合作”工作。7月20日，参加全国推进“银会合作”工作现场会的代表，中国科协、中国邮储银行有关部门同志，各省（自治区、直辖市）和新疆生产建设兵团科协、农技协、邮储银行分行负责同志等150余人到彭山区参观考察果怡葡萄专业合作社，市委常委吴季友，区委书记梁磊陪同。通过看展板、听讲解、品葡萄，代表们对彭山区依托“银会合作”模式大力发展葡萄产业进行详细了解。代表们一致觉得：“这种创新探索的‘银会合作’模式确实好，解决产业发展资金短缺问题，还实现农民致富增收，产业提质增效。对促进产业转型升级、加快全面建成小康社会具有重大意义。‘银会合作’模式值得借鉴。”纷纷表示将借鉴、推广彭山区的先进经验。

【科普惠农】 2015年，谢家润之泽泻协会、观音铺社区被中国科协、财政部评为科普惠农兴村先进集体。城中社区被评为省级科普示范社区。“科普惠农兴村计划”的实施，给彭山区农村经济发展注入活力，在农村科普阵地建设、新技术、新品种的推广应用方面，培养农村科普人才方面发挥重大作用。区科协在抓好协会、基地建设，促进产业不断发展壮大的同时，努力提高公众科学素质。

【科普活动】 “科技之春”“三下乡”等科普活动已经成为全区一项经常化、制度化工作，区委、区政府高度重视。2015年，由区委宣传部牵头，区科协组织26个区级成员单位和13个乡镇参与科技、文化、卫生“三下乡”活动。“三下乡”期间，全区共发动450余名科技人员参与，发放各类宣传资料10万余份，张贴宣传画2000余张，为5000余名群众提供咨询服务，共发放价值5万余元的科普读本和农村实用物资。

【协会发展】 2015年，保胜乡生态鸭养殖协会、公义镇中药材协会和公义镇中药材科普示范基地、彭山区优质青见协会和优质青见科普示范基地被评为市级优秀农技协、科普示范基地，为下一步申报“科普惠农兴村”储备项目打下基础。

【成果转化】 2015年，彭山区申报的川泽泻种植技术推广、高低压电子元器件生产线建设项目、年产40万吨M85甲醇复合高清汽油生产线改扩建项目、钙芒硝尾矿综合利用工程4个项目均被省、市科协列项。

【人才培养】　强化青少年科技教育工作建设，开展科技创新专题活动，围绕发明创造、科技论文、科幻画、科学实践等活动增强科技教育工作实效性。扎实开展科技创新大赛工作，区科协、区教育局认真组织学校参加每届青少年科技创新大赛。2015 年，彭山区有 3 件科技创新作品获省三等奖，分别是青龙一小“小学生零食与健康”、观音中学“滤锄”、观音中心小学“多功能切菜器”。获省、市青少年科幻画二、三等奖 44 幅，科协获优秀组织单位称号。

【联系乡镇】　2015 年，区科协为联系村、帮扶户及计生“三结合”户、贫困母亲、部分农技协等送去现金、科普实用书籍、米、油等共计价值 2.5 万余元的物品，并协助莲池村委解决电力等问题。

（旷小玲）

工商业联合会

【概况】　2015 年，彭山区工商业联合会（以下简称“区工商联”）工作联围绕“团结、服务、引导、教育”的理念，以增强凝聚力和影响力为切入点，坚持注重优化班子配备、注重多种教育引导、注重基层组织建设、注重自身素质提高“四个注重”，促进全区非公有制经济健康发展和非公有制经济人士的健康成长。

【思想建设】　2015 年，区工商联在全区会员中努力营造学习贯彻“两个全会”精神的浓厚氛围，引导广大会员自觉把思想和行动统一到中央、省委、市委、区委的精神上来。以报告会、培训会及片区辅导等形式，围绕讲精神、讲纪律、讲实际、讲案例，认真开展宣讲活动。其中，在 8 个基层商会开展集中宣讲，人员超过 200 人次；在 3 个商会进行分组学习，实现商会组织全覆盖。

【法治教育】　2015 年，区工商联强化企业法治思维，促进会员知法守法、学法用法，及时掌握与企业生产经营密切相关的法律、法规。2015 年 6 月下旬，区工商联特邀眉山市中级人民法院副院长彭国成作题为“依法治国背景下企业的司法保护”专题讲座，全区 100 余家会员企业的负责人及管理人员参加学习培训。讲座围绕依法治国的本质、企业家的法制思维、法制保护的基本原则、法院职能作用及司法改革四个方面，结合与企业生产经营息息相关的法律、法规，以案说法、通俗易懂，让广大会员及企业管理人员受到一次知法守法、学法用法的普法教育和依法维权、守法经营的法律启示。是年 4 月—5 月，区工商联按照中央统战部、全国工商联《关于以守法诚信为重点，深入开展理想信念教育实践活动的意见》要求，围绕彭山区抢抓“四大机遇”、奋力实现“四城”建设目标，在全区基层商会中开展“与法同行·诚信经营”宣誓接力活动。参与活动的 8 个基层商会共 200 余名会员，分别在“守法诚信宣誓承诺墙”前进行庄严宣誓并签名承诺，进一步提高“爱国、敬业、诚信、守法、贡献”的思想意识和法治观念。

【融资平台】　2015 年，区工商联围绕“融资难”问题，整合银行、融资担保等区内 7 家金融机构资源，积极开展银企信贷融资协调服务，为 20 余家中小微会员企业协调融资 3000 万余元。区工商联举办“新三板、新四板上市与股权融资研讨暨培训会”，培训会邀请深圳潜力股基金管理有限公司、北京大成律师事务所、九鼎投资成都公司、东北证券成都公司相关负责人，围绕上市、股权、融资主题，分别作题为“新三板等 OTC 场外资本市场最新政策与动态”“新三板等 OTC 场外资本市场挂牌要求与流程”“企业如何引入财务投资机构实现股权融资”“潜力股资本孵化服务模式及流程”的专题讲座 2 期，加速彭山区中小企业和小微企业向创新驱动转型升级，努力发展资本市场，切实帮助企业走出信贷融资的发展困境，逐步走向在公开资本市场参与融资交易的发展平台，全力推进企业股权上市。与彭山农村信用合作联社等相关金融机构，开展重点针对小微企业的信贷产品推介活动，来自全区 50 余家中小企业和小微企业的投资人及财务务主管参加学习研讨与推介活动。活动开启了彭山区非公有制企业走向在公开资本市场参与股权融资的探索之路和信贷融资的创新之路。

【专题调研】 2015年4月下旬和9月上旬，区工商联与区委统战部、区纪委、区监察局联合开展“打造品质发展之城”集中调研与软环境专题调研活动。调研内容围绕“四城建设”、提升品质发展、营造发展环境等议题，广泛听取非公有制经济人士的建议、意见。全年走访企业90余家，收集建议、意见及发展举措22条，撰写调研报告3篇。其中，涉及软环境建设建议意见18条，受到区委、区政府领导的高度重视和积极采纳。努力营造学习贯彻“两个全会”精神的浓厚氛围，举办依法治国专题讲座、“新三板、新四板上市与股权融资研讨暨培训会”，开展2次商务考察学习交流活动，引导会员坚定信心，依法依规，诚信经营，促进社会经济健康发展。

【“百企联百村”】 2015年，区工商联认真开展“百企联百村”结对帮扶活动，对全区108个村（社区）实行全覆盖。全年百企联百村实施各类项目12个，开展就业创业技能培训8期，培训人员300余人次，提供就业岗位320个，解决就业200余人，实现项目投资403.4万元。

【交流培训】 是年10月21日，工商联及时精心组织40余家企业和商会参加在“五湖四海”太极湖畔举行的中国·彭山首届彭祖国际养生养老产业博览会（高端论坛）。该次论坛大会紧扣养生养老产业这一主题，邀请国内外各类知名专家、学者，品牌运营企业、各类协会、商会和知名企业负责人等300余人齐聚彭山，就养生养老产业发展趋势、商业模式、运营模式等展开深入探讨和对话。11月中旬，区工商联落实区委“关于深入开展学先进赶先进、找差距添措施活动”的要求，组织全体机关干部和部分会员企业赴郫县工商联考察学习组织建设、会员发展、会务管理及商会活动等。11月18日—20日，区工商联组织全区30余家非公有制企业负责人赴石棉、泸定等地开展为期3天的理想信念教育、革命传统教育、爱国主义思想教育学习实践活动。

【扶贫助困】 2015年，区工商联努力引导会员企业积极参与扶贫助困和新村援建等各项社会爱心服务行动。亨达实业、雅芙食品、建宏建材、恒大鑫丰、同欣建材、八百寿酒业等7家企业，针对农村生产设施落后、基础建设薄弱、公共设施缺少的现状，投入120万余元支持联系村开展村容、村貌及各项基础设施建设；青龙、公义、凤鸣等镇的8家商会，针对农村弱势人群生活困难、贫优学生经费拮据的实际情况，扶贫助困30余人，爱心捐赠各类款物53.8万元；按照区委部署，区工商联专门抽调一名机关干部到青龙镇四河村担任第一书记，积极参与精准扶贫攻坚任务。围绕扶贫攻坚、精准帮扶、村容整治、环境建设等，先后向联系村提供资金4万余元，帮扶对象8名（其中，精准扶贫对象6名）。

【软环境治理】 2015年，工商联围绕部门服务、行政执法、证照办理、基础建设、规费收缴、环境保护、就业保险及历史遗留等问题，与区委统战部、区纪委、区监察局等相关部门，认真开展非公有制经济发展软环境和非公有制企业维权服务行动。先后深入企业和商会80余人次，耐心听取会员和业主的意见与诉求，积极开展问题调处。全年收到投诉2起，协调化解2起，合理投诉、正常反映的纠纷调解率达100%。

【队伍建设】 建立工商联商会QQ群，飞信平台和微信平台，实行工商联驻会联系指导制度，建立、完善区工商联会员数据库、组织数据库、执委数据库，定期对数据库内容进行分析，并拟定相应工作措施。严格实行会员入会制度，共组建基层商会8个，行业商会3个，共有会员391名。其中，跨区域、跨行业的“彭山彭祖企业商会”，会员遍及全国乃至国外，为扩大彭山影响及彭祖长寿文化的发扬光大起到较好的作用。

（易昌明）

经　济

发展和改革工作

【经济运行管理】　2015年，彭山区发展和改革工作针对近年来全区实体经济发展放缓，项目投资后劲不足，经济下行压力加大等困难问题，重点加强经济分析的监测研判，推动全区经济运行在合理区间。2015年，全区GDP完成122.5亿元，增速12.7%，位列全市第一；全区固定资产投资完成197.2亿元，增速12.6%，居全市第一；全区GDP综合能耗下降1%。区发展和改革局先后组织草拟《彭山区参与建设丝绸之路经济带实施方案》，完成《十二五规划实施总结》，研究形成“十三五”规划纲要草案，抓好规划编制；积极建言献策，当好参谋助手，定期向区政府提交经济分析，抓好分析研判；认真执行区委、区政府发展战略与路径，向区人大提交的《彭山区2015年上半年国民经济发展计划及执行情况报告》，满意率达90%。

【项目建设】　2015年，全区贯彻执行中央、省、市重大经济决策部署，坚持以项目为统领，以投资为动力，把稳投资作为稳增长的关键，助推全区经济平稳发展。大力开发、不断充实更新项目储备，先后成功申报省重点项目3个，市重点项目16个。大力推进项目建设，先后牵头组织实施项目152个。其中，彭祖新城基础设施、西金电器、苏宁云商等省重点项目全年完成投资5.3亿元；李密故里、双凤湖、中明能源等市重点项目全年完成投资22亿元。竣工项目88个，其中，青龙物流铁路专用线已建成通车；海尔创新产业园一期竣工并投入运营；滨江大道彭祖新城段等项目已完工。

【资金争取】　2015年，全区积极争取国家资金支持。先后牵头组织向上争取到各类项目296个，到位补助资金9亿元。其中，龚家堰水库扩容工程已争取到资金1.5亿元，是国家和省历年来安排到彭山资金量最大的单个项目。进一步深挖项目源，积极做好政府性投资项目包装培训、政策指导，大力争取国家发改委专项建设基金。争取专项建设基金项目3个，第一批到位资金1.45亿元。其中，帮助并推荐西金联合电器列为“新三板”挂牌重点储备企业。

【行政审批】　2015年，先后优化行政审批办事流程9项，合并取消行政审批事项4项；保留3项，取消非行政许可事项2项，转为内部事项1项，减少事项半数以上；编制《彭山区投资项目限制禁止清单》，列入禁止投资类项目649项，限制248项。先后办理行政审批项目备案、核准、审批事项135件，无一例投诉件。

【节能减排】　加强节能减排建设，依法、依规淘汰不符合政策的产业；对金桐石油、蓉兴化工等14个项目实施技改升级；组织尼科国润、鲁洲生物等15家企业开展“万家企业”节能低碳行动。2015年，全面完成“十二五”节能目标。

【创新创业】　2015年，全区大力实施创新创业。组织申报科技项目25个，完成专利申报199件，增速全市第一，被评为“国家知识产权强县”；设立创新创业引导资金，发放小额担保贷款920万元。深入实施扶贫攻坚，完成全区基础设施和生态扶贫2个专项方案相关工作，加大以工代赈项目资金争取；大力实施“宽带乡村”试点工程，不断完善农村基础设施。

【党建工作】 2015年，以党的群教活动为契机，深入开展“三严三实”、“四个当天”、公务员平时考核和“庸、懒、散、浮、拖”专项整治，突出以反“四风”问题抓落实、立规矩、定制度，抓实改、促深改，以提升服务群众水平为重点，切实加强党组织建设。全年，新建和修订各类规章制度16个。建立、完善目标责任考核办法，实行上、下班考勤登记制度，采取不定时间、不打招呼的方式随机抽查到岗在位、工作状态等情况，进一步推进机关作风纪律的转变；修改完善党委议事制度，推动组织建设制度化、规范化；制定财经纪律管理制度，确保开支合理、节简节约。建立、完善党建指导员联系制度。采取“一对一”责任到人方式，落实党委副书记为指导员，对1个总支、3个所属支部、1个两新组织的阵地、制度和岗位建设进行全面指导，促进各支部组织建设上台阶。

【党风廉政建设】 完善党风廉政学习教育制度，定期组织开展党员学习、廉政教育活动，先后组织参观警示教育基地2次，举办廉政学习讲座12次，开展民主评议2次，签订廉政责任书，使全体党员干部廉政意识得到加强，无违纪、违法事件发生。2015年5月，区发展与改革局被群众公投为“软环境测评十佳单位”。

【联系乡镇工作】 2015年，投入资金8万元，帮助市级贫困村谢家镇李山村建成便民服务站，新建垃圾回收站6个，整治涵洞淘淤1000米，并通过努力将3.5公里村道扩建、二级提灌站建设纳入2016年项目建设计划，为2016年全部脱贫、后进村转化打实基础；投入资金2.5万元，帮助红石村贫困户新修房屋，新建垃圾回收站8个，维修沟渠300米；派出2名中层以上干部到联系村担任“第一书记”，全年共结对联系帮扶贫困户56户136人。通过资金帮扶、技术帮扶、医疗救助、物资帮扶等措施，已实现脱贫22户57人；组织党员服务队深入城中社区，认真开展“双报到”活动，先后协调化解矛盾纠纷9起，帮助整治环境卫生2次。

（李　罡）

经济和信息化工作

【概况】 2015年，彭山区紧紧围绕“工业转型升级攻坚年”主题，抓实“保持工业稳定增长”和“促进工业转型升级”两个重点，大力推进新型工业化，全区工业经济保持平稳较快发展，工业增加值增速实现15.9%，全市排名第一。

【工业经济】 2015年1—12月，工业规模持续壮大，规模以上工业总产值达323亿元，同比增长19%；工业性固定资产投资完成79亿元，同比增长12.3%。其中，技改投资完成38亿元；企业资产总额达到127.2亿元，增长5%；利润总额实现18.4亿元，增长28.8%；工业税收实现4.8亿元，同比增长5%。

【项目投资】 2015年，工业固定资产投资完成79亿元，同比增长12.3%。同辐核照、汪氏药业等6个项目列入省、市重点工作；全区开工祥瑞密封件、汪氏药业、长安汽车等38个重大项目；金桐精细、金叶化肥等26个重大项目竣工。重点项目完成投资52亿元，占全区工业投资的66%。新引进中国建筑、格力电器、陶氏化学等项目入驻彭山，招强引优成效明显。

【工业园区】 2015年，两大工业园区主导产业进一步明晰，彭山经开区重点发展日化产业、新能源新材料、现代物流和智能制造业；成眉新能源新材料园区重点发展精细化工和化工新材料产业。彭山经开区工业产值达到206.5亿元，成为全市第一个200亿元园区；成眉园区新绿平等两个项目建成投产，进入新的发展阶段。两大园区完成基础设施投入12.6亿元，项目承载和要素保障能力进一步增强。彭山经开区成功创建化工高新技术产业基地和知识产权示范园区；成眉园区引进世界500强陶氏化学，实现重大项目引进新突破。

【节能降耗】　2015 年，区经信局贯彻落实省、市淘汰落后产能工作，关停铭威化学、鑫欣特铸落后产能生产线。加强企业节能降耗监督管理，确保企业达到节能降耗目标，14 家重点企业按单位增加值能耗计算节约 4.1 万吨标煤。

【安全生产】　全年出动车辆 260 台次、人员 380 余人次，大力开展劳动密集型企业消防安全专项行动、安全生产领域打非治违专项执法行动、工业行业安全隐患大排查大整治等活动，共组织检查 150 余次，提出整改意见 226 条；开展安全生产从业人员专题培训 2 次，培训人员 180 人；扎实做好道路交通安全综合治理。安全生产月期间，接待咨询群众 400 余人，发放资料 760 余份；指导工业企业开展安全生产标准化建设，夯实企业安全生产基础。

【信访工作】　2015 年，成功协调解决应林矿山、文臣家居和迪美特拖等企业的矛盾纠纷问题。推进信访信息化建设，实行领导轮流接访，群众来信阅办率达 100%，调处率达 100%。实现“零进京、零到省、不出事”的目标。

（周建勇）

四川彭山经济开发区管理委员会

【重要事件】　11 月 8 日，彭山区政府与珠海格力电器集团签约。

彭山区政府与珠海格力电器集团签约仪式

11 月 13 日，全省产业园区和农村基层党建工作会议与会代表到彭山经开区党群服务中心参观。

全省产业园区和农村基层党建工作会议与会代表参观彭山经开区党群服务中心

12 月 25 日，四川省 2015 年度重大项目集中开工仪式眉山分会场暨全市第四季度项目集中开工仪式在彭山经开区长安汽车项目工地现场召开。

四川省 2015 年度重大项目集中开工仪式眉山分会场

【概况】　2015 年，天府新区青龙区域抢抓天府新区升级为国家级新区的千载机遇，谋定而动，从重大产业项目推进、重大招商项目引进、重大基础设施建设及新型城镇化建设四个方面精准发力，全方位推进园区发展建设，各项工作取得突破性进展。

【主要指标完成情况】　2015 年，园区实现规模企业总产值 207 亿元，同比增长 10.7%，成为全市首个“200 亿元产业园区”；规模企业主营业务收入 190 亿元，同比增长 15.2%。其中，新兴产业主营业务收入 39 亿元，同比增长 15.2%；高新技术产业销售收入 26 亿元，同比增长 24.2%；入库税金 4.83 亿元，同比增长 18.6%；固定资产投入 52 亿元，同比增长 8.3%。到位专项资金 1600 万元，完成基础设施项目融资 4.7 亿元，天府新区青龙区域整体城镇化项目 17 亿元融资已通过省农发行批准并上报总行。

【项目建设】 采取打表督察严把时间节点与贴身服务解决困难问题相结合的方式，全力确保重大产业项目顺利推进，新开工苏宁云商、长安特种汽车等 16 个项目，续建海尔机器人、中核高通药业等 6 个项目，实施金叶化工、峡山模板等 8 个技改项目，竣工百麟环保（一期）、联辉管业等 16 个项目，确保园区工业固投、规模企业总产值等经济指标稳中有升。结合园区产业发展与企业需求，与四川机器人联盟、中国日化研究院、四川大学等 12 家知名院所签订战略合作协议，帮助金核辐照等 5 家企业新建“产、学、研、用”联盟。2015 年，园区宁氏牧业被授予“国家级高新技术企业”称号；鲁洲生物淀粉糖浆获“四川省名牌产品”称号；同庆南风、兴天源检测 2 家企业均获“市级科技进步奖”。分产业建立小联席会，让产业相关联的上下游企业充分实现资源共享、抱团发展，共同对抗经济下行压力。严格执行环境影响评价制度，推行生态文明发展，关闭或迁出明坤水泥、友禾肥业等 6 家高能耗、高污染企业，引导企业转型升级。

【招商引资】 2015 年，园区共签约引进格力电器高端电磁线生产基地、中建集团建筑新材料西部基地、中电建集团土地一级开发整理、精达电子智能电网设备、四川仁和兴源生物、西金联合电气二期 6 个项目。其中，“世界 500 强”企业投资项目 3 个、国内知名企业投资项目 3 个，投资亿元以上项目 5 个、投资 5000 万元以上项目 1 个，协议引进资金 22 亿元。

【投促服务】 2015 年，园区创建天府青龙党政服务中心，并在区委、区政府的大力协调下，基本取得项目投资服务、国土规划建设两大类 15 个分项授权，为入园项目提供更加完善、便捷的“一站式”线下服务，将投促服务工作做好、做实；完成“智慧青龙”一期项目并投入试运行，为园区企业提供安全监控、产品发布及数据处理等线上服务。2015 年 11 月，园区被列为“全省园区党建工作现场会”示范参观点，园区党建引领、服务发展，“四个融入”助力企业文化、企业管理、企业创新和企业发展的工作做法受到省委组织部高度评价。

【基础设施建设】 对照修编后的《四川天府新区总体规划》，编制完善《道路交通专项规划》《给排水专项规划》《生态环境与绿地系统专项规划》《公共服务设施专项规划》《城市风貌与色彩专项规划》《灯饰夜景专项规划》《滨河商业区专项规划》7 个专项规划，同时根据产业发展需求，完成总面积 36 公顷的 7 宗土地规划调规方案上报工作，为园区基础设施建设和产业发展画好蓝图、留好空间。投入资金 3.6 亿元，完成日处理能力 1 万吨青龙污水处理厂工程；完成总长 2477 米泗河东路、工业北路和鲁洲便道 3 条截污干管工程；完成 520 米工业大道南延线道路工程；完成总面积 15 万平方米工业大道、环区路、青同路道路及节点绿化工程；完成总面积 5 万平方米湿地公园 B 区工程；完成总长 3500 米园区企业标准化围墙工程；完成 110 千伏桂林变电站建设及 110 千伏安先彭线迁改工程。创新合作模式，与中电建集团签署投资 10 亿元顺河坝土地一级开发整理投资建设合作协议，有序推进该片区规划设计、征地拆迁、砂石管理等各项工作，为 2016 年大规模建设打好基础。

（潘　燕）

成眉石化园区管理委员会

【重要事件】 2015 年 6 月 19 日，眉山市项目监督委员会调研成眉石化园区。

市项目监督委员会调研成眉石化园区座谈会现场

【概况】　成眉石化园区是省委、省政府确定的全省三大石化基地之一，是四川省重点发展的天然气化工及能源基地，是经国家发改委、国土资源部公告确认的省级经济开发区，是成都、眉山两市专门为承接彭州石化下游项目环保特殊要求而"量身打造"的专业园区。园区以石油化工、天然气化工及天然气加工利用、精细化工和化工新材料为主导产业。2015 年，园区总体规划面积 21.5 平方公里。其中，产业区 16.8 平方公里，生活配套区 4.7 平方公里。主要利用中石油配置的年 16 亿立方米天然气资源及彭州石化基地提供的原料发展天然气化工和石化下游产业及相关产业。

【基础及配套建设】　2015 年，园区骨干路架基本成型。继石化大道竣工后，石化大道延伸段、石化二路也竣工通车，雨污管网同步建成；石化 4、6、7 路道路开工建设。供电供水基本竣工。园区 220 千伏变电站竣工并完成带电试运；供水厂主体工程竣工，进入设备安装调试。供热排污进场建设。完成对高绿平项目的蒸汽供热设施建设；开工污水处理厂主体工程建设。安置一期完成铺面分配及拆迁户入驻；安置二期启动开工，进行基础建设。完成新征地拆迁 37.73 公顷，完成绿化面积 2 公顷。

【招商引资】　2015 年，成眉石化园区根据三大主导产业，确定近期油漆及润滑油等三大产业链招商重点。全年重点追踪对接了壳牌、杜邦、霍尼维尔、赢创等 12 个优质产业项目，新签约陶氏、国星、高绿平、华佳、兴慧宇 5 个亿元项目。特别是陶氏年内成功的签约，实现园区世界 500 强企业零的突破，扭转园区无龙头引领的困境，奠定园区产业集约发展的坚实基础。

【产业项目】　2015 年 7 月，高绿平项目（四川高绿平环境科技有限公司）率先开工建设，园区产业项目建设实现零的突破，开创当年签约、当年开工、当年竣工试产的记录。禹王、森辉、鸿华、中明、华福 5 个项目也陆续投建，2016 年可竣工试产。

【项目融资】　2015 年，园区包装投资公司，将园区道路、安置区等资产注入投资公司，推动平台公司向经营性公司方向发展。组建园区燃气公司，经营园区天然气资源，启动天然气干管、配气站的规划建设。与中房联合置业集团达成 PPP 投资合作协议（PPP：Public – Private – Partnership，即公私合作模式，是公共基础设施中的一种项目融资模式。在该模式下，鼓励私营企业、民营资本与政府进行合作，参与公共基础设施的建设），共同出资组建"眉山成眉石化基础设施建设有限公司"，打捆建设园区基础设施，实现 PPP 建设模式融资 2.2 亿元。

（余　珊）

眉山岷江现代农业示范园区彭山管理委员会

【机构设置】　眉山岷江现代农业示范园区彭山管委会于 2015 年 6 月挂牌设立。工作职责是负责岷江现代农业示范园区彭山区域范围内规划、项目建设、产业发展、环境秩序等各项工作的组织领导、统筹协调、督促检查。具体抓好岷江现代农业示范园区彭山区域内项目规划、项目建设、招商引资、产业发展（乡村旅游）、环境整治、安全稳定、门户建设、土地规范流转、基础设施管护等工作。成员单位的工作职责是：区委农工办负责岷江现代农业示范园区彭山区域农业产业化政策的落实、新农村建设相关项目建设协调。区委外宣办负责岷江现代农业示范园区彭山区域对外宣传、形象策划等相关工作指导。区发改局负责岷江现代农业示范园区彭山区域项目审批、向上项目申报支持。区财政局负责岷江现代农业示范园区彭山管委会日常工作经费、项目资金和有关项目管护费用的保障。区公安分局负责岷江现代农业示范园区彭山区域治安防范、乡村消防、交通安全等相关工作。区国土分局负责抓好岷江现代农业示范园区彭山区域土地利用的总体规划落实、项目建设用地指标、耕地保护、“双挂钩”项目、土地整理项目的编制申报落实、土地违法查处等。区环保局负责岷江现代农业示范园区彭山区域环境保护项目的整合落实、“两门一园”及新村聚居点排污治污工作指导、区域内环境保护宣传等。区交通运输局负责岷江现代农业示范园区彭山区域交通项目资金的整合落实、骨干道路的规划建设、乡村旅游观光客运设施建设。区水务局负责岷江现代农业示范园区彭山区域水利项目资金的整合落实、水资源管理与保护、农田水利设施建设与日常管护、新村聚居点与乡村旅游集散中心的供水规划落实。区农业局负责岷江现代农业示范园区彭山区域高标准农田建设（农业项目资金的整合落实）、农业产业发展科技支撑服务（植保、土壤检测与配方施肥、优质农产品生产规程、农产品安全体系建设、新品种与新技术的引进示范推广等）、农业保险、土地规范流转工作指导。区林业局负责岷江现代农业示范园区彭山区域“四旁”植树绿化美化的工作指导、相关林业项目政策的整合落实、生态农业建设规范标准编制落实。区文广新局负责岷江现代农业示范园区彭山区域民居风貌美化（民居外墙体绘画、外观风貌风格、外墙装饰美化）、景观节点美化等相关工作指导协助。区规划局负责岷江现代农业示范园区彭山区域整体规划的评审与细化落实。区园林局负责岷江现代农业示范园区彭山区域城乡结合部园林绿化美化工作指导、“两门一园”及新村聚居点园林建设工作指导协助。区农机局负责岷江现代农业示范园区彭山区域农业机械化项目的落实、节水灌溉技术的推广、农田生产机耕便道规划建设。区三产办（区旅游局）负责岷江现代农业示范园区彭山区域一三产融合发展（乡村旅游—观光农业、体验休闲农业）规划评审的工作指导、区域内旅游集散中心（“两户一园”——北门户、中门户和果园葡萄主题文化公园）的招商落实，区域内乡村旅游项目规范标准的编制、旅游标牌标识与景观建设工作的指导。区扶贫移民局负责岷江现代农业示范园区彭山区域整合移民扶贫资金，抓好移民新村配套基础设施建设。区治理办负责抓好岷江现代农业示范园区彭山区域内乡村环境整治工作指导、民居风貌改造等。凤鸣镇、彭溪镇、观音镇、公义镇负责抓好岷江现代农业示范园区乡镇项目建设的组织落地、群众工作、土地规范流转、社区管理服务及管委会交办的其他工作。彭山正兴农业发展投资有限公司是岷江现代农业示范园区彭山区域政府性项目融资投资主体和建设业主，负责融资和项目建设工作。

眉山岷江现代农业示范园区彭山片区党委于2016年9月成立，接受中共眉山市彭山区委的领导和眉山岷江现代农业示范园区党工委的指导。根据产业实际和工作需要，园区党委下设葡萄产业党总支、蜜柚产业党总支、土地流转服务党总支、新型农村经营主体党支部等党组织。眉山岷江现代农业示范园区彭山片区党委设书记1名，专职副书记、纪委书记1名，委员5名~7名，园区所辖四个乡镇党委书记兼任片区党委副书记。眉山岷江现代农业示范园区彭山片区党委是提升社会治理，推进园区科学发展的领导核心，负责协调整合辖区乡镇党委、村级党组织力量，统筹推进园区产业发展，协调解决园区建设突出问题，领导园区党组织规范化开展党建活动。园区党委工作权利是领导园区建设、发展和党建工作；管理服务考核园区党组织和党员；园区项目资金、重大事项决策建议；园区干部任免提名建议；园区范围乡镇党委、区级相关部门考核建议等工作权利。园区党委工作责任是负责宣传党的路线、方针、政策和上级党（工）委的决议、指示；负责园区党的组织、思想、制度、党风廉政建设等党建工作；负责研究园区发展战略、发展规划、重大项目落户、重点工程建设等重大发展问题；负责发展壮大农村新型经营主体，扩大园区产业覆盖，打造高端特色品牌；负责整合政策、项目、资金，统筹推进农村改革；负责服务党员群众，促进农民增收，推进园区全面小康等职能。2015 年，园区党委组建葡萄产业党总支、蜜柚产业党总支、土地流转服务党总支和彭山天鑫农业等 9 个新型农村经营主体党支部。

【概况】　2015 年，眉山岷江现代农业示范园区彭山片区核心区规划面积 54 平方米。园区彭山管委会围绕把园区打造成“以农业为主、统筹城乡、全面小康的示范区；农村发展、农村改革、农民增收的试验区；现代农业、都市农业、观光农业的先行区”的发展思路，加快推进园区建设，力争把岷江农业园区建成国内领先的都市近郊型现代农业示范园区、全面深化农村改革统筹城乡发展的实验区。

【土地流转】　2015 年，园区 5 个乡镇（青龙镇、观音镇、凤鸣镇、彭溪镇、公义镇）均成立土地流转服务经营公司，按照承包权与经营权“两权分离、统筹规划、集约发展”的工作思路，采取“五个统一”，即：统一申请预流转、统一租金标准、统一对外招商、统一对外签订土地流转协议、统一进行田型集中整治与路渠配套，大力推进园区农用地集约化经营。按照“大园区、小业主”，引导各类经营主体，加快建设。2015 年，引进培育四川明都花卉公司等农业“四大”新型经营主体 120 户，累计达到 123 户、集约利用园区流转土地 2000 公顷。全年集中成片、规范流转农用地 800 公顷，累计达到 2400 公顷。

【项目资金投入】　2015 年，园区实施项目 34 个，其中，高标准农田 5 个，交通建设 7 个，旅游景观 10 个，村落民居 10 个，产业基地 5 个，整合涉农项目资金 6800 万余元，引导城乡工商资本投入 2 亿余元。

【“补改投”工作】　2015 年，园区拟定并下发《园区政府性财政投资形成资产经营管理方案》，并已在公义镇果怡农业科技公司试点。

【农业保险】　2015 年，落实杂交水稻、特色葡萄、蜜柚等特色农业保险，落实保险基金 400 万元。特色农业保险在观音与彭溪率先突破，全年为 35. 27 公顷观音果园葡萄、14. 67 公顷柚子，10. 53 公顷彭溪兴祟葡萄、55. 93 公顷柚子成功办理特色农业保险；园区下拨土地流转经营风险基金 80 万元，敦促园区 4 家土地流转服务公司，统一业主经营风险保证金（复垦保证金）缴存，积极防范规模经营风险。

【融资渠道】　2015 年，拓宽农业融资渠道，推进流转土地经营权证质押贷款。观音果园村业主张籍友通过流转土地经营权质押贷款 100 万元。

【重大投融资项目】　2015 年，四川明都花卉农业发展有限公司于 2015 年 10 月落户凤鸣镇江渔村 6 组，共流转土地 50 公顷，建设北美冬青、天堂鸟、睡莲、美国紫薇等高端优质花卉苗钢架大棚种植、观光、休闲示范种植基地，建设各类花卉展示馆 600 平方米，基础设施建设和花卉种苗购买总投入达 600 万余元。填补彭山区集中成片规模发展花卉基地的空白。

（夏诗森）

农业和农村经济

农业和农村经济工作综述

【重要事件】 2月3日—4日，全市两代会与会代表参观岷江现代农业园区。

区委常委郭茂（左一）向全市两代会代表介绍岷江现代农业园区情况

3月13日，“加快推进农村重点领域和关键环节的改革”专题讲座在彭山区委中心会议室召开。区委副书记王艳邀请农业部经济研究中心主任宋洪远“锦江大讲堂”授课，省农工委领导毛业雄、司开元陪同。

农业部经济研究中心主任宋洪远作题为“加快推进农村重点领域和关键环节的改革”的专题讲座

3月16日，省委常委、省农工委主任李昌平调研岷江现代农业园区。市委书记李静、区委书记梁磊陪同调研。

省委常委、省农工委主任李昌平（前排右二）调研彭山岷江现代农业园区

5月8日，省委农工委副主任刘铁调研彭山区农村改革和新农村建设工作。

6月1日，彭山区农村产权抵押贷款发放。

眉山市彭山区农村产权抵押融资启动暨贷款发放签约仪式现场

9月16日，区农村产权流转交易服务中心挂牌。

10月13日，全省新农村示范县检查验收。

同日，贵州省湄潭县人大常委会到彭山考察深化农村改革工作。

10月15日，内江市人大常委会到彭山考察深化农村改革工作。

12月24日，区委书记梁磊参加全国农村改革试验区工作交流会并发言。

区委书记梁磊（左一）在全国经验交流会上发言

【概况】　2015年，彭山区以农村改革为动力，以扶贫攻坚为核心，狠抓特色优势产业发展、幸福美丽新村建设、统筹城乡工作，强力推进助农增收。发展形成“6基地+1园区”的现代农业产业布局；颁发土地经营权证，新培育新型经营主体398家；组建家庭农场联盟会，评定星级家庭农场20个；农民人均可支配收入达到12378元，同比增长10%；全年实现农民转变为现代农业业主415户，转变为城镇居民1.99万人，转变为产业工人13450人，转变为三产经营者和从业者6260人。签约150亿元的中法农业科技园合作项目落户彭山锦江乡。

【目标任务】　全年实现农业增加值12.63亿元，同比增长3.6%（市定目标任务为3.5%，全省一产增加值仅完成3.4%）。2015年，彭山区农村居民人均可支配收入12378元，同比增长10%（市定目标任务为增幅确保10%，力争11%）。

【农村改革】　2015年，农村改革工作获得多项“唯一”与“首个”。“四步机制、三方受益”的土地规范流转经验，作为全省唯一一个代表，在第一、二批试验区参加的全国农村改革试验区交流汇报会上作现场交流；成功申报全省唯一一个“两权”融资全国试点“一肩挑”区县；全市唯一组建三级土地流转服务平台，实现全区覆盖的区县；全市唯一建立农业征信体系，并致力打造金融生态环境的区县；全市唯一在村级建立金融网点的区县；全市唯一组建农村产权融资风险基金的区县；成立全市首个村级集体资产经营管理有限公司；建立全市首个农村产权流转交易市场；建立全市首个农村产权价值评审专家库；发放全市首笔160万元的农村产权抵押贷款；建立全市首个农村集体经营性建设用地入市价格委员会以及增值利润分配机制；是全市首个实现金融农村金融产品和保险产品创新的区县。

【农村土地流转】　彭山区自承担全国农村改革试验任务以来，全区坚持问题导向，大胆创新突破，破除制约现代农业发展中的体制机制障碍，吸引大量生产要素“回流”，促进现代农业蓬勃发展、农民收入持续增长，区域经济活力焕发。建立“四步机制、三方受益”的农村土地规范流转体系。针对在农村土地流转中存在的农民怕业主“跑路”，业主怕农民“难缠”，政府怕无限“兜底”等现实难题，积极探索“三级土地预推—信息公开交易—风险前置审查—应急平台处理”的“四步机制、三方受益”土地流转体系，实现“农民流转有收益，业主投资得效益，政府服务更公益”的三方受益格局。该经验在全国第一、二批58个农村改革试验区中脱颖而出，作为8个现场交流区县之一，区委书记梁磊在全国农村改革试验区工作交流会上进行现场交流，获得与会领导的肯定。

【农村产权交易】　2015年，通过为农村产权确权颁证，建立农村产权评审评估平台、抵押融资平台、流转交易平台和农村产权抵押融资风险补偿机制，形成健全、闭合的农村产权无障碍流通体系。实现全区农村产权抵押融资66笔4000万元，成为经全国人大常委会授权、全省唯一“两权”融资全国试点“一肩挑”区县。建立稳定的“产权+股份”的农民利益保障体系。通过确“三权”、颁“三证”，巩固集体所有权、稳定农民承包权、放活土地经营权，为农民获得长期稳定的土地流转收益奠定制度基础。截至2015年年底，全区农村承包土地确权登记1.4万公顷，覆盖率达100%。完成黄丰镇团结村的集体资产股份制合作改革试点，成立全市首个村级集体资产经营管理有限公司，资源变资产、村民变股民，并于2015年12月30日成功分得第一笔红利。

【现代产业】 现代产业蓬勃发展，区域经济活力焕发。全区集中流转土地8000公顷，流转率高达50%；新培育新型农业经营主体398家；第一产业投资增速达118.4%，远高于二产的11.9%和三产的13.6%。

【现代农业】 六大产业基地发展为全区六大产业优势。以葡萄、柑橘、柚子、猕猴桃等6大优势产业为改革的有力抓手，作为提升彭山现代农业品质的强大载体，全区已建成5333.33公顷优质柑橘基地，2000公顷优质葡萄基地、1666.67公顷优质蔬菜基地、1066.67公顷红心蜜柚基地、1333.33公顷水稻制种+中药材基地和666.67公顷优质猕猴桃基地等产业基地。按国家级标准和市岷江现代农业示范园区的总体规划，高起点打造38平方公里的彭山岷江现代农业园区；投入基础设施建设资金1.53亿元，新建高标准农田800公顷、旅游观光大道22公里、生产通道60公里、沟渠50公里。2015年，全区新培育新型农业经营主体415家。其中，种养大户222户，家庭农场182家，专合组织8家，龙头企业3家。做大、做强农业品牌。按照一村一品、一乡（镇）一业要求，对产出效益低下的产业进行调整，着力培育具有市场竞争优势的精品葡萄、优质柑橘、红心猕猴桃等产业。全年，全区申报商标15个；成功申报绿色食品认证1个；新发展红心密柚800公顷，特色蔬菜133.33公顷，花卉苗木133.33公顷。

【农民增收】 全年全区通过创建全国葡萄新品种科研基地，搭建“互联网+农业”网购平台和电子商务平台等，从本质上提高寿乡农产品价值；深入挖掘彭祖长寿养生文化、李密张纲忠孝文化等，积极探索“1+3”产业融合发展模式，不断提升农业的生态、休闲、文化、观光价值；通过举办“中国·彭山第六届彭祖长寿养生文化节暨彭祖国际养生养老产业博览会”、2015彭山第六届观音美人指葡萄采摘节、橘花节等会节吸引游客115.29万人次，创收1.21亿元，丰富彭山产业发展内涵，加快产业融合，拓宽农民增收渠道。

【幸福美丽新村建设】 2015年，全区按照“宜散则散、宜聚则聚”原则，新建幸福美丽新村，融入文化元素，倡导休闲新村旅游。刘家大院旧村落保护工作成为2015年农业农村工作一道亮丽风景线，并深受各级领导表扬和肯定，填补彭山区新农村建设文化保护空白。按照“一轴两翼”农旅发展产村相融的新布局抓全区幸福美丽新村建设。“一轴”——以由南向北的农旅观光大道为中轴，打造岷江现代农业示范片。主要涉及公义（部分地区）、观音、彭溪、凤鸣，以发展葡萄、蜜柚、花卉等特色农业为主，发展农业观光、采摘、旅游等，打造成为“城市果篮”；“东翼”——岷江现代农业园区以东，打造彭祖养生果蔬示范片。主要涉及黄丰、锦江、江口、牧马、武阳，以中法农业科技园、彭祖山为龙头，辅建仙女湖体育公园等，发展高端观光、养生、休闲、旅游农业，打造成为“乡村客栈”；“西翼”——岷江现代农业园区以西，打造忠孝文化溯源示范片。主要涉及保胜、义和、谢家、公义（部分地区），主要以猕猴桃、水稻制种、粮经复合种植为主，大力发展农场体验、“农家乐”吃住等，打造成为“天下粮仓”。

【基础设施建设】 整合项目夯实基础设施建设。2015年，完成省道103线10公里和3个节点多色谱带建设，农业机械化综合水平达到66.1%。省级重点工程龚家堰水库扩建工程，整治渠道510.81公里，山坪塘252座，改造泵站113处，新建蓄水池405个，整治水库15座，整治新建堤防1.24万米。全面完成幸福美丽新村建设任务。通过引导农民大规模聚居，让新村聚居区既原汁原味保留乡村风味，又达到现代城市生活小区的功能标准，让乡村文化元素与城市文明元素有机统一融合。就地城镇化试点过程中，广泛征求村民对规划方案、户型设计的意见，为聚居区配套水电气、通信、污水处理等基础设施，村民活动中心、行政服务中心等公共服务设施，还配套特色购物街、民俗客栈、休闲会所、乡村特色小吃街等集中经营区。全年，新建农村沼气池517个、幸福美丽新村30个，新建“1+6”村级公共服务中心1个，建成新村聚居点12个、综合体建设1个。

【新型城镇化建设】 以农为主，统筹城乡，完成培育新型农业经营主体415户。其中，新注册家庭农场182家，新发展农民专业合作社8家、农业龙头企业3家、种养大户222户。建成幸福美丽新村30个，建成农村廉租房90套。完成岷江现代农业示范园区土地确权颁证登记工作。以城为主，统筹城乡，农民转变为城镇居民1.99万人，城镇化率提高1.99%。新增建成区面积1.32平方公里。新建公共租赁住房80套；启动危旧房和棚户区改造832套；货币化安置927套；定向分配农民工公租房30套。城镇基础设施完成投资6.8亿元。房地产完成投资31.3亿元，新开工面积25.6万平方米。鼓励引导农民进城购房2773套。农业人口转变为非农业人口972人。以工为主，统筹城乡，农民转变成为产业工人1.345万人，实现工业固定资产投资80亿元以上；技术改造投资33亿元；新增规模以上企业9家、小微企业92家，规模以上工业增加值增速17%；新增省级以上技术中心1家，新建2家。战略性新兴产业工业总产值增速18%。以游为主，统筹城乡，完成凤鸣镇、江口镇、公义镇、义和乡4个乡村旅游集镇；完成观音镇、凤鸣镇、公义镇、黄丰镇4个乡村旅游片区规划编制；投资400万元新建特色业态乡村旅游经营点2个（寿星谷、果怡农业科技有限公司）。农村转移劳动力就业技能培训280人次，实现农民向三产经营者和从业人者转变6260人。

【亮点工作】 2015年，签约150亿元的中法农业科技园项目落户彭山区锦江乡，该项目是继岷江农业示范园之后的另一重大农业科技项目；制定《关于进一步发展都市近郊型现代农业的实施意见》《培育壮大农民专业合作社和家庭农场九条措施》《鼓励和支持城市工商资本到农村发展现代农业业》《眉山市彭山区2015年“星级家庭农场”评选暂行办法》《关于印发〈眉山市彭山区关于农村产权价值评审评估管理暂行办法〉的通知》《关于印发〈眉山市彭山区关于开展农村土地承包经营权抵押贷款价值评估办法（试行）〉的通知》等促进特色产业发展、助农增收的措施；开展农场产权价值评审评估工作。已对33家新型农业经营主体进行农村产权价值评估，实现融资800万余元；组建家庭农场联盟会，建立农产品网络宣传平台，家庭农场发展数量全市第一，评定星级家庭农场20家；2013—2015年全省新农村示范片建设顺利通过检查验收，并受到领导好评；刘家大院旧村落保护工作成为2015年农业农村工作又一道亮丽风景线，并深受各级领导表扬和肯定，填补彭山区新农村建设文化保护空白；建立涉农项目统筹协调机制，成立农田水利基础设施建设协调委员会，对全区涉农基础设施建设项目进行评估评审，共评审项目10个1.5亿元；成立全区新型农业经营主体综合党委；组织全区特色农产品参加泡菜节和农博会，深受好评；成立14家土地流转服务公司，实现区、乡镇、村三级土地流转全覆盖；与以色列签订协议合作打造果怡葡萄示范基地；编制《彭山区“十三五”农田水利基本建设综合示范区涉农项目整合试点建设规划》；档案工作达到四川省档案工作规范化管理“省三级”标准，并颁发证书；彭山参加《眉山市测土配方施肥技术应用研究与推广》，获得眉山市人民政府科技进步一等奖；农机安全工作进档升级。成功创建省级“平安农机”示范乡镇（全市仅3个，其中，彭山区2个）。

（徐　宁）

农业工作

【重要事件】 3月3日，全省春耕生产暨高标准农田建设现场会在彭山区顺利召开。

区委书记梁磊（左一）在全省春耕生产暨高标准农田建设现场会作讲解

7月22日，中国柑研所对区农产品质量安全进行考察指导。

8月20日，省农经总站站长陈雩祯一行到彭山区黄丰镇团结村调研农村集体资产股份合作制改革试点工作，并给予充分肯定。

10月13日，重庆市食安委代表国务院督查组督察彭山区农产品质量安全工作。

12月29日，全省农村土地经营权流转现场会在彭山区顺利召开，彭山区农业局作大会交流发言。

全省农村土地经营权流转现场会

【概况】 2015年，彭山区农业工作围绕区委、区政府提出的农业农村工作目标和现代农业重点县建设要求，稳定粮食生产，发展特色农业，推进土地合理流转、确权登记，积极探索新型农业经营主体构建，促进农业稳定发展和农民持续增收。全区粮食总产量完成14.95万吨，比2014年增产0.15万吨；油菜总产9510吨，比2014年增产300吨；种植业为农民人均增收300元以上。全区水果面积7386.67公顷，总产6.74万吨，产值6.02亿元；蔬菜面积3800公顷，总产8.9万吨，产值2.5亿元；中药材面积2666.67公顷，干产达到9790吨，产值1.19亿元；建泡菜原料基地1186.67公顷，加工泡菜量1.32万吨，实现销售收入1.94亿元；渔业总量完成1.55万吨，产值2.3亿元。新认定无公害农产品3个，绿色食品1个，全区无公害认证产品达14个，绿色食品认证产品3个。

【粮食综合生产】 2015年，依托粮油高产创建项目，建立以公义、凤鸣、谢家等乡镇为中心的水稻万亩高产创建示范片2个，以锦江、牧马、武阳等乡镇为中心的油菜万亩高产创建示范片2个，以锦江、孜马等乡镇为中心的马铃薯万亩高产创建示范片2个。示范带动开展水稻集中旱育秧、免耕优化栽培、玉米育苗覆盖等粮油新技术3万公顷次，引进推广粮油作物新品种32个，水稻万亩示范片经省、市专家组验收平均亩产621.9公斤；油菜亩产达到206.4公斤；马铃薯平均亩产达到1300公斤以上。积极做好2016年小春生产培训和指导工作，依托粮油高产创建项目，在全区发放油菜种子和硼肥2.9万包，建立以锦江乡、武阳镇、黄丰镇和牧马镇为核心的油菜高产创建示范片，示范面积1933.33公顷，辐射带动全区油菜生产。完成两季田固定厢沟免耕6666.67公顷；完成晚秋资源开发6666.67公顷；建设无公害水稻示范基地40公顷。完成2014年杂交水稻制种基地建设项目，并已通过审计，建成高标准现代化制种基地133.33公顷。引进推广川农优498、川优6203、龙庭100、川麦104等水稻、小麦、油菜和马铃薯等新品种48个，推广水稻精确定量栽培、机直播、旱育秧、垄作栽培、精量播种、测土配方施肥等高产栽培技术20余项，加快全区农作物品种更新，优质农产品占有率明显提高。

【病虫综合防治】 2015年，通过互联网向全区种粮大户、村社干部发送病虫草鼠害防治手机短信2400条，制作防治电视预报8期，防治通知10期。完成农田统一灭鼠5333.33公顷，农舍统一灭鼠1.5万只，挽回粮食损失419.85万公斤。分别在凤鸣镇、黄丰镇建立666.67公顷（万亩）水稻病虫害绿色防控示范区和666.67公顷（万亩）柑橘病虫害绿色防控示范区，完成农作物病虫害绿色防控4033.33公顷次。专业化统防6.6万公顷次，专业化统防统治率达30%以上。开展植物检疫工作，对公义、彭溪、凤鸣查到的溃疡病柑橘苗1.83万株进行烧毁处理。

【土地流转和确权颁证】 2015年，全区新增耕地流转面积411.67公顷，累计流转土地8533.33公顷（其中承包耕地5526.67公顷）；严格审查设施农用地建设，审查设施农用地3宗，涉及土地流转面积17.99公顷；在彭溪镇兴崇村建立土地流转风险防范试点，业主向土地流转服务公司缴纳风险保证金和土地复垦金，全村共流转土地253.33公顷。除部分村组因国家建设等原因暂缓农村土地承包经营权确权登记颁证外，已完成全区范围农村土地承包经营权的外业调查、公示审核、数据入库、分户装袋等工作。完成确权登记面积1.6万公顷，占省、市下达目标任务的122%。已完成全域航空摄影，获得DOM正射影像图140余幅，制作工作底图675张。全年累计召开各类动员培训推进会125次，制作宣传标语130幅，印发各类宣传资料（告承包农户书）16.2万份、宣传手册（确权颁证政策30问）9000份。是年12月，完成农村土地承包经营纠纷仲裁基础设施建设和验收；对确权工作中出现的土地纠纷进行调处，调处纠纷18件，保证确权登记工作的顺利推进。

【深化农村改革】 2015年，区农业局协助区深化农村改革领导小组制定一整套制度，为改革打下坚实的基础；大胆探索，及时向有意愿申请办理的依法取得土地经营权流转入土地的经营业主进行规范审查、备案、登记，并颁发“眉山市彭山区农村土地经营权证”，从形式和内容上实现“三权分置”（土地所有权是集体的，承包权是农民本身，农民将土地流转给种粮大户经营）。围绕改善农村融资环境，减低农业融资成本，引导更多信贷资金投向农业农村，开展农村产权抵押融资试点。积极参与区深改办确定的黄丰镇团结村农村集体资产股份合作制改革试点，做好清产核资和成员资格界定等基础工作，探索组建村集体经济股份公司管理营运集体资产的有效机制，解决集体资产归属不清、管理不严、运营低效导致的种种问题，赋予农民更多财产权利。

【项目建设】 积极做好各类农业项目论证、申报工作，围绕全区农业生产、农业基础设施建设，积极争取部、省农业发展项目，全年参与完成20个项目的申报，共争取项目资金7664万元。以国家高产创建、农业生产全程社会化服务、杂交水稻制种基地建设、现代农业千亿示范工程、巩固退耕还林基本口粮田建设、农发高标准建设等农业项目为平台，整合资金在凤鸣、公义、观音、武阳、谢家等重点乡镇，实施农田水利、机耕道等基础工程建设，进一步打牢农业发展基础，增强农业发展后劲，推进彭山区现代农业发展和新农村建设。

【农产品质量安全】 切实抓好农产品质量建设，确保农产品质量安全。全年新植和改造果菜特色产业1966.67公顷；推广果实套袋及树冠覆膜新技术3280公顷。完善紫山药浅生栽培技术；推动葡萄避雨栽培由简易竹片大棚向钢架大棚发展；推动蔬菜由露地栽培向设施栽培发展。新认定无公害农产品3个，绿色食品1个，全区“三品一标”生产面积占农产品生产面积的64.31%。农产品质量安全抽检合格率达100%，农产品质量安全示范县创建工作已基本完成，12月，接受省农业厅检查验收。

【农业监管】 2015年，全区进一步加强农村“三资”（资金、资产、资源）网络化管理工作，代拟《眉山市彭山区农村集体资金、资产、资源管理办法》（眉彭府办发〔2015〕14号）和《眉山市彭山区关于对违反农村集体“三资”管理规定行为责任追究的暂行办法》（眉彭府办发〔2015〕25号）两个文件，并对全区农村集体“三资”网络化管理系统进行升级管理。对全区

13个乡（镇）“三资办”工作人员、村代理会计、部份社区会计共计132人进行了为期2天的农村财会人员财政支农政策培训。加强农资市场监管，开展农资打假专项集中整治，出动执法人员605人次，检查农资经营单位342个次，立案查处15起。全年受理行政调解药害、肥害纠纷4起，调解率、满意率达100%，为群众挽回直接经济损失8万余元，维护农民合法权益。加强植物检疫工作，结合“2014年粮食能力提升工程”，对彭山水稻特别是制种水稻、柑橘产区检疫性有害生物水稻细菌性条斑病、稻水象甲、柑橘溃疡病、柑橘黄龙病进行普查。截至2015年11月，对公义、彭溪、凤鸣的1.83万株溃疡病柑橘进行烧毁处理。全年完成杂交水稻种子产地检疫206.67公顷，玉米种子产地检疫1.33公顷，柑橘苗木产地检疫3.67公顷；省间调运检疫水稻种子142批次10.18万公斤，柑橘果实1批次1.5万公斤；省内调运检疫水稻种子182批次19.75万公斤，玉米种子1批次5000公斤，葡萄1批次5万公斤，柑橘枝条5批次30公斤1000枝。扶持专业合作社和家庭农场，新建标准化农民专业合作社6家。其中，指导3家成功申报省级示范社，3家成功申报市级示范社。全区成立农民合作社并在工商进行登记注册224家。新注册种植业家庭农场22家，进行工商登记家庭农场305家。依法做好农民负担监管，落实国家强农惠农政策，核实耕地地力保护面积补贴1.29万公顷，发放补贴资金2729.65万元；核实种粮大户95户，补贴总面积846.67公顷，补贴资金81.5万元。加强对“一事一议”筹资筹劳工作的指导和监督管理，严格把握议事程序、范围、筹资筹劳标准。全年，全区水产养殖面积1100公顷，渔种投放2350吨；渔业总量完成1.55万吨。加强养殖技术指导和新品种的引进推广，强化渔政执法检查，水产品质量安全和渔船安全事故零发生，渔政执法案件、渔船登记检验率均达到100%。

【民生工程】 2015年，抓好新型职业农民培训，推广葡萄、柑橘种植技术和农业新品种，培训新型职业农民210人；完成高标准农田建设1133.33公顷；新建农村户用沼气池517个，完成目标任务的103.4%。

【科技创新】 2015年，全区围绕水稻（包括马铃薯）、水果（柑橘、葡萄、桃子）、蔬菜（包括食用菌）、中药材（泽泻、川芎）、渔业5个主导产业，遴选50名技术指导员和458个农业科技示范户，同时建立由9名中高级技术职称组成的技术服务专家组（首席专家5名）和27名技术人员组成的技术服务组；专家组确定彭山区2015年主导品种25个、主推技术20项；全区共带动4580户种植户。建立试验示范基地2个：彭山区观音镇优质葡萄试验示范基地5.33公顷、彭山区牧马镇武阳小龙虾养殖试验示范基地2公顷。通过省级调训、市、区集中培训，分类分专业异地研修、集中办班、现场实训，培训农技人员189名。

【蚕桑生产】 2015年，全区蚕桑生产以蚕茧基地建设为载体，以专重户培育为抓手，以科技兴蚕为先导，以提升服务水平为切入点，努力巩固稳定蚕茧生产基地建设。全年全区完成养蚕500张，生产蚕茧1.6万公斤。对基地新建桑园100%进行良桑化嫁接，完成目标任务。引进推广7532夏、秋用新蚕品种，保障全年四季蚕品种为当今最优品种，取得明显效果。进一步提高蚕茧产量和质量，小蚕共育率和省力化、集约化大蚕蚕台育率分别达到了95%以上；塑料簇、纸板方格簇等新簇具使用推广率达到98%以上。进一步提高蚕农栽桑养蚕技术水平，蚕茧生产基地乡镇举办春夏两期技术培训班，参训蚕农达到98%以上。加强服务体系建设，为蚕农提供优质、高效的产前、产中和产后服务，全年无爆发性蚕病、桑树虫害发生。坚持产量、质量、效益为中心，力争蚕农单张养蚕收入提高98%以上。抓好蚕茧收购，维护蚕农利益，全区蚕茧收购率达99%以上，蚕农满意度达99%，全区蚕桑事业实现可持续发展。

【工作亮点】 2015年，彭山建立粮油生产示范片4个，秋马铃薯示范片2个，单产再上新高，粮食生产实现十连增。是年3月，全省春耕生产会在彭山区召开；5月，区农业局参与的《眉山市测土配方施肥技术应用研究与推广》，获得眉山市人民政府科技进步一等奖；在全区最大的农贸市场城南市场建立农产品质量安全检测室，开展入市检测200批次，合格率100%；创新举措，深化农村改革，举行两次新型经营主体经营权证颁证仪式，向112户业主颁发“农村土地承包经营权证”，涉及流转土地820公顷；开展农村产权抵押融资试点，共办理经营权证融资抵押贷款15户，授信780万元，实际发放贷款614万元；在彭溪镇兴崇村建立土地流转风险防范试点；大力培育和发展新型农业经营主体，有20家家庭农场被评定为“星级家庭农场”；持续深入开展联系村帮扶、“三严三实”、“四支队伍”、“百名农技人员进百村”等活动，促进粮食生产稳步推进，区农业局被市委评为“眉山市主动作为创一流先进集体”；牵头成立眉山市彭山区“东坡味道”食品产业推进办公室，超额完成目标任务。与区商务局组织9家企业参加在绵阳举办的全国电商大会，签订2万吨的紫山药购销合同；组织10家企业参加眉山东坡味道农产品经销推介会，5家企业签订共900万元的购销合同；完成现代农业千亿示范工程项目，建立葡萄“3+3”农业综合改革与发展示范点1个，中药材全产业链示范点1个，中药材现代农业万亩亿元示范区1个。建设粮经复合产业基地2686.67公顷，新植和改造果菜特色产业1966.67公顷。

【机关建设】　2015年，区农业局机关继续深化党的群众路线教育实践活动，认真开展“四个当天”、“三严三实”、直接联系服务群众等活动，不断改进工作作风，提高党员干部服务意识，积极建设“十佳机关”。加强党风廉政建设，严格遵守八项规定，切实解决发生在群众身边的“四风”和腐败问题。组织全局职工开展党的十八届五中全会学习。认真抓好普法、综治、维稳、群团、保密、老体协、工会等各项工作，为建设廉洁自律、勤政务实的职工队伍打下良好的基础。

（卓　柯）

畜牧业工作

【概况】　2015年，全区实现畜牧业产值11.26亿元，出栏生猪38.5万头，出栏小家禽、兔920万羽（只），畜禽规模养殖比重达73%，畜禽良种化程度达97.5%，实现农民人均增收300元。

【动物防疫】　2015年，全区健全完善区、乡、村三级动物疫病防控监测网络，达到防疫机构、人员、经费、物资“四落实”，防疫质量、密度两保障。全年共免疫牲畜口蹄疫41.79万头（只）；禽流感524.32万羽；猪瘟52.72万头；高致病性猪蓝耳病49.73万头；新城疫329.31万羽，免疫密度均达到100%。免疫抗体合格率规模场达80%以上，散户达70%以上，全区无重大动物疫情发生；共免疫犬只5.19万只，限养区免疫率100%，犬只标识佩戴率为100%，犬只拴养率达100%。全区无一例狂犬病死亡病例，实现连续六年狂犬病死亡病例为零。

【畜产品安全监管】　2015年，完善畜产品质量安全监管制度，严格饲料兽药的常态化监管，严厉打击违法行为，每月开展排查2次以上。全年共查处4起假冒伪劣兽药案件，涉及货值金额867元，处罚2983元。严格执行产地检疫、驻场检疫等制度，确保全区产地检疫率100%、上市畜产品检疫率100%。切实做好“瘦肉精”监管，全年抽样检测4400头，无一例阳性。严格企业安全生产监管，全年监督检查48次，签订目标责任书，实现全年无重大安全责任事故发生。

【生态环境安全】　2015年，全区科学规划调整养殖规划，积极推行种养结合、生态循环的养殖方式，不断完善生态环境安全保障措施。加大养殖粪污治理和粪污综合利用指导，协助乡镇政府关闭禁养区内养殖场23户。全年共开展污染防治专项培训6期，培训人员1200余人次，全区畜牧业发展和生态环境保护呈现和谐友好、良性发展的态势。

【便民服务】 2015年，区畜牧局严格执行“一定三亮”工作要求，创新工作思路，制定服务倒签卡，切实帮助联系户解决生产中的具体问题和困难。全年服务群众2100余人次，共举办各类养殖技术培训班32期，培训养殖群众5000人次，提供养殖信息1250条，发放养殖技术资料和健康畜产品识别手册1万余册，联系户人均畜牧业现金增收达1050元。

【专业合作社】 2015年，以“健康生猪养殖专业合作社”“林下鸡养殖专业合作社”和“寿乡养蜂专业合作社”为主，积极引导全区养殖专业合作社加强行业管理及行业自律，规范生产经营行为，提升组织化水平，加强专合社的引领和示范带动作用。

【技术培训】 2015年，全区以“畜禽养殖技术、兽药饲料管理、动物防检疫工作、企业安全生产和污染防治专项治理”五大内容为主题开展技术培训，培训覆盖全区13个乡镇。全年共开展培训35期，培训相关人员8600余人次。

【新闻宣传】 2015年，区畜牧局共上报政务信息65条，上报平时考核、党建、“三严三实”专题教育等其他单项工作信息28条，上报市畜牧局工作动态信息83条，在主流新闻媒体发表信息新闻45篇。其中，在省级媒体上发表新闻稿件29篇，市级媒体上发表新闻稿件13篇，保质、保量完成各项目标任务。

【亮点工作】 2015年，区畜牧局大力开展乡镇畜牧兽医站规范化创建，以“建设规范化、管理制度化、工作标准化、队伍形象化、服务便民化”为目标，提升乡镇站社会化服务能力，不断规范队伍建设，工作环境得到改善，工作作风明显转变，业务水平显著提高，团队协作能力不断增强，对外形象不断提升提高。江口镇“林下生态养殖观光园”以产业互动为建设核心，发展生态观光型畜牧业，已成为彭山集农业特色体验、科普教育、农家餐饮、休闲娱乐等项目于一体的生态农业观光体验基地。是年10月，园区生态农业观光体验基地——孔雀山庄百鸟园正式开门营业，占地0.8公顷，日接待游客量逾200人次，形成彭山区一、三产示范带动的都市近郊型现代畜牧业新亮点。与成都科农动物无害化处置有限公司签订协议实行“集中收集、集中转运、集中处置”的动物无害化处置新模式，全年处置牛23头、育肥猪2811头、其他畜禽4.08万千克；成功申报并创建生猪、蛋鸡、肉鸡、肉羊省级标准化场各一个，晓钟蛋鸡养殖有限公司成功创建为国家级示范场，为全省唯一一个“国家级”蛋鸡示范场。是年，开始试点“互联网+畜牧”，组建眉山市彭山区畜产品电子商务服务中心，开创彭山畜牧“电商时代”。在淘宝网、麦味网、中国农产品网三个电商平台建立的网店已正式投入运营，第一批彭山优质畜产品——“寿乡生态黑猪”“藏香猪”“无公害鸡蛋”“生态芦花鸡”等5个品种已上市推广销售，收到“生态黑猪”订单1笔，月需求35头，在成都专店专销；通过平台，为义和乡岐山村引到企业，实行订单式生产生态年猪85头，农户饲养增收达12万元以上。

【荣誉成绩】 2015年，区畜牧局获市畜牧局2015年度综合目标考核特等奖，排名第一；“彭山区农产品质量安全示范县”创建工作顺利通过省农业厅专家组的检查验收，获得肯定与好评；彭山区代表眉山市接受四川省动物疫病预防控制中心2015年全省春防口蹄疫等免疫抗体检测交叉检查抗体检测，名列全省第一；在市畜牧局开展的2015年县级兽医实验室检测能力比对结果竞赛中，比对结果并列全市第一。

（李其军）

林业工作

【概况】 2015年，全区林地面积14019.35公顷，向上争取项目资金2024.09万元；林业产业总产值17.04亿元。其中，第一产业1.9亿元，第二产业12.94亿元，第三产业2.2亿元。全年农民人均从林业上获得收入1256元；全面推行森林保险，全区参保面积1.15万公顷，参保率为100%，实现全覆盖；森林覆盖率35.81%，林木覆盖率36.43%（含路旁、沟旁、渠旁和宅旁“四旁”）。

【营造林】　2015年，全区完成香樟、臭椿、银杏等成片造林800公顷，新育苗26.67公顷；完成中幼林抚育2000公顷；完成“四旁”义务植树36万株，实施完成2015年林业血防抑螺林200公顷项目，正在办理资金兑现手续；完成德贷等3家经营单位的区级自查工作，经省级监测后按要求进行经营方案和年度实施方案的修正，开展提款报账准备工作；完成农业综合开发林业生态项目的财评和公开招投标，项目实施过半。

【森林防护】　2015年，全区加强森林病虫害检疫防治和森林防火工作，在全区13个乡镇建立森林病虫害监测点，区森林防火指挥中心建设工作正在实施中，成功创建市级森林防火“二三四工程”示范村4个，完成市林业局下达目标任务，并通过市防火办验收合格，全年未发生一起森林火灾；制定彭山区涉林企业安全生产检查细则，强化涉林企业安全生产工作，全年未发生一起涉林企业安全事故；建立农村林权交易中心；先后开展森林资源“二类调查”、林地变更调查以及有害生物普查工作；进一步加强森林公安规范化建设，依法打击违规征占林用地、滥砍滥伐、乱捕滥猎等违法犯罪行为。2015年，共侦办刑事案件2起，移送起诉1起，移送其他机关办理1起，办理行政案件30件，行政处罚30人，罚款6万余元，解救国家级保护野生动物2只，为国家和个人挽回经济损失100万余元。

【绿海明珠】　2015年，完成全区“绿肺”工程：“寿乡水岸·五湖四海”湿地公园二期——堤防绿化、巨梁半岛绿地广场、城南广场、上跨天桥两个小广场项目和彭溪河C段特色生态街景、滨江路南段绿化2180米、锦绣大道绿化1670米、两江路（前程西路）项目行道树种植、迎宾大道景观绿化二期工程、233.33公顷生态果园、复地生态绿地建设。完成“绿带”工程：李密大道绿化，武阳堤防绿化3公里，滨江路城区段堤防绿化2.18公里，“寿乡水岸·岷江”河滩公园C段绿化堆坡、造景，天生埝水库库区周边绿化景观10公顷。完成“集镇拥翠”工程：青龙湿地公园二期建设任务；完成“绿色家园”工程：义和乡悦园村、彭溪镇兴崇村2个村建设。

【退耕还林】　2015年，完成全区4533.33公顷退耕还林的区级自查验收工作，并兑现政策补助资金；完成2014年计划后续产业专项建设种植、养殖项目的外业验收，并兑现专项建设资金。

【天然林保护】　2015年，完成天保二期工程建设，实施森林管护157.07公顷，管护率100%。严格执法《四川省天然林资源保护条例》，制定《彭山区2015年度森林管护实施方案》，利用广播、报刊、宣传车等形式加强宣传。成立管护队伍，并与管护人员签订年度森林管护责任书，采取巡山护林、设卡检查等方式，防止盗伐、滥伐、偷拉盗运，防止毁林开荒和乱占林地，搞好森林防火和病虫害防治工作，保护林区内野生动物、植物；做好全区森林管护工作，彭山区天然林资源保护工程工作取得实效。

【林业产业】　2015年，彭山区成功创建市级林农专业合作社示范社1个，新建家庭林场4个，新建林农专业合作社1个；在谢家镇、义和乡、锦江乡建成香樟、桢楠等万亩珍贵用材林现代林业产业示范基地1个。

（徐　兵）

水务工作

【重要事件】　6月19日，眉山市市长宋朝华到彭山检查彭山堤防建设工作。

市长宋朝华（右二）现场听取彭山堤防建设工作汇报

11 月 20 日，长江委规划局局长刘联兵、省农水局陈阳检查彭山水利血防工作。

长江委规划局局长刘联兵、省农水局陈阳等一行检查彭山水利血防时情景

12 月 10 日，省水保局局长陈阳刚到彭山区青龙海尔园区调研实施新水保规费标准以来企业反馈意见及建议。

省水保局局长陈阳刚在彭山区青龙经开区听取情况汇报情景

【概况】 2015 年，彭山区完成水利总投资 3.77 亿元。其中，水务系统的中央、省级投资 9329 万元。

【水利工程】 2015 年，全区投资 4189 万元，完成渠道 121 公里、山坪塘 77 个、石河堰 23 座、泵站 31 座、蓄水池 202 口，并通过绩效考核，得分居全市第一。全年，项目总投资 4100 万元，覆盖全区 18 个行政村，工程已全面开工建设。

【防汛工作】 2015 年，投资 2300 万元，整治武阳堤防 3.1 公里。已完成主体工程量的 85%，针对原设计中板面生硬，生态缺失，现准备调整补充实施，全面完成后将解决 5 万人和 3333.33 公顷耕地免受灾害侵袭。中央土地出让金维修养护项目已全面完成，总投资 300 万余元。完成养护水闸 8 处、水库 3 座、渠道 8.1 公里、塘坝 10 处，泵站 9 处；得到水利部农水司和省农水局领导的好评。

【安全饮水】 2015 年，投资 800 万元，完成黄丰镇、牧马镇、义和乡等农村饮水安全工程建设，解决 5000 人农村饮水不安全问题，占计划 160%。已超额完成眉山市对彭山区的目标考核任务。

【水利扶贫】 按照“集中连片、整体推进、示范带动、规模效应”的原则，开展各项扶贫工作。投入资金 1.26 亿元，改善农村基础设施条件，完成改造和新建渠道 440.69 公里，改造山坪塘 215 个；改造石河堰 45 处，改造小型提灌站 105 座，新建蓄水池 384 个。工程的实施，新增和改善灌溉面积 2626.67 公顷。

【龚家堰水库扩建】 龚家堰水库扩建工程建设大坝已填筑至设计高程 482.5 米；补水工程完成设计工程量的 80%；专项设施迁复建及移民安置点民房建设已完成任务的 70%；库区道路和桥梁完成任务的 80%。截至 2015 年年底，工程总投资 1.8 亿元。

【“千湖之城”建设】　2015年，完成投资2.49亿元，完成新增和恢复水域面积6.03平方公里，居全市第一。其中，中国四川国际寿星谷养心湖已完成挡水坝建设和湖区整理、廊道建设，并成功蓄水；青龙湿地公园已完成建设任务的90%；“四引”工程10处，已全部完成；整治山坪塘112个，占任务的127%；综合开发利用山坪塘256个，占任务的107%。

【防汛和河道管理】　落实以行政首长负责制为核心的区、乡、村三级安全责任体系，所有区级领导和区级部门分片负责防汛工作，做到所有区级领导和部门都有防汛责任区域，所有区域都有区级领导和部门负责防汛工作；区政府与乡镇和区防汛指挥部成员单位签订防汛安全责任书；区防办编制彭山区防汛抗旱应急预案，所有乡镇和重要防汛单位、水库均编制防汛预案；坚持汛期24小时值班制度，做到信息畅通；及时准确发布防汛信息，共发布水情、雨情信息68次，为减少洪涝损失发挥重要作用。组织对堤防、水库、城镇等防洪重要区域以及涉河在建工程进行检查，对存在的问题进行了处置；配合区砂管办查处河道内非法、违规采砂3起。2015年，全区未发生因洪涝而缺堤、溃坝、死人现象。

【蓄水工作】　2015年，全区总蓄水量1478万立方米，占计划的73%，比2014年同期蓄水量减少9%。其中，小一型600万立方米，占计划的95%；小二型506万立方米，占计划的78%；山坪塘362万立方米，占计划的58%；石河堰10万立方米，占计划的7%。

【水土保持】　2015年，审查水保方案17个，验收水保工程8个，治理水土流失面积4.8平方公里，占任务（6平方公里）的80%。

【水土流失治理】　2015年，全区水土流失面积165.16平方公里，流失类型主要以面蚀为主，占幅员面积的35.5%，区域主要分布在东山和西山片区，占全区水土流失面积的86%。截至2015年年底，区水务局治理水土流失25平方公里，完成整治蓄堰塘52座，新建标准化蓄水池45个，沉沙凼79个，防渗排灌沟渠45.99公里，植补水保林77.79公顷，植补果树林313.93公顷，修建便民道11.3公里，修建整治机耕道3.32公里，实行规范化土地整理466.67平方公里。总投资2100万余元、水土保持专项投资546万余元，对一些河道和库区进行整治和封禁管理。

【水政执法】　2015年，全区加大水利法律、法规的宣传力度，认真开展“3·22”世界水日暨“中国水周”宣传活动，悬挂宣传横幅3幅，制作展板9个，发放宣传资料1000余份、节约用水倡仪书2000余份，张贴宣传画150张，在公交车和出租车上张贴宣传标语270张。办结水行政调解案件1件。建设取水监控点3个。

（陈金龙）

农机机械

【重要事件】　3月3日，全省春耕生产暨高标准农田建设工作会议在眉山市召开。彭山成林农机专业合作社成为与会领导到彭山唯一参观点，彭山区农机化发展工作受到省、市主管部门领导的肯定。

全省春耕现场会在彭山区凤鸣镇金烛村召开，区委书记梁磊（右一）向参会人员介绍彭山区农业和农机工作成就

4月28日，区农机事业局与市农业局在岷江现代农业园联合开展油菜机械化收获暨秸秆机械化粉碎还田技术现场操作培训和理论培训。全区

调配秸秆还田机械 300 余台，秸秆还田作业 4533.33 公顷。

油菜机械化收获暨秸秆机械化粉碎还田技术培训现场

7 月 23 日—29 日，彭山区在公义镇马林村举办葡萄废枝条处理、大棚下土地耕整地技术和农业机械维修、保养技术培训会。

彭山农机局葡萄废枝条粉碎还田培训现场会

【概况】 2015 年，全区农机总动力达到 27.18 万千瓦，综合机械化水平 65.26%。机收稻麦 16933.33 公顷，助农增收 3297 万余元。争取到位项目资金 1033 万元，示范推广农机新技术 3 项。实施购机补贴政策，新增农机具 205 台，受益农户 198 户，资金核算进度达 100%。新建提灌站 12 座，维修改造提灌站 580 台 5800 千瓦。新建（整治）机耕道 351.9 公里。

【农机化服务】 2015 年，区农机局开展稻麦跨区机收服务，引进联合收割机 1000 余台次，机收稻麦 216933.33 公顷，助农增收节支 3297 万余元。开展放心农机下乡进村宣传周活动，宣传农机补贴政策、农机产品新“三包”规定等法律、法规，进行产品质量咨询，教给农民识别假冒伪劣农机方法，共发放宣传资料 3600 余份，接受群众咨询 1800 余人次。开展秸秆禁烧工作，抽调工作人员 3 人，协助联系乡镇开展秸秆禁烧宣传解释工作。督察机收作业质量，要求割桩不高于 10 厘米，排查安全隐患。

【农机购置补贴】 严格按照“自主购机、定额补贴、区（乡）结算、直补到卡”的补贴方式执行。强化宣传，通过新闻媒体、政务公开栏、政府网站、召开会议、科技下乡形式，发布补贴实施公告，宣传补贴政策，解答群众咨询，每半月发布一次信息。共发布信息 179 条，公示率达 100%，发放宣传资料 5000 余份。简化补贴手续，由看样机、指标申请、审批通过、购买机具、申请补贴资金程序，变为小机具带机申请、大机具上门核实补贴，既简化手续，又严把核查关，全区共新增国家补贴农机具 205 台，受益农户 198 户，资金核算进度达 100%，无违规、违纪行为发生。

【农机安全监管】 2015 年，全区强化责任落实，加强源头管理。与乡镇农业服务中心、驾驶操作人员、农机合作社等责任对象签订安全生产责任书，签订率达 100%。充分利用“四川省重点机动车及其驾驶人安全管理信息共享平台”，查询拖拉机 1083 台，违章 230 余人次，先接受处罚，再办理年检业务，违章处罚率达 100%。每月末及时将未年检拖拉机及报废拖拉机情况定期抄告区安办、交警队和乡镇人民政府，敦促及时办理年检和报废手续。开展拖拉机悬挂异地号牌调查处理工作，打击违规上牌、假牌套牌等违法行为，从源头上消除道路交通安全事故隐患。强化部门配合，加强市场监管，与质监、工商等部门配合，对农机经销、维修企业进行安全检查，加强资质管理，严把市场准入关。广泛宣传，张贴标语横幅 52 幅，举办安全讲座和现场培训会 28 场次，印发宣传资料 1.2 万余份。强化隐患排查，建立联合执法机制，田检与路查相结合，与区安监局、区交警大队、乡镇开展联合执法 9 次，检查拖拉机 3520 台，纠正违章 152

起，排查整改隐患12起。

【平安农机】 2015年，继续巩固全国“平安农机”示范区的成果。牵头、组织、指导谢家、青龙两镇成功创建省级“平安农机”示范乡镇，使彭山区省级“平安农机”示范乡镇达到7个，创成率达54%，高于达标要求24个百分点。

【基础设施建设】 2015年，区农机局继续加强提灌站建设。发动群众投资、投劳，新建、维修、改造提灌站，组织技术人员深入村社350余人次，开展技术指导、质量监督和管理服务，新建提灌站10座，改造提灌站580台5800千瓦，新增灌面8733.33公顷，恢复灌溉面积1万公顷。投入提水提灌机械16550台次50.5万千瓦，提水4720万立方米。同时继续开展提灌站改制，发放产权证200余份，发放率达40%。开展乡村便民道建设，累计投入资金6040万元，其中，财政投入3747万元，建设机耕便民道302公里（其中，村组道路118公里，田间机耕道106公里，入户便民道78公里）。强化资金使用监管，严格执行村民自治，杜绝暗箱操作。

【农机培训】 开展新型职业农民技能培训。是年7月23日—29日，在公义镇马林村举办葡萄废枝条处理、大棚下土地耕整地技术和农业机械维修、保养技术培训会，培养新型职业农民，增强群众造血功能，落实帮扶项目资金3.5万元，培训职业农民75余人。开展农机安全组学习，增强安全生产意识。利用每月15日—17日，组织农机驾驶员、车主进行农机安全培训共9期6728人次。

（袁如蓉）

气象工作

【概况】 2015年，彭山区气象工作加强气象预测预报能力、气象防灾减灾能力、应对气候变化能力、开发“四个”能力建设，气象为彭山社会经济发展做出积极贡献。彭山区被中国气象局认定为全国标准化现代农业气象服务县。区气象局被区委、区政府评为都市近郊农业经济工作先进集体；被市气象局推荐申报全国、全省重点气象服务先进集体；被区直机关工委评为先进党支部；省级文明单位复查验收合格。

【气象服务】 全年综合气象观测和气象资料传输质量：业务可用性99.99%，地面综合质量高于99%，值班日志填报率99.07%，业务值班质量为满分，未出现任何责任性事故；土壤水分站、区域站可用性均在98%以上。各类气象资料传输均高于99%。全年预报服务质量：长期94/97＝96.9%（其中低，温、春旱、夏旱、秋绵雨全部正确）；中期14/16＝87.5%（其中强降温2/2、连晴6/7、适播6/7、高温4/4）；短期10/12＝83.3%（其中，暴雨3/5、强降温4/4、大雾3/3）；节假日35/38＝92.1%、气象保障服务96%。一般天气预报质量：晴雨预报准确率83.9%，最高气温预报准确率79.3%，最低气温预报准确率85%。2015年，对外发布《重要天气消息》15期，《气象信息快报》29期，《天气旬月预报》27期，《农业气象专题报告》6期，《雨情快报》18期，《农业气象旬月报》27期，《农用天气预报》25期。发送服务短信35万余人次。发布暴雨橙色预警信号1次、暴雨黄色预警信号4次。获得批示2人次，收集“气象服务典型效益表”6份。

【业务服务平台建设】 积极应对灾害性天气，及时启动应急预案，加强部门联动，实时跟踪，气象服务主动、超前、准确，为确保区委、区政府指挥防灾抗灾提供科学的决策依据；特别是“三农”气象服务和“彭祖长寿养生文化节”气象保障服务，得到区委、区政府及社会各界的高度赞扬。2015年，区气象局进一步完善业务服务平台建设，新型自动气象站投入业务试运行，升级改造4要素区域自动站2个，新建农田小气候监测站及信息发布电子显示屏1个、作物实景监控系统1套，完成气象观测场及业务值班室标准化改造；完成气象探测环境保护“四项强标”备案；区域自动气象监测站资料统计科研课题通过市气象局评审验收，自主研发的小气候监测站资料实时显示业务软件较好地运用于业务和对外服务中。进一步加强防雷规范化建设。

【业务培训】 加强业务学习，积极参加业务技能培训，业务能力不断提高；业务设备运行正常，业务人员能较好地运用“三级业务平台”“公共气象服务平台”“国突平台”“农业气象服务平台”“气象预警信息发布平台”等开展气象业务服务。

【为农气象服务】 2015年，区气象局组建由农业、地质、水利、气象等部门的专家联盟，加强会商，提供技术支撑，提高服务质量。动态更新农民专业合作社、种养殖大户等重点服务对象信息库，建立“直通式”QQ群、手机短信群、气象微博。彭山“果怡”葡萄获省农产品气候品质优质认证。全省农气工作现场会在彭山“直通式”气象为农服务点召开，彭山气象局作经验交流发言。

【人工增雨作业】 2015年1月1日—8月6日，彭山降雨量仅343.4毫米，较多年同期平均偏少近4成。特别是7月20日—8月6日，降雨量较多年同期偏少8成，加之持续高温高日照，致使彭山区旱情加重，部分乡镇因旱受灾。8月7日，抢抓有利天气，实施增雨作业，全区普降大到暴雨，有效缓解旱情。作业区义和乡过程降雨量达97.4毫米，谢家镇降雨量74.8毫米。作业期间，该乡镇书记、乡镇长到作业点看望慰问工作人员，感谢气象部门实施人工增雨作业，送到及时雨。区委常委郭茂在彭山局报送的《气象信息快报》上批示：“气象部门工作人员晚上通宵值班，在今年特别干旱的情况下实施人工增雨作业，缓解了旱情。”区气象局针对前期彭山区降水偏少，灰霾严重，空气质量严重偏差的情况，于10月17日实施人工增雨作业，全区普降小到中雨，局部大雨，有效改善空气质量，确保中国·彭山第六届彭祖长寿养生文化节暨彭祖国际养生养老产业高端论坛于2015年10月20日—21日在彭山区的顺利举行。开展常态化人影作业，积极参加瓦屋山水库流域人工增雨作业。

【工作业绩】 2015年，眉山市政府副市长钟毅在市气象局上报的《彭山区“三农”服务专项建设工作总结》上批示：“彭山做法不错，望切实抓好落实，务必紧紧围绕产业发展、农民增收、农村和谐做文章。”眉山市人民政府办公室印发《关于全面推进气象现代化建设工作的实施意见》（眉府办发〔2015〕33号）。区分管领导、区委常委郭茂批示：“请气象局结合我区实际，提出实施方案，除了积极向上面争取项目外，急需项目列入明年预算安排。”区政府在气象局为气象农服务典型效益表上的评价：“气象局为农服务工作扎实，服务积极主动，服务产品丰富，为我区农业防灾减灾，农业增产、农民增收做出了较大贡献，气象工作得到区委、区政府肯定，为农服务受到农民群众欢迎。建议上级气象部门予以表彰奖励。”

【党风廉政建设】 2015年，扎实开展党的群众路线教育实践活动“回头看”，全面完成整改事项，以良好的整改落实成效取信于民，全局和谐稳定；召开“三严三实”专题教育会，支部书记讲党课；认真学习贯彻《中国共产党党员领导干部廉洁从政若干准则》，新《中国共产党纪律处分条例》，切实做到“八个禁止”“五十二个不准”，认真执行中央八项规定，自觉接受群众监督；认真开展党风廉政宣传教育月活动；严格落实“两个责任”，严格执行“三重一大”集体决策制度，较大支出都经“三人决策”小组研究同意，并向全局职工公开。对大额资金管理与使用等事项实施廉政风险防控。无违反财经纪律行为发生；召开职工大会，改选廉政监督员，选举结果经市气象局纪检组批复同意；按照区委要求运行干部日常监督系统。

【内部管理】 2015年，成立了由区分管领导任组长的相关气象工作领导小组，将各乡镇农村气象灾害防御工作纳入区政府年终目标考核；建立政府购买气象服务机制，区人事局发文，续聘3个地方机构临时人员，所有待遇由区财政解决。建立地方预算户头，严格执行各项财经法规，确保资金的安全，发挥资金使用效益。加强预算管理与财务管理，预算执行进度达到要求。强化权力运行制约和监督，需要公开招标（比选）的政府采购或建设项目，均按规定程序执行。完成行政权力“三张清单”清理，权力平台运行正常，加强与区行政服务中心衔接，做好气象局在中心综合窗口行政许可办理，依法办理许可项目、施放气球活动审批，认真执行施放气球定期检查巡查及报告制度。加强规章制度的建立、完善、执行，治理“庸、懒、散、浮、拖”，强化执行力，严格执行“四个当天”制度，工作秩序井然，职工精神面貌振奋；做好矛盾、纠纷排查化解工作，畅通信访举报渠道，无越级访、涉诉访；安全生产稳定运行，没有违纪、违法案件发生。加强退休干部管理，召开退休职工座谈会，学习传达相关文件，通报气象局工作情况和工作思路，为退休职工订阅报纸、杂志；开展工会活动，组织退休职工体检，及时看望生病住院退休老同志，使退休老同志们切实感受到组织的关怀和单位大家庭的温暖。

【联系乡镇工作】 认真做好直接联系乡镇、村、贫困户工作。向黄丰镇花龙村派驻扶贫党支部第一书记，开展精准扶贫工作。组织职工在联系村开展“绿色基地”创建活动，种植柑橘树0.33公顷。捐助金鱼村、花龙村阵地建设经费1万。看望慰问金鱼村、花龙村贫困党员、困难户10户，捐款捐物6000元。

【气象宣传】 2015年，加强气象宣传，四川省电视台采访报道1次，彭山区电视台采访报道5次，《中国气象报》1篇、《眉山日报》1篇、《彭山报》2篇、彭山门户网站3篇；分别在锦江、彭溪、观音等乡镇开展科技“三下乡”活动。开展文明单位结对帮扶乡村学校少年宫活动，区气象局与彭山区黄丰镇中心小学签订《眉山市文明单位结对帮扶乡村学校少年宫协议书》，向小学少年宫提供文化、体育、音乐、美术、科技等器材以及经费扶持，共计5000元。

（李　超）

2015年气象资料

表1

平均气压（百帕）	气温（℃）					降水（毫米）				平均相对湿度	蒸发量（毫米）	日照时数（小时）	平均风速	最多风向及频率
	平均	极端最高	出现日期	极端最低	出现日期	总量	一日最大	出现日期	暴雨日数					
963.5	18.9	37.8	2/8	1.4	17/12	773.9	44	19/7	0	71	\	1092.7	0.8	C,NNW,24，9

商　贸　经　济

商贸综述

【概况】 2015年，全区社会消费品零售总额突破42亿元，增速达12.9%，排列全市第一；实际利用外资4469万美元，综合排名全市第一，总量第二；完成目标任务的124%；外贸进出口总额达1949万美元。

【市场体系建设】 2015年，青龙物流园成为全省第一批物流聚集区，铁通物流成为省级物流重点联系企业，苏宁易购等电商项目建设如火如荼。启动青龙国际商贸物流城三期工程，开工建设城西新型农贸超市综合体。四川省文企汽修经贸有限公司（企业代码：204008）已在上海股权托管交易中心挂牌。强化对商贸流通、废旧回收等商务领域市场秩序监管，制定《彭山区再生资源回收管理暂行办法》。

【现代服务业发展】 2015 年，彭山区成功举办“彭祖养生文化长寿节”“2015 彭山第六届观音美人指葡萄采摘节”“迎春购物月”“商品展销会”“家居、建材、电器促销活动”等一系列会节活动，实现成交额 3.5 亿元，成功举办美容美发技能大赛。8 月，成立彭山区电子商务协会，利用“互联网”促进大众创业万众创新，完成彭山区电子商务孵化园建设，“三人行”（创业者冉淋源、唐磊、乔志军）创客空间已报名入驻个人和企业 16 人（家）；“彭山全程购”、景裕达信息咨询有限公司、“彭山同城生活圈”完成电商自营平台建设投入运营；积极推动全企入网，逐步构建以苏宁、当当网为龙头的电商体系，八百寿、华西德顿等 10 余家企业，通过工业产品展示平台线上交易 4000 万余元/年；引进苏宁云商彭山商直营店，销售额 500 万元/年；引进第三方平台知名企业吾邻超市；利用党员干部现代远程教育平台建立农村商务信息交易平台，推出全区农业特色产品。加大限额以上企业培育力度。鼓励有条件的个体户变更为法人企业，培育企业 10 家，四川彭祖老堂药业有限公司、彭山区金铭电器经营部进入四川省统计局统计企业行列。

【市场监管】 2015 年，区商务局在商贸流通领域开展商业预付卡专项治理，3 个商贸超市公开作出承诺；加大节假日期间市场监测力度，积极组织货源，确保日常生活必需品供应不断档，不脱销。开展诚信兴商宣传月活动，确保商品质量，提升服务品质。开展商务执法检查，做好市场监测，确保市场稳定运行，并制定 2015 年—2017 应急商品数据库。

【外向型经济】 认真做好“三外”工作，简化审批程序，协助外资企业办理各种手续；积极帮助联合利华、川娃子、铁通物流到乐山海关办理相关手续，组织企业参与“万企出国门”和“川货全国行”活动，参加全国电商大会、广交会、东坡味道上海站、第三届农博会等。

（黄莉均）

粮食工作

【重要事件】 7 月，局党组成员、党总支副书记、副局长王海英，因工作调整免去粮食局党组成员、党总支副书记、副局长职务。

7 月 21 日，国家粮食局流通与科技发展司副司长陈玉忠带领相关业务部门工作人员一行 6 人对彭山区中央储备粮代储资格认定政策进行专题调研，并与省、市、区领导和相关企业负责人进行座谈。

国家粮食局流通与科技发展司副司长陈玉忠（右三）听取工作汇报

10 月 16 日，国家粮食局秋粮收购检查组一行 6 人在国家粮食局总工程师何毅带领下，检查指导彭山区 2015 年中籼稻最低保护价收购和储粮安全工作。

国家粮食局总工程师何毅（左二）一行察看检验员抽样现场

10 月 19 日，国家粮食局“兴粮惠农进万家”联合工作组人员在京粮集团大兴粮油公司储备经营部部长孙海川的带领下，到彭山开展“兴粮惠农进万家”的活动。专家们为彭山区农户讲解粮食整晒知识，帮助农户提等进级，实现优质优价，增加售粮收入等政策。

国家粮食局联合工作组人员一行到彭山开展“兴粮惠农进万家”活动

【概况】 2015 年，全区粮食工作坚持以稳中求进、改革创新、提质增效统领全区粮食工作，把握区委提出的“四大机遇”，紧扣“四城建设”目标，主动作为，破解难题。继续以“稳市场、保安全、强产业、惠民生”为目标，进一步推动全区粮食工作加快发展。2015 年，区粮食局被区委、区政府评为“2014 年度向上争取资金工作先进集体”“2014 年度安全生产先进单位”，被眉山市粮食局评为全市 2014 年度目标绩效管理第一名。

【粮油购销】 粮食收购：全区收购粮食 2.2 万吨（其中，托市收购最低保护价收购 1 万吨），占总任务（1.5 万吨）的 146.7%。粮食销售：全区销售粮食 4.2 万吨，占总任务（3 万吨）的 140%。油菜籽收购：全区收购油菜籽 4100 吨，占总任务（1000 吨）的 410%。食用油区内销售：全区销售食用油 4100 吨，占总任务（2500 吨）的 164%。

【储备粮】 2015 年，全区中央、地方政策性储备粮油现库存量为 3.5 万吨，占总任务（2 万吨）的 175%；完成中央、市级储备粮代储 2.2 万吨，占总任务（2 万吨）的 110%。

【惠民服务】 2015 年，在全区城乡规范 8 家“放心粮油工程示范店”建设，完成 1 家粮油配送中心建设，进一步提升全区粮油食品的安全度；在全区推广农户小粮仓 1020 户，占总任务（1000 户）的 102%，达到为农户减损增收的目标。

【项目资金】 2015 年，全面落实政策性资金争取目标责任制。形成项目引资工作“一把手”负总责，分管领导具体抓，相关股室直接抓的工作格局。全年向上争取项目资金 2064 万元，占总任务（2000 万元）的 103.2%，为全区粮食经济可持续发展壮大提供条件。

【粮油储备基础设施建设】 2015 年，区粮食局把青龙粮食物流园二期项目工程作为 2015 年全区粮食工作的重中之重。全年投入资金 1500 万元，全面完成 2.5 万吨高大平房仓整体建设和相关附属设施建设，在 2015 年托市收购期间已投入使用，为全区粮食流通储备奠定新的基础。

【粮食托市收购】 2015 年，全区继续加大粮食最低保护价的收购工作。从 2015 年 10 月至 12 月，全区以最低保护价收购粮食 1 万吨，有力地保护种粮户的利益和积极性。2015 年，国家将油菜籽收购临储政策改为由企业市场最低价收购，国家补贴的方式进行。彭山区粮食部门精心组织辖区内有收购资格的两家企业，严格按照政策规定执行收购工作，加大监督检查力度，确保群众利益不受损失。同时积极为企业作好服务，按时完成验收和申报工作。全年全区完成油菜籽收购 11771 吨。

（郑　媞）

供销合作

【概况】 2015 年，彭山区实现商品购进总额5573万元（其中，农副产品购进2937万元）；商品销售总额6015万元。全系统实现利润12.5万元，上缴国家税费12.5万元；助农增收2937万元。

【企业改制】 做好彭祖矿泉饮料厂依法破产后遗留问题的处置以及公义供销社歇业解散和职工的安置工作；并与农业银行协调有关土地证返还和债权清偿金工作。

【综合改革】 2015年，全区积极推进供销社综合改革工作。贯彻落实中共中央、国务院《关于深化供销合作社综合改革的决定》以及中共四川省委农村工作领导小组印发的《四川省供销合作社综合改革试点实施方案》（川农领〔2015〕5号）精神，区供销社结合彭山实际，起草《关于深化供销合作社综合改革实施方案》，为今后供销合作工作在构建实体性合作经济组织、打造农业社会化服务主渠道、成为农村商品流通主导力量三个方面指明了突破方向，真正把供销社打造成服务农民生产、生活的生力军和综合平台。积极争取省、市供销社对彭山区供销社综合改革工作的政策、资金等扶持。

【信访维稳】 2015年，全区坚持“社务公开”“阳光作业”，加强对企业的服务工作，抓好信访的落实，解决突出问题，维护系统稳定。对原综贸公司职工反映所购住房无法办理房产证和土地使用证的问题，区供销社积极行动，首先与相关部门协调解决办法，并以《关于解决改变部分房屋使用用途及初始办理土地使用证的请示》（彭供〔2015〕1号）文件形式向区政府报告，区政府在彭山区一届政府七次会议上进行协调，并在办理过程中先后投入资金3万余元，使这个已拖20余年的老大难问题得以最终解决，有效地阻止了不稳定事件的发生。全系统4000余名下岗人员，全年无一例进京、到省、到市上访事件发生。

【安全工作】 2015年，积极抓好全系统安全生产工作，制定预案，强化一把手责任制，共进行安全大检查20次。全系统未发生一起不安全事故。

【民生工作】 2015年，在全系统继续开展“送温暖”活动，筹集慰问金2万余元，对系统40余名下岗职工，生活困难、患重病职工，企业离退休老干部以及军队转业干部送去组织的关怀。

【亮点工作】 围绕区委2015年度重点工作、重点推进项目和领导联系重点企业项目工作，进一步学先进、找差距，与有关部门和企业先后到眉山市丹棱县供销社、自贡市大安区供销社、崇州市供销社、攀枝花市米易县供销社学习如何盘活基层社闲置资产、农村庄稼医院建设、如何妥善处置遗留问题以及组建农民资金互助合作社事宜，考察土地托管和电子商务工作、农村专业合作社和蔬菜冷冻库建设等，并形成组建区农民资金互助合作社的调研报告，认真规划彭山区“新型农业经营主体资金互助合作社”建设；在学习中提升干部职工的履职能力，推进区供销工作的改革发展。积极服务联系企业，做好联系重点企业“青龙粮食物流园项目”工作，储备库正申报中央储备粮油延续资格和新建仓房申请代储资格，青龙物流园建设资金逐步落实到位。

【直接联系服务群众】 2015年，深入推进机关干部直接联系群众、服务群众工作。制定2015年对联系观音镇、观音铺社区的帮扶规划和工作措施，确定机关干部“一对一”帮扶联系困难户，制定帮扶措施，落实具体帮扶行动。全年共送去慰问金5.06万余元、慰问物资52件，为困难群众办实事3件。

（龙永松）

烟草专卖

【概况】 2015年，彭山区烟草专卖工作坚持贯彻落实十八届三中全会精神，坚持围绕“保稳健、可持续，调状态、严规范，重文化、强管理”的工作方向，以规范内部管理，转变工作作风，提高办事效率为纽带，顺利完成各项任务。

【卷烟营销】 2015 年，全区完成卷烟销售 1.08 万箱；实现销量收入 3.22 亿元（含税），同时增长 1705.18 万元，增幅 5.59%；销量“娇子”卷烟 1931 箱，占总销比重为 17%。卷烟结构提升较快。全年，单箱均价 3.51 万元/箱，比 2015 年同期增加 2087 元，同比上升 6.32%。其中，娇子实现单箱均价 3.23 万元，增长 1365 元，增幅 4.41%。

【电子商务】 2015 年，电子商务全面发展，网上订货率 99.88%，网上订货成功率 90.12%；电子结算户数比 99.76%，金额比 97.41%，次数比 95.62%；全区计划安装网上跨行结算客户 422 户，实际安装 428 户，完成率为 101.42%。2015 年 12 月，网上结算活跃度为 87.03%；共安装现代零售终端 87 户，户数比为 10.26%，12 月终端使用活跃度为 88.79%。

【品牌培养】 品牌培育持续加强，娇子自主品牌三个规格在第四季度陆续上市，均采用定点限量销售的方式，黑娇销售点 48 户、红芙蓉销售点 200 户、祥云销售点 26 户；截至 2015 年 12 月底，分别销售 3.84 箱、14.1 箱、0.64 箱；订购率分别为 100%、95%、100%，重购率分别为 100%、98%、100%。

【专卖管理】 2015 年，区烟草局坚持以查办大要案件及网络案件为己任、以推进打假破网工作为重点。坚持内管外打、守土有责，不越红线，依法监管能力、综合治理水平，严格自律意识明显提升。专项整治效果显著，积极发挥与公检法、工商以及毗邻片区纵横联动的协作机制，先后开展“两节”“整治卷烟非法流通”“天府金剑”，“综合整治”四次专项行动。全年查获各类案件 148 起，没收假冒及走私卷烟 196.2 条，罚没款 11.71 万元，同比增长 104.72%。始终保持市场高压力度，法律震慑效果，大要案件有突破。以典型大要案为突破口，全年共查处案值 5 万元以上案件 5 起，同比增长 150%；移送公安 1 起，案件涉案金额较大，已刑拘 1 人，批捕 1 人，该案件在进一步审理之中。突出隐患查找，严肃纪律要求，全年共处理预警 66 条，意见建议函 5 份、工作信息反馈表 42 份，提出规范经营意见建议 2 条。加强“非烟”治理工作，共查获 5 万元以上真品卷烟案件 4 起，涉案卷烟 20.78 万支，案值共计 20.59 万元。未发生一起国家局通报案件，非烟治理取得明显成效。

【法规普及】 2015 年，先后于“3·15”“5·15”“6·29”“12·4”组织开展各项法律、法规的学习，向群众广泛宣传烟草法律、法规，展览打假成果。全年累计实施大规模宣传活动 4 次，送法下乡 4 次，出动宣传人数 20 余人次，车辆 6 台次，发放各种宣传资料共计 1000 余份。

【内部管理】 2015 年，牢牢把握“创先争优”、全面提升的工作思路，进一步加强日常管理工作，运用精益思维，提高工作效率。重点强化思想建设，公司党支部深入贯彻党的十八届四中全会精神和新常态要求，扎实推进学习型、服务型、创新型基层党组织建设。严格执行廉洁从政若干准则，贯彻落实“五张清单”“三转”工作，积极开展“三严三实”专题教育培训，围绕“严以修身、严以律己、严以用权”，展开 3 次专题研讨，取得良好效果。

【企业建设】 传达学习市局（公司）讲话精神，积极参与“感恩于心，奉献于行”主题教育实践活动，提出四个举措推进活动；开展组织专题演讲比赛，收集优秀书画作品 5 件，上交优秀征文 2 篇；坚持“以用为要，以用促建”的原则，全面推进川烟云桌面。新版内网、公文系统及“诚至诚”四川烟草网络学院的测试和推广，网络学院登录访问人数达到 100%；组织各项工会活动，重点开展“三八”妇女节、“五四”青年节、“夏送清凉”、九九重阳节等主题活动，营造出“愉快工作、幸福生活”的良好氛围。安全管理高度重视，积极开展安全岗位达标和安全文化工作，成立以“一把手”为组长，分管领导为副组长，各科室负责人为成员的岗位达标和安全文化建设工作领导小组，并树立长期“作战”意识；开展多元化宣贯营造安全氛围，全年共开展安全培训 31 次，组织完成书面摸底考试 4 次，口述考试 2 次；先后通过市烟草专卖局（公司）、省烟草专卖局（公司）复查。

（袁昭禹）

财政·税收

财　政

【概况】　2015 年，全区财政工作以“主动作为创一流、依法行政理好财”为工作目标，围绕“保运转、惠民生、促发展”的工作重点，千方百计抓增收，科学管理抓节流，实现收入总量稳增长、支出保障更有力、财政管理更规范。区财政局被省财政厅评为四川省结对帮扶甘孜州县级财政管理工作先进集体，全市唯一；被省人社厅、省财政厅评为 2015 年度四川省财政系统先进集体，全市唯一。

【财政收入】　2015 年，全区完成地方一般公共预算收入 13.6 亿元，同比增长 10.4%，其中：税收收入完成 8.68 亿元，同比增长 3.85%；非税收入完成 4.92 亿元。全年上划中央“两税”23.21 亿元，同比增长 2.52%。与区发改局组织全区各部门向上争取各类项目资金 9.28 亿元。同时，向省财政厅争取到债券置换资金 13.21 亿元、新增债券 1.2 亿元。

【财政支出】　2015 年，彭山区完成一般公共预算支出 25.64 亿万元（含上级专项补助支出）。按照“保工资、保运转、保民生、促发展”的原则，全区工资性支出 7.3 亿元。机关事业单位公用经费由人均 3000 元提高到 2.2 万元，支出社保资金 4.3 亿元保障城乡居民养老保险、新型农村合作医疗保险、城乡低保资金等的发放，做到“应保尽保”；涉农补贴发放 2729.6 万元，落实教育资金 1.2 亿元；“三公”经费支出在 2014 年基础上压缩达 1.43%。民生资金投入达到 18.59 亿元，占一般公共预算支出的 72.5%，比 2014 年提高 4.3 个百分点。

【金融支持】　2015 年，全区通过专项资金扶持、财政贴息、财政资金存放与信贷投放挂钩，政府平台公司融资建设，推广 PPP 模式等举措，用足、用活财政政策，发挥金融支持发展、惠及民生的最大作用。2015 年，金融机构在彭山贷款余额 80 亿元，比年初增加 1.4 亿元；到位政府性融资 8.1 亿元。实行购房补贴政策，补贴 1452 户、金额 2500 万元，一定程度上带动房产消费。代政府出台《政府性投资项目资金监管意见》，从项目的投资计划、前期工作、审批、工程变更、资金拨付、资金使用等方面进行明确，确保资金管理的严格规范。

【PPP 模式】　探索和推广 PPP 模式（即公私合作模式，是公共基础设施中的一种项目融资模式）的实践运用，上报省财政厅 7 个 PPP 项目，其中，有 2 个拟推荐项目、5 个拟发布项目，已开展物有所值评价、财政承受能力论证，纳入省级库管理。牵头草拟《政府和社会资本合作项目管理暂行办法》，参与彭山区和华夏幸福基业区域合作、彭祖新城建设等 PPP 项目框架协议的谈判和修订。

【财政监管】　2015 年，区财政局抓住新《中华人民共和国预算法》的贯彻实施契机，进一步规范部门预算编制程序，全区 119 个部门单位预算提交区人代会审查，预算编制的合法性、合规性、公开性得到彰显，提高预算透明度，提升政府公信力。推行“乡财县管”制度，以乡镇独立核算为主体，实行“预算共编、账户统设、集中收付、票据统管”的财政管理方式，乡镇财政运行管理质量明显提高。完善支付中心各项规章制度，落实省财政厅对彭山财政局提出的各预算单位会计全部退回原单位的整改意见，强化对重点单位、重大项目、重要领域的资金监控，使资金支付管理进一步得到加强。公开2014年度决算情况、2015年预算草案以及部门预算和“三公”经费预算。按政策清理收回并盘活存量资金22547万元。用置换债券资金清偿债务13.21亿元，同时利用低息贷款置换高息贷款的方式，降低债务成本。

【项目审批管理】　全年累计完成财政评审项目461个、送审资金16.02亿元，审定资金13.57亿元，审减资金2.45亿元，审减比例15.29%。

【自身建设】　进一步加强财政局机关和系统的自身建设，坚持作风建设永远在路上。扎实开展“三严三实”教育、“庸、懒、散、浮、拖”整治，切实转变工作作风，开展更多样化的干部理论学习和业务培训活动，打造学习型机关、服务型机关、创新型机关，建设一支“能说会写算得精”具有高素质的专业财政干部队伍。

（周才洪）

政府金融工作

【概况】　2015年，全区共有银行业金融机构10家，49个营业网点已覆盖13个乡镇，保险公司及分支中介代理机构12家、证券机构1家、融资性担保公司1家、小额贷款公司3家。全区初步形成了在区金融办、人民银行彭山支行、市银监分局的调控监管服务下，银行、保险、证券、小额贷款公司、担保公司等共同发展的金融机构体系。2015年，彭山区金融机构各项存款余额为165.66亿元，比年初增加10.49亿元；各项贷款余额84.97亿元；小额贷款公司贷款余额为4.78亿元；异地金融机构在彭山投放资金20.36亿元；彭山保险机构保费收入2.46亿元。区内银行、保险公司等金融机构共完成税收8112.50万元，实现利润3亿元；全年实现政府性投融资25.26亿元。

【金融服务】　2015年，各银行机构立足自身优势、开拓创新，推出一系列金融创新产品，支持地方经济发展。农行的“银讯通”“惠农通”“E农管家”等产品的创新使用，为寿乡人民足不出户感受金融服务提供了便利；中行的“公转商”贴息贷款业务、“爱家分期”业务有效缓解公积金短缺和住房贷款紧张；是年5月21日，邮储银行配合区委、区政府推进深化农村改革，发放全省第一笔农村产权抵押贷款，创新了“公司+农户”小额贷款合作模式；农发行利用政策性银行的优势积极对接地方政府，青龙新型城镇化建设项目、棚户区改造项目申贷已分别报送至国家农发行和省农发行；工商银行对天府新区项目贷款5亿元，已通过工商银行省分行专家评审；区内各银行机构积极支持配合区委、区政府工作，纷纷下调政府项目贷款，大幅减少财政资金支出。

【政府融资】　2015年，组建成立注册资本为3亿元的区政府性融资担保公司，进一步完善彭山区金融体系。加快政府投融资平台转型发展，积极推广PPP模式，引导民间资本参与公共服务和基础设施建设，实现政府性投融资25.26亿元。引导彭山区企业上市和进入“新三板”、川藏股权交易中心等场外市场挂牌，全面完成眉山市下达目标任务。四川省文企经贸有限公司于3月在上海股权交易中心挂牌成功，实现彭山区企业上市零突破。

【政银企对接】　2015年，加强与国开行、农发行项目对接，协助天府工投在农发行完成青龙整体城镇化建设项目贷款申报17亿元，棚户区改造项目向农发行申请贷款4亿元，城投公司棚户区改造项目申请贷款4亿元，贷款申报材料已分别报送到国家农发行、省农发行，等待最后审批。农发行国家专项建设基金投放7500万元已到位。积极参与深化农村改革实验区工作，建立彭山区农村产权抵押融资风险基金。彭山区有邮储银行、农行、农村信用社、乐商行、珠江村镇银行等银行，正针对农村承包土地（指耕地）的经营权和农民住房财产权（以下统称“两权”）融资设计新的金融产品，待前期条件成熟，可全面铺开“两权”抵押融资工作。

【货币化安置工作】 2015年，珠江村镇银行积极参与彭山区货币化安置工作。为保证资金充足，区金融办与邮储银行、乐山市商业银行多次洽谈，达成初步协议，邮储银行将参与青龙开发区货币化安置信贷工作，拟授信6亿元，乐商行正在完善货币化安置贷款的申请流程。

【金融监管】 2015年，大力推进信用体系建设，完善金融生态环境建设工作协调机制，优化金融生态环境。主要抓好对“两类公司”（国有资本投资公司、国有资本运营公司）的清理、整顿，切实防范风险，促进其持续、健康、快速发展。按省、市要求，结合彭山区实际出台系列方案，并与市银监、人行、工商、公安经侦等相关部门成立专项联合现场检查小组，对彭山区准金融机构进行每个月一次的专项检查，规范融资性担保公司和小额贷款公司经营。同时，切实做好打击和处置非法集资工作，维护地方经济秩序，充分借助手机短信、电视报刊、宣传手册、宣传展板等载体，多渠道开展打非宣传，通过强力宣传造势，增强群众抵制非法集资的自觉性。

【自身建设】 2015年，区金融办健全监督机制，自觉将落实党风廉政建设责任制置于领导班子集体和上级领导的监督之下，全体成员签订《党风廉政建设目标责任书》，明确责任，落实“两个责任”，严肃责任追究。全年金融办全体机关干部无任何收受红包、礼金，滥发钱物等违规、违纪现象。积极开展工会、群团、精神文明建设相关工作。建立健全机关管理制度，严格实施事业人员平时考核办法，转变机关干部工作作风，提高工作效能。

（旷　路）

国有资产监督管理工作

【概况】 2015年，在区委、区政府和市国资委的领导下，彭山区国有资产监督管理工作学习贯彻中共十八大和十八届四中、五中全会精神，以“抢抓四大机遇、加快四城建设”为工作主线，加强国有资产监管，做强、做大、做实区属国有企业，全面完成区委、区政府下达的目标任务。

【国资监管】 2015年，制定“三张清单”，明确权限职责。按照职权法定原则，对现有行政职权进行清理，提出8项权利清单，向社会公开、让社会监督，把权力关到笼子里；提出3项责任清单，对涉及国有资产监管的21项内容勇于负责、敢于担当，切实履行职责。严格资产招租、处置程序，强化监管、经营和管理。按照《关于印发眉山市彭山区公共资源交易目录（第一批）的通知》（眉彭府办函〔2015〕68号）文件规定，全区行政事业单位商业门市租赁、资产评估价超过5万元的罚没物品处置全部进入公共资源交易中心公开交易。2015年，全年实现收入2340万元。其中，租金收入287.3万元，完成全年任务200万元的143.65%；资产处置收入1040.3万元，完成全年任务800万元的130.04%；收回城区污水处理费382万元，完成全年任务240万元的159.17%；处置罚没报废摩托车74辆、汽车6辆，公开拍卖罚没涉案车辆5辆，收回罚没物质处置收入58.57万元；加强对政府回购土地地上资产的监管，回购土地地上资产租金收入4.2万元。积极参与土地、砂石公开拍卖监督工作。严把出口关，确保国有资产不流失。调查处理原江口粮站（府河仓库）国有资产的产权纠纷，多方查找依据查清产权归属；对卫生局、凤鸣镇卫生院、区政务中心等25个行政事业单位固定资产进行核减；编制区属国有企业资本经营预算，完成国有资产统计。

【国企改革】 2015年，将9家投融资平台公司整合为4家国有独资公司，公司职能由以往主要承担政府融资功能转化为投、融、建、营、还“五位一体”的实体公司。主要任务是担任政府投资建设项目业主，开展项目融资和承接政府基础设施PPP项目建设以及参与土地、砂石资源的拍卖开发等经营活动。选好“车头”，配强班子。在体制内公开选聘14位科级领导干部担任4个企业高层管理人员，选聘人员工资、人事关系保留，级别、编制保留，不再享受职务和工资待遇。健全董事会，从区财政局、区国土分局、区国资局、区农工办等单位选派人员到4个公司担任董事会成员。健全制度，加强监管。按照要求对企业进行监管，理顺规范企业监管的事项和程序。制定《眉山市彭山区国有企业监督管理暂行办法》《眉山市彭山区区属国有投融资企业工资总额预算管理暂行办法》《眉山市彭山区区属国有投融资企业负责人经营业绩考核暂行办法》等文件，对4个公司的人员总数、工资和运行费用进行核定；组建监事会，从区纪委、区审计局、区财政局、区国资局等单位抽调人员组成监事会，制定《眉山市彭山区国有企业监事会管理暂行办法》，对企业的财务进行监督。严格审核银行贷款用于工程项目的支出。

【融资工作】 面对地方政府不能新增债务，融资方式发生变化的现状，区国资局认真研究，采取一系列措施：指导公司通过发行私募债、公募债，开展融资租赁贷款、抵押贷款、保证贷款等多种渠道融资；在学习广安和遂宁船山区经验的基础上，提出低利率贷款置换高利率贷款的建议，新成立金城公司、兴城诚公司融资贷款，降低融资成本；成立眉山盛通融资担保有限责任公司，为区属国有企业融资提供贷款担保、票据承兑担保、贸易融资担保、项目融资担保、信用证担保等业务；坚持“银企”高层互访沟通，积极与国开行、省农发行、成都农商行等银行高层沟通，获取更多融资信息和资源。2015年，完成融资25.26亿元。

【党建工作】 完善党组织架构，理顺党组织关系。围绕国有企业如何与上级党组织和业务主管部门上下联动，在调研的基础上，完善国有企业党组织架构。成立国资局党总支，下设机关党支部和控股公司党支部；工投公司、成眉石化公司和正兴农业公司分别设立党组织，按业务管理权限分别隶属于经开区党工委、成眉石化园区党工委和农业园区彭山区域党委，实现党组织全覆盖。标本兼治、从严治党，进一步加强国有企业党风廉政建设。认真学习贯彻中央、省、市有关党风廉政建设责任制的相关规定、文件、会议和领导讲话精神，充分认识党风廉政建设在国有企业发展中的重要性。将国资监管工作与党风廉政建设同安排、同部署、同检查、同落实，“一把手”与国有企业领导班子签订《目标责任书》，组织国有企业副总经理以上干部、全体机关干部到廉政基地接受警示教育，从身边人、身边事吸取经验教训。严格考核，落实责任，按照“一岗双责”的要求，把廉政建设各项任务目标与国资监管工作有机结合起来，把责任追究作为关键环节来抓，使廉政建设进入经常化、制度化、规范化轨道。

【干部管理】 加大干部的管理、培养力度，让干部队伍更优化。抓好公务员平时考核，制定《平时考核活动方案》，制作“干部去向公示栏”，完善请假手续，按时开展月考核、季考评，考评结果在公示栏公布，年终考核平均分第一名的年终目标奖高5%，在市、区暗访组的暗访中，没有一人受到处分。开展“一带一”联系培养制度，每个班子成员、股室长联系培养1名后备干部，定期与联系人员交心、谈心，帮助其在政治思想、工作能力等方面提高。开展定期学习制度，每半月机关干部集中学习文件政策，提高大家的政治理论水平。

【联系乡镇工作】 定点联系、精准扶贫，下派机关干部到联系村全脱产担任第一支部书记，协助村“两委”调整产业结构，以种植葡萄、红心柚为主，完成土地流转33.33公顷；向上争取资金2.2万元，改建村级活动场所；下社入户审查低保户资格，清退不符合享受低保条件的37人；宣传农业保险政策，农业保险入保率达100%；开展精准扶贫，对因病、因残致贫的，帮助申请民政救助、医疗救助，7名机关干部联系帮扶户贫困户14户，送去慰问金、慰问品6000余元；介绍联系户劳动力到农场务工。

（张选春）

国家税务

【重要事件】 1月，彭山区副区长钟建成针对“彭山国税建立全省首个区级税务、工商一体化服务大厅”等一系列优质纳税服务举措作出批示：“此举是解决群众‘最后一公里’的问题重要举措，值得肯定！整合了资源，方便了群众，好！”区纪委副书记陈利针对“彭山国、地税联合打造立体化纳税人学校”服务举措批示：“此举很好，为垂管系统做了表率。既提升了自己形象，又对推动彭山发展提高了效能。”

3月9日，彭山国、地税联合举办2015年第一期工作联系协调会议。

3月23日，彭山国、地税联合纳税人学堂第一期培训成功召开。

3月25日，市人大常委会副主任陈大权一行到彭山，检查指导税收征收管法贯彻落实情况，并走访思念食品公司、管理科和办税服务厅。

4月28日，眉山市国家税务局副局长杨映平一行到彭山区国家税务局调研指导组织收入工作。

5月13日，省国税局督查工作第五小组组长胡春率小组一行到彭山国税局，对区局小微企业税收优惠政策、营改增及增值税发票系统升级版、出口退税管理规范、纳税服务规范等10余项工作推进及落实情况进行督导检查。

6月3日，彭山区“依法治区、法在身边”集中宣传月活动启动仪式在区政府广场举行。

6月17日，省局总审计师张宏征率省国税局货劳处、服务中心负责人到彭山，调研税收征管、绩效管理、纳税服务、“营改增”等工作开展情况。

9月18日，四川省国税局局长张崇明到彭山区国税局，调研指导基层国税工作。眉山市国税局党组成员、副局长郭英雷陪同调研。

9月28日，彭山区第一张“三证合一，一照一码”证照，在彭山区行政服务大厅发放。

9月，在“省级文明单位”的复查工作中，彭山区国税局文明创建工作获得省级文明单位复查工作小组的高度评价。

10月，彭山区国税局黎林荣获“彭山区道德模范”称号。

11月3日，《四川日报》第七版“市州观察”栏目以《彭山国税扶贫重在“造血”》为题，报道彭山国税服务基层帮扶贫弱工作。

11月13日，市委常委、常务副市长邓正权在眉山国税要情专报《彭山国税贯彻全市财税工作会精神找税源抓收入》上批示：“市国税局并任晓同志：找税源抓收入应成为基层税务部门的重要工作。全省对市州要进行目标任务分解，我市可考虑对各区县收入进度和增幅进行摸排，分解任务，加强考核，确保全年财税目标任务完成。”

11月18日，市委常委、常务副市长邓正权在眉山国税要情专报《彭山国税“听、看、用、减”服务“双创”工作》上批示肯定：“彭山国税服务“双创”四项举措，变被动等上门为主动沉下去，值得总结推广。”

11月24日—25日，彭山国税规划做好了金三（“金税三期”）万人业务测试工作。

12月4日，彭山区国税局在区政府门口设置“12·4”法制宣传台，由“小专家团队”为广大群众宣传税收法律、法规，共发放税收法制宣传资料200余份，现场接受群众涉税咨询15余次。

12月7日，区国税局局长欧小鸥率“小专家团队”一行深入联合利华（四川）有限责任公司，展开税企联席互动。

同日，市委副书记、市长宋朝华在眉山国税要情专报《彭山国税主动作为“三个聚力”服务纳税人》上批示：“彭山国税‘三个聚力’服务纳税人的做法值得肯定。当前经济下行压力大，税务系统既要坚持依法治税，更要加强税务服务，促进企业发展。”

【概况】　截至2015年12月31日，彭山区国税局共组织入库税收收入44057万元，同比增长19.30%，增收7128万元，其中，增值税入库32767万元，同比增长4.73%，增收1477万元；企业所得税入库10331万元，同比增长92.67%，增收4969万元；消费税入库99万元，同比减少16.47%，减收14万元；完成地方公共财政收入8664万元，同比增长23.30%，增收1637万元。

【税收优惠】　2015年，彭山区国税工作坚决贯彻落实“依法征税、应收尽收、坚决不收过头税、坚决防止和制止越权减免税、坚决落实各项税收优惠政策”的组织收入原则，坚定不移的兑现落实国家结构性减税的各项税收优惠政策，切实让纳税户合法享受应得的权利。通过多种渠道开展宣传培训，做好申报纳税申报辅导，确保小微企业税收优惠面达到100%。2015年，彭山区共有996户符合条件小微企业。其中，查账征收企业667户，定率征收企业5户，定额征收企业324户；盈利企业498户，实际享受优惠企业498户，优惠面100%，减免企业所得税147.62万元。

【纳税服务】　2015年，区国税局联合地税以“落地纳税服务，彭山在行动”为主题，制作纳税服务税收宣传专题片，在彭山电视台黄金时段和主要商业中心LED显示屏进行连续滚动播放。利用流动宣传车在彭山区政府所在地商业中心、彭祖广场、青龙工业园区、观音工业集中区开展“落地纳税服务，彭山在行动”和税收政策宣传，将纳税服务举措、税收政策送到纳税人手中，装进纳税人心中；利用电视台、广播电台等传统媒体，对包括“营改增”“三证合一，一照一码”在内的系列重点工作内容进行实施播报，让税收知识深入千家万户。针对企业不同的需求制定培训计划，邀请省国税局、市国税局业务骨干作为特邀讲师，上好政策辅导课，全年开展辅导课8期，共培训800人次。打造全省首个区级税务、工商一体化服务厅，全面实现一站服务、并联审批、信息互换、规范管理。真正让纳税人实现税务证照的“即刻办结，无需等待”，该举被《中国税务报》等国家、省、市级报刊、媒体重点报道，服务厅为纳税人联合办证1300户次。探索推出国、地税联合税源控管模式，区地税局派出人员进驻国税前台服务窗口，在纳税人申请代开发票时，由国、地税前台窗口人员先征收税款，再依据国、地税税票进行发票代开，有效防范税款流失。在青龙工业园区设立全市首个园区自助办税终端，并且将每月购买增值税专用发票两次及两次以上的一般纳税人购票次数统一调整为一次，切实缓解因办税地点分散给纳税人带来的不便，也为解决纳税人因办税、办证、领购发票等涉税事项需多次跑、多头找的问题，为纳税人节约办税时间和办税成本。在青龙天府新区“党群服务中心”设置办税服务窗口，打造“一主厅+多分厅”的新型办税模式，联合地税、工商等部门为天府新区纳税人提供高效便捷服务。强力推进简政放权，以“便民办税春风行动”为契机，为纳税人“减负”，按照《便民办税春风行动落地事项操作清单》要求，对61项资料报送、检查评估进行减免。按照省国税局部署，全面推行160张纳税人使用的表证单书表样，规范涉税纸质材料。取消41项非行政许可审批，调整19项非行政许可审批为其他行政权力事项。及时与地税局交换数据信息，联合开展A级信用企业评定，并在办税大厅公布A级信用企业名单。截至2015年年底，共有联合评定13户A级信用企业。

【党风廉政建设】　2015年，全局继续巩固深化拓展“党的群众路线教育实践活动”成果，深入开展“三严三实”专项工作，将“为民务实清廉”贯彻始终。召开区国税局党风廉政建设和反腐败领导小组会，专题研究通过2015年党风廉政建设和反腐败工作实施意见。“一把手”与部门负责人、分管领导、分管领导与分管部门负责人层层签订党风廉政建设目标责任书。将党风廉政的绩效考核分由15分提高到20分，并制定《眉山市彭山区国家税务局党风廉政建设绩效考核标准》，详细列出一般考核的16种情形和实行

“一票否决”的9种情形，并对涉及人员的科室领导和分管局领导进行责任追究，督促“一岗双责”的履行。认真贯彻落实领导班子和领导干部监督管理办法，在重大问题决策方面坚持民主集中制和按照组织原则办事，做到令行禁止、政令畅通，在重大干部任免、税收优惠政策及重要税收事项、重大项目安排及大额资金使用等方面实行集体研究审批，实现政务公开、财务公开，执行“两会”旁听制度，全面贯彻落实主要负责人不直接分管人事、财务工作，执行末位发言制度，主动接受群众监督。局机关、管理科室每周开展以理想信念、党风、党纪以及廉洁从政为主要内容的廉政教育，组织干部职工学习眉山市党性党风党纪教育内部读本《案件警示录》、《以案说法——税务人员职务犯罪案例选编》、税务系统违反八项规定、违法违纪案例等内容；党组中心组开展专题学习，组织观看警示教育宣传片《一个市委书记的蜕变》《南平红荔》《共产党人——大地新颜》《国资之蠹》等宣传教育片。积极培育“修德、尽责、守纪”的国税廉政文化精神，促进干部职工自觉以党纪国法规范自己的言行。

【队伍建设】 2015年，区国税局广范组建队伍，积极开展便民利民惠民服务。组织在职党员志愿者服务队56人到社区“双报到”开展服务；组织区国税局党员先锋服务队，对纳税人开展常年服务工作；全力投入“第一书记”工作，为联系村支援水泥50吨，帮扶20户贫困户资金3万余元。协助村党支部、村委向省、市争取精准扶贫款90万元。其中，用于产业发展（柑橘种植）17.7万元；老年活动中心修建3万元；修建13条总长3.2公里村社道路70.3万元。同时，配合做好全部资金的日常监管，监督每项资金使用。协助做好贫困户建档立卡（档案）工作，实实在在地将所有贫困户加入精准扶贫工作，保障其应享权利。加强干部队伍培养工作，积极安排干部职工参加省、市国税局各类脱产培训共10次、70人；组织开展“小企业会计制度”、“营改增”、现行税收政策等培训1000余人次；开展“1+N”征管能力培训。采取1人牵头，3至4人跟进的办法开展纳税评估工作。各组将评估情况制作成课件，在培训会上讲述和演示，通过活动开展，促进全局业务工作老带新、熟带生，为培育骨干，提高干部业务技能和实际工作能力起到积极推动作用。2015年，区国税局有律师1人，注册税务师4人，研究生3人，本科以上学历56人，大专学历20人。有省级征管稽查能手2人，市级稽查能手5人，由省、市级表彰为标兵的11人，另有4位同志参加递进式领军人才骨干培训。积极参加市国税局开展的“书画影·寻味眉山国税”书画、摄影活动，20余名干部提供上百幅作品，其中，有4位同志的作品获奖（1个一等奖、2个二等奖，1个三等奖）；积极为市国税局创办眉山国税税务文化刊物《税想》提供各方面的素材和信息，发动干部职工广泛参与，上传优秀文章8篇，图片10幅，选送人物推荐材料3个，加入微信平台关注《税想》的职工多达43人，推出优秀人物2人。做好2015年省级文明单位复查验收工作，共收集整理各类资料37个、形成14册、装卷9盒的复查验收材料，得到复查验收小组的一致好评，通过省级文明单位的复查验收，保持了1998年以来的省级文明单位的称号。

（朱 禹）

地方税务

【概况】 2015年，彭山区地税局共组织入库收入10.6亿元，同比增长2.04%；组织区级地方公共预算收入8.13亿元，同比增长3.99%，为地方财政收入提供强有力支撑。是年，区地税局多次获得区委、区政府领导的表扬性批示。区委书记梁磊对2015年彭山地税工作作出重要批示：“好！不容易，望继续努力。加强对新形势下征税工作方式方法的创新，争取颗粒归仓”。

【税法宣传】 2015年，区地方税务局把握大方略，以更严格的法治精神建设法治地税，将法治精神贯穿工作始终。对内开展全局学法，建立会前学法制度，为定期学法提供制度保障，并将税收法律带到区政府常务会，起到很好的税法宣传作用。对外做好税法宣传，以“新常态、新税风”为主题，联合国税，开展多种形式税法宣传。制作税收知识及金税三期宣传片在彭山电视台和商场大银幕滚动播放；组织四川大学锦江学院学生参加市地税局“春风杯”税收知识竞赛等。积极向区委、区政府建言献策，向企业宣传法治理念。调整税率的建议为区政府起到很好的参谋作用；公平企业税负，方便征收管理，维护纳税人合法权益。成立依法行政工作领导小组，积极推进依法行政。将税收执法行为引入风险评估管理系统，充分利用评估系统加强税收执法督察；全面推行税收执法行为痕迹化管理，严格落实税收执法过错责任追究制度。全力落实税收优惠政策。全年，共减免企业所得税328万元，落实个体户残疾人税收优惠政策11户，减免个人所得、营业税及附加2.5万元。

【税收征管】　2015年，地税局对内整合征管力量，推进业务所合作；对外加强与政府相关职能部门业务协调，积极落实税收保障办法。加强信息管税，推广网络申报，成功上线运行网络申报企业1400余户，入库税款2.1亿元；建立电子档案系统，全面更新地税局征管档案管理模式。大步推进税收风控工作，处理市地税局推送的风险任务285条，入库税款2300万余元，起到堵漏增收良好效果。稳步实施金税三期工程，前期共组织5个批次66人次接受市地税局的全天候培训，全局干部职工发扬“5+2”“白加黑”精神，有力保障金税三期工程成功运行上线。

【纳税服务】　组织学习《全国税务机关纳税服务规范》2.1版，积极开展全员培训和专题培训；完成办税服务厅标准化建设，为纳税人提供标准规范、便捷舒适的办税服务环境，征纳双方关系更加融洽；持续完善12366纳服热线管理，全面解答并处理纳税人关注的政策疑难、热点问题；常态化运转纳税人学堂，共组织纳税辅导5次，最新税收政策业务培训385人次，发放政策宣传辅导资料600余份；通过网络为纳税人提供税法宣传、办税指南、表证单资料的下载等功能模块，方便纳税人高效办税的同时降低纳税成本。

【队伍建设】　加强干部培训，全年组织职工参加省地税局主办的培训7期，参训7人次；参加市地税局主办的各类培训27期，参训人数409人次；组织局内培训9期，参训230余人次；其他业务培训3期，参训人数24人次，年度人均培训天数达12天。强化人才培养，选拔4名职工参加市地税局组织的为期2个月的新录公务员业务培训，进一步提升新进公务员的综合素质和能力；支持干部职工参加省市地税局人才库培训选拔，有2人分别入选省地税局行政管理类、信息技术类人才库；大力弘扬理论联系实际的学风，坚持学以致用，建立奖励机制。着重文化建设，局班子根据实际提炼出“尚法、廉明、担当、创新”文化理念，旨在将法治理念、廉政文化深入干部职工。同时，关注职工内在修养，在全局掀起读书热潮，集中购买发放《苏东坡传》《大数据时代》等书本。

【党风廉政建设】　落实“两个责任”，履行一岗双责。深入推进内控机制建设，强化惩防体系建设，全面推动“两权”监管管理系统落地运作，将税收执法权、行政管理权通过“两权”监管系统暴露在阳光下，透明运行。加强作风建设，加大执纪问责力度。局领导带头改进工作作风，带头密切联系群众，解决群众实际问题。定期向干部职工发送廉政短信，不定期开展明察暗访。

【文明创建】　2015年，顺利通过市文明办代表省文明办对彭山地税局创建“四川省文明单位”的复查验收；举办道德讲堂，在全局树立勤学业务、爱岗敬业、廉洁从税导向，大力弘扬正气；开展形式多样的文体活动，成立篮球队、羽毛球队、乒乓球队、游泳队、钓鱼协会等；认真做好责任单位帮扶工作，派驻第一村委书记驻村深入联系帮扶对象，有效开展精准扶贫工作，达到“突出重点，项目推动，点面结合，支持一域，带动一方，帮扶一户，带动一片”的目标。

（伍蔚霖）

金　　融

金融综述

【概况】 2015年，中国人民银行彭山区支行围绕中心支行“全面升位，奋勇争先”的年初工作目标，立足彭山经济、金融和社会发展实际，认真贯彻落实货币信贷政策，依法履行金融管理职责，努力维护辖区金融稳定，不断提高金融服务水平；以“三严三实”为标杆，支行党组不断改进作风，加强班子和队伍建设，全面提升全行干部职工队伍的综合素质，切实履行基层央行职责，较好地完成全年工作目标任务。

【主要业务指标】 2015年，全区经济保持快速增长。实现GDP123.42亿元，同比增长11.7%；完成固定资产投资199亿元，增长13.4%；实现财政一般预算收入13.58亿元，增长10.3%。截至2015年12月31日，辖内金融机构各项存款余额159.61亿元，比年初增加7.91亿元，增长5.21%；各项贷款余额76.74亿元，比年初减少2148万元。

【信贷管理】 2015年，加强货币信贷政策的传导，以人民银行专报和当面汇报的形式及时向政府分管领导汇报货币政策及2015年信贷工作要求，努力争取对支行工作的支持。年初，向区委、区政府报送《中国人民银行彭山支行2015年对外履职的八项重点工作任务》，受到地方党政的高度重视。利用经济金融形式分析会、金融联席会、政银企座谈会等各种会议，宣传货币信贷政策要求、彭山支行的职能和工作重点，通报彭山区金融运行情况、金融支持彭山经济发展情况，分析信贷投放中存在的问题和不足，提出需要改进的方面及下一步的工作思路、安排和建议。进一步发挥窗口指导作用，推动金融机构创新金融产品，大力推广应收账款质押融资、保理保函、动产质押、“两权”（农村土地承包经营权和宅基地使用权）抵押等业务开展；着眼天府新区彭山区域建设、重点战略性新兴产业企业、中小微企业、创业就业惠民和农村专合组织、家庭农场等新型农村经营主体，切实增加对辖区信贷投放力度。及时传导上级行对农村信用社、珠江村镇银行2015年信贷调控的政策，指导其认真执行信贷调控政策，把握信贷投放方向和节奏，合理确定信贷投放计划，严把信贷调控额度。加强支农再贷款管理。按照《中国人民银行眉山市中心支行支农再贷款操作规程》（眉银办〔2014〕97号）以及《中国人民银行眉山市中心支行支农再贷款管理办法》（眉银办〔2014〕80号）的通知，加强对辖内法人金融机构支农再贷款的使用管理和监督，确保支农再贷款的有效使用。

【《存款保险条例》】 做好对《存款保险条例》的解析工作。《存款保险条例》草案于2015年3月31日对外公布，5月1日起正式实施。彭山支行先后召开行务会，学习《存款保险条例（征求意见稿）》及工作安排，支行党组要求全行高度重视，认真按照工作安排意见执行；随后召开辖区金融机构《存款保险条例》工作通报会，安排布署相关工作，保障《存款保险条例》在辖区的顺利实施。

【农村试验区改革】 2014年12月1日，中央下发《关于第二批农村改革试验区和试验任务的批复》，彭山区列为第二批农村改革试验区。根据区委、区政府统一安排，人民银行彭山支行牵头实施“加快农村金融制度创新，推进涉农财政资金使用管理任务”等实验内容。支行在没有可借鉴经验的情况下，结合辖区实际，不等不靠、边干边学、不断创新。牵头制定《眉山市彭山区农村产权抵押融资贷款试点工作方案》《金融支持彭山区深化农村改革指导意见》等实施方案。配合上级行建立市、区联动的工作协调机制。指导邮储银行完善配套产品设计，于7月在观音镇果园村对10户家庭农场主授信，最高授信金额100万元，累计发放贷款4000万余元。建立进度监测和责任追究制。牵头做好新型城镇化建设货币化安置有关工作。结合农改工作强力推进区内2个支农再贷款支持现代农业省级示范基地建设。积极争取国家“两权融资”试点，该试点方案已通过四川省评审并上报国务院，最终等待全国人大批复实施。促成地方党政建立风险补偿机制和政府性融资担保机制。针对彭山区实际，支行多次向地方党政提议建立两个机制的重要性和必要性。区委、区政府经过多方考证，于2015年4月建立首期1000万元的贷款风险补偿基金；5月，由区政府出资3亿元建立彭山区政府性融资担保公司。

【金融监测】 加强经济金融形势监测和调查研究分析水平，为县域经济发展当好参谋助手。深入分析经济金融各指标，关注货币政策对社会经济产业的效应；利用金融统计信息数据，进一步加强对全区经济金融运行状况的动态监测和趋势判断。全年共发布信贷通报12期，金融形势分析2期，努力为上级行和区委、区政府决策提供参考。针对工作中的热点问题，深入基层，开展调研，积极反馈工作动态；开展生猪市场调查等工作。截至2015年12月月末，支行共发布金融信息28期，专报9期。

【金融综合管理】 按照《关于所辖县支行内设机构调整的通知》（眉银〔2015〕108号）文件要求，支行于2015年9月25日完成内设机构调整，并及时修订综合评价指标及内容，在11月份全面完成对辖内10家银行业金融机构2015年的综合评价工作，评出A等机构3家，B等机构7家。组织开展统计业务专项检查、人民币业务专项检查等检查。与公安机关协商，建立共同打击涉金融犯罪全面协作机制，协助公安机关侦破案件3起，查询账户1100余户，特别是对公安部督办的“5·1”特大盗卖文物案的成功侦破提供有力协助。

【征信工作】 2015年，彭山支行加强信用体系建设，推动征信工作开展。充分发挥征信系统防范信贷风险的作用，引导金融机构利用系统的查询功能；开展贷前调查和贷后管理，规避信贷风险；做好企业和个人信用报告查询服务。全年共受理个人征信查询1991笔，企业查询136笔，支行异常查询核查7笔；机构信用代码申请544笔，变更114笔，撤销145笔，挂失补发2笔。

【金融服务】 2015年，彭山支行认真履行经理国库职责，规范操作，加强监督检查。按月开展贯彻执行岗位责任制、内外账务核对、登记簿管理、计算机安全管理等内控制度情况的检查，确保各项制度的有效落实。截至2015年12月月末，办理税收入库8.97万笔，金额32.32亿元；拨款126笔，金额5.36亿元；退库115笔，金额2552.85万元。做到收入及时入库，拨款退库及时到账，保持八年来国库会计核算“零差错”。加强反假货币宣传培训，拓展反假知识普及覆盖面；组织辖内金融机构开展人民币反假知识进校园活动，对金融机构开展人民币反假、人民币流通管理等业务实地检查，促进金融机构认真执行人民银行法规政策和管理制度。全年共收缴假币1758张，面额15.55万元。

【支付结算迅通工程】 积极开展“支付结算迅通工程”工作，不断改善支付结算环境。全年，全区新增ATM机20台，总量达到143台；在谢家镇建成农村刷卡无障碍示范区1个；在城区建成城市社区金融综合服务示范网点4个。切实加强反洗钱工作，召集辖内金融机构研究布置辖区反洗钱工作。2015年5月和10月，组织辖内金融机构面向社会开展反洗钱宣传活动，使社会公众进一步了解反洗钱工作，打击经济金融犯罪行为，共同维护正常的经济金融秩序。加强金融消费者权益保护，认真执行金融消费者权益保护的有关规定，督促金融机构积极履行各项法定义务，有效保护金融消费者的合法权益；按照金融消费者权益保护操作规程，落实岗位职责，及时妥善处理消费者投诉，受理金融消费投诉4起，均得到妥善解决。2015年，支行央行政策宣传服务队积极开展央行政策宣传，上门为1家银行业机构进行业务培训60人次，内容涉及人民币反假、支付结算等，培训效果达到预期的目的。切实依法行政，进一步加强账户管理。全年新开立账户565户、变更846户、撤销250户。

【专项检查】 2015年，积极开展“两加强、两遏制”专项检查活动。根据《关于转发开展“两个加强、两个遏制”专项检查的通知》（眉银〔2015〕1号）精神，落实分管领导，组织专人自查。支行围绕如何加强内部管理、制度建设、岗位职责、风险防控等方面，对3个部门的相关业务进行自查和检查，提出存在的问题3个，并要求及时整改。提高全行干部职工的危机意识、严格执行制度意识、规范操作照章办事意识。并以此为契机，进一步建立、健全岗位风险管控长效机制，从源头和根本上预防、遏制各种案件事故的发生。

【队伍建设】 2015年，支行党组班子带头遵守党风廉政建设的各项规定。围绕班子的思想建设，加强领导班子建设、作风建设、履职能力建设。按照民主集中制建设和党风廉政建设要求，坚持中心组理论学习制度，不断改进学习方式和提高学习效果。加强行风建设，支行党组坚持集体领导和分工负责相结合，坚持党务公开、行务公开和政务公开，凡涉及干部人员管理变动、大宗财务开支以及庭院、会议室改造等重大事项均集体研究决定，严格执行财经纪律和“一支笔”制度，主动接受群众监督。积极开展“劳动我最美、共筑央行梦”“重温入党誓词，践行三严三实”等主题宣传教育活动，组织职工积极参加“中国梦、强军梦、我的梦”主题报告会。深入推进“服务型”“学习型”基层党组织建设，切实抓好党员政治理论学习，组织全体党员学习“四个全面”，填写《党员公开承诺书》，更好地发挥党支部的战斗堡垒作用和党员的先锋模范作用。认真落实“一岗双责”和“三谈两述”制度，将党风廉政建设和反腐败与业务工作有机结合，为正确履行基层央行职责提供保障。

【教育培训】 2015年，认真组织职工开展业务培训、春训集中学习活动，组织职工参加人民银行总行远程培训教育学习活动2次；开展职工轮岗交流和上派培养锻炼5人次；安排支行行领导、中层干部和业务骨干参加相关专业培训7人次；并派1名行领导、中层2名干部参加郑州培训学院的相关培训，全行职工综合素质和履职能力不断提高。提出“善待你所在的单位”口号，号召全行干部职工努力证明“你在单位很重要”。积极开展社会主义核心价值观的教育，引导全行职工树立正确的世界观、价值观和人生观；组织职工参加眉山中支“培育和践行社会主义核心价值观”“追梦、圆梦，讲我们的故事”等征文活动，进一步坚定中国特色社会主义信念，增强履行基层央行职责的责任感和使命感。积极开展法律法规、法纪教育活动。制定“送法律进单位”活动实施方案，组织职工学习中纪委、上级行纪检监察工作会议精神，廉洁自律的有关规定，签订八小时以外责任书和承诺书。开展先进典型示范教育和反面案例警示教育，用焦裕禄、杨善洲、古文昌、兰辉等同志的先进事迹鼓舞人、激励人，用刘铁男、徐孟加等反面典型案例的沉痛教训警示震慑人，以此强化职工的法制意识，增强支行干部职工廉洁自律的自觉性，筑牢拒腐防变的思想道德防线。

（朱碧刚）

工商银行

【概况】 2015年，工商银行彭山支行紧紧围绕分行党委下达的全年目标任务，坚持以拓展县域市场提升区支行竞争力为目标，强化资产业务与零售业务共同发展的中心思想，较好地完成全年的工作任务。

【综合负债】 2015年，个人综合负债日均增量1.36亿元。储蓄存款余额10.13亿元，较年初增加8200万元，增量四大行同业占比为17.88%，较年初余额占比提高0.12个百分点。

【资产业务】 2015年，个人贷款较年初增加5100万元，增量四大行同业占比为19.5%。

【资产质量】 2015，个人不良贷款余额24.93万元。全年无贷款劣变发生。

【利润和税收】 2015年，工商银行彭山支行总利润5335万元，净利润3291万元；上缴各项税收共计333.63万元。

【风险防控】 2015年，严格落实市分行全面风险管控各项措施，全年无案件和重大风险事件发生。

【工作亮点】 2015年，彭山工行核心竞争力有效提升。截至2015年年末，存款、贷款、中收同业占比均比年初有所提升，分别提升0.99、1.64、1.03个百分点。是年，支行总部开发了“存管通”“存款节节高”两款创面新产品。“存管通”即：在彭山工行签订银证通第三方存管协议的客户，股票卖出后回到资金账户中将按定期利息上浮20%计息，按实际时间计算；“存款节节高”即：两年以内的定期存款，如果提前支取，则按提前支取时间内的定期利息的1.25倍计息。

【内部管理】 内部管理进一步加强，风险管控水平不断提高。全行人均违规积分和业务运营风险事件保持较好管控水平，持续保持零案件和无重大风险事件。

（徐　伟）

农业银行

【概况】 2015年，彭山区农业银行全面贯彻“控风险、强基础、提质效”九字方针，坚持稳中求进的工作总基调，围绕“质量效益优先，发展风控并重”的工作思路，认真践行“三严三实”，有效落实“两个责任”，锁定三大综合治理目标，牢筑发展基石。同时着力推进全面风险管理，构建完善惩治和预防腐败体系，防控各类风险，深入推进党风廉政建设工作，圆满完成2015年度各项工作任务。

【工作业绩】 2015年，各项存款余额为40.97亿元，各项贷款余额为14.79亿元，各项存款余额增量、各项贷款余额、中间业务收入均居同业四行第一。基础管理夯实有效，全行加强党风廉政建设，深入扎实开展“三严三实”等专题教育活动。继续强力实施行领导联系网点、部门挂靠网点制，修订完善各类考核办法。严格执行《彭山县支行关于请假制度、工作纪律、会议纪律、限时办结和审批上报制度的管理办法》等，提高查岗频率，加强作风建设，提升机关形象，为业务经营发展提供强有力的组织和纪律保障。

【信贷业务】 2015年，彭山区农业银行向支持的优质房地产开发商建宏房产公司新增投放项目贷款8200万元、简蒲高速公路联合贷款1亿元；向南风洗涤、岷森竹编专业合作社新签发银行承兑汇票160万元；全年向存量法人企业发放还旧借新贷款共计1.18亿元。全年住房贷款新增投放9631万元，较年初净增5026万元，新投放巨梁半岛三期、康泰·仁和公馆、复地·黄龙溪谷、永达柏林郡B组团、希望城西门新商圈、凯鑫华府三期等优质楼盘项目；个人经营性非住房贷款新增投放4175万元，较年初净增1802万元，成功实现“公司+农户”全新贷款模式以及农民专合社信贷业务的突破。全年向存量个人客户发放还旧借新贷款2547万元。四川巨梁房产公司车位专项分期业务并实现投放突破，营销上报建宏山水福都车位专项分期项目并获得信贷审批，全年新增专项分期业务636万元。

【储蓄存款】 持续加大个人存款营销，确保个人存款稳定增长。工作策略：坚持“份额主导、客户为本、结构优化、价值创造”的个人存款营销策略，力促储蓄存款稳增长、升效益。强力实施公私上下联动，强抓财政、社保下游客户，不断拓宽个人资金增长来源；继续加强与社保部门在社保卡及社保工资发放、社保、医保、广电代收代扣等方面的合作，积极营销财政计生奖、目标奖、代理项目，增加政府性代理资金收入来源。在重要时段制定专项营销活动，提升全员营销意识，提高对重点客户的掌控力。充分利用个人优质客户系统，不断加深客户联系，实施“倒逼式”营销，提高客户贡献度。加快二次转型，进一步优化劳动组合，释放人力资源，以智能化为支撑，不断提高网点产能；通过网点二次转型，适时集中机具维护、现金清分、加钞加纸等保障性事务，引导网点建立点内、点外2个营销团队，从“单一产品营销”到“全面挖掘客户资源”转变，从“单一客户营销”向“客户人脉资源营销”转变，鼓励网点开展厅堂微营销、微沙龙等特色化主题活动，巩固扩大“营销圈”阵地；同时加快网点建设进程，北街、观音网点进行装修改造，同时新建一个自助服务区。加大网点服务品质建设，进一步提升服务质量，进一步按照《眉山彭山支行网点文明标准服务奖惩办法》要求加大对网点文明标准服务现场和非现场管理，固化文明标准服务意识。

【对公存款】 持续坚持实施“抓源头、调结构，抢下游、保份额，强维护、稳客户”的对公存款营销策略，治理成效显著。加强信贷客户资金监管，提高货款归行率。同时继续以金融支持地方经济建设为突破口，积极争取政府的资源倾斜。以电子产品为依托，着力重点客户维护。支行成立重点客户营销维护小组，行领导重点联系公共资源中心，捕捉交易信息；强化公共资源交易平台系统日常维护，实现业务无逢对接。持续开展“扩户提质”、“千百工程”和“五进三户”活动。以账户营销为抓手，加大新落户企业的营销力度。截至2015年12月月末，新开立账户150户，新开现管40户，新开单位结算卡126张，新增对公客户57户；营销开立成都东嘉建筑残疾人运动培训中心、天成云盟文旅公司等重点客户新账户。充分发挥网点对于全行对公存款一线营销和维护的基础性功能，继续扎实开展网点百千万计划活动，彭祖分理处实现年度百万活动净增千万元目标。强力推进网点对公业务开办达标。谢家分理处已达标。加强激励引导，制定《对公存款专项考核办法》《对公存款综合治理方案》等，将对公存款任务层层分解、责任到人、考核逗硬、激励到位。

【中间业务】 支行积极适应“经济发展新常态”，持续加大挖抢客户资源力度，积极调整产品结构，以代理保险和基金等业务为增收重点，提升线上线下创收能力。以银保合作为基础，加快业务经营转型，代理保险业务突破亿元大关，持续保持同业领先地位；围绕“拓展优质商户、提升用卡活跃度、增加专项分期收入、不良控制”四大目标，充分发挥柜台、大堂、点外三个营销中心的职能和团队优势，结合上级行的各类专项活动，提高信用卡中间业务收入；强化重点产品营销，提升新兴中间业务收入贡献度。抢抓元旦、情人节、春节、“三八”妇女节、端午节时段，开展贵金属专项营销，推广玫瑰心、关公、十二生肖、百福银等贵金属饰品；以春天行动和“红五月活动”为契机，狠抓客户营销，提升电子银行收入占比。成功实现四川永祥饲料公司“E商”管家上线有效运行，后续又成功营销企业下游商户16户。

【信贷风险】 继续开展全行不良贷款专项治理活动，分法人、个人、信用卡三大类别，采取上门催收、法律诉讼和贷款核销、打包转让等方式方法，多策并举处置化解风险。向法院申请诉讼，配合并跟踪法院加快法律诉讼相关工作。持续关注跟踪客户复产、重组、融资等事项，尽全力催其还款。严格按照核销管理办法要求，对符合条件客户提前做好核销准备，能核尽核。主动申请全力配合上级行对不良资产打包转让，加快处置。对已核销资产继续跟踪掌握动态，尽全力主张支行合法权益，减少损失。制定《2016年客户经理年度考核评议方案》，并纳入绩效和计价考核。全行一线客户经理一律实行“统一管理、营销公示、集中考核、穿透计价”管理考核方式。

【人才储备】　严格坚持“四项制度”，全年轮岗35人次。按规定执行亲属回避制度。优化干部队伍结构，推荐3名副科级以上和10名副股级以上后备干部储备到人才库。提升1名该部中层干部和2名网点负责人，解聘干部1名，充实4名该部缺岗员工。积极开展“重点专业人才库”选拔工作，将青年员工跟班学习情况结合工作表现，进行综合推荐和定向培养，分别有12人进入市分行重点专业人才库，为转型升级发展奠定强有力的人力资源保障。

【管理机制】　认真研究上级行综合绩效考核办法，正确应对政策变化，进一步健全全行综合绩效考核办法，建立阶段性重点业务考核机制，逐步实现重点产品动态计价，使全行三位一体的考核体系更为科学合理，同时督导各部门、网点落实“二次”考核分配，积极引导该部自主营销，激发全员营销活力。严格按照上级行相关规定执行内退人员生活费、员工“五险一金”政策制度，及时计算、计提、上缴和上划各类保险，保障员工病有所医、老有所养，切实解决员工的后顾之忧。

【专题教育活动】　扎实开展“三严三实”专题教育活动，营造全行学习的氛围，结合“抓基础、强管理”活动深入开展自查自纠活动，自查发现问题40条，现已全部整改到位。切实做到专题教育与日常工作有机融合、相互促进，两手抓、两不误、两促进；各党支部对照党章、省分行24条等，开展批评与自我批评，着力解决“四风”问题，树立共产党员的良好形象。重点抓干部履职监督，严格落实中央八项规定，强化整改，使干部自我加压、层层给力、人人思进，有效激发全员潜能。

【党风廉政建设】　落实党委主体责任、履行纪委监督责任。坚持党风廉政建设和业务经营同谋划、同部署、同考核。“一把手”带头落实“一岗双责”，行长“七个亲自”、网点负责人“八个必须”履行到位。党委成员要一手抓业务、一手抓党风廉政建设，做到“两手抓”“两不误”。纪委切实履行监督责任，督促各网点确定运营主管负责该单位党风廉政建设的监督责任，明确监督职责，加强考核和通报。积极协助党委加强党风廉政建设和组织协调反腐败工作。始终把纪律和规矩挺在前面，加强对全行干部员工廉政文化的专题培训、典型案例和警示信息教育。坚决预防和惩治腐败，把反腐倡廉教育和廉政知识测试融入干部培养、选拔、管理和使用全过程。

【党建工作】　大力弘扬党的优良作风，持之以恒反对和纠正“四风”问题，营造风清气正发展环境。扎实开展好“学党章党纪、学系列讲话、做合格党员”学习教育活动，筑牢团结奋进的思想基础。进一步强化基层党支部建设，落实组织生活制度，党员领导干部要以普通党员身份参加所在支部的组织生活会，听取意见、建议。加强对入党积极分子的日常培养，严格依程序发展新党员。

【企业文化建设】　2015年，彭山支行以人为本，关心关爱员工，深入贯彻落实“注重人文关怀，关爱基层员工”的工作要求，进一步改善全行工作环境、生活环境，积极组织参加市分行“巾帼建功、共筑农行梦”“我为核心价值观代言”“青年突击队服务返乡务工人员”等活动，组织召开职工代表大会，建立困难员工档案，积极开展帮扶活动。组织开展青年员工和优秀员工座谈会、职工趣味运动会等活动，丰富员工业余生活，增强员工凝聚力。

（窦海伟）

农业发展银行

【概况】　2015年，农业发展银行彭山支行以科学发展为主题，以加快转变发展方式为主线，围绕保障国家粮食安全和主要农产品市场稳定、支持农业农村基础设施建设两大重点任务，按照支行提出“支农树形象，发展增效益，存款保稳定，风险牢防控，管理上台阶，案件事故零发生”的工作思路，推进彭山支行健康可持续发展。截至2015年年末，各项贷款余额3.14亿元，贷款规模比年初下降5000万元，降幅13.74%。

【业务经营】 2015年，全行实现各项收入2711万元，各项支出1882万元，收支轧差后账面利润889万元，比同期减少514万元。2015年12月月末，各项存款日平均余额18221万元。其中，企事业单位存款1544万元，财政存款2377万元，人均日平均余额为868万元。全行共实现中间业务收入7.11万元，较2014年同期下降21.73万元，人均中间业务收入3389元。

【粮食收购】 2015年，彭山支行始终将粮油政策性业务作为工作的重点，坚决贯彻落实国家各项粮棉油收购政策和调控政策，扎实做好省级储备粮食信贷各环节的监管工作，确保粮食收购工作平稳顺利，并实地走访当地有收购意向的企业，了解当期收购情况，结合实际积极调整和合理优化收储资金供应和管理工作，避免因支行资金供应和自身工作问题而造成的区域性“卖粮难”“打白条”问题。

【客户营销】 2015年，彭山支行坚持以发展统领全行工作，牢固树立发展意识，紧密围绕发展定目标，定措施，防风险，强管理，提高干部队伍水平；树立抓项目营销就是抓发展，以业务营销为抓手，重点抓土地整理、整体城镇化、公路建设等项目。根据新政策找准切入点，加大与政府的汇报和与政府部门及政府性公司的沟通、配合。农发行信贷政策调整后，支行及时向地方政府主要领导汇报，引起区委、区政府主要领导高度重视，专题召开四次会议研究农发行支持地方项目工作，促成区委、区政府主要领导两次到省分行汇报彭山区项目相关情况，以求得省分行的理解与支持。同时加强服务指导，提高服务质量，缩短融资周期。2015年1月—7月，举办两次农发行信贷政策培训会，对政府相关部门和公司人员进行业务培训。是年，全区有储备政府融资平台项目3个（天府新区彭山区域整体城镇化建设项目融资17亿元，彭山锦江片区棚改2亿元，彭山李密路棚改2亿元），共计21亿元。彭山彭祖山旅游项目和锦江片区棚户区改造项目共计7500万基金已到账，等待投放。

【存款组织】 为稳定存款，支行一季度便行动起来，积极向政府领导汇报2015年支行存贷款业务经营目标任务，以及完成目标任务的措施办法，特别是在政府融资项目贷款的营销审批与组织财政性存款的关系入手，希望得到政府的大力支持；想方设法保现有财政性存款的稳定；加强项目贷款资金的支付审核，对资料不全、不符合支付规定的根据相关政策规定向企业做好宣传解释；以项目引存，营销天府新区整体城镇化建设项目，引入财政资金2000万元存款；对贷款企业辅助账户资金情况按季进行检查，促使企业及时将超过限额资金划入农发行账户；加强贷后管理，督促企业清收应收账款，及时回笼归行，提高归行率；严格执行资金到账后申报资金计划的规定，使资金在农发行账户上有停留时间；强化项目贷款资本金管理，争取让有项目贷款的企业尽早将资本金存入该项目在支行的资本金专户。

【基础管理】 2015年，为进一步夯实基础管理，支行狠抓基础管理工作，强化制度执行力。行领导带头执行制度办法，加大检查处罚力度，对违规操作，违反制度和“五十个严禁”的行为除按相关规定进行经济处罚外，还要取消评先评优资格。加强“三防”（防诈骗、防抢、防爆）演练，加强着装晨会管理，规范营业室员工仪容仪表，培养良好的工作行为习惯。

【队伍建设】 2015年，支行强化班子建设和员工队伍建设，扎实开展“三严三实”活动。按照总行、省、市分行党委关于开展“三严三实”活动方案的统一安排部署，支行把“三严三实”活动当做首要政治任务，抓实、抓好，并密切结合自身实际，及时制定活动方案；党支部书记梁健康作题为“谨遵‘三严’立行‘三实’推动农发行健康跨越发展”的专项党课宣讲。将规定动作和自选动作有效结合，深入推进“三严三实”活动，确保活动落到实处，发挥实效。

【党风廉政建设】　切实加强党风廉政建设，提高全行干部职工廉洁自律和自觉接受监督的意识。层层签订《党风廉政案件防范和安全保卫责任书》《银企廉政共建责任书》《廉洁从业承诺书》，按照“标本兼治、综合治理、惩防并举、注重预防”的方针，强化制度执行力，夯实基础工作。加强对制度、业务操作流程和银监会贷款新规的学习和贯彻落实，严格规范操作，从源头上防范风险。认真落实“廉洁办贷十不准”，认真抓好支行惩治和预防腐败体系建设，建立、完善治理商业贿赂的长效机制。

【安保工作】　2015年，支行加强对员工的安全教育，每月开展安全教育，逢会必讲安全，反复强调，增加员工安全意识。实行安全保卫工作责任制，采取签订“三防一保”“银企共建”“岗位职责”三项责任书；开展行风监督员定期座谈、客户意见征求、“四无”创建三项活动；落实好“一把手”和部门主管的两级责任制措施，确保全行安全运行；定期对现金库存、营业场所、车辆等进行安全检查，消除安全隐患；认真落实各项制度，按季对要害岗位人员进行考核、考察，定期进行安全检查，每天进行监控回放检查等工作，确保安全零事故。（刘　畅）

建设银行

【概况】　2015年，建设银行彭山支行牢固树立“转变观念、加快转型、整合流程、提高效率、促进各项业务快速发展”的经营思路，紧紧围绕业务发展这一中心开展工作，成功取得区人民医院“银医卡”独家经办行资格及四川大学锦江学院“圈存”业务，圆满完成锦江学院2015年度学费的代收工作；个人住房贷款新增首次位居四行第一；国际业务实现突破；个金中收首次突破千万元大关。

【主要指标】　2015年，一般性存款时点降低2.71亿元。其中，对公存款时点降低3.43亿元，市场占比下降12.66%，日均新增564万元（含上划市分行资金返算）；储蓄存款时点新增7224万元，市场占比下降1.26%。日均新增12931万元。各项贷款新增1.05亿元。其中，对公贷款新增532万元，新增额位居第二位，贷款余额占比较年初提升2.63%；个人贷款新增1.01亿，计划完成率101.12%，新增占比42.49%，计划完成率121.4%，市场占比提升2.96%。中间业务收入1198万元。其中，对公中收完成182.2万元，计划完成率49.18%；个人中收1050万元，计划完成率95.45%；住房金融中收62.5万元，计划完成率125%。全年实现拨备前利润5228万元，计划完成率82%。

【战略性指标】　2015年，信用卡净增卡量4117张，计划完成率117.63%；信用卡客户新增3304户，计划完成率122.37%；信用卡动户新增1927户，计划完成率87.59%；循环分期完成1600万元，计划完成率64%；专项分期完成312万元，计划完成率44.57%；手机银行客户减少1442户；移动金融替代率37.38%。截至2015年9月月末，有效客户新增9676户。其中，对公有效客户新增8户，对私有效客户新增9667户。保险销售1.1亿元，基金销售1.6亿元。

【客户拓展】　2015年，抓好客户拓展，夯实客户基础。截至2015年12月31日，公司条线抓对公客户的开户工作，共计拓展账户25户；通过支行丰富的产品服务，实现交叉营销，充分提高对客户的产品覆盖度；资金结算条线定期分析对公结算账户基本、非基本账户各余额档次分布及新增情况，对开销户数据进行分析，建立小额无贷户存款手工台账，及时采取措施巩固存量客户，盘活低效、无效客户；个贷条线加强与当地重点楼盘合作，拓展收入稳定、还款能力强、偿债意愿高的个人客户；个金条线加强对客户的把控，柜员主动将新客户推荐给客户经理进行跟踪维护，从而锁定该客户；在产品营销方面加强精准营销，不断总结电话邀约话术，提高电话营销成功率。

【渠道建设】 2015 年，支行共新增 2 个离行式自助银行点位，新增 CRS（既能取款，又能存款，还能实现现金循环的新型自助柜员机）4 台，达到省分行要求的日均交易量；自助设备账务性交易量比达到 81.48%，高于县支行地区平均水平 4.98 个百分点；督促鼓励全行员工大力发展移动金融，将手机银行的推广营销列为重中之重的战略业务，开展高校学生群体营销活动，支行移动金融柜面替代率 37.84%，较 2014 年提升 11.56%。

【服务建设】 强化服务意识，提高服务水平，敦促部门定期对网点服务效率、网点环境卫生、自助设备运行效率情况进行检查，组织对省分行下发的 2015 年“网点环境及自助设备非现场检查表”进行学习、解读，对存在的问题及时进行整改；高度重视客户投诉和纠纷处理，对查实的问题严肃问责；重视 STM 自助填单机和新 BST 机的投入使用，提高网点的服务效率和客户满意度；重视支持保障部门的作风建设，及时督促、整改其对一线部门和网点在服务效率以及质量上存在的问题。

【队伍建设】 强化管理，带好队伍，转变工作作风，创新工作方法。以身作则，起好带头作用。经常带领客户经理走访政府职能部门、重要公司客户，捕促市场信息；深入网点了解员工需求，及时解决员工遇到的问题或业务发展中的困难；调动员工的工作主动性和积极性，认真研读各业务条线工作要点，理清工作思路，加强精细化管理，群策群力，采取各种措施，确保支行业务快速发展；公司条线针对宏观经济持续下行，社保上收市级统筹、财政账户清理等不利因素，落实专职客户经理维护重点机构客户，并加强与政府职能部门主动对接；个金条线做好对上级行考核办法的解读以及对员工的引导，使员工思想清晰、重点明确；加强对网点的指导帮助；资金结算条线着力提升会计人员的销售能力；个贷条线坚持抓收单和提升效率，针对二手房交易活跃的情况，开展与房屋中介的合作。

【党建工作】 组织学习中共十八大，十八届三中、四中全会精神和习近平系列重要讲话精神，开展“三严三实”专题教育活动，坚持“三会一课”制度，加强双向培养工作。2015 年，新发展 1 名党员，转正 1 名预备党员，党员覆盖率达到 100%。积极履行社会责任，参与社会公益事业，组织员工参与“扶贫日”“慈善一日捐”等公益活动，全行员工向社会捐款 7470 元。

【党风廉政建设】 认真贯彻落实中央、上级党委的各项决策部署，严格履行“一岗双责”，带头坚决执行中央八项规定和总行党委十项要求，以及省分行改进作风、勤俭办行等方面的规定，组织修订、完善支行在改进作风、勤俭办行等方面的规章制度，业务管理费较 2014 年下降 177 万元，降幅为 22%。

【内控管理】 2015 年，强化风险和案件防控，确保“三无”目标的实现。加强员工合规从业教育，开展“讲规矩、正风纪、守廉洁”主题教育活动和各类员工行为排查；做好反洗钱工作，开展反洗钱宣传教育，按时完成对客户的风险等级划分，在 2015 年度人民银行综合评价中支行被评为 A 档；强化资产质量管控，加强贷后管理，使支行资产质量继续保持零不良；重视保密工作，组织全行员工层层签订“保密责任书”，将保密工作落到实处；加强对违规、违纪行为的检查整改力度和处罚力度。全年支行各类业务检查发现问题 27 个，整改 27 个，整改率 100%。

【安全保卫】 认真落实安全规章制度，组织开展安全、消防培训、应急预案演练和安全生产大检查。在公安、银监组织的安全评估中，支行得分 98.5 分，在彭山 11 个金融机构中位居第一名。

（陈贵全）

农村信用合作联社

【概况】 2015 年，彭山区农村信用合作联社工作紧紧围绕“农改商”的战略转型，建设零售银行的战略目标，按照四川省农村信用合作联社（以下简称“省联社”）“以改革为统揽、以转型为抓手，坚持发展与避险并重、创新与规范同举，力求实现稳中求进、提质增效、风险可控”的经营管理方略，加强风险控制，分解任务目标，强化责任落实，扎实有效地开展各项工作。

【业务经营情况】　2015 年，全区共有农村信用合作联社营业网点 18 个，在职员工 203 人。截至 2015 年 12 月月末，全区各项存款余额为 46.73 亿元，比年初增长 4.6 亿元，增幅 10.92%。其中，储蓄存款余额为 38.27 亿元，比年初增长 4.4 亿元，增幅 12.99%；各项贷款余额 26.26 亿元，比年初增长 2.79 亿元，增幅 11.89%。不良贷款账面余额为 1.92 亿元，比年初增加 8175 万元，不良贷款占比 7.32%，比年初上升 2.61 个百分点；抵债资产净下降 50.21 万元；实现总收入 3.02 亿元，比 2014 年同期减少 1271 万元。其中，利息收入 2.19 亿元，比 2014 年同期增加 1393 万元；中间业务净收入 439 万元，占比为 2.56%；总支出 2.54 亿元，实现税前利润 4764 万元，考核利润 6937.8 万元，资产利润率 1.4%，人均利润 34.22 万元；计提拨备 3500 万元，账面拨备覆盖率为 112.25%；计提非信贷资产减值准备 871.17 万元，非信贷资产减值准备充足率为 35.24%；收入成本比 41.24%；资本充足率达 11%；股金余额为 2.21 亿元；收回已核销（置换）贷款 124.72 万元。全年共发行蜀信卡 33.1 万张；银行卡存款 10 亿元（其中，银行卡活期存款 4.9 亿元，银行卡定期存款 5.1 亿元），比年初增加 1.33 亿元，实现银行卡业务收入 132.9 万元（其中，手续费收入 97.4 万元，年费收入 35.5 万元）。

【农改商改革工作】　深化改革工作，促进农改商战略转型。2015 年，彭山区联社抽调人员组成自然人股金和法人股金规范小组，通过设立专柜、上门服务等多种形式完成彭山区联社全部自然人股权共计 844 户、法人股权 45 户的股权规范、认购和确权工作。规范后，共有股东 545 户，股金余额 2.21 亿元。其中，自然人股东 515 户，金额 9394.89 万元（其中，职工股 222 户，金额 2517.10 万元；一般自然人 293 户，6877.79 万元）；法人股 30 户，金额 1.27 亿元。完善固定资产确权办证工作。2015 年 1 月 15 日，区联社向区委、区政府呈报《关于改制筹建农商行须解决有关事项的请示》，请示区政府对区联社 24 宗固定资产确权办证工作给予帮助。经多次积极与相关单位沟通衔接，缴纳相关税收和土地出让金后，现已完成全区所有房产、土地的换证、更名、“划转出”工作，保障区联社合法权利，确保资产安全，解决历史遗留问题，为“农改商”奠定基础。眉山农商行筹建资料已上交银监会，根据银监会反馈的筹建材料审查意见，区联社又进行相关整改，完善补充相应资料。

【宣传工作】　加大宣传力度，树立农信品牌形象。2015 年，区联社高度重视农信品牌的树立，积极开展金融知识下乡、保护消费者权益和宣传等活动，采取多种形式，保证活动开展质量。开展“存款超万亿”暨存款利率“一浮到顶”宣传工作。区联社成立活动领导小组，主要负责做好与媒体等外部单位的沟通协调工作，协调、督促各部门、各信用社宣传工作。并制定《关于“存款超万亿”暨存款利率“一浮到顶”宣传工作方案》及《关于开展“真情回馈　感恩有礼”活动方案》，经过多方协调，在彭祖广场 LED 广告、高速公路广告牌、伟业电影院、高铁站售票口、进出站口、小区闸道广告等宣传“存款超万亿”暨存款利率“一浮到顶”工作。2015 年 2 月 1 日—16 日，区联社邀请四川省书法家协会康永久、眉山市书法家协会吴树明等 3 人到彭山区 13 个乡镇集市、社区，利用赶集日现场免费为广大群众书写福字、书写春联。以此为媒介，向广大群众宣传金融产品，散发宣传折页。参加该次宣传的小分队 13 个，书写福字 5000 余幅，书写春联 9000 余幅，送发金融知识宣传单 10 万余份。2015 年 3 月 10 日—4 月 10 日期间，组织开展“真情回馈　感恩有礼”活动。凡在各网点办理定期存款 3 个月以上（含）的客户均可获得大米、食用油等感恩礼品。截至 2015 年 3

月月末，派发床上用品200套、食用油1000桶、洗洁精1000桶、大米500袋；散发“存款利率一浮到顶”海报5000份，散发“用存款余额换贷款优惠”海报1万份，散发宣传折页1万份，宣传遍布全区9镇4乡、89个行政村、19个社区。积极开展2015年“金融知识普及月”活动，通过LED宣传、各营业机构发放宣传资料、摆点宣传等多种形式，有针对性地开展金融知识“进农村、进社区、进学校、进企业、进工地、进万家”等宣传活动。活动期间设置金融知识宣传点22个，散发金融知识宣传折页3.1万余份，悬挂横幅26幅，各网点LED显示屏集中宣传30天2万余次，张贴宣传海报38份，接待客户咨询1.3万余人次，增强广大客户对金融知识的了解，树立农信社形象。

【存款组织】 狠抓存款组织，优化负债结构。2015年年初，区联社积极谋划，提前将存款任务层层分解，落实到人，并积极开展劳动竞赛活动，特别开展了个人揽储竞赛，把组织资金任务与绩效、费用考核挂钩，严格考核机制，使人人都有任务、有压力，调动员工积极性。加大营销宣传力度，营造良好的资金组织环境。积极开展“扫村、扫社、扫街”活动，抓住春节揽储黄金时间，做好返乡农民工汇兑资金、个体工商户回笼资金、企事业工作人员年终奖金等个人储蓄存款组织工作，根据不同行业资金周转特点，有针对性的进行存款宣传、组织工作，尽快建立服务对象信息库。经过多方协调，取得区政府支持，将土地出让收入、民工工资保证金、履约保证金、住房维修基金、法院执行案件标的款等财政性资金吸收到信用社。对日均存款达到一定比例的企业，继续实施在贷款利率上给予优惠。积极拓展代理业务，通过代发工资、代收水电费、代收学费等方便群众生活的代理业务，增加蜀信卡功能，吸收存款。2015年，区联社和区自来水公司合作，开通水费代扣功能，客户只需到区信用社任何一个网点柜台签署水费代扣协议，即可自动完成水费交纳，省时又快捷；积极与彭山港华燃气公司协商代收天然气费，现已成功完成保胜天然气代收项目，并将积极与电力公司沟通电费代收项目。通过积分系统向客户兑换礼品，吸引客户将存款存入信用联社。截至2015年12月月末，彭山区信用联社各项存款余额为46.74亿元，比年初增长4.61亿元，增幅10.94%。

【贷款营销】 坚持零售银行“零散微小”的市场定位，深耕“三农”，聚焦“三城”（城区、城郊、城镇），扶微助小，用好增量，盘活存量，将贷款业务从高风险、低收益向低风险、高收益转移，从资本消耗型向资本节约型调整。探索发展服务“三农”新模式，在风险可控的前提下优先满足农户小额信用贷款需要；紧跟农村产权改革步伐，探索围绕流转土地经营权、林权、集体建设用地使用权、地上附着物等为标的的新型抵押担保方式，加强对家庭农场、种养殖大户、农民专合组织、产业化龙头企业等新型农业经营主体的金融服务；积极支持农户在改善生活条件、提高生活质量上的消费性贷款需求。做好对辖内农户、规模种养户、农村个体经营户、家庭农场、农民专业合作社和农业产业化企业的调查、建档、评级、授信工作。积极进军“三城”，努力扩大客户营销及信息采集面，有效提升市场份额。通过扫社区、扫街道、扫楼宇、扫机构、扫园区、扫协会、扫企业及专业市场等活动，对目标客户建立经济信息档案并评级授信。积极拓展小微金融服务覆盖面，加大对新兴产业、服务业等小微企业的支持。稳妥发放中小微企业贷款，做大、做强小微市场份额。组织人员主动和区招商局、经贸委、三产办等部门联系，对其提供的企业名单中优中选优，主动与企业接洽谈，与企业“抱团取暖”，帮助企业。大力支持天府新区彭山青龙工业园区、成眉工业园区企业发展。通过开展“扫村、扫社、扫街”等活动，积极发放生产经营、个人消费性等小微贷款，巩固现有客户群体，拓展优质客户。抓好小微企业培育。区联社对2015年的小微企业信贷培育从早抓起，落实由公司部负责培育的小企业对象，作好培训安排，开展对小微企业进行现场培训。2015年12月月末，贷款净增长2.79亿元，为全面完成全年的业务收入打下坚实的基础。严禁贷款“垒大户”。严格把握贷款发放关口，审慎介入大项目、大企业贷款，原则上不再受理3000万元以上的企业客户。严禁以化整为零或绕道方式将资金集中投放于额度大、价格低、期限长、风险高的企业及国家限制发展和支持的产业行业项目上。信贷管理部制定信贷受理、审查、审批的时限，下发贷款限时审结的通知，要求上报贷款资料在三天内必须审查完结，按审批权限进行上报、审批，加快审查审批度，提高审查审批效率，提高服务质量。

【不良贷款】 调整信贷结构，找准投放点，用好增量。加大对“三农”、新型产业和服务业的支持力度，审慎介入房地产等行业，严禁进入“两高一剩”（高污染、高能耗的资源性的行业；产能过剩行业）等明令禁止的行业；调整客户结构，突出支持小微企业客户和零售业务，避免“垒大户”。认真抓好存量贷款管理，严控不良贷款迁徙率。防范重点行业风险，对风险行业贷款要果断“退出”和处置。

从严控制第三方监管贷款、担保贷款，切实搞好贷前调查、贷后管理工作，严防风险。切实提高风险分析会质量。客户部门负责人及客户经理必须密切关注信贷资金风险状况，提高大额贷款的交叉检查频率，加大对大额贷款的风险管控力度，严格执行贷款风险责任追究制度；认真落实50万元以上贷款、担保公司担保贷款和房地产贷款、第三方监管贷款按季风险分析会，500万元以上贷款的按月风险分析会，并按月、按季写出风险分析报告，严禁“搞形式”“走过场”。对已出现风险苗头的贷款，要及时向部门和联社汇报，研究切实可行的应对措施和化解方案，把各种贷款风险消灭在萌芽状态。积极开展不良贷款清收，努力实现“双降”。抽调专人组成清收小组，制定不良贷款清收方案，明确目标，落实责任，做到一户一策，并采取诉讼清收、风险代理、内部清收、资产转让等多种手段、措施和渠道予以化解；对不良贷款清收任务逐笔分解到高管、中层干部和客户经理，联社随时掌握进度和风险现状。对贷款形态进行实时分类和动态调整，若发现贷款质量分类偏离度较大或人为虚假反映的，严格问责，从严处理。

【财务管理】 推进成本管理精细化，加强财务管理。联社根据各社上年度平均费用额为基数，结合当年人员变化、存贷规模、服务乡镇村社数核定当年费用额，由营业费用和业务拓展费用两部分构成，制定《2015年度财务费用管理办法》《职工福利费管理办法（修订）》等费用管理办法，遵循“限额控制、包干使用，超支不补，节约和超任务奖励”的原则，每季度根据目标考核得分进行控制报销，明确费用报销程序，在调动职工积极性的同时把有限的费用尽可能的用于经营发展。制定《彭山区农村信用合作联社财务费用报销实施细则（试行）》，规范费用预算、开支、审核、审批、报销等财务报销行为。在费用报销时严格按照费用报销实施细则中的各项规定，加强对网点及部门费用报销的审核，对票据的真实性、合理性及列支科目的合规性进行严格审查。结合彭山区实际，重新修订和下发《职工福利费管理办法（修订）》，加强职工福利费的管理，完善职工福利费分配机制和逐步提高职工福利待遇，提高员工积极性，保障员工的生活水平。为深化约束机制健全财务管理体系，有效控制成本支出，实现经营效益最大化，促进全区信用社稳健发展，制定和下发《彭山区农村信用合作联社全面预算管理办法（试行）》《彭山区农村信用合作联社成本费用管理办法（试行）》，并对《财务管理委员会议事规则》进行重新修订，积极组织全区各网点、各部门员工学习。制定《彭山区农村信用合作联社财务管理自查工作方案》，对区联社的财务管理自查工作进行安排布署，并对存在的问题及时进行规范整改。做好财务基础工作，加强现金、反洗钱管理工作。重新修订《人民币大额交易和可疑交易报告实施细则》《客户身份识别和客户身份资料及交易记录保存实施细则》等制度；配合人民银行眉山市中心支行和彭山区支行对区联社的凤鸣分社、观音信用社和锦江分社存量个人人民币银行存款账户真实性进行核实验收；对2015年度单位银行结算账户年检工作进行安排部署，确保账户年检工作顺利进行。加强对前台的会计、出纳基础工作进行考评，对出现严重差错问题的柜员提交处罚委员会进行处罚。全年，进行会计辅导和检查62次；清点重空现金72次；会计培训及客户培训5次，发放整改通知书62份，发放通报4份。加强管理，不断增加业务收入。截至2015年12月月末，中间业务净收入439万元，占比为2.56%。加强同业存款管理，加大同业存款检查力度，建立和完善自我约束机制与风险责任机制。

【渠道业务】 为推进联社各项业务的发展，有效培养及提升客户忠诚度，充分调动客户办理各项业务的积极性，销售部充分利用现有的技术力量，以渠道建设为中心，突显科技引领业务的作用，引领业务创新，积极进行新业务的拓展和推广。与彭山港华燃气公司协商代收天然气费，并成功完成保胜天然气代收项目。先后在武阳郡、金地花园、锦江区正华村等大型小区、村社进行水费代收现场签约活动，有效展现农村信用社为服务城乡居民所做出的努力。加大重要领域的银行卡业务营销推广工作力度，加快特约商户、特惠商户的拓展工作，有效地助推联社银行卡业务的拓展，实现银行卡存款、收入的“双赢”目标。充分利用节假日黄金时机，开展丰富多样的营销宣传活动，加强银行卡业务营销宣传工作，配合省联社完成成都太平洋院线下属王府井电影城、紫荆电影城、新城市电影城、太平洋电影城（旗舰店）四家分支机构“1元看电影”活动，加快完成各项银行卡业务目标任务，实现银行卡存款和业务收入的提升。狠抓金融社保IC卡项目，积极主动地与市、区级人社局沟通、协调，加强联社社保IC卡的管理力度，积极做好社保IC卡卡片领取、新制卡、发卡、补卡等一系列工作，取得良好的社会效果。大力发展优质特约商户和特惠商户，在公义镇优选商户，发展为联社特约商户，进行“刷卡无障碍示范街”的打造，认真调研商户和客户用卡情况，积极抢占收单市场。通过形式多样的活动鼓励持卡人和商户用卡、受卡，提高收单业务市场竞争力，从而促进蜀信卡的发行以及中间业务收入的增加。

【电子化建设】 加强电子化建设，快速推进自助业务发展。截至2015年12月月末，全区安装ATM机39台；安装电话支付终端145台，覆盖全区89个行政村；特约商户156家，安装POS机210台；电子银行客户数1.3万户。强化安全生产，提升科技管理能力，做好营业机构网络设备的日常监测和维护，及时排除潜在风险隐患，坚持做好网络的监控和维护，确保网络链路畅通，与运营商进行协调，确保通讯线路保持畅通。加强对营业机构（部门）的技术支持、服务以及信息安全管理等工作。坚持按制度认真审查、受理和上报各营业机构提交的数据维护申请。

【内控管理】 完善岗位责任制，落实稽核包片责任。2015年，对所辖18个信用社、分社和财管中心、清算中心进行重新划片包干，层层签订《稽核员岗位责任书》，稽核员对各自包片营业网点的业务经营情况进行常规序时稽核，稽核面达100%。扎实推进内控和案件防控工作，制定并下发《彭山区农村信用合作联社2015年案件防控工作要点》，认真贯彻落实省联社和银监部门案防会议精神，继续保持案防高压态势，夯实案防工作基础，抓牢抓实案防重点工作，提升工作的针对性、有效性，努力推进案防工作的制度化、规范化与常态化，确保全年各项经营目标和管理目标顺利实现。召开彭山区农村信用合作联社案件防控与安全保卫工作会议，从警示教育、违规通报、案防总结、工作安排、战略部署等人防和制控两个方面层层递进讨论，进一步强化案防意识，牢筑案防体系。加大后续、专项稽核和违规违制查处力度，及时进行稽核建议。2015年，共开展柜面操作风险排查、小额农贷专项审计、小微贷款专项审计、存款类案件风险排查、反洗钱专项审计等21项专项稽核，通过专项审计共发现违规问题102个。并通过审计系统建立审计模型进行交易监测，实现对各项交易的实时风险监测。全年，共发出整改通知书41份，处罚127人次。其中，经济处罚91人次，处罚金额8.91万元，轻微违规积分36人次，违规积分90分。对审计发现的风险问题向相关信用社及部门下发风险提示书14份，对发现的普遍违规问题及风险隐患，及时向联社经营班子提出监督意见书2份。根据四川银监局及省联社“风险控制年”相关文件要求，从2015年4月至2016年3月开展“风险控制年”活动。通过风险排查、员工教育等形式，切实解决业务经营和风险防控方面存在的突出问题，有效化解存量风险，从严控制增量风险，坚决遏制各类风险事件和案件的高发势头，培育和增强全员风险管理及合规经营意识，不断完善各项规章制度，强化制度执行，建立、健全风险管理机制和体系。根据不同业务条线认真开展检查。道德风险排查中，结合“风险控制年”的要求，先后两次对全区员工进行道德风险排查。其中，重点开展对“九种人”的排查，排查员工202人。财务、门柜业务风险排查中，排查单笔50万元（含）及以上个人存款75笔，金额5551.57万元；单笔金额100万元（含）及以上对公存款54笔，金额1.89亿元；单位存款开销户检查39笔；大额资金进出95笔，金额2139万元；提前支取53笔，金额403万元；密码重置60笔；挂失解挂80笔；保证金账户14户；账户对账633笔；存款真实性核对25笔，金额493万元。风险排查18个网点，对网点的排查面达100%。对全区农村信用社电子银行、银行卡业务风险进行全面排查，排查电子银行业务笔数600笔、银行卡业务800笔。重点对信贷业务、融资担保业务、票据业务及不良和双逾贷款进行全面排查，排查面达100%。资金业务风险排查中，对2015年1月1日—6月30日期间共计发生的存放同业定期存款业务49笔，金额35.7亿元进行全面风险排查，排查面达100%。安全保卫业务风险排查中，先后三次对辖内18个营业网点进行网点安全、业务库安全、解款押运安全、ATM机具安全、枪弹管理安全、消防安全、车辆驾驶安全、自然灾害安全等方面的风险排查，排查面达100%。

【安全保卫】　搞好技防物防，完善安全设施建设。完成对中心监控系统的改建工作，新增报警联动和语音通话功能，并安排专人实行24小时值守，加大对营业网点以及银行自助机具的远程看守。做好新建营业场所的安全防范设施建设及安全设备的更新工作，不断提高安全防范能力，更换专用运钞车，确保运钞安全。通过市公安部门对城区下新南街、三环路口选址新建离行式银行自助设备营业场所和青龙火车站新建营业门市的安全合格验收工作。全年，联社安全保卫共进行常规安全检查162个机构数，人次达324次，81个工作日；开展节前、重点专项检查24个机构数，67人次，安全检查面达100%。检查中发现安全隐患问题5个，已整改隐患5处，其他处理3人次。

【队伍建设】　2015年，针对客户经理的营销误区，组织全区客户经理、网点负责人、新进员进行微贷和小贷培训2期；组织全区信用社进行网上银行、电话支付终端、信息安全等方面业务培训；组织财务基础工作培训4期；积极开展理财业务培训2期，对门柜人员和部分客户经理进行理财产品销售培训；对全区员工开展新一代电子银行系统上线专项培训会，确保新一代电子银行系统顺利上线。举办“三严三实”专题教育活动，让全体员工深刻认识“三严三实”的丰富内涵和重要意义，切实把思想和行动统一到党中央和习近平总书记对从严治党的要求上来，把“三严三实”要求落实到推动工作、服务改革发展的具体实践中，推动业务再上台阶。积极开展基层党建工作建设，按照四川省农村信用社基层党建工作“七抓七查”检查表，逐一对照检查，做实做细各项党建工作，增强党组织凝聚力、战斗力。

弘扬企业文化，丰富员工生活，组织66人次分组参加5项比赛，邀请教练员5人次，历时一个月准备时间，辛苦集训，获得羽毛球眉山市团体第二名、乒乓球全市团体第二名、两个田径单项第三名的好成绩；举办全市乒乓球比赛，邀请全市六支队伍参加共两天的乒乓球比赛，提供一个全市农信系统相互交流、切磋球技的平台，丰富员工生活。

（姚鹏程）

中国人寿保险股份有限公司彭山区分公司

【概况】　2015年，中国人寿保险股份有限公司彭山区分公司有员工18人，个险营销人力307人，较年初增长25.81%，增长速度逐步提高。综合举绩率63.75%，长险期交举绩率32.58%，银保签约网点数5个，农行网点4个，工行网点1个。拥有客户经理6人，人均网点数为1个，理财经理41人。团险渠道片区服务经理3人，客户经理3人。驻乡专员13人。2015年，中国人寿保险股份有限公司彭山区分公司围绕眉山市公司未来“三年战略规划”的思路，坚持“聚焦期交、聚焦短险、聚焦队伍，夯实基础，加速发展”的年度作战方针，奋力拼搏，圆满完成市公司下达的各项任务目标。

【主要经营指标】 截至2015年12月31日，彭山公司实现总保费11589万元，同比增长6.6%；首年期交保费1895万元，同比增长22.3%，完成市公司下达预算数的110%；实现短期险保费1050万元，同比增长13.1%，完成市公司下达的预算数的101.9%；完成10年期及以上首年期交保费1042万元，同比下降0.9%，完成市公司下达的预算数的114.4%；完成新单保费5088万元，同比增长14.6%，完成市公司下达的预算数的104.5%；完成短险保费1030万元，同比增长14.7%。

【渠道目标】 截至2015年12月31日，个险渠道首年期交保费1375万元，同比增长23.7%，完成市公司下达的预算数的127.6%；完成10年期及以上首年期交保费914万元，同比增长10.9%，完成市公司下达的预算数的114%；完成短期险保费465万元，同比下降2.3%，完成市公司下达的预算数的93%；团险渠道短期意外险保费322万元，同比增长31.4%，完成市公司下达的预算数的107.3%；短期险保费568万元，同比增长26.8%，完成市公司下达的预算数的107.2%；银保渠道首年期交保费520万元，同比增长19%，完成市公司下达的预算数的80.6%；完成10年期及以上首年期交保费127万元，同比下降0.78%，完成市公司下达的预算数的116.5%；趸交2160万元，完成率102.1%，同比增长8.2%。

【保险赔付】 截至2015年12月31日，彭山公司的短险赔付支出为367万元，赔付率为35%，同比减少72万元，同比下降17.1%。

【主要工作】 2015年，彭山人寿保险公司秉承市公司“推动眉山国寿持续健康均衡发展作为一切工作的出发点”，无论是在人事的安排还是财务的统筹，无论是经营策略的制定还是节奏的把握，无论是发展还是管理，都把促进彭山公司持续健康均衡发展放在首要位置。公司始终坚持贯彻省、市公司各项战略决策，深入学习解读上级公司方案和政策，结合公司业务发展、队伍扩充、经营绩效、员工收入、争先创优、风险防范、党建等工作进行认真分析研究，公司各个职能部门按照市公司渠道要求，执行和落实上级党委、经理室决策和部署。综管部着重围绕行政事务管理、人力资源管理、办公室管理三项工作重点，注重发挥服务与协调功能，承上启下，联系左右，协调各方，在后勤保障、绩效考核、固定资产管理、办公管理、单证管理等方面较好的履行职责。客户服务中心在日常工作中不断的提升各项管理和服务水平，客户服务部对2014年的薄弱环节进行整改和改变，对于契约、保全、理赔、回访、调查等各个环节出现的问题进行分析和研究，不断探索改善方式、方法，确保2015年的考核能够稳步提升。个险销售部紧紧围绕公司整体发展思路和全年任务目标，彭山区支公司个险工作主要业务指标全面超额达成，短险指标也达序时进度，队伍建设指标除举绩指标还没达序时进度外，其余各项指标基本都达序时进度；个险三年规划正快步推进，其中，三年规划2015年主要目标已全面达成；彭山个险经营观念首次突破，以队伍发展驱动业务发展，增员人力较往年有较大发展。2015年，经营策略，按“顶层设计，底层推动”的个险队伍组织架构发展模式，已成功晋处1人，晋组10人，其业务指标，人力指标已达到和超过三年规划中的第一年目标。个险部重抓“精英50”培训，对主管的自主经营意识和能力方面公司重在以会代训，进一步明确各层级主管的职责及其工作模式，通过一图一表进行管控。在员工队伍培养方面主要是通过会议培训、团康活动，进一步提升在岗技能和工作激情，对潜力组训重点培养，旨在向员工转换并储备后备干部。团险部在市公司“建队伍、扩市场”要求的引领下，以依法合规经营为准绳，围绕职能指标，把口子业务的发展作为业务工作重点。继续发展农村小额人身保险，实现保费收入120万元；高度重视补充医疗保险，全区共实现补充医疗保险68万元；积极拓展老龄保险，实现保费收入15万元，参保率在全区处于主导地位。奋力拓展新型口子业务，积极与信用联社联系，启动全区信贷保险业务；与妇联、计生、残联等部门和单位多次接洽，争取多方面开拓市场范围。银保部紧跟市公司银保部强有力的组织和推动，在开门红战役中，公司以鑫丰新、鑫年金为主打产品。从2015年3月17日开展“会员专享”会销以来，彭山公司银保部共参加市公司会销70场，邀约客户上千人，到会客户300人，新增期缴保费200万元；为缩小全年期缴目标的差距，除参加市公司的会销以外，彭山银保自行组织召开7场专享会。其中，一场高端会员专享，邀约客户600人，实际回收期缴保费100万元，投入财力10万余元。做好业务发展的同时，做好满期给付和处理维稳工作。2015年满期给付1033件，已给付804件，剩余229件，给付金额2050万元，已给付1674万元，剩余376万元。利用公司阶段性的企划方案，做好客户的转保工作，共转保31件、保费71万元。全年没有发生一起因收益不满引起的群体性集中事件。彭山银保围绕“渠道是根、队伍是本、客户是魂”的经营思路和理念，坚持渠道为先，把渠道经营放在首位。在2015年开门红期间依托农行、工行两个渠道5个网点，完成全年趸交任务，为后期的期缴转型腾出时间和空间。

【队伍建设】　狠抓基础管理工作，尤其是队伍建设，规划师人力由年初的12人发展到40余人，客户经理由年初的4人发展到6人。结合彭山实际情况，分别进行辅导和帮助；特别是规划师队伍，由于新人较多，专业技能和专业知识有待提高，借助于个险、柜面和市公司的一切培训机会，让新人融入其中。为公司和渠道的维稳工作奠定基础，解除网点和客户经理的后顾之忧。坚持会议经营，每周一、四坚持开夕会，计划和安排最近几天的工作，并对前几天工作做一个小结，会议中大家相互交流学习、共同探讨，真正做到回头看、向前看的工作。严格执行客户经理管理办法，明确客户经理的职责和义务，发生重大违规和违纪现象，坚决予以制止和批评；坚持客户经理目标考核奖励制度，根据目标完成不同确定客户经理的等级和薪酬，真正最大限度的发挥每个人的潜能，实现多劳多得；加强驻点服务，严格要求客户经理管理、经营好网点，守好自己的阵地，在做好自己的本职工作的同时，更要遵守公司规章制度，严格落实反洗钱工作，坚持常抓不懈，落实到人、责任到人，注重常态化、精细化的管理。公司加强对管理干部的沟通、谈话，岗位职责进一步明确。

【内控管理】　2015年，公司以“夯基础，强服务，促转型，增效益，严内控，防风险”的总体目标，持续深入开展合规经营和风险防范理念的宣导，加强内控体系建设，不断强化全员的合规意识、管理责任和制度执行力。抓好教育培训，筑牢依法合规经营理念。公司以开展党的群众路线教育实践活动和“三严三实”专题教育为契机，整合教育培训资源、讲究教育培训方式，从突出教育培训重点入手，开展教育培训工作，使党员干部进一步坚定理想信念、提升宗旨意识；使广大员工、销售队伍进一步增强法纪意识、诚信意识、合规意识和防风险意识，从而进一步推进公司上下作风建设，营造风清气正和依法合规的企业文化氛围。抓牢监督检查，营造风险防控高压氛围。按照《党风廉政建设责任书》，要求各部门强化履职尽责工作要求；加强对销售风险、资金风险、操作风险的管控，组织开展“两个加强、两个遏制”专项检查、反洗钱自查自纠和风险排查；公司定期对“保险资金风险、财务管理风险、业务管理风险、内控管理缺陷”进行梳理，认真研究，查找原因，按照渠道、部门负责的原则，明确分解问题归口，及时制定整改措施，积极跟进整改进度，督促指导整改落实。

【党建工作】 公司班子严格遵守政治规矩，做到相信组织、依靠组织、服从组织，用制度笼子规范和约束个人行为，让组织的工作任务优先于个人的生命价值。把讲规矩、守纪律落实到行动上、体现到生活中。公司班子认真组织开展第二批党的群众教育实践活动和“三严三实”专题教育活动，坚持集体学习制度，采用自学与集体学习相结合的方式，开展专题学习，以加强公司班子建设，提高班子思想政治水平，增强对党的路线方针政策和上级决策部署的执行能力。公司班子成员在政治上、思想上和行动上始终同党中央保持一致，同上级公司党委保持一致，坚决拥护和无条件地服从上级党委的重大决策部署，绝不允许以各种理由搞变通、做选择、打折扣，做到有令则行、有禁则止。

（梁艳青）

人保财险

【概况】 2015 年，人保财险彭山支公司认真履行职责，积极加强管理与引导，努力协调各项工作的健康发展。截至 2015 年 12 月 31 日，全区人保财险完成车险保费收入 5000 万元；非车险保费收入 1678.5 万元；农险保费收入 955.96 万元。

【续保业务】 主动做好全面业务推动工作，紧抓续保业务。2015 年，由于受大市场环境影响，车险市场竞争尤为激烈，新增业务发展较为缓慢，在整体业务增长点中，续保存量成为一大亮点。公司根据实际情况，推出相关措施，使续保率得到大幅度提升，效果比较理想。

【渠道业务建设】 大力开展渠道业务建设。针对彭山车商市场的具体情况，由经理室牵头，车商部负责具体衔接与落实，车商渠道业务发展情况较好，为公司业务发展做出贡献。

【内部建设】 理顺业务发展思路，为 2016 年业务全面启动打好基础。公司全体员工分别参加分公司及支公司结合商业车险费率改革举行的培训会，通过学习，真正了解费改，掌握费改；2015 年 12 月 26 日，车险费率市场化改革试点工作已经正式启动，彭山公司业务开展顺利。加强内部建设，积极研究出台相应的内部管理政策和工作措施，在严肃工作纪律的同时人性化管理。对每位业务人员做到勤沟通，遇到业务发展阻碍，积极帮助其协调沟通，解决问题；每逢生日，为其送上一份鲜花、蛋糕和祝福。

【车险业务】 积极协调、稳妥的开展车险业务，同时在非车险开拓上做到稳发展。加大公司宣传力度，加深公司品牌在地方的影响，在彭山人民心中树立起美好的人保形象。 （晏思敏）

市 政 建 设

住房和城乡规划建设

【机构设置】 2015 年，眉山市彭山区住房和城乡规划建设局内设办公室、计划财务股、建筑管理股、城市建设股、村镇建设股、行政许可股、建设工程招标办公室、房地产监管股、安全生产办公室、纪检监察室 10 个股室，下属有区房产管理局、区测绘地理信息局、区质量安全监督站等 7 个下属事业单位。主要职能是执行国家住房和城乡建设的法律、法规和方针、政策，对城乡建设、住房保障、房地产业实施管理。

【项目建设】 2015 年，彭山区大力实施棚户区改造、安置区、城市基础设施和保障性安居工程四大建设任务。完成锦绣大道、李密大道一段、前程路道路、学院南路道路、一中周边道路黑化、中岷江路、下岷江路道路黑化、红平安置小区道路、孟文路排水工程、成乐高速路立交斗拱等项目；完成牧马新镇一期安置房建设；大力实施凤翔路道路及锦江学院周边污水配套管网、迎宾大道绿化、锦绣大道、前程路提档升级、花堤绿化工程、滨江大道南延段；投入资金48.432亿元，启动观音椿巅安置区、牧马镇莲花安置区四期、牧马新镇二期、李密安置区项目建设，超额完成目标任务38亿元的27%，同比增长20%。其中，市政基础设施投入10.1亿元，超额完成目标任务6亿元的68%。

【房地产业】　2015年，彭山区在建房地产项目19个。全年房地产新开工25.6万平方米，竣工面积60万平方米；商品房签约备案面积达70万平方米，同比增长38%；房地产投入资金31.3亿元，超额完成目标任务24亿元的30%；实现建筑业产值达32.9亿元，超额完成目标任务25.9亿元的27%。

【百万安居工程】　2015年，眉山市下达彭山区开工建设保障性住房80套，改造危旧房棚户区832户，定向分配给农民公共租赁房30套，发放租赁补贴120户，开工建设农村住房1000户的目标任务。彭山区积极向上对接，向国开行申请贷款4亿元实施危旧房棚户改造，实施成乐高速路出口棚户区改造项目640套，面积7.5万平方米，主体已完工；公租房二期4幢、18层、424套住房全面开工建建设；发放租赁补贴6万元，向农民工定向分配公租房30套，城镇低收入和最低收入住房困难家庭实现应保尽保；农村危房改造第一批次87户已全面竣工，省级补助资金65.25万元，全部发放到位，第二批次88户已分解落实，正完善手续，农村危房改造户档案做到一户一档，台账清晰、资料齐全，管理规范，新开工农房建设1039户。

【百镇建设】　2015年，彭山区大力推进“四种模式、四个转变”百镇建设试点行动。投入资金达1亿元，大力实施省级重点镇牧马镇基础设施和公共服务设施建设，就地吸纳转移农业人口2400人，牧马镇“一轴两组团”已初具雏形，一期安置区3万平方米，344套安置房已建成交付使用，投资2亿元的二期工程即将启动建设。全区启动安置房建设9000余套，面积达100万平方米，完成工程量的80%。同时，投入资金6亿元加快其他乡镇基础设施建设，为彭山区城乡统筹发展打下基础。

【“百园之市”建设】　2015年，彭山区强力推进“千湖之城”“绿海明珠”“百园之市”建设。新增和恢复水域面积3.2平方公里，启动仙女湖森林运动公园、“五湖四海·寿乡水岸”、“千亩湿地公园”提升上档的前期工作，实现“一镇一园”目标，新增城镇公园15个，面积7公顷；实施美化亮化品质提升工程，启动十里滨江樱花花堤生态长廊、“花漾彭山”立体绿化20万株三角梅栽种、成乐高速路出口迎宾大道等5条景观大道建设。

【货币安置】　2015年，拟定全区货币化安置办法、货币化补偿购买商品房资金支付程序，全面推行棚户区改造货币化安置。截至2015年年底，城市规划区内已签订棚改货币补偿协议1315户，涉及3946人，需支付货币补偿资金6.3亿元；采取“政府+银行+企业+拆迁”户四方联动方式，引导城市规划区内其余拆迁户实施货币安置，全额贷款货币补偿购买商品房安置凤鸣310户，涉及1400余人，彭溪300户，涉及1000余人。2015年，全区销售商品房9542套，78万平方米，同比增长39%，促进房地产业持续平稳发展。

【“治尘”专项行动】　为进一步优化环境，开展建筑工地“扬尘”治理专项整治活动，规范建筑工地文明施工，为全区空气质量达标率70%以上奠定基础。

【依法行政】　严格实行“一费制”和“一站式”服务，所有行政审批项目、行政备案全部进入行政服务中心住建局窗口受理，重大项目实行上门服务、跟踪服务，厘清行政权力“三张清单”，做到决策公开、执行公开、管理公开、服务公开，进一步优化彭山经济建设软环境，办理行政审批 70 件，收取规费 800 万余元，办理满意率 100%；对建筑业、房地产业、建设工程招投标监督等行业实施行政管理，并核发《建筑施工许可证》，监督五方责任主体行为，进一步规范建筑市场，全年 43 个在建工地无安全质量事故发生；加强全区 6 家燃气企业，123 个液化气配送点管理，着力从液化石油气瓶质量监管、充装、运输、储存、使用等环节入手加强管理，依法打击非法经营液化石油气商户，全年无燃气安全事故发生。依法维护农民工合法权益，全年开展矛盾纠纷排查 6 次，共接待群众来信、来访 60 次，办理率 100%，办结率达 98%，为农民工追回拖欠工资 800 万余元，未发生恶性事件。

（张皓天）

区房屋征收管理及土地储备

【概况】 2015 年，全区共参与国有土地上房屋征收项目 8 个，共签订征收协议 423 户。完成国有土地使用权回购 5 宗 7 公顷，调整规划红线收回 1 宗 0.13 公顷，全力保障全区基础设施和重点项目的建设。完成 4 个政府性投资“双挂钩”项目安置区建设，建成安置房 2266 套；启动土地复垦项目 4 个，完成复垦土地 72 公顷；完成 4 个土地整理项目和 3 个高标准农田整治项目，实现新增耕地 160.73 公顷；与成都农商银行总行达成 3 亿元贷款协议。

【国有土地上房屋征收】 2015 年，区房屋征收管理局共参与国有土地上房屋征收项目 8 个。快速推进西门新商圈、蔡山东路棚户区改造、城西市场改建、龚家堰水库扩建等重点征收项目，全年共签订征收协议 423 户。认真调查研究，完善征收和安置政策。配合牵头部门制发《彭山区关于城市规划区棚户区改造项目实施货币补偿购买商品房安置的试行办法》，并顺利推行。彭溪镇、凤鸣镇共签订货币化安置协议 1070 户 3285 人，共为 511 人发放货币化安置补偿资金 8176 万元。

【土地回购工作】 2015 年，完成四川一强饲料、巴斯夫化学建材、恒乐园林、市资产经营公司、高速公路出口涉及的永达房产共 5 宗 7 公顷土地回购工作；调整规划红线收回 1 宗 0.13 公顷的国有土地使用权；完成 564.7 万元挂账土地出让金的缴纳入库工作。

【项目实施】 2015 年，完成黄丰镇合力村、武阳镇泉水村、凤鸣镇宝珠村和石家村、观音镇观音村 4 个政府性投资“双挂钩”项目安置区建设，建成安置房 2266 套；启动土地复垦项目 4 个，完成并交验拆旧区土地复垦整理项目 2 个，正在复垦 2 个，完成复垦土地 72 公顷；完成公义镇、牧马镇、谢家镇的 4 个土地整理项目和义和乡、武阳镇、凤鸣镇的 3 个高标准农田整治项目，实现新增耕地 160.73 公顷。区房屋征收管理局成立工作组深入 2015 年度重点项目（青龙镇先锋村顺河坝土地一级开发整理项目），摸清现状，找准问题，研究举措，多次向区委、区政府专题报告，最终顺利推进此项工作，完成公开招商并确定世界 500 强——中电建建筑集团有限公司为新投资建设合作单位，完成征地 280 公顷，搬迁群众 470 户 1450 人，完善项目可研规划、设计等前期工作，引进并到位资金 1 亿元，完成资金投入 1.57 亿元。

【融资工作】 2015 年，彭山区包装青龙土地整理 3 期项目，成功与成都农商银行总行达成 3 亿元贷款协议，并通过银行审查。坚持“银企”高层互访沟通机制，抓紧央行降准降息的利好政策，通过与申贷银行协商争取，土储中心全部贷款利率从年化 12.3% 调整为年化 8.55%，为政府节约融资成本近千万元。

（余　丹）

城乡规划工作

【机构人事】 2015 年，城乡规划局内设办公室、财务股、基础规划股、项目规划股、工程规划股、行政许可股、规划监察大队、纪检监察室、市政工程股。在编职工 30 人，正科级领导职数 1 人，副科级领导职数 3 人，中级以上专业技术职称 7 人，初级专业技术职称 17 人。是年 3 月，杨威任眉山市彭山区城乡规划局局长助理职务；5 月，免去张锐眉山市彭山区城乡规划局局长职务，潘森任眉山市彭山区城乡规划局局长职务；6 月，召开中国共产党眉山市彭山区规划局支部委员会第一次全体会议，选举潘森为支部书记；11 月，任命肖燕为眉山市彭山区城乡规划局规划师。

【项目规划】 2015 年，城市规划委员会牵头筹备组织召开彭山区城市规划委员会会议 6 次，审查基础规划 7 个，事项 6 个，建设项目 46 个。全年城乡规划局编制项目 21 个。其中，总规层面 2 个，控规及城市设计 3 个，专项规划 10 个，项目规划 6 个，费用 2600 万余元。主要编制有“五湖四海”景观规划、长寿水乡概念性规划、迎宾大道景观规划方案、江路南段景观规划、岷江现代农业示范园观光路彭溪和公义农房风貌改造规划、锦绣大道和观光路园区入口景观规划、彭溪河沿岸污水专项规划以及公义镇、武阳镇等 8 个乡镇雨污水专项规划。

【城市总体规划修编】 2015 年，城乡规划局完成《眉山市城市总体规划》修编的配合工作。彭山中心城区作为眉山市区的组成部分纳入《眉山市城市总体规划》修编，区规划局积极做好配合工作，完成问卷调查、现场踏勘、基础资料收集等前期工作。

【长寿湖公园景观规划】 2015 年，完成长寿湖公园景观规划编制工作，规划范围南起岷江大桥、北至岷江二桥，全长 4.2 公里，面积 86.67 公顷。按照 AAAA 级景区的要求，对该片区进行规划设计，包括发展定位、功能分区、构想分析、整体理念、总平布局、水系布置、道路设置、绿化景观、标志节点等内容。

【迎宾大道景观规划】 2015 年，完成迎宾大道景观规划。起点为成乐高速入口，终点为迎宾大道跨成昆铁路上跨桥整段；道路全长 990 米，规划总宽度为 84 米（含现状机动车道宽 24 米）。

【规划审批】 2015 年，完成对彭祖新城污水处理厂（一期）、时代广场、康泰·仁和城邦、公安业务技术用房等项目的指标复核工作。全年中心城区共办理“建设用地规划许可证”23 件，总用地面积 75.52 万平方米；规划核实 32 件，总建筑面积 60.02 万平方米；办理“建设工程规划许可证”51 件（其中，民用建筑 36 件，工业项目 9 件，市政项目 6 件），建筑面积 60.41 万平方米。办理《建设项目选址意见书》16 件，出具规划条件 13 件，红线图 45 张。

【规划执法】 2015 年，区规划局加大违法行为的查处力度，共查处和纠正各类违规建设行为案件 106 件，发出《建设监察执法调查通知书》33 份，《责令暂时停止建设施工通知书》25 份，《责令限期拆除违法建设通知书》20 份，《行政处罚听证告知书》19 份，拆除违法建筑面积 1000 平方米，形成规划执法的高压态势。

（侯官林）

环境保护

【重要事件】 1 月，制定环保大检查工作方案，成立领导小组，开展环保大检查工作。

2 月 13 日，区人民政府常务会议审议通过《彭山县重污染环境应急预案》（眉彭府定〔2015〕4 号）；审议同意成立“眉山市彭山区环境保护委员会”（眉彭府定〔2015〕3 号），在区环保局下设办公室。

3 月 23 日，区人民政府常务会议审议通过《眉山市彭山区环保专项资金使用管理暂行办法》（眉彭府定〔2015〕16 号），将环保专项资金列入财政预算专户，严格审批程序；审议区群工部《关于明确娱乐场所和社会噪音管理权限的请示》（眉彭府定〔2015〕21 号），对各部门职责范围进行明确划分，同意酒吧、KTV 噪音问题由区环保局牵头，区文广新局、区工商局配合处理。

3 月 26 日，区人民政府下发《关于印发眉山市彭山区重污染天气环境应急预案的通知》（眉彭府办函〔2015〕22 号）文件，深化彭山区大气污染治理。

3 月 27 日，区委一届第 8 次常委会议集体学习新修订的《中华人民共和国环境保护法》。

4 月 20 日，区委、区政府办（以下简称“两办”）下发《关于印发〈眉山市彭山区 2015 年农作物秸秆禁烧和综合利用工作方案〉的通知》（眉彭委办〔2015〕46 号）文件，明确部门环保职责，制定目标责任书。

5 月 12 日，区人民政府下发《关于 2015 年环境保护治污专项行动目标任务分解表的通知》（眉彭府办函〔2015〕47 号）文件，明确目标任务。

6 月 4 日，两办下发《关于成立眉山市彭山区环境保护委员会的通知》（眉彭委办〔2015〕81 号），区环保委下设办公室在区环保局，负责区环保委日常事务，由张怀庆兼任办公室主任。

6 月 5 日，区人民政府常务会议审议通过《眉山市彭山区饮用水源突发环境污染事件应急预案》（眉彭府定〔2015〕58 号）。

同日，围绕“践行绿色生活”“爱我碧水蓝天长寿原乡”活动主题，组织区经信、农业、发改、食药监等 22 个部门在西街区政府大门开展环保集中宣传咨询日活动。

环保集中宣传咨询日活动现场

7 月 10 日，区人民政府下发《关于划定城市建成区高污染燃料禁燃区的通告》。

7 月 13 日，区环保委下发《关于印发〈眉山市彭山区人民政府环境保护委员会成员单位主要工作职责〉的通知》（眉彭环委〔2015〕1 号）文件，明确各成员单位工作职责。

7 月 22 日，区政协主席谭福轩、副主席喻旭及部分区政协委员一行，视察彭山区环保“治污”专项行动开展情况。

8 月 6 日，区委副书记、区长罗万东，区委常委郭茂，区委常委、副区长姚文第及相关部门负责人一行，就全区污水处理厂建设情况进行专题调研，并召开座谈会。

区委副书记、区长罗万东（前排右一）一行专题调研全区污水处理厂建设情况

8 月 20 日，市环保局局长江昌淆带队调研彭山区工作，区委常委郭茂、区政府副区长姚文第及相关部门负责人陪同。

市环保局局长江昌淆（前排右一）调研彭山区环保工作情景

9 月 14 日，区委常委会议审议通过区政府常组提请的《眉山市彭山区畜禽养殖污染治理实施方案》，要求一律不再新批各类养殖场。凡违反规定的，所在地村支部书记就地免职，分管副乡镇长免职，乡镇党委书记和乡镇长向区委作检查。

9月16日，市人大常委会副主任李建章一行检查彭山区新《中华人民共和国环保法》贯彻实施情况。区委常委、副区长姚文第，区人大常委会副主任罗会华、王洪及相关职能部门负责人等陪同。

市人大常委会副主任李建章（左三）一行检查彭山区新《中华人民共和国环保法》贯彻实施情况

9月17日，两办下发《关于印发〈眉山市彭山区畜禽养殖污染治理实施方案〉的通知》（眉彭委办〔2015〕143号）文件，进一步加快彭山区畜禽养殖污染治理进度。

9月下旬，省环保厅、省财政厅联合核查组，对彭山区重点区域（流域）污染防治项目进行专项核查。

10月13日，区委副书记、区长罗万东在区政府一会议室召开秋季秸秆禁烧工作紧急会议。区监察局、区委督查室、区政府督查室、区财政局、区环保局及13个乡镇主要负责人等参加会议。

秋季秸秆禁烧工作紧急会议在区政府一会议室召开

10月16日晚8点，区委副书记、区长罗万东在区政府一会议室主持召开“大气污染防治”紧急工作会。区委组织部、区委宣传部、区监察局、区政府办等12个相关单位和部门负责人，13个乡镇党政主要负责人及分管领导参加会议。

“大气污染防治”紧急工作会在区政府一会议室召开情景

10月30日，区环保委办公室下发《关于开展餐饮业油烟污染整治专项行动的通知》（眉彭环委办〔2015〕29号）文件，对城区范围内油烟产生点进行专项整治。

专项整治油烟产生点现场

11月30日至12月3日，省环保厅环境监察执法总队副总队长熊伟率省环保综合督察组第三组对彭山区环境保护工作开展综合督察。

省环保综合督察组第三组督察彭山区环境保护工作的开展情况现场

12月16日，区人民政府下发《关于印发眉山市彭山区清理整顿环保违法违规建设项目实施方案的通知》（眉彭府办函〔2015〕131号）文件，对彭山区环保违法、违规建设项目进行清理整顿。

12月21日，区环保委召开大气污染防治暨重污染天气应急工作会，区环保委成员单位分管领导及各乡镇环保所所长参加会议。

12月22日，区委编办下发《关于乡镇环境保护机构挂牌的通知》（眉彭编办发〔2015〕58号）文件，加强基层环保能力建设。

12月23日，区人民政府常务会议审议通过《2015年省级环保专项资金分配方案》（眉彭府定〔2015〕169号）。

【污染物总量减排】 2015年，全区完成净削减量：化学需氧量1008.67吨、削减13.2%；氨氮42.42吨、削减5.5%；二氧化硫43.46吨、削减1.6%；氮氧化物11.41吨、削减0.49%。

【行政审批】 全年完成区级审批建设项目环评文件49个，否决不合规项目4个，通过环保验收的项目25个，另有9个进入验收程序，建设项目“环评”执行率100%，“三同时”执行率达90%以上。

【污染治理】 2015年，中纺粮油等6个企业污水处理站完成改造，城南污水处理厂日新增4000吨，谢家、牧马污水处理厂完善在线监控设备。彭祖新城、青龙镇污水处理厂完成土建施工，进入设备安装。实施畜禽养殖污染治理，观音、彭溪等乡镇关停流域沿岸养殖场23个。建成企业视频监控平台，12家重点企业将纳入监控。其中，鲁洲生物、迪美特、明坤建材、尼科国润4家企业已完成数据接入，其余8家企业正在安装设备。中纺粮油、蓉兴化工完成除尘、脱硫治理，淘汰10蒸吨以下燃煤锅炉8台。11家加油站油气回收治理，划定高污染燃料禁燃区。推广使用清洁能源，城区和重点乡镇天然气管网实现全覆盖，城区31家餐馆完成煤改气，23家餐馆和学校食堂安装油烟净化装置。城区道路机械化清扫和洒水降尘率达到85%，43个在建工地扬尘治理监管到位。秸秆禁烧工作成效明显。斌盛贸易等恶臭源建成光氧催化除臭设备。全年，年审和办理排污许可证共44件，重点企业排放达标率98.6%。提请区政府审议《眉山市彭山区畜禽养殖污染治理实施方案》《眉山市彭山区重污染天气环境应急预案》《眉山市彭山区饮用水源突发环境污染事件应急预案》《关于划定城市建成区高污染燃料禁燃区的通告》。

【环境监察执法】 2015年，重点危险废物产生、处置单位规范化考核达标率97.4%，重点工业固体废物单位申报率93.8%。全年共立案查处16件，处罚金额53万余元，限期整改12件，停止违法决定37件，调处信访投诉351件。建立环保投诉回访制度，处理率100%，满意率98%，全区无因环境问题引发群体性事件发生。

【饮用水源保护】 全年开展巡查执法21次，联合执法7次，全区饮用水源地水质状况良好，城市集中式饮用水源水质达标率100%，乡镇集中式饮用水源水质达标率84.6%。

【环保能力建设】 2015年，完成PM2.5空气自动监测站建设。监测站全体员工通过持证复查考试，新扩项3项。全年完成污染源监督性监测100次，流域水质监测56次，委托性监测109次，饮用水源例行监测54次。

【治污专项行动】 2015年，区委、区政府统一部署“治污专项行动”，涉及流域水污染治理项目32个、大气污染防治项目17个共49项，落实到13个乡镇、22个部门，实行一月一督察、一月一通报，并将该项工作纳入年度综合目标考核。通过治污专项行动，全区环境质量明显提升，水环境质量：氨氮1.215毫克/升，同比下降53.6%；总氮2.276毫克/升，同比下降34.8%；空气质量：全年优良天数272天，达标率74.5%，同比增加19天，上升5.2%；PM10（指粒径小于等于10微米的颗粒物）平均浓度112微克/立方米，较2014年下降11.7%。

【环境保护委员会】 2015年7月，区政府成立环境保护委员会（以下简称“区环保委”）。主任由区政府区长罗万东担任，分管副区长为常务副主任。下设办公室在区环保局，由环保局局长任主任，负责日常事务。区环保委由47个区级部门、13个乡镇组成，按照“党政同责”“一岗双责”落实各成员单位的环保职责，形成各履其职、各负其责、齐抓共管的格局。

（何　涛）

城市管理

【概况】 2015年，全区城市管理工作紧紧围绕“抢抓新机遇、引领新常态，奋力实现‘四城’建设”中心工作，以品质管理为主线，以标准化、精细化管理为抓手，突出“六化”（法制化、规范化、精细化、智能化、网格化、人性化），落实“三最”（最严格、最精细、最到位）管理要求，扎实开展“治乱”专项行动，提升城市形象，全面完成全年各项工作任务。为彭山区经济和社会各项事业的健康持续发展做出显著贡献，为彭山迎接中央、省、市领导到彭山视察和省、市相关工作会在彭山的顺利召开以及第六届长寿养生文化节的成功举办提供良好的环境保障。

【城市管理】 贯彻依法治国方略，打造法治城管。区城管办积极配合区委编办完成组建城市行政执法局以来的相关（环保、工商、食药监、交通、市政园林）职能移交工作；牵头组织开展“治乱”专项行动，维护城镇良好的市容、环境卫生、交通秩序。全年组织联合执法行动64次，取缔违章占道经营摊点4146处，暂扣物品1560件，处罚560人次，收缴遮阳伞126把；整顿废旧物资回收点56家，依法取缔无证废旧物回收点8家；拆除陈旧户外广告、店招855个，清理条幅广告360幅，暂扣移动式广告牌40余个，清理取缔落地式灯箱广告1600余个；加强建筑施工工地进出口和城区商铺装饰装修管理，纠正查处货运车辆带泥出场、“抛、撒、滴、漏”污染道路违章行为130件，处罚严重违章车辆15辆。加强城区祭车燃放烟花爆竹管理，明确禁祭区域，强化监管力度，全年查处违章祭车行为21件。加强城南农贸市场的管理，全面完成城南农贸市场的秩序、卫生、安全、收费等工作，为城区市民提供一个安全、有序、卫生的购物环境。

【宣传教育】 2015年，区城管办制作专项治理宣传车辆4辆，巡回开展宣传，印发宣传资料2万余份，广泛向群众、商铺业主开展宣传，制作宣传标语、画册60余幅，编发“治乱”工作简报21期，《城管快讯》42期。

【门前五包】 开展城区“门前五包”责任制的专题宣传，印发宣传资料3000余份，沿街逐户向商铺业主发放；联合相关部门与商家签定责任书；成立文明劝导队每天对出摊占道、噪音扰民、乱扔垃圾、乱堆杂物、乱停乱放等违章行为和不文明行为进行纠正劝导。全年纠正劝导不文明行为达2600余例，教育群众上万人（次）。

【客运三轮车管理】 2015年，加强城区人力客运三轮车管理，恢复成立彭山区人力客运三轮车协会，建立主管部门与协会共同管理的工作机制。积极做好城区人力客运三轮车户籍管理工作，制定《城区人力客运三轮车记分管理办法》，有效规范三轮车文明经营、安全行驶等行为。认真抓好人力客运三轮车运营秩序管理工作，查处128辆，扣分处罚538辆，收缴销毁无牌无证人力客运三轮车8辆。全年，纠正人力客运三轮车乱停乱放、车容较差等违规行为620余辆（次）。

【城区保洁】 2015年，区政府投入资金170万余元，新购置重型清洗扫路车2辆，负责完成城区道路清扫。加大城区道路的清扫保洁力度，投入资金18万余元，新购果屑箱400个，组织近400人的清扫、保洁队伍，全面完成城区230万平方米的清扫、保洁工作。城区环境卫生清扫、保洁率达到100%。

【垃圾处理】 2015年，全区收集、压缩、转运、处理城区及13个乡镇生活垃圾7万余吨，生活垃圾做到日产、日清，收集率和无害化处理率达到100%，生活垃圾袋装化收集和地库收集率达到90%。认真负责地抓城区25座公厕的管理，确保其干净、卫生、无臭味、无蝇蛆、无污垢，达到公厕的管理标准。

【设备管理】 全年加强垃圾转运站和城区环卫设备的管理维护。定期对城区1040个果屑箱和294个垃圾桶进行维护和清洗；对长期运行的20台环卫作业车辆进行定期检修；加强城区7个和乡镇24个垃圾地库的管理与安全检查。

【城管税收】 2015年，完成非税收入任务610万余元，未完成650万元的目标任务，原因建筑行业不景气，建筑垃圾处理费与2014年同期相比减少190万余元。

【亮点工作】 全年为中央、省、市级领导到彭山视察30余次和省、市相关工作会在彭山召开以及第六届长寿养生文化节的成功举办提供良好的环境秩序保障，受到领导好评；深入扎实地开展城乡环境综合治理，组织开展“争创文明彭山城、争做文明彭山人”、“六乱”治理文明劝导工作；成立市容环卫执法中队，印发“参与四城建设、争做文明市民”倡议书5000余份，印发“履行‘三包’责任，共建宜居彭山”宣传单5000余份。“治乱”专项行动扎实、成效显著；加大资金投入新增重型清洗扫路车2辆，提高环卫机械化作业率。加大对城区道路冲洗、喷雾力度，有效清除道路积尘，提高城区空气质量，促进“治尘、治污”工作的顺利开展；主动作为，在管理好彭祖新城、五湖四海、滨江湿地公园的同时，将锦江大道、高铁广场纳入管理，确保市容卫生秩序良好。

（袁跃福）

电　力

【概况】 彭山区供电公司是四川省电力公司全资子公司，担负着彭山区13个乡镇的供用电管理任务，供电面积465平方公里，供区内用电客户15万余户，乡、村、农户通电率100%。2015年，公司下设9个部门1个分中心，管辖13个班组、6个农村供电所，有员工460人。管辖变电站及开闭所16座。其中，220千伏变电站2座，110千伏变电站6座，35千伏变电站4座，10千伏开闭所4座。变电总容量1081.2兆伏安。实现安全生产5114天。是年，公司先后荣获“国网公司一流县供电企业”“国网公司先进集体”“省公司电网先锋党支部”“眉山公司红旗党委”“四好班子”等多项荣誉称号。

【安全生产】 2015年，加强全过程安全生产管理，有效提升公司综合管理水平和安全技术装备水平。全面落实安全生产责任制，加大对管理人员、生产一线人员、“三种人”（即电力安全生产过程中的工作票签发人、工作负责人和工作许可人）的问责和奖罚力度。科学安排电网运行方式，加强设备运行维护，确保电网安全稳定运行。认真落实省、市公司安全大检查和缺陷隐患排查工作统一部署，组织全体员工开展“安全日”学习讨论，开展安全隐患大检查和缺陷隐患整治。加强安全生产全过程的监督管理，确保电网、设备、人身安全。“拉网式”的全面巡视检查公司所辖线路、设备，对35千伏输电线路通道进行专项治理，提高电网健康水平。组织开展2015年工作票“三种人”培训、全员《安全规范》考试，培训人员820人次。加强应急管理，科学编制完善各专业应急预案15项。固化“大兵团”作战抢修模式，高效完成雷雨、冰雹、大风等极端天气的抢修抢险，最大限度缩短停电时间。严格落实到岗到位制度，突出抓好施工作业现场的安全巡查，确保施工现场安全。全年，班子成员深入现场共计352人次，各级管理人员835人次。

【电网建设】 2015年，公司紧密结合全区经济社会发展，紧跟彭山区重要及重点区域、“城乡统筹”发展步伐，不断加大电网的建设和改造，积极向上争取项目资金，全力服务区委、区政府发展战略。结合天府新区和工业园区建设，科学编制公司“十三五”电网规划。积极开展全区电网诊断分析，及时安排电网规划滚动修编，有效推进地方发展规划和电网规划的对接。是年，协调推动220千伏文庙站、110千伏桂林站的建设投运，积极向上争取110千伏彭溪站增容扩建工程。全年完成新建35千伏及以上线路88.65公里，新增变电容量46万千伏安，完成电网投资1.1亿元。完成中心城区7台配电变压器的增容和标准化台区整治，提升城网供电能力。继续开展农网升级和低电压台区改造，解决农村用电难题。加大电网建设的科技投入，将GPS全球定位仪和地理信息系统等用于电网建设，提升电网规划科学水平。

【经营管理】　2015年，积极做好增供扩销，10千伏及以上高压新装、增容用户157户。加强对工业用户生产、用电情况的跟踪了解，领导班子带队上门走访重要客户，帮助客户开工复电和用好电价优惠政策。定期对高危（重要）客户及重要场所进行用电安全检查，及时消除安全隐患，做到检查、告知、督促到位。大力推广智能电能表换装，全年完成4万余只智能电表的换装工作，为城乡居民用电客户提供更高品质的供电服务。积极拓展电费交费渠道，与邮政储蓄签订电费代充、代收协议并推广实施，力争实现村村有缴费点。努力服务春灌秋收用电，公司成立的7个供电服务小分队在场镇乡村设置宣传服务点，宣传安全用电知识；及时清除提灌线路设备障碍，更换破损设施，确保农村用电安全。践行24小时用电服务承诺，加强故障抢修管理，全力做好迎峰度夏期间抢修服务。

【优质服务】　2015年，公司成立3个党员志愿者“心连心”服务站，切实解决供电服务群众“最后一公里”问题。党员自愿者组织开展城区弃管小区用电隐患排查，对城区弃管配变台区及弃管小区进行改造和治理，确保城区群众安全用电，有效的形成服务站与社区的联动。党员和青年志愿者定期开展“关爱留守儿童”“真情服务百岁老人”“亲情结对帮扶”“关爱抗战老兵”等特色主题活动，主动关心关爱弱势群体。继续完善建立“包片进村”长效机制，公司领导带队深入彭山区12个贫困村对用电现状进行全面摸底，现场解决用电问题，并根据实际情况计划投资1204万元对贫困村电网实施改造，为全区扶贫攻坚工作做好电力要素保障。强化节日和重大活动期间的电力供应和供电服务工作，圆满完成区委“三会”、中高考、抗战胜利70周年阅兵等20余项重大活动和重要节日的保电任务。

【内控管理】　加快内控体系和风险防范体系建设，将依法从严治企贯穿生产经营管理全过程，认真贯彻落实“三重一大”决策制度，进一步加大专项治理力度。严格执行上级作风建设各项禁令和规定，不断强化干部员工作风建设，成立3个作风建设检查工作小组，坚持每月督察、每季巡察的形式，开展对员工工作作风、工作质效、劳动纪律、服务行为、公车的管理督察。2015年，开展作风建设明察暗访12次，处罚违纪、违规人员23人。加强供电所党风廉政建设和行风建设，创新开展供电所“廉洁指数”测评，及时掌握供电所管理和行风优质服务方面存在的问题并积极整改，形成“查找—反馈—整改—评价”的工作机制和闭环管理，提升供电所风险防控能力。认真落实人大工作评议和政协委员提案，对代表和委员提问的意见、建议主动回复、迅速整改，建立向区委、区政府常态沟通汇报机制。加强电力设施保护相关法律、法规的宣传贯彻，营造良好外部发展环境。

（张雨薇）

交通·邮电

交通运输

【重要事件】 1月23日，中国大唐集团公司广西分公司（大唐桂冠电力股份有限公司）和彭山区政府签订岷江航电综合开发战略框架合作协议。

2月1日，岷江大桥维修加固工程完成，并通车。

3月16日，预算投资4.6亿元的岷东大道眉（山）彭（山）段公路工程项目投资建设移交合同签约仪式在眉山市彭山区区委宣传部三楼会议室举行。

5月月底，省道103线城区段建成通车。

6月8日，省道103线青龙立交桥维修加固改造工程完成荷载试验，并建成通车。

8月16日，重新迁建的省道103线国家省级Ⅱ类超限检测站青龙站正式启用。

9月7日，四箭齐发重点工程滨江大道彭山城区至东坡区段全线动工，该工程属市纪委2015年全市8个重点督察项目之一。

9月25日，交通局组织局属各单位和规划局负责人、13个乡镇镇长召开全区交通运输“十三五”规划工作专题会。

10月，占地1.49公顷，位于彭溪镇境内省道103线旁（原庆丰公司用地）的彭山区公路机械化养护中心建成。该中心是全市首个机械化养护中心。

【交通建设】 2015年，完成交通建设投入10.6亿元；争取中央、省、市专项补助项目15个，到位补助资金1.5亿元；完成交通招商项目2个，引进资金5.6亿元。“三箭齐发”工程彭山境内总里程达65公里，已开工建设39.8公里，占总里程的61.23%，累计完成投资16.3亿元。岷东大道彭山段已全线、全段、全面开工。其中，彭祖山至黄龙溪段正在进行沥青混凝土路面铺筑工作，彭祖山隧道右幅已全线贯通，东坡区界至彭祖山段10.5公里正在进行路基施工，府江大桥、龚家堰大桥桩基已完成。滨江大道彭山城区至东坡区段正在进行路基、涵洞施工，滨江大道北段正在进行施工图勘察设计。工业大道已完成初步设计并取得省公路局批复。2015年，全面完成省道103线22.2公里大修改造工程和城区段绿化、亮化工程，完成高保路等10公里道路黑化升级工程，完成青龙公铁立交桥提质治理工程，全面开工建设农村公路改善工程30公里，新彭谢黑化工程6公里，开工建设安保工程25公里。成昆铁路扩能改造工程集体土地征收交付40.95公顷，完成99.6%；完成路基土石方26万立方米及配套附属工程，重点工程青龙场隧道已贯通，青龙特大双线桥完成80%，其他桥涵工程已完成90%；完成青龙车站站改轨道工程4公里，通信及电力工程完成19公里。彭山区完成施工产值总计3.8亿元，完成工程施工投资的60%。全面开展岷江航电尖子山、江口枢纽工程前期工作和招商工作，正在进行优化选址和设计论证工作。高速项目全面完成简蒲高速公路和成昆铁路复线征地拆迁建设协调工作；协助做好交通运输部西南物资应急储备中心建设选址彭山协调工作；取得省交通运输厅和成渝公司同意增设李密故里成雅高速龙安进出口站批复；完成全市首个机械化养护应急保通中心建设；完成青龙超限、超载检测站建设，启动武阳、谢家两个治超点建设；完成综合交通车站工程建设，正在进行装修。

【公路养护管理】 2015年，全区进一步加大养护管理力度，降低公路养护成本，做到科学养护，针对公路日常养护要求，根据新的《中华人民共和国公路法》制定《公路日常养护及抢修制度》《公路日常巡查制度》《生产检查验收制度》《安全生产管理制度》《材料机具管理制度》和《维修作业制度》。全年完成道路维修工程投资61万元，各项养护指标任务均完成较好。其中，出工率97.5%，出勤率99%，区道优良路率80%；修补路面坑凼2000平方米，恢复受损边坡1543立方米，清理零星坍方2000立方米，清运公路堆积物、边沟淤泥800立方米，清理边沟125公里，疏掏涵洞60余道。坚持每天、每月巡查，加大危险路段巡查力度，组织人员进行上路巡查，对辖区内高边坡、临水临崖等危险路段进行重点监控，对涵洞、边沟进行动态监控，公布路况险情报告电话，随时收集路况信息。全年共排查出病危桥3座，隐患路段2000米，排查隐患13处，处置11处。狠抓安全生产，认真做好安全隐患排查工作，有效预防所辖路段出现突发事件，最大限度地减少公路、桥梁因灾害造成的损失。建立预警体系，及时足量储备救援应急物资，不断提高突发事件的应对能力。完善物资准备，配备抢修车辆1辆、农用车1辆。抢险物资贮备砂夹石3000立方米、编织袋5000条、草袋5000条、铁锹150把、锄头150把、手电50把、雨靴100双、雨衣100件，确保有足够的物资储备。投入防汛经费10万余元，建立了一支机构严密健全、人员物资充足、信息畅通、行动迅速的应急抢险队伍。防汛工作人员24小时随时待命，发现险情在第一时间进行处理，对水毁或灾害路段设置明显的安全警示标志，及时疏通堵塞物，在最短时间内恢复道路安全畅通。全年共处置水毁工程5个，投入资金20万元。

【路政管理】 加强巡查力度，坚持每天上路巡查，确保干线公路和支线公路每天巡查不少于1次，乡村公路巡查每月不少于3次，尽量做到“早发现、早处理”。每月定期组织实施对公路乱堆乱放、摆摊设点等影响公路安全和环境行为的专项治理，对污染损害公路，严格依法查处，及时发现、制止、查处危害公路安全畅通的行为，并及时清除污染物做好道路安全防护工作，保障道路畅通，创造良好的行车环境。2015年，出动执法人员724人次，清除以路为市232处、违章摆摊设点254个，清除各种路障878处，办理路政许可案件1起，赔补偿案件1起，案件查处率达98%，案件结案率达100%。加强超载超限车辆的治理力度，严管重罚，确保道路、桥梁安全畅通。通过对青龙检测站增派执法人员和五环路口设立检查点，实行24小时轮班治超，严禁超载超限运输车辆上路行驶；建立双超治理流动巡查机制，由路政、交警组建20人的联合流动治超队，分别在省道103线、东干线、彭谢路等重要路口，对路经彭山区及区内的超限运输车辆进行规范管理，凡是超限运输车辆，均立即卸载、教育、处罚，消除违法行为；建立双超治理应急联动机制，采取固定与流动执勤点相结合、路政交警等部门联合治超，以省道103线治超与其他干道公里专项整治相配合的方式，定时不定时对未设点、违规绕行路段进行检查，对违法行为严厉打击，让违法货车无可乘之机。2015年，投入执法人员13320人次，投入执法车辆1536台次，发放宣传资料2万余份，接待法律咨询613余人次。检测各类货运车辆6.75万辆，查扣处罚超限超载运输车辆193台次，教育卸载282辆，卸货5009.8吨（包括教育卸载），收取补偿费和罚款52万余元。超载率控制在6%以下，55吨以上非法超载超限车辆基本杜绝，治超工作得到市委主要领导的肯定和表扬。

【道路运输管理】 2015年，按照“安全第一、预防为主、综合治理”的方针，年初分别与所属各部门和道路运输企业签订责任书60份，将安全管理工作责任分解到岗，落实到人，形成“人人身上有担子、一级一级抓落实”的良性互动工作机制。敦促各道路运输企业与各班组、各驾驶员签定安全管理目标责任书，层层落实安全生产责任。完善应急救援预案和各项安全管理制度，做好“安全生产月”、2015年度汛期、“十一”黄金周、“十八届五中全会”期间、中国彭山第六届国际长寿养生文化节等节假日和重要时期的安全管理工作。制作安全宣传展板和安全生产宣传牌，组织召开全行业的安全生产会议15

次；全年共组织安全检查323次，检查企业295个次，检查营运车辆4658台次，出动检查人员1859人次，出动检查车辆477台次；发现安全隐患76处，全部均已整改；查处客运违法行为9起；召开安全会议19次，安全培训5140人次；张贴悬挂安全标语92幅，印发宣传资料4700份，撰写安全信息17篇，宣传教育培训经费5.8万元。在道路运输管理中，严格按照“三把关一监督”和“三不进站、五不出站”的要求对客货运输企业、车辆、从业人员进行安全监管。并通过安装GPS和行车记录仪监控平台对车辆实行动态管理，确保全年彭山道路运输行业无源头安全事故发生。

【市场整顿】 认真组织开展打击非法营运和全面治理超限、超载行动，建立、健全运输市场监管新机制，努力扩大稽查覆盖面。采用专项稽查、联合稽查等方式，扎实开展打击非法营运、危险化学品运输、超限超载等专项整治行动，有效遏制客运超载、非法营运和货运超限超载车辆的违章势头，确保道路和人民群众的安全。自开展打击非法营运和治理超限超载工作以来，共扣押非法营运车辆18辆，查处非法营运车辆18辆。2015年，道路运输管理还联合公安、交警、城管等部门开展对非法电动三轮车经营集中整治活动，共出动执法人员380人次，执法车辆240台次。

【行政许可】 2015年，区交通运输管理局对涉及运管部门的16个行政许可项目进行规范性清理，做到行政许可项目的应进必进，及时受理，依法许可，提高窗口服务质量，交通窗口连续多年被评为先进窗口。

【运输生产】 2015年，彭山区道路旅客运输完成客运量2513.83万人次，旅客周转量27664.04万人公里，完成货运量317.17万吨，货物周转量27905.71万吨公里。

【水路运输管理】 2015年，交通运输局主要采取召开会议、张贴标语、播放宣传片、发放法规和安全知识宣传资料等形式，到渡口、码头以及其他人群密集地方开展现场宣传活动。海事处共召开安全例会11次，汛期水上交通安全培训会2次，现场会18次，参会人数达185人次。在各渡口、码头张贴标语累计160幅，张贴宣传画报90份，发放宣传资料800份。在每月28日的安全例会中，向船主、船员宣传学习与安全相关的上级来文，及时提出要求，用以会代训的方式提高船员的安全意识和业务水平。及时收集各渡口、码头、船舶情况并处理问题，坚持日常检查与专项检查、日常检查与节假日检查、定期检查与不定期检查相结合，重在发现隐患，督促整改，使船员处于适任、船舶处于适航状态。全年共检查营运渡口5个，码头1个，船舶56艘次，发现违章行为6次，处罚2次，安全隐患12件，全部予以纠正和整改。全年购置配发钢绳550米，救生衣、救生护具90件，灭火器4个，太平斧1把。投入资金1.8万元，对青龙下渡的临时码头进行维修加宽，确保过渡乘客上、下船的安全；投入资金1.3万元，对府河渡便桥的部份钢架、预制板进行更新加固，更换便桥部份的安全网，在青龙下渡、夏家渡安减速带，更换各渡口的规章制度和标志标牌；投入资金5.32万余元，对“川眉彭渡0009”号船舶进行上坡大修。

【交通安全】 落实“一岗双责”按照横向到边、纵向到底的要求，签定安全生产责任书6份，把安全责任落实到责任单位，将安全责任纳入目标管理，并实行一票否决。做到年初有计划，计划有落实、有检查。完善安全例会制度、事故报告制度、档案制度、奖惩制度、安全检查和隐患整改责任制度，使交通安全管理工作有序进行；制定完善全区水陆交通突发事故应急处理预案，着力构建水上交通乡镇船舶管理“四级责任体系”；制定全区防汛工作抢险预案；制定重大自然灾害交通运输应急预案。

【宣传教育培训】 2015年，每月召开安全生产例会，同时加大对社会的宣传力度，通过专题、标语、展板等形式，大力宣传相关法律、法规，印发宣传资料8700余份；安排宣传车2辆，在省道103线、县道及城乡道路上巡回宣传安全生产知识；积极开展“百日安全”和“安全生产月”活动，努力造就人人讲安全、遵守安全规则的态势。全年组织安全会议14次，交通安全培训2次；出租车、客运车辆驾驶员培训2次，共680人次；船长、轮机、船员培训2次，共485人次。

【安全监管】 严格实行“三把关一监督”，对“六不发航”、“五不出站”、三危品检查、车船例检、签单发航制度、汛期减载和封渡停航制度执行情况进行经常性检查，严格执行救生衣行动，及时纠正违规行为，有力维护交通安全秩序。

【安保工程】 2015年，投入隐患治理资金680万元，对客运站车辆、路桥、码头船舶进行全面排查，及时消除安全隐患；投入隐患治理资金160万元，新增波形防护栏13公里；投入资金15万元，完善全区省道、区乡道路各类标志标牌，新增标志标牌240个；投入资金3万元，完善渡口码头各类标志牌；投入路面维修资金共计40.2万元；投入资金4万元，维修市政道路路面300平方米；投入资金10.5万元，维修岷江大桥、东干线800平方米；投入资金10.4万元，江回路路面沥青灌缝10.26公里；投入资金6.5万元，彭里路路面坑凼维修320平方米；投入资金4万元，江白路路面坑凼维修400平方米；投入资金4.8万元，华彭路、东干线黄龙溪至泉水收费站路面坑凼维修450平方米。

【汛期安全】 交通防汛工作在区防汛办的统一调度指挥下进行，做好防大汛的思想准备，严格落实抢险人员物质和设备，严格执行汛期领导带班制度，密切注意天气、水情的变化，加强河堤桥梁和道路设施维护。汛期期间，共划拨安全经费6万元，对各渡口的临时码头进行维护，购置钢绳、救生衣、消防设备等。

【行政效能监察】 成立交通行政执法和规费征收稽查组，对交通行政执法进行全过程监督，有效杜绝“三乱”“四难”和行政不作为、乱作为现象；建立、完善首问责任制、限时办结制、一站服务制、跟踪回访制、行政效能考评制、行政服务公开承诺制、行政审批网上公示制、行政执法错案责任追究制，严格查处信访举报案件，有报必查，有查必复。

【政务公开】 交通行政执法单位职能职责、行政许可事项、办事程序、办理时限、收费标准全面公开；所有行政许可事项和非行政许可事项办理情况均及时上网公示。 （周 玲）

邮 政

【机构编制】 2015年，彭山区邮政局在职员工88人。其中，合同制职工78人，派遣制职工10人；下设综合办公室、市场部2个职能管理部门，3个班组（封发组、经警队、投递组），8个储蓄网点和13个邮政代办（设在13个乡镇）。

【概况】 2015年，全区共有投递段道27条。其中，城市段道6条，农村段道21条；服务面积465平方公里，服务人口35万人；全区有汽车邮路1条，路线为彭山—江口—江渎—武阳—观音—青龙—公义—谢家，全长77公里；摩托车和电动三轮车邮路15条。

【主要指标】 2015年，彭山区储蓄余额规模达到8.5亿元，三年净增2.7亿元；储蓄收入达到1074万元；代理保费规模达到5891万元，代理金融收入1253万元；金融收入占总收入比重提高到65.9%。

【基础管理】 2015年，区邮政局坚持从人防、物防、技防、建章建制、加强队伍建设等方面入手筑牢安全保卫工作的基础。对全区7个代理金融网点进行加固改造，全部安装防弹玻璃、防尾随门、电视监控设备，实现与公安部门“110”报警系统联网；完成三类业务库改造达标，持续开展“合规大行动”、网点风险等级评价等合规专项检查活动，企业基础管理稳步提升。全年全区未发生资金票款案件、邮政通信质量事故、消防火灾事故等重特大事故，未发生用户投诉而引发新闻媒体曝光的事件。

【实物网络】 2015年，全区调整邮运网路组织和内部作业组织。新增PDA终端、投递汽车、电动三轮车，投放ATM取款机、CRS存取款机、多媒体机、网银终端，业务处理能力得到较大提升。

【转型改革】 2015年，区邮政局不断优化薪酬分配，结合外部环境变化和企业转型升级需要，不断创新经营管理机制，优化薪酬分配，制定并实施《奖励工资考核办法》《欠费考核办法》《揽投人员按量计酬考核办法》等一系列文件，推行薪酬制度改革。

【内控管理】 2015年，区邮政局相继出台《彭山区邮政局会议制度管理办法》《彭山区邮政局员工违规违纪制度管理办法》《彭山区邮政局员工轮岗及末尾淘汰管理办法》《彭山县职工考勤办法》《关于加强节约用电的通知》《关于核定通信费定额补助标准的通知》。持续开展降本增效工作，把有限的成本用于增强企业核心能力建设。2015年，四项作风成本（接待费、会议费、宣传费、差旅费）比2012年下降63.33%。加强资产盘活，盘活仁和园和北街门市两处闲置资产。积极落实市公司各项改革任务，先后完成“营改增”和“子改分”两项改革，ERP系统成功上线。

【党建和党风廉政建设】 2015年，区邮政局开展“提升邮政服务质量专项活动”。首次将党建工作纳入经营绩效考核，认真学习中共十八大以来重要会议和习近平总书记重要讲话精神，开展党的群众路线教育实践活动、“三严三实”专题教育，坚持中心组学习制度和“三会一课”制度。清理完善公务用车、超标办公用房，修订完善办文办会、公务接待、公务用车规章制度，切实解决“四风”方面的突出问题。局党支部书记及成员切实担负起反腐倡廉建设的主体责任，严格遵守中央八项规定，深入推进党性宗旨、岗位廉洁和从业道德教育；继续开展“党风廉政宣传教育月”活动。加强对落实“三重一大”制度和八项规定、工程建设等工作的监察监督；开展薪酬合规自查、“小金库”、公务用车、办公用房、收受红包礼金问题专项治理工作。

【教育培训】 2015年，区邮政局鼓励员工在岗学习，加强员工业务知识培训，提高职业技能。全区邮政在岗职工大专及以上人员占比达到91.2%，整体职业素质稳步提升；组织员工参加银行从业培训及考试。

【工会工作】 2015年，新建职工小家、投递员之家、职工食堂，并实行定额补贴；建立重大节日送温暖与日常帮扶相结合的帮扶体系；建立年会先进表彰机制；三八节开展“踏春活动”，“五四”青年节开展歌咏比赛兴趣活动，丰富员工业余文化生活。发挥工会“大学校”作用，加强企业文化建设。

（伍　琴）

电　信

【概况】 2015年，彭山区电信工作以做强“012”战略（“0”指零利润，高清影视免费看；“1”是一根光纤宽带，把光网通达城市和乡村，进入千家万户，让广大客户享受到丰富多彩的信息生活；“2”是指两部手机，即1条光纤宽带能拉动2部以上的手机，让广大客户享受3G、4G服务）为全年工作主线，以省电信公司价值观统一全员思想，进一步推进市场化、差异化、规范化，用心做强经营、做优服务、做实基础，转作风、抢时间、抓机遇、破瓶颈，全面完成全年的目标任务。优化4G基站78座，优化3G基站35座，天翼网络覆盖率达到98%以上；完成宽带乡村建设1.2万个端口。

【机构人事】 2015年，成立中国电信股份有限公司彭山分公司牧马支局；4月，中国电信股份有限公司彭山分公司副总经理董小波调眉山公司无线网络部任职（主持工作）；10月，副总经理王继荣调东坡分公司任职副总经理；11月，聘干娟任彭山分公司副总经理。

【通信建设】 2015年，通信建设重点以"互联网+"为统领，做深、做精、做透重点行业应用，抢占信息化服务制高点，广泛开展"农村信息化"和"宽带乡村"建设合作，搭建好业务推广平台；完成光纤进户建设1.2万个端口，城区光纤入户率达93%，提升用户上网质量；在打造天翼精品网络方面，抓住重点，精细规划，以提升有效区域质量和用户感知为主，全年通过新建、扩容基站，网络覆盖更加完善，优化4G基站78座，优化县域3G基站35座，无线网络保持领先优势。

【业务拓展】 聚焦"012"战略，在电信电视、宽带和天翼语音等重点业务发展方面下功夫。强化管理执行和细节管控，将一切资源和工作精力都集中到以客户为中心，加快发展上来。2015年，以"宽带信息村"为抓手，前后联动、融单并举，推动电信电视超常规发展，围绕"思维上超常规、方法上超常规、管理上超常规"的要求，打造一张精品电信电视网，促进电信电视规模上量发展，电信电视用户达4万户，电信电视以丰富的节目源和稳定的传输接入深入人心。依托全光建设，大力开展提质提速活动，以10M光纤宽带为起步，大力开展提质提速活动，实现存量169用户100M接入，宽带达6万部，稳定、高速的宽带网络优势赢得用户青睐。以"天翼信息村""孝行通""校园通""行业信息化"应用为抓手，全面拓展移动语音市场，实现天翼规模发展，天翼手机使用者达8.9万部，绿色环保、清晰保密的天翼语音占领了移动通信市场。

【强化服务】 全年以"服务就是营销"为指导，系统推动服务能力提升转型。夯实基础服务能力，从制度标准、服务流程、激励考核、协同能力、执行能力等方面持续完善以客户满意为中心的服务管控体系。下大力气改善影响客户满意的关键指标，投诉率持续下降；以服务模式转型为手段，服务开发创新为牵引，通过全功能穿越体验，服务回馈内容产品化设计、产商品审核前置等措施，推动服务全面领先；全面深入推进服务达标工作，实现服务监督工作常态化、专业化、系统化。

（徐建国）

移动通信

【概况】 中国移动通信集团四川有限公司彭山分公司（以下简称"彭山移动"）成立于1999年，2015年有员工62人，党员26人。是年，彭山移动积极响应"互联网+"号召，遵照市委"八大攻坚战"年要求，担当责任、主动作为，为全市经济社会发展和信息惠民做出持续贡献。截至2015年年底，彭山移动拥有移动客户数20万余户，客户市场份额达到78.6%，全年服务客户数达30万。

【网络建设】 2015年，夯实信息网络基础，对无线网、传输网、小区宽带、专线、WLAN等基础网络的建设加大投资。全年，公司建立4G基站84个、现网物理站址292个、逻辑G网206个、逻辑T网92个、逻辑L网282个。在4G网络上全面实现城区和13个乡镇的全覆盖，以及108个自然村90%部分覆盖，4G网络下载峰值速率已达到100Mpbs（兆比特率，M Byte per secend的缩写）。率先彭山运营商推出波聚合技术（4G+），并在政府、高校、商业场所等数据业务热点区域部署，已累计开通300个点位，为2016年VOLTE商用奠定基础。在一款支持"4G+"技术的手机上，可实现在线高清视频的秒点秒开，下载峰值速率达到220Mpbs。与此同时，中国移动也在积极推进5G技术的研发，将在未来3年内实现客户更优质的上网体验。

【宽带端口能力建设】 自2013年"宽带中

国”战略部署实施以来，公司已累计投资2000万用于家庭宽带端口能力建设，并整合彭山广电和合作渠道商家资源创新开展能力建设补强。在2015年3月彭山移动被区政府纳入“宽带乡村扩大试点工程”实施单位以及7月四川移动成为国家“中西部地区中小城市网络完善工程”试点实施单位以后，公司进一步加快宽带战略性公共基础设施的发展与普及，重点开展城区、乡镇驻地光纤宽带覆盖、完善，传输网、IP承载网扩容，互联网电视质量提升等提速、提质工作。2015年，公司家庭电视端口能力数达到5万线，城区住户覆盖率85%，行政乡镇住户覆盖率100%，农村住户覆盖率45%；同时城区已具备100Mbps光纤接入能力，城区宽带用户平均接入速率达到20Mbps以上。

【信息化建设】 以“政府倡导的、社会关注的、群众需要的”为企业运营出发点，大力开展智慧城市涉及的各类民生和行业信息化项目建设。自公司2012年启动信息化业务以来，通过整合资源、优化产品，立足“强政、兴业、惠民”理念，科学规划智慧城市产品体系，从政务合作、旅游指南、交通出行、医疗保健、购物休闲等九大方面开展应用引入，致力于为集团客户提供多层次、多领域、更人性化的综合信息服务。在智慧政务上，承建公积金“12329”短信平台、彭山青龙智慧园区等项目；在智慧民生上，建设智能校车项目，搭建车载监控，全面提升校车安全定位监控。搭建居家养老平台，组建线上服务团队，为民政养老人员提供五助服务；在平安城市上，建设谢家、保胜等乡镇天网，充分发挥技术防范在维护社会和谐稳定和预防打击犯罪、管理社会治安工作中的重要作用；依托农信通“6995”平台构建农村安全网，为村民提供实时信息交流、预警信息发布、紧急呼救等平安服务。

【市场服务】 全面落实“提速降费”行动实施。先后开展“光网宽带，全面提速”“4G流量，翻倍畅享”“全家用移动，宽带电视免费用”等行动，针对保底消费到一定档次的用户，将免费赠送光纤宽带和家庭电视业务，免费升级带宽；搭建4K电视平台，推出4K超高清数字电视业务等。全力打造安全、健康的网络环境。重拳整治“黑卡”，对已入网和新入网用户实施实名制登记，存量用户实名制率达到91.62%，对未实名制的用户将从2016年1月1日起实施限制办理业务直至停机处理。利用各种技术和管理手段进行垃圾短信、诈骗电话监测和拦截，开展“伪基站”自动侦测筛选，并配合公安、纪委等部门对其进行打击。在全区共建立渠道营业网点70个，一村一店260个，间接带动三方从业人员超过400人，带动下游产业蓬勃发展。

（文　婷）

经济综合管理

工商质监

【机构合并】 2014年11月，根据中共彭山县委办公室、彭山县人民政府办公室《关于印发〈彭山县人民政府职能转变和机构改革方案〉和〈关于组织实施彭山县人民政府职能转变和机构改革方案有关问题的意见〉的通知》（彭委办〔2014〕74号）精神，设立彭山县工商行政管理和质量技术监督局，为县政府工作部门。

2014年12月，根据《彭山县人民政府办公室关于印发〈彭山县工商行政管理和质量技术监督局主要职责、机构内设和人员编制规定〉的通知》，将原彭山县工商行政管理局的职责、原彭山县质量技术监督局的职责整合划入彭山县工商行政管理和质量技术监督局。设办公室、政策法规股、注册登记监督管理股、市场监督管理股、综合业务股、信用信息管理股、特种设备安全监察股、质量监督管理股、标准化股、计量股、“12315”和“12365”申诉举报中心、人事教育监察股和计划财务股13个内设机构。行政编制65名。其中，局长1名、副局长2人；副科级领导职数5名（凤鸣、青龙、公义、江口、谢家5个工商质监所负责人各1名），中层数25名（经济检查大队职数）。县纪委、监察局派驻纪检监察机构人员编制1名，其中，纪检组组长1名。设凤鸣工商质监所、青龙工商质监所、公义工商质监所、江口工商质监所、谢家工商质监所5个派出机构，级别为副科级，设所长、副所长11名。机关后勤服务人员事业编制8名。

【服务民营经济】 2015年，区工商质量局通过规范窗口服务行为、建立登记“绿色通道”、跟踪重点项目“落地生根”、加大帮扶指导力度等一系列的优化投资环境措施，进一步降低准入门槛、清理前置审批事项，将134项工商登记前置审批事项调整为后置审批，激发全民创业活力，培育壮大各类市场主体，有力地促进全区民营经济快速、健康发展。2015年前三季度，彭山区民营经济快速发展，民营经济对经济增长的贡献达到60.4%，累计实现民营经济（扣除港澳经济）增加值59.13亿元，按可比价格计算，同比增长13.3%，增速位居全市第一。其中，第一产业增加值5.42亿元，增长3.5%；第二产业增加值42.31亿元，增长15.3%；第三产业增加值11.4亿元，增长9.2%。全年，全区新发展民营企业603户，完成目标任务数260户的231.9%；新发展个体工商户1910户，完成目标任务数1000户的191.0%；新发展农民专业合作社23户。2015年，彭山区民营经济累计实现民营经济（扣除港澳经济）增加值73.76亿元，比2014年增长12.2%，增速位居全市第一；得到区委书记梁磊，区委副书记、区长罗万东的批示表扬。

【登记制度改革】 2015年，区工商质量局组织学习、借鉴试点地区做法、印发宣传资料，并结合实际，制定切实可行的操作办法和措施，顺利推进彭山区商事登记制度改革，确保彭山区“三证合一、一照一码”制度的顺利实施。2015年8月11日，颁发出第一张“三证合一”营业执照；9月28日，颁出第一张“一照一码”营业执照。截至2015年12月7日，已颁出“一照一码”营业执照333张。“三证合一、一照一码”工作的开展受到区委书记梁磊，区委副书记、区长罗万东的批示表扬。全力推进市场主体信用信息年度报告制度，全面完成上级下达的年报目标任务。是年6月，省工商局局长万鹏龙到谢家工商质监所调研时，对彭山的商事制度改革和企业年度报告工作给予高度肯定。

【品牌培育】 2015年，区工商质量局将中纺粮油、同庆南风和川娃子食品等16家企业列入第十二届“四川名牌”培育名单，进行指导、帮扶；四川吉龙化学建材有限公司、华西德顿塑料管道有限公司2家企业获得第二届眉山市政府质量奖授牌；鲁洲生物科技（四川）有限公司和四川铁通公铁物流股份有限公司2家企业获得第十一届“四川名牌”授牌。彭山区工商质监局“以质取胜”贯彻落实党代会精神工作受到区委书记梁磊的批示表扬。积极推进眉山市质量暨品牌“三百工程”建设工作，全年指导帮扶企业完成彭山区8家企业质量提升助推工作。

【质量安全监管】 2015年，区工商质量局配合省、市质监局开展6次涉及质量安全的相关产品专项抽查，全年未有监督抽查不合格情况；完成27家工业产品生产许可证企业的日常分类监管和年度自查报告的核准工作；建立《区域质量安全风险监测制度》，并制定《风险监管措施》。加强机动车安检机构监管，建立并完善2家摩托车安检机构档案，并开展日常监管工作。

【标准化工作】 2015年，指导培育四川华西德顿塑料管道有限公司获得“AAAA标准化良好行为企业”最高级别确认，是全市唯一成为全省第一批省级标准化良好行为企业试点的企业，也是全市首家试点及获得AAAA级标准化良好行为的企业。在2015彭山第六届观音美人指葡萄采摘节上，省质监局对彭山区“彭山葡萄”国家地理标志保护产品和观音镇省农业标准化示范项目（葡萄）进行授牌。“观音葡萄”升级为国家级农业标准化示范项目，准备2016年验收。同时，完成四川果怡农业科技有限公司“彭山葡萄”国家地理标志保护产品的标志使用申报，等待国家质检总局的批准，彭山区农业标准化工作显成效。全面提升标准化工作管理水平，增强企业和全社会的标准化意识。完成3个企业的标准体系建设；鼓励企业积极采用国际先进标准，完成2家企业的国际标准和国外先进标准工作；积极开展商品条码应用宣传、续展告知和监督管理工作，完成市质监局下达的13家新企业注册任务，商品条码到期续展率达100%以上。对辖区内60家企业开展产品执行标准清理和普查统计，建立数据库，掌握企业产品执行标准动态；完成企业产品执行标准登记备案工作，对全区3家企业、5个企业标准实施备案。

【计量工作】 2015年，全区贯彻落实《计量发展规划》，制定《彭山区工商质监局2015年贯彻落实〈计量发展规划〉实施方案》，并按计划实施完成全年工作任务。强化计量技术机构规范化管理，认真开展计量器具检定工作。全年，共检定计量器具3184台件，出租车计价器和加油机受检率为100%，强检计量器具合格率达到96%以上，部分项目达到100%。加强计量授权单位监管，对供排水有限公司、港华燃气有限公司等4家水电气经营企业计量检定站进行授权管理工作。并加强水、电、气“民用三表”首次强检工作，新安装水、电、气“民用三表”达到100%。深入开展“计量惠民生、诚信促和谐”双十工程工作。在主动帮扶企业、降低计量器具检定费用的同时，组织计量专业技术人员深入社区、集贸市场、学校，对用于贸易结算的在用计量器具开展免费检定，保障集贸市场和公平秤配备率合格率为100%。签订计量器具委托服务协议59份。签订诚信计量承诺书31份（其中，加油站8家、超市5家、金店9家、集贸市场5家、出租车4家），引导并培育2家诚信计量示范单位。积极开展重点用能单位能源计量审查和集贸市场计量执法检查，帮助企业节能减排和有效规范市场公平交易环境。对尼科国润、蓉兴化工、同庆南风、中纺粮油等8家重点用能单位开展能源计量审查工作。指导彭山区5家企业通过管理体系认证；并完成3家自愿性认证企业检查，完成3家强制性认证企业的建档工作，建档率为100%，检查率为100%。

【特种设备安全监管】 2015年，区工商质监局制定具体的年度巡查计划，认真开展日常巡查监管。清理完善特种设备档案，实行“一企一档”动态管理；建立企业特种设备安全技术档案140家，开展基层监督机构规范化建设工作；完成3家特种设备企业风险评价和分类监管；严格落实企业主体责任，与特种设备使用和生产单位签订安全生产目标责任书189份。加强特种设备安全宣传培训，开展6月安全月宣传活动、“三进”活动、特种设备培训会3次。督促重点单位开展2次特种设备事故应急演练，提升特种设备使用单位应急处置能力。加强对全区510部电梯隐患排整治力度并开展专项检查；采取“地毯式”检查方式，对彭山区14家危化品生产企业使用的特种设备进行全面安全隐患排查；对全区1台游乐设施、11台建设工程施工起重机械、2万余只气瓶、25公里工业管道、181.79公里天然气管道、260.29公里长输管道和129台锅炉开展安全专项检查。2015年，区工商质监局将安全工作放在全局工作的重中之重，确保全区无一起特种设备安全事故发生。

【商标培育】 2015年，认定眉山市知名商标4件（溢满香及图、西金图形、仙女山及图、彭祖山及图）。将四川彭山经济开发区和青龙工业园区融为一体，作为示范基地，建立商标工作指导站，公示商标申报的相关流程图，建立园区企业商标档案和工作台账。截至2015年年底，经区工商质监局登记注册的企业有125户，规模型企业95户，企业注册商标79件，使用商标企业45户。健全注册商标培育机制，广泛宣传申请注册商标的意义、方法、步骤，为重点培育企业，提供全程服务，帮助企业完成各项商标认定申请工作。

【市场监管】 全面掌握辖区内机动车辆、电动车经销企业基本情况，并如实建立台账。同时，开展形式多样的宣传，并召开工作动员会，与全区111家机动车（含二手车）签订《不销售改（拼）装和不符合国家标准车辆承诺书》111份。集中执法力量，严厉打击各种非法改、拼装行为。严查无照经营行为，对无法取得合法销售经营资格经销机动车和非机动车经营户一律予以取缔。全年，共签订、张贴承诺书94份，建立进销货台账94分，出动车辆89余台次，检查人员393余人次，检查经营户417户次。开展中心城区废旧回收行业专项整治，掌握了中心城区内17户废旧回收点具体情况和存在的问题。向废旧回收户详细解读区委、区政府的工作部署，并召开中心城区废旧回收专项治理工作会。成立专项日常整治巡查队，定期对城区废旧回收经营户进行拉网式日常巡查，防治废旧回收行业、脏乱差行为死灰复燃。强化部门联动，加强与区城市执法局、商务局、规划局等相关成员单位的联动配合，各司其职，加强日常巡查监管，发现问题及时纠正。共检查经营户272次，发出整改通知11份，出动检查人次195人次；从临街铺面搬迁废旧回收经营户2户，拆除店招广告5家，发送整改通知2份，现场强制整改4户，拆除违章打围建筑1户，另有1户已找好新经营场所准备搬迁。召开广告整治推进会，部署整治工作的任务、目标和步骤。通过张贴宣传标语、上门讲解、发放通告、签订承诺书等形式提高广告业主和广告经营单位的责任意识；组织相关部门及乡镇分阶段、有步骤地做好辖区内户外广告的整治工作。为期两个月的广告整治行动，清理未经批准登记的128户，清理户外广告128幅，面积940平方米，全部予以拆除。2015年，区工商质监局立案调查27起，结案处理25起。

【维权工作】 2015年3月15日，组织开展“携手共治　畅享消费”为主题的“3·15”国际消费者权益日宣传活动；推进“12315”消费维权投诉办理机制建立，区消费者协会在2个市场、5个超市、10个社区建立消费者投诉站和“12315”联络站，建立和发展15名“3·15”志愿者。切实抓好消保维权工作，受理并解决消费者投诉413件，接待消费者来访和接受咨询1046人次，出动人员240人次，接报并分送“12315”电话投诉216件，挽回经济损失13.51万元。彭山区消委会秘书长田长青被评为“四川十佳最美消费维权人物”，全市唯一。

【行政执法】 进一步规范行政权力运行，推进政务公开。根据区政府“三张清单”制度，拟定区工商质监580项“行政权力清单”和20项“责任清单”。加强行政执法队伍建设，组织执法人员加强对工商、质监相关法律法规、业务知识的学习，提升办案人员综合素质能力；重拳出击，开展“红盾亮剑”和“质监利剑”行动；组织开展“红盾亮剑”行动，以城镇主要街道、校园周边、旅游景区、各类市场和开发区为重点巡查区域，切实加强对危险化学品、食品、易燃易爆品、投融资理财、物流快递等行业的无照经营和超范围经营的巡查力度，并有针对性的开展无照经营、超范围经营、违法广告、传销的专项整治行动；大力开展“质监利剑”行动，对辖区内的农资、建材、汽车经营企业、汽柴油等进行逐一检查，对于查处的违法或非法生产行为即刻责令其整改。重点开展“农资打假”，严厉打假化肥有效含量不足、掺杂掺假、虚假标识等违法行为，全力打击车用发动机和车用燃油的非法生产行为。2015年，共出动执法人员107人次，立案调查各类经济违法案件126件，结案103件。

【党风廉政建设】 全面落实“两个责任”。强化党组的主体责任、纪检监察机构的监督责任和班子成员“一岗双责”的责任，各负其责，形成反腐倡廉工作合力。严格落实党风廉政建设责任制，局党组书记分别与班子成员和各部门负责人签订党风廉政建设责任书。“一把手”切实担负起第一责任人的职责，常研究、常部署、常教育、常提醒。班子成员扎实抓好分管范围反腐倡廉工作的安排部署、督促检查和任务落实。加强日常工作监督力度，防控排查风险点，党风廉政建设实行“一票否决”。不断加强干部队伍建设，定期开展集中学习和自我学习，筑牢思想道德防线，营造廉洁氛围。抓好惩防体系建设，积极探索廉政预警机制，注重反腐倡廉工作机制创新，加强对“三项权力”监督，确保权力规范运行，突出行政执法权的监控。

【非公党建】 2015年，通过企业、个体年度报告工作和市场巡查，摸清全区民营经济中党组织和党员的基本情况，为区两新工委开展非公党建工作提供第一手资料；协助两新工委，从企业内部选择善于协调群众关系的党员担任党组织书记；抽调一名中层干部到青龙天府新区四川彭山星源特种涂料有限公司党支部、乐天塑料有限公司党支部担任党建指导员，协助开展党建工作。

【自身建设】 加强工会组织建设，及时召开工商质监局工会成立暨一届一次大会，选举出第一届工会委员会，以及工会主席和女工委主任、经审委主任。为强化整合后队伍的团队精神，利用“七一”、区第1届篮球比赛等时机，组织开展歌咏、拔河、朗诵、秋游，以及组建工商质监篮球队等形式的工会活动，有力地促进全局干部职工的熟悉、了解，营造积极向上的工商质监文化氛围。制定干部职工生老病死慰问办法，让大家充分感受到组织的温暖，增强单位的凝聚力。严格按照区委、区政府平考工作要求和《彭山区工商质监局工作人员平时考核方案》，扎实开展工作人员平时考核工作。以股室为单位进行考勤，由局纪检组负责督察，加强全局纪律管理，并将考勤情况及时填写到周记实表、月晒账表、季考核表中。全局被考核人员根据各自的岗位职责、目标任务，明确当周工作任务，认真按时完成工作任务。每月底，全局被考核人员对当月工作进行梳理总结，填写月晒账表，并在局公示栏进行公示。每季度末，每位参加考评人员对自己该季度的工作进行梳理总结，并填写季度考核表。按照民主测评会、股室负责人初评、分管领导初评、考核领导小组考核的程序，对每一位测评人员进行考评，打出考评分。同时，强化督察、严明纪律，确保平时考核工作不虚不空、不走过场，年终考核注重平时考核结果的使用。重视软环境建设，连续多年被区委、区政府评为“优化投资环境十佳单位”和“优化投资环境先进单位”。

（侯　璐）

食品药品监督管理

【重要事件】 4月2日，市政府副市长汪树槐到彭山区调研食品药品安全监管工作。

副市长汪树槐（左二）调研彭山食品药品安全监管工作

10月13日，重庆市食药监局副局长李林代表国家食安办到彭山调研。

重庆市食药监局副局长李林（中）代表国家食安办调研彭山食品药品安全

【概况】 2015年，眉山市彭山区食品药品监督管理局设办公室（综合协调股）、政策法规股（行政许可股）、食品生产监管股、食品流通监管股、餐饮服务监管股、药品医疗器械化妆品安全监管股6个内设机构；下属2个事业单位，即眉山市彭山区食品药品监督稽查大队和眉山市彭山区食品药品检验检测中心（挂眉山市彭山区药品不良反应监测工作站）。局机关核定行政编制21名，后勤服务人员编制1名。2015年，有在职人员16人，工勤人员1人，离退休9人。食品药品监督稽查大队核定行政执法类事业编制15名，实有13人（其中，4人为参公工勤人员）。食品药品检验检测中心核定事业编制7名，实有6人。

【职能变更】 2015年4月2日，中共眉山市彭山区委机构编制委员会印发《关于区食药监局相关职责及编制调整的通知》（眉彭编发〔2015〕10号），将食品安全管理方面法律、法规、规章规定的对场外（店外）无证饮食摊点的行政处罚权划入区城市行政执法局。

【食品安全机构】 2015年，建立和完善区、乡（镇）、村（社区）三级食品安全监管网格，在各村和社区设立108个食品安全信息员。截至2015年12月底，全区共有各类食品、药品、餐饮、保健品、化妆品经营单位3593户。其中，食品流通经营单位1506户，食品生产企业51户，餐饮服务单位965户，药品经营单位167户，药品生产企业4户，化妆品经营单位114户，化妆品生产企业1户，保健食品经营单位185户，保健食品生产企业1户，生产加工小作坊备案登记45户，无证“四小”即小作坊、小餐饮店、小食杂店、小摊贩554户。

【食品药品安全监管】 2015年，全面展开辖区内食品生产、食品流通环节日常巡查。认真分析研究确定食品安全监管的重点范围、地段，切实摸清食品生产企业和大中型超市的生产经营状况；明确食品安全主体责任，与食品生产企业签订2015年度食品安全责任书和承诺书；在日常巡查工作中要求食品生产经营单位落实进货查验记录、出厂检验记录等制度，索票索证，做好食品溯源。对辖区内餐饮单位实行食品操作全程监管。重抓餐饮过程，监管过程包括食品购进、食品加工制作、餐饮具消毒、食品留样等关键环节过程。敦促餐饮服务单位必须做好食品购进查验记录、索证索票记录，特别要求购进的预包装食品、进口食品必须标识完整及具有中文标识，从源头上把关食品安全，做到每种食品都能追根溯源。与餐饮单位签订食品安全责任书，落实责任。2015年，全区加强药械日常监管，对78家药品经营企业（66家连锁门店、12家单体药店）进行日常监督检查，对被检查单位存在的各项制度执行不到位、处方药未严格按要求管理责令整改。为规范全区药品零售企业所经营的普通商品、保健食品、化妆品、药品及医疗器械的合理摆放，要求零售企业要将摆放商品的空间划分，各区域之间必须有清晰的标识分隔，保健食品区和普通商品区不能连在一起。开展医疗器械药品流通领域非法渠道购进药品的整治检查。按时间进度完成新GSP认证工作，共完成GSP换证60余家。推进抽检工作，共完成监督抽检及风险监测333个批次，抽检食品229个批次（其中，食品生产90个批次，食品流通100个批次，餐饮37个批次，保健品2个批次）。抽检药品104个批次。食品监督抽检不合格36个，药品监督抽检不合格2个，食品风险监测不合格14个，药品评价性抽检不合格0个。收集药品不良反应报告513例，医疗器械不良反应报告46例，化妆品不良反应报告10例。国抽、省抽、市抽不合格报告处理100%。全年，共出动执法人员2031人次，发放责令整改书75份、监督意见书156份，立案127件，结案123件，累计罚没款42.77万元。共受理食品药品投诉举报案件34件，办结34件，案件办结率100%。收缴销毁过期食品、不合格食品、假药劣药等共1047.29公斤。

【党风廉政建设】 强化教育，理论学习结合典型案例，深入开展廉洁从政教育；加大监督力度，加强对行政许可、行政处罚、GSP认证、案件办理等权力运行重点岗位、环节的监督；健全、完善内外部监督机制。2015年，全局未发生一起违纪、违法事件。

【亮点工作】 2015年，《眉山市彭山区食品安全工作责任追究暂行办法》和《眉山市彭山区乡镇食品药品监管机构标准化建设实施方案》受到副省长陈文华的肯定性批示。区委常委会专题研究食品药品安全工作；区政府常务会两次专题研究食品安全工作，集体学习新《中华人民共和国食品安全法》。

区财政投入资金50万元，完成7个乡镇食品药品监管所标准化建设，提高基层监管能力。出台《关于进一步开展整治餐厨废弃油脂处置的实施方案》，区食药监、工商质监、城管、公安、畜牧等相关部门多次召开餐厨废弃油脂处置工作联席会，将餐厨废弃油脂的收购和加工单位纳入相关部门的监管范围，确保全区餐厨废弃油脂的产生、回收、处理规范有序，杜绝餐厨废弃油脂回流餐桌。建立食品安全风险研判会例会制度，对日常监管、行政执法、举报投诉、舆情监测、监督抽样和风险监测抽样发现食品安全存在的问题和风险，及时召开相关行业和相关企业食品安全风险研判会。

（张小凤）

统　计

【概述】 2015年，全区统计工作以提升统计服务水平为目标，以提高统计数据质量为中心，以强化统计基础建设为保障，全面推进统计工作的科学发展，圆满完成各项统计工作任务，成功保持稳中有进、稳中提质的发展态势，各主要经济指标在全市排位靠前。彭山区统计局在全市统计工作综合考评中获得第一名。

【主要经济指标】 2015年，全区实现地区生产总值（GDP）123.42亿元，比2014年增长11.7%，增速居全市第一位。其中，第一产业增加值12.63亿元，增长3.7%，居全市第5位，占GDP的比重为10.2%；第二产业增加值75.37亿元，增长13.2%，居全市第一位，占GDP的比重为61.1%；第三产业增加值35.42亿元，增长10.9%，居全市第二位，占GDP的比重为28.7%。规模以上工业增加值比2014年增长15.9%，居全市第一位；全社会固定资产投资完成199.16亿元，增长13.4%，居全市第一位；社会消费品零售总额实现42.82亿元，增长12.9%，居全市第一位；城镇居民人均可支配收入27001元，增长9.1%，居全市第一位。农村居民人均可支配收入14062元，增长10.6%，居全市第二位。

【规范化建设】 2015年，彭山区委、区政府专门出台《关于进一步加强和规范部门统计工作的实施意见》和《关于重点指标的考核》细则，建立地区生产总值（GDP）核算部门联席会议制度、三产核算部门联席会议制度、主要经济指标部门联系会议制度三个联系会议制度，对部门统计工作作明确分工，强化责任，严格考核。从机构、人员、经费、场地、电脑、网络、资料管理、台账八个方面着力，积极推进乡镇统计规范化建设工作。对“四上”企业（是指规模以上工业企业、资质等级建筑业企业、限额以上批零住餐企业、规模以上服务业企业）统一下发企业台账和制度，采取专业挂钩，加强督察等措施促进企业统计逐步达到规范化标准。

【统计服务】 超前预测经济社会发展目标，密切关注经济运行中的苗头性、趋势性问题，及时、敏锐地向区委、区政府提出合理的建议、意见，研究对策措施。优化统计产品，提高统计服务水平。按时发布《统计公报》和《经济普查公报》，编印《彭山统计月报》《彭山统计季刊》《统计信息专报》。在全区两代会和政协会召开期间，及时编印“两会”服务手册——《透过数字看彭山变化》，利用图表和数据对比的方式，直观地展示十二五期间彭山区社会经济发展态势和成果，充分地提升统计产品质量。积极为相关部门提供统计调查服务，充分发挥统计的专业职能，配合区纪委在全区范围内开展政风行风民意测评，采取社会公众网络调查、电话访问和现场调查三种方式，对全区81个单位、部门进行测评，真实掌握彭山区党风廉政建设的基本状况，对有针对性地做好党风廉政建设和反腐倡廉工作提供真实依据。

【名录库试点】 2015年，彭山区作为全市第一个也是唯一的基本单位名录库试点区，与区工商、税务、民政、编办等部门相互配合，多举措推动试点工作。将“四上”企业作为重点，确保“两库”（法人单位名录库、联网直报数据库）企业资料真实、完整、有效。截至2015年10月，名录库共装容全区2487个单位信息。其中，法人单位2118个，产业活动单位369个；“四上”联网直报企业192个，其中，规模工业102个，限额以上批发零售住宿餐饮企业24个，资质以内房地产和建筑业企业41个，规模以上服务业企业11个。

【统计法制建设】 2015年，加强统计执法力度。认真贯彻“3·23”市统计局会议精神，严禁统计专业人员修改企业上报数据，坚持企业直报，加强联网直报数据生产过程的监控管理。开通统计违法、违规行为举报电话以及举报邮箱。加大对统计违法案件的查处力度。开展执法检查2次，查处企业6家，对2家企业执行罚款处罚。

【城乡一体化收入调查】 2015年，统计局不定期召开片区城乡一体化收入调查培训会，全年大、小业务培训达30次以上。每月均对记账户进行轮流走访，亲自上门指导记账工作。加强与区人社局、农工委的部门联系，从人力、物力、经费方面给予充分保障。邀请区电视台、报社进行宣传报告，加强社会民众对城乡一体化收入调查工作的了解，提高如实上报统计数据的意识。

【1%人口抽样调查】 2015年3月，彭山区正式启动1%人口抽样调查工作。成立以区统计局牵头，公安、计生、宣传、财政、民政局协作的工作领导小组，对全区11个乡镇2142户家庭进行登记调查，做到事实求是，依法调查，数据准确。

（赖雪英）

审 计

【重要事件】 3月，眉山市审计局局长彭惠琴一行4人到彭山区审计局，对审计工作开展、班子运行、队伍建设、村（社区）经责审计工作等情况进行调研。

7月，四川省审计厅纪检组组长曹晓雪、厅机关纪委书记周微一行到彭山，检查2014年全国土地审计组驻彭审计组纪律执行情况。

12月，根据眉山市审计局关于保障性住房跟踪交叉审计要求，徐宁、许旺胡、熊永熊、胡舜等人到东坡区参加保障性住房跟踪审计；同时，丹棱审计小组到彭山进行保障性住房跟踪审计。

【概况】 2015年，全区备案审计项目计划为23个。其中，署定计划3个，省定计划1个，自定审计项目19个（其中，部门其他财政财务收支3个、自定政府投资审计6个、自定领导干部任期经济责任审计10个）。投资审计年初自定的3个项目：彭山区滨江大道彭祖新城滨江路段工程、彭山区锦绣大道道路工程、武阳郡田园新村安置点工程，由于征地拆迁原因导致资料迟迟不能报审，3个投资审计项目调整为：彭山县廉租住房三期、成绵乐城际铁路青龙段安置小区工程二标段、彭山县牧马镇莲花旅游新村（三期）建设项目。由于署定基本养老保险基金项目全国统一取消、区妇幼保健院院长张某因涉嫌严重违纪，区纪委对其立案查处，已申请终止该项目审计，城镇污水处理专项调查审计由市审计局执行，实际审计项目计划为20个。截至2015年12月上旬，已完成审计项目260个。其中，完成计划内项目20个，完成计划外项目240个。提交审计报告41篇，上报信息52篇。已完成计划内的20个项目中，审计查出管理不规范资金1.75亿元，违规金额257万元。审计处理金额1.77亿元，其中，应减少财政拨款或补贴2407万元，应归还原渠道资金1.27亿元、应缴纳其他资金2152万元、应上交财政491万元（含罚没116万元）。提出建议、意见被审计单位采纳45条。

【人事变动】 2015年3月，余启军任彭山发展控股有限责任公司董事长；免去眉山市彭山区审计局党组书记职务。从2015年4月起停发工资，人事关系、级别、编制保留，不再享受职务和工资待遇；同月，眉山市审计局抽调彭山区审计局叶龙丹参加全市统一组织为期一个月的东坡区农信联社联网审计；同月，由于区审计局投资审计股职员邓启艳考取乐山市交委公务员，提出辞职。5月，姜正良从2015年5月起审计局停发工资，由正兴公司发放年薪；同月，黄昊任眉山市彭山区审计局党组书记、局长；免去余启军眉山市彭山区审计局局长职务；同月，张建才任审计局纪检组成员；免去黄璋琦审计局纪检组成员职务。6月，姜正良办理退休。7月，选派彭欣到联系村江口镇远景村担任“第一书记”。8月，新招聘临时用工人员胡舜；邓光明续聘，时间从2015年8月11日至2018年8月10日，共计3年。9月，杨敏、王彬华二人转正定级；同月，眉山市审计局抽调彭山审计局刘莉、黄颖菲、张小洋、何剑峰、陈利辉5人配合市审计局开展彭山经开区经责审计，从9月15日至11月底为期两个月；同月，吕根元、黄璋琦、姜正良三名退休人员党组织关系转区政府党委退休支部；同月，审计信息中心工作人员张劢馨考取东坡区交通局公务员，调出审计局；投资审计股高文银办理辞职手续。

【亮点工作】 2015年，区审计局高质量完成稳增长等政策措施落实跟踪审计任务。按上级审计机关实施方案，着力监督检查各部门重大项目落地、重点资金保障等16个项目相关政策措施的落实情况，及时发现和纠正有令不行、有禁不止行为，促进政策落地生根和不断完善。积极落实“三转”要求。转思路，不再“凡投必审”，更多关注建设单位对投资项目的监管责任，让投资审计回归监督本位；转职能，建立审计信息平台，整合资源信息共享；转方式，建立中介机构备选库，完善对中介机构的管理办法和实施细则，建立、完善项目会商内审制度，强化对中介机构的质量监管。为从严监督管理村（社区）干部，进一步加强全区村（社区）干部经济责任审计工作，创建设置2个村（社区）干部经济责任审计片站。加大问责力度，正风肃纪剜除腐败。2015年，审计发现线索4起12人，其中，移送司法机关立案查处4人，移送区纪委立案查处8人，涉案金额76.6万元，违规金额10.4万元。

【财政收支审计】 继续抓好财政决算和同级预算执行审计，结合部门预算执行审计，加强对中央八项规定，“约法三章”，省委、省政府十项规定，市委、市政府“六个坚持”，区委、区政府“十二项规定”等情况的监督、检查，促进作风转变和各部门自身建设。通过财政预算执行审计，查出管理不规范金额1.43亿元（其中，应归还原渠道资金1.41亿元、应缴纳其他资金78.66万元、应上交财政49.82万元）。提出建议、意见被审计单位采纳23条，全区审计工作得到区领导肯定性批示6次。

【政府投资审计】 积极创新方式方法，探讨提高审计工作效率新模式，以“审价”为主向全面履行“审计监督”职能方面转变。截至2015年11月底，已审计项目240个，送审金额4.92亿元，审减金额4987万元，审定金额4.42亿元，审减率10.15%。审计建议促成区政府出台《眉山市彭山区人民政府印发关于进一步加强政府投资项目管理规定的通知》和《眉山市彭山区人民政府关于规范国家投资工程建设项目招标投标工作的实施意见》规范性文件，加大政府性投资建设项目的监督管理。

【经责审计】 2015年，根据区委组织部委托，对10位党政主要领导干部进行经济责任审计（其中，1人由于违纪已移送司法机关处理，该项目已终止），委托项目已全部完成。查出违规金额985.11万元，管理不规范金额1886.71万元，提出整改意见和建议22条。被审计单位采用建议和意见22条。已清退违规发奖金补助资金17.32万元，4人移送司法机关。为更好促进领导干部理好财、用好权、尽好责，区审计局起草并以区委办、区政府办名义印发《眉山市彭山区部门和单位内部管理领导干部经济责任暂行办法》等涉及领导干部履职尽责监督文件，把机构人员编制纳入日常审计范围。

【惠民资金审计】 2015年，开展彭山区

2013年测土配方施肥补贴项目专项资金、2012年血吸虫病农业综合治理项目、彭山区东山水利工程管理处水费收支等9项惠民涉农资金审计，通过审计反映存在的问题，研究提出解决问题的对策，推动各项政策措施贯彻落实。

【信息化建设】 2015年，按照市审计局关于审计信息化建设要求，每个股室安装腾讯通，计划内的地税审计项目采用计算机审计，审计会商系统运用于会议、培训、业务会商等工作，作用发挥较好；AO认证考试通过人数3人，计算机中级人员4人。审计业务人员基本达到每人拥有1台台式电脑和1台笔记本电脑。

【队伍建设】 2015年，通过整治“庸、懒、散、浮、拖”等不良现象、“四个当天”制度的落实、公务员平考、审计署开展的“三严三实”专题活动等活动载体，不断树正气、促正气、固正气，狠抓机关效能建设；通过上级审计机关“审计大讲堂”、选派人员外出学习、公务员培训、党员领导干部讲党课、保密培训、审计结合法制宣传、送教上门等方式，不断提升审计干部履职能力和水平。是年，全局参加上级审计机关和区党政部门组织的审计业务、执政执法、公务员、专业技术人员继续教育、干部自主选学等各类、各式培训班的学习人员达592人次；按省审计厅培训计划，选送1人参加计算机审计中级培训班学习并以优秀成绩取得审计厅和审计署的合格证书；按眉山市审计局2015年度教育培训计划，共组织6人到东北财经大学参加审计业务骨干培训；选送5人参加市审计局组织的计算机中级培训。新取得二级建造师1人，取得审计中级职称1人。

【审计宣传】 2015年，加大信息宣传力度，全年撰写、报送审计信息文稿52篇，向省审计厅报送52期。被四川省审计厅电子政务外网《四川省审计厅——县市区工作信息》登载3篇；眉山市审计局电子政务外网《眉山市审计局政务信息》登载4条；区委办《彭山信息》采用1条，区政府办《政务信息》采用1条，《直接联系服务群众工作简报》采用1条，《群教活动简报》采用1条，《纪检监察工作采用》2条。

【扶贫攻坚】 2015年，在全区开展集中力量决战扶贫攻坚率先实现脱贫致富奔小康活动中，审计局及时部署，以派出“第一书记”为契机，通过前期摸底，明确责任，确定帮扶对象，制定措施等环节，取得明显成效。局班子成员与江口镇远景村7户贫困户签订帮扶责任书，党组书记、局长签订2户扶贫攻坚户。全年，解决联系村计生“三结合”困难户经费6000元；解决联系村帮扶经费3万元；协调相关部门解决联系村困难户学生就学困难补助；协助落实区畜牧局血防改造项目资金用于村上“水改旱”项目；与村两委联系建议协调相关部门解决贫困户低保，对联系村提出的湿田拟改项目逐条加以落实。

（张建才）

国土资源管理

【重要事件】 5月17日，彭山区通过市级2014年度卫片执法检查验收工作，确定全区新增建设违法占用耕地比例占全年新增建设用地耕地总量的5.9%，实现“不约谈，不问责”工作目标。

11月19日，彭山区不动产登记局和不动产登记中心正式挂牌成立。该中心成立后，土地、房屋、林木等登记职能将进行整合并统一登记。

12月3日，四川省国土资源厅《关于2015年国土资源节约集约模范县（市）评优考核结果的情况通报》通报彭山区为该次省级评选的国土资源节约集约模范县；并提交评审资料，参加部级评选的国家级节约集约模范县。

【概况】 2015年，全区国土资源管理工作坚持以改革为引领，以尽职尽责保护国土资源、节约集约利用国土资源、尽心尽力维护群众权益“三个模范”创建工作为主线，保障发展，依法办事，维护权益，为全区经济社会的发展做出积极贡献。区国土分局完成“一张图”工程建设；与省国土资源厅规划院合作，运用GIS信息系统

（地理信息系统，即 Geographic Information System 或 Geo – Information system，又称为“地学信息系统”）对彭山区现有国土资源基础数据资料、数据管理平台和电子政务平台进行有机整合，无缝拼接。区国土分局被四川省人社厅、省国土资源厅授予“第二次全国土地调查先进集体”称号，被四川国土资源厅授予“国土资源节约集约模范县先进集体”称号，被眉山市委、市政府授予“城乡规划工作和规划监督工作先进集体”称号，被眉山市国土资源局授予“年度县（区）国土资源局耕地保护暨国土资源管理目标考核先进集体”称号，被区委、区政府授于“国土资源管理工作先进集体”“政法工作先进集体”“城市建设工作先进集体”“创新驱动发展推动工作转型升级先进集体”“学先进暨同城行动先进集体”“安全生产先进单位”“环保工作先进集体”“全区政务服务工作先进集体”“先进党组织”等 21 项荣誉，有 13 人获得省、市、区表彰。

【耕地保护】 守资源保红线，坚持节约集约用地。建立永久基本农田示范区，将全区基本农田保有量落实到每一个图斑、地块，确保耕地保有量 19077 公顷，基本农田保护面积 15807 公顷不减少，完成 2015 年耕地保护目标任务。大力推进“土地综合整治”，全年共实施 6 个土地整理项目工作，实现新增耕地 291.56 公顷，完成市政府下达任务数 160 公顷的 182.2%。建成高产、稳产基本农田 4339 公顷，完成市、区下达目标任务 4306 公顷的 100.8%。完成“双挂钩”项目验收 2 个，可使用指标 33.33 公顷；已初验项目 1 个，待省国土资源厅终验，可使用指标 17.33 公顷，完成市、区目标的 100%；正在实施项目 4 个，可使用指标 132.06 公顷。

【保障用地】 2015 年，全区征地拆迁安置 546 户 1860 人（市目标任务 540 户 1600 人）；积极推进货币补偿安置，安置 1397 户 4436 人，解决了长期以来拆迁快、安置慢的难点，切实维护被拆迁户的合法权益。全年共预审 44 个项目 375 公顷。上报 8 个乡镇批次建设用地、3 个城市批次建设用地和 2 个独立选址项目建设用地，面积共 298.40 公顷，完成市、区目标任务 66.67 公顷的 447%；同时，完成 1 个乡镇面积 2 公顷的农用地转用，保障了社会发展用地。

【土地出让】 2015 年，全区公开招拍挂出让土地 43 宗 156.47 公顷，完成土地合同价款 12.7 亿元，完成市目标任务 5 亿元的 253%，比 2014 年增涨 70.5%，居全市第二名；完成区政府目标任务 8 亿元目标任务的 153%。

【矿产资源管理】 2015 年，向上争取中央补助金 200 万元用于彭祖山景区齐山双佛段崩塌地质灾害隐患工程治理项目；完成保胜乡中学校、义和乡喻沟村 4 组地面塌陷急排危工程治理 2 处；投入省级资金 30 万元、区级资金 15 万元，保障 3 处危险点学生和居民的安全；完成市下达目标任务 3 户 10 人地灾避险搬迁；完成矿产资源补偿费征收入库 57.83 万元；收取矿业权价款 213.24 万元。全年地质灾害实现“零伤亡”。

【土地执法监察】 2015 年，全区土地执法共巡查 50 余次 320 人次，处理 4 宗违法案件，信访结案 23 件。化解四川圣爱特殊教育培训中心积案 1 宗，收缴罚款 2.82 万元，并退还江口镇双江村集体土地 939 平方米。5 月 17 日，彭山区通过市级 2014 年度卫片执法检查验收工作，全区新增建设违法占用耕地比例占全年新增建设用地耕地总量的 5.9%，实现“不约谈，不问责”工作目标。全年未发生因违法用地等引发进京访、到省市集体上访，信访案办结率 100%。

【土地宣传】 利用“4·22”世界地球日，通过悬挂条幅、制作宣传栏等形式进行环境保护宣传；精心组织第 24 个全国土地日宣传活动，6 月 25 日，在电视台播放公益宣传标语，在区、村镇、街道设立宣传点，利用门户网站、宣传车、发放宣传资料、张贴标语、悬挂氢汽球等形式广泛宣传；采取多种形式开展测绘日宣传活动，增强彭山区市民测绘地理信息法制意识和国家安全保密意识；开展“12·4”全国法制宣传日系列宣传活动，丰富全区国土资源法制宣传教育的文化内涵。

【队伍建设】　2015年，在国土资源系统开展查找廉政风险点专项行动，年初，明确主管和分管领导，分别与各股室中心所签订《党风廉政建设目标责任书》，与干部职工签订《廉政承诺书》70份，扎实开展廉政主题教育活动，干部职工不断增强自我管束、自我保护的“免疫力”；继续深化政风行风作风建设，巩固群教成果党员干部践行“三严三实”，开展“庸、懒、散、浮、拖”“四风”“平时考核”“吃拿卡要”等专项活动，促进干部职工服务意识转变和工作落实；完成原地籍地政事务所、房管局部分职能、林业局林工站整合，挂牌成立区不动产登记局暨不动产登记中心并启动运作；顺利完成职务与职级并行晋升工作；组织开展局党组民主生活会和全系统干部职工的各类培训，推进国土资源干部依法行政能力和服务社会水平，加强了基层国土所队伍建设；扎实开展“精准帮扶”活动，领导班子成员深入到结对的江口镇永利村、青龙镇龙都社区，调研基层需求，进行群众访谈，了解社情民意，送去帮扶物资共11万元。

（朱镜江）

公共资源交易

【重要事件】　6月3日，区委副书记、区长罗万东调研区公共资源交易中心工作。

区委副书记、区长罗万东（左三）调研区公共资源交易中心情景

7月13日，区人大常委会党组书记、主任钟建成，区委副书记郭红，区委常委郭茂，区人大常委会副主任罗会华带领区人大部分代表视察农交中心建设情况。

区人大部分代表视察农交中心建设情况

7月18日，农业部产业政策法规司试验区管理处调研员李娜到彭山区农交中心指导工作，区委常委、区组织部部长周代军陪同。

农业部产业政策法规司试验区管理处调研员李娜（右三）指导彭山区农交中心工作

7月29日，区委常委、常务副区长李洪强现场指导区农交中心建设工作。

区委常委、常务副区长李洪强（右一）现场指导区农交中心建设工作

9 月 14 日，眉山市副市长钟毅在区政协主席谭福轩，区委常委、副书记郭红陪同下现场指导区农交中心工作。

眉山市副市长钟毅现场指导区农交中心工作

9 月 16 日，区委书记梁磊出席眉山市彭山区农村产权流转交易服务中心授牌仪式并授牌。

区委书记梁磊（右一）为农村产权流转交易服务中心授牌

9 月 25 日，省委常委、组织部部长范锐平视察区农交中心，市委书记李静陪同。

省委常委、组织部部长范锐平视察彭山区区农交中心

10 月 19 日，眉山市政协副主席王志敏一行视察区农交中心。

11 月 19 日，省委副秘书长、省委政研室主任、省委改革办常务副主任曾卿率全省全面深化改革专题培训班一行 120 余人到彭山区检查指导农村产权流转交易服务中心工作。市委常委、秘书长黄跃，市委副秘书长、市深化改革办公室常务副主任王军等陪同。

12 月 29 日，全省农村土地经营权流转现场会与会代表 100 余人在区人大常委会副主任罗会华的陪同下现场参观彭山区农村产权流转交易服务中心。

全省农村土地经营权流转现场会与会代表 100 余人参观彭山区农村产权流转交易服务中心

【概况】 截至 2015 年 12 月底，彭山区公共资源交易中心共完成建设工程项目 179 个，预算价 47471.69 万元，中标价 40542.24 万元，节约额合计 6929.45 万元，节约率为 14.6%；政府采购项目 166 个，预算价 7189.27 万元，成交额 6104.83 万元，节约资金 1084.44 万元，节资率达 15.08%；地（矿）与国有资产项目 113 个，起始价 171274.23 万元，成交价合计为 190105.13 万元，增资额为 18830.90 万元，增资率为 11%，上交非税收入（交易服务费）1290 万元，为财政增收节资、保障重点工作和重点项目推进、服务地方经济和社会发展做出积极贡献。2015 年，区公共资源交易中心被评为“全市公共资源交易系统规范化服务及信息化建设先进单位”。

【交易平台建设】　2015年，区公共资源交易中心完善新版电子交易平台建设，实现网上受理、网上备案，招标代理机构通过电子招标系统全过程招标。从2015年6月1日起，区公共资源交易中心不再受理自行招标业务，由各项目业主按照有关法律、法规规定选择招标代理机构，组织招投标活动。启用新版电子交易平台，实现网上报名及在线缴纳竞买保证金的功能，确保报名情况不泄密。

【政府采购】　2015年，参照市公共资源交易中心做法对彭山区政府采购中的协议供货形式作规范调整，推行商场直购和网上竞价。启动专家预审制度，对技术参数复杂或采购金额大的项目请专家对业主提供的参数进行审查，避免出现参数有倾向性或限制性的条款。

【农交中心建设】　2015年8月，彭山在全市率先组建区农村产权流转交易服务中心（以下简称农交中心），9月16日正式挂牌投运，实现农村产权流转交易受理登记、信息发布、组织交易、办理鉴证、产权变更、抵押融资、保险等“一站式”全方位流程化服务。是年9月—12月，中心已对外发布农村产权流转信息92条，涉及流转面积866.67公顷，成交金额1600万元。自该中心挂牌成立以来，省委常委、组织部部长范锐平，省农业厅厅长任永昌，市委书记李静等省、市领导先后到中心检查指导；全省全面深化改革专题培训班学员、全省农村土地经营权流转现场会与会代表到中心现场参观；贵州省湄潭县、内江市市中区、乐山市沐川县等外市区考察团到彭山考察交流学习，共计接待各级领导600余人，均给予中心肯定性好评。根据省公共资源交易中心流程化管理相关要求和区委、区政府“在区公共资源交易中心增挂‘彭山农村产权流转交易服务中心’牌子，实行两个牌子、两个交易大厅、一套人马”的要求，将区农交中心的农村产权交易信息、交易、监管三大工作一并纳入区公共资源交易中心工作，区公共资源交易中心将内设机构股室整合为办公室、交易受理股、交易组织股、现场监督股、政府采购股5个内设机构，并新增人员编制5个，解决工作中人手不够问题，为推进交易工作提供人员保障。

【现场监管】　2015年，区公共资源交易中心为投标人、代理机构、现场服务人员、业主和监督人员制作工作牌，每次招投标活动都要求挂牌上岗，确保身份识别，按工作流程各司其职，进一步增强现场交易工作透明度。中心现场监管股监督人员在交易活动中加大巡查力度，将评标专家、投标人、代理机构等相关人员安排在相对独立区域，实现物理隔离，防止相互串通。中心在专家休息室内安装指纹识别机、通讯工具存放柜，对专家评标实施全程监控。强化现场监管措施，使得交易活动更加公开、公平、公正，确保公共资源交易阳光、高效。

【交易平台建设】　2015年，区公共资源交易中心优化场地布局，合理调整办公区域，设立专家休息室、投标人休息室，实行全程监控，避免专家、投标人、业主等直接见面造成信息泄露。进一步完善公共资源交易平台，在交易场地安装高清摄像头，实现开评标场地音视频监控全域化，对开评标全过程实施音视频同步监控，确保交易过程监控覆盖无死角。努力打造良好服务形象，为工作人员配发工作服，统一着装，并开展礼仪培训，现场工作人员持证上岗，实行规范化管理。

【制度建设】　全年建立、健全公共资源交易相关制度。配合区公管办、区发改局、区财政局等部门研究制发《关于规范国家投资工程建设项目招标投标工作的实施意见》（眉彭府〔2015〕8号）、《关于工程建设项目招标投标有关事项的通知》（眉彭公管办〔2015〕1号）、《推进公共资源交易管理工作实施意见》和《关于取消协议供货采购实行网上竞价和商场直购有关事宜的通知》等相关文件制度，为进一步规范公共资源交易工作的依法运行和高效运转提供充分的制度保障。2015年5月，中心与区国土分局、区公管办等相关部门拟定《公共资源交易目录》，以区政府办名义下发；其中，包括土地资源、国有资产等5个大类近50个项目，文件规定凡列入《公共资源交易目录》并在限额内的项目必须进行集中交易。是年，中心积极配合市、区公管办修订《公共资源交易异常情况处理暂行办法》《公共资源交易现场管理暂行办法》《建设工程投标人诚信库管理暂行办法》等一系列管理办法。（袁建秋）

物价管理

【专项检查】 2015年，全区开展涉企收费专项检查，面向90余家规模以上企业编制并发放《彭山区2015涉企行政事业性收费目录》，10个部门45项涉企行政事业性收费政策实现“减、免、缓、停”，促进经济平稳较快发展；开展教育收费专项检查，检查单位25个，制发《进一步规范和加强教育收费管理工作的通知》；开展药品价格专项检查，检查单位15个；维护市场价格秩序，定期检查整治物业管理、临时占道停车、旅游景区、宾馆住宿等乱收费、不明码标价等价格违法行为，向相关单位发放责令整改书4份，退还消费者26万余元；受理“12358”举报电话和群众来信、来访14件，群众满意率100%。

【收费监管】 做好全区重要商品价格定期监测工作，全年上报各类监测报表64期。做好电力城市公用事业附加费、价调基金的征收和监管，完成电力城市公用事业附加费350万余元的收入任务和价格调节基金66万余元的征收任务；完成东山水利工程管理处水利工程供水价格成本监审，提出理顺城市供水价格管理机制的方案，完成高速路广告牌成本测算，提出合理解决收费问题的意见。

【价格认证】 2015年，区物价局受理区法院、公安局、检察院、国资委、开发区提交的财物、车损、国有资产价格鉴定和认证89件，为维护司法公平、公正和政府处置国有资产提供合理依据和保障。

【电价同价政策】 稳定工业经济增长，强化资源要素价格保障，成功向市发改委争取到成眉石化园区与四川电网工业用电“电价同价”政策，从是年8月1日起，园区大工业用电每度降低0.0271元；协助相关部门成功争取到尼科国润“直购电”试点政策在彭山区落地。落实电价同价政策，监管执行好青龙工业园区大工业用电与四川电网同价后电价优惠政策，全年减轻企业用电负担150万余元。

【民生工作】 2015年，全区强化民生价格保障，出台惠民利民价格措施。落实国家和四川省关于深化资源性产品改革决策部署，实施彭山区居民生活用气阶梯价格和气价上下游联动机制；监管落实好居民生活用电与四川电网电价同价优惠政策，全年减轻群众用电负担800万余元；牵头落实对低收入困难群众实行每月15度免费电量电价优惠政策，全年城乡1.3万余户低保户和农村“五保”户家庭享受用电优惠资金120万余元，年户均享受94元；创新出台《彭山区社会福利院自费代养服务费管理办法》，填补养老服务收费管理空白，解决群众关心、关注的民生问题；强化政府定价管理，核定社会福利院自费代养服务费、公办幼儿园保教费、水电七局技校住宿费等定价项目；推进依法治价、价格服务“进企业、进社区、进村社”，开展“3·15”防治价格欺诈、维护群众价格权益集中宣传活动。

（马均利）

社 会 事 业

教育体育

【高等教育】 2015年，四川大学锦江学院继续以提高教育教学质量为核心，以校风学风建设为抓手，遵循“牢记使命，尊重规律，注重积累，统筹发展”的指导思想，在学校董事会的领导下，学校各项工作取得长足的进步，办学影响和社会声誉进一步提升。学校获得四川省教育厅校园文化建设三等奖；获省委宣传部组织评选的“十大书香校园”称号。人民网、新华网、中国新闻网等主流媒体先后对学校进行760余次报道。《人民日报》、央视新闻、共青团中央、《环球时报》、新华网等官方微博对学校新闻推送、转发、点赞总量超过20万次。

2015年，全校师生认真学习贯彻党的十八届四中和五中全会精神，深入开展“三严三实”专题教育，认真贯彻落实意识形态工作责任制；全院党员认真学习《中国共产党廉洁自律准则》《中国共产党纪律处分条例》，开展“党纪印我心”知识竞赛活动。进一步优化教职工的学习制度，确保半月一次政治学习，有内容、有布置、有检查，学习质量明显提高。加强和改进学生思想政治工作；开展服务型基层党组织建设活动、基层党支部“三分类三升级”活动，对41个党支部书记（副书记）进行集中专题培训。对全院基层党支部（总支）进行调整，成立土木工程学院党总支，增加9个党支部，全面充实基层党务工作人员。机关党支部被四川大学党委评为“先进基层党组织”；2人被四川大学党委评为“优秀共产党员”。全年培养入党积极分子2851人、发展对象613人，发展预备党员495人。

完成学校章程的修订，进一步完善各类管理制度。全面修订各部门职责和岗位职责，制定、修订行政管理、人事、教学、学生管理等方面的规章制度22个。充实学校督察督办公室，加强对各项工作的督促检查，强化制度的执行和工作的落实。开展法律进校园系列活动，推进学校依法治校、依法治教进程，为建设完善的现代大学制度打下坚实的基础。对学校“十二五”教育事业发展规划完成情况绩效评估暨中长期教育改革和发展规划纲要进行中期评估；启动学校“十三五”规划制定工作。

2015年，学校积极推进课程考核改革，推动教考分离，加强学生过程学习考核，正式实施计算机基础课程考核机考。完善大学英语、微积分试题库建设，采用题库生成考题形式进行考试。实施《大学英语》分层教学改革方案。加快网络教学平台建设和优质教学资源共享工作；引入“尔雅通识教育网络选修课程”慕课教学课程平台，开设30门慕课课程，选修达9000人次。大力推进学生创新教育，完善创新学分考核登记办法，完成近6000人的创新学分认定。

全面推进教学质量监控体系建设，加大质量标准宣传和执行力度。召开以“规范教学过程，严把质量标准，提升教学质量”为主题的年度教学工作会，进一步深化落实教学质量监控体系，完善教学质量管理相关制度，全面落实教学质量监控各项措施。加强督导队伍建设，加大教学督导力度。加大教学检查的力度，完善学校、学院、教务处、学生自律委员会在常规教学检查的基础上，集中开展两次“课堂教学质量月”活动，加强各类考试考风考纪建设工作，加强教师教学考核。

完成2015年人才培养方案修订工作，启动课程教学大纲修订（制定）工作。进一步调整专业结构，新增电气工程及其自动化、秘书学2个本科专业。积极打造省级重点特色专业，获得“四川省民办学校重点特色专业质量提升计划”

资金支持。启动商科实训中心建设。新建校外教学实习基地7个。加强教研室建设，制定教研室管理办法，明确教研室职责，加大教研活动力度，进一步发挥教研室作用。完成2011年立项的8门精品课程结题验收工作。加强教材建设和选用管理，自编教材《大学生应用文写作》被评为四川省“十二五”普通高等教育本科规划教材。

推进通识教育课程改革，重新构建通识教育体系，优化通识教育必修课程，科学设置通识教育选修课程，完成具有锦江特色的通识教育方案以及与之相配套的“素质养成计划”实施方案。举办2013年大学生创新性实验计划项目成果展；组织举办大学生创新性实验计划项目经验交流会。

全年举办高级别“锦江大讲堂”讲座10场、专职教师学术讲座118场；学校重点支持开展91项校级第二课堂活动，举办流行音乐演唱会、书画大赛、棋艺大赛、吉他社演唱会、假面舞会等周末活动40余次；学术型社团举办社团特色活动69次；开展关爱孤寡老人和留守儿童、赛事服务、城乡环境综合治理、暑期支教、西部支教等志愿服务活动143项；新成立文玩社、橙子电影社、网络虚拟运营社等社团。

大力推动大学生创新创业教育，建立创新创业俱乐部，已有20余家学生创业团队入驻俱乐部。俱乐部开展创新创业系列讲座，前往其他高校和孵化机构交流学习，组织参加“创青春”大学生创新创业大赛、“励志青春·创造未来”四川省高校毕业生创业大赛、成都市青年创业大赛、“互联网”创新创业大赛等赛事，学生创业团队共获得3.3万元的创新扶持金和17万元的创业补助款。

加强辅导员队伍的教育、培养、管理和考核，强化对辅导员业务能力和素质的培训。全年组织18次全体辅导员培训学习，辅导员综合素质有较大提高。加强学生学业和心理健康指导工作；进一步完善班主任制度，选聘150名专职教师担任2014、2015级班主任，定期对班主任进行工作检查和考评。加大对学生课堂纪律、早晚自习、考风考纪、作息制度、行为习惯等教育监督检查的力度。进一步加强“学生文明寝室”的建设，加强每月一次的寝室文化、卫生、安全检查。

加强干部的选拔、培养和考核工作，任命处级干部8人，科级干部30人；完成第四届学生科长、第四届团总支书记的换届选举和上岗培训工作。2015年，加强教职工分类、分层培训，组织教职工各类培训20场。启动校内专业技术职务低职高聘工作。完善教研室负责人聘任管理办法。加强二级学院办公室建设，完善办公室主任聘任管理办法。启动教师队伍“两个一”工程建设和首届“十佳优秀教师”评选工作。组织第一届青年教师教案大赛、第二届青年教师教学大赛。39名教职工获评中级专业技术职称，3名教师获评高级专业技术职称。

2015年，在四川省普通类本科招生录取中，学校文科调档线超过二本省控线25分；理科调档线超过二本省控线29分。学校举办大型校园双选会，邀请到用人单位295家，为毕业生提供7200余个岗位，举办专场招聘会40余场。就业工作再创新绩，2015届毕业生一次就业率达95.6%。新建就业实习基地11个。成立校友会成都分会。2015届毕业生中，144人通过研究生入学考试国家控制线，其中，90人被“985”“211”等高校录取；82名学生被美国密歇根大学安娜堡分校、英国巴斯大学、澳大利亚悉尼大学等境外56所知名高校录取为硕士研究生。

深化校际合作、学分互认、双学位等合作项目。与美国布里奇波特大学、英国胡弗汉顿大学、瑞士HTMi酒店旅游管理学院、泰国正大管理学院、日本鹿儿岛大学等大学开展的“2+2”“3+2”“4+2”“3+1”等合作项目，均取得良好成效；继续开展学生暑期赴美带薪实习项目，暑期英、美游学夏令营项目，促进学生跨文化交流和社会实践的活动；与美国北佛罗里达大学建立校际合作关系，签署谅解备忘录，合作开展交换生项目；承办爱尔兰大使馆主办的“爱尔兰主题日”活动；承办55名德国教师参加的博世基金会大学教师培训；完成美国北佛罗里达大学14名师生参加的“川大锦江中文强化项目”；英国、德国、日本、韩国等12所大学和教育机构的校长、专家教授以及德国驻成都总领事馆副总领事、日韩酿造专家一行、日本春晖博士团专家一行等36个国际团组到四川大学锦江学院校开展交流访问。

完成校园卡与银行卡圈存系统建设。启动校园数字化统一平台的建设。加强OA系统的建设，提升运行效率。新增CNKI数据库专题、统计资源库、电子书借阅系统。学校获得全国高校图书馆首届阅读推广大赛西部赛区优秀奖，是省内唯一获奖的独立学院。加强档案信息数据库建设，全文数据库建设逐步升级，全年新增目录级档案条目1.54万条，全文数据扫描1.54万份，进一步提高档案管理的信息化水平。获得四川省“高等学校档案业务知识竞赛”组织工作三等奖。

继续推进后勤精细化管理，完善后勤成本控制体系，加强学生公寓管理和校园绿化。进一步优化交通车的运行和管理，方便师生出行。加强经费管理，重新规划财务核算系统，补充完善数据报送体系，继续加强报销凭证审核。加强常备物资管理和物资验收工作。

进一步加强校园安全方面的人防、物防、技防建设力度。增加生活和教学区域、校园主要通道的监控系统建设。强化保卫人员岗位意识，规范执勤行为，加强学校治安管理；加强与地方公安机关的协调和联系，校园内的治安巡逻纳入彭山区公安局巡警大队的巡逻范围。学校的消防工作户籍化管理、资料归档、消防设施的规划建设等受到四川省消防总队及眉山市消防支队检查组的充分肯定。

2015年，完成校园建设总体规划调整。高标准修建学院南路，进一步完善学校周边市政设施；完成空气能热水进寝室工程；完成人行天桥设计及工程招标；完成校园二期监控工程设计规划；完成东坡桥及道路的桥梁主体工程、路基工程、水电管网安装工程；完成篮球场改造为网球场的土建工程；完成一教、八教周边绿化；制定学生公寓安装空调电力系统整改方案；完成自动门大楼梯防水工程等14项维修改造项目。

2015年，四川大学锦江学院学生在国际及省级以上各类竞赛中共获奖173项。其中，2015年10月24日—25日，学校啦啦操代表队参加由ICU国际啦啦操联合会与日本啦啦操协会主办的2015年世界啦啦操日本公开锦标赛，参赛的4个项目取得一金、一银、两铜的成绩，分别是院校组集体女子技巧冠军、双人街舞亚军和季军、混合小团体配合技巧季军。在“挑战杯”大学生课外学术科技作品竞赛中获得全国三等奖2项；在“高教社杯”全国大学生数学建模竞赛中获得全国二等奖2项。学生发表高水平学术论文8篇。其中，4篇被美国康奈尔大学图书馆收录；3篇被电气和电子工程师协会（IEEE）会议论文集收录；1篇被工程检索（EI）收录。申请国家专利57项，获得专利授权21项。

全年教职工获得校外各级荣誉共计68项。其中，副教授张龙成获省教育厅颁发的“四川省优秀教师”荣誉称号；教授阎钢获2015年度四川大学卓越教学奖；教授胡绍中获“全国高校美育先进工作者”荣誉称号；老师陆水萍被国家体育总局授予“啦啦操国际裁判”资格。此外，40余名教师获得省级以上学生学科竞赛指导教师奖53项。全年，教师共获批省级立项科研项目11项；发表论文49篇，其中，核心期刊5篇、科学引文索引（SCI）1篇、中文社会科学引文索引（CSSCI）2篇；主编、参编出版专著6部、教材2部；获国家实用新型专利授权2项。

承办2015全国大学生数学建模竞赛四川赛区颁奖暨工作交流会，中科院院士、数学家李安民，省教育厅高教处、全国大学生数学建模竞赛四川赛区组委会领导出席会议，全省33所高校的教务处负责人、数学建模指导老师参加会议；承办由中国辩论教育网络主办的2015CDEN锦江杯中国（西南）大学辩论公开赛，四川大学、四川农业大学等17所学校120支队伍参赛；承办由四川省科学技术学会主办的2015年四川省食品产业青年人才产学研创新设计大赛，川内17所高校、科研院所及食品企业的106名选手参加大赛。

（四川大学锦江学院　廖秀花）

【重要事件】　5月20日，省教育厅副厅长何浩调研彭山教育。

省教育厅副厅长何浩（左一）调研彭山教育

6月26日，国家公务员局副局长吴云华到彭山区教体局视察公务员平时考核工作。区委书记梁磊陪同，区教体局局长罗鸿翔作介绍。彭山区教体局开展公务员平时考核试点，考核范围由机关工作人员扩大到全区校园长和直属部门负责人。该项工作得到国家公务员局副局长吴云华等各级领导的肯定。

国家公务员局副局长吴云华（右二）视察彭山区教体局公务员平时考核工作，区委书记梁磊（前排左一）等领导陪同

9月5日，省教厅副厅长王康调研彭山教育工作。

省教厅副厅长王康（中）调研彭山教育工作

9月19日，在宜宾市体育馆举行的四川省第六届健身秧歌比赛落下帷幕。彭山区代表队代表眉山市夺得2个金奖，并被组委会授予“最佳表演奖”。

彭山区代表队参加四川省第六届健身秧歌比赛获奖合影

10月28日晚，在眉山市第二届中华经典诵读决赛中，代表彭山区参赛的彭山二小原创节目《三字经》和彭山三中的《行路难》分别荣获未成年组与成年组第二名。

11月3日，眉山市委常委、宣传部部长周孝平视察彭山教育，对彭山“法律进学校”工作、经典诵读活动、家风家训活动、学校安全工作等活动进行高度赞赏。

眉山市委常委、宣传部部长周孝平（右一）参观青龙一小法制教育基地

11月6日，眉山市教育装备管理使用现场经验交流会在彭山召开，彭山区教体局坚决贯彻落实市局“建管并重、使用为先”的要求，充分让师生“动”起来，让装备“活”起来。

区教育体育局局长罗鸿翔（中）在市教育装备管理使用现场经验交流会上发言

12月30日上午，由中共彭山区委、区政府主办，区教育体育局承办的“万人迎春长跑”活动启动仪式在彭祖广场隆重举行，1万余名各级机关干部、市民、部队官兵、企事业单位职工和学校师生等参加活动。

区委副书记、区长罗万东在“万人迎春长跑”活动启动仪式上致辞

【概况】 2015年，全区共有小学15所，在校学生12298人；普通中学15所（含高中、初中、九年一贯制学校），在校学生9632；中等职业学校1所，初中毕业生升学率90.7%，高中升学率90.5%，高考本科上线率35.2%。全区小学专任教师数913人，普通中学专任教师数818人。区财政投入教育支出2.85亿元。

【办学条件】 2015年，区财政支出中教育支出占比持续位居全省扩权强县前列。服务城镇化需要，实施新一轮城区学校布局调整。拟投入2.6亿元，新建彭山一中和三中；拟投入6400万元改扩建彭溪小学，新建城南小学。2015年年底前，新一中工程交付财评，城南小学已破土动工，城北小学完成规划设计。通过实施食品安全和学前教育三年行动等，全年累计投入建设资金816.47万元，完成谢家小学等7个学校项目建设；投入资金1082万余元，更新学生课桌凳5230套，采购教师办公桌椅955套，教师办公电脑420台、财会人员专用电脑50台，安装数字化教学设备369套，与中国电信合作启动“三通两平台”工程（即：人人通、班班通、校校通；国家教育管理公共服务平台、国家教育资源公共服务平台）。全区学生桌凳全部更新，数字化教室完全实现“班班通”，教育装备水平全市领先。2015年11月初，眉山市教育装备管理使用现场经验交流会在彭山召开，彭山经验在全市推广；筹集资金快速完成彭山二中等10所学校的运动场塑胶化改造工作；自筹资金50万余元完成5所乡镇食堂改造天然气工程；投资30万余元为城区9所公办学校全部安装油烟净化装置。

【队伍建设】 2015年，选拔任命5名校长，轮岗交流7名校长，交流学校中层干部14人。成立“校长联盟”，举办“校长论坛”2期，坚持走出区外“学先进，找差距”，参观学习近10所市内外名校。出台区内外教师考调办法，公开招聘、考调优秀教师38人。轮岗交流教师60余人次。创刊《寿乡教育》纸质媒体和微信平台。全年培训教师7342人次。以经典诵读为载体，开展教师演讲、征文和诵读三大活动，强化师德师风建设，创新师资培训、选拔和激励机制。新考核认定区级骨干教师培养对象221人，考核认定省、市、区级骨干共330人。1人荣获全国思想品德优质课评比二等奖；2人分别代表全市参加省心理健康教育活动课展评、省高中语文课堂教学展评，均荣获一等奖。

【教育教学】 规范学前教育管理，贯彻《3～6岁儿童学习与发展指南》，3～6岁儿童教育工作在全市学前教育工作会上作经验交流。义务教育均衡发展水平进一步提高，校际间均衡差异系数小学为0.30，初中为0.34，居全省区县前列。水电七局成功挂牌“眉山工程技师学院”。区职高正在申请新增中餐烹饪专业。积极开展责任督学挂牌督导工作，积极争创国家责任督学挂牌督导创新区县。获2014年高中教育工作眉山市先进集体、区县教育工作目标考核一等奖。2015年，普高重本上线113人，比2014年增加35人，增幅达44.9%，实现“低进高出、高进优出”的目标。荣获2015年全省教育系统关心下一代工作先进集体、全省未成年人思想道德建设工作先进单位称号。建成“全国规范化家长学校实验区”，“家长学校”在全区34所中小学、幼儿园全面铺开。成为眉山市唯一的“四川省艺术教育实验区”，彭山一中成功创建省“阳光体育学校”。彭山二小学生门球队参加全国少儿门球比赛获第三名。成功举办彭山区首届中小学生中华经典诵读大赛、彭山区中华经典诵读文艺晚会。彭山二小、彭山三中代表彭山参加“第二届眉山市中华经典诵读决赛”分获未成年组、成年组第二名。

【体育工作】 2015年，区教育体育局投入50万元加强体育设施建设，完成区体育馆改造。投入65万元，完成“寿乡新村文化院坝”文体设施建设和14处村社健身器材的安装。区级单项体育协会发展到18个，拥有会员3.75万人。全区晨晚练活动点186个。常年开展各类体育活动200余次。其中，冬泳和彭祖太极两个项目具有鲜明的地方特色。承办“全国门球锦标赛”“四川省钓鱼比赛”等大型赛事。代表眉山市参加“四川省第二届社会体育指导员技能与风采展示比赛”，夺得优秀展示奖；代表眉山市参加四川省第六届健身秧歌比赛夺得2个金奖，并被组委会授予“最佳表演奖”；组队代表彭山区参加眉山市篮球比赛，荣获一等奖。

【民生工程】 2015年，落实国家“两免一补”（即：免杂费、免书本费；补助寄宿生生活费）政策和普通高中家庭经济困难学生资助、中职学生免学费、中职学生生活资助、生源地学生信用助学贷款、普惠性民办幼儿园资助等资助政策。2015年，全部免除义务教育阶段在校学生35638人次的学杂费、作业本费，免费提供教科书，下拨公用经费补助1292万元；补助2927人次贫困寄宿生费共180.5万元；按每生每年200元提高寄宿生学校的公用经费补助标准，补助金额43.98万元。全年拨付区职高中职国家助学金12.08万元；下拨2015年中职免学费资金103.16万元，全部免除公办中职非艺体学生1058人次学费。2015年，补助贫困普高学生2258人次、225.8万元；下拨普高贫困生免学费资金100.24万元，免除贫困普高学生2414人次学费。2015年，拨付1580名“三儿”（家庭经济困难儿童、孤儿、残疾儿童）资助资金79万元。下拨公办幼儿园生均公用经费补助20.61万元。

【党建工作】 扎实开展“从严治党、从严治教”和“三严三实”活动，教育形象得到提升。深化领导班子联系学校制度，实行联系股室每月检查制度和督查室不定期抽查制度。强化正风肃纪，制发教育系统“十条严禁”，扎实开展教育系统整治干部作风、公办幼儿园招生问题、有偿补课问题、校服定制等专项治理活动；开展整治“庸、懒、散、浮、拖”问题的“四个当天”活动。开展公务员平时考核工作，将机关干部、站所所长和校园园长全部纳入平时考核，经验在全区交流，受到人社部领导的肯定。党建工作区委常委会述职全票满意通过。认真开展直接联系服务群众工作。新建电子便民服务平台，方便群众办事。派驻刘利民、张德军两位同志分别到义和乡喻沟村、保胜乡佛岩村担任第一书记，送去慰问资金、帮扶物资共计20.7万元。2015年，区教育体育局党委荣获区委“三严三实先进基层党组织”称号、“区直机关先进党委”称号。

【安全稳定】 安全工作责任层层落实，年终对全区学校进行安全工作专项目标考核和专项奖励。坚持开展学校安全隐患“日查月报告”制度，坚持每月各股室到联系学校开展一次安全隐患排查。全面完成校车“非改专”工作，所有校车均安装GPS卫星定位监控系统。争取区财政经费18万元对开展校车服务的幼儿园实行以奖代补。切实解决人民群众最关心的教育热点、难点问题，及时化解各类矛盾纠纷。在节假日和敏感时期，坚持对全区中小学、幼儿园开展拉网式排查和化解。全年未发生一起安全责任事故，教育系统和谐稳定。鹏利小学被教育部评为“全国和谐校园”；区教体局被市委、市政府评为“平安示范单位”，获得全国“校园安全教育先进单位”称号。人民日报社《新安全》杂志对彭山区学校安全教育进行专访。

（苟瑞遥　陈新春）

科学技术

【概况】　2015 年，彭山区科学技术工作结合全区科技工作实际，认真贯彻落实省、市科技工作会议精神，对照市、区科技工作目标任务，大力推进科技进步与技术创新，进一步增强服务功能，为实现经济社会又好又快发展提供强有力的支撑。

【科技成果】　2015 年，全区共申报各类科技计划项目 25 项。其中，省科技成果转化项目 1 项，省科技支撑计划项目 10 项，省重点新产品计划项目 2 项，省专利与实施转化项目 5 项，省科技孵化器平台建设项目 2 项，市级科技计划项目 5 项。争取项目资金 269 万元。同庆南风、兴天源检测 2 个项目获得市级科技进步奖。新认定国家高新技术企业 4 家（兴天源、新筑路机、星源特涂、吉龙化工），四川省建设创新型培育企业 7 家（乐天塑料、同庆南风、华西德顿、迪美特、兴天源、永祥饲料、宁氏牧业），四川省建设创新型试点企业 2 家（尼科国润、吉龙化工）。新建市级工程技术中心 2 家（迪美特、果怡农业），新建“产、学、研”联盟 2 家（金核辐照、尼科国润）。新认定省级科技孵化器 1 家（眉山市三人行科技创业服务有限公司）。实施高新技术及战略新兴产品 15 个。全区高新技术产业产值完成 43.7 亿元，技术交易合同登记金额 1650 万元，同比增长 25%。

【知识产权保护】　2015 年，区科技局强化知识产权保护工作。全年实现专利申请量 229 件，完成全年省定目标任务数 234%，发明专利申请量完成 104 件，完成全年省定目标任务数 325%；专利申请总量和发明专利申请量增率排名全市第一；全国知识产权强县试点区县申报成功。

【科技特派员服务工作】　2015 年，区科技局共组建 8 支科技特派员团队，服务 25 个农业科技项目，建立彭山葡萄、红心柚技术研发中心，全年引进农业新产品 30 个，推广新技术 40 项。眉山市科技局授牌市级农业科技示范园区 2 个——公义莲藕规模生态种植示范园区和彭山林下鸡生态养殖科技示范园区。培育市级农业科技示范基地 1 个——义和乡猕猴桃技术集约化种植示范基地。

【科普宣传】　2015 年，组织开展科普宣传月和科技活动周活动，区科协、农业局、林业局、水务局、畜牧局、农机局、气象局、卫计局等 20 余个单位先后在彭溪镇、江渎乡开展送科技下乡活动。在科技活动周期间，全区共展示科普知识展板 350 余个，发放科普宣传资料 2.5 万余份、赠送书刊 1500 册以上，悬挂标语 80 条，医护专家对百姓进行义诊达 300 余人次，宣传防艾、环保、防震减灾、安全自救、农业技术、知识产权保护、申报专利、节能减排等相关知识，科普宣传受到广大人民群众的热烈欢迎。

（王丽琳）

文化广电新闻出版

【重要事件】　10 月 21 日，由中共眉山市彭山区委、彭山区人民政府主办，中国彭山第六届彭祖长寿养生文化节组委会办公室、区委宣传部、区文化广电新闻出版局承办的第六届彭祖长寿养生文化节·民俗文化大展演在彭祖广场隆重举行。

民俗文化大展演表演现场

【机构设置】 2014年12月19日，根据《关于眉山市彭山县撤县设区有关机构更名的批复》的通知（彭委编委发〔2014〕12号），眉山市彭山区文化广播影视新闻出版局更名为眉山市彭山区文化广电新闻出版局（以下简称“区文广新局”）。2015年，眉山市彭山区文化广电新闻出版局机关内设办公室、财务股、社会文化股、新闻出版股（挂“扫黄打非”工作领导小组办公室牌子）、广播电影股、行政许可股（挂行政调解和安全生产股牌子）6个股室。区文广新局有直属事业单位6个：彭山区文化馆、彭山区非物质文化遗产保护中心、彭山区图书馆、彭山区文物保护管理所、彭山区文化市场综合执法队、彭山区广电局。

【编制变动】 2015年，区文广新局共有编制49名、实有51人。其中，行政编制8人（局长1人、副局长2人，纪检组组长1人，中层职数6人），参公事业编制16人（包括工勤编制4人），全额拨款事业编制23人。2015年，区文广新局所辖6个直属事业单位中，文化馆编制9人，实有8人；非物质文化遗产保护中心编制2人，实有2人；图书馆编制6人，实有5人；文物保护管理所：编制9人（2015年核减1人），现有编制8人，实有8人；文化市场综合执法队编制9人，实有9人；原广播电视局编制7名，实有7名）；代管原电影放映公司3人，现有3人（因改制后没有编制）。

【人事变动】 2015年1月21日，江露霞、刘海辞职；2月27日，王志军退休（局机关行政编制）；5月20日，汪德琼退休（原电影放映公司事业编制）；7月17日，邱建成退休（原广电局参公编制）；12月31日，苗慧调入中共眉山市委党史研究室工作。

【公共文化服务建设】 2015年，累计向上争取项目资金785万元。彭山区第一届人民政府第13次常务会议审议通过区规划局提请的《眉山市彭山区文化馆、图书馆、规划展览馆“三馆”规划设计工作方案》（眉彭府定〔2015〕168号），“三馆”建设前期各项准备工作基本完成。区文化馆、图书馆完成选址，正着手建设规划，区博物馆正在进行选址；投入170万元，制作“寿乡幸福美丽新村”墙画123幅（包括岷江农业园区观光大道宣传画和文化院坝美化工程）；全面完成第二批8个“文化院坝”建设。是年12月，彭山区文化院坝作为眉山市现代公共文化服务体系建设暨文化院坝建设工作会现场参观点，受到市委常委、宣传部部长周孝平的高度肯定，认为是“全市的亮点，代表眉山市文化院坝建设的最高水平”。得到区委副书记、区长罗万东的肯定性批示。城区残疾人阅览室建设顺利推进；完成牧马镇“村村响”广播升级改造和5个“村村响”广播扩容工程；好声音歌城、伟业国际影院、摩尔赛尔网吧等一批文化产业项目建成并投入使用；“互联网+文化”工作顺利启动，全面建成区文化馆微信平台和网页；投入28万元，更新108个农家（社区）书屋书籍，补充书籍1.3万册，征订报刊30种、1.2万册，改建5个村文化活动室，为1800户农户免费安装卫星电视接收设备。

【群众文化活动】 2015年，全区组织共开展元旦、春节期间群众性文化系列活动、庆祝中国共产党成立94周年大型文艺演出、纪念抗战胜利暨世界反法西斯战争胜利70周年音乐晚会、新年音乐会等区级大型文艺活动30余次，开展“送文化下乡”活动20余次；全区各乡镇、村（社区）开展各类文化活动1000余场（次）。12

月，组织四川曲艺风味喜剧《安逸社区真安逸》文化惠民演出活动，得到区委书记梁磊肯定性批示。圆满完成农村公益性免费电影放映1056场（次）。

【非物质文化遗产】 2015年，开展大型灯舞闹元宵巡游活动，现场参与观众累计达10万余人次，被央视1套实况播出。10月，作为中国彭山第六届彭祖长寿文化节的压轴节目——13个乡镇、18个节目、参与演员达600人、参与观众达2万余人的民俗文化大展演取得圆满成功，受到广大干部群众的高度喜爱和赞扬，并得到区书记梁磊和区委副书记、区长罗万东的肯定性批示。

【文学艺术创作】 开展优秀传统文化进校园活动，确定6个“文化进校园”示点学校，彭山二小被确定为四川省曲艺传承示范学校，邀请成都市歌剧舞剧院的艺术家到校开展金钱板、四川清音、曲艺、变脸、谐剧等培训，收到初步成效。2015年9月，自编自排的少儿相声《我不想长大》，作为眉山市唯一的节目代表眉山市参加四川省少儿曲艺大赛，荣获三等奖和最佳新人奖、优秀组织奖等多项单项奖，获得区委书记梁磊肯定性批示。选送的节目《课堂内外》，参加第十五届全国校园文艺大联欢·上海专场大赛，荣获特等奖。原创广场舞《看山看水看四川》，作为眉山市唯一节目参加全省比赛，取得优异成绩。编辑出版《彭祖山文学》4期，组织开展“讲述寿乡最美故事”征集活动，征集稿件305篇，评出15篇优秀征文，并公开出版发行；出版《话说彭祖》《黑太阳》《彭山土语》等一批文学作品。

【文物保护】 2015年12月，成功举行“江口沉银遗址”保护和考古研讨会，来自国家考古院、国家博物馆、故宫博物院、北大、人大等10余名专家、学者对“江口沉银遗址”进行研讨，并出具专家论证意见书。“江口沉银”遗址成为国内外媒体关注的热点和焦点，中央电视台《新闻直播间》、《朝闻天下》、中文国际频道、新华网、四川卫视等各大媒体到彭山进行采访报道；举办“文化遗产成果展”；江口大码头、刘家祠堂等6处文物申报为市级文物保护单位；邀请国家文物专家组对现有16件文物藏品进行检测鉴定，其中，被鉴定为国家一级文物1件、二级文物5件、三级文物7件；完成可移动文物普查数据上报工作。

【全民阅读】 2015年，区文广新局与教体局联合举办教师和小学生专场经典诵读比赛。开展暑期“我喜欢我推荐我悦读”活动，在全区广泛收集广大读者特别是少年儿童喜欢的书籍，共收到推荐意见1000余条，涉及推荐书籍2000余本，充分满足广大读者的阅读需求，受到广大读者的一致好评。开展农民读书征文活动，共收到征文200余篇，评出34篇获奖作品。邀请省图书馆“巴蜀讲坛”栏目到彭山区开展讲学活动。是年9月，开展“寿乡大讲堂”进校园活动，邀请本土学者讲述彭祖长寿养生文化和忠孝文化，深受师生喜爱。区图书馆选送节目参加文化共享工程国家中心举办的“我爱我家”书香家庭少儿微视频大赛，获三等奖。

【文化市场】 2015年，全区实施2015“清源”“净网”“秋风”“护苗”“固边”五大“扫黄打非”专项整治行动以及“中小学校园周边出版物市场专项整治”“中高考网吧、娱乐市场专项整治”“元旦、春节文化市场专项整治”“寒暑假网吧专项整治”等各类专项整治行动。全年累计出动执法人员3115人次，检查文化市场经营场所1045家次，查处文化市场各类违法、违规经营案件7起，结案7起，收缴非法出版物480本。

【文化体制改革】 全年全区降低社会资本进入门槛，支持非公有制文化企业和小微文化企业发展；充分发挥重要文化节会的平台作用，扩大对外文化交流；完善区级公共文化服务基层建设，建立公共文化服务体系建设协调机制，促进基本公共文化服务标准化、均等化；整合基层宣传文化、党员教育、应急广播、科学普及、体育健身等设施，建设“幸福美丽新村（社区）文化院坝”。建设一批农民工文化驿站、留守学生（儿童）之家和乡村学校少年宫；搭建政府购买公共文化服务平台；推动公共图书馆、文化馆（站）等组建理事会，吸纳有关方面代表、专业人士、各界群众参与管理；加强社会主义核心价值观教育，完善中华优秀传统文化教育。

（田远贵）

档　　案

【概况】 2015年，全区进一步加强和改进新时期档案工作，创新思路、依法行政、扎实工作，圆满完成年度各项工作任务，促进全区档案工作的全面发展。

【档案馆建设】 2015年，全区继续深入开展“基础业务建设年”活动，狠抓档案馆基础工作。区档案局组织专人对馆藏档案进行全面清理，编制规范的全宗名册，全宗卷齐全。规范档号的编制，对案卷进行科学排列，对档案馆历年接收台账和出入库登记台账进行全面清理，做到账实相符。截至2015年年底，馆藏全宗125个，馆藏档案65267卷，馆藏资料7142卷。

【档案创建】 区档案局编制上报《彭山区2015—2017年数字档案室建设工作规划》。区检察院全面完成所有业务档案数字化处理；投入18万元添置服务器、网络版软件、计算机、复印机等相关数码设备，改善信息化硬件条件；全年完成50%应数字化馆藏档案（含卷内和文件）目录著录工作，共著录13.5万条；优先对区劳动局、人事局、二轻局等利用率较高的民生档案进行数字化处理，共扫描70万余页；指导11个单位使用眉山市数字档案室系统，提出增量档案电子化解决办法，形成试点工作报告。

【档案接收进馆】 2015年，全区档案共接收行政文书、重大活动、民生3个门类5750卷档案进馆，接收档案全部整理上架，无积存档案，管理规范，编制有接收名册；主动参与重大活动的档案征集进馆工作，将2015彭山第六届观音美人指葡萄采摘节、黄丰橘花节等档案征集进馆；加大区医保局、区社保局等二级单位的指导力度，对涉及的社会保障、最低生活保障、农村合作医疗、城市拆迁、土地征用、移民安置、流动人口等重大民生问题开展民生档案服务工作；开展拟开放档案密级鉴定试点工作，形成制度化、常态化工作机制。

【项目档案】 2015年，开展“项目档案工作服务年”活动。与发改局、国资局等部门督察14个省、市、区重点建设项目档案工作，对各项目情况进行登记、指导。加强对天府新区和产业园区档案工作的指导，与发改委一起调研四川青龙经济开发区和四川石化园区，形成汇报材料，同时对单位档案规范进行指导。

【档案法制宣传】 2015年，区档案局宣传贯彻实施省委办公厅、省政府办公厅《关于进一步加强和改进新形势下档案工作的实施意见》《四川省国家档案馆管理办法》《档案馆管理违法违纪行为处分规定》。是年7月23日，在政府礼堂召开2015年全区档案工作会议，专题研究部署新形式下档案管理工作，并对全区各单位的分管领导和业务员260余人进行档案法律、法规及业务培训；充分利用区档案局门户网站平台，宣传档案法律、法规，档案行政许可及办事流程；利用“6·9”国际档案日设点宣传，悬挂档案宣传横幅2条，制作档案宣传展板4个，悬挂档案宣传画册30余幅，向群众发放《中华人民共和国档案法》等宣传资料3000余份，接受咨询1000余人，有效宣传档案法律、法规；组织全局干部职工与联系的黄丰镇合力村两委班子成员进行座谈，宣传档案法律、法规；完成“六五”普法工作，认真开展依法治区工作，提高干部职工依法行政能力。

【档案行政执法】 2015年5月至9月，区档案局联合区人大法工委、区监察局对牧马镇等14个机关事业单位的档案进行行政执法专项检查，检查通过“听、看、议、评”的方式进行，对存在问题的9个单位进行通报和限期整改，并通报表彰区国税局、彭山一中等单位。进一步规范全区机关事业单位档案工作，促进依法治档。按照《四川省行政规范性文件制订和备案规定》的要求，制定规范性文件并做好备案，并在发布前向同级法制部门征求意见。

【档案调研】 2015年12月23日，眉山市档案局局长庞红梅一行3人到彭山区调研档案工作。庞红梅一行视察了区档案查阅利用中心、区档案爱国主义教育基地、区档案新馆建设项目选址地等地，并听取区档案工作汇报及区新馆建设筹备情况的介绍，对彭山区档案局软硬环境改善、档案利用等工作给予充分肯定。庞红梅指出，档案工作要适应新时期、新形势的要求，为社会经济发展服务，为人民群众服务。要进一步加强档案资源、档案利用和档案安全三个体系建设；要进一步加大对档案工作及档案法律法规的宣传力度；要进一步加强机关建设，加大学习和培训力度，全面提高档案人员的政治思想和业务素质，确保机关安全。

【档案信息化建设】 2015年，区档案局继续按照彭山区“十三五”期间档案信息化建设工作规划和数字档案馆建设规划开展工作，加强档案信息化建设。严格按照《彭山区档案信息化建设实施意见》稳步推进，全年对馆藏档案进行文件级目录著录，累计著录13.5万条；优先对涉及民生的档案进行全文扫描，共扫描婚姻等民生档案70万余页。

【档案利用】 2015年，区档案局编辑《档案馆指南》《馆藏档案存放索引》《档案全宗名册》，编制全部馆藏档案的案卷目录、6种薄式专题目录，并编制人名索引和档案资料存放索引，检索体系有指引性、查找性等检索工具，满足群众利用档案的需要。利用档案馆爱国主义教育基地展览厅，主动提供档案资政服务，为发展区域经济服务，向社会传递“正能量”；利用档案查阅利用中心，为群众提供“一站式”民生档案服务，取消档案利用收费，免收档案复印费。是年，档案馆共接待查阅利用群众1578人，查阅利用档案2625卷，提供档案复印2208页，电话查询服务51人，主动提供档案服务118卷，及时上报档案利用事例汇编12篇。

【档案馆安全】 全年投入资金20万元，完成档案馆查阅利用中心、爱国主义教育基地的建设和档案局办公条件改善。加强档案库房管理，完善各项规章制度，落实“八防”措施，每周对库房进行一次安全检查和不定期的抽查，对汛期档案进行专项检查，定岗定职。做好重要档案异质异地备份的准备工作。进一步完善彭山区档案数字化加工制度，落实档案信息安全措施，根据《档案数字化加工安全保密工作实施意见》《档案信息安全管理制度》《档案数字化加工现场管理制度》《档案数字化加工保密制度》等制度，与数字化加工中标公司签订《数字保密合同书》，与进行数字化加工的工作人员签订《档案数字化加工人员保密协议》，保证档案信息系统数据的绝对安全。经排查，各种安全措施到位，全年无任何安全事故发生。

（黄永红）

广播电视

【宣传工作】 2015年，《彭山新闻》栏目全年播出电视新闻1610条，完成目标任务（1500条）的107.3%。开设宣传专栏20期，完成目标任务（20期）的100%。全年《彭山纵横》栏目播出30期，完成目标任务（30期）的100%；《跟我看天下》栏目播出185期，完成目标任务（180期）的102.8%；《健康你我TA》栏目播出40期，完成目标任务（40期）的100%；《七嘴八舌》栏目播出43期，完成目标任务（40期）的107.5%；《聚焦三农》栏目播出43期，完成目标任务（40期）的107.5%。全年在市级以上电视（广播）台采用电视新闻节目80条。其中，在省台播出8条，在眉山《新闻联播》播出头条新闻14条。

【中心工作】 2015年，区电视台积极完成“走基层”和扶贫攻坚工作。共派出15名党员干部（台领导5名，党员干部10名），参加“走基层”活动，联系帮扶18户，发放联系卡18张，下基层6天，记民情日记32篇；解决问题5个，办好事20件，收集建议、意见3条，送去帮扶金2万余元。认真落实安全播出责任制，严格值班值守，加强监督检查，确保中央、省、市、区等重大活动、重要节日、重点时段的安全播出万无一失，实现“三个零”（零插播、零停播、零中断）目标。

【亮点工作】 2015年，投入120万元，完成虚拟和实景相结合的全景演播室（以下简称演播室）基础装修工程。工程分演播室舞美、虚拟蓝箱、消声系统和中央新风系统、空调及灯光改造4个项目。新完善的演播室，为新闻制作提供3个实景区、1个虚拟区。其中，1个实景区可实现多人访谈的制作。整个演播大厅节目录制效果在全市区、县脱颖而出，体现品质发展要求。从是年5月起，推出《指尖上的彭山》，已播出8期。该系列片以记录文化和生活为宗旨，为寻找在社会发展、工业生产的冲击中，许多大家熟知却悄悄远去、甚至消失的老手艺，弘扬彭山悠久的传统文化。推出《纪念抗战胜利70周年》系列访谈节目，在抗战胜利70周年纪念之际共播出3期。节目以老兵回忆讲述抗战故事为主线，记录一些即将逝去的记忆，让老兵和观众一起重温历史，感受那段峥嵘岁月。新闻、专题“双箭”齐发。全方位报道中国彭山第六届“长寿养生文化节”。新闻以抓全、抓深、抓实为宗旨，专题以求善、求美、求精为目标，全力展现该届“长寿养生文化节”的精髓。开设《长寿文化节系列报道》新闻专栏。深入“长寿养生文化节”各个工作组，采制播出《区领导长寿节前慰问百岁老人》《第六届长寿节灯饰工程推进情况》《全区重拳整治环境秩序，营造良好氛围》《探索区长寿办》《打造城市节点》等相关新闻共30条。专题部根据“长寿养生文化节”总体方案，确定专题节目方向，全程录播《彭祖祭祖大典》，并当天制作，当晚播出。拍摄节日期间重大庆典活动，确保节后相关专题节目的制作播出。区委书记梁磊在《眉山市彭山区电视台关于赴温江区、市电视台考察新媒体发展的体会》（眉彭电〔2015〕43号）文件作出批示：“学先进可贵，找到差距并迎头赶上更重要。”鼓励区电视台积极探索新媒体发展的方向。

【荣誉成果】 2014年度，在市广播电视局组织的广播电视节目评比中，获优秀奖6个。其中，区电视台制作的新闻《彭山好人王鲸雁宜宾街头好“惊艳”》获得2014年度四川省广播电视节目优秀奖，这也是眉山市在此次评比中获得的唯一一个优秀奖。2015年度，区电视台荣获四川省人力资源和社会保障厅、四川省新闻出版广电局表彰的“四川省新闻出版广电系统先进集体”称号。

（唐　冉）

卫生与计划生育

【重要事件】 1月4日，国家卫计委印发通知，将500家县医院列入全面提升县级医院综合能力第一批名单，彭山区人民医院入围。

1月28日，彭山区卫生计划生育局（以下简称区卫计局）组织各医疗卫生单位在西街开展无偿献血活动。

2月5日，组织区卫生执法监督大队对彭山区集中式供水单位进行卫生监督检查，确保全区春节期间饮用水卫生安全。

2月10日，市委副书记、市长宋朝华率市委组织部等相关部门领导，在春节前夕走访慰问区人民医院拔尖人才邹德平。区委副书记、区长梁磊，副区长蒋会强、局长何勇来等陪同慰问。

2月12日，区卫计局召开2014年卫生工作总结大会。区委常委、区政府副区长蒋会强出席会议。

2月28日，眉山市彭山区精神卫生保健院正式成立。

3月10日，四川省卫生计生委对眉山市爱婴医院进行抽样复核，彭山区妇幼保健院代表眉山市接受省级专家检查，并成功通过复核。

3月18日，区卫计局组织区人民医院、区中医院、区妇幼保健院、区疾控中心、区血防站等单位15名专家在区政府门口开展“百名专家走基层，服务健康到门口”大型义诊活动。

3月24日，区卫计局组织区疾控中心和社区卫生服务中心在区人民政府广场开展主题为“你我共同参与，依法防控结核”的结核病防治宣传活动。

同日，地方病防治“十二五”规划终期考核评估工作启动会在区人民政府第二会议室召开。

3月，区卫计局成立卫生信息中心，专门负责卫生系统的信息化管理工作。

4月1日，2015年春季血吸虫病防治工作会在区人民政府第四会议室召开。

4月17日，2015年上半年危急重症孕产妇及新生儿死亡评审工作会在区妇幼保健院六楼会议室召开。

4月20日，区卫生局组织召开“三会”专题学习会。

4月24日，区卫计局和区爱卫办组织区人民医院、中医医院、妇幼保健院、疾病预防控制中心、血防站5家区级医疗相关专业医务人员与青年志愿者40余人在区政府广场开展以“全民参与爱国卫生、共建共享健康中国”纪念“五四”运动为主题的活动，活动采取义诊、咨询、健康体检等方式。

4月29日，省卫生计生委副巡视员徐凡凡率相关专家领导组一行10余人到彭山区，专项督导检查2015年第一季度医疗卫生重点工作开展情况。

4月30日，彭山区召开卫生、人口和计划生育局整合工作会议，标志着区卫生局和区人口计生局正式合并。

5月5日，省中医药管理局党组书记、局长田兴军，医政处处长方青一行，视察调研区中医医院。

5月8日，区卫计局和区红十字会组织城区医疗卫生单位的40余名医务人员在政府广场开展纪念“世界红十字日”义诊宣传活动，宣传世界红十字知识和防灾减灾知识。

5月11日，彭山区卫计局庆祝“5·12”国际护士节表彰会暨“争当最美护士”演讲比赛在区卫计局四楼会议室举行。

5月14日，眉山市彭山区委副书记、区长罗万东调研区卫生计生工作，副区长廖伟、区政府办主任游德华陪同调研。

5月15日，彭山区卫计局与政府地方病防治领导办公室在区政府大门口开展以“科学补碘，重在生命最初1000天”为主题的全国第22个“防治碘缺乏病日”宣传活动。

5月20日，彭山区纪委联合区卫生计划生育局组织各单位和城区医疗卫生单位60余名工作人员开展彭山区纪检监察系统信访举报宣传月“集中宣传日”活动。彭山区卫生计划生育局组织区人民医院、区中医医院、区妇幼保健院和区卫生监督大队等医疗卫生单位在西街区政府广场开展无偿献血、禁烟宣传、测量血压、义务咨询等义诊宣传活动，共接待咨询420余人次，发放无偿献血知识、健康知识和禁烟宣传资料1.2万余份。

6月3日，彭山区中医医院整体迁建工程顺利进场打围。

6月10日，市疾控中心主任谌俊平一行4人到彭山，调研区人民医院艾滋病、结核病治疗工作。

6月12日，全区2015年艾防成员单位部门工作会召开，区政府与全区各艾防成员单位签订艾防工作目标责任书。

同日，彭山区2015年卫生计生半年工作会在区人民政府四会议室召开。

同日，市卫生计生委专家一行8人到彭山，对彭山区出生医学证明管理、预防艾滋病、梅毒和乙肝母婴传播、农村孕产妇住院分娩补助、农村育龄妇女增补叶酸、自愿免费婚前医学检查、健康教育和农村妇女“两癌”筛查等工作的开展情况进行督察与指导。

6月24日，由湖南省株洲市卫生局副局长刘建军带队到彭山，交流学习血吸虫病防治工作。

7月6日—8月8日，区血防站为全区11个血吸虫病重点流行村村民开展慢血普查普治工作。

7 月 13 日，市卫计委主任彭锋到彭山调研区中医医院项目建设工作。

7 月 13 日—15 日，彭山区作为全省唯一 1 个区县接受国家卫生计生委调研评估。

7 月 24 日，区卫计局组织召开党建工作暨表彰大会。

7 月 31 日，由区政协主席谭福轩带队，区政协副主席喻旭、秘书长罗建斌和相关政协委员组成的调研组对彭山区县级公立医院综合改革情况开展专题调研。

7 月，区卫计局关于“彭山区反映民营医院发展的问题和建议”经《眉山要情》采用，并获眉山市副市长吴爱玲批示：“感谢彭山区政府对民营医院发展的重要支持，民营医院审批监管原则上呈属地管理，希望彭山区政府进一步加大对民营医院健康发展的政策力度，需要市上支持的将全力支持。”

截至 7 月 31 日，全区完成普查普治 3500 余人，完成任务数 5000 的 70%。其中，发现血吸虫病肝损害病人 1000 余例，占检查人数的 28.57%；胆囊结石病例 100 余例，占检查人数的 2.80%；肾结石病例 60 余例，占检查人数的 1.71%；其他病例 200 余例，占检查人数的 5.71%，对全部普查人员进行扩大化疗和保肝治疗。

8 月 7 日，区卫计局组织区疾控中心 13 余名业务骨干到仁寿县疾病预防控制中心进行参观学习。

8 月 12 日，区卫计局组织各医疗卫生单位的医务人员开展无偿献血宣传活动，参与献血的总人数达 65 人，献血总量 2.5 万毫升。

8 月 13 日，省卫计委重传处副处长陈佳，省卫计委、省疾控中心结防所专家龙波、刘兴菊、李婷一行 4 人到彭山区，督察结核病防治工作。

8 月 19 日，眉山市副市长吴爱玲率市卫计委、市安监局、市食药监局、消防支队等部门检查彭山区卫计系统安全生产情况。

8 月 20 日，区卫计局召开卫生计生系统专项整治发生在群众身边的“四风”和腐败问题工作会议。

8 月 25 日，四川省疾病预防控制中心寄生虫病预防控制所许国君一行到彭山督导检查消除疟疾工作，市疾控中心、区卫计局、区疾控中心等相关人员参加陪同。

8 月 26 日，健康素养监测项目工作培训会在区疾控中心五楼会议室举行。

9 月 8 日，省人力资源和社会保障厅巡视员刘功勋率四川省专项督导检查组人员一行 5 人，对彭山区县级公立医院综合改革情况进行专题督导检查。

9 月 11 日，巡视员方援建率国家卫计委安全工作督导组一行 7 人到彭山，对彭山区卫计系统安全工作进行全面的督察指导。

9 月 12 日，浙江大学教授余知行在彭山区区委二楼大会议室为彭山区卫生计生系统举行一场专题培训会。

9 月 16 日，彭山区严重精神障碍患者筛查治疗管理工作会在区政府第四会议室召开。

同日，彭山区秋季血防工作会在区政府第四会议室召开。区政府分管副区长廖伟，区人大常委会副主任周惠，政协副主席喻旭出席会议。

9 月 23 日，眉山市彭山区 2015 年卫生应急工作培训会和应急演练在区疾控中心五楼会议室召开。

8 月至 9 月，历时 2 个月，全区抽调 11 名医护人员，在 5 个乡镇免费开展宫颈癌、乳腺癌筛查工作。

11 月 7 日，由四川省卫计委主办，眉山市卫计委和彭山区承办的“健康相伴 · 幸福同行”卫生计生巡演活动在彭祖广场举行。

11 月 12 日，四川省疾病预防控制中心专家一行 11 人，对彭山区消除疟疾工作进行考核评估，议定彭山区达到消除疟疾标准。彭山区成为眉山市第一个达到消除疟疾标准的区县。

12 月 1 日，眉山市人民政府防治艾滋病工作委员会联合眉山市彭山区人民政府防治艾滋病工作委员会在区彭祖广场组织开展以“行动起来，向‘零’艾滋迈进”为活动主题的第 28 个“世界艾滋病日”大型宣传活动。

12 月 3 日，市卫计委副主任黄大贤和医政科副调研员罗文理带领眉山市老年病专家组一行 7 人，到区中医医院评审验收“老年病市级重点专科”。通过评审，认为区中医医院“老年病科”符合验收条件，批准为眉山市重点中医专科，在眉山市6区县尚属首家。

12月15日—30日，区卫计局在全市率先组织医疗、院感、护理、检验、药事、中医药6个专业质量控制小组的专家对全区3家区级医疗机构、18家乡镇卫生院的医疗质控、护理质控、院感质控、药事质控、检验质控、中医药质控等进行专项督导检查。

12月25日，区防艾办召开“彭山区省级艾滋病综合防治示范区专题培训会暨部门协调会”。

12月，制定《眉山市彭山区卫计局2015年公开遴选优秀中青年干部试行办法》，以公开遴选的方式选拔培养优秀中青年骨干队伍。

同月，出台《眉山市彭山区卫生计生单位临聘人员管理暂行办法》。

【概况】 2015年，彭山辖区内有执业（助理）医师841人，注册护士673人，平均每千人拥有医师2.51人，平均每千人拥有注册护士2.01人。区卫计局获得省级表彰4次，市级表彰13次，区级表彰18次，市政府领导表扬1次，区级主要领导表扬6次；彭山区全力提升信息化工作水平，在全国计划生育基层基础工作会议上作经验交流；“以医疗责任保险工作为契机构建和谐的医患关系”在全市医疗管理工作会作经验交流；免疫规划工作和卫生应急工作在全市免疫规划培训会上作经验交流；彭山区在市卫计委年度综合目标考核中获一等奖。

【分级诊疗】 全年全区深入推进医药卫生体制改革，全力推进分级诊疗。制定《关于建立完善分级诊疗制度的实施方案》《双向转诊实施方案》，建立区域医疗联合体发展模式，推动优质资源联动共享和分级诊疗、双向转诊。同时结合医保政策，加强分级诊疗工作宣传，做到大病不出区，小病到基层，区域内患者就诊率达到90%以上。

【公立医院改革试点】 2015年，在公立医院全面开展便民惠民，继续推进“服务百姓健康行动”、优质护理示范工程和“医疗机构进一步改善医疗服务行动”活动；进一步完善对口支援帮扶工作，区人民医院分别与成都市第三人民医院、金川县2家中心卫生院建立对口支援关系。区人民医院、区中医医院、区妇幼保健院、区血防站分别与黄丰镇卫生院、义和乡卫生院等10家乡镇卫生院建立联系帮扶关系。是年，派遣8名专业技术骨干援藏。全面推进住院医师规范化培训工作，派出13名医师进行规范化培训，已结业3人。继续推进60个病种临床路径管理和单病种质量控制试点工作，中医院建立老年病重点专科，建立优质护理示范科室17个。坚持乡村一体化管理，全区现有全科医师45名，达到每个乡镇拥有3名以上全科医师。

【基本药物制度】 2015年，彭山区公立医疗机构全面实行网上阳光采购。药品、医用耗材阳光采购合格率、医疗卫生机构上网采购率、阳光积分合格率、药品阳光采购合格率均达到100%。全年取消药品加成940万元，各级财政补助449.42万元。

【医疗卫生服务体系建设】 全年向上争取项目34个，争取项目资金5260万元。争取到妇保院、观音镇卫生院、黄丰镇卫生院建设项目，争取到中央预算内资金870万元。认真推进基层医疗卫生机构标准化建设工作，采取多项有效措施，提前完成17家乡镇卫生院、1个社区卫生服务中心和181个村卫生室标准化建设工作任务。

【基本公共卫生均等化服务】 2015年，全面落实国家十一大基本公共卫生服务项目。是年6月，启动全区电子居民健康档案录入；截至10月，共录入电子健康档案24.66万份，录入率79.68%；录入档案完善份数12.99万份，完善率41.97%。加强基层医疗卫生机构组织管理和规范项目资金管理，有效推动项目运行。创新工作方式，推广基层工作经验，细化项目规范，确保真实性，提升服务质量。拟定全区传染病及突发公共卫生事件应急管理工作方案和卫生监督协管工作规范；重新拟定重点人群台账，统一乡村医生考核细则，确保工作有效落实。是年，优化以乡村医生为主体的家庭医生服务团队，发放家庭医生签约手册，签约家庭户数达到全区家庭户数90%以上。

【疾病预防控制】 2015年，彭山区成功申请批准为第二轮省级艾滋病综合防治示范区。对全区网格员进行艾滋病防治知识培训，将艾防关口前移；在青龙“5·15”技校（青龙水电局七局高级技校），锦江学院，区职高等大、中专院校，高中等开展艾防知识宣传教育；继续推进扩大免疫规划工作，各种免疫规划疫苗基础免疫接种率均达到上级要求；巩固消除碘缺乏病防治成果，顺利完成碘缺乏病“十二五”评估工作，保持无脊灰状态；开展消除疟疾考核评估工作。为各医疗卫生单位采购补充15万余元的卫生应急物资；开展卫生应急培训4次；配合乡镇政府做好卫生应急处置工作；做好长寿养生文化节的卫生应急保障；按规定报告突发公共卫生事件相关信息；启动二级甲等疾控机构创建工作；建成儿童免疫接种信息管理系统平台，截至是年11月底，疫苗接种率达98%以上，二类疫苗接种量较2014年同期增加49.76%；法定传染病共报告912例，比2014年同期下降16.56%，法定传染病准确报告率达100%；甲、乙类传染病发病报告458例，比2014年同期下降5.57%，发病率低于全省平均水平。2015年艾滋病抗病毒治疗比例达85%，感染者和病人随访检查比例达91.67%，公共场所安全套无偿提供率为100%；开展分枝杆菌培养工作，累计培养14例。具备水质常规指标检测能力，总计项目34项，饮用水监测乡镇覆盖率100%。

【地方病防治】 做好疟疾、碘缺乏病防治工作，保持无脊灰状态。完成查螺2131.14万平方米，完成全年任务的106.6%；灭螺1222.22万平方米，完成全年任务的101.9%；开展医疗救治晚血病人164人，补助救治经费74.48万元；完成人群查病11.67万人（其中，血检10.46万人，阳性858人，阳性率0.82%；粪检1.24万人，阳性0人），完成全年任务的103.7%；人群扩大治疗4.17万人；举办各类培训班6班次，共培训区、乡、村血防技术人员3250人次；发放血防知识健康教育宣传资料24万份，制作墙体标语64幅；无急感病例发生，彭山区连续9年无急性血吸虫病感染病例发生；全部乡镇预防接种门诊达到A级以上标准，全面实行日接种。

【妇幼卫生】 全年，全区妇幼卫生工作围绕“两纲”总体目标，不断优化社会环境，促进医疗保健机构产、儿科能力建设，大力实施妇幼项目工作。全区孕产妇住院分娩率100%，全年未发生孕产妇死亡，婴儿死亡率5.81‰，5岁以下儿童死亡率8.07‰，均在控制范围内；孕产妇和儿童系统管理率分别达98.54%、98.07%；新生儿疾病筛查2358人，筛查率99.49%，新生儿听力筛查率98.23%；剖宫产率38.27%；签发出生医学证明2178张，废证20张，废证率0.92%；梅毒确诊阳性孕产妇11例（其中，分娩7例），11例梅毒感染孕产妇梅毒治疗率100%，6名产妇所生婴儿均接受预防性治疗，婴儿梅毒预防性治疗率100%。全年，全区自愿免费孕前优生健康检查1213对；免费婚前健康检查2369对，婚检率较2014年同比提高8.2%。

【食品安全】 2015年，全区食品安全风险监测数量及指标完成率达到100%。未发生重大食品安全事故。食源性疾病哨点医院为彭山区人民医院，能覆盖100%县级行政区域。

【卫生监督】 2015年，全面完成卫生监督重点检查各项工作，对公共场所进行处罚7件，处罚金额5700元；坚持依法审批，对涉及区卫计局的行政项目和审批前置条件进行清理，共公布卫生行政权力事项263项，分别为行政许可8项、行政处罚225项、行政强制16项、行政给付2项、行政征收1项、行政确认3项和其他行政权力8项7大类。全年，共受理行政权力项目1386件，均全部办结。

【爱国卫生】 2015年，全区大力普及“全民参与爱国卫生、共建共享健康中国”，倡导健康生活方式。区人民医院新创建国家级“健康促进医院”试点医院。积极开展“远离病媒侵害、你我同享健康”主题宣传活动。全年新创建2个省级卫生乡镇、4个省级卫生村、2个省级卫生单位、3个省级无烟单位。

【医疗质量】 2015年，全区规范各级医疗机构诊疗规范，加强重点病人的分诊管理，严格落实医疗过错追究制。成立医疗管理、护理、院感、检验、药事、中医质量控制中心6个，并成立专家组，指导全区质量控制工作。加强医院感染管理和医疗机构临床用血管理，保证血液质量和临床用血安全。农村卫生工作以实现乡村一体化管理为重点，使村医待遇、基本药物制度等政策在底层得到有效落实。对所有乡镇卫生院医生开展心电、B超培训。

【中医工作】 2015年，继续深入开展“中医医院管理年活动”，全面完成基层中医药服务能力提升工程承诺指标。进一步加大重点中医专科建设力度，区中医医院现建成市级重点专科3个（老年病科、骨伤科、针灸科），在建省级重点专科1个（针灸科），进一步巩固省级农村中医工作先进县建设成果。

【计生工作】 2015年，全区确认符合计划生育奖励扶助政策的共有15094人，符合国家计划生育特别扶助的共计657人，符合眉山市特别扶助政策的有78人，0到18岁农村和享受城镇低保的独生子女父母共计47689人，发放奖励金2078.67万元。全面推进国家免费孕前优生健康工作。全年发放宣传资料8000余份；检查人数1310人，查出高风险人群100余人，开展“一对一”优生咨询，跟踪随访近万人次。全年，全区出生3740人，增幅为1.12%，同比增加34人，占全年控制数4500人的83.11%；人口自然增长率为3.51‰，同比增加0.48‰，符合政策生育率为88.58%，同比增加0.83%，完成市下目标任务。全面贯彻落实省卫计委计划生育证件办理制度改革精神，进行计生证件办理改革工作专题培训，印制《彭山区简化计划生育办证程序最新办证指南》和生育服务证、独生子女父母光荣证申领表及再生育征申报表，发放到乡镇和村社区，切实简化办证，已简化办理生育服务证263例，独生子女父母光荣证198例，受理再生育申请789例。其中，承诺办证51起，委托代办29起。实行社会抚养费“三公开、两分离”制度，征收程序、年度征收标准和结果都公开透明。征收规范操作有序，在省督察中得到充分肯定。全区社会抚养费已征收入库630万元。完成流动人口上报、抽样花名册的编制、个人调查问卷的调查和录入等工作。各监测点乡镇PIP系统监测点数据趋于正常。全年，区计划生育协会组织开展大型活动2次。共慰问15名留守儿童，10户流入人口中的困难家庭，10户计生特殊困难家庭。彭山区成为全省“扶助关怀”系统运行唯一试点区县，各乡镇全面完成调查、信息录入、意见建议收集等环节的所有工作，并上报到省，按时完成试点工作，得到省卫计委的肯定。

【党建工作】 2015年，区卫计局制定《2015年度党建责任清单》《整治庸懒散浮拖问题“四个当天”制度实施办法》《“争创‘三严三实’好班子，争当‘三严三实’好干部”活动实施方案》等一系列制度方案。将“四个当天”和“公务员平时考核”有机结合，抓实日考勤、周记实、月晒账、季考评四个环节，建立完善干部考核机制。针对系统内出现的个别干部违反党风廉政建设规定的问题，通过集中开展医疗行业不正之风专项整治，对医药购销领域、医疗服务领域和卫生计生基建工程中的突出问题进行重点整治，开展明察暗访5次，调查访问基层职工和群众625人次。加强干部日常监督，组织机关干部和医疗卫生单位负责人认真学习彭山区《党员干部日常管理监督项目清单》，纪委书记对医疗卫生单位负责人进行戒勉谈话5人次，对新任院长进行廉政谈话3人次。深入开展“走基层、惠民生”工作，为联系村阵地建设、困难群众帮扶、血防等工作提供经费支持16.5万余元。

【党风廉政建设】 2015年，组织局党委班子成员和医疗卫生单位负责人、纪监察干部等

120人到眉州监狱开展警示教育活动1次，观看警示教育片3次，一把手上廉政党课4次，增强广大干部党性法纪意识和崇法守法、崇尚廉洁的主流价值观念。进一步健全和落实改进文风会风、公务接待管理、公务卡使用管理、院长经济责任审计等方面的制度，共开展3个单位内审，查出9个问题，并在出据审计报告后的次月整改到位。全区基层医疗机构网上采购基本药物1701万元，区级医疗机构网上采购药品4270万元，所有药品全部实行零加价（区级医疗机构中草药除外），群众看病贵问题得到有效缓解。加强医德医风教育，增强广大医务人员廉洁自律、抵制不正之风的自觉性。是年，医务人员拒收红包24人次，共计现金1.25万元，拒收物品1人次，收到患者感谢信30封，锦旗11面。强化对领导班子成员和各医疗卫生单位党组织领导班子及其成员的监督，对工作责任不落实，措施不到位，成效不明显的单位，开展约谈提醒、戒勉谈话8人次。加强新任领导干部管理，对3名新选任院长实行廉政谈话，并签订廉政承诺书。积极协助区纪委查办案件18件，卫计系统共有17人受到党纪政纪处理。

【安全生产】 健全领导责任制，明确职责，与各医疗卫生机构签订安全生产目标责任书，并建立每月排查上报制度，及时排查整治安全生产各个环节的隐患，做好医疗安全、消防安全、交通安全等重点领域的安全生产工作。全年系统内无重大安全事故、可防性治安案件和重大刑事案件发生。

【信访维稳】 全年结合平安创建活动积极抓好社会稳定工作，妥善解决医疗纠纷，维护医患双方合法权益，认真处理群众来信、来访，维护正常医疗服务秩序。落实专人受理信访案件，接待来访、来电、来信，建立信访档案。按时完成交办件，案件处理率达100%，办结率达100%，息诉息访率达100%。全系统无非正常上访，“零进京、到省”，无“民转刑”案件、越级上访案件，无因调解不当引发的群体性事件和影响社会稳定的事件发生。（刘　娟）

红十字会

【概况】 2015年，全区红十字会工作按照“主动作为、争创一流”的工作思路，坚持依法“建会、治会、兴会”的工作理念，以弘扬“人道、博爱、奉献”的伟大红十字精神为宗旨，全面贯彻《中国红十字会法》《中国红十字会章程》《四川省人民政府关于促进红十字事业发展的实施意见》，实施多项措施，做好红十字救灾、救护、救助“三救”工作以及项目工作，圆满完成2015年各项工作目标任务。

【组织建设】 2015年，新发展基层组织3个，新招募志愿者和会员240人。

【公益活动】 2015年，借“学雷锋月”活动的契机，组织红十字医疗志愿者在凤鸣镇城中社区居委会议室对辖区内红十字志愿者和部分居民群众开展健康知识讲座和义诊、义检，共50人参加。制定并下发文件，开展“5·8”世界红十字日宣传活动。5月8日当天，区红十字会与区防震减灾局组织城区（社区）7个医疗卫生会员单位及凤鸣镇红星社区、城中社区志愿者40人佩戴红十字标志，在区政府大门设立“5·8”红十字宣传服务点，为广大群众义诊义检、健康咨询，向社会普及传播红十字运动基本原则，开展无偿献血、艾滋病预防和造血干细胞捐献宣传活动。同时，组织眉山市中心血站献血车到现场进行无偿献血，现场有4名群众自愿献血。活动当天共发放宣传资料2万余份，群众受益面达100%；各红十字会员单位也结合实际在“5·8”期间开展了多种形式的红十字宣传活动。开展红十字知识进校园活动。9月15日，在彭山二中对800余名初一、高一中学生进行为期半天的“红十字急救知识”专题演示培训。自11月18日起，联合区青少年社会实践基地，分别对7所中小学校共1085名中小学生开展7期14天的红十字应急救护知识培训教育活动，受益率达100%。组织红十字医疗志愿者在凤鸣镇红星社区分别走访5户留守老人，为其送去食用油等，陪老人亲切交谈，并为老人进行身体检查、健康咨询、康复理疗、测血压等。“重阳节”之际，带领区医疗志愿服务队、凤鸣镇红星社区红十字会志愿者共35人到谢家镇敬老院开展“敬老·爱老”志愿服务活动。12月1日上午，区红十字会分别组织凤鸣镇红星社区、谢家镇汉安村志愿者共70人在彭祖广场参加“世界艾滋病日”宣传活动。

【救灾济困】 2015年，争取到彭山区民盟总支联合四川建伟建筑水电工程有限公司捐助价值3万元的混凝土，用于公义镇公义场社区居委会道路硬化建设；募集到眉山市2015年优秀干部递进班、社会事业班、城乡统筹班非定向助学捐款2325元，用于救助江口镇茶场村3组贫困大学生袁鑫；做好联系群众和扶贫工作，全年共联系保胜乡天柱村、青龙镇古佛村贫困群众6户，分别走访联系乡镇共6次，送去帮扶资金2800元和价值1731元的慰问品。

【项目工作】 2015年，积极与中国红基会，省、市红十字会项目办联系和对接，向上争取到中国红十字基金会援助谢家镇汉安村、观音镇果园村“博爱家园”项目资金73.5万元，首批资金51.45万元（70%）已于2015年5月到红会专户，超额完成向上争取资金工作任务。博爱家园项目工作继续巩固凤鸣镇城中社区博爱家园项目成果，开展志愿者活动，加强生计基金的督导；完成凤鸣镇红星社区博爱家园项目的资料整理和装档工作，继续巩固项目工作成果；全面实施观音镇果园村和谢家镇汉安村“博爱家园”项目工作，是年5月底前完成项目前期启动工作，分别在两个项目点开展VCA（易受损性及能力评估）和基线调查，召开项目启动会，新建红十字基层组织3个，成立项目管理小组和灾害管理委员会，制定计划书和工作方案；于是年6月底前、7月底前分别完成谢家镇汉安村防灾减灾设施建设和审计工作（1100平方米的避难场所和130平方米的防灾减灾）以及观音镇果园村防灾减灾设施建设工作（200平方米的村级防灾减灾培训室和备灾救灾物资储存室）；在7月中旬和9月上旬分别在两村召开村民大会招募会员和志愿者并完成目标任务；在10月分别与两村签订生计基金相关协议，完成宣传品和资料的制作；于11月起启动项目培训工作，分别于11月上旬和12月上旬在两村开展村级管理人员培训，受益率达100%。

（汪　泳）

扶贫和移民工作

【机构设置】 彭山区扶贫和移民工作局原为彭山区移民工作局，于2007年8月成立，主要承担全区大中型水库移民管理工作。2010年9月2日，更名为彭山县扶贫和移民工作局，为区政府直属事业单位。2010年12月8日，将区委农村工作领导小组办公室承担的扶贫开发职能和区移民工作局的职责整体划入区扶贫和移民工作局。2014年12日19日，彭山县扶贫和移民工作局更名为眉山市彭山区扶贫和移民工作局（以下简称“区扶贫移民局”）。2015年，彭山区扶贫移民局内设办公室（挂行政调解股牌子）、扶贫开发股、移民后期扶持股区扶贫移动局。有参公事业编制5名，其中，局长1名，副局长1名，中层职数3名。2015年12月11日，区委组织部抽调江口镇人武部部长、副镇长高勇，保胜乡团委书记刁美尹，武阳镇团委书记陈婷到区扶贫和移民工作局工作。

【工作职能】 贯彻执行国家扶贫开发和大中型水利水电工程移民迁建安置及后期扶持的方针、政策和法律、法规，拟订有关具体政策措施，并组织实施。拟订全区扶贫开发中长期规划和年度计划，组织、协调和指导全区产业扶贫、科技扶贫、特殊类区扶贫开发工作，组织和指导社会扶贫工作，负责联络区外机构或组织在彭山定点扶贫与扶贫协作工作，组织扶贫开发对外交流与合作及外资外援扶贫项目的引进与实施。拟订全区扶贫开发和移民资金使用管理与项目管理办法，负责有关项目、资金、基金、物资的分配、管理、使用、稽查审计、绩效考评、统计监测等监督工作。负责扶贫开发和移民安置的政策研究及信息工作，组织贫困、移民群众生产技能和劳动力转移培训、扶贫移民工作人员培训。拟订全区大中型水利水电工程移民迁建安置实施方案，做好移民安置、后期扶持工作。负责扶贫开发和移民信访接待、处理、管理工作，协调、指导有关的社会稳定工作，负责扶贫开发和移民安置、后期扶持政策宣传工作。承担区扶贫开发领导小组的具体工作。承办区政府交办的其他事项。

【概况】 2015年，全区共有35个贫困村（其中，市级贫困村30个，区级贫困村5个）。有扶贫任务的有13个乡镇84个村。2014年年底，通过认真比对和复核后有贫困户2606户，贫困人口7290人；2015年，全区减少贫困人口3219人。全年，向上争取扶贫和移民后扶项目资金达650.92万元，完成目标任务的108.48%。

【“五个一批”减贫】 2015年，将全区所有贫困人口细化到“五个一批”（发展生产脱贫一批、易地搬迁脱贫一批、生态补偿脱贫一批、发展教育脱贫一批、社会保障兜底脱贫一批）减贫行动计划中。按照扶持生产和就业、医疗救助、低保政策兜底、移民搬迁、灾后重建等措施落实到户、到人。2015年，扶持生产和就业减贫1312户2312人；低保政策兜底减贫723户1872人；移民搬迁87户254人；医疗救助减贫1221户1689人。

【扶贫开发】 2015年，整合项目资金，重点向35个贫困村及49个有扶贫任务的村倾斜，从基础设施建设扶贫、产业扶贫、新村建设扶贫、教育与就业扶贫、生态建设扶贫、医疗卫生计生扶贫、文化惠民扶贫、社会保障扶贫、社会扶贫和财政金融扶贫方面给予支持，全年共投入资金1.3亿元，扶持16个贫困村摘掉贫困帽子（其中，市级贫困村12个，区级贫困村4个），改善基础设施条件，促进农业产业结构调整，不断壮大集体经济。强化党建引领扶贫，全区由区委组织部牵头，乡镇具体负责，成立13个扶贫党总支，84个扶贫党支部，并向贫困村下派35名“第一书记”，把扶贫攻坚实际效果作为对35名贫困村“第一书记”工作的业绩考核。完善领导干部结对帮扶机制，全区51名区级领导干部联系147户贫困户，90名正科级领导干部结对帮扶197户贫困户，其他干部结对帮扶1505户贫困户，600余名“两代表一委员”结对帮扶957户贫困户，做到帮扶工作全覆盖，确保如期脱贫。拟定了全区35个市、县级贫困村脱贫摘帽规划；按照一户一策的要求，对建档立卡贫困户制定帮扶措施和脱贫规划，做到责任到人、落实到户。全区5个乡镇中8个实施贫困村互助资金项目的村，互助资金安全运行。组建社会扶贫机构，草拟眉山市彭山区扶贫协会和扶贫基金会工作站筹建方案，并报区人民政府审定。

【财政专项扶贫】 2015年，省级财政专项扶贫项目共两批：第一批320万元，第二批144万元；区级财政投入60万元，共524万元。主要在6个乡镇9个市、县级贫困村进行实施。改善村道15.54公里，新建桥梁1座，新建涵洞1处，整治沟渠0.6公里，文化阵地建设30平方米，贫困户危改造24户，发展种植业653户65.48公顷，家禽（畜）养殖599户2.35万只（头）。

【扶贫小额信贷】 2015年，区委办、区政府办下发《关于创新开展扶贫小额信贷的实施意见》（眉彭委办〔2015〕166号）。全区13个乡镇分别成立扶贫小额信贷工作领导小组，84个村组建村级风控小组或评级授信小组，65个村召开村级动员会，评级授信建档立卡贫困户463户。创新开展扶贫小额信贷保证保险和扶贫小贷信贷入股企业等工作，促进贷款贫困户获得稳定、持续收益。截至2015年年末，已有建档立卡贫困户60余户，发放小额信贷资金80万余元，用于发展生产和“入股企业”，充分发挥金融服务在扶贫开发中的“造血”作用。

【移民后扶工作】 完成2015年库区基金项目的规划编制及项目工程建设；完成2014年移

民后扶3个项目的验收和审计工作；委托区交通局实施彭谢路凤鸣镇菱角村村口至彭溪兴崇村的3.8公里道路路面黑化工程。截至2015年12月底，共发放移民直发直补资金58.8万元，受益移民11713人次。举办移民生产技能培训一期，培训移民100人次，以会代训方式培训扶贫移民干部100人次。

【信访稳定和宣传工作】 2015年，接待困难群众和移民来信、来访3批次16人次。全年在各类报纸杂志刊登扶贫移民信息67篇。

【龚家堰水库扩建工程】 2015年，完成移民环境部分投资5262.48万元。龚家堰水库扩建工程已完成库区道路硬化4.349公里，公路Ⅱ标已通过验收（含叶家沟桥梁浇筑和完成张家沟桥梁浇筑1座）；完成移动通信线路复建工程；完成电力线路复建投资80%；龚家堰水库扩建工程搬迁安置移民89户，需建房户为75户，已启动建房72户（其中，完成房屋封顶58户，正在进行房屋建设14户），未启动建房3户。

【联系村工作】 2015年，区扶贫移民局对接公义镇五马村，共结对帮扶13户贫困户。其中，正科级领导干部结对帮扶3户，副科级领导结对帮扶3户，一般干部结对帮扶7户。开展慰问走访活动，为13户困难户送去4500元的慰问金和价值3000元的农业生产资料；为3户贫困母亲送去1500元慰问金；支持联系村工作经费1.5万元和价值0.25万元的办公设备，落实干部联系户、计生三结合帮扶户；为联系村争取2015年第二批财政专项扶贫项目，总投入资金81.24万元（其中，财政扶贫项目资金投入54万元），修建道路1470米、房屋15间，家禽（畜）养殖3189只（头），果树种植1.07公顷。

（冯建梅）

民 政

【概况】 2015年，全区民政工作坚持“以民为本，为民解困，为民服务”的工作宗旨，求真务实，开拓进取，多项工作取得新突破。彭山区被省委、省政府、省军区命名为省双拥模范区；顺利通过省第四轮敬老模范区（县）创建。区民政局机关被推荐为全省民政工作先进集体。

【亮点工作】 2015年，彭山区养老服务体系建设成效显著，接受市政府、市人大的调研和检查，率先在全市建立居家养老信息服务平台，获好评和经验推广，努力把彭山建成“养生·养老”之城。建立《殡葬改革工作联席会议制度》，促进殡葬改革工作的良好发展态势，强化殡葬管理服务事业单位反腐倡廉建设和殡葬系统干部职工作风建设。2015年9月24日，民政部专项治理督察组到彭山督察，对彭山殡葬管理服务事业单位反腐倡廉建设和殡葬系统干部职工作风建设工作给予好评。成功举办“第六届长寿养生文化节”活动，在全区开展“寿星孝子”评选、“百岁林种植”、“名医进彭山，把寿百岁乡”、“天下第一长寿羹叙餐会”等活动。在全区8所敬老院开展区域性养老服务指导中心工作，特别是武阳敬老院已全面完成“眉山市农村敬老院服务标准化示范建设”工作。5月，全国老龄办副主任鲍学全到彭山调研老年旅旅游产业发展情况，对彭山的老年事业工作给予充分肯定。彭山区代表眉山市接受省委稳增长政策落实督察、调研，受到工作组高度肯定。6月，接受省财政厅养老项目绩效评价工作领导小组检查，并受到好评；围绕解决发生在群众身边的“四风”和腐败问题，成立专门工作组，用近3个月时间对近两年来的各项民政专项资金进行进村入户调查，并对发现问题及时纠正和调整。

【救灾救济】 2015年，全区以保障低收入群众的基本生活为出发点，进一步完善社会救助体系。深入开展冬春期间救助工作，完成农村危房摸底调查工作，及时下拨冬令春荒救济款190万元，主要以口粮款的形式救助受灾困难群众5197户、2.29万人次，及时把党和政府的温暖送到灾民与困难群众的手中，有力的维护彭山区的社会稳定。进一步完善全区自然灾害应急预案体系。不断加强区救灾应急指挥中心建设和管理，近一步健全区、乡镇、村三级自然灾害和突发公共事件应急预案和管理制度，实现与省、市民政部门应急指挥中心的联网运行。配合省、市做好2015年省、市、县三级防灾演练和防灾减灾宣传；制定并执行24小时防汛值班制度和彭山区民政局2015年防汛预案。积极开展“综合减灾示范社区创建”活动，申报青龙镇龙都社区和锦江乡天库村为全国减灾示范社区，并接受省厅、市民政局的检查验收。建成1个县级灾害应急避难场所、13个乡镇灾害应急避难点和7个救灾物资储备点。

【城乡低保】 2015年，全区及时发放城乡低保资金，城乡低保群众的基本生活得到有效保障。截至2015年12月，全区共有农村低保10970人，共发放农村低保金1785.05万元，人均月补差134.57元，超目标任务的8.9%；城镇低保3943人，共发放城镇低保金1205.52万元，人均月补差244.15元，超目标任务的9%。及时调整低保保障线。城市低保保障线标准由每人每月340元调整为每人每月370元；城市低收入认定标准由每人每月580元调整为每人每月630元；城镇“三无”供养标准由每人每月420元调整为每人每月450元。积极开展城乡低保对象大排查工作，通过入户调查，新批城镇低保77户88人，农村低保448户526人，全年共清理出不符合低保1156户1479人。在低保排查工作的基础上，积极开展社会救助动态监控系统的录入工作，率先在全市试点建立城乡居民家庭经济状况核对信息平台，在民政部、省民政厅的调研和市民政局的现场会上受到充分肯定，并接待多个兄弟区、县的考察学习，为城乡社会救助工作的顺利开展提供全面、扎实的准备。

【农村“五保”供养】 2015年，全区加强对各乡镇“五保”供养工作的督促检查，坚持动态管理，及时清理核减“五保”死亡人员和新批应保“五保”对象，做到及时清退、及时审批，新批“五保”92人。及时兑现和调整“五保”供养金。是年，彭山区农村“五保”供养标准由每人每月300元调整为每人每月330元。从2015年7月起，全面实行直接打卡发放。全年共发放“五保”金498.69万余元。

【医疗救助】 2015年，全区城乡困难群众医疗救助累计2.2万人次，救助金额593.06万元；重特大疾病救助139例，救助金额90.41万元。为了减少资金环节，杜绝挤占、挪用等违规现象，从2015年3月起，城乡医疗救助资金全面实行直接打卡发放。认真落实《彭山区困难群众临时生活救助实施办法》，安排临时生活救助资金146万元，用于解决困难群众临时性、突发性生活困难，做到“救急难”。加强救助资金发放管理，采取“四看”（看救助申请、看资格证、看身份证和户口簿、看疾病诊断证明书）、“四查”（查住院收费收据、查病历、查有关部门报销凭证、查医疗机构）的方式对13个乡镇救助资金的管理和使用进行全面检查。

【基层建设】 2015年，彭山区结合民政工作实际，开展廉政文化建设进社区、进农村工作。新打造将台社区、谢家场社区、龙都社区、半边街社区、毛家渡社区5个亮点；为全区20个社区制作廉政宣传画；积极配合区委依法办搞好创建省、市级依法治村（社区）示范单位工作，继续抓好“法律进社区”工作；完成社区公共服务综合数字信息平台建设试点工作；做好新修订的《中华人民共和国村民委员会组织法》宣传工作，稳步推进村民自治工作；积极开展村务公开工作；积极完善民主管理制度；与纪委（监察局）联合草拟《关于落实村（居）务监督委员会成员报酬的建议意见》，经区委常委会研究同意，在全区全面建立村（居）务廉情监督委员会，制定组织形式、监督内容、监督程序等工作制度，解决经费保障、教育培训等方面存在的困难和问题。

【双拥工作】 2015年，彭山区以落实重点优抚对象待遇为着力点，切实提高双拥优抚安置工作水平。按时足额落实抚恤补助标准和义务兵家庭优待金，认真做好伤残人民警察的换证工作。加强优抚对象信息精细化管理，扎实做好“两参”人员、复退军人信访维稳工作，群众对优抚工作的满意度逐年提升，优抚医疗保障“一站式服务”运行良好。做好退伍安置接收工作，积极扶持退役士兵就业。登记接收2014年冬季退役士兵210人（安置工作7人，自谋职业203人），完成地方一次性自谋职业补助金以及一次性自主就业补助金发放。委托培训机构对退役士兵开展免费职业教育和技能培训，教育培训政策知晓率100%；有培训意愿的148名退役士兵接受培训，证书获取率100%，就业率98%。向社区推荐25名60周岁以下企业失业下岗志愿兵及5~8级残疾军人（含一名立二等功人员）参加公益性岗位。加大烈士纪念设施维修改造投入，提升烈士纪念设施保护管理水平；认真组织清明节群众性祭扫和“9·30”烈士公祭日活动。

【社会组织管理】 2015年，全区进一步规范对社会组织登记管理和监管，贯彻落实《社会团体登记管理条例》《民办非企业单位登记管理暂行条例》，完成民间组织年检工作，社会组织年检率达96%，积极推动向社会组织购买服务工作。继续推进社会团体去行政化工作，重点扶持作用发挥好，示范性强以及公益慈善类、社会福利类等公益性社会组织，推进社会组织稳步发展，新成立民非24个、社团14个。

【区划地名工作】 全年扎实推进区划地名公共服务工程。清理和规范主要城区110条街道名称，并对16条城区主要街道的临街门牌进行编码和制作。完成第二次全国地名普查工作的公开招标工作。牵头完成彭东线、彭仁线的边界联合检查工作。

【社会救助】 2015年，区民政局坚持自愿求助、依法救助、无偿救助的原则，积极开展街头救助管理工作。只要有救助对象，工作人员都本着“为民服务”的宗旨，从救助对象的需求入手进行救助，全年共救助104人。其中，送客运中心购票乘车返家53人，乡镇民政办及亲属接回6人（未成年人），医治45人，获得社会广泛好评，《眉山日报》于9月22日进行专门报道。开展“夏季送清凉”“寒冬送温暖”活动，对流浪未成年人实施主动的保护性救助。启动未成年人保护中心改建项目，将极大提高为流浪未成年人实施主动的保护性救助力度。

【殡葬改革】 2015年，全区完成遗体火化1810具，完成目标任务的113%；共减免343人基本丧葬费30万元。强化公墓管理，加大对兴建非法殡葬设施打击力度，全年发放整改通知书3份，处罚通知书1份，取缔2个非法公墓，维护正常殡葬秩序。做好春节、清明节祭祀工作，全面倡导错峰出行、鲜花祭祀，鞭炮、冥币使用明显减少，确保平安文明祭扫。配合组织“眉山市第三届生态集体葬”活动，免费为社会提供50个生态葬墓位，在全省取得良好的社会影响。2015年，响应群众呼声，改建殡仪服务站。

【婚姻、收养登记】 2015年，全区共办理婚姻登记5907对。其中，结婚登记2786对；离婚登记1297对；补发1824对，所有档案均日清月查，按期交区档案局永久保存。全区婚姻登记合格率继续保持100%。认真做好婚姻登记1990—2003年的历史数据补录工作。严格按照《中华人民共和国收养法》的规定办理收养登记2例。

【老龄工作】 2015年，全区加快老龄和慈善事业发展步伐，及时兑现和调整高龄补贴。彭山区80~89岁高龄补助为每人每月30元；90~99岁为每人每月100元（全市最高），100岁及以上为每人每月500元。2015年，慈善事业共募集慈善资金45.39万元，发放各类善款100.81万元，惠及各类困难群众1070人；全区以社会养老服务工作为重心，加快社会化养老服务体系建设。全区有“五保”人员1324人，其中，敬老院集中供养1198人，集中供养率为90.4%；继续改善敬老院的条件，在提升“质”上下功夫，完成改造200张床位和新增50张床位工作，超额完成市民政局养老服务指导中心建设目标任务，并接受检查验收。武阳敬老院在全市农村敬老院服务标准化建设工作中名列前茅。着力构建以“居家为基础、社区为依托、机构为支撑，功能完善、规模适度、覆盖城乡”的养老服务体系。大力推进养老服务设施建设，建成民办养老机构床位200张；建设城乡社区日间照料中心7个；建成11个农村幸福院，健全以“五保”供养、互助养老为主的农村养老服务网络；完善居家养老服务补贴制度，建立居家养老服务信息平台，通过政府购买服务为9700名困难家庭失能老人和80周岁以上老人提供居家养老服务。

【机关建设】 2015年，区民政局机关大力提升民政干部综合素养，认真落实公务员平时考核制度，积极推进民政廉政风险防范和惩防体系建设，全面落实党风廉政、政风行风建设“一岗双责”责任制，有序开展民政窗口单位“创先争优”活动，确保民政干部廉洁自律，确保民政事业持续健康发展。认真做好公文处理工作，公文收发及时规范，抓好信息宣传工作。严格按政务信息公开规范和要求办理政府信息公开事项，及时公开各类政策、资金和项目的实施情况。全年完成向上争取项目资金7049万元，非税完成706万元，均超额完成年初下达任务。

【执法监督】 2015年，区民政局依法履行对社会组织登记管理、福利企业资格认定、养老机构设立许可和殡葬管理的行政执法与服务工作。建立、健全行政调解工作制度，依法开展行政调解工作。加强民政专项资金的执法监督工作，开展民政惠民政策落实情况专项监督检查，全年无一起挪用专项资金行为。

（赵晓宇）

残疾人联合会工作

【概况】 2015年，彭山区残疾人工作以深入学习实践科学发展观统领全局，围绕残疾人的基本需求，立足基层，进一步加强残疾人组织建设、康复、就业培训、扶贫帮困和社会保障工作力度，切实为残疾人做好事、办实事、解难事，全面完成各项工作目标。

【残疾人服务需求调查】 2015年，区残联落实专项调查工作经费20万元，保障残疾人基本服务状况和需求专项调查工作的正常有序开展，为上级残联制定残疾人事业发展规划提供翔实的科学依据。区残联和乡镇分别举办培训班，为调查工作的顺利开展打下良好的基础。在调查数据初录和复录阶段，为确保系统录入的数据与纸质表内容保持一致，做到准确无误，区残联高度重视，精心部署，在各乡（镇）精心挑选熟悉电脑操作、责任心强、业务能力素质高的残疾人专职委员组成数据录入工作小组，残联专项调查办公室负责人进行全程督导，翔实掌握残疾人状况，圆满完成彭山区残疾人基本服务状况和需求专项调查数据上报工作。2015年，彭山区对8500名持证残疾人全部进行入户调查登记，入户调查率达99%。

【残疾人社会保障】 2015年，区残联对残疾人精准扶贫对象进行一次详细的调查登记，制定调查方案，各乡（镇）残联高度重视，积极配合乡镇民政办，加强沟通，相互支持。由民政办负责提供享受低保、“五保”供养的所有残疾人名单；残联负责组织、核残、统计、汇总等工作，经过认真的核查，全区残疾人精准扶贫对象共3616人，该批残疾人将在2016年开展的精准扶贫活动中受益，同时也为2016年困难残疾人生活补贴实施方案提供准确的数据依据。是年12月，根据眉山市城乡居民基本医疗保险要求，彭山区2498名重度残疾人全部享受每人每年120元的基本医疗保险和重度残疾人护理补贴。

【民生工程】 2015年，区残联有省、市民生工程项目12项，涵盖康复、教育、就业等多项残疾人工作领域。全年为176名贫困白内障患者实施免费复明手术；为498名精神病患者提供免费服药，在残疾人集中托养服务机构“康馨家园”集中托养精神残疾人42人；救助31名脑瘫儿童，对其进行抢救性康复手术和康复训练；在云堡智能幼稚园设立眉山云堡蒙氏教育教研拓展中心，为彭山区智力残疾儿童康复训练提供保障，彭山区以及东坡区、青神县共有16名智力残疾儿童在拓展中心受训；为6名聋儿提供助听器；救助24名残疾儿童在特殊教育学校就学，提供每人每月100元的生活补贴，救助4名在校贫困残疾人家庭大学生和贫困大学生；筹资50万元，为500名居家灵活就业残疾人提供就业补贴；举办各级各类职业技能培训和实用技术培训班9期，培训残疾人600余人，实现残疾人居家灵活就业2800人；对2498名重度残疾人发放护理补贴，其中，一级残疾每人每月80元，二级残疾每人每月50元；筹资18万元，为82户贫困残疾人家庭实施无障碍设施改造；为260名贫困残疾人提供辅助器具；为全区179名残疾人发放每人每年365元的机动轮椅车燃油补贴。为2498名重度残疾人购买每人每年120元的基本医疗保险，扶持650名残疾人发展生产，增加收入。

【亮点工作】 2015年，协助省残联在彭山区新建占地面积2.67公顷、建设投资近6000万元的残疾人体育训练中心；配合市残联做好全国第9届残疾人运动会飞镖和盲人门球比赛项目的各项后勤工作，彭山区残疾人运动员张波在九运会男子反曲弓团体公开级淘汰赛获第二名，个人赛获第五名；进一步做好残疾人托养服务工作，在城区新建一个可同时接纳50人的残疾人日间照料服务中心。

【信访工作】 区残联与区信访局、各基层残联加强联系，畅通信息沟通渠道，及时处理好残疾人来信、来访案件。定期排查不安定因素，把问题消灭在萌芽状态。对在残疾人工作中出现的新问题及时把握，认真做好疏散、化解、劝返等工作。全年接待来访120余人次，协调解决各类问题80余件，维护了正常的信访秩序。

【中心工作】 深化落实中央八项规定精神专项治理，认真开展“三严三实”活动，落实“四个当天”制度，制定区残联公务员平时考核实施方案，严格按照方案规定对残联全体干部职工进行“日考勤、周纪实、月晒账、季考评”，区残联“庸、懒、散、浮、拖”问题得到有效整治，工作效率和残疾人满意度明显提升。切实抓好精准扶贫工作。区残联多次深入联系村毛河村开展精准扶贫调研，根据毛河村9户精准扶贫户特点，采取政策扶持、资金扶持相结合的方式，帮助其增加收入。2015年12月上旬，区残联将毛河村疑似精神残疾人集中组织到眉山市精神医院集中办理残疾人证。其中，有8人是精准扶贫对象，从2016年1月起，享受贫困残疾人生活补贴、重度残疾人护理补贴以及残疾人居家托养补贴等政策扶持；元旦、春节期间，区残联安排资金对其进行帮扶和慰问。积极参与乡镇省级平安乡镇建设，结合残联工作特点，区残联重点在方便残疾人平安出行、参与社会生活方面开展工作，进行残疾人家庭无障碍设施改造，为方便残疾人居家平安；为方便残疾人出行，提供轮椅、助行器、拐杖、盲杖、盲表、助视器等各类辅助器具，资助村、社区在公共场所进行无障碍设施改造；为平安乡镇建设成功通过省级验收做出贡献。

（徐建华）

精神文明建设

【概况】 2015年，彭山区精神文明建设工作深入践行社会主义核心价值观，广泛开展公民道德教育实践活动，扎实推进群众性精神文明创建活动，加强未成年人思想道德建设，大力开展“品质之城”建设，协助举办第六届长寿养生文化节，取得良好成绩。全年新增标准化志愿者站5个，新增公益组织3个；新申报创建市级文明单位7个，创市级文明村1个；争取中央专项彩票公益金20万元，建成锦乡净皇学校乡村少年宫；组建彭山区社会志愿者服务队，累计发展志愿者队伍302支，志愿者17851人。

【人事变动】 2015年2月10日，沈秋林担任文明办办公室主任职务；7月9日，区委宣传部副部长、区文明办主任易雨调任区委宣传部常务副部长；7月9日，郭平调任区委宣传部副部长、区文明办主任。

【道德实践】 2015 年，全区围绕“中国梦”、社会主义核心价值观和“讲文明树新风”等主题，大力开展“文明有礼”“文明交通”“文明旅游”“文明餐桌”“诚信建设”等活动。充分运用电子广告机、LED 显示屏、楼宇电视、户外广告、建筑围档等媒介大力宣传社会主义核心价值观。全年设置固定宣传栏 50 余个，制作固定宣传标语 300 余个，发放宣传资料 6000 份。开展“我们的节日”活动，重点抓好春节、元宵、清明、端午、中秋等传统节日活动。春节开展赠送春联、民俗文化大展演、迎春猜灯谜等文化惠民活动；清明节组织少先队员、团员青年、干部群众参加烈士陵园祭扫先烈，同时，开展“网上祭先烈”活动；端午节开展“粽香情暖联系户”活动；中秋节组织开展中华经典诵读比赛、书画摄影活动；国庆节举办第六届长寿养生文化节，引导群众增强爱国、爱家情感。向眉山市推荐 2 个成人组和未成年人组参加全市经典诵读比赛，彭山二小《三字经》、彭山三中《行路难》获二等奖。开展“法律进单位”活动，制定工作方案，把此项活动融入“六五”普法中；层层签定目标责任书，聘请法律顾问；开展各类普法宣传活动 220 余场次，发放普法资料 5000 余份；创建区医院、电力公司 2 个“法律七进”典范。

【道德模范】 2015 年，锦江乡王雪梅被评为眉山市第四届道德模范，李桂林等 4 人被评为“眉山好人”。全区开展第二届彭山区道德模范评选表彰活动，评选出何图琴等道德模范 10 人；建立道德模范关爱机制，关爱道德模范 10 人；开展“道德讲堂”活动，通过彭山在线、微彭山等媒介大力宣传道德模范先进事迹。

【志愿者服务】 2015 年，全区完善志愿者服务制度，保障经费。设立志愿者服务专项经费 15 万元，列入年初财政预算。规范制度化建设，完善志愿者注册、培训，扎实落实“六个一”（即：参加一次爱国主义教育活动，开展一次青年志愿者服务活动，为回报父母、长辈做一件实事，开展一次社会调查，读一本好书，参加一项文体活动）。以贴近实际、贴近群众、贴近生活“三贴近”为主，“服务群众零公里”为目标，开展“长寿养生文化节志愿在行动”“品质之城规范文明养宠”“行动起来，向‘零’艾滋迈进”等系列主题志愿服务活动，推进志愿服务活动常态化开展。全年全区开展各类规模志愿服务活动 200 余场次，为百姓排难 3000 余件，惠及寿乡万千百姓。推荐的“天使之爱”志愿服务队队长诸海蒂被评为“四川志愿·携手圆梦”2015 年“百名优秀志愿者”。及时刊播彭山志愿者的先进事迹和寿乡志愿服务精神，传扬正能量。区文明办在中国文明网、四川文明网上大力宣传彭山区精神文明建设成果和志愿服务精神，被四川省文明办评为全省志愿服务宣传组织奖。“四强化推进彭山区志愿服务”被《精神文明报》采用，《彭山区“三结合”（志愿服务与文明创建相结合、志愿服务与群众需求相结合、队伍建设与品牌创建相结合）加强社会志愿服务》一文被四川省宣传部采用。

【文明创建】 2015 年，全区开展“培育品质 发展人文环境 创建文明美丽寿乡新城”活动。以区委办、区政府办名义制发活动方案；运用电子广告机、LED 显示屏、户外广告、建筑围档等，大力宣传品质发展。全年制作宣传固定标语 300 余个，利用显示屏 100 余个，全天滚动播放品质城市发展专题宣传片。联合区城市行政管理局、公安分局、住建、交通等 10 余个牵头单位开展“爱我家园，净化城市”、“我为彭山增光彩”、“文明社区”、文明单位（村、社区）、文明宠物饲养、“小手拉大手”活动等，引导市民树立良好新风尚。2015 年，评出十佳出租车 3 台，十佳公交车 1 台；向眉山市推荐最美家庭 5 户，美德少年 3 名，评出五好文明家庭 50 户，乡镇“民星”66 人。清理“牛皮癣”2230 处，重新翻新建筑围挡 3400 米；清理乱停车辆 329 辆，清理乱摆摊设点 333 处；区公安分局抽调 20 人组成文明宠物饲养专人小组，规范文明养宠；区文明办组织志愿者开展“文明交通宣传”“规范宠物饲养”等文明劝导活动20余场次；发放《彭山市民守则》倡议书6000份、文化伞3000把、宣传扇3000个，“品质之城”宣传手册3500份，社会文明程度得以提升，文明单位得以巩固。全区通过省级文明单位复查11个；区法院成功创建全国文明单位并授牌，是全市法院系统唯一一个全国文明单位，也是彭山区首个全国文明单位；做好全区7个文明单位、1个文明村创建市级文明单位2015—2017年的申报工作。在全区省级、市级文明单位中开展好一堂（建好用好道德讲堂）、一队（常态化的学雷锋志愿服务队）、一牌（设置与环境相融合的遵守礼提示牌）、一桌（开展文明餐桌行动）、一传播（建立有效发挥作用的网络文明传播志愿服务小组）的“五个一”活动，开展“道德讲堂”活动，开展文明户、文明楼宇和文明社区活动。开展“扶贫攻坚”活动，为联系的岐山村送去价值3000元物资，为该村弱势未成年人送去关爱资金2000元，帮扶资金5000元；为江口白蜡村、城中社区、凤鸣平乐村和保胜乡送去帮扶资金1.9万元。

【未成年人思想道德建设】 2015年，全区开展未成年人思想道德建设主题教育活动。组织中、小学校开展“和谐美好家园”“榜样在我身边”“美德少年评选推荐”“向国旗敬礼”“中国梦我的梦”等活动，营造和谐校园文化氛围；以“法律进校园”“诵读宪法”活动为载体，开展《中华人民共和国宪法》《中华人民共和国未成年人保护法》《中华人民共和国道路交通安全法》《中华人民共和国治安处罚法》《中华人民共和国消防法》以及食品安全、环境保护法律法规教育，全区3万余名中小学生接受普法教育；开展“五个一”活动，引导学生在校争当好学生、在家当好孩子、在社区当好少年。净化社会文化环境。全年开展“校园周边环境整治”“暑期专项督察”“净网行动”“扫黄、打非”等专项整治行动18次，出动联合执法队1800余人次，执法车辆20余台次，收缴非法音像制品200余盘、非法书刊600余本，突击检查检查网吧98次（乡镇网吧11次），进一步规范文化市场经营行为，净化荧屏声频，为未成年人营造良好的社会文化环境。拓展课外教育平台。健全工作机制，完善乡村少年宫制度。争取到2015年中央支持乡村少年宫建设资金20万元，新建锦江乡乡村少年宫，挂牌中央支持乡村少年宫项目和自建项目顺利通过年度考核，74万元运行经费全部到位。全区各乡村少年宫结合素质教育、均衡教育和寿乡传统文化积极开展“童心向党”歌咏活动、中华经典诵读比赛、腰鼓大课间操、连箫大课间操，开办舞蹈、音乐、美术、篮球、科技等20余种项目课，极大提升农村未成年人的艺术素养。彭山区观音小学把乡村学校少年宫的日常管理及活动开展情况拍成专题片，荣获全省乡村少年宫展播二等奖。开展“家风家训征集”，开设“家长学校”，普及家庭教育知识。彭山三小成功树立家风家训示范典型，彭山实验幼儿园树立早期教育示范典型，观音小学开展“同心共育”家庭教育公益讲座活动。推进心理健康辅导站建设。全年组织60余名政教主任、团队干事和班主任参加“中小学教师心理健康教育培训”活动，进一步提高教师心理健康水平和教育能力，培养打造一批专兼职心理健康教育及心理辅导教师，为2016年建立彭山区“心灵驿站”建设做足准备。关爱弱势未成年人。开展关爱儿童义诊活动，举办“女童安全知识讲座”“关爱留守儿童心愿认领”“关爱五失青少年”等活动。2015年，共关爱留守儿童1000余人次，义诊2800余人次，关爱弱势未成年人2000余人次。

（沈秋林）

老龄工作

【概况】 2015年，全区老龄工作贯彻落实《中华人民共和国老年人权益保障法》，始终坚持“党政主导、社会参与、全民关怀”的老龄工作方针，以实现“六个老有”（老有所养、老有所医、老有所为、老有所学、老有所教、老有所乐）为工作目标，以落实惠老优待政策，维护老年人合法权益为目的，强化基层老龄工作，丰富老年人的精神文化生活，促进全区老龄事业健康有序的发展。

【敬老模范县联创】 2015年，全区认真开展第四轮敬老模范县三级联创工作。是年3月，区老龄办牵头31个区老龄委成员单位组成检查验收组，分组对全区各村（社区）的创模工作进行检查验收，全区108个村（社区）获得敬老模范村（社区）称号。5月初，完成市敬老模范乡镇（街道）材料的报送工作，有6个乡镇被市政府命名为眉山市第四轮敬老模范乡镇。10月，成功迎接省第四轮敬老模范区检查验收组对彭山的检查验收，彭山敬老模范区称号已经进入公示阶段。

【老年人优待】 2015年，全区深入贯彻落实《眉山市老年人优待规定》，按时足额兑现80岁以上高龄老人长寿补贴金。是年10月，再次提高全区80~89岁高龄老人津贴，由原来的每人每月10元提高到每人每月30元，仅此项每年就新增经费240万余元。全年，全区共发放高龄津贴26103人次共523万元，免费换发四川省老人优待证3.5万余本。

【老龄工作督导】 2015年，进一步完善老龄工作督导制度。区老龄工作督导员分别于4月和7月对各乡镇老龄工作进行督导，指导完善基层老协会的各种规章制度，确定彭溪镇兴崇村、观音镇曾家村和凤鸣镇菱角村老年协会为示范基层老协会。同时，在敬老模范村（社区）的创建活动中对村（社区）的老年学校进行规范化建设，全区108个村（社区）老年学校均已挂牌，村（社区）老年学校建设达到全覆盖。是年8月，区财政投入10万元对区老年大学进行维修改造，“五个老有”工作目标得到进一步实现。

【敬老文明号创建】 彭山区第一届敬老文明号工作取得丰硕的成果，第二届“敬老文明号”工作开展以来，彭山区各单位和部门积极响应，纷纷成立敬老文明号创建工作领导小组，全区各单位在“敬老文明号”的创建中，基本做到有责任领导、有专职干部、有创建目标、有具体措施。12个单位被评为第二届区级敬老文明号，12个单位申报第二届市级敬老文明号，2个单位申报第二届全国敬老文明号。

【信息报送】 全年被《四川经济日报》、四川新闻网、四川老龄网和眉山市人民政府门户网等媒体刊登信息5篇。完成《关于彭山区养老服务体系建设的思考和建议》调研文章。区老龄办主任刘琦获得“四川省敬老爱老助老先进个人”称号。

【长寿养生文化节】 2015年，中国彭山第五届长寿养生文化节期间“百岁老人慰问”、“十佳寿星、十佳孝子”评选表彰、“百岁林种植”、“名医进彭山　把寿百岁乡”、“天下第一长寿宴”等系列活动的成功举办，赢得社会各界的好评，在全社会掀起尊老敬老、崇寿尚孝的社会风尚，巩固彭山“中国长寿之乡”“省敬老模范县”的成果，丰富了彭山老年人的文化娱乐生活，为构建和谐彭山起到积极作用。

（姜　毅）

2015 年彭山区百岁老人名单

表 2

乡　镇	姓　名	性别	出生年月	家庭住址
凤鸣镇（6 人）	陈金华	男	1908－03－01	城中社区居委会
	毛德辉	女	1912－02－24	集关居委会
	朱学彬	女	1912－04－06	金烛村委会
	徐学明	女	1913－01－10	南星社区居委会
	周玉贞	女	1914－03－07	石家村委会
	张叔勤	女	1915－09－04	石家村委会
彭溪镇（3 人）	龚金枝	女	1913－04－05	毛店村 12 组
	马碧辉	女	1915－06－05	兴崇村 1 组
	刘学彬	女	1915－10－23	兴崇村 8 组
观音镇（5 人）	韩玉山	男	1915－01－06	椿巅村 12 组
	杨王氏	女	1915－05－26	七一村 7 组
	张玉彬	女	1915－06－08	文昌村 6 组
	梁学华	女	1912－11－05	曾家村 1 组
	毛瑞清	男	1907－06－14	果园村 9 组
青龙镇（8 人）	李志轩	男	1910－01－03	桂林村 5 组
	祝一清	女	1912－04－20	四河村 5 组
	赵学彬	女	1913－10－07	狮子村 4 组
	黄学明	女	1914－12－23	桂林村 6 组
	毛彬如	女	1914－06－30	永远村 1 组
	杨松云	男	1915－10－04	龙都五组
	徐学成	男	1915－02－28	四河村 7 组
	黄玉清	女	1915－11－18	永远村 4 组
公义镇（6 人）	范作义	女	1909－01－06	鹤林村 3 社
	岳桂英	女	1909－06－02	欣荣村 1 组
	代素彬	女	1911－02－18	欣荣村 3 组
	陈术清	男	1914－05－11	新开村 8 组
	盛学彬	女	1915－02－19	农乐村 6 组
	杨立成	男	1915－05－03	欣荣村 3 组
江口镇（3 人）	苏学明	女	1914－07－10	茶场村 5 组
	陈玉彬	女	1914－09－26	土桥村 3 组
	王桂英	女	1915－09－06	土桥村 4 组
黄丰镇（1 人）	文春仙	女	1911－10－18	共和村 4 组
牧马镇（3 人）	李玉珍	女	1912－06－13	官厅村 5 组
	王素华	女	1915－10－08	武阳村 4 组
	游志华	男	1915－04－27	武阳村 5 社

续表 2

乡　镇	姓　名	性别	出生年月	家庭住址
保胜乡（2 人）	赵绍武	男	1914－04－12	连桥村 4 社
	陈秀英	女	1914－12－02	龙安村 1 组
义和乡（2 人）	王孝清	男	1913－01－12	喻沟村 7 组
	陈国清	女	1913－04－12	悦园村 9 社
锦江乡（3 人）	邓志彬	女	1915－05－15	联络村一社
	罗学明	女	1912－05－10	联络村一社
	白思哑	女	1915－02－10	联络村六社
武阳乡（5 人）	白素琴	女	1914－05－18	茯苓村 4 组
	付辉清	女	1915－10－18	大塘村 1 组
	蔡如英	女	1915－11－16	五一村 9 组
	李学彬	女	1915－11－28	五一村 1 组
	郭玉清	女	1915－12－17	顺江村
合计	47 人（11 男，36 女）			

乡镇概况

凤鸣镇

【概况】 凤鸣镇地处县城中心城区，是彭山区城关镇，是推进彭山区“四城建设”的主战场，也是统筹城乡发展的排头兵。2015年，全镇辖16个村（居）民委员会（社区），幅员面积48.7平方公里。

【主要经济指标】 2015年，全镇实现GDP增速10.5%，完成招商引资13亿元，全镇12户规模以上工业企业实现产值19亿元，工业增加值增速达到15%，全镇固定资产投资完成3亿元，城镇居民可支配收入25889元，农民人均纯收入达到12378元。

【重点项目】 辖区内重大市政设施、基础设施项目有力推进，顺利完成28个重点项目的拆迁或进场建设。其中，基础设施建设项目16个，房地产项目和安置点建设项目8个，农业和双挂钩项目4个。

【农村经济】 围绕建立“岷江农业园区”的目标，积极推进规模发展，加大基地建设力度，构建科技服务体系，紧密联系蔬菜专业合作社，跟踪做好对双漩、宝珠、江渔村大棚蔬菜的栽培管理服务。全面启动农业示范带建设，建立高产创建示范农田66.67公顷；完成岷江农业园区生产大道7.8公里的土地租金，发放各项补偿款近300万元。农田基础设施建设，投入资金815万元完成80公顷高标准农田建设；投资25万元修建提灌站1座。深化为农服务工作，发放惠民农资500余吨；农业机收、机播800公顷，机耕面积333.33公顷；完成13万元的农业保险工作；发放农机购机补贴40万余元；流转土地新增400余公顷；积极参与财政“一事一议”奖补工作，为村道、沟渠硬化争取资金40万元；多措并举开展农业技术培训，共组织培训50场1.7万余人次。积极做好病虫害及农业灾情的预防处置工作。由镇农技中心开展病虫调查和预报，准确掌握病虫发生情况，及时上报并发出防治通知，以短信的形式进行病虫害综合防治技术的宣传。

【第三产业】 始终坚持大力发展第三产业不动摇，整合旧城改造、道路建设、城中厂搬迁、新农村建设等项目优势，大力培育物流、加工、文化、商贸、房地产开发等第三产业，繁荣城市经济，较快地促进了文化、旅游、金融、物流、住宿餐饮等第三产业发展。

【社会事业】 2015年，凤鸣镇“五保”集中供养率达86%，80岁以上老年人补贴应补尽补，举办各种形式的老年人活动26次，城乡居民基本医疗保险参保率100%，城乡低保应保尽保，动态管理；新增就业人数1542人，失业人员再就业273人，就业困难对象实现再就业145人，补贴“4050”灵活就业人员551人，补贴金额达244.32万元，妇女小额贴息贷款180万元；城乡医疗救助60人，救助资金达5.8万元，济困救助969人，发放救助金28.75万元，残疾人“阳光家园”工程换办残疾证100%；启动关爱工程免费健康体检城乡居民1.05万人，查螺灭螺190万平方米，急血病知识普及率100%，控制率100%，疾病预防控制和免疫工作进度达标；向符合条件的计划怀孕夫妇提供免费孕前优生健康检查193对，全年出生人口633人；全镇数字电视增至2400户，农村免费放映公益性电影42场；启动成乐高速路出口综合整治，新建农村生活垃圾地库1个，改建农村生活垃圾池42个，形成处理回收长效考核管理机制，大力开展秸秆禁烧工作，投入资金60万元用于发放农户补助；拓宽、硬化村社道路13.2公里。

【平安创建】 2015年，凤鸣镇抓责任落实，完善安全生产“五级五覆盖”责任体系建设，进一步明确镇、村两级“一岗双责、党政同责、失职追责”监管责任，落实辖区内企业、站所安全生产主体责任。全年围绕危险化学品、烟花爆竹、人口密集场所、学校等重点领域和关键环节，开展日常监督100余次，专项检查30余次，排查隐患260余处。抓隐患整治，全年争取上级排危资金50万余元，实施高速路涵洞、江渔堤桥、江渔村天然气管道、部分村道等事故隐患整治。有力有序抓好省级安全社区创建持续改进工作。是年，凤鸣镇多次作为全区唯一乡镇代表接受省、市安委会领导检查，受到好评。全年辖区内未发生较大及以上安全生产事故。

【网格化管理】 2015年，凤鸣镇率先完成全区网格员的大比武、网格外宣工作、网格对接职能部门工作、网格员的考核等各项网格工作，名列全区第一。全镇16个村（社区）完成流动人口的网上申报、手机上传信息5816条，吸毒人员信息录入280条，精神病人员信息录入529条，社区矫正和刑释人员信息975条，治安隐患排查上报信息164条。网格事件处处置总计21159件。其中，社区情况民意收集1480件，民生服务事件9673件，矛盾调解事件665件，参与治安防控1484件，特殊人群服务256件，政策法规宣传2186件，突发事件处置212起，解决其他网格事件5203件。通过市政法委年终检查验收和市综治办、区网管中心对凤鸣镇网格近期三项重点工作的检查及对各网格的暗访抽查，成绩居全区第一，受到市、区领导高度赞扬。是年，凤鸣镇有市级优秀网格员7名，县级优秀网格员13名，网格化管理工作2015年度考核排名全市第一。

【信访工作】 坚持领导干部轮流带班接待制度，受理上级各级交办案件56起，办结54起，办结率96%，息诉息访率96%。积极开展积案化解工作，化解7件历史遗留的老问题，做到“零进京、零到省、不出事”的工作目标。

【邪教人员转化】 2015年，组织凤鸣镇邪教人员3批次3人次到眉山市培训点进行封闭式集中培训。积极开展教育转化工作，达到基本转化。凤鸣镇以及菱角村、宝珠村开展创建“无邪教村”活动，并达到创建标准。

【司法调解】 2015年，凤鸣镇新建立1个（平乐社区）司法工作站，充分发挥现有10个司法工作站的作用，共完成人民调解案件135件，法律咨询326件。在平乐社区、菱角村开展依法治村（社区）工作，其“法律七进”工作代表彭山区接受眉山市司法局验收，获得高度肯定。

【社区矫正】 加强社区矫正，对辖区内70名社区服刑人员进行管控、教育。从2015年9月起，每月对辖区内社区服刑人员开展月点验工作，确保出现脱管、漏管和重新犯罪的情况。

【队伍建设】 2015年，全镇干部深入村、社区及群众中调研工作情况，及时发现问题，分析原因，采取措施改进工作。实行村（社区）12个常规工作季度考核，考核结果与村（社区）两委干部年度考核挂钩，促进了工作推动，村、社区考核得到深化。开展“大走访、解民忧”活动，累计走访干部群众880人次，查找问题179个，分层分类“梳辫子”，逐一对号“找位置”，班子认领“四风”问题35条、个人认领144条，落实整改问题171个。广泛宣传党风廉政建设社会评价工作，深入开展“三项建设”活动。开展廉政教育讲座3次，组织干部就“如何防范类似案件在自己身边发生”进行大讨论；组织镇、村（社区）干部130余人次到眉州监狱警示教育基地进行现场观摩；班子成员作出拒收红包礼金公开承诺13份；完善、建立《凤鸣镇工作制度》和《凤鸣镇机关管理制度》两个系统制度，共28种制度。

（卫宏图）

彭溪镇

【重要事件】 1月6日，省人社厅厅长王建军、市委书记李静到彭溪镇调研劳保就业工作。

省人社厅厅长调研彭溪镇劳保就业工作

4月1月，省委常委、组织部部长范锐平到兴崇村调研，并召开党建流动现场会。

省委常委、组织部部长范锐平（右一）调研彭溪镇兴崇村

4月21日，中组部办公厅副主任张明平到兴崇村调研指导党建工作。

中组部办公厅副主任张明平（右二）调研彭溪镇党建工作

4月25日，眉山市市长宋朝华、彭山区委书记梁磊到彭溪镇调研脱贫攻坚工作。

市长宋朝华（左一）调研彭溪镇脱贫攻坚工作

4月28日，彭溪镇召开一届一次党代会。

7月23日，彭溪镇召开一届一次人代会。

8月10日，彭山区委副书记、区长罗万东调研彭溪小学改扩建项目工作。

区委副书记、区长罗万东（右三）调研彭溪小学情景

10月10日，彭溪镇成功建成省级安全社区。

【概况】 彭溪镇位于饮誉全国的“忠孝之邦，长寿之乡”——彭山区城北，地处成都平原西南端，岷江上游西岸，属平坝地区，是四川省经济发展“一条线”的腹心。全镇幅员面积17.41平方公里，人口3.82万人，辖1个社区和4个行政村，共有41个农业社，9个居民小组，党员1055人，22个支部，1个党委，2个总支。2015年，彭溪镇固定资产投入实现3.3亿元；规模企业总产值实现5.1亿元；农民人均纯收入增加1575元，增长13%；招商引资到位资金12亿元。全国第二轮深化农村改革试点等多项工作受到中央、省、市、区领导的充分肯定，多项工作经验在不同层面得到推广，中央电视台《新闻联播》作了报道。完成撤镇设街道办事处前期工作，成功建成省级“安全社区”。全年共获得“四川省拥军优属先进单位”“四川省卫生乡镇”等省、市、区各级表彰或荣誉称号30余项。

【农村经济】 2015年，彭溪镇紧紧抓住岷江现代农业示范园建设和全国第二轮深化农村改革试点契机，完成兴崇村土地确权工作，加大土地流转力度，在全市率先建立村级土地流转服务公司，规范流转土地253.33公顷，土地流转率达95%。注册“兴崇果业专业合作社”，打造兴崇红心柚品牌，以红心柚为主导的现代农业初具雏形。实施特色农业保险，红心柚投保面积33.33公顷，葡萄投保面积13.33公顷。培育新型农业经营主体51家。投入500万余元，完成6公里沟渠整治，农业基础设施得到加强和完善。用活、用好新村建设专项资金，投入300万余元，完成观光路沿线200余户农房风貌改造，形成小桥流水微田园的农家风光。

【工业经济】 2015年年底，彭溪镇一产、二产、三产占经济总量比例分别为19%、28%、53%，结构进一步优化。积极推动城区工业企业“退城入园”，经济总量不断增加，运行质量不断提高。“四种模式”不断加快，“四个转变”成效明显，农民转化为城市居民、农业业主、产业工人、三产经营者共计3000余人，城镇化率达73.39%。

【产业发展】 2015年，全镇以川大锦江学院为辐射推动的“农家乐”、房屋出租、副食品批发零售、网吧、水吧、书屋等“校园服务经济圈”正在发育形成，已发展到300余家，户平增收1万元以上。兴崇村作为全国第二轮深化农村改革示范区，依托岷江现代农业示范园，发展以四季水果、红心柚、葡萄、草莓为支柱产业的现代观光农业；成立全市唯一以村为单位的土地流转服务公司，流转土地253.33公顷。

【项目建设】 2015年，全镇老城商贸区、锦江学院片区、彭祖新城片区、“中国长寿坊”片区、综合交通五大片区的污水处理厂、“中国长寿坊”二期、彭溪小学改扩建、新一中、广水合江明珠、残疾人运动训练中心、棚户区改造、“卡口”安置区等20余个重点项目有序推进。新征地30公顷、交地38.8公顷，拆迁扫尾178户；完成省道103线改扩建黑化，锦绣大道、前程路、观光路、毛兴路黑化工程项目；完成正一城市广场、风情一条街、东篱桃园等公园集点打造，完成蔡山、龙门桥安置区6条街道的绿化、亮化工程建设；“寿乡水岸·五湖四海”湿地公园项目已成为彭山的一张名片；彭祖新城龙门新苑安置房、正一城市广场安置房等城市配套项目全面完成；高铁彭山站的建成投运和成绵乐高铁的开通带领彭溪步入高铁时代。

【拆迁安置】 2015年，彭溪镇完成正一城市广场安置房建设，龙门新苑安置房已完成抽签分配，正在办理结算交房入住工作。统规统建安置422户912人，其中，正一安置区安置10户31人，龙门新苑安置132户340人，锦江学院三期确认安置280户541人。2015年，全镇已签订货币化安置协议1071户3089人，货币化补偿金额为4.94亿元。货币化安置人数占比达99.23%，基本完成存量消化，全面完成货币化安置阶段性任务。

【社会事业和民生工程】 2015年，彭溪镇文教卫生基础得到巩固，彭溪中学、彭溪小学教学质量多年稳居全区乡镇前列；依托三级劳保就业服务体系，有针对性开展就业培训16期，点对点跟踪服务，帮助就业2680人，帮助有创业意愿者实现创业贷款1000万余元，带动创业156人。完成劳务输出4000人；办理城乡居民医疗保险22420人，参保率在全区名列前茅。失地农民养老保险512人，新农保实现全覆盖；血防工作查螺190.54万平方米，灭螺126.96万平方米；全面完成46项民生工程任务，投入资金500万余元，解决道路硬化黑化、路灯亮化、危房改造、沟渠整治等16项“自选民生工程”；依托岷江现代农业示范园，规范性流转土地248公顷；多措并举决战脱贫攻坚，对贫困户建档立卡，每户确定帮扶联系干部，一户一档一策，全镇43户贫困户，119名贫困群众2016年全部脱贫。

【城乡综合治理】 2015年，全镇加大城乡环境综合治理力度，在4村1社区初步建立长效机制和稳定的专门队伍，投入资金50万余元，建立收集点500个，垃圾池285个，国家农村生活垃圾治理验收达标。强化大气污染防治，推进全域秸秆禁烧，落实全域禁养，提前关停彭溪河沿岸所有规模养殖场。投资300万余元，完成观光路沿线兴崇村风貌提升改造及迎宾大道、省道103线风貌改造，“六乱”治理初见成效。强化规划执行和监督工作，联合区公安分局、规划局、住建局、城管局、彭溪派出所等部门，组织12次共800余人次的治乱拆违行动，拆除违规违法建筑3000余平方米。

【党的建设】 2015年，全镇党建工作突出问题导向，创新开展“四晒”工作法，得到中央、省、市、区领导肯定，先后在《人民日报》《四川日报》等主流媒体刊登报道，经验做法在省、市、区推广。全年，中央、省、市、区领导到彭溪镇检查指导120余批次。深化“大三包”工作机制。“大三包”工作组对联系村的党建、发展、稳定一包到底，打通村（社区）上下衔接通道，零距离服务群众。创新党员教育管理方式，在各村（社区）建立党建工作室，推行“党员奉献积分制”。加强基层纪检组织建设，落实镇纪委包片联系村组制度，党风廉政建设群众满意度达98%。

【信访维稳】 2015年，全镇坚持依法治镇，依法行政，以“大三包”责任体系为载体，严格落实安全稳定“党政同责、一岗双责”。实施信访当天办、维稳跟着项目走、社会稳定风险评估，坚持对各类矛盾纠纷实行“统一受理、集中梳理、归口管理、依法处理、限期办理”。全年，共化解矛盾纠纷和历史遗留问题89起，其中，国家信访局督办的一件信访案件实现息访。率先在全区试点建成三级网格服务体系，用服务促稳定。深入推进“平安彭溪”建设，社会治安防范能力得到有效提升，各类案件得到有效预防。切实加强对重点领域和行业的安全监管，全年共化解矛盾纠纷和历史遗留问题89起；转化邪教人员12名，解矫对象23名；成立“4757”巡逻队、网格员服务队、民兵应急分队、专职治安巡逻队，实行全方位24小时治安巡逻和院坝联防，及时解决群众需求和化解矛盾。成功建成省级安全社区。

【自身建设】 2015年，全镇抓效能建设，政府职能大转变。强镇促村，重心下移抓村组。全面落实“四个当天”制度，强化为企业、为群众的服务，镇“两办四中心”和村（社区）便民“一站式”服务职能进一步深化，三级便民服务体系更加完善，三级民事代办更加规范，镇、村、组干部为群众服务的意识进一步加强，能力进一步提高，政府职能逐步实现从管理到服务的转变。认真践行“三严三实”，建立行政权力、政府责任、投资项目限制禁止“三张清单”和维稳、项目责任清单制度。整治“四风”，干部作风进一步转变，严格遵守八项规定、六项禁令，“三公”支出减少40%。

【亮点工作】 2015年，彭溪镇承担全国第二轮深化农村改革党组织作用发挥试点任务。全市率先在兴崇村建立土地流转服务公司并成立支部，用党建引领改革，培育新型农业经营主体51家。承担全国乡镇党代会年会试点工作，于2015年4月率先在全区成功召开乡镇党代会年会。完善党代表工作站机制。将党代表划分到网格，设岗定责，有职党代表带领无职党代表开展工作。兴崇村彭晓红工作站经验作法在市、区推广。镇党委被评为彭山区先进基层党组织，兴崇村被评为眉山市先进基层党组织。培育成立文艺队伍10支，群众文化生活丰富多彩。参加2015年彭山区第六届彭祖长寿养生文化节·民俗文化大展演，并获得二等奖。投资 300 万余元，完成观光路沿线兴崇村风貌提升改造 69 户及迎宾大道风貌改造。

（徐靖雅）

观 音 镇

【重要事件】 2 月，“彭山葡萄”获得国家地理标志产品保护称号。

“彭山葡萄”国家地理标志产品保护牌匾

6 月 30 日，观音镇组织一批早熟葡萄到成都宽窄巷子参与推介会。向省内 30 余家媒体推介观音葡萄，让成都及其周边市民认识、了解、品尝到观音葡萄，打响 2015 年葡萄营销的第一炮。

观音镇在成都宽窄巷子召开的葡萄推介会现场

6 月—9 月，观音镇成功举办 2015 鼓山第六届观音美人指葡萄采摘节。该次采摘节以“吃我一串葡萄，还你八百长寿”为主题，“闹热、品位、效益”为原则，组织策划了品葡萄、看汉服精彩表演、开园祈福和玩游戏赢葡萄等系列活动，既展示彭山的长寿养生文化，又有效宣传观音的优质葡萄和葡萄特色文化。

2015 第六届观音美人指葡萄采摘节开园仪式

【概况】 观音镇位于彭山区中心区域，东临千古岷江，西接成乐高速，北望天府青龙，南连彭祖新城，属纯平原乡镇。北距成都市中心 40 公里，省道 103 线、成乐高速公路、成昆铁路、成绵乐高铁纵贯全境。观音镇是彭山传统工业重镇、现代特色农业大镇、彭祖新城城建新镇，以省道 103 线为一中轴，工业大道、岷江二桥引道为两辅线，划分为“承接产业转移集中区、万亩特色葡萄产业园、彭祖新城观音区域”三片区，始终坚持一、二、三产协调互动发展。境内有观音承接产业转移集中区，规划 7 平方公里，以节能环保为主导产业。全年共有 80 余家企业。其中，有中纺粮油、金桐日化等规模企业共 18 家；彭祖新城观音区域规划 3.8 平方公里，是彭山区“彭祖新城”重要区域。观音万亩特色葡萄产业园发展葡萄种植近万亩，“彭山·观音葡萄”通过国家地理标志认证、农业部无公害产品认证。

2015 年，全镇幅员面积 26.7 平方公里，辖 7 村 1 社区，总人口 2.9 万人。观音镇围绕建成现代工业强镇、特色农业名镇、活力三产新镇，抓好产业提档升级、社会民生改善、乡村治理工程，推动全镇经济社会跨越发展。全年完成工业固定资产投入 12.07 亿元，招商引资完成 12.2 亿元，园区规模企业达到 18 家，规模企业总产值达 70.62 亿元，工业增加值增速达 13%。现代农业园区建设不断推进，引进规模业主 24 个，土地集中流转 75 公顷，兴建 2000 吨果蔬冷冻库一座，葡萄产业园区品改 20 公顷，技改 20 公顷，引进新品种 8 个，试验采用滴灌微渗透、程控精确肥水灌溉技术，葡萄品质全面提升。农林牧渔总产值完成 16361 万元，同比增长 5%；农民人均纯收入达到13015元，同比增长11%。农村经济发展带动城镇风貌大改观，全面实现亮化、美化、绿化、规范化，安置区相继建设完工投入使用，自来水、天然气、宽带逐步接入集镇、农村，观音镇社会总体呈现和谐荣乐局面。

【农业产业化】 2015年，观音镇以特色农业产业为支撑，成功创建全国葡萄种植示范基地、“中·以”葡萄合作试验示范基地；“彭山·观音葡萄”获得国家地理标志、绿色食品认证；成功举办第六届中国彭山美人指葡萄采摘节，通过网络宣传和主办系列主题活动，依托互联网和实体两大并行销售平台，用“互联网+第四产业”的营销方式，先后吸引4.5万余名外地游客到观音镇观光旅游、采摘葡萄，共销售葡萄1.35万余吨，实现葡萄销售1.68亿元，旅游综合收入200万余元，片区农民人均纯收入达到17800元。

【工业经济】 2015年，全镇5家企业开工建设，20家规模以上企业创新驱动、爬坡上行，推动园区工业经济发展，固定资产投入12.07亿元，规模企业总产值70.62亿元。中纺粮油完成产值26亿元人民币，进出口贸易额达1.5亿美元。金桐三期建成投产，产值达11.3亿元，位列全市利税前茅。投资3000万元的观音污水处理厂完成管网设计，即将进场建设。投入600万元的园区成工路、鹏程路2条工业大道建成通车，方便园区企业进出。招商引资项目汽车检测中心、汽车4S店、四川能源投资公司正在洽谈评审中。

【民生工程】 2015年，观音镇投入资金1400万余元，黑化改造集镇街道3.5万平方米，硬化整治农村道路15公里、沟渠6公里；投入700万余元完成椿巅、曾家、梓桐3个村自来水入户安装工程，1800余户村民用上自来水；投入9100万元完成790套新农村综合体建设；投入3900万元启动280套工业安置房建设，全镇货币化安置542人，政府补贴购房资金4336万元，彭溪小区、七一小区现房安置70户已交房入住；观音村、果园村双挂钩1100余户拆迁工作完成50%；扎实推进精准脱贫工程，协调区级联系部门投入帮扶资金22万元，已脱贫110户。

【社会治理】 2015年，观音镇治理面源污染，关停眉州河沿岸养鸭场13家、清腾肉鸭30万只、还耕土地6.67公顷。全市眉州河面源污染治理流动现场会在观音镇召开，治污工作成效获得肯定。集镇、省道103线和各村、社区道路环境保护和综合治理成效显著，成功通过省级卫生镇、省级生态镇、省级优美示范镇、省级文明镇荣誉称号的验收，垃圾分类处理经验在全国推广，秸秆禁烧工作经验全区推广。高度重视安全生产和综治维稳，注重严打整治和完善防控体系，全省道路交通安全及双超治理现场会在观音镇召开，群众平安满意度不断提升；排查调处纠纷成功率达99%，确保“零到京、零非访、不出事”。

【党建工作】 2015年，观音镇建立分级负责的党建责任体系，年初制定镇、村两级党建责任清单，镇党委书记带头领办党建重点项目，村支部书记人人签订党建“军令状”，实行项目化、台账式管理。制定“三包干、九必到”制度，明确班子成员一岗双责、包片联村，做到党建、发展、民生包干，落实班子建设、党员教育、集体经济培育、精准扶贫等12项重点任务，班子成员与村（社）工作同述、业绩同考，形成齐抓共管、上下联动的党建责任格局；镇机关党员人人联系党小组，联系困难、威望、能人党员共185人，参与党小组会议和党员教育管理。逗硬考核激励制度，将党建工作在全镇综合目标考核中的权重提高到40%。建立村级党组织星级评定制度，党建专项经费与评星定级结果挂钩。加大问责力度，对履行党建责任不到位、工作不落实的，约谈通报3人。注重“有坚强党性、有群众基础、有农村感情、有带富本领、有工作干劲”标准，选拔培养村级后备干部。广泛开展“晒党恩、晒目标、晒问题、晒奉献”活动，增强村级党组织在广大群众中的存在感、归属感，引导群众坚定不移听党话、跟党走。抓住深化农村改革试验区机遇，围绕产业抓党建，打破传统党组织设置，升级果园村党支部为葡萄产业党总支，下设专业合作社、家庭农场、龙头企业等党支部，实施链条式服务，实现产业在哪里，党的组织和工作就覆盖到哪里。大力实施造血工程，探索土地流转服务、政府投入有偿使用等6种模式增加集体收入，4个村集体经济实现5万元以上。村村建立村务监督委员会，加强对村务决策、三资管理、工程建设等村级重大事项监督。开展“党群集中活动日”活动，推进村庄共治、村务共管。开展“观音民星”评选活动，镇、村评选“观音民星”45名，传递正能量、树立好风尚。

【作风建设】 转职能，提升工作效率，探索新模式，畅通服务群众“最后一公里”。创建“观音党群互联屋”及APP便民服务平台，填补新媒体便民服务空白，解决群众8小时以外办事难问题。整合“两办四中心”（党政综合办公室、督查考核办公室、经济发展服务中心、财务结算服务中心、社会事务服务中心、政策法规服务中心），机关服务岗坐班服务，流动服务岗驻村靠前服务。出台干部坐班值班、去向公示、外出报批、督察问责等7项规定。针对干部机关化、走读和“庸、懒、散”问题，推行驻村“三包干、九必到”，促使干部走出去、沉下去。建立“四个当天”制度，严格“日考勤、周记实、月晒账、季考核”平时考核，提振干部状态。重教育，提升干部素质，开设“七一讲堂”，镇村普通党员干部走上大会讲台，讲工作、谈体会、提建议、说榜样，提升干部说写能力，激发、传递正能量；实行半月党建例会、季度“书记论坛”、半年“村看村”党建流动现场会制度，互比互学、找差距、添措施。健全镇、村、社三级服务体系，新建镇党群服务中心，探索“互联网+便民服务”，投入90万余元改建果园、曾家等4个村级便民服务站，开展“一站式”服务。成立产业链党组织，提升服务发展能力，发挥“四支队伍”作用，使群众张嘴、干部跑腿成为干部新常态。惩防并举，加强案例警示教育，在“党群互联屋”上开设举报通道，强化举报快速处理。村村建立廉情监督委员会和村务监督委员会，加强村级重大事项监督。对4个村进行经济责任审计，规范村级三资管理。

【宣传工作】 2015年，观音镇依托《四川日报》、《四川农村日报》、《四川经济日报》、四川电视台和中新社、四川新闻网、四川在线等中央及省、市级媒体，以写人写事的方式，广泛宣传观音葡萄，并协助拍摄微电影《葡萄树下的秘密》、观音葡萄宣传短片等视频，让省内外游客充分了解和认识观音葡萄。依托手机微信、QQ微博、网络论坛等新兴媒体，及时编发图文并茂、可读可看性强的图片与文章，组织机关干部转发，实现观音葡萄宣传的横向到边，纵向到底，取得较好的宣传效果。是年，宣传观音葡萄的文章先后在中央和省、市级媒体刊载播发60余篇次，转载400余篇次；利用手机微信、QQ微博等方式发表微信和消息130余篇（条）次，综合点击率超过10万次。

（侯　崛）

青　龙　镇

【重要事件】 3月27日，青龙镇第一届人民代表大会第一次会议召开。

6月30日，青龙镇庆召开庆祝建党94周年暨表彰大会。

庆祝建党94周年暨表彰大会现场

10月23日，青龙镇第一届人民代表大会第二次会议召开。

青龙镇第一届人民代表大会第二次会议会场

【概况】 2015年，全镇幅员面积42.8平方公里，耕地1300公顷。辖1个社区，8个村，80个村民小组。全镇GDP达到40.71亿元，城镇居民人均可支配收入实现27748元，增长17.36%；农村居民人均可支配收入实现14849元，增长11.35%。2015年，青龙镇荣获2015年眉山市“十佳乡镇”称号；荣获2015年省级“平安农机示范乡镇”称号，农机工作顺利通过四川省农业厅的检查验收；顺利通过国家10部委对农村生活垃圾治理工作的检查验收；被市政府命名为第四轮敬老模范乡镇，青龙镇代表眉山市顺利通过四川省民政厅对眉山市的绩效考核；青龙镇赵桂英入围全省法治人物。

【工业经济】 2015年，全镇固定资产投入实现52亿元，同比增长8.3%；园区规模企业总产值达到207亿元，同比增长10.7%；入库税金实现4.83亿元，同比增长14.8%。2015年，青龙镇全力抓好征地拆迁工作，按照开发区的总体安排，成片拆迁66.67公顷，妥善处理征地拆迁中的遗留问题，确保项目建设不因拆迁的问题受到影响。解决顺河坝266.67公顷土地整理项目拆迁遗留问题，基本完成新津外绕大桥引桥段、成昆铁路复线拆迁工作。

【农村经济】 抓特色增效应，围绕木耳、水果、水产养殖基地，按照“生产集约化、生态多元化、环境生态化、产品高端化、发展高效化”要求，推动特色效应农业稳步发展。其中，木耳种植共计1600万袋，产值1.1亿元；葡萄种植200公顷，产值达到450万元；梨树种植133.33公顷，产值达到770万元；柑橘种植133.33公顷，产值达到860万元；出栏生猪2.6万头，存栏2万头，出栏肉羊2000只，存栏2400只，出栏小家禽21万羽，存栏27万羽，实现年产值1亿元。以上特色产业年产值达到4.18亿元。全面贯彻落实退耕还林、农业补贴、农机购置补贴等惠农政策，增加农民收入。其中，全年兑现退耕还林政策性补贴58.16万元，农业补贴179.5万元，发放农机购置补贴8000元。

【城乡建设】 2015年，投入150万元完成先桂路2.5公里道路硬化工程，解决沿线3000余名群众期盼多年的出行难问题；投入80万元完成狮子村1100米沟渠浆砌和1830米的社道硬化及破损路面修缮；投入水利改造资金115万元，在同乐村整治山坪塘11口，小水泵10处，新修沟渠2600米；扩展延伸保净路3.5公里；龙都大道集镇段改造工程进入施工阶段；龙都社区阵地改造升级工程主体工程已基本完工；成昆复线工程完成红线内的大部分拆迁工作；全面完成“千湖之城”建设目标，新增水域面积0.5平方公里、山坪塘整治11座、综合利用30座，引水入镇1处。

【民生工程】 2015年，协调推进龙都新苑三期安置房建设，将1800余套安置房分配到位，解决1800余户拆而未安的问题。完成城际铁路安置小区174间铺面分配工作。投入50万元，协调区民政局、消防大队、安监局、电力公司等部门，整治青龙老街的危房、公共电力线路，新建消防池和完善配套设施，彻底整治老街消防安全。完成青龙老街24盏路灯安装，为群众送去光明。投入120万余元清淤、浆砌沟渠1600米，解决桂林村排洪沟受污染的问题。搬迁明坤水泥厂附近受粉尘污染的群众180余户。铺设自来水管14公里，解决先锋、同乐、狮子等村部分群众饮水难问题。新增就业再就业282人、扶持返乡青年创业贷款及农机贷款近100户500万余元、救助贫困留守学生20人、大病医疗救助10人、扶持残疾人创业扶助18户、免费为20位白内障患者做复明手术。关心扶助困难党员和困难群众300余户，送去慰问物资22万元。协助完成青龙二小异地新建工作，并正式投入使用。协调拖欠农民工工资问题5起，追回农民工工资100万余元。

【城乡环境综合治理】 2015年，青龙镇深入推进城乡环境综合治理工作，成功完成国家10部委对农村生活垃圾治理的验收，在眉山市第二季度“双十佳”评比中被评为“十佳”乡镇。完成省道103线火车站道口及二医院旁节点打造2处，协助指导同乐村争创2015年省级环境优美示范村。投资400万元，参照兴隆街的标准，将龙都大道进行黑化、美化、亮化，并彻底整治下水道管网，解决排污、排水问题。结合“六乱”专项治理工作，坚持打击车辆乱停、乱放，杂物乱堆、摊点乱摆现象，还青龙一个秩序井然的优美之城。是年9月，青龙镇治乱工作得到区委书记梁磊肯定性批示，号召全区各乡镇向青龙镇学习。

（陆文进）

公 义 镇

【重要事件】 11月15日，公义镇公义场社区党支部组织党员干部、两代表一委员、威望人士、致富带头人、村民代表、文娱队等430余人，开展每月一次的党群集中活动。公义镇党委组织其余8个村的支部书记、村主任、第一书记、机关驻村领导等集中观摩。以点带面开先河，其先进经验被《区委组工动态》13期选登，在全区推广。

【概况】 公义镇位于彭山县城西北11公里处，海拔438.1 ~774米，幅员面积40.31平方公里，下辖8村1社区，57个农业社，3个居民小组。总人口2.51万人，其中，农业人口2.42万人，非农业人口900人。2015年，全镇生产总值3.23亿元。城镇居民人均纯收入26573元，同比增长10.1%；农民人均纯收入12412元，同比增长9.9%，工业固定资产投入2.12亿元。有退耕还林500公顷，血防还林133.33公顷。有耕地面积1633.07公顷，以通济堰为界，属半丘坝地貌，主产水稻、玉米、红薯、花生、小麦、油菜，是典型的农业大镇，是有名的“腰鼓之乡”“女子龙之乡”。

【农业经济】 2015年，公义镇以岷江现代农业园区建设为契机，加快农业招商引资，实现土地流转1066.67公顷。有57家业主云集公义，建有家庭农场27家，打造高端蔬菜46.67公顷、优质葡萄533.33公顷、橘柚353.33公顷，华辉苗圃、生态莲藕13.33公顷，形成公义农业绿色屏障，成为一道亮丽的农业特色风景。打造省级粮经复合基地1个466.67公顷。巩固国家级水稻制种基地133.33公顷，水稻制种质量居全国前茅，受到国家科学研究院的肯定。五马村86.67公顷优质核桃已开始挂果。绿色田园观光基本形成，受到省、市、区的关注，成为农业农村工作会观光热点。全年，接待农业观光代表队38次。新增农兴种植专业合作社和金实果蔬专业合作社2个，实现专合组织全覆盖。

【新农村建设】 2015年，“双挂钩”项目进展顺利，马林安置点完成主体工程建设，安置小区正在进行附属工程设施建设，人行便道铺设基本完成，休闲文化娱乐设备正在完善之中。红旗安置点已开始打围作业，交通便道已铺设完成。2个安置点完成后，将为城镇增加人口4000人。同时鼓励农民选择货币化安置进城购房，向城乡一体化迈进。2015年，公义镇有216户群众到城区购房。

【农业基础设施建设】 2015年，全镇继续实施“五小水利”工程、土地整理、农综项目等工程，投入资金2800万元。全镇农田水利石渠化率达到75.6%，整治沟渠20公里，改造山坪塘33口，石河堰11个，硬化生产便道17公里，改造电力提灌站17个，镇内6个水库在综合治理的基础上，成效显著，蓄水容量增加，保证群众生产、生活用水，为促进农业发展，助推产业创新，提高农民增收，奠定坚实的基础。新铺设自来水管道1.5万米，使集镇范围内和马林村部分群众吃上放心水；新铺设天然气管道5000米，集镇内800余户群众用上天然气。卫生院门大楼已全面竣工，附属工程正在加紧施工。

【社会事业和民生工程】 2015年，农村劳动转移8500人，完成“4050”人员社保补贴48人次，金额17.22万元。城乡居民养老保险完成2.29万人，农村居民医疗参保率达98.7%。民政救灾救济困难群众共549人次（其中，医疗救助32人次，临时生活救助43人次，发放冬令春荒款474人次），金额21.89万元；落实高龄补贴703人，对175名“五保”老人实施全力供养，集中供养75人，分散供养100人，按供养标准实行打卡发放。为680名困难家庭失能老人和高龄老人提供居家养老服务。全年慰问优抚对象20名。每月16日为精神病患者行免费发放药物。计生工作再上新台阶，符合政策生育率为86%；做好育龄妇女“三查”，参查率达98%。多次接受省、市、区计生抽样调查，均收好评。2015年，投入150万元启动公义镇场镇公园建设，工程全面完成。完成卫生院新楼主体工程。大力开展环境治理，关停和整改通济堰公义段畜禽养殖10家。实施政策性农业保险，足额兑现各类惠农资金的补贴。“两奖一扶”兑现率100%，城乡低保做到应保尽保，动态管理，及时兑现率100%。社区、马林居民吃上自来水、用上天然气。村（社区）道路两旁新安装路灯187盏，为群众夜间出行提供便利。鹤林、农乐、新桥、马林通过项目资金和“一事一议”项目，新硬化生产便道3600米，浆砌沟渠4000米，改造军用桥至劲飞公司后门外的破旧路面硬化850米，让群众告别“晴天吃灰，雨天遭泥”的历史，为群众生产、生活提供方便。文教体工作欣欣向荣，全镇村级农家书屋、远程教育开放率100%，村级文化场地、设施对外开放率100%。全镇现有11个老体协、7个文化广场、12支文艺小分队、2个门球队，活动有声有色。在纪念抗日战争胜利暨世界反法西斯战争胜利70周年，红旗村文娱队代表参赛，获得优秀奖。社区舞蹈队参加市广场舞健身操比赛获得二等奖。社区“女子龙”多次在市、区献技，受到群众好评；少儿腰鼓队在区第六届长寿养生文化节上表演，精彩纷呈。基础教育成就辉煌，公义小学六年级毕业考试成绩居全区农村学校之首，保持市级文明单位和市级校风合格示范学校殊荣。公义中学在中考就读高一级的学生比例达到95%。3～5岁幼儿教育入园率到达90%。社会和谐安定，精准扶贫建档立卡118户，建立扶贫脱困攻坚结对联谊。全年共调处信访维稳矛盾纠纷共138件，成功率到达100%。全面落实安全工作“一岗双责”目标责任制，加大道路交通、森林防火、烟花爆竹、地质灾害、食品安全、大气污染、秸秆禁烧工作的排查力度，清除安全隐患15处，安装警示标牌37个，安装减速带141米，真正树立安全无小事，责任重于泰山的安全防范意识，全年无重大安全事故发生，确保“三无”指标的实现。

【党建工作】 2015年，公义镇党委按照“聚精会神抓党建，一心一意谋发展”的战略部署，践行“三严三实”，抢抓四大机遇，紧紧围绕组织强、产业兴、环境美、群众富的工作目标，敢于担当，形成党建引领，推动公义经济社会全面发展的大党建格局，使公义成为深化农村改革的实验区、农业产业结构调整的示范区全区对外形象的展示区。2015年年初，整合投入资金200万元，完成公义场社区办公场所建设，建成社区文化院坝，打造基层党建新亮点。投入资金200万元，建立马林村办公阵地，打造红色公义、幸福马林对外新形象。建设党员先锋服务队等“四支队伍”共36个，开展“六五”普法、科技、文化、卫生“三下乡”赶场活动；开展“321”直接联系服务困难群众和“精准扶贫”攻坚脱贫致富联谊活动；坚持“三会一课”“书记下村上党课送教活动”和“五晒”工作；成功组织庆“七一颂”活动；坚持“五本一册”基层党建工作档案资料的完善，保持全镇一月一次的党群集中活动日，使党员干部群众接受锻炼，增长才干，党心民心凝聚，党群关系密切。培养后备人才27名，培育行业标兵模范，塑造红旗支书典型，学有榜样，赶有目标，2015年，建立金实果蔬专业合作社党支部1个，使公义经营主体中实现“两新”组织全覆盖。

【党风廉政建设】 认真履行党风廉政建设职责，严格执行八项规定，严肃机关和村（社区）干部的政治纪律、组织纪律、工作纪律、廉洁纪律。大力开展党风廉政建设社会评价调查宣传工作，为广泛提高群众积极性和知晓率，发放宣传资料5000份，悬挂“12340”宣传标语20幅，收到并解决群众反映的问题36条，党风廉政建设社会评价取得显著成效，获区级综合排名第二名。建立“两代表一委员”工作站，成立廉情监督委员会和规划监督委员会让“三资”管理在阳光下运行，对3个村进行经济责任审计。加大对违纪、违规行为的处理力度，对2名责任人给予党内警告处分。坚持机关效能建设，加强机关工作人员平时考核，做好月考勤、周纪实、月晒账、季考评、年总评的工作程序，其经验在全区会上交流，成为国家公务员局基层调研的备检点。在多次接受市、区纪检监察的检查中，公义镇勤政务实高效的工作作风和为民清廉的形象得到充分展示。

【机关建设】 机关干部严格按照365项政治纪律、工作纪律、组织纪律、廉洁纪律标准和村（社区）干部80项清单标准，建立、健全便民服务体系、机关工作人员平时考核制度，全面落实“四个当天”“庸、懒、散、浮、拖”专项治理；便民服务中心、村级办公阵地做到值班有人，接待群众有人，处理应急事务有力，主动服务有人；精准扶贫帮扶政策落实让弱势群体摆脱了贫困解决后顾之忧；“三资管理”工作更加规范，财政收支更加透明，监督管理更为严格，机关干部廉洁自律，杜绝“四风”的问题的反弹，全心全意为人民服务的宗旨在党员干部的心中扎根。

【工作亮点】 2015年，在新开、欣荣村进行“三权办证”试点工作，前期3200户入户调查，测绘工作全面完成，现已进入公示阶段。新开村自愿复垦土地1.29公顷报省国土资源厅验收，为有偿宅基地退出开了先河。农兴专业合作社获得省农业厅“示范农民专业合作社”称号。农业示范园区初具规模，全年共接待省、市级参观团33批次，农业示范园区已成为一张响亮的名片。果怡公司贾强参加团中央、农业部等单位联合组织的2015年中国青年涉农产业致富大赛，获得四川省第一名，全国创业组铜奖。社区文化院坝建设作为全市宣传文化工作会议现场参观点，成功经验在全市推广。

（罗仲华）

谢家镇

【概况】 谢家镇位于成都平原经济圈核心层内，北距成都58公里，南邻眉山26公里，东接县城7公里，属四川盆地亚热带湿润气候。谢家镇历史悠久，物产丰富，有“搬不空的谢家场”之称。2015年，全镇幅员面积46.5平方公里，总人口2.84万人，辖8个行政村，1个社区居委会。全年完成固定资产投资1.5亿元，招商引资1.5亿元；实现农林牧渔总产值2.44亿元，增长10%；农民人均纯收入达到14685元，增长11%。

【农业经济】 2015年，大力发展特色种植业，全镇实现川泽泻GAP规范化种植800公顷，农民增收2200万元；杂交水稻制种基地面积达800公顷；葡萄种植面积达35.87公顷；优质草莓面积10.67公顷；蚕桑基地面积达133.33公顷；巩固退耕还林733.33公顷，完成2015年退耕还林后续产业40公顷，建立绿色基地3个，全面完成绿海明珠任务；积极引进农业业主15户，加快土地流转120余公顷，其中，果树40公顷，藤椒26.67公顷，促进农业产业化，提升土地效益，增加农民收入。加大农村基础在设施建设，实施省上“五小水利”工程项目，投资1380.41万元，群众投劳折资125.1万元，整治沟渠52.43公里，新建渠道11.26公里，整治山坪塘11座，新建蓄水池28口，升级改造提灌站

13座，大力改善全镇农田水利基础设施建设，方便群众生产用水。完成全镇8个村67个农业社的农村土地确权登记办证工作。2015年，谢家镇农林牧渔总产值完成24483万元，增长10%。

【工业经济】 2015年，全镇落实领导定点联系企业制度，努力为企业排忧解难，做到主动登门和“110”式服务，切实维护群众和企业的利益。积极配合成眉石化园区做好基础设施建设，为引进企业入驻创造良好条件。鼓励和支持蓉兴化工、四川森田等现有企业技改、上新项目，扩大生产规模；启动原和昌化工公司场地的转型发展工作。全年完成固定资产投资1.5亿元（含工业技改任务5000万元），招商引资1.5亿元。

【第三产业】 2015年，全镇依托彭谢新城建设，积极鼓励发展商贸流通服务业，做足山水文章，沿彭谢路、毛河流域发展田园生态休闲观光旅游；依托丘区贫困村，规划建设城市青少年教育基地，配套发展乡村游、农家游。

【项目建设】 2015年，谢家镇坚持将提高品质作为推进发展的贯穿红线，全力促进各类项目建设，提升发展基础，促进成眉石化园区发展在经济大环境低迷的情况下逆势崛起，新引进世界500强企业陶氏化学，开工建设禹王防水、中明能源等近10个项目，推动和昌化工转型发展，为谢家未来的发展注入强劲动能。全力抓好交通建设，谢义路升级为省道，完成新彭谢路黑化工程，启动亮化、绿化、美化工程建设，促成眉山对接成都的工业大道、全区西山旅游环线规划经过谢家，为谢家未来的发展铺设星光大道。全力抓好农业基础提升，投入近6000万元资金实施“五小水利”工程、土地整理、高标准基本农田建设、现代农业生产发展、农网改造等项目，项目实施后将新建沟渠12公里，整治改建沟渠100公里、田间道23公里、生产道路26公里，整治山坪塘11座，新建蓄水池28口，改造泵站13座，有效改善群众的生产、生活条件。全镇土地流转方兴未艾，村村皆有新业主，新引进紫山药、藤椒、柚子等规模种植。

【社会事业与民生】 2015年，全镇抓普惠、强治理，实现民生改善新迈进。开展低保人员全面清理、贫困人口全面比对，把不符合条件的人清理出去，把真正困难的群众纳入到帮扶名单中。建立扶贫党总支、扶贫党支部的扶贫工作组织架构体系，实行镇机关干部全部驻村，为每个村（社区）选派第一书记主抓脱贫攻坚工作。“六个一”方式加强管理，充分发挥“第一书记”在思想引领、脱贫攻坚、干部培养等方面的作用。将秸秆禁烧、畜禽污染防治纳入重要议事日程，强力推进。全面完成养老保险并轨、城乡居民医疗保险整合，大病保险实现全覆盖。平安建设全区一流。坚持问题导向，着眼问题解决，抓好信访三无乡镇创建，摘帽全市信访维稳重点乡镇。

【党建和党风廉政建设】 2015年，全镇从严抓班子、带队伍，实现规范运行大提升。坚持以群众满意和问题解决为评判标准，大力倡导干部“为民、利民、惠民，求实、务实、落实”，思想引导党员干部认识新常态下的新要求，做到崇严尚实。切实抓好阵地建设，临街设置镇便民服务中心，严格“四个当天”和“七步工作程序”，做到人员照片、职责、电话、去向、履职情况“五公开”，配备办事效果满意度电子测评仪。新搬迁吴堰村办公阵地，新建石山、毛河、李山等村便民服务站，全面实行晒目标、晒承诺、晒党恩、晒账单、晒积分和公开党务、村务、便民服务事项、两委干部值班、两代表一委员驻站安排的村社区“五晒”“五公开”，全面推行党群集中活动日。鲜明“忠诚、担当、有为、干净”的干部标准，“一述三评两投票”抓好公务员日常考核，严格执行乡镇和村（社区）干部从严管理六项规定，运行干部日常监督管理系统，在各村主要道口全面公布镇纪委、监察室举报电话。谢家场社区获全省先进基层党组织、先进基层工会称号。

（陈玲玲）

江 口 镇

【概况】 2015年，江口镇全力推动品质生态文旅江口建设，完成国民生产总值（GDP）3亿元；固定资产投入5.8亿元，招商引资5.8亿元；农民人均纯收入达到11764元，增幅达到12%。组织、党建、农村生活垃圾治理国家验收等10余项工作受到区委、区政府表彰。

【农村经济】 2015年，江口镇全面完成农村土地确权颁证前期工作。农副产品质量安全体系建设全面建成，迎接省、市初检合格。农民人均纯收入在2014年基础上递增12%。抢抓农村改革试验机遇，加快推进长寿果蔬示范片建设，新植树53.33公顷，品改33.33公顷。在7个村实施小农水项目，整治沟渠23.5公里，建蓄水池73口，整治山坪塘24座，石河堰7个。投资60万余元，维修整治江光支渠永利段沟渠120米。投资20万余元，整治府河流域石龙段水毁护坡工程。全镇水库蓄水，防洪工作按要求全面实施到位。全年出栏生猪4万余头，无重大疫情发生，环境治污工作全面达标，未发生一起环境污染问题。

【项目工程】 2015年，先后引进省人防工程、九龙山隧道、第三绕城高速、岷东大道、龚家堰扩容、远景文化旅游等项目，完成征地拆迁158.73公顷，拆迁农户312户946人。彭祖小镇安置区、龚家堰安置区和远景文化旅游安置区建设使江口镇城镇化率大幅提升。岷东大道、第三绕城高速施工顺利推进，江口镇的交通枢纽构架更加舒展。

【三产旅游】 抢抓交通同网机遇，坚定不移发展生态农家休闲旅游，新引进2家高档“农家乐”，提档升级1家“农家乐”，实现第三产业增加值9681万元。

【社会事业和民生工程】 严格低保问责，做到应保尽保；实施大病医疗救助35人次，一站式服务医疗救助412人次。完成全镇残疾人需求调查485人，其中办理养老保险468人，救助88人，送温暖252人，为护理166人发放护理费14.5万元，免费救助精神病患者44人，送扶助器具36个，实施白内障手术11人次，居家灵活就业35人，居家托养7人。完成城镇新增就业53人，小额担保贷款4户18万元，灵活就业46人，创业登记16户，清理2012—2014年失地农民2537人，清理机关养老保险试点81人，“新农保”完成续保6400余人，新参保70人，办理1.6万余人医疗保险。帮助6000余人参加小额保险。基层老年协会建设达标，第四轮创模工作达验收达标。完成永利村幸福院建设，完成728名困难家庭失能老人和高龄老人提供居家养老服务。全面建成基层公共卫生体系，全年灭螺面积达130万平方米。派驻第一书记打赢扶贫攻坚战，先后投入项目资金180万元，硬化道路8公里，新植品改柑橘6595株，通过干部帮扶、产业扶持等帮扶措施，脱贫161户480人，剩余贫困户101户262人。

【环境综合整治】 2015年，江口镇集中治理“六乱”，全年共计查处违规乱建23处，查处违规车辆85起，拆除小广告100余幅，规范店招牌18处。认真开展“花漾彭山、美丽乡村”工作，种植三角梅2500株；投入政府资金18万余元，新建垃圾池53个，2015年，环境综合治理工作得到区治理办充分肯定。强化规划执行和监督，制定建设审批流程和土地流转管理工作流程，共发现违规建设17起，现场予以制止5起，发出停工通知6份，限期拆除通知6份，强制拆除通知7份，强行拆除7起，面积760平方米。

【党建工作】 坚持“书记抓、抓书记”，用责任制管责任人，靠责任人带一班人。层层签订党建工作责任书。将党建工作目标任务细化落实“到村到人”，量化考核、严格奖惩。全面推行党建工作“双向述职”。基层组织党建工作年度目标通过党员大会讨论后进行公示，村（社区）党组织书记年终“逐一交账”，接受党委和党员群众双向测评，形成一级抓一级、党员群众齐参与的良好工作氛围。落实“一岗双责”，建立党委成员联系党建工作制度。党委成员联系党支部，形成党委书记亲自抓，党委成员和村（社区）支部书记合力抓的党建工作格局。强化督促检查，定期对党建工作目标任务、完成情况进行督察。规范村级组织运行，实行党务、村务、便民服务、村干部值班、两代表一委员值班安排“五公开”。加强组织覆盖，新建“两新”党组织2个，创建“五星级”“四星级”两新组织各1个。深入开展基层党组织“三分类三升级三挂钩”活动，评定远景村为后进支部，并成功转化。强化经费保障，投入资金20万余元对各村（社区）标识标牌、公开栏进行规范，进一步强化基层办公阵地功能。指导村级组织管好、用好村级公共服务资金，基层组织建设资金投入大幅提高。深化直接联系服务群众工作，“四支队伍”实现常态化服务，制作听百姓音、解百姓难“呼声墙”，让群众把想问的问题，想解的难题张贴在呼声墙上，由党政办统筹登记并落实相关职能部门进行处理。建立以“年度目标个人自定、群众议定、乡镇审定，完成情况季度点评、半年测评、年终考评，依据考评结果落实奖惩”为主要内容的农村支部书记“双诺三评两公开”制度，各村（社区）制定任期目标和年度目标255个，全部公示并接受群众监督。大力选配村级后备干部，建立村（社区）后备干部人员信息库，吸引农村年轻优秀人才向党组织聚集。全面实行党员双向培养制和党员发展三级预审制，全年新发展党员9名；其中，大专以上学历5名，35岁以下5名。

【作风建设】 2015年，全镇开展慵懒撒浮拖专项整治，梳理完善涉及干部作风、“三公”经费管理等方面的十项制度，建立以制度管人管事格局，不定期明察暗访，督察村（社区）和机关工作状态。加强党员干部教育和查处力度，立案查处侵害群众利益典型案件2起，给予2名党员干部警告处分。办理区纪委交办案件6件，对相关责任人进行诫勉谈话。高度重视并务实抓好党风廉政社会评价工作，社会评价工作多次全区领先。

【信访维稳】 2015年，江口镇坚持党政班子接待来访群众制、信访维稳工作排查制，在重大、关键节点及时排查化解，保证江口镇和谐稳定。坚持机关干部下访工作制及领导包案工作制，对重点人员进行一日三见面，做好稳控，对发现的小问题依法、及时、就地解决，确保“小事不出村，大事不出镇”。严格实行“维稳跟着项目走”“调解跟着矛盾走”工作机制。成立“维稳跟着项目走”领导小组，按照“谁主管，谁负责”原则，每个项目均实行一岗双责，包案处理。对涉及项目的信访问题抓小、抓早、抓苗头，做到“预防为主，防治结合”。全镇实现零到京、零到省，无集访，无重大突发事件，优化了发展软环境。

（宋小英）

黄丰镇

【重要事件】 3月5日，黄丰镇11名群众在彭祖广场舞动长达21米大型草龙，表演市非物质文化遗产。中央电视台一套《晚间新闻》播出黄丰镇草龙表演情况，这是彭山该类新闻首上央视《晚间新闻》。

4月8日，黄丰镇第一届人民代表大会第一次会议在黄丰镇文化中心隆重召开，来自全镇的50余名镇人大代表参加会议。大会听取和审议镇人大主席易建兵代表镇人大主席团作的《黄丰镇人大主席团工作报告》、周亚琳作的《政府工作报告》；通过《黄丰镇2014年财政预算执行情况和2015年财政预算（草案）的报告》，袁长清向大会报告第十八届镇人民代表大会第四次会议代表建议意见办理情况。

【概况】 2015年，黄丰镇以深化党的群众路线教育实践活动为契机，大胆创新，全力开展都市近郊观光农业发展，努力打响“幸福黄丰”品牌。全年全镇生产总值达到3亿元，较2014年增幅12%；全镇固定资产投资达到2.5亿元，较2014年增长47.1%；农民人均纯收入达12527元，比2014年增长11%。

【农村经济】 2015年，黄丰镇按照“发展特色种养业，稳步推进农村经济产业化”的思路，不断加大对农村产业发展的政策扶持力度，有力促进农民增收。按照“依靠科学技术、推广应用良种、降低投入成本、提高产出效益”的要求，粮食生产稳步发展，水稻种植906.67公顷，总产量748万公斤。积极发展高产、优质、高效畜牧业，全年共出栏生猪3.2万头，小家禽兔58.2万只，成鱼700吨。坚持走农业产业化发展之路，推动规模农业、高效农业不断发展，柑橘产业发展实现升级。2015年，柑橘销售8000万公斤，完成品改200公顷，实现销售收入2.8亿元。利用家庭农场联盟和阿里巴巴网络销售平台，积极探索柑橘“互联网+”农业的销售模式并取得初步成效，网商平台销售柑橘10万公斤，增收840万元。建立健全林木管理制度，抓好集体林权制度改革，搞好全镇森林防火宣传，落实森林管护机制。全年四旁植树2万株，新植血防林工程17.07公顷，巩固退耕还林工程建设85.33公顷。

【项目建设】 2015年，黄丰镇重点交通项目建设顺利推进，岷东大道建设完成征地21.53公顷，完成33户房屋拆迁安置；简蒲高速建设完成征地35.51公顷，完成房屋拆迁104户，安置312人，正在进行第三次征地工作。全区重点饮水工程龚家堰扩容工程有序开展，枢纽区（大坝）2015年12月底前已全面完成任务，移民安置基本完成。

【深化农村改革】 2015年，全镇深化农村改革工作稳步推进，集体经济股份改革工作取得阶段性成果。团结村顺利完成集体经济股份改革工作，组建具有独立法人资格的集体资产经营管理有限公司，成为眉山地区首个农民股份公司，受到各大媒体高度关注，被中新网、腾讯大成网、四川新闻网、四川在线等多家媒体作为新闻头条持续报道。全区深化农村改革工作经验在全国交流，受到国务院副总理汪洋的肯定。

【乡村旅游】 2015年，全镇整合资源，不断完善旅游基础设施建设，优化旅游环境，加大旅游宣传力度，把旅游业培育成富民强镇的支柱产业之一。文化立镇、“一三融合”持续推进。成功举办“彭山黄丰”第六届橘花节，游客人数突破8万人次，旅游收入实现680万元以上，销售柑橘完成2万公斤。中央电视台一套《晚间新闻》播出黄丰镇草龙表演。黄丰镇顺利通过省专家组验收，被省文化厅正式命名为“四川省民间文化艺术之乡”。

【基础设施建设】 2015年，黄丰镇深入开展治“五乱”活动，加大环境整治工作，全年集中清理12次；投入资金30万余元，新建、改建垃圾分类收集池60个，新建生态处理池30个；沟渠防渗40公里；新建山坪塘5口，整治180口。

【民生工程】 2015年，黄丰镇整合300万余元财政专项扶贫资金用于贫困村基础设施建设，组建黄丰镇扶贫党支部体系，选派10名第一书记、45名驻村干部驻村扶贫，全镇党员干部、“两代表一委员”结对扶贫全覆盖，有效帮扶贫困人口232户687人，已脱贫127户374人。是年，实施15项民生工程，顺利完成合力村小区和丰华村聚居点建设，农村危房改造175户，农民住房条件实现飞跃。全面完成迎接国家农村生活垃圾治理验收工作，黄丰镇被评为“农村生活垃圾国家验收工作先进集体”。建成新村文化院坝1个。黄丰镇顺利通过省专家组验收，被省文化厅正式命名为“四川省民间文化艺术之乡”。大力开展大气污染防治工作，落实村民自治，形成秸秆等垃圾主动禁烧、参与禁烧、综合利用的浓厚氛围，被评为“秸秆禁烧与综合利用先进集体”。全面完成春秋两季血防工作，实现阻断达标目标。

【社会事业】 2015年，全镇城乡居民基本医疗保险人数16174人，城乡低保1202人，实现应保尽保；农村“五保”入住敬老院50人，入住率58.82%；帮助农村特困户建房68户，救助孤儿4人，慈善助学10人；做好拥军优属工作，及时发放各项优抚补助5000元。社会管理措施扎实，综治部门强化人防、巩固技防，全面推进社区网格化管理，全面排查化解各类矛盾纠纷，镇司法所等职能部门积极参与调处，调处率100%。全年，共受理信访案件8件，办结8件，办结率为100%。充分发挥各基层调解组织的作用，全年共受理矛盾纠纷案件128件，成功调解128件，调解成功率为100%。全面落实安全生产责任制，切实加强两个主体责任的落实，加大安全生产工作教育培训力度，深入开展“安全生产月”活动，利用赶集的有利时机到街上宣传安全知识，共发放宣传资料4000余份，张贴宣传画150余幅，宣传标语40余条；加强对道路交通、危险化学品、烟花爆竹等重点行业和领域的安全隐患排查，共开展专项整治36次，排查出安全隐患52条；梳理完善涉及自然灾害、安全生产、社会安全、地质灾害防治等方面的预案，配备一批应急救援器材，积极组织开展应急救援演练，提高应急处置能力，全年安全生产实现“零事故”，有力的保障了人民群众的生命财产安全。

【党建工作】 2015年，黄丰镇新建村级阵地1座，改扩建2座，规范化建设6座。做实村级便民服务制度，让村级阵地能干事、干成事，使村级阵地变成群众想来、愿意来的地方。新建成丰华双丰果品专业合作社办公室，开展柑橘种植技术培训达4000人次，充分发挥支部服务产业作用。开展基层党建特色工作，扎牢基层基础。全面落实党建规范化工作，全镇810名党员参与贡献积分活动，全镇各支部书记领办项目24项，累计开展党群活动日14次；2015年10月以来，全镇所有村（社区）全面落实村级财务每月公示制度，向群众交明白账。成立柑橘产业党总支，形成8个柑橘生产指导党小组，开展柑橘技术培训13次，培训人次达1200人次以上，凸显党组织引领发展作用，提升产业支部业务能力。结合“慵懒散浮拖”专项治理活动，积极开展机关干部平时考核工作，将全镇项目工作和干部驻村工作情况作为季度考核重点，将能干事的干部凸显出来，激发干部干事创业热情。加强党风廉政建设，改进干部工作作风。委托第三方独立机构在全镇范围内9村1社区上、下半年各开展黄丰镇党风廉政建设社会评价调查，积极整改群众在调查中反映问题，群众满意度得到提升。2015年下半年，黄丰镇党风廉政社会评价名列全区第4名。镇党委被区委评为2015年度先进基层党委，丰华村党支部被市委评为2015年度先进党支部。

【行政效能】 严格按照法定权限和程序行使权力、履行职责，规范行政决策和行政执法，进一步推行政务公开，增强政府工作透明度。强化首问负责制、限时办结制、责任追究制“三项制度”的落实，提倡高标准、快节奏、严要求的工作作风，政风行风明显好转，行政效能进一步提升。坚持以服务基层、服务群众、服务客商为宗旨，变群众上访为干部下访，主动为基层、群众和客商提供优质服务，使政府工作更加合民情、顺民意。

（李怡媛）

牧马镇

【重要事件】 5月，牧马皇陵风情古镇开发项目进场。该项目位于彭山区莲花村，占地66.67公顷，由四川省彭山恒达实业有限公司投资建设，总投资18亿元，施工建设周期为3年。

8月20日，东星航空学院项目进场施工，东星航空项目位于牧马镇莲花村，占地23.33公顷。

10月20日—21日，牧马镇民俗“狮子灯”参加第六届国际长寿养生文化节，获得微彭山“大彭山民俗文化震撼来袭，你最爱哪一个”投票第一名。

11月，省政府批复同意《四川天府新区总体规划（2010—2030年）（2015年版），牧马镇纳入天府新区协调管控区，作为天府新区外围生态环境服务区，发展以生态、保育、休闲、旅游和生态农业为主。

12 月，牧马新镇一期、莲花新村三期配套设施和绿化完成，共安置 519 户；同时，莲花新镇四期、牧马新镇一期进场施工。

【概况】 牧马镇北与新津县的金华镇、双流县黄龙溪镇接壤，东与 AAAA 级风景区古镇黄龙溪相邻，南与彭山区武阳镇接壤，西依岷江（南河），与天府新区的工业重镇青龙镇隔江相望。距彭山城区 15 公里，距成都市中心 38 公里、双流国际机场 30 公里。2015 年，牧马镇幅员面积 28.5 平方公里，耕地面积 816.93 公顷。全镇 GDP 实现 2.43 亿元，完成固定资产投入 24 亿元，完成招商引资 16 亿元，农村居民可支配收入达到 10445 元，农民人均纯收入 12350 元。三产旅游、城市建设、投资促进、交通建设、城乡环境治理、深化农村改革等 34 项工作获得区委、区政府及以上肯定。省级重点镇建设工作经过市综合考评，排名全市第一。莲花三期、牧马新镇一期分房、东星航空学院建设等工作得到区委、区政府主要领导多次肯定。

【财政税收】 2015 年，全镇实现财政收入 502 万元，税收入 2.66 亿元。

【新农村建设】 2015 年，建设生态宜居牧马城是牧马镇主心轴，牧马新镇 1 期已完成安置，建筑面积 10 万平方米。全镇农户原基改建 42 户，5000 平方米，复耕新建 15 户，1800 平方米。新批无房新建 26 户，2200 平方米。修水泥路 38 公里，商品混凝土 1.95 万立方米。莲花安置 4 期规划已定，安置 150 户，占地 4 公顷，修建面积 2 万平方米。

【农业经济】 2015 年，牧马镇主抓科技带头人，农业种植大户培训带头示范，培训各类农业科技人员 9032 人。示范种植秋洋芋 22.67 公顷，大棚西瓜蔬菜 38.2 公顷，高产示范油菜 433.33 公顷，水稻 662.67 公顷。一村一品特色突出，官厅空心菜、武阳地瓜子、二荆条海椒，总收入在 1580 万元以上。水稻实现全机械化收割。

【工业经济】 牧马镇工业属特开发期，2015 年主要抓好现有 10 个家具厂和 2 个砖厂的技改和管理服务。全年全镇工业经济实现 2200 万元。

【项目建设】 2015 年，牧马镇项目工作取得新突破。恒大项目：三期建设已完成；“三大中心”正式营业；完成 4.77 公顷土地出让，四期顺利进场开工建设；成功引进上海育星教育集团，成立“彭山保罗学校”并顺利招生；全年完成投资 8 亿元，房地产销售达 5 亿元。复地项目：完成 43.33 公顷土地出让；复地一期三、四标段竣工开盘，二期一、二标段开工并开盘销售；全年完成投资 8 亿元，完成销售 8 亿元。四川东星航空旅游专修学院彭山校区：完成 20.67 公顷教育用地出让，完成规划设计及“三通一平”；航空大道完成征地拆迁并贯通施工通道，主体建设全面开工；全年完成投入 1.4 亿元，占项目总投资的 28%。成彭大道：牧马段 6 公里主路全段建成通车；道路沿线附属工程、恢复性工程完成 50%；全年完成投入 5000 万元。成昆铁路复线建设：完成征地拆迁工作；施工便道建成投入使用；成峨段控制性工程青龙场隧道顺利贯通；青龙特大桥、龙溪河特大桥桥墩全面完成；全年完成投入 3 亿元。牧马新镇项目：完成一期 344 套安置房建设和分房工作，并获区委、区政府主要领导肯定性批示；二期 10 公顷安置用地征地拆迁顺利推进；386 套安置房完成规划设计和财评；全年完成投入 3000 万元。莲花新村：完成三期 153 套安置房建设和分房入住工作，并获区委、区政府主要领导肯定性批示；完成四期安置区征地拆迁、规划设计评审、财评；全年完成投入 3000 万元。牧马皇陵旅游综合开放项目：总投资 18 亿元，完成一期 10 公顷建设用地上报审批。

【精准扶贫】 2015 年，全镇建立扶贫党总支和扶贫党支部 2 支队伍，为全镇 195 户、548

人贫困人口量身制定帮扶措施，圆满完成79户、240人限期脱贫任务。累计争取资金260万余元，实施美丽乡村龙王堰改造，天宫、武阳道路硬化4公里，改造提灌站2座等工程，提升基础设施水平。通过免费发放农资，科技人员上门服务等方式，提高贫困对象科学致富能力，实现科技扶贫。依托牧马镇农业基础现状，按照“一村一产业，村村有特色”的思路，争取秋洋芋示范项目，支持二金条辣椒、地瓜籽、柑橘特色农业壮大，实现产业扶贫。大力整合上级惠民救助资金，为贫困对象分门别类实行政策兜底或信贷支持，实现政策扶贫。

【社会事业】 全年升级村村通广播6个，送电脑电视6台，文艺表演24场，放电影90场，文艺队伍培训320人，健身广场天天开放，参与人数上万人次。教育工作稳定发展，适龄儿童100%入学。在校学生952人，初升高64人，学前儿童469人，积极推行电脑教学，学生教育率100%，在职教职工均为大专、本科学历。积极宣传计划生育政策，奖励独生子女户1102人，发放奖励金105.79万元，发放0～8岁独生子女费3083人，发放奖励金18.5万元。2015年，全镇生育245人，符合政策生育215人，其中，单独二孩审批40人，三结户75户，“三查”1.29万人次，孕前优生健康检查83对。全年发放老复员、带病回乡、参战人员优抚金89人22万元。发放最低生活保障金363人55万元，大病医疗救助22人，资金6.8万余元，救助困难群众782人，临济98人，资金19万余元。资助贫困学生16人，资金2.6万元。老龄工作投资4万元。火化超格完成任务，土葬罚款1.5万元。促进剩余劳动力转移，加强征地失地农民社保工作，全年培训技能，创业人员198人，转移剩余劳动力4000人，实现失地农民和城镇居民养老保险1700人，农村养老保险1.25万人，农村医疗保险1.55万人，城镇居民医疗保险460人。

【民生工程】 2015年，全镇提高城乡低保、医疗救助、困难救助工作水平。全年为72户困难群众发放春荒救助3万元；为因病因灾的146名困难群众办理临时医疗和生活救助，救助金额8万元；为499户困难群众、低保户、五保户发放冬春生活救助16.07万元。通过与项目业主开展订单式培训，引导3500名失地农民就近实现再就业；积极探索货币化安置，引导870名失地农民转变为三产经营者、农业业主及城镇居民，“四个转变”效果明显。持续深入开展城乡环境综合治理。全年投入50万余元，建立城管队伍和长效治理机制，开展各类突击整治10余次，结合“花漾彭山”工程栽植三角梅8000余株，绿化道路3公里，全镇环境质量大幅改善；全面完成农村生活垃圾治理国家验收工作，莲花田园小区和牧马商业小镇打造工作有序推进。开展莲花村集体资产股份合作制改革试点工作，顺利完成莲花市场、文化中心资产移交和土地使用证办理工作；清产核资和股民资格确认工作初步完成并进行公示。镇政府勇于担当、主动作为，认真研判形势，科学制定方案，积极争取区、镇、村、社四级干部群众支持，圆满完成莲花三期、牧马新镇一期共计497套安置房分房工作。2015年，全镇实现失业再就业8人，困难人就业9人，城镇残疾人就业8人，实用技术培训13047人，现代畜牧业培训130人，被征地农民培训500人，扶持贫困人口345人，提供法律援助120人，新建法律援助站1个，农村残疾人解困12人，解决15名残疾人的基本器具，资助贫困母亲4人，资助普惠性幼儿园经济困难3人，救助困难职工5人，教育技术装备工程3套，资助农村困难独生子女户9人，居家抚养智力、精神、重度残疾8人，免费孕前检查84人，白内障复名术12人，退耕还林248.67公顷，行政村通广播6个，道路整治20公里。

【社会管理】 2015年，牧马镇莲花新村、毛家渡社区天网建设投入使用，全方位全天候监控确保不漏死角。受理矛盾纠纷调处98件、法律援助咨询120件、法律援助案件5件，处理和答复信访案件13件，100%完成全年任务。切实做好17名矫正人员社区矫正工作，无脱逃漏管发生，无到省、到京信访事件发生，确保信访维稳实现“四零”指标。抓好城乡规划执行和监督工作，建立镇、村两级队伍，制定考核办法，对违规搭建依法进行处置，全年拆除违建1000余平方米，罚款2万元。建立大安全制度，按照一岗双责要求实现排查治理全覆盖，严厉打击非法生产，全年无重大安全事故发生。初步建立莲花新村、牧马新镇安置区长效管理、运行机制，为群众营造安居生活环境。

【党建工作】 2015年，全面落实党建第一责任，切实履职尽职，实行周一例会制度，定期研究党建工作运行情况，建立和完善镇党委班子成员联系村党建工作制度，镇党委将党建工作经费纳入财政预算，保质保量的完成各项目标任务。群众路线教育实践活动是对党员干部在思想、行为作风上的一次再教育和再洗礼，对党建工作推进意义深远。针对牧马镇实际，认真查找“四风”问题和关系群众“最后一公里”的问题，累计走访群众700余人次，收集征地折迁安置、农村基础设施建设、基层组织建设、集体经济发展等方面的问题238条，班子认领22条，个人认领128条。对照检查材料，班子成员共查找问题180条。认真抓好基层组织党员队伍建设，在均衡性上下功夫。结合牧马镇处于大项目区、折迁区的实际，在推进项目区的3个村与项目外的3个村基层组织和党员队伍建设的均衡性上下功夫，班子成员挂、帮、包村一个标准抓党建；薄弱村重点突破制定台账限期推进；特色村重点打造，瞄准一流塑造；四议两公平制度，改善民生，进一步规范和完善监督制约机制，让所有村的工作都在党支部的领导下开展，均衡所有村的党建工作，促进各项工作整体推进，整体上台阶。

【党风廉政建设】 2015年年初，镇党委与各村、镇直各单位分别签订党风廉政建设责任书和个人廉政承诺书，把落实党风廉政建设作为年终绩效考核的一项重要内容，加大农村党风廉政建设工作力度。完善“三资”（农村集体资金、资产、资源）管理制度，认真开展村级财物清理的规范工作，强化村级财务管理，进一步强化厉行节约工作力度。镇机关和各单位严禁在外用餐，全面建设节约型机关。

【社会治安综合治理】 2015年，牧马派出所共接、处警241起，立刑事案件10起，破获5起，打击6人，查处行政案件38起，调解98起，行政拘留18起，强戒1人。司法工作坚持调访结合，以防为主，形成镇、村、社三级网络。全年调处各类纠纷118起，社会矫正27人，解除6人，无人重新犯罪。接待咨询180人次，信访排查纠纷26件，受理25件，处理25件，息访、息诉23件。处理信访上访案23件。创新管理工作，组建6支红袖标队伍，联防队员1200人，节假日加强巡逻，确保牧马镇社会稳定，全年无一起重大事件发生。

（刘　冬）

保　胜　乡

【概况】 2015年，保胜乡党委、政府团结带领全乡人民，以品质发展为主题，紧紧围绕“融入成都，生态保胜”目标，全力稳增长、调结构、惠民生，较好的完成区委、区政府和第一届人民代表大会第一次会议确定的目标任务，全乡经济平稳较快发展，民生持续改善，社会和谐稳定，干部奋发有为。是年，全乡国内生产总值达到2.1亿元，增长8%；农林牧渔增加值9050万元，增长6%，农民人均收入1.24万元，增长10%。全年全乡获市、区级以上表扬、奖励共计20余个，乡年终目标综合评分排位大幅提升，党风廉政建设社会评价乡镇排名稳步上升，政风行风满意度在第三方机构组织的测评中在乡镇排位第2名，全区排位第5名。

【农村经济】 2015年，保胜乡按照区委提出的“统筹城乡、三化联动、融入成都、同城发展”要求，立足于“生态保胜，宜居保胜，美丽保胜”发展目标，进一步推进都市近郊型现代农业建设，加快农民向城镇居民、产业工人、农业业主、三产经营者和从业者转变，促进农民持续增收。开展粮油高产创建，推广优质水稻6203

和优质油菜品种，推广免耕栽培、配方施肥、间种套种、地膜覆盖，抓好农作物的病虫害防治。加强对农作物的检测，动员农户积极参加政策性农业保险，落实各项惠农、支农改策，打卡发放农业类补贴400万余元，粮食总产量950万余公斤。围绕都市近郊型农业调整产业结构。全乡共引进业主13个，流转土地133.33公顷，种植柚、柑橘100公顷，种植核桃33.33公顷；全年生猪出栏8.7万头（其中，DLY优质生猪7.8万头），1.85万余头育肥猪入政策性养殖业保险；出栏生态肉鸭300万羽，小家禽出栏132万羽，山羊7500只。开展春、秋两季动物重大疫病防控，确保无重大疫病的发生；新增退耕还林46公顷，新发展林木100公顷，森林覆盖率达53%；水产养殖继续保持在153.33公顷，水产品产量1500吨。保胜农村信用社各项存款余额达1.91亿元，全年发放支农贷款950万元，有力地支持300余农户、业主从事一、三产业发展。劳务输出3000余人，1000余名农民在区内、省内邻近区、县从事一、二、三产业，创劳务收入1亿元以上。

【基础设施建设】 2015年，投入800万元在龙安、金岗、胜利3个村实施高标准农田建设，新建沟渠15公里，平整农土8公顷，建生产便道18公里；新建蓄水池11个、建沼气池30个。投入5万元，对龚石水库内滑坡、佛岩提灌沟、群利水库排洪沟进行整治。

【民生工程】 2015年，保胜乡新增就业20人，落实“4050”灵活就业人员补贴10人，发放居家灵活就业直补38人，居家托养12人，为135名重度残疾人发放护理补贴14万元，为10名贫困白内障患者实施复明手术。济困助学44人。为85名特困群众解决资金4.55万元，为8户低保解决救助资金5.65万元。建成佛岩、天柱老年人幸福院和社区、胜利两个日间照料中心。城乡养老保险入保1.1万余人，1.12万人参加城乡居民医疗保险，全年报销医疗费用145万余元。完成保胜至原马何村8公里路面拓宽、改善，利用财政奖补“一事一议”建水泥路8公里，新增保胜与成都的连接通道2条，新规划道路60.8公里；投资600万余元，对场镇、佛岩、金岗、天柱、龙安的43公里农电网进行升级改造，所改造片区的用电状况得到极大改善；建成龙安供水站，金岗供水站投入使用。

【社会事业】 按照“两年奋战攻坚、一年巩固提升”的要求，扎实开展扶贫、脱贫。出台“1564”扶贫攻坚规划，落实领导联系村、干部驻村、结对帮扶、产业扶持、基础扶贫等措施，完成88户235人的脱贫目标；坚持“办人民满意的教育”宗旨，投入80万余元的小学少年宫项目顺利通过检查验收。省教育厅、文明办主办的“村小圆梦”活动落户保胜。保胜中学获区教体局质量二等奖；完成查螺215.8万平方米，巩固灭螺140万平方米，血防工作得到地防办高度肯定；新建村级卫生站6个；出生人口152人，符合政策生育率89.4%；全面开展低保清理核查，实行动态管理，取消不符合条件的低保75户75人；落实各类救助、救济、补助资金20万余元；殡葬火化68具，完成全乡地名普查；“幺妹灯”参加第六届长寿养生文化节民俗汇演获好评；完成全国1%人口抽样调查；组织民兵20人参加彭山区为期10天的军事训练，圆满完成征兵工作任务，武装工作受到区政府表扬；档案管理获省档案局达标单位。

【城乡环境综合治理】 2015年，保胜乡深入开展城乡环境综合治理，清除墙标广告800余平方米，布标80余幅，治理卫生死角185处，整治乱停乱放60余次；投入25万元建改垃圾收集系统55处，放置垃圾桶190个。建立、完善卫生费收取、管理和环境卫生治理月评比、暗访机制，获全市一个“十佳”和三个季度前三的好成绩。深入推进“千湖之城”“绿海明珠”建设，新增水域面积0.6平方公里，配合“花漾彭山”行动，栽种三角梅2000株。栽种树、柑、柚、草、花133.33公顷；深入开展畜禽养殖污染集中治理，新建沼气池22个，储液池12个，关闭7户，转产4户，280余户参与治理活动；200余农户改建、装饰住房；全乡水泥路通车里程100余公里。

【行政效能】 深入开展“六五”普法，深化“平安彭山”建设。全年，调解处理各类矛盾纠纷135件，处理各类信访案件38件，实现“零到省”目标。网格化管理进一步加强，实现乡村两级全覆盖。按照“智慧保胜”建设要求，投入5万余元，在主要路口、重要路段及节点安装天网摄像头20余个，进一步提升社会服务管理精细化和社会治安防控水平。认真贯彻落实新《中华人民共和国安全生产法》和《中华人民共和国食安法》，全面落实安全生产“党政同责、一岗双责、失责追责”制，按“五级五覆盖、五落实五到位”要求，抓实抓细安全生产各项工作。切实加强对重点领域和行业的安全监管，加强隐患排查，建立隐患整治台账，落实隐患整治资金50万余元，全乡安全生产形势稳定。

【自身建设】 2015年，保胜乡投入3万元，进一步完善乡“政务服务中心”软硬件建设，提升服务水平，提高办事效率，让群众满意，让群众高兴；投入3万元，在社区建成便民服务中心，社保购买、验证等不出乡就能就近办成，进一步方便办事群众。以公务人员平时考核工作为载体，破除“门难进，脸难看，事难办”顽疾。严格落实“四个当天”制度，严格执行中央八项规定，持续开展“庸、懒、散、浮、拖”专项治理，作风建设进一步强化。自觉主动接受人大主席团的监督，坚决贯彻人代会的决议，认真办理人民代表的批评、建议、意见20件，并在规定时间书面答复代表。切实加强党风廉政建设，落实廉政建设责任制，进一步强化政府务实清廉形象。

【“十二五”规划成绩】 2010年—2015年“十二五”期间，保胜乡国内生产总值从1.77亿元增加到2.1亿元，比2010年增长18.6%；农林牧渔增加值从6500万元增加到9050万元，比2010年增长39.2%；农民人均纯收入从5800元增加到12400元，比2010年增长113.8%。“十二五”期间，基础设施建设得到进一步加强。扩宽、改善保龙路5公里，保马路8公里，硬化观保路保胜段；全乡利用“一事一议”、扶贫、土地整理，高标准农田等项目，修建水泥路50余公里；80%的村民组实施农电网升级改造；投入1520万余元，大兴水利，新建、整治沟渠6万米、山坪塘35个、石河堰8座、蓄水池42个、提灌站10座。“十二五”期间，社会民生显著改善。改造保胜卫生院，实现血吸虫阻断工作达标；改造畜牧站、敬老院，新建胜利、社区办公室；投入200万余元，建起金岗供水站，保障场镇及附近村民的生活用水；城乡养老保险、医保、低保等实现应保尽保。义务教育发展基本均衡通过国家评估认定。

（杨朝阳）

义和乡

【概况】 2015年，义和乡幅员面积37平方公里，辖5个村、40个村民小组，总人口15700人。全乡积极发展都市近郊型现代农业产业，优质猕猴桃种植面积已达420公顷；拥有666.67公顷泽中药材种植基地、400余公顷国家级水稻杂交制种基地；有无公害“天宫辣椒”种植400余公顷，年总产量450万公斤，是四川省首批辣椒标准化生产示范乡。

【人事变动】 2015年1月，徐海娟借调到区委农改办工作；3月，李尚友调市举报中心工作；5月，伍建国调任天府新区彭山工业投资有限公司总经理，免去党委副书记、纪委书记职务。6月，伍建国调区委深化农村改革办公室工作，杜冰洋招考为义和乡大学生村官；7月，袁诗卉招考为义和乡事业单位工作人员，9月辞聘；9月，舒心调任区委投促局纪检组组长；毛丽沙任义和乡党委副书记、纪委书记；杨魁锋任义和乡党委委员；10月，杨开华任义和乡党委书记；同月，郭韬任义和乡党委副书记；11月，康文翔借调到区委宣传部工作；12月，经义和乡第二届九次会议选举郭韬为义和乡人民政府乡长，选举杨柯为义和乡人民政府副乡长。

【主要经济指标】 2015年，义和乡GDP达到2.23亿元，年增长率达到13%；固定资产投资实现3 亿元，招商引资实际到位资金2亿元，规模以上工业总产值达到1亿元，增速114%；农民人均纯收入达到12424元，增速13%，全面实现全年目标任务。

【新农村建设】 强力推进悦园村省级新村建设，投入200万余元，新建猕猴桃文化广场8000平方米；为特色农业业主定制业主信息牌50个、园区线路指示牌20个、园区简介牌2个、节点地标性建筑1个；绿化美化全村道路5公里，面积达3000平方米。争取资金48万元，完成农房风貌改造160户；引导农户种植猕猴桃，带动群众就业1500余人。

【农业产业化】 2015年，义和乡大力实施“一村一品”，大力推进品质发展，农产品得到升值，资源优势开始转变为经济优势。新发展猕猴桃58.67公顷，全乡猕猴桃种植达420公顷，总产量3000吨，产值4000万余元，实现农民人均纯收入单项增收620元；川芎、泽泻中药材种植733.33公顷，水稻杂交制种466.67公顷，天宫辣椒种植400公顷，柑橘种植173.33公顷。全年共转移农村剩余劳动力5765人。其中，区外转移2328人，同比增长17%，增幅部分主要来源于猕猴桃园区就近务工。农民实用技术培训9次2000余人次；联系科技示范户25户，辐射带动农户252户。

【第三产业】 鼓励业主投资。2015年，全乡登记在册的家庭农场59户、专业合作社17个、专业大户127户，新发展农家乐2户。

【项目工作】 协调推进石化一期安置项目，共分配安置房208套。及时跟进安置户进住安置房后的物业管理和后续协调工作，积极探索并成功组建居民自治管理模式。坚持面积锁定、时间锁定、自愿组合的原则，历时两个月，成功分配97套石化园安置区商业用房，是彭山区第一次将商业用房直接分配到安置户，受到区长肯定性批示。完成石化四、六、七路8.25公顷征地拆迁，涉及拆迁户36户。继续推动“双凤湖”项目建设，种植珍稀林400公顷，建设环湖路道路基础25公里，启动双凤湖观光大道建设。投入2万余元，规划并完成西山片区旅游环线（双凤大道）测绘工作，并纳入交通“十三五”规划。

【民生工程】 争取“一事一议”、小型农田水利、省级财政新村基础设施建设、高标准农田改造、退耕还林后续工程等项目；共投入2200万余元，硬化和拓宽道路18.4公里、新建和整治沟渠68.3公里、整治山坪塘38个、整治石河堰7座、改造提灌站14座、新建蓄水池66个、打造高标准农田8.55公顷，有效改善群众生活、生产条件；及时发放惠农资金，共兑付各类惠农补贴资金271万元，补贴面积1106.67公顷，受益农户4516户，全面完成农业政策性保险工作；开展春秋血防工作，巩固血防传播阻断达标成果，通过区级验收。

【村镇规划建设管理】 2015年，义和乡成立规划执行委员会和规划监督委员会。健全、完善规章制度，坚持每周不少于一次的巡检制度，违章建房清理，确保农村建房质量和建筑安全。建房报建严格执行凭证上岗制度和建筑安全质量责任书制度，全年无一例建筑质量、安全事故发生。

【环境保护】 狠抓秸秆禁烧、农村面源污染整治，排查养殖场100户，对不符合规定的养殖户一律要求限期整改。投入15万余元，新建垃圾池28个，做到聚集地农村垃圾分类处理。

【民政工作】 投入56万元，在活桥村、杨庙村、喻沟村建立幸福养老院和日间照料中心，并在全区率先开展农村老人日间照料工作。切实解决群众就业医保等问题，城镇新增就业84人，失业人员再就业6人，就业困难人员再就业12人，均超额完成任务。“新农合”和城镇居民医疗保险合并为城乡居民医疗保险，安置公益性岗位4人，补贴岗位、社保金额46993.8元，办理小额担保贷款5人，贷款金额50万元，医疗保险参保14838人；城乡居民基本养老保险完成7130人，新参保170人，居全区第一。落实特殊群体困难救助，临时困难救助62人，医疗救助23人，重阳节慰问43人，慈善救助5人。

【安全维稳】 推行班子成员蹲点包村综治责任制，形成三级责任体系，全年共接待法律咨询182余起，法律援助120人，排查矛盾纠纷127件，调处成功127件，调处成功率100%，矛盾纠纷大幅减少。2015年，妥善处置“4·4”冰雹自然灾害，“4·8”矿山拖欠职工工资、集资款及社保问题，“4·14”喻沟村“天坑”自然灾害，“9·13”应林矿山儿童溺水事件等，受到区主要领导的表扬和肯定。

【脱贫攻坚】 投入资金100万元，从人居环境改善、贫困助学、民政兜底、产业带动等方面入手，区级联系部门、第一书记助力脱贫攻坚，多方合力对2015年预脱贫建档立卡贫困户进行精准滴灌，全面完成脱贫目标。2015年，实现贫困户129户380人脱贫。

【党建工作】 认真践行“三严三实”，召开乡、村两乡党组织“三严三实”民主生活会，查找问题，整改落实。从严开展公务员平时考核试点，创新开展“每月之星”评选，干部作风得到明显转变。细化量化村干部管理，制定《义和乡村干部日常考核管理办法》，进一步激发村干部干事创业的热情。加强基层社会管理，建立农村党员、低保、“五保”、特殊群体、农业业主4个数据平台，分类管理，及时传达各项政策，扩大群众知晓度。

（毛丽沙）

锦江乡

【重要事件】 1月10日，锦江乡在综合文化站召开党员大会，乡党委书记钟阳在会上讲解相关政策、法规，并上党课。

4月4日，眉山市彭山区锦江乡第一届人民代表大会第一次会议在乡机关礼堂召开。

5月22日，副区长赵飞宇到锦江乡调研安全社区建设工作。

8月15日，眉山市民政局组织各区、县，对锦江乡天库村创建全国防灾减灾社区情况进行验收。

10月15日，锦江乡创建省级安全社区建设评议会在彭山兴铁宾馆召开。检查组到锦江乡实地检查、验收创建工作，最终验收合格。

11月19日，“中法农业”项目签订意向性协议。

12月10日，区委副书记、区长罗万东到锦江乡调研融入天府新区同城发展和“中法项目”情况。

12月26日，区委常委、纪委书记罗焱到锦江乡开展走基层活动。

12月31日，区委常委李忠云到锦江乡调研政法委工作。

【概况】 2015年，锦江乡地区生产总值达到1.7亿元，增长10%；粮食产量达到6406吨；农民人均纯收入达到10716元，增长11%；加强国有资产管理，强化预算约束，优化支出结构，财政收入完成635万元。组织、人口计生、依法行政等11项工作被区委、区政府评为先进集体。

【基础设施建设】 2015年，投资1084万元完成永泉、联络、正华、象耳五村“五小”水利工程建设，新建沟渠2.54公里，整治沟渠23.88公里，修建山坪塘28口，整治石河堰9处，新修蓄水池43个，改造提灌站12座，全乡水利设施提档升级。实施财政扶贫项目，投资180万元、群众筹资113.13万元，新建水泥路6.47公里、桥梁1座、涵洞1个，危房改造3户。投入资金64万元，硬化联络村与天库村通村道路3.6公里。7月中旬，完成半边街人行吊桥的拆除，启动重建。

【农业产业化】 2015年，在全乡推行水稻、秋洋芋、油菜高产高效种植模式，推广面积100公顷；建成武陵、永泉、天库三村102公顷秋马铃薯示范基地，总产值达440万余元；完成农产品质量安全检测；成立锦江乡土地流转服务有限公司；中法农业科技园项目落户锦江，并写入省委十届七次全会公报。

【城乡建设】 2015年，锦江乡扎实推进“千湖之城”建设。全乡新增水域面积1.5平方公里，整治山坪塘28个，山坪塘开发利用15个。在正华村、天库村实施农村饮水安全工程，让村民喝上自来水，引水入园1个。全面完成“绿海明珠”建设工作，建立区联系单位“绿色基地”和1000平方米休闲绿地项目工程，全面完成春季义务植树工作。“花漾锦江”项目顺利推进，永泉村花农56户；全年扩大种植面积3.6公顷。巩固全乡733.33公顷退耕还林工程，完成2014年度国家总投入175.9万元退耕还林后续产业工程。投入资金8.4万元，在彭回路新建垃圾池19座。

【社会事业和民生工程】 2015年，锦江乡认真开展城乡低保清理核查工作，做到动态管理，应保尽保，应退则退，确保城乡低保公开、公平、公正、透明。通过第四轮敬老模范乡、村(社区)建设验收。投资50万余元在象耳村新建老年人日间照料中心。全年资助困难大、中小学生7名，资助金额达到2.3万元。全面完成城乡居民基本医疗保险和基本养老保险覆盖体系，全乡居民养老保险完成7656人，城乡居民基本医疗保险完成1.17万人。城镇新增就业完成率达140%；下岗失业人员和失地无业农民再就业完成率达133%；为辖区内困难对象“4050”灵活就业人员发放补贴金4.73万元。征收社会抚养费53万元，“两癌”筛查1043人，积极做好单独二孩宣传实施工作，做好“两奖一扶助”工作，兑现独生子女父母奖励12.8万元。实施“一户一策”精准扶贫，与建档立卡贫困户结对帮扶，13户获得扶贫小额信贷评级授信；通过实施基础设施和产业发展扶贫，完成脱贫任务113户281人。顺利通过省级安全社区评定。深入开展道路交通安全综合整治，各村村道设立安全警示牌125个，安装波形护栏10公里。联络村成功创建为市级“二三四”森林防火示范单位（森林防火“二三四工程”，即突出“两个重点”：联防联保和火源管控；强化“三个保障”：队伍保障、物资保障、经费保障；确保“四个落实”：应急预案落实、制度落实、特殊人群管控落实、防范措施落实）。加大危险化学品和烟花爆竹安全管理，全乡未发生较大及以上安全事故。

【自身建设】 全年全乡依法行政，全面推行三张清单制度，建立乡村干部日常考核监督系统。坚持领导干部带头学法，聘请法律顾问为机关干部讲法。严格落实“四个当天”制度，优化政务服务。加强干部作风建设，认真践行“三严三实”，严格执行八项规定、六项禁令，“四风”问题得到有效整治。

（周 柯）

武阳镇

【重要事件】 1月8日，武阳镇2015年度家居企业消防安全暨标准化建设现场会召开，副区长郭益及区消防大队领导到会指导工作。

1月，眉山市林业局局长王澄琳带领由市防火办主任、区委常委郭茂，区林业局局长符洪林等一行10人组成的检查组到武阳镇督察森林防火“三进、六有”（进社区、进学校、进林区；有队伍、有经费、有制度、有预案、有装备、有措施）示范乡镇巩固建设情况。

2月，茯苓、泥湾、江渎、五一村启动小农水工程建设。

3月26日，武阳镇启动国家农村垃圾验收工作。

3月，锦江河堤武阳段3.08公里河堤整治工程开工；泥湾村投资400万元，启动刘家大院风貌改造一期建设工程。

4月，补选区一届人大代表，五一社区选取区长罗万东。

5月，武阳镇启动岷东大道武阳段征地拆迁工作。

6月6日，武阳镇在全区率先实施规划外货

币安置政策。

6 月 23 日，成立武阳镇城乡规划监督委员会和城乡规划执行委员会，审批建房修建情况。

7 月，大塘村建立全区首个村级消防站。

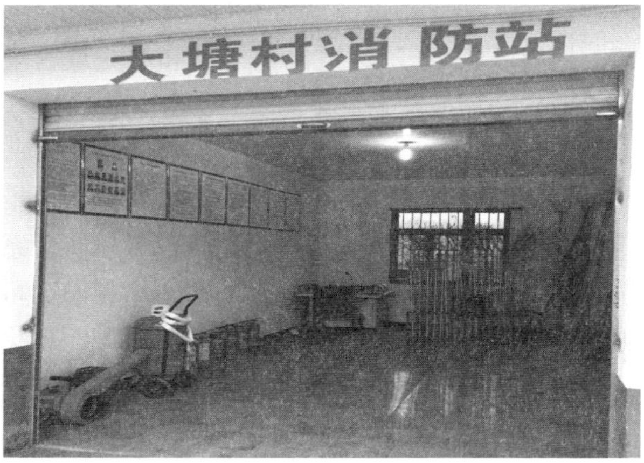

大塘村消防站

同月，成功处置文臣家居拖欠工资 200 万余元事件。

同月，成立武阳镇土地流转公司；泥湾村召开土地流转服务有限公司成立大会。

8 月，全面启动府河流域污染整治工程，打响扶贫攻坚战。

9 月，全区消防安全培训会在武阳南方家居产业园召开。

10 月，启动茯苓村双挂钩项目。

11 月 19 日，区委书记梁磊到武阳镇泥湾村调研刘家大院风貌改造及泥湾村阵地建设。

区委书记梁磊（前排右一）调研武阳镇泥湾村刘家大院风貌改造及泥湾村阵地建设现场

同月，武阳镇被纳入天府新区协管区。

12 月 14 日，中科院到武阳镇召开规划方案座谈会。

12 月 21 日，武阳镇代表全区接受市人大的规划执行和规划监督工作年终检查，工作得到高度肯定和表扬。

市人大年终检查武阳镇规划执行和规划监督工作

【概况】 2008 年，彭山县区划调整设立武阳乡。2014 年，成立武阳镇。2015 年，武阳镇被纳入天府新区协管区。武阳镇位于府河与南河交汇处，北边与牧马镇接壤，与成都双流国家 AAAA 景区黄龙溪相邻；南端是两江交汇点岷江与江口镇相望；西北临南河与青龙镇隔河相望；西南有 2009 年新建的岷江二桥，大大缩短成都市经黄龙溪到彭山的距离；东有府江桥连接省级风景名胜区彭祖山。2015 年，全镇幅员面积 28.7 平方公里，耕地 921.8 公顷（其中，水田 723.07 公顷，旱地 198.73 公顷），林地 389 公顷，园地 94.33 公顷，水产养殖面积 173.8 公顷，其他 17.67 公顷。辖 1 个社区，6 个村，10 个居民小组，41 个农业社。全镇总户数 5973 户，总人口 20190 人，劳动力人口 13707 人，从事家庭经营 7145 人，从事农业人员 3930 人，外出务工人员 7187 人；2015 年，全镇农民人均纯收入达到 12182 元。

【工业经济】 全年工业固定资产投资 6 亿元。南方产业园区签约 65 家企业全部入驻，其中，25 家已顺利投产。

【农业和农村经济】 2015 年，武阳镇 GDP 达 2.08 亿元，比 2014 年增长 5%；农业总产值 1.79 亿元；农民人均纯收入 12182 元，比 2014

年增长10%。年出栏生猪2.28万头，出栏小家禽兔7.6万只，出栏肉兔90万只，成鱼总产量达172万公斤。提前完成“绿海明珠”各项任务，建成绿色基地4.63公顷，投入资金15.48万元。完成408公顷林地投保任务，投保率过100%。新增家庭农场10个，新型农业主体共26个。以深化农村改革为契机，加快发展特色优势产业。顺江烟叶种植面积133.33公顷，年经济效益2300万余元，以美人指、紫地球、巨玫瑰为主的优质葡萄种植面积46.67公顷，蔬菜种植面积66.67公顷，大塘莲藕种植面积66.67公顷，实现传统农业向规模化产业化转型升级。引进集采摘、休闲娱乐为一体的星级“农家乐”3家；以蓝莓、草莓、葡萄采摘为主题的53.33公顷特色农业体验区已初具规模。

【项目建设】 2015年，南方家居产业园建设进展顺利，已有25家企业顺利投产。武阳郡田园新村建设全面完成，95%以上拆迁户已迁入新居，武阳郡商铺实行整体招商，与天成云盟集团达成整体招商意向性协议。岷东大道武阳段建设进展顺利，现已全线黑化，府河段49户拆迁户全部签订拆迁协议，安置款全部发放到位。泉水村“双挂钩”项目建设基本完工，进入电力管网铺设和污水处理设施修建阶段。茯苓村“双挂钩”项目全面启动，群众参与率达90%以上，安置点主体建设已过半。3.08公里锦江河堤建设全面完工。刘家大院风貌改造工程，省农办一期风貌改造资金241万已到位，完成财政评审，一期外墙风貌改造已结束；总投资400万元，完成刘氏祠堂为核心景区的4000平方米88户民居风貌改造。

【民生工作】 2015年，武阳镇140户扶贫户年内脱贫91户291人。全年争取资金1904.95万元，有效改善农村交通、水利、安全、教育、文化和卫生等基础设施；城乡基本医疗保险参保率达95%以上；举办创业就业培训班9期，培训1930余人次，城镇新增就业62人；组织老年协会文艺队在春节、“五四”、“七一”等节日开展全镇文艺活动5次；组织文艺骨干24人参加市级舞蹈培训；综合文化站获“市级先进文化站”称号。

【城乡环境治理】 2015年，武阳镇农村垃圾生活治理顺利通过国家验收检查；开展“六乱”专项治理，新建垃圾池76个，对农贸市场外乱摆摊点进行整治，拆除违章建筑30处，拆除建筑面积6000平方米，清除“牛皮癣”、小广告320余处。

【安全生产】 2015年，全区严格按照“党政同责，一岗双责，齐抓共管”原则推进安全生产工作，全年举办安全知识培训6期，培训3200人次。成立大唐村消防站，财政配套资金3万元用于消防器具购买和站内规范化建设。进行各行业安全检查40余次，排查各类安全隐患285起，已整改275起，限期整改10起。聘请4名农村道路交通安全员，开展应急演练3次，全镇无一例重特大安全生产事故发生。开展“百日安全”生产宣传活动，发放各类宣传资料4000余份。

【综治信访维稳】 一岗双责，创建平安武阳。实行安全生产、维稳工作驻村负责制。各驻村组每月对联系村安全、稳定进行摸排，重要节气、假日实行驻村领导向党委书记每日进行“安全稳定零报告”。坚持维稳跟着项目走。项目工作中的37起矛盾纠纷全部化解在项目一线。建立不稳定因素排查周报制，针对排查出的不稳定因素，分类制定应急预案。全年制定应急预案11个，成功调处矛盾纠纷185件，全年无到省进京上访情况。狠抓三访，建设和谐武阳。变上访为下访，将35名机关干部派驻到6村1社区，以“三访”（访民情、访民意、访民忧）活动为抓手，收集矛盾问题1863个，全部化解在群众家门前，进一步密切干群、党群关系。

【党建工作】 2015年，武阳镇开展“融入成都同城发展”活动，鼓励干部走出去学，全年组织镇村干部外出学习30余次。严格践行“三严三实”，全年查摆党委班子“不严不实”问题12个，党委委员个人问题62个，提出整改措施

68 条。全年 3 名干部交流到区级部门，3 名干部在武阳镇得到晋升，村组干部待遇较 2014 年提升 5 个百分点。重视基层基础建设，基层工作经费较往年大幅提升，全年划拨到村各项基础设施建设、项目工作经费 200 万余元，较 2014 年增加 40%。积极统筹整合各类资源，集中破解农村党建难点问题和薄弱环节，向 1 个社区、6 个村划拨工作经费较 2014 年增加 60%，完善村级阵地功能设施，完成镇、村两级党建工作规范化建设，有力推动各项中心工作开展。

（邹依然）

附　　录

光　荣　榜

2015 年度获市委、市政府以上表彰的先进集体名录一览表

表 3

单位名称	荣誉称号	表彰机关	获奖文件字号
彭山区	国家知识产权强县工程试点县(区)	国家知识产权局	国知发管函字〔2015〕2015 号
彭山区	全国法治县创建活动先进单位	全国普法办	普法办〔2015〕13 号
彭山区	标准化现代农业气象服务县	中国气象局	气发〔2015〕79 号
检察院	2015 年度全国检察宣传先进单位	《检察日报》	检报发〔2015〕5 号
科协	“基层科普行动计划”奖补单位	中国科协、财政部	科协发普字〔2015〕49 号
教体局	全国义务教育发展基本均衡县(区)	国务院教育督导委员会	奖牌
法院	全国文明单位	中央精神文明建设指导委员会	文明委〔2015〕3 号
黄丰镇团结村	全国文明村	中央文明办秘书局	中央文明办〔2015〕3 号
龙都社区	2015 年“全国综合减灾示范社区”	国家减灾委员会、民政部	民发〔2015〕239 号
天库社区	2015 年“全国综合减灾示范社区”	国家减灾委员会、民政部	民发〔2015〕239 号
谢家镇汉安村	全国科普惠农兴村	中国科协、财政部	奖牌
锦江乡天库村	2015 年全国综合减灾示范社区	中华人民共和国民政部、国家减灾委员会	民发〔2015〕239 号
观音镇	“彭山葡萄”获得国家地理标志产品保护	国家质量监督检验检疫总局	证书
观音镇	观音葡萄获得绿色食品 A 级标准	中国绿色食品发展中心	证书
教体局	全国规范化家长学校实验区	中国下一代教育基金会、中国关工委事业发展中心	下一代教字〔2015〕第 95 号
教体局	“国培计划”(2014)优秀组织管理区县	国家开放大学	证书
锦江学院	2015 年中国独立学院“综合实力排行榜 100 强”第 5 位,并入选中国五星级独立学院	中国校友会	中国校友会网公布
彭山二小	全国优秀少先队集体	共青团中央、中华人民共和国教育部、全国少工委	荣誉证书

续表3

单位名称	荣誉称号	表彰机关	获奖文件字号
民进	全国先进集体	民进中央	奖牌
彭山区	四川省双拥模范区	省委、省政府、省军区	川委〔2015〕401号
谢家场社区党支部	四川省先进基层党组织	省委	奖牌
彭溪镇兴崇村团支部	2014年度四川省五四红旗团支部	共青团四川省委	川青发〔2015〕1号
区委老干局	全省老干部工作先进集体	省委组织部、省委老干部局	川组通〔2015〕33号
文广新局	自编自排的少儿相声《我不想长大》，作为眉山市唯一的节目代表眉山市参加了四川省少儿曲艺大赛，荣获三等奖和最佳新人奖、优秀组织奖等多项单项奖	省委宣传部、省文学艺术联合会、省曲艺家协会、省文化馆	奖杯
民进	四川民进社会服务工作先进集体	民进四川省委会	奖牌
区人大	宣传民主与法制建设工作特等奖	省人大常委会《民主与法制建设》杂志社	荣誉证书
区人大	宣传人民代表大会制度工作特等奖	省人大常委会《人民权力报》	荣誉证书
工商质监局	四川省“青少年维权岗”	省人社厅	川人社发〔2015〕3号
人社局	彭山区凤鸣镇城中社区被评为省级充分就业示范社区	省人社厅	川人社函〔2015〕279号
财政局	四川省财政系统先进集体	省人社厅、省财政厅	川人社发〔2015〕48号
财政局	四川省结对帮促甘孜州县级财政管理工作先进集体	省人社厅、省财政厅	奖牌
审计局	四川省审计系统先进集体	省人社厅、省审计厅	川人社发〔2015〕6号
民政局	四川省民政系统先进集体	省人社厅、省民政厅	川人社发〔2015〕52号
黄丰镇果品协会	四川省社会组织先进集体	省人社厅、省民政厅	川人社发〔2015〕52号
教体局	全省未成年人思想道德建设工作先进单位	省人社厅、省精神文明建设委员会	川人社发〔2015〕25号
国土分局	四川省第二次全国土地调查先进集体	省人社厅、省国土资源厅	川人社发〔2015〕44号
国土分局	2015年国土资源节约集约模范县(市)	省国土资源厅	四川省国土资源厅通报(第37期)
林业局	四川省森林防火工作先进集体	省人社厅、省林业厅	川人社发〔2015〕42号
文广新局	2014年度四川省“扫黄打非”工作先进集体	省人社厅、省“扫黄打非”办	川人社发〔2015〕7号
彭山区	命名为2014年度平安边界线	川综治办、省民政厅	川综治办〔2015〕3号
工商质监局	全省工商系统首次年报工作先进单位	省工商局	川工商发〔2015〕110号
政法委	四川省爱路护路宣传教育示范学校	省综治委	川铁护组〔2015〕8号
政法委	四川省2015年度省级平安铁道线	省综治委	川铁护组〔2015〕8号
彭溪镇蔡山社区	2015年度“九五:平安铁路示范村(社区)”	省综治委	川铁护组〔2015〕8号

续表 3

单位名称	荣誉称号	表彰机关	获奖文件字号
彭溪镇毛店村	2015 年度“九五:平安铁路示范村(社区)”	省综治委	川铁护组〔2015〕8 号
彭溪镇兴崇村	2015 年度“九五:平安铁路示范村(社区)”	省综治委	川铁护组〔2015〕8 号
青龙镇	四川省依法治理法制示范乡镇	省依法治省领导小组	川法组〔2015〕10 号
青龙镇第一小学	四川省依法治校示范学校	省依法治省领导小组	川法组〔2015〕10 号
青龙镇政府	四川省依法行政示范单位	省依法治省领导小组	川法组〔2015〕10 号
工商质监局	四川省依法行政示范单位	省依法治省领导小组	川法组〔2015〕10 号
公安分局	四川省依法行政示范单位	省依法治省领导小组	川法组〔2015〕10 号
文广新局	四川省民间文化艺术之乡	省文化厅	川文办发〔2014〕229 号
黄丰镇	四川省文化艺术之乡	省文化厅	川文办发〔2014〕229 号
谢家场社区	四川省示范工会	省总工会	证书
安监局	四川省“安康杯”竞赛先进集体	省总工会、省安监局	办公室通报〔2015〕第 20 号
总工会	2014 年度四川省“安康杯”竞赛“优秀组织单位”奖	省总工会、省安监局	办公室通报〔2015〕第 20 号
彭山区	小型农田水利重点县县级绩效考评优秀区	省财政厅、省水利厅	川财农〔2015〕225 号
农业局	全省农村土地经营权流转现场会在彭山区顺利召开,农业局作了大会交流发言	省农业厅	川农业办函〔2015〕114 号
农业局	2015 年全省农业行政处罚优秀案卷	省农业厅	川农业办函〔2015〕647 号
农业局	第三批四川省现代农业万亩示范区(特色水果)	省农业厅	川农业函〔2015〕12 号
农兴专业合作社	农民合作社省级示范社	省农业厅	标牌
档案局	四川省档案工作规范化管理二级标准	省档案局	川档规 17〔2015〕008 号
成眉石化园区	四川省档案规范化管理三级单位	省档案局	川档规 17〔2015〕004 号
观音镇	四川省档案规范化管理三级单位	省档案局	川档规 17〔2015〕003 号
水务局	2015 年水土保持补偿费征收工作先进集体	省水土保持局	川水保函〔2015〕479 号
区委	推进男女平等基本国策二十周年特别贡献奖	省妇儿工委	川妇儿工委字〔2015〕9 号
区政府	推进男女平等基本国策二十周年特别贡献奖	省妇儿工委	川妇儿工委字〔2015〕9 号
运管所	四川省文明单位	省精神文明办	川文明办〔2015〕53 号
物价局	2014 年度全省价格监测工作先进集体	省发改委	川发改价监〔2014〕1065 号
区政协	2015 年度全省政协新闻宣传工作先进集体	省政协办公厅	川政协厅〔2015〕61 号
文明办	全省志愿服务宣传组织奖	省文明办	川文明办〔2015〕29 号
人社局	转移就业农村劳动力实名制动态管理先进单位	省就业局	川就局办〔2015〕38 号
教体局	四川省第六届健身秧歌比赛全国规定套路 12 人组(中年组)金奖	省社会体育指导中心	奖牌
教体局	2014—2015 年度四川教育宣传先进单位	省教厅、四川教育报刊社	奖牌
观音镇	四川省农业标准化示范乡	省质量技术监督局	证书

续表 3

单位名称	荣誉称号	表彰机关	获奖文件字号
法院	全省法院信息工作先进集体	省高级人民法院	川高法〔2015〕5 号
法院	2015 年度全省法院新闻宣传工作先进单位	省高级人民法院	川高法〔2015〕388 号
妇联	四川省妇联基层组织建设示范县	省妇联	川妇字〔2015〕54 号
文广新局	“金曲迎春·舞动天府”在四川省群众广场舞大赛总决赛中，荣获三等奖	华西都市报社、省音乐家协会、省舞蹈家协会	荣誉证书
电视台	新闻节目《彭山好人王鲸雁宜宾街头好“惊艳”》获 2014 年度省级广播电视节目优秀奖	省新闻出版广电局	川新广函〔2015〕116 号
物价局	2015 年全省价格认证宣传工作先进单位	省价格认证中心	川价认证〔2015〕42 号
气象局	重大气象服务先进集体	省气象局	川气发〔2015〕4 号
彭溪镇	拥军优属先进单位	省拥军优属爱民工作领导小组	证书
供电公司共产党员服务队	国网四川省电力公司 2015 年度电网先锋党支部	中共国网四川省电力公司委员会	川电委办〔2016〕5 号
彭山区	2014 年度全市支持创业就业工作先进集体	市委、市政府	眉委〔2015〕15 号
彭山区	2014 年度“绿海明珠”大会战工作先进集体	市委、市政府	眉委〔2015〕39 号
彭山区	2014 年度“千湖之城”大会战工作先进集体	市委、市政府	眉委〔2015〕39 号
彭山区	2014 年度加快推进新型城镇化工作先进集体	市委、市政府	眉委〔2015〕46 号
彭山区	文化立市战略推进工作先进集体	市委、市政府	眉委〔2015〕47 号
彭山区	2014 年度干部直接联系服务群众暨“走基层”工作先进集体	市委、市政府	眉委〔2015〕47 号
彭山区	2014 年度建设“四支队伍”先进集体	市委、市政府	眉委〔2015〕47 号
彭山区	2014 年度招商引资工作先进集体	市委、市政府	眉委〔2015〕84 号
彭山区	2014 年度主动作为创一流先进集体区县三等奖	市委、市政府	眉委〔2015〕214 号
区委	2014 年度工业发展先进集体	市委、市政府	眉委〔2015〕45 号
区委	2014 年度群众和信访工作先进集体	市委、市政府	眉委〔2015〕45 号
区委	2014 年度十大民生工程工作先进集体	市委、市政府	眉委〔2015〕46 号
区委	2014 年度综合交通大会战先进集体	市委、市政府	眉委〔2015〕47 号
区委	2014 年度重点项目推进工作先进集体一等奖	市委、市政府	眉委〔2015〕84 号
区委	2014 年度天府新区眉山片区建设推进工作先进集体	市委、市政府	眉委〔2015〕84 号
区委	2014 年度都市近郊型现代农业发展工作先进集体	市委、市政府	眉委〔2015〕84 号
区委	2012—2014 年度投资促进工作先进集体	市委、市政府	眉委〔2015〕129 号
区委	“2015 中外知名企业四川行”活动工作先进集体	市委、市政府	眉委〔2015〕129 号
区委	文化立市战略推进综合工作先进集体	市委、市政府	眉委〔2015〕47 号
区政府	2014 年度工业发展先进集体	市委、市政府	眉委〔2015〕45 号
区政府	2014 年度十大民生工程工作先进集体	市委、市政府	眉委〔2015〕46 号

续表 3

单位名称	荣誉称号	表彰机关	获奖文件字号
区政府	2014 年度综合交通大会战先进集体	市委、市政府	眉委〔2015〕47 号
区政府	2014 年度重点项目推进工作先进集体一等奖	市委、市政府	眉委〔2015〕84 号
区政府	2014 年度天府新区眉山片区建设推进工作先进集体	市委、市政府	眉委〔2015〕84 号
区政府	2014 年度都市近郊型现代农业发展工作先进集体	市委、市政府	眉委〔2015〕84 号
区政府	2012—2014 年度投资促进工作先进集体	市委、市政府	眉委〔2015〕129 号
区政府	“2015 中外知名企业四川行”活动工作先进集体	市委、市政府	眉委〔2015〕129 号
恒大酒店有限公司	2014 年度全市支持创业就业工作先进集体	市委、市政府	眉委〔2015〕15 号
经开区	2014 年度“绿海明珠”大会战工作先进集体	市委、市政府	眉委〔2015〕39 号
经开区	2014 年度“千湖之城”大会战工作先进集体	市委、市政府	眉委〔2015〕39 号
经开区	信访、维稳和多元化纠纷解决机制改革工作先进集体	市委、市政府	眉委〔2015〕153 号
经开区	2014 年度主动作为创一流先进集体	市委、市政府	眉委〔2015〕214 号
林业局	2014 年度“绿海明珠”大会战工作先进集体	市委、市政府	眉委〔2015〕39 号
市政园林管理局	2014 年度“绿海明珠”大会战工作先进集体	市委、市政府	眉委〔2015〕39 号
住建局	2014 年度“绿海明珠”大会战工作先进集体	市委、市政府	眉委〔2015〕39 号
住建局	城乡规划工作先进集体	市委、市政府	眉委〔2015〕223 号
规划局	2014 年度“绿海明珠”大会战工作先进集体	市委、市政府	眉委〔2015〕39 号
黄丰镇	2014 年度“绿海明珠”大会战工作先进集体	市委、市政府	眉委〔2015〕39 号
成眉石化园区	2014 年度转型升级“五个行动计划”先进集体	市委、市政府	眉委〔2015〕45 号
成眉石化园区	2014 年度主动作为创一流先进集体	市委、市政府	眉委〔2015〕214 号
区委维稳办	2014 年度维稳工作先进集体	市委、市政府	眉委〔2015〕45 号
综治办	2014 年度维稳工作先进集体	市委、市政府	眉委〔2015〕45 号
区委宣传部	文化立市战略推进工作先进集体	市委、市政府	眉委〔2015〕47 号
区委宣传部	文化事业发展先进集体	市委、市政府	眉委〔2015〕47 号
文广新局	文化立市战略推进工作先进集体	市委、市政府	眉委〔2015〕47 号
武阳镇综合文化站	文化立市战略推进工作先进集体	市委、市政府	眉委〔2015〕47 号
区中老年舞蹈协会	文化立市战略推进工作先进集体	市委、市政府	眉委〔2015〕47 号
青龙镇	2014 年度乡镇经济综合实力前 10 强	市委、市政府	眉委〔2015〕84 号
青龙镇	2014 年度主动作为创一流先进集体	市委、市政府	眉委〔2015〕214 号
保胜乡	2014 年度排位上升最快前 10 位乡镇	市委、市政府	眉委〔2015〕84 号
义和乡	2014 年度排位上升最快前 10 位乡镇	市委、市政府	眉委〔2015〕84 号
公义镇	2014 年度排位上升最快前 10 位乡镇	市委、市政府	眉委〔2015〕84 号
招商局	2012—2014 年度投资促进工作先进集体	市委、市政府	眉委〔2015〕129 号

续表3

单位名称	荣誉称号	表彰机关	获奖文件字号
成眉石化园区管委会招商引资局	2012—2014年度投资促进工作先进集体	市委、市政府	眉委〔2015〕129号
公安分局	维稳工作先进集体	市委、市政府	眉委〔2015〕153号
区委政法委	2014年度主动作为创一流先进集体	市委、市政府	眉委〔2015〕214号
区委政法委	信访、维稳和多元化纠纷解决机制改革工作先进集体	市委、市政府	眉委〔2015〕153号
农业局	2014年度主动作为创一流先进集体	市委、市政府	眉委〔2015〕214号
人大常委会城环资工委	规划监督工作先进集体	市委、市政府	眉委〔2015〕223号
国土分局	城乡规划工作和规划监督工作先进集体	市委、市政府	眉委〔2015〕223号
城乡规划局	2015年度城乡规划工作和规划监督工作先进集体	市委、市政府	眉委〔2015〕223号
司法局	多元化纠纷解决机制改革工作先进集体	市委、市政府	眉委〔2015〕153号
彭溪镇	城乡规划工作先进集体	市委、市政府	眉委〔2015〕223号
区委群工部	信访、维稳和多元化纠纷解决机制改革工作先进集体	市委、市政府	眉委〔2015〕153号
区政府	2014年度维稳、综治、群众和信访工作先进集体	市委	眉委〔2015〕45号
区政府	2014年度全市支持创业就业工作先进集体	市委	眉委〔2015〕15号
区政府	2014年度加快推进新型城镇化工作先进集体	市委	眉委〔2015〕46号
青龙镇	全市先进基层党组织	市委	眉委〔2015〕156号
彭溪镇兴崇村党支部	全市先进基层党组织	市委	眉委〔2015〕156号
义和乡悦园村党支部	全市先进基层党组织	市委	眉委〔2015〕156号
凤鸣镇城东社区党支部	全市先进基层党组织	市委	眉委〔2015〕156号
黄丰镇丰华村党支部	全市先进基层党组织	市委	眉委〔2015〕156号
检察院	2014年度爱国卫生工作先进单位	市委	眉爱卫办〔2015〕2号
检察院	2014年市级最佳文明单位	市委	眉委办〔2015〕15号
区人大	城乡规划工作和规划监督工作先进集体	市委	眉委〔2015〕223号
人社局	全市先进基层党组织	市委	眉委〔2015〕156号
文广新局	2014年度党风廉政建设等工作先进集体	市委	眉委〔2015〕47号
观音镇果园村	2014年观音镇果园村获市级文明村	市委	眉委办〔2015〕15号
凤鸣镇	全市先进基层党组织	市委	眉委〔2015〕156号
区政府	2014年环境保护工作先进集体	市政府	眉府函〔2015〕41号
区政府	2014年第三产业工作先进集体	市政府	眉府函〔2015〕46号
区政府	2014年度外资工作先进集体	市政府	眉府函〔2015〕53号
区政府	2014年度社消零工作先进集体	市政府	眉府函〔2015〕53号

续表 3

单位名称	荣誉称号	表彰机关	获奖文件字号
区委宣传部	选送项目"长寿文化主题文艺作品展示"获眉山市苏东坡文学项目奖	市政府	眉府函〔2015〕143 号
畜牧局	2012—2014 年全市现代畜牧业深化试点工作先进集体	市政府	眉府函〔2015〕15 号
残联	全国第 9 届残运会暨第 6 届特奥会眉山赛区筹办工作先进集体	市政府	眉府函〔2015〕214 号
残联	四川省第八届残运会眉山市代表团和市第三届残运会优秀组织奖	市政府	奖牌
安监局	2014 年度安全生产工作先进集体	市政府	眉府函〔2015〕17 号
彭山区	2014—2015 年度农田水利基本建设"东坡杯"竞赛水利项目先进集体	市政府	眉府办函〔2015〕138 号
彭溪镇	眉山市第四轮敬老模范乡镇(街道)	市政府	眉府函〔2015〕149 号
农业局	2014 年科学技术进步一等奖	市政府	眉府函〔2015〕60 号
农业局	2014—2015 年农田水利基本建设"东坡杯"竞赛二等奖	市政府	眉府办函〔2015〕138 号
文广新局	眉山市第七届苏东坡文学艺术奖获奖作品	市政府	眉府函〔2015〕143 号
观音镇	敬老模范乡镇	市政府	眉府函〔2015〕149 号
公安分局	2014 年道路交通安全综合整治工作先进集体	市政府	眉府函〔2015〕36 号
凤鸣镇	2014 年度安全生产工作先进集体	市政府	眉府函〔2015〕17 号
凤鸣镇	2014 年度眉山市第四轮敬老模范乡镇	市政府	眉府函〔2015〕149 号
区委党校	眉山市第九次哲学社会科学《区位是彭山核心竞争力》获优秀奖	市政府	证书

2015 年度获市委、市政府以上表彰的先进个人名录一览表

表 4

姓　名	工作单位	荣誉称号	表彰机关	获奖文件字号
吴建明	区委宣传部	全国社科工作先进个人	全国大中城市社科联工作会议主席团	证书
李永伟	观音镇果园村	四川省劳动模范	省委	奖牌
杨　刚	公安分局交警大队	四川省道路交通安全综合整治先进个人	省政府	川府函〔2015〕135 号
倪文玉	区政协	2015 年度全省政协新闻宣传工作先进个人、《四川政协报》优秀通讯员	省政协	川政协厅〔2015〕61 号
陈永华	区政协	2015 年度全省政协新闻宣传工作先进个人、《四川政协报》优秀通讯员	省政协	川政协厅〔2015〕61 号
李建萍	区委宣传部	全省社科联系统 2015 年度先进个人	省社科联	川社联发〔2015〕28 号
赵仕尧	国土分局	四川省第二次全国土地调查先进工作者	省人社厅、省国土资源厅	川人社发〔2015〕44 号
胡意宏	财政局	四川省结对帮促甘孜州县级财政管理工作先进个人	省人社厅、省财政局	证书

续表 4

姓　名	工作单位	荣誉称号	表彰机关	获奖文件字号
成　钢	财政局	四川省结对帮促甘孜州县级财政管理工作先进个人	省人社厅、省财政厅	证书
骆　乐	地税局第一税务所	全省地税系统服务明星	省地税局	川地税函〔2015〕70 号
万晓峰	地税局	四川省地税系统先进个人	省人社厅、省地税局	川人社发〔2015〕5 号
李　勇	司法局	四川省政法系统先进个人	省政法委、省人社厅	川人社发〔2015〕33 号
汪玉伦	农业局	农业行政处罚优秀案卷	省农业厅	川农业函〔2015〕647 号
罗　慧	农业局	农业行政处罚优秀案卷	省农业厅	川农业函〔2015〕647 号
娄江永	法院	全省政法系统先进个人	省政法委、省人社厅	川人社发〔2015〕33 号
张　翔	法院	全省法院纪检监察工作先进个人	省高级人民法院	川高法〔2015〕82 号
严玉霞	公安分局治安大队	“一标三实”工作成绩突出个人	省公安厅	四川公安厅网站
范明鲜	看守所	全省优秀公安监所所长	省公安厅	公厅监〔2015〕136 号
李廷洪	看守所	全省公安监所教育感化深挖犯罪工作先进个人	省公安厅	公厅监〔2015〕136 号
尹建春	青龙镇派出所	思想政治工作成绩突出个人	省公安厅	川公奖字〔2015〕86 号
周记臣	电视台	新闻节目《彭山好人王鲸雁宜宾街头好“惊艳”》获 2014 年度省级广播电视节目优秀奖	省新闻出版广电局	奖状
阳朋军	残联	四川民进优秀通讯员	民进四川省委员会	证书
梁　磊	区委、区政府	2014 年度综合交通大会战先进个人	市委、市政府	眉委〔2015〕47 号
梁　磊	区委、区政府	2014 年度主动作为创一流先进个人	市委、市政府	眉委〔2015〕214 号
郭　茂	区委常委	2014 年度“绿海明珠”大会战工作先进个人	市委、市政府	眉委〔2015〕39 号
郭　茂	区委常委	2014 年度都市近郊型现代农业发展工作先进个人	市委、市政府	眉委〔2015〕84 号
李洪强	区委、区政府	2014 年度“千湖之城”大会战工作先进个人	市委、市政府	眉委〔2015〕39 号
李洪强	区委、区政府	2014 年度综合交通大会战先进个人	市委、市政府	眉委〔2015〕47 号
钟建成	区人大	2014 年度“千湖之城”大会战工作先进个人	市委、市政府	眉委〔2015〕39 号
钟建成	区人大	2014 年度维稳工作先进个人	市委、市政府	眉委〔2015〕45 号
钟建成	区人大	2014 年度重点项目推进工作先进个人	市委、市政府	眉委〔2015〕84 号
谭福轩	区政协	2014 年度“绿海明珠”大会战工作先进个人	市委、市政府	眉委〔2015〕39 号
谭福轩	区政协	2014 年度“千湖之城”大会战工作先进个人	市委、市政府	眉委〔2015〕39 号
帅素彬	区政协	城乡规划工作和规划监督工作先进个人	市委、市政府	眉委〔2015〕223 号
李忠云	区委政法委	2014 年度“绿海明珠”大会战工作先进个人	市委、市政府	眉委〔2015〕39 号
李卫兵	检察院	信访、维稳和多元化纠纷解决机制改革工作先进个人	市委、市政府	眉委〔2015〕153 号
赵景宏	经信局	2015 年度工业发展先进个人	市委、市政府	眉委〔2016〕47 号
罗鸿翔	教体局	2014 年度十大民生工程工作先进个人	市委、市政府	眉委〔2015〕46 号

续表 4

姓　名	工作单位	荣誉称号	表彰机关	获奖文件字号
罗鸿翔	教体局	2014 年度综治工作先进个人	市委、市政府	眉委〔2015〕45 号
罗鸿翔	教体局	2014 年度主动作为创一流先进个人	市委、市政府	眉委〔2015〕214 号
邓　强	经开区	工业发展、综治、维稳、群众和信访工作先进个人	市委、市政府	眉委〔2015〕45 号
邓　强	经开区	"2015 中外知名企业四川行"活动工作先进个人	市委、市政府	眉委〔2015〕129 号
邓　强	经开区	2014 年度主动作为创一流先进个人	市委、市政府	眉委〔2015〕214 号
李　昶	经开区	2014 年度工业发展、综治、维稳、群众和信访工作先进个人	市委、市政府	眉委〔2015〕45 号
李　昶	经开区	2012—2014 年度投资促进工作先进个人	市委、市政府	眉委〔2015〕129 号
余启军	审计局	2014 年"绿海明珠""千湖之城"大会战工作先进个人	市委、市政府	眉委〔2015〕39 号
李桂平	公义镇	2014 年度招商引资等工作先进个人	市委、市政府	眉委〔2015〕84 号
李桂平	公义镇	2014 年度都市近郊型现代农业发展工作先进个人	市委、市政府	眉委〔2015〕84 号
赵飞宇	彭溪镇	2014 年度综治、维稳、群众和信访工作先进个人	市委、市政府	眉委〔2015〕45 号
赵飞宇	彭溪镇	2014 年度十大民生工程工作先进个人	市委、市政府	眉委〔2015〕46 号
李巧玲	彭溪镇	2014 年度党风廉政建设先进个人	市委、市政府	眉委〔2015〕47 号
李巧玲	彭溪镇	文化立市战略推进工作先进个人	市委、市政府	眉委〔2015〕47 号
付　超	法院	2014 年度综治工作先进个人	市委、市政府	眉委〔2015〕45 号
邓　艳	法院	全国法院多元化纠纷解决机制改革工作推进会筹办工作先进个人	市委、市政府	眉委办〔2015〕43 号
白桂芳	青龙镇	2014 年度党风廉政建设先进个人	市委、市政府	眉委〔2015〕47 号
白桂芳	青龙镇	文化立市战略推进工作先进个人	市委、市政府	眉委〔2015〕47 号
刘孝明	武阳镇	2014 年度党风廉政建设先进个人	市委、市政府	眉委〔2015〕47 号
刘孝明	武阳镇	文化立市战略推进工作先进个人	市委、市政府	眉委〔2015〕47 号
陈　伟	文化馆	2014 年度党风廉政建设先进个人	市委、市政府	眉委〔2015〕47 号
陈　伟	文化馆	文化立市战略推进工作先进个人	市委、市政府	眉委〔2015〕47 号
魏佑源	文化馆、图书馆及乡镇文化工作者	2014 年度党风廉政建设先进个人	市委、市政府	眉委〔2015〕47 号
曾政力	观音镇曾家村	2014 年度党风廉政建设先进个人	市委、市政府	眉委〔2015〕47 号
曾政力	观音镇曾家村	文化立市战略推进工作先进个人	市委、市政府	眉委〔2015〕47 号
郭　益	公安分局	2014 年度"绿海明珠"大会战工作先进个人	市委、市政府	眉委〔2015〕39 号
郭　益	公安分局	维稳工作先进个人	市委、市政府	眉委〔2015〕153 号
曾勇强	公安分局	2014 年度维稳工作先进个人	市委、市政府	眉委〔2015〕45 号
周　静	公安分局	2014 年度维稳工作先进个人	市委、市政府	眉委〔2015〕45 号
黎文林	区委群工部	2015 年度主动作为创一流先进个人	市委、市政府	眉委〔2015〕214 号

续表 4

姓　名	工作单位	荣誉称号	表彰机关	获奖文件字号
黎文林	区委群工部	全国法院多元化纠纷解决机制改革工作推进会筹办工作先进个人	市委、市政府	眉委办〔2015〕43 号
徐劲楠	彭山智点传媒	2014 年度全市创业工作先进个人(高校毕业生创业新星)	市委、市政府	眉委〔2015〕15 号
周　宁	彭山协力建材有限公司	2014 年度全市创业工作先进个人(高校毕业生创业新星)	市委、市政府	眉委〔2015〕15 号
张　文	彭山同欣建材有限公司	2014 年度全市创业工作先进个人(回归创业明星)	市委、市政府	眉委〔2015〕15 号
符洪林	林业局	2014 年度“绿海明珠”大会战工作先进个人	市委、市政府	眉委〔2015〕39 号
罗建斌	财政局	2014 年度“绿海明珠”大会战工作先进个人	市委、市政府	眉委〔2015〕39 号
王太勇	牧马镇	2014 年度“绿海明珠”大会战工作先进个人	市委、市政府	眉委〔2015〕39 号
王太勇	牧马镇	2014 年度维稳工作先进个人	市委、市政府	眉委〔2015〕45 号
王太勇	牧马镇	2014 年度国土资源管理工作先进个人	市委、市政府	眉委〔2015〕47 号
柴洪军	水务局	2014 年度“千湖之城”大会战工作先进个人	市委、市政府	眉委〔2015〕39 号
柴洪军	水务局	2014 年度都市近郊型现代农业发展工作先进个人	市委、市政府	眉委〔2015〕84 号
柴洪军	水务局	2014 年度主动作为创一流先进个人	市委、市政府	眉委〔2015〕214 号
骆丽娟	成眉石化园区	2014 年度工业发展先进个人	市委、市政府	眉委〔2015〕45 号
熊　念	经信局	2014 年度工业发展先进个人	市委、市政府	眉委〔2015〕45 号
熊　念	经信局	2014 年度天府新区眉山片区建设推进工作先进个人	市委、市政府	眉委〔2015〕84 号
谢万均	青龙镇	2014 年度维稳工作先进个人	市委、市政府	眉委〔2015〕45 号
谢万均	青龙镇	2014 年度天府新区眉山片区建设推进工作先进个人	市委、市政府	眉委〔2015〕84 号
吴　洪	区委政法委	2014 年度维稳工作先进个人	市委、市政府	眉委〔2015〕45 号
傅　艳	国安办	2014 年度维稳工作先进个人	市委、市政府	眉委〔2015〕45 号
辜　欣	综治办	2014 年度综治工作先进个人	市委、市政府	眉委〔2015〕45 号
邓　斌	武阳镇	2014 年度综治工作先进个人	市委、市政府	眉委〔2015〕45 号
邓　斌	武阳镇	2014 年度干部直接联系服务群众暨“走基层”工作先进个人	市委、市政府	眉委〔2015〕47 号
张　奇	畜牧局	2014 年度综治工作先进个人	市委、市政府	眉委〔2015〕45 号
张　奇	畜牧局	2014 年度都市近郊型现代农业发展工作先进个人	市委、市政府	眉委〔2015〕84 号
杨远东	区委群工部	2014 年度群众和信访工作先进个人	市委、市政府	眉委〔2015〕45 号
李　茂	区委群工部	2014 年度群众和信访工作先进个人	市委、市政府	眉委〔2015〕45 号
夏跃鹏	人社局	2014 年度群众和信访工作先进个人	市委、市政府	眉委〔2015〕45 号
夏跃鹏	人社局	多元化纠纷解决机制改革工作先进个人	市委、市政府	眉委〔2015〕153 号
袁智勇	公安分局	2014 年度群众和信访工作先进个人	市委、市政府	眉委〔2015〕45 号
曾　理	凤鸣镇	2014 年度群众和信访工作先进个人	市委、市政府	眉委〔2015〕45 号

续表 4

姓　名	工作单位	荣誉称号	表彰机关	获奖文件字号
曾　理	凤鸣镇	2014 年度都市近郊型现代农业发展工作先进个人	市委、市政府	眉委〔2015〕84 号
盛　帅	青龙镇	2014 年度群众和信访工作先进个人	市委、市政府	眉委〔2015〕45 号
叶云华	民政局	2014 年度十大民生工程工作先进个人	市委、市政府	眉委〔2015〕46 号
王佑泽	区委	2014 年度干部直接联系服务群众暨“走基层”工作先进个人	市委、市政府	眉委〔2015〕47 号
王佑泽	区委办	2014 年度主动作为创一流先进个人	市委、市政府	眉委〔2015〕214 号
张富洪	交通运输局	2014 年度综合交通大会战先进个人	市委、市政府	眉委〔2015〕47 号
张富洪	交通运输局	2014 年度重点项目推进工作先进个人	市委、市政府	眉委〔2015〕84 号
柳树君	铁建办	2014 年度综合交通大会战先进个人	市委、市政府	眉委〔2015〕47 号
王　军	交通工程管理中心	2014 年度综合交通大会战先进个人	市委、市政府	眉委〔2015〕47 号
王　勤	经开区	2014 年度国土资源管理工作先进个人	市委、市政府	眉委〔2015〕47 号
游德华	政府办	2014 年度国土资源管理工作先进个人	市委、市政府	眉委〔2015〕47 号
钟　杰	国土分局	2014 年度国土资源管理工作先进个人	市委、市政府	眉委〔2015〕47 号
钟　杰	国土分局	2014 年度主动作为创一流先进个人	市委、市政府	眉委〔2015〕214 号
刘　路	国土分局	2014 年度国土资源管理工作先进个人	市委、市政府	眉委〔2015〕47 号
罗　涛	经开区	2014 年度招商引资工作先进个人	市委、市政府	眉委〔2015〕84 号
周　影	成眉石化园区管委会	2014 年度招商引资工作先进个人	市委、市政府	眉委〔2015〕84 号
金　戈	投促局	2014 年度招商引资工作先进个人	市委、市政府	眉委〔2015〕84 号
金　戈	投促局	2014 年度天府新区眉山片区建设推进工作先进个人	市委、市政府	眉委〔2015〕84 号
金　戈	投促局	2012—2014 年度投资促进工作先进个人	市委、市政府	眉委〔2015〕129 号
金　戈	投促局	“2015 中外知名企业四川行”活动工作先进个人	市委、市政府	眉委〔2015〕129 号
邓　兵	旅游局	2014 年度招商引资工作先进个人	市委、市政府	眉委〔2015〕84 号
马　炜	区委宣传部	2014 年度重点项目推进工作先进个人	市委、市政府	眉委〔2015〕84 号
余　波	发改局	2014 年度重点项目推进工作先进个人	市委、市政府	眉委〔2015〕84 号
许宏连	经开区	2014 年度天府新区眉山片区建设推进工作先进个人	市委、市政府	眉委〔2015〕84 号
郭　韬	经开区	2014 年度天府新区眉山片区建设推进工作先进个人	市委、市政府	眉委〔2015〕84 号
杨文君	经开区	2014 年度天府新区眉山片区建设推进工作先进个人	市委、市政府	眉委〔2015〕84 号
欧月林	经开区	2014 年度天府新区眉山片区建设推进工作先进个人	市委、市政府	眉委〔2015〕84 号
凌茂君	农业局	2014 年度都市近郊型现代农业发展工作先进个人	市委、市政府	眉委〔2015〕84 号

续表 4

姓　名	工作单位	荣誉称号	表彰机关	获奖文件字号
周　惠	区人大	2014 年度全市统战工作先进个人	市委、市政府	眉委〔2015〕84 号
张　梅	法院	2014 年度全市统战工作先进个人	市委、市政府	眉委〔2015〕84 号
宁　莉	区委统战部	2014 年度全市统战工作先进个人	市委、市政府	眉委〔2015〕84 号
徐春桂	凤鸣镇	2014 年度全市统战工作先进个人	市委、市政府	眉委〔2015〕84 号
周　浩	成眉石化园区	2012—2014 年度投资促进工作先进个人	市委、市政府	眉委〔2015〕129 号
周　浩	成眉石化园区	“2015 中外知名企业四川行”活动工作先进个人	市委、市政府	眉委〔2015〕129 号
梁　兰	武阳镇	2012—2014 年度投资促进工作先进个人	市委、市政府	眉委〔2015〕129 号
胡凤翔	三产办	2012—2014 年度投资促进工作先进个人	市委、市政府	眉委〔2015〕129 号
杨文娴	投促局	2012—2014 年度投资促进工作先进个人	市委、市政府	眉委〔2015〕129 号
杨文娴	投促局	“2015 中外知名企业四川行”活动工作先进个人	市委、市政府	眉委〔2015〕129 号
江　科	投促局	“2015 中外知名企业四川行”活动工作先进个人	市委、市政府	眉委〔2015〕129 号
黄　磊	投促局	“2015 中外知名企业四川行”活动工作先进个人	市委、市政府	眉委〔2015〕129 号
严开义	区委、经开区	信访工作先进个人	市委、市政府	眉委〔2015〕153 号
邱　磊	观音镇	信访工作先进个人	市委、市政府	眉委〔2015〕153 号
杨晓兵	住建局	信访工作先进个人	市委、市政府	眉委〔2015〕153 号
李卫兵	检察院	维稳工作先进个人	市委、市政府	眉委〔2015〕153 号
张　咏	法院	多元化纠纷解决机制改革工作先进个人	市委、市政府	眉委〔2015〕153 号
段晓川	彭溪镇	多元化纠纷解决机制改革工作先进个人	市委、市政府	眉委〔2015〕153 号
蔡　刚	原彭山区委书记	2014 年度主动作为创一流先进个人	市委、市政府	眉委〔2015〕214 号
张杰茜	统计局	2014 年度主动作为创一流先进个人	市委、市政府	眉委〔2015〕214 号
周德平	人民医院	2014 年度主动作为创一流先进个人	市委、市政府	眉委〔2015〕214 号
余卫斌	公义镇	2014 年度主动作为创一流先进个人	市委、市政府	眉委〔2015〕214 号
何志良	城乡规划局	城乡规划工作先进个人	市委、市政府	眉委〔2015〕223 号
罗　尧	城乡规划局	城乡规划工作先进个人	市委、市政府	眉委〔2015〕223 号
徐　媚	城乡规划局	城乡规划工作先进个人	市委、市政府	眉委〔2015〕223 号
金祖军	城乡规划局	城乡规划工作先进个人	市委、市政府	眉委〔2015〕223 号
王亦军	城乡规划局	城乡规划工作先进个人	市委、市政府	眉委〔2015〕223 号
王杨笛	城乡规划局	城乡规划工作先进个人	市委、市政府	眉委〔2015〕223 号
王洪刚	住建局	城乡规划工作先进个人	市委、市政府	眉委〔2015〕223 号
王　印	国土分局	城乡规划工作先进个人	市委、市政府	眉委〔2015〕223 号
倪　杨	彭溪镇	城乡规划工作先进个人	市委、市政府	眉委〔2015〕223 号
王福军	区人大	规划监督工作先进个人	市委、市政府	眉委〔2015〕223 号

续表 4

姓　名	工作单位	荣誉称号	表彰机关	获奖文件字号
王雪梅	锦江乡正华村	眉山市第四届道德模范——眉山市助人为乐道德模范	市委、市政府	眉委〔2015〕233 号
周代军	原区委组织部	2014 年度干部直接联系服务群众暨走基层工作、建设四支队伍先进个人	市委、市政府	眉委〔2015〕47 号
张永峰	凤鸣镇	2015 年信访工作先进个人	市委、市政府	眉委〔2015〕153 号
杨玉先	凤鸣镇城中社区	2015 年多元化纠纷解决改革工作先进个人	市委、市政府	眉委〔2015〕153 号
梁　磊	区委、区政府	2014 年度维稳、综治、群众和信访工作先进个人	市委	眉委〔2015〕45 号
梁　磊	区委、区政府	2014 年度十大民生工程、加快推进新型城镇化工作先进个人	市委	眉委〔2015〕46 号
钟建成	区人大	2014 年度十大民生工程、加快推进新型城镇化工作先进个人	市委	眉委〔2015〕46 号
严开义	区委、经开区	2014 年度维稳、综治、群众和信访工作先进个人	市委	眉委〔2015〕45 号
李忠云	区委	2014 年度维稳、综治、群众和信访工作先进个人	市委	眉委〔2015〕45 号
蒋会强	区委	2014 年度维稳、综治、群众和信访工作先进个人	市委	眉委〔2015〕45 号
罗　焱	区委常委、区纪委	践行“三严三实”主动作为创一流优秀党员领导干部	市委	眉委〔2015〕156 号
游德华	政府办	优秀共产党员	市委	眉委〔2015〕156 号
李桂平	公义镇	优秀共产党员	市委	眉委〔2015〕156 号
张文晖	农业局	优秀共产党员	市委	眉委〔2015〕156 号
张文晖	农业局	先进基层党组织工作先进个人	市委	眉委〔2015〕156 号
王雪梅	锦江乡正华村	优秀共产党员	市委	眉委〔2015〕156 号
刘光平	凤鸣镇	优秀共产党员	市委	眉委〔2015〕156 号
郭　益	公安分局	2014 年度维稳、综治、群众和信访工作先进个人	市委	眉委〔2015〕45 号
胡凤翔	三产办	2015 年中外知名企业四川行活动工作先进个人	市委	眉委〔2015〕129 号
严凌江	公安分局	全市优秀共产党员	市委	眉委〔2015〕156 号
何勇来	卫计局	2014 年度工业发展、综治、维稳、群众和信访工作先进个人	市委	眉委〔2015〕45 号
邓学奎	卫计局	信访、维稳和多样化纠纷解决机制改革工作先进个人	市委	眉委〔2015〕153 号
李洪强	区委、区政府	2014 年全市旅游工作先进个人	市政府	眉府函〔2015〕29 号
李洪强	区委、区政府	2014 年第三产业工作先进个人	市政府	眉府函〔2015〕46 号
胡志中	区政府	2014 年度教育体育工作先进个人	市政府	眉府函〔2015〕29 号
孙　磊	区委办	2012—2014 年全市现代畜牧业深化试点工作先进个人	市政府	眉府函〔2015〕15 号

续表 4

姓　名	工作单位	荣誉称号	表彰机关	获奖文件字号
龚　涛	宣传部	2012—2014 年全市现代畜牧业深化试点工作先进个人	市政府	眉府函〔2015〕15 号
刘树军	区委宣传部	眉山新闻奖二等奖	市政府	眉府函〔2015〕179 号
罗鸿翔	教体局	2014 年度教育体育工作先进个人	市政府	眉府函〔2015〕29 号
郑文贵	公安分局治安大队	2014 年度安全工作先进个人	市政府	眉府函〔2015〕17 号
邓　强	经开区	2014 年度环保工作先进个人	市政府	眉府函〔2015〕41 号
王　岚	食药监局	2014 年度食品安全工作先进个人	市政府	眉府函〔2015〕14 号
郭　益	公安分局	2014 年道路交通安全综合整治工作先进个人	市政府	眉府函〔2015〕36 号
李国会	农业局	市科学技术一等奖	市政府	眉府函〔2015〕60 号
王正江	党校	第十次哲学社会科学《彭山县农村党员队伍素质建设调研报告》	市政府	证书
钱乐林	公安分局交警大队	道路交通安全综合整治工作先进个人	市政府	眉府函〔2015〕36 号
温选鹏	电子政务办	优秀新闻	市政府	眉府函〔2015〕179 号
李新民	畜牧局	2014 年全市食品安全工作先进个人	市政府	眉府函〔2015〕24 号
刘俊辉	区委农工办	2012—2014 年全市现代畜牧业深化试点工作先进个人	市政府	眉府函〔2015〕15 号
李　建	财政局	2012—2014 年全市现代畜牧业深化试点工作先进个人	市政府	眉府函〔2015〕15 号
袁秦明	林业局	2012—2014 年全市现代畜牧业深化试点工作先进个人	市政府	眉府函〔2015〕15 号
祝志文	农业局	2012—2014 年全市现代畜牧业深化试点工作先进个人	市政府	眉府函〔2015〕15 号
张　奇	畜牧局	2012—2014 年全市现代畜牧业深化试点工作先进个人	市政府	眉府函〔2015〕15 号
李红继	畜牧局	2012—2014 年全市现代畜牧业深化试点工作先进个人	市政府	眉府函〔2015〕15 号

案例选载

彭山警方打掉一“蜘蛛人”盗窃团伙

近日，随着最后一名犯罪嫌疑人落网，眉山市公安局彭山区分局经过一个多月的缜密侦查，成功打掉一个专门盗窃高层住宅的犯罪团伙，抓获犯罪嫌疑人3名，破获入室盗窃案26起，追回被盗摩托车1辆，笔记本电脑1台，手表3只，五粮液酒2瓶。

2014年12月初，彭山城区多个小区连续发生高层住宅被盗案，警方经对现场进行勘察和调取监控视频，分析嫌疑人身材瘦小，身高168厘米左右，攀爬能力较强，作案手法系从楼外墙顺煤气管、下水道管徒手攀爬上楼，从窗户进入卧室或客厅，目标为住户的手机、钱包等贵重物品。频繁的发案引起了警方的高度重视，副区长、公安分局局长郭益调集刑侦、特巡警和凤鸣、彭溪派出所警力，组成工作专班，一路围绕现场收集的证据展开侦破工作，一路围绕重点时段、重点区域加强巡逻守候，力争抓获现行，一路从12月8日开始深入各小区开展治安防范宣传，张贴预警信息，提醒住户和物业公司加强防范。

12月25日凌晨2时半，特巡警大队捕现队队员巡逻至彭祖大道北段快到锦江学院时，发现2名骑摩托车的男子，走走停停，东张西望，行迹十分可疑，遂跟踪观察。行至区委外时，队员利用超车机会，看见摩托车后座男子身材瘦小，与通报情形相似。连续跟踪近2公里，待摩托车驶进火车站一死胡同时，队员果断用车堵着道路，将2名嫌疑人挡获，从其身上搜出手套2副及疑似作案用的镊子等工具。

嫌疑人被移交给刑警大队一中队后，民警经过比对，证实两名嫌疑人所骑摩托车为不久前青龙镇一村民被盗车辆，且两人尿检呈阳性，系吸毒人员。面对民警的讯问，两人拒不交代犯罪事实。当民警将案发现场提取的足印与矮个子嫌疑人比对吻合后，嫌疑人的防线才彻底崩溃。

经调查，2014年12月初，犯罪嫌疑人莫洛某某（男，甘洛县人）为寻找过年钱，伙同犯罪嫌疑人王某某（男，越西县人）窜入彭山县城，由王某某骑摩托车搭载莫洛某某趁夜深寻找到防范薄弱的小区后，王负责望风，莫潜入小区戴手套顺墙体外管道攀爬，逐层去偷没关窗户的高层住宅，最高处偷到了16楼。目前已查实两人在短短不到一月时间里先后作案26起，盗得现金2万多元，笔记本电脑6台，手表5只，手机10多部，盗得的物品均以低价卖给了成都一姓王的人。

1月上旬，民警顺线出击，将涉嫌收赃的犯罪嫌疑人王某抓获。目前，3名犯罪嫌疑人均已被依法刑事拘留。

眉山市公安局彭山区分局　张怀安

2015年1月15日

彭山警方诸警种协同速破交通肇事逃逸案

2015年9月12日，眉山市公安局彭山区分局交警、刑警和辖区派出所协同作战，在侦破条件极为艰苦的条件下，仅用4天时间成功破获“9·8”交通肇事逃逸案，抓获犯罪嫌疑人1名，挡获涉嫌肇事逃逸货车1辆。

案发雨夜，破案难度大

9月8日4时30分，分局110指挥中心接到群众报警：“省道103线县城东门口有人被车撞了，躺在公路中间”。接警后，民警迅速赶到现场，此时肇事车辆已逃逸，经现场勘查，因下着小雨、又值凌晨，案发时没有目击证人，有价值的线索很少。“120”急救医生到场诊断，确认受害人已经死亡，无法了解到案发时情况。

民警通过受害人现场遗留的手机，联系到死者的朋友，初步确定了受害人身份。

调兵遣将，抢抓破案“黄金时间”

副区长、公安分局局长郭益获悉案情后，第一时间召集交警、刑警、网监、指挥中心和凤鸣、彭溪派出所等警种对案情进行分析，迅速成立了“9·8”专案组，由分局副局长、交警大队长杨刚任组长，下设监控视频研判组、技术侦查组、走访调查组、检验鉴定组和抓捕组，要求刑侦部门充分利用现有先进刑事科学技术，对现场周边的所有信息、线索进行过滤锁定，派出所要发挥群众熟、行业清、基础好的优势，积极提供案侦线索，交警部门要发挥主力军作用，在视频研判、事故鉴定、车辆比对、尸检分析等方面取得突破，将此案办成多警种合成作战的经典案例。

案件引起了各级领导的高度重视，市公安局迅速派出交警支队和行动支队的专家到彭山指导、参与案件侦破工作。

走访比对，锁定案发时间

事故发生后，专案民警一路拿着现场散落的前大灯总成和灯罩，到彭山几家修理厂请维修技师辨认，通过相关配件的比对，确定肇事车辆为类似东风康明斯的货车。另一路于9月8日18时10分在某电脑商铺内成功调取到事故发生时的完整视频记录，但是由于监控视频像数不高，加之案发时下雨、道路维修、灯光条件差等原因，没有记录到车牌和车辆外观特征，案侦工作陷入困境。

9月9日9时，走访组找到肇事逃逸车辆肇事时超越的面包车驾驶员陶某，陶某所述情况基本与视频记录一致。结合视频资料进行研判，确定了案发时间为2015年9月8日4时05分。

信息导侦，锁定肇事车辆

专案组认为要锁定肇事车辆，必须先确定肇事车辆的行驶轨迹，这一重任落到了监控视频收集组身上。为了尽快破案，专案组紧紧抓住某电脑商铺内调取的视频这一关键证据，通过反复观看，发现了一条重要线索：事故发生前15秒有一辆货车经过，事故发生后5分钟内，再也没有车辆经过现场。说明事发前后车辆非常少，对确定肇事车辆有一定的参考作用。

根据此线索，监控视频研判组兵分三路，一路调取省道103线彭山境内的公安天网视频，一路调取案发现场周边的所有机关、企事业单位、商铺、住宅等的监控视频，另一路调取省道103线东坡、彭山、新津、双流境内的智能监控设备的过车记录图片和数据。通过40多个小时的连续奋战，确定肇事车辆为蓝色车身、前后各两轴的货车，车顶有5个灯，车前除了车辆原装的车灯外还在前保险杠上加装了两个灯，事发时货箱内载有货物，车厢用蓝色篷布遮盖，进入彭山城区的时间为9月8日4时03分49秒。

专案组对收集回来的上千张卡口过车照片进行对比，最终在镇江卡口的过车照片中发现一辆号牌为川L×××××的重型仓栅式货车，与肇事车辆特征90%相符，存在重大嫌疑。

协同作战，抓获犯罪嫌疑人

9月12日零点，抓捕组前往车辆所在地夹江县传唤嫌疑货车驾驶人，但是到达后发现该车驾驶人已经驾车从夹江县沿省道103线往成都方向行驶，抓捕组于是立即掉头追捕，于2时20分，发现了该车，进行跟踪，同时通知分局交警、巡警在省道103线眉彭交界处设卡拦截。凌晨4时，嫌疑货车驶入检查点，被设卡民警成功拦截，现场控制了犯罪嫌疑人，并暂扣了嫌疑货车，犯罪嫌疑人对犯罪事实供认不讳。

目前，犯罪嫌疑人已被彭山警方依法刑事拘留，此案正在进一步调查中。

眉山市公安局彭山区分局 张怀安 倪鹏

2015年9月21日

2015 年度眉山市彭山区乡镇简况表

表 5

乡镇名称	幅员面积（公顷）	耕地面积（公顷）	年末人口数（人）	行政村（个）	村民小组（个）	社区和居民委员会（个）	社区和居民委员会小组（个）	财政收入（万元）	国内生产总值 合计（万元）	国内生产总值 第一产业	国内生产总值 第二产业	国内生产总值 第三产业	农业生产总值 合计（万元）	农业生产总值 农业	农业生产总值 林业	农业生产总值 牧业	农业生产总值 渔业	农业生产总值 农林牧渔服务业	农民居民可支配收入（元）
凤鸣镇	3769	1836.78	72466	7	43	9	130	5590	302840	12306	124487	166047	21919	7607	367	9417	4049	479	14685
彭溪镇	1740	727.39	25556	4	41	1	9	988	120993	6203	73171	41619	11640	3399	191	5943	1791	316	15241
观音镇	2670	1178.52	29224	7	64	1	7	4238	161763	8410	138639	14714	16742	5750	242	9258	1064	428	14734
青龙镇	4379	1644.19	35838	8	68	1	12	2160.98	407113	9999	337854	59260	20535	7293	418	10694	1673	457	14849
公义镇	4031	1973.46	25908	8	56	1	5	1081	32537	9585	14385	8567	17891	6696	492	9018	1216	469	13889
谢家镇	4584	2189.83	27597	8	67	1	13	730.3	49253	13278	16302	19673	24483	8825	425	12506	2125	602	14108
江口镇	4939	1072.75	17971	9	59	1	10	788	31243	10517	10463	10263	18129	7718	650	8220	1076	465	13694
黄丰镇	4038	1660.28	18295	9	47	1	5	896.4	28961	12221	9242	7498	20823	8591	340	9951	1377	564	14085
牧马镇	2800	1242.93	18061	5	39	1	5	502	24268	8734	8815	6719	16039	4358	390	8683	2111	497	13839
保胜乡	3455	1325.37	13074	6	48	1	4	180	16446	9556	1698	5192	17144	4745	446	10260	1267	426	13606
义和乡	3518	1683.57	16172	5	40	0	0	488.4	20548	8903	7788	3857	16157	5336	381	8755	1252	433	13754
锦江乡	3673	1052.87	13417	6	42	1	3	635	16883	6823	4769	5291	11817	4239	722	5771	711	374	13543
武阳镇	2897	1291.05	20192	6	41	1	10	538.5	21385	9810	6066	5509	17541	6382	371	8962	1368	458	13665
合计	46493	18878.99	333771	88	655	20	213	18816.58	1234233	126345	753679	354209	230860	80939	5435	117438	21080	5968	

说明：耕地面积由国土分局提供，财政收入由各乡镇提供，其余数据均由统计局提供

图书在版编目（CIP）数据

彭山年鉴．2015/彭山区党史地方志办公室　编．
—北京：方志出版社，2016.8
ISBN 978－7－5144－2056－2

Ⅰ.①彭…　Ⅱ.①彭…　Ⅲ.①彭山区－2015－年鉴
Ⅳ.①Z527.14

中国版本图书馆 CIP 数据核字（2016）第 206689 号

彭山年鉴（2015）

编　　者：彭山区党史地方志办公室
责任编辑：陈　菁

出 版 人：冀祥德
出 版 者：方志出版社
地址　北京市朝阳区潘家园东里 9 号（国家方志馆 4 层）
邮编　100021
网址　http：//www.fzph.org
发　　行：方志出版社发行中心
电话（010）67110500
经　　销：各地新华书店
印　　刷：成都春晓印务有限公司

开　　本：889mm×1194mm　　1/16
印　　张：21
字　　数：570 千
版　　次：2016 年 8 月第 1 版
印　　次：2016 年 11 月第 1 次印刷
印　　数：001－300 册

ISBN 978－7－5144－2056－2　　　　定价：150.00 元